# Kantharos
## Vokabelheft

von
Dr. Martin Holtermann
Dr. Christian Utzinger

Grit Diaz de Arce
Dr. Ruth E. Harder
Meike Madsen
Irmgard Meyer-Eppler
Raphael A. Michel
Matthias Peppel
Christiane Schulz
u. a.

Ernst Klett Verlag
Stuttgart · Leipzig

**1. Auflage**   1 ⁶ ⁵ ⁴ ³ ² | 2023 22 21 20 19

Alle Drucke dieser Auflage sind unverändert und können im Unterricht nebeneinander verwendet werden.
Die letzte Zahl bezeichnet das Jahr des Druckes.
Das Werk und seine Teile sind urheberrechtlich geschützt. Jede Nutzung in anderen als den gesetzlich zugelassenen Fällen bedarf der vorherigen schriftlichen Einwilligung des Verlages. Hinweis § 52 a UrhG: Weder das Werk noch seine Teile dürfen ohne eine solche Einwilligung eingescannt und in ein Netzwerk eingestellt werden. Dies gilt auch für Intranets von Schulen und sonstigen Bildungseinrichtungen. Fotomechanische oder andere Wiedergabeverfahren nur mit Genehmigung des Verlages.

© Ernst Klett Verlag GmbH, Stuttgart 2018. Alle Rechte vorbehalten. www.klett.de

**Herausgeber**: Dr. Martin Holtermann, Mannheim; Dr. Christian Utzinger, Zürich

**Autor**: Dr. Christian Utzinger, Zürich

**Redaktion**: Martin Fruhstorfer, Leipzig; Thomas Eilrich
**Herstellung**: Thomas Gremmelspacher

**Gestaltung**: Koma Amok, Stuttgart
**Satz**: Fotosatz Kaufmann, Stuttgart
**Umschlagfoto**: BPK (Hermann Buresch), Berlin
**Druck**: PASSAVIA Druckservice GmbH & Co. KG, Passau

Printed in Germany
ISBN 978-3-12-663212-6

# Das griechische Alphabet

| Klein-/Großbuchstabe | | Buchstabenname | |
|---|---|---|---|
| α | A | ἄλφα | Alpha |
| β | B | βῆτα | Beta |
| γ | Γ | γάμμα | Gamma |
| δ | Δ | δέλτα | Delta |
| ε | E | ἒ ψιλόν | Epsilon |
| ζ | Z | ζῆτα | Zeta |
| η | H | ἦτα | Eta |
| θ | Θ | θῆτα | Theta |
| ι | I | ἰῶτα | Iota |
| κ | K | κάππα | Kappa |
| λ | Λ | λάμβδα | Lambda |
| μ | M | μῦ | My |

| Klein-/Großbuchstabe | | Buchstabenname | |
|---|---|---|---|
| ν | N | νῦ | Ny |
| ξ | Ξ | ξῖ | Xi |
| ο | O | ὂ μικρόν | Omikron |
| π | Π | πῖ | Pi |
| ρ | P | ῥῶ | Rho |
| σ/ς[1] | Σ | σῖγμα | Sigma |
| τ | T | ταῦ | Tau |
| υ | Υ | ὔ ψιλόν | Ypsilon |
| φ | Φ | φῖ | Phi |
| χ | X | χῖ | Chi |
| ψ | Ψ | ψῖ | Psi |
| ω | Ω | ὦ μέγα | Omega |

[1] Am Wortanfang und innerhalb eines Wortes steht σ, am Wortende ς.

## Schreibschrift
**in Majuskeln (Großbuchstaben)**

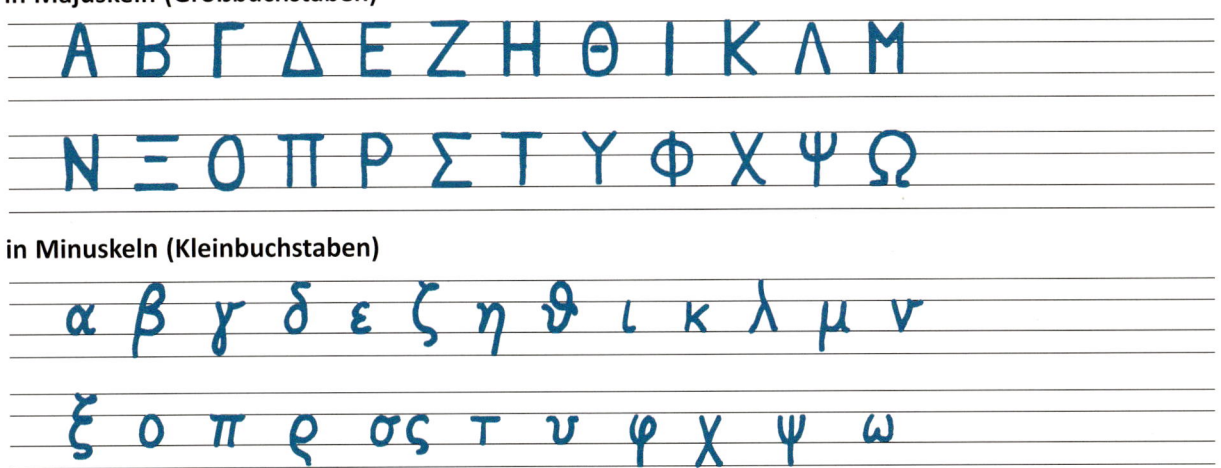

ΑΒΓΔΕΖΗΘΙΚΛΜ
ΝΞΟΠΡΣΤΥΦΧΨΩ

**in Minuskeln (Kleinbuchstaben)**

α β γ δ ε ζ η θ ι κ λ μ ν
ξ ο π ρ σ ς τ υ φ χ ψ ω

## Spiritus und Iota adscriptum/subscriptum

Spiritus asper: ʽ    ὁδός Ἅιδης ῥώμη

Spiritus lenis: ʼ    ᾠδή Οἰδίπους

## Akzente

Akut: ´
Gravis: `
Zirkumflex: ῀

ἄλφα ἒ ψιλόν ἦτα

# Lektionsvokabular

In den Wörterbüchern wird bei Verben griechisch die 1. Pers. Sg. Indikativ Präsens, deutsch der *Infinitiv* angegeben; das Vokabelverzeichnis verfährt ebenso.

## Lektion 1
### A

| | | | |
|---|---|---|---|
| 1 | ὁ | (bestimmter Artikel, maskulin) | |
| 2 | λέγω | 1. sagen, behaupten<br>2. sprechen<br>3. nennen<br>4. meinen | |
| 3 | ὁ θεός | 1. der Gott<br>2. die Gottheit | Theo\|logie, A\|theist |
| 4 | ἐστί(ν) *(enklitisch)*<br>εἰσί(ν) *(enklitisch)* | er, sie, es ist<br>sie sind | |
| 5 | ὅμως | dennoch, trotzdem | |
| 6 | ἀεί *(Adverb)* | immer | |
| 7 | ὁ πόνος | die Arbeit, die Mühe, die Strapaze | |
| 8 | ἔχω | haben, halten | |
| 9 | δεῖ<br>Δεῖ τὸν οὐρανὸν λείπειν. | es ist nötig, man muss<br>Man muss den Himmel verlassen. | |
| 10 | γάρ | denn, nämlich | |
| 11 | ὁ ὠκεανός | der Ozean, das Meer | |
| 12 | λείπω | zurücklassen, verlassen, übrig lassen | |
| 13 | καί | 1. und<br>2. auch<br>3. sogar | |
| 14 | εἰς/ἐς *beim Akk.*<br><br><br>εἰς τὸν οὐρανόν<br>εἰς τοὺς θεούς | 1. in (… hinein), zu (… hin),<br>   nach (… hin)<br>2. gegen<br>3. hinsichtlich<br>in den Himmel<br>zu den Göttern / gegen die Götter | |
| 15 | ὁ οὐρανός | der Himmel | Uranus |
| 16 | βαίνω<br>ἀνα\|βαίνω | gehen<br>hinauf\|gehen, hinauf\|steigen | |
| 17 | παρά *beim Dat.*<br>παρὰ τοῖς θεοῖς | bei, neben<br>bei den Göttern | |
| 18 | ἐκεῖ *(Adverb)* | dort | |
| 19 | ὁ ἵππος | das Pferd | Phil\|ipp, Hippo\|drom |
| 20 | οὐ μόνον – ἀλλὰ καί | nicht nur – sondern auch | |
| 21 | ὁ χρυσός | 1. das Gold<br>2. das Geld | |
| 22 | ἐν *beim Dat.*<br>ἐν τῷ οὐρανῷ | in, bei, an, auf<br>im Himmel | |
| 23 | ἄγω | 1. führen, treiben<br>2. ziehen, marschieren | |

| 24 | ἐκ/ἐξ *(vor Vokal) beim Gen.* | 1. aus … (heraus) | |
| --- | --- | --- | --- |
| | | 2. seit | |
| | | 3. infolge | |
| | ἐκ τοῦ οὐρανοῦ | aus dem Himmel | |
| 25 | ἐλαύνω | 1. treiben, wegtreiben | elastisch |
| | | 2. ziehen, marschieren, reiten | |
| 26 | σύν/ξύν *beim Dat.* | (zusammen) mit | |
| | σὺν τοῖς θεοῖς | mit den Göttern | |

**Eigennamen**

| | ὁ Μίμνερμος | Mimnermos *(griech. Dichter; um 600 v. Chr.)* |
| --- | --- | --- |
| | ὁ Ἥλιος | Helios *(Sonnengott)* |
| | οἱ Αἰθιοπικοί | die Äthioper *(mythisches Volk am Rand der Welt)* |

# B

| 1 | ὁ ἀδελφός | der Bruder | Phil\|adelphia |
| --- | --- | --- | --- |
| 2 | ὁ υἱός | der Sohn | |
| 3 | ἕκαστος | jeder (für sich), jeder einzelne | |
| 4 | δέ | 1. aber | |
| | | 2. und | |
| | | 3. *oft unübersetzt* | |
| | ἕκαστος δέ | jeder aber | |
| 5 | ὁ κόσμος | 1. die Ordnung | Kosmetik, Kosmo\|logie |
| | | 2. der Schmuck | |
| | | 3. die Weltordnung, die Welt, der Kosmos | |
| 6 | μέν – δέ | 1. (zwar) – aber, einerseits – andererseits | |
| | | 2. *oft unübersetzt* | |
| 7 | ὁ ἄνθρωπος | der Mensch | Anthropo\|loge |
| 8 | μετά *beim Akk. (vor Vokal auch* μετ' *bzw.* μεθ') | nach | |
| | μετὰ τὸν θάνατον | nach dem Tod | |
| 9 | ὁ θάνατος | der Tod | Eu\|thanasie |
| 10 | μένω | 1. bleiben, warten | |
| | | 2. *etw.* erwarten | |
| 11 | καί – καί | sowohl – als auch, … und | |
| | καὶ ὁ Ζεὺς καὶ ὁ Ποσειδῶν | sowohl Zeus als auch Poseidon / Zeus und Poseidon | |
| 12 | ὁ ποταμός | der Fluss | Meso\|potamien, Hippo\|potamus |
| 13 | βάλλω | 1. werfen | Ballistik |
| | | 2. treffen | |
| 14 | ὁ σεισμός | das Erdbeben | Seismo\|graph |
| 15 | ποιέω | 1. machen, verfertigen, *spez.* dichten | Poet, Poesie |
| | | 2. tun, bewirken | |
| 16 | οὕτω *und* οὕτως *(Adverb)* | so, auf diese Weise | |
| 17 | ὁ φόβος | die Furcht | Phobie |
| 18 | παρ\|έχω | 1. anbieten, bieten | |
| | | 2. geben, überreichen | |
| | | 3. gewähren | |

| | | | |
|---|---|---|---|
| 19 | διὰ τοῦτο | deswegen | |
| 20 | θεραπεύω | 1. bedienen<br>2. verehren<br>3. pflegen, heilen | Therapeut |
| 21 | θύω | opfern | |

**Eigennamen**

| | | |
|---|---|---|
| ὁ Ζεύς | Zeus *(Wettergott und König der Götter)* | |
| ὁ Ἅιδης | Hades *(Gott der Unterwelt)* | |
| ὁ Ποσειδῶν | Poseidon *(Gott des Meeres)* | |
| ὁ Κρόνος | Kronos *(Vater des Zeus)* | |
| ὁ Ὄλυμπος | der Olymp *(Gebirge zwischen Thessalien und Makedonien)* | |

# Lektion 2

## A

| | | | |
|---|---|---|---|
| 1 | τί; *(Akzent: immer Akut!)* | 1. was?<br>2. welches?<br>3. warum? | |
| | τί δέ; | was denn? | |
| 2 | ὦ | *(Anredepartikel beim Vokativ)* | |
| 3 | ὅτι *(Subjunktion)* | 1. weil, da<br>2. dass | |
| 4 | διδάσκω | lehren | Auto\|didakt, Didaktik |
| 5 | νομίζω | 1. glauben, meinen<br>2. *(mit doppeltem Akk.)* halten für<br>3. *etw.* (als verbindlich) anerkennen | |
| | Ἀναξαγόρας τὸν ἥλιον λίθον νομίζει.<br>Σωκράτης τοὺς τῶν Ἀθηναίων θεοὺς οὐ νομίζει. | Anaxagoras hält die Sonne für einen Stein.<br>Sokrates erkennt die Götter der Athener nicht an. | |
| 6 | ἀλλά | aber, sondern | |
| 7 | ἄλλος | ein anderer | |
| 8 | ἤ | 1. oder<br>2. *(nach Komparativ oder ähnlichen Ausdrücken)* als | |
| | Ζεὺς ἢ Ἅιδης<br>ἄλλος θεὸς ἢ Ζεύς | Zeus oder Hades<br>ein anderer Gott als Zeus | |
| 9 | οὐ/οὐκ/οὐχ | nicht | |
| 10 | οὐδέ | und nicht, auch nicht, aber nicht, nicht einmal | |
| 11 | ὁ ἥλιος | die Sonne | helio\|zentrisch, Helium |
| 12 | ἄρα | also, folglich | |
| 13 | ὡς *(Subjunktion)* | 1. wie<br>2. weil, da<br>3. dass<br>4. als | |

| | | | |
|---|---|---|---|
| 14 | ὁ λίθος | der Stein | |
| 15 | ἀκούω<br>Ἀκούετε τοῦ Μελήτου;<br>Ἀκούετε τοὺς λόγους;<br>Τί Μελήτου ἀκούομεν; | hören<br>Hört ihr Meletos?<br>Hört ihr die Worte?<br>Was hören wir von Meletos? | |
| 16 | ἆρα;<br><br>Ἆρα τοῖς θεοῖς θύετε; | (leitet eine Frage ein und wird nicht übersetzt)<br>Opfert ihr den Göttern? | |
| 17 | ἆρ' οὐ;<br>Ἆρ' οὐ τοῖς θεοῖς θύετε; | … nicht …?, … etwa nicht?<br>Opfert ihr den Göttern nicht? | |
| 18 | γιγνώσκω | 1. erkennen, kennenlernen, erfahren<br>2. kennen, wissen | Pro\|gnose, Dia\|gnose |
| 19 | κατ\|ηγορέω *mit Gen.*<br>Ὁ Μέλητος τοῦ Σωκράτους κατηγορεῖ (< κατηγορέ-ει). | *jdn.* anklagen<br>Meletos klagt Sokrates an. | |
| 20 | γράφω | 1. schreiben<br>2. malen, zeichnen | graphisch, Graphik, Bio\|graphie |

**Eigennamen**

| | | |
|---|---|---|
| ὁ Σωκράτης<br>*Gen.* Σωκράτους | Sokrates *(griechischer Philosoph; 469–399 v. Chr.)* | |
| ὁ Μέλητος | Meletos *(Ankläger von Sokrates)* | |
| ὁ Ἀθηναῖος | der Athener | |
| ὁ Ἀναξαγόρας<br>*Gen.* Ἀναξαγόρου | Anaxagoras *(griechischer Denker; um 500–428 v. Chr.)* | |

# B

| | | | |
|---|---|---|---|
| 1 | χαίρω *mit Dat.*<br>χαῖρε *(Grußformel)* | sich freuen *über etw.*<br>Sei gegrüßt!, Guten Tag! | |
| 2 | ὁ βασιλεύς | der König, der Herrscher | Basilika, Basilisk, Basilikum |
| 3 | πέμπω | 1. schicken<br>2. begleiten | |
| 4 | οὖν | 1. nun<br>2. also, folglich<br>3. wirklich | |
| 5 | κελεύω | 1. befehlen<br>2. auffordern | |
| 6 | οὐ δεῖ | es ist nicht nötig, man darf nicht | |
| 7 | ἔνδον *(Adverb)* | drinnen | ἐν *beim Dat.* |
| 8 | τοῦτο<br>*Nom./Akk. Pl.* ταῦτα | dies(es) | |
| 9 | ποῦ; | wo? | |
| 10 | ἐθέλω *und* θέλω | wollen, bereit sein | |
| 11 | εἶναι | *(Infinitiv zu* ἐστίν/εἰσίν*)* | |
| 12 | σύν\|εστι(ν) *mit Dat.*<br>Ὁ Ζεὺς τῇ Ἀλκμήνῃ σύνεστιν. | er, sie, es ist *mit jdm.* zusammen<br>Zeus ist mit Alkmene zusammen. | |
| 13 | εἶτα *(Adverb)* | dann, darauf, danach | |
| 14 | οὐδαμῶς *(Adverb)* | auf keinen Fall, keineswegs | |

| 15 | τίκτω | 1. zeugen  2. gebären | |
| 16 | δεινός | 1. furchtbar, gefährlich  2. gewaltig  3. fähig | Dino\|saurier |

**Eigennamen**

| | | |
|---|---|---|
| ὁ Ἑρμῆς  Vok. ὦ Ἑρμῆ | Hermes *(Götterbote)* | |
| ἡ Βοιωτία | Böotien *(Gegend in Mittelgriechenland)* | |
| ἡ Ἀλκμήνη | Alkmene *(Gattin des Amphitryon, des Königs von Theben in Böotien)* | |

## Lektion 3

### A

| 1 | περί *beim Gen.*  Ὁ φιλόσοφος περὶ τῶν θεῶν λέγει. | über *jdn./etw.*, von *jdm./etw.*  Der Philosoph spricht über die Götter. | |
| 2 | ἡ | *(bestimmter Artikel, feminin)* | |
| 3 | ἡ σοφία | 1. die Geschicklichkeit, die Klugheit  2. die Fachkenntnis, das Wissen  3. die Weisheit | Sophia |
| 4 | ἡ φιλοσοφία | die Philosophie, die Liebe zur Weisheit | |
| 5 | ὀνειδίζω *mit Dat.*  Ὁ Ἑρμῆς τῷ Ἡλίῳ ὀνειδίζει. | *jdm.* Vorwürfe machen, *jdn.* tadeln  Hermes tadelt Helios. | |
| 6 | πρόσθεν *(Adverb)* | vorher, früher | |
| 7 | ὁ φιλόσοφος | der Philosoph | |
| 8 | τε *(enklitisch)* | und | |
| 9 | ἡ σελήνη | der Mond | Selen |
| 10 | ἡ ψυχή | 1. die Seele  2. das Leben | Psycho\|logie |
| 11 | ἡ πολιτική | die Politik | |
| 12 | ἡ ἀρετή | *(„Bestform von Personen und Sachen")*  1. die Tapferkeit  2. die Leistung, die Qualität  3. die Tugend | |
| 13 | ὁ χρόνος | die Zeit | syn\|chron, Chrono\|logie |
| 14 | ὁ ἀριθμός | die Zahl | |
| 15 | ὀρθῶς *(Adverb)* | richtig, auf rechte Art | Ortho\|graphie, ortho\|dox |
| 16 | ἡ δικαιοσύνη | die Gerechtigkeit | |
| 17 | ἡ ἐπιστήμη | das Wissen, die Wissenschaft, die Erkenntnis | |
| 18 | ὁ λόγος | 1. *(sinnvolles Reden)* das Wort, die Rede, die Erzählung  2. *(Denken)* der Gedanke, die Vernunft, der Verstand  3. *(Rechnen)* die Berechnung, die Abrechnung | λέγω  Mono\|log, Pro\|log  Logik  ana\|log |

| 19 | ἔν\|εστι(ν) | er, sie, es ist darin | |
| --- | --- | --- | --- |
| 20 | ἡ ἰατρική | die Heilkunst, die Medizin | |
| 21 | εἰ *(Subjunktion)* | 1. wenn, falls<br>2. ob | |
| 22 | οἶδε(ν) | er, sie, es weiß, kennt | |
| 23 | ὁ ἰατρός | der Arzt | ἡ ἰατρική<br>Psych\|iater |
| 24 | δίκαιος, δικαία, δίκαιον | gerecht, richtig | ἡ δικαιοσύνη |

**Eigennamen**

| | | |
| --- | --- | --- |
| ὁ Ἀριστοτέλης | Aristoteles *(griechischer Philosoph; 384–322 v. Chr.)* | |
| ὁ Πυθαγόρας | Pythagoras *(griechischer Philosoph; um 570–nach 510 v. Chr.)* | |

## B

| 1 | τό | *(bestimmter Artikel, neutrum)* | |
| --- | --- | --- | --- |
| 2 | τὸ βιβλίον | das Buch | Bibel |
| 3 | τε – καί<br>ὁ Ἑρμῆς τε καὶ ὁ Ἥλιος | sowohl – als auch, … und …<br>sowohl Hermes als auch Helios / Hermes und Helios | entspricht καί – καί |
| 4 | τὸ ἄστρον | der Stern, das Gestirn | Astro\|logie, Astro\|nomie |
| 5 | ἀπό *beim Gen. (vor Vokal auch* ἀπ' *bzw.* ἀφ')<br>ἀπὸ τοῦ ἡλίου<br>ἀπὸ τοῦ χρόνου | 1. von … her, von … weg, von<br>2. seit<br>von der Sonne (her/weg)<br>seit der Zeit | |
| 6 | πίπτω | fallen | |
| 7 | ὑπό *beim Akk. (vor Vokal auch* ὑπ' *bzw.* ὑφ')<br>Ζεὺς Ἑρμῆν ὑπὸ τὴν γῆν πέμπει. | unter (hinunter) *(Frage: wohin?)*<br>Zeus schickt Hermes unter die Erde. | |
| 8 | ἡ γῆ *(Gen.* τῆς γῆς*) /* ἡ γαῖα | die Erde, das Land | Geo\|graphie |
| 9 | ταράττω | erschüttern, durcheinanderbringen, verwirren | |

**Eigennamen**

| | |
| --- | --- |
| ὁ Κλαζομένιος | der Klazomenier *(Einwohner von Klazomenai in Kleinasien)* |
| ἡ Πελοπόννησος | die Peloponnes |

# Lektion 4

## A

| 1 | ἐγώ<br>ἐμοῦ, ἐμοί, ἐμέ<br>*enklitisch* μου, μοι, με | ich | Egoismus |
| --- | --- | --- | --- |
| 2 | ἡ τύχη | 1. das Schicksal, der Zufall<br>2. das Glück<br>3. das Unglück | |
| 3 | ἡ δόξα | 1. die Meinung<br>2. der Ruf, *spez.* der gute Ruf, der Ruhm | para\|dox |
| 4 | προ\|έχω *mit Gen.*<br>Ζεὺς τῶν ἄλλων θεῶν προέχει. | jdm. überlegen sein<br>Zeus ist den anderen Göttern überlegen. | |

| | | | |
|---|---|---|---|
| 5 | σύ<br>σοῦ, σοί, σέ<br>*enklitisch* σου, σοι, σε | du | |
| 6 | ἡ παιδεία | die Erziehung, die Bildung | |
| 7 | τέλειος, τελεία, τέλειον | vollendet, vollkommen | |
| 8 | ἡ εὐδαιμονία | 1. das Glück, das Wohlbefinden<br>2. der Wohlstand | |
| 9 | διό | 1. weshalb *(relativ)*<br>2. deshalb | |
| 10 | ἥκω | 1. kommen<br>2. gekommen sein, da sein | |
| 11 | πρός *beim Akk.*<br><br>πρὸς τοὺς Αἰθιοπικούς<br>πρὸς Μέλητον λέγειν | 1. zu … hin<br>2. gegen<br>zu den Äthiopen<br>zu/gegen Meletos sprechen | |
| 12 | ἐλπίζω | 1. *(Gutes)* hoffen<br>2. *(Böses)* ahnen | |
| 13 | μή | nicht | |
| 14 | ἀντι\|λέγω | wider\|sprechen | λέγω |
| 15 | νῦν *(Adverb)* | nun, jetzt | |
| 16 | ὀλίγος, ὀλίγη, ὀλίγον<br>ὀλίγοι, ὀλίγαι, ὀλίγα | wenig, gering<br>wenige | Olig\|archie |
| 17 | παιδεύω | erziehen, bilden | ἡ παιδεία |
| 18 | πολλοί, πολλαί, πολλά | viele | |
| 19 | ἡμεῖς<br>ἡμῶν, ἡμῖν, ἡμᾶς | wir | |
| 20 | ἐπί *beim Akk. (vor Vokal<br>auch* ἐπ᾽ *bzw.* ἐφ᾽)<br><br>ἐπὶ τὸν ἵππον ἀναβαίνειν<br>ἐπὶ τὴν ἀρετὴν ἄγειν | 1. auf … (hinauf)<br>2. zu … hin<br>3. gegen<br>auf das Pferd aufsteigen<br>zur „Tugend" hinführen | |
| 21 | ὁ δῆμος | 1. das Volk *(als politische Einheit)*<br>2. die Gemeinde, die Heimatgemeinde | Demo\|kratie |
| 22 | παρα\|σκευάζω *und* κατα\|σκευάζω | bereitmachen, einrichten, arrangieren | |
| 23 | ἡ ἀνδρεία | die Tapferkeit | Andreas |

### Eigennamen

| | | |
|---|---|---|
| ὁ Ἀντίγονος | Antigonos *(makedonischer König; um 319–239 v. Chr.)* | |
| ὁ Ζήνων | Zenon *(stoischer Philosoph; um 334–262 v. Chr.)* | |
| ἡ Μακεδονία | Makedonien *(Gegend im Norden Griechenlands)* | |

## B

| | | | |
|---|---|---|---|
| 1 | δή | 1. gerade, sicherlich, wirklich<br>2. nun, also, folglich<br>3. *oft unübersetzt* | |
| 2 | ἡ ἡδονή | die Freude, die Lust | Hedonismus |
| 3 | ἡ ἀρχή | 1. der Anfang<br>2. die Herrschaft<br>3. das Amt | Mon\|archie, Erz\|bischof |

| 4 | ὁ βίος | das Leben | Bio\|logie, Bio\|graphie, Bio\|top |
|---|---|---|---|
| 5 | ὑμεῖς<br>ὑμῶν, ὑμῖν, ὑμᾶς | ihr | |
| 6 | ἴσως *(Adverb)* | vielleicht | |
| 7 | ὁ οἶνος | der Wein | < ϝοῖνος |
| 8 | φέρω | 1. tragen, bringen<br>2. ertragen | Christo\|pher |
| 9 | ἡ τράπεζα | der Tisch | Trapez |
| 10 | ἐκ\|λέγω | auswählen | λέγω |
| 11 | σοφός, σοφή, σοφόν | 1. klug, intelligent<br>2. „weise", kundig | |
| 12 | ὁ σοφός | der Weise, der Sachverständige | **ἡ σοφία, ὁ φιλό\|σοφος** |

# Lektion 5

## A

| 1 | οὔτε – οὔτε | weder – noch | |
|---|---|---|---|
| 2 | ἀναγκάζω | zwingen | |
| 3 | ὑπό *beim Gen. (vor Vokal auch* ὑπ'<br>*bzw.* ὑφ')<br>Ὁ δῆμος ὑπὸ τοῦ φιλοσόφου ἐπὶ τὴν ἀρετὴν ἄγεται.<br>ὑπ' ἐμοῦ / ὑφ' ἡμῶν | 1. unter *(Frage: wo?)*<br>2. von *(Urheber beim Passiv)*<br>Das Volk wird vom Philosophen zur „Tugend" hingeführt.<br>von mir / von uns | ὑπό *beim Akk.* |
| 4 | τις, *Gen.* τινός *(enklitisch)* /<br>τι, *Gen.* τινός *(enklitisch)* | irgendwer, jemand *(m und f)*<br>irgendetwas | |
| 5 | κωλύω | 1. hindern, verhindern<br>2. abhalten | |
| 6 | βιάζω | zwingen, Gewalt antun | |
| 7 | αὐτός, αὐτή, αὐτό<br>ὁ σοφὸς αὐτός / αὐτὸς ὁ σοφός | selbst<br>der Weise selbst | Auto\|mobil, Auto\|biographie |
| 8 | τὸ κακόν | das Übel, das Unglück, der Schaden | |
| 9 | πράττω | 1. tun, handeln<br>2. betreiben | praktisch, Praxis |
| 10 | βλάπτω *mit Akk.* | *jdn.* schädigen, *jdm.* schaden | |
| 11 | μόνον *(Adverb)* | nur | |
| 12 | γίγνομαι | 1. werden, entstehen, geboren werden<br>2. geschehen | |
| 13 | ἡ φιλία | die Freundschaft | |
| 14 | φαῦλος, φαύλη, φαῦλον | minderwertig, schlecht | |
| 15 | ἔξ\|εστι(ν) | es ist möglich, es ist erlaubt | |
| 16 | τὸ ἀγαθόν | 1. das Gute, das Erfreuliche, das Richtige<br>2. der Wert | |
| 17 | τὰ ἀγαθά | 1. die Werte, die Tugenden<br>2. die Güter, der Besitz | |
| 18 | κοινός, κοινή, κοινόν<br>Ἆρα ἡ γῆ τοῖς θεοῖς / τῶν θεῶν κοινή ἐστιν; | 1. gemeinsam *(mit Gen. oder Dat.: jdm.)*<br>2. öffentlich<br>Ist die Erde den Göttern gemeinsam? | |

## B

| | | | |
|---|---|---|---|
| 1 | ἤ – ἤ | entweder – oder | |
| 2 | οὐδέν | 1. nichts<br>2. gar nicht, überhaupt nicht | |
| 3 | δύναμαι | können, imstande sein | dynamisch |
| 4 | διά *beim Akk. (vor Vokal auch δι')*<br>διὰ τοὺς πόνους<br>δι' ἐμέ | wegen<br>der Strapazen wegen<br>wegen mir | διὰ τοῦτο |
| 5 | διὰ τί; | weshalb? | |
| 6 | εὔχομαι<br><br>Εὔχομαι τοῖς θεοῖς.<br>Εὔχονταί τι. | 1. beten (*mit Dat.:* beten zu)<br>2. wünschen<br>Ich bete zu den Göttern.<br>Sie wünschen etwas. | |
| 7 | βούλομαι | wollen | |
| 8 | θνήσκω *und* ἀπο\|θνήσκω | sterben | ὁ θάνατος |
| 9 | φοβέομαι | fürchten, sich fürchten | ὁ φόβος |
| 10 | ἐκεῖνος, ἐκείνη, ἐκεῖνο<br>ἐκεῖνος ὁ ἄνθρωπος | der dort, jener<br>jener Mensch | ἐκεῖ |
| 11 | ἡ νύμφη | 1. die junge Frau, die Braut<br>2. die Nymphe *(weibliche Naturgottheit)* | |
| 12 | ἐπι\|θυμέω *mit Gen./Infinitiv*<br>Χρυσοῦ ἐπιθυμοῦσι (< ἐπιθυμέ-ουσι) πολλοί.<br>Ζεὺς τῇ Ἀλκμήνῃ συνεῖναι ἐπιθυμεῖ (< ἐπιθυμέ-ει). | *etw.* begehren, verlangen, wollen<br>Viele begehren Gold.<br>Zeus will mit Alkmene zusammensein. | |
| 13 | μανθάνω | 1. lernen<br>2. zur Kenntnis nehmen, bemerken, begreifen | |

## Lektion 6
### A

| | | | |
|---|---|---|---|
| 1 | ὁ ξένος | *der Fremde:*<br>1. der Gast<br>2. der Gastgeber<br>3. der Söldner | Xeno\|phobie |
| 2 | ἐπεί *und* ἐπειδή *(Subjunktion)* | 1. *(temporal)* als, nachdem<br>2. *(kausal)* weil, da ja | |
| 3 | κακός, κακή, κακόν | schlecht, schlimm, böse | Kako\|phonie |
| 4 | εἰμί *(enklitisch)* | ich bin | ἐστί(ν), εἰσί(ν), εἶναι |
| 5 | ἀπο\|κρίνομαι | antworten | |
| 6 | νέμω | 1. zuteilen<br>2. *(Weideland zuteilen)* *(das Vieh)* weiden lassen | Nomade |
| 7 | ἀγαθός, ἀγαθή, ἀγαθόν | gut, tüchtig | τὸ ἀγαθόν<br>Agathe |
| 8 | που *(enklitisch)* | 1. irgendwo<br>2. wohl, vielleicht | |
| 9 | ὅδε, ἥδε, τόδε<br>ὅδε ὁ ἄνθρωπος | der hier, dieser, der folgende<br>dieser Mensch | |

| | | | |
|---|---|---|---|
| 10 | χρή | es ist nötig, man muss | |
| 11 | ἡμέτερος, ἡμετέρα, ἡμέτερον | unser | ἡμεῖς |
| 12 | σῴζω | 1. retten<br>2. bewahren | |
| 13 | ὁ κίνδυνος | die Gefahr | |
| 14 | φίλος, φίλη, φίλον | lieb, befreundet | ἡ φιλία |
| 15 | ὁ φίλος | der Freund | Philo\|soph, Philo\|loge |
| 16 | ὀνομάζω | nennen, benennen | |
| 17 | καλός, καλή, καλόν | 1. schön<br>2. gut | |
| 18 | ἡ θυγάτηρ | die Tochter | |
| 19 | γενναῖος, γενναία, γενναῖον | (von guter Herkunft)<br>1. adlig, edel<br>2. tüchtig<br>3. echt, unverfälscht | γί\|γν\|ομαι |

**Eigennamen**

| | | |
|---|---|---|
| ὁ Ὀλύμπιος | der Olympier (Beiname des Zeus) | |
| οἱ Φαίακες | die Phaiaken (Bewohner der Insel Scheria) | |
| ὁ Ἀλκίνοος | Alkinoos (König der Phaiaken) | |

# B

| | | | |
|---|---|---|---|
| 1 | φαίνω | sehen lassen, zeigen | |
| 2 | φαίνομαι | sich zeigen, erscheinen | Phänomen |
| 3 | νέος, νέα, νέον | 1. neu<br>2. jung | neo- |
| 4 | ἄλλο | (Nom./Akk. Sg. Neutrum zu ἄλλος) | |
| 5 | τὸ ἱμάτιον | das Oberkleid, das Gewand | |
| 6 | οἴομαι und οἶμαι | glauben, meinen | |
| 7 | ἡ ἀπάτη | die Täuschung, der Betrug | |
| 8 | ἕνεκα und ἕνεκεν beim Gen. (nachgestellt)<br>τῆς φιλίας ἕνεκα | 1. wegen (kausal begründend)<br>2. um… willen (final begründend)<br>wegen der Freundschaft, um der Freundschaft willen | |
| 9 | ὁ πατήρ | der Vater | |
| 10 | ἤδη | schon, jetzt | |
| 11 | μακρός, μακρά, μακρόν | lang, groß | Makro\|kosmos |
| 12 | πείθω | 1. überreden<br>2. überzeugen | |
| 13 | πείθομαι | (sich überreden lassen)<br>jdm. gehorchen, folgen | |
| 14 | γε (enklitisch) | 1. (einschränkend) wenigstens, jedenfalls<br>2. (betonend) gewiss, gerade<br>3. oft unübersetzt | |
| 15 | ὁ δαίμων | 1. das göttliche Wesen, die Gottheit<br>2. das Schicksal | ἡ εὐ\|δαιμονία<br>Dämon |

| | | | |
|---|---|---|---|
| 16 | βουλεύω | 1. raten, beraten | |
| | | 2. Mitglied des Rates sein | |
| 17 | βουλεύομαι | 1. sich ausdenken | |
| | | 2. sich beraten (mit anderen oder mit sich selbst), überlegen | |
| | | 3. beschließen | |
| 18 | μέντοι | jedoch, allerdings | |
| 19 | ἔτι | noch | |
| 20 | οὐκέτι/μηκέτι und οὐ/μή … ἔτι | nicht mehr | οὐ/μή |
| 21 | ὁ ἐνιαυτός | das Jahr | |
| | ἐκείνῳ τῷ ἐνιαυτῷ | in jenem Jahr | |
| 22 | ἡ χώρα | 1. der Ort, der Platz | |
| | | 2. das Land | |
| 23 | ἡ οἰκία und ὁ οἶκος | das Haus | Öko|nomie, Öko|logie |

**Eigennamen**

| | | |
|---|---|---|
| ὁ Ὀδυσσεύς | Odysseus | |
| ὁ Τηλέμαχος | Telemachos (Sohn des Odysseus) | |
| ἡ Ἰθάκη | Ithaka (Insel im Ionischen Meer; Heimat des Odysseus) | |

## Lektion 7

### A

| | | | |
|---|---|---|---|
| 1 | πρῶτον (Adverb) | 1. zuerst | Proto|typ |
| | | 2. zum ersten Mal | |
| 2 | ὁ ὄχλος | die Menschenmasse, das (gewöhnliche) Volk | Ochlo|kratie |
| 3 | ὁ μέν … ὁ δέ … | der eine … der andere … | |
| | Τοῦ μὲν ἀκούομεν, εἰς τὸν δὲ βλέπομεν. | Den einen hören wir, den anderen schauen wir an. | |
| 4 | χαλεπαίνω mit Dat. | über etw. entrüstet sein, verärgert sein | |
| | Τῷ ὄχλῳ χαλεπαίνουσιν. | Sie sind über das Volk verärgert. | |
| 5 | τρέπω | 1. etw. wenden | Tropen |
| | | 2. jdn. in die Flucht schlagen | |
| 6 | ἐπι|τρέπω | 1. (zu|wenden) jdm. etw. überlassen | |
| | | 2. zulassen, gestatten | |
| 7 | ἡ ἡσυχία | die Ruhe | |
| 8 | δημόσιος, δημοσία, δημόσιον | öffentlich, staatlich | ὁ δῆμος |
| 9 | πυνθάνομαι | 1. sich nach etw. erkundigen, fragen | |
| | | 2. etw. erfahren | |
| 10 | δύο | zwei | |
| 11 | νέμομαι | 1. unter sich etw. aufteilen | νέμω |
| | | 2. weiden | |
| 12 | σχεδόν (Adverb) | beinahe, fast | |
| 13 | ὅλος, ὅλη, ὅλον | ganz | kath|olisch, Holo|gramm |
| | ὅλη ἡ χώρα | das ganze Land | |
| 14 | πόθεν; | woher? | |
| 15 | ὁ ἀγρός | der Acker, das Feld | |
| 16 | μᾶλλον (Adverb) | mehr, eher, lieber | |
| 17 | ἡ κώμη | das Dorf | |

| 18 | βλέπω | 1. sehen | |
| | | 2. *mit* εἰς *beim Akk.: jdn.* anblicken, ansehen | |
| 19 | αὐτοῦ, αὐτῆς, αὐτῶν | sein, ihr *(die Genitive von* αὐτός *dienen als Possessivpronomen der 3. Person:* dessen, deren*)* | |
| 20 | ἔστι(ν) | *(*εἶναι *als Vollverb: Akzent!)* es gibt, es existiert, es ereignet sich | |
| 21 | ὀργίζομαι *mit Dat.* | über jdn./etw. zornig werden, zornig sein | |
| | Ὁ ὄχλος ὠργίζετο τῷδε τῷ ἀνθρώπῳ. | Das Volk war zornig über diesen Menschen. | |
| 22 | ἄπορος, ἄπορον | *(ohne Ausweg)* | |
| | | 1. *(von Sachen)* unwegsam, schwierig | |
| | | 2. *(von Personen)* ratlos | |
| 23 | ἦν | *(Imperfekt zu* εἰμί*)* | |
| | | 1. ich war | |
| | | 2. er, sie, es war | |
| 24 | ἐργάζομαι | 1. arbeiten | |
| | | 2. etw. bearbeiten, verfertigen, schaffen | |
| | | 3. *(mit doppeltem Akk.)* jdm. etw. antun | |
| | Κακόν με ἐργάζονται. | Sie tun mir Schlimmes an. | |

## B

| 1 | μιμνῄσκομαι *mit Gen.* | sich an etw. erinnern | Mnemo\|technik |
| | Δάφνις τῆς νύμφης μιμνῄσκεται. | Daphnis erinnert sich an die junge Frau. | |
| 2 | ἡ ὥρα | 1. die Jahreszeit | Horo\|skop |
| | | 2. die Stunde | |
| 3 | κοινῇ *(Adverb)* | 1. gemeinsam | κοινός |
| | | 2. öffentlich, im Staatsinteresse | |
| 4 | ἀλλήλων | einander | Par\|allele |
| | Dat. ἀλλήλοις, ἀλλήλαις, ἀλλήλοις | | |
| | Akk. ἀλλήλους, ἀλλήλας, ἄλληλα | | |
| 5 | ἡ ἀγέλη | 1. die Herde | ἄγω |
| | | 2. die Gruppe | |
| 6 | συλ\|λέγω | sammeln, versammeln | λέγω |
| 7 | τὸ φυτόν | die Pflanze | Phyto\|plasma, Phyto\|therapie |
| 8 | εἶχον | *(Imperfekt zu* ἔχω*)* | |
| | | 1. ich hatte | |
| | | 2. sie hatten | |
| 9 | ἔγωγε | *(betontes* ἐγώ*)* ich jedenfalls, ich wenigstens | γε |
| 10 | ποτέ *(enklitisch)* | irgendwann (einmal) | |
| 11 | ἡ πηγή | die Quelle | |
| 12 | τὸ σῶμα | der Körper | psycho\|somatisch |
| 13 | λούω | waschen | |
| 14 | ἀπο\|λούω | abwaschen | |
| 15 | τότε *(Adverb)* | dann, damals | ποτέ |
| 16 | ἐκ τούτου *und* ἐκ τούτων | 1. infolgedessen | διὰ τοῦτο, τοῦτο, ταῦτα |
| | | 2. darauf | |
| 17 | ὁπότε *(Subjunktion)* | (immer) wenn, als | ποτέ, τότε |

| 18 | ἡ λύπη | das Leid, der Kummer | |
| 19 | ἡ χαρά | die Freude | χαίρω |
| 20 | ἅμα *(Adverb)* | 1. zugleich<br>2. zusammen | |
| 21 | καλέω | 1. rufen<br>2. nennen | |
| 22 | πότε; | wann? | ποτέ, τότε, ὁπότε |
| 23 | αὖ *und* αὖθις | 1. wieder, wiederum<br>2. andererseits | |
| 24 | παύω<br>Παῦε τὸν λόγον. | beenden<br>Beende die Rede! | |
| 25 | παύομαι *mit Gen.*<br>Παύομαι τοῦ λόγου. | *mit etw.* aufhören<br>Ich höre mit der Rede auf. | Pause |

**Eigennamen**

| | ὁ Δάφνις<br>*Akk.* τὸν Δάφνιν, *Vok.* ὦ Δάφνι | Daphnis | |

## Lektion 8
### A

| 1 | ὁ κύριος | der Herr | Kirche (*aus* κυριακή „Haus des Herrn"), Kyrie eleison! |
| 2 | τὸ παιδίον | das kleine Kind | παιδεύω, ἡ παιδεία |
| 3 | ὅς, ἥ, ὅ *(Relativpronomen)* | der, die, das / welcher, welche, welches | |
| 4 | αὐτόν, αὐτήν, αὐτό *(etc.)* | ihn, sie, es *(die Formen von* αὐτός *dienen – außer im Nom. – als Personalpronomen der 3. Person)* | |
| 5 | κατα\|μανθάνω | 1. (genau) begreifen<br>2. (sorgfältig) prüfen | μανθάνω |
| 6 | ἰσχυρός, ἰσχυρά, ἰσχυρόν | stark | |
| 7 | τρέφω | ernähren, aufziehen | |
| 8 | ἀπο- *(als Präfix, auch* ἀπ-, ἀφ-*)* | weg- | ἀπό *beim Gen.* |
| 9 | συν- *(als Präfix, auch* συμ-, συγ-, συ-, συλ-*)* | zusammen-, mit- | σύν *beim Dat.* |
| 10 | ἐσθίω | essen | |
| 11 | παίζω | spielen, scherzen | τὸ παιδίον |
| 12 | ἀγωνίζομαι | 1. kämpfen, wetteifern<br>2. prozessieren | Ant\|agonist, Agonie |
| 13 | μάλιστα *(Adverb)* | am meisten | μᾶλλον |
| 14 | ἡ ῥώμη | die Kraft, die Stärke | |
| 15 | ἡ νίκη | der Sieg | Olympio\|nike |
| 16 | ἡ χρεία | 1. das Bedürfnis<br>2. der Gebrauch, der Nutzen | χρή |

**Eigennamen**

| | ἡ Σπάρτη | Sparta *(Stadt im Südosten der Peloponnes)* |
| | ὁ Ταΰγετος | Taygetos *(Gebirge auf der Peloponnes zwischen Lakonien und Messenien)* |
| | ὁ Σπαρτιάτης | der Spartiat *(Vollbürger Spartas)* |

## B

| | | | |
|---|---|---|---|
| 1 | προ- *(als Präfix)* | 1. vor-<br>2. voran-<br>3. vorher- | πρόσθεν |
| 2 | ἡ θύρα | die Tür, das Tor | |
| 3 | στρέφω | 1. drehen, wenden<br>2. umkehren | Kata\|strophe, Strophe |
| 4 | ὁ γεωργός | *(der das Land bearbeitet)*<br>der Bauer | ἡ γῆ, ἐργάζομαι<br>Georg |
| 5 | ἥδομαι | sich freuen | ἡ ἡδονή |
| 6 | ἀπ\|αλλάττω *mit Gen.*<br>πόνων ἀπαλλάττειν | 1. *von etw.* entfernen<br>2. *von etw.* befreien<br>von Mühen befreien | |
| 7 | φιλέω | 1. lieben<br>2. küssen | φίλος, ἡ φιλία |
| 8 | περι\|βάλλω | 1. *etw.* um *etw.* herumlegen<br>2. umarmen | |
| 9 | ἡ τροφή | die Nahrung, die Ernährung | τρέφω |
| 10 | προσ- *(als Präfix)* | hinzu-, heran- | πρός *beim Akk.* |
| 11 | λυπηρός, λυπηρά, λυπηρόν | 1. *(von Sachen)* betrüblich<br>2. *(von Personen)* betrübt | ἡ λύπη |
| 12 | δι\|άγω | *(Zeit)* verbringen | ἄγω |
| 13 | ἀνα\|μένω | 1. bleiben, warten<br>2. erwarten | entspricht μένω |
| 14 | πίνω | trinken | |
| 15 | ἐκ- *(als Präfix, auch ἐξ-)* | heraus-, hinaus- | ἐκ/ἐξ *beim Gen.* |
| 16 | λύω | lösen | Ana\|lyse, Kata\|lysator |
| 17 | ἀνα\|φαίνω | sehen lassen, zeigen | entspricht φαίνω |

**Eigennamen**

| | | |
|---|---|---|
| ἡ Χλόη | Chloë | |
| ὁ Πάν<br>*Dat.* τῷ Πανί | Pan *(Gott des Feldes, des Waldes und der Hirten)* | |

# Lektion 9
## A

| | | | |
|---|---|---|---|
| 1 | πολέμιος, πολεμία, πολέμιον | feindlich | polemisch |
| 2 | ὁ πολέμιος | der Feind | |
| 3 | ἱερός, ἱερά, ἱερόν | heilig, geweiht | Hiero\|glyphe, Hierarchie |
| 4 | τὸ ἱερόν | *(das Heilige)*<br>1. das Opfer<br>2. das Heiligtum<br>3. das *(religiöse)* Fest | |
| 5 | σέβομαι | verehren | Sebastian |
| 6 | χρῆναι | *(Infinitiv zu χρή)*<br>nötig sein | |
| 7 | ὁ σύμ\|μαχος | der Verbündete, der Bundesgenosse | |
| 8 | θεῖος, θεία, θεῖον | göttlich | ὁ θεός |

| | | | |
|---|---|---|---|
| 9 | τὰ θεῖα | das Göttliche | |
| 10 | ὥστε *(Subjunktion)* | (so) dass | |
| 11 | ὁ ὅρκος | der Eid, der Schwur | |
| 12 | λαμβάνω | 1. nehmen, ergreifen<br>2. bekommen | |
| 13 | πιστός, πιστή, πιστόν | vertrauenswürdig, treu, zuverlässig | |
| 14 | δυνατός, δυνατή, δυνατόν | 1. *(von Personen)* mächtig, fähig<br>2. *(von Sachen)* möglich | δύναμαι |
| 15 | πρόθυμος, πρόθυμον | bereitwillig, eifrig | *vgl.* ἐπι\|θυμέω |
| 16 | πλούσιος, πλουσία, πλούσιον | reich | |
| 17 | ὠφέλιμος, ὠφέλιμον | nützlich | |
| 18 | ἡ ἀδικία | das Unrecht | δίκαιος, ἡ δικαιοσύνη |
| 19 | πρᾶος, πρᾶον | freundlich, mild, sanft | |
| 20 | ἐχθρός, ἐχθρά, ἐχθρόν | verhasst, feindlich | |
| 21 | ὁ ἐχθρός | der Feind | |
| 22 | φοβερός, φοβερά, φοβερόν | 1. furchtbar<br>2. ängstlich | ὁ φόβος, φοβέομαι |

**Eigennamen**

| | | |
|---|---|---|
| | ὁ Ἀγησίλαος | Agesilaos *(König von Sparta; um 443–359/58 v. Chr.)* |

## B

| | | | |
|---|---|---|---|
| 1 | ἡ μήτηρ<br>*Vok.* ὦ μῆτερ | die Mutter | |
| 2 | τὸ τέκνον | das Kind | τίκτω |
| 3 | χωρίς *beim Gen.*<br>χωρὶς τῶν φίλων | getrennt von, ohne<br>ohne die Freunde | |
| 4 | τίς; *(m und f, Akzent: immer Akut!)* | 1. wer?<br>2. welcher? welche? | τί |
| 5 | βέβαιος, (βεβαία,) βέβαιον | feststehend, fest, zuverlässig | |
| 6 | ἡ ἡμέρα<br>ἡμέρας | der Tag<br>des Tages, am Tage | |
| 7 | καθεύδω | schlafen | |
| 8 | δειλός, δειλή, δειλόν | 1. furchtsam, feige<br>2. elend | |

**Eigennamen**

| | | |
|---|---|---|
| | ἡ Μαῖα | Maia *(Nymphe; Mutter des Hermes)* |

## Lektion 10
### A

| | | | |
|---|---|---|---|
| 1 | ποῖος, ποία, ποῖον; | wie beschaffen?, was für ein? | |
| 2 | ὁ φύλαξ, τοῦ φύλακος | der Wächter | pro\|phylaktisch |
| 3 | τὸ ἔργον | 1. das Werk, die Arbeit<br>2. die Tat | < ϝέργον, ἐργάζομαι<br>Ergo\|therapie, En\|ergie |
| 4 | σκέπτομαι | 1. betrachten<br>2. *(geistig betrachten)* überlegen, prüfen | skeptisch |

| | | | |
|---|---|---|---|
| 5 | οἰκεῖος, οἰκεία, οἰκεῖον | (zum Haus gehörig) <br> 1. verwandt <br> 2. eigen, eigentümlich <br> 3. vertraut | ἡ οἰκία und ὁ οἶκος |
| 6 | χαλεπός, χαλεπή, χαλεπόν | 1. schwierig <br> 2. unangenehm, lästig | χαλεπαίνω |
| 7 | ἄλλως (Adverb) | auf andere Weise, sonst | ἄλλος |
| 8 | παρα\|βάλλω <br><br> Τὴν Βοιωτίαν παραβάλλομεν τῇ Μακεδονίᾳ. | 1. nebeneinanderstellen <br> 2. vergleichen <br> Wir vergleichen Böotien mit Makedonien. | |
| 9 | ὁ κύων, τοῦ κυνός | der Hund | Kyno\|logie |
| 10 | ἐναντίος, ἐναντία, ἐναντίον | entgegen, entgegengesetzt | anti- |
| 11 | ὁ ἐναντίος | der Feind | |
| 12 | τὸ ἐναντίον, mit Krasis: τοὐναντίον | 1. das Gegenteil <br> 2. (Adverb) im Gegenteil | |
| 13 | πάνυ (Adverb) | ganz, völlig | |
| 14 | πάνυ μὲν οὖν | ganz recht, allerdings | |
| 15 | γελοῖος, γελοία, γελοῖον | lächerlich, komisch | |
| 16 | δέομαι mit Gen. <br><br> Δεόμεθα φύλακος. <br> Δέομαί σου. | 1. etw. brauchen, nötig haben <br> 2. jdn. bitten <br> Wir brauchen einen Wächter. <br> Ich bitte dich. | δεῖ |

**Eigennamen**

| | | | |
|---|---|---|---|
| | ὁ Γλαύκων, τοῦ Γλαύκωνος | Glaukon (ein Bruder des Philosophen Platon) | |

## B

| | | | |
|---|---|---|---|
| 1 | ἡ χείρ, τῆς χειρός <br> Dat. Pl. ταῖς χερσίν | die Hand | Chir\|urgie |
| 2 | ἡ κρήνη | der Brunnen, die Quelle | |
| 3 | ὁ σῖτος und τὸ σιτίον | 1. das Getreide, das Brot <br> 2. die Nahrung | Para\|sit |
| 4 | ἄφρων, ἄφρον <br> Gen. ἄφρονος | unbesonnen, unvernünftig | |
| 5 | σώφρων, σῶφρον <br> Gen. σώφρονος | besonnen, maßvoll, vernünftig | |
| 6 | ἡ σωφροσύνη | die Besonnenheit, <br> die Selbstbeherrschung | |
| 7 | δήπου (Adverb) | doch wohl, sicherlich (fordert den Gesprächspartner zur Zustimmung auf) | |
| 8 | ἱκανός, ἱκανή, ἱκανόν | 1. ausreichend <br> 2. geeignet, fähig | |
| 9 | τὸ ζῷον | 1. das Lebewesen <br> 2. das Tier | Zoo, Zoo\|logie |
| 10 | ἆρα μή; <br> Ἆρα μὴ τοῖς θεοῖς θύετε; | … etwa …? <br> Opfert ihr etwa den Göttern? | ἆρα, ἆρ' οὐ |
| 11 | κατα\|λείπω | zurücklassen, verlassen, übrig lassen | entspricht λείπω |
| 12 | εὐδαίμων, εὔδαιμον <br> Gen. εὐδαίμονος | 1. glücklich <br> 2. wohlhabend | ἡ εὐδαιμονία, ὁ δαίμων |

## Lektion 11
### A

| | | | |
|---|---|---|---|
| 1 | τὸ πάθημα, τοῦ παθήματος | (was ohne eigenes Zutun an einem geschieht)<br>1. das Erlebnis<br>2. das Leiden, das Missgeschick | Sym\|pathie<br>Patho\|logie |
| 2 | τὸ μάθημα, τοῦ μαθήματος | 1. der Lerngegenstand<br>2. die Kenntnis<br>3. die Lehre, die Wissenschaft | μανθάνω<br>Mathematik |
| 3 | ἀθάνατος, ἀθάνατον | unsterblich | ὁ θάνατος, ἀπο\|θνῄσκω |
| 4 | δοκέω | 1. meinen, glauben<br>2. scheinen | ἡ δόξα |
| 5 | ὁ στρατός | das Heer | Strategie |
| 6 | ἄρχω *mit Gen.* | (der Erste sein)<br>1. etw./mit etw. anfangen<br>2. über jdn. herrschen | ἡ ἀρχή<br>Archi\|tekt, Erz\|bischof |
| | Ἄρχω τοῦ λόγου.<br>Ἄρχω στρατοῦ. | Ich beginne meine Rede.<br>Ich befehlige ein Heer. | |
| 7 | ἄρχομαι *mit Gen.*<br>Ἄρχομαι τοῦ λόγου.<br>Ἄρχομαι λέγειν. | mit etw. anfangen<br>Ich beginne meine Rede.<br>Ich beginne zu sprechen. | |
| 8 | τὸ πρᾶγμα, τοῦ πράγματος | (Vollbrachtes)<br>1. die Tat<br>2. die Sache | πράττω<br>pragmatisch |
| 9 | πράγματα παρ\|έχω | Schwierigkeiten machen | |
| 10 | ἡ γνώμη | 1. der Verstand, die Einsicht<br>2. die Gesinnung, die Meinung | γιγνώσκω |
| 11 | ἀπο\|φαίνω | zeigen, darlegen | φαίνω |
| 12 | ἕτερος, ἑτέρα, ἕτερον | 1. einer *(von zweien)*<br>2. der andere *(von zweien)* | hetero\|gen, hetero(sexuell) |
| 13 | τοιόσδε, τοιάδε, τοιόνδε | so beschaffen, ein solcher | ποῖος, *vgl.* ὅδε, ἥδε, τόδε |
| 14 | ὁ κύκλος | der Kreis, der Ring | Zyklus |
| 15 | ἀνθρώπειος, ἀνθρωπεία, ἀνθρώπειον | menschlich | ὁ ἄνθρωπος |
| 16 | ἐάω | lassen:<br>1. zulassen<br>2. in Ruhe lassen | |
| 17 | ὁ αὐτός, ἡ αὐτή, τὸ αὐτό | derselbe, der gleiche | αὐτός |
| 18 | εὐτυχέω | Glück haben, glücklich sein | ἡ τύχη |
| 19 | πρό\|κειμαι<br>*Partizip* προκείμενος, προκειμένη, προκείμενον | vorliegen<br>vorliegend | |
| 20 | πρῶτος, πρώτη, πρῶτον | (der) erste | πρῶτον<br>Proto\|typ |

### Eigennamen

| | | |
|---|---|---|
| | οἱ Πέρσαι | die Perser |

## B

| | | | |
|---|---|---|---|
| 1 | τὸ γράμμα, τοῦ γράμματος | der Buchstabe, die Schrift | γράφω<br>Auto\|gramm, Grammatik |
| 2 | χρήσιμος, χρήσιμον *und*<br>χρηστός, χρηστή, χρηστόν | 1. *(von Sachen)* brauchbar, nützlich<br>2. *(von Menschen)* tüchtig, anständig | χρή, ἡ χρεία |
| 3 | ἡ ἐπιστολή | der Brief | |
| 4 | ὁ νόμος | 1. der Brauch, die Sitte<br>2. das Gesetz | νομίζω<br>auto\|nom |
| 5 | ῥᾴδιος, ῥᾳδία, ῥᾴδιον | leicht | |
| 6 | ἄξιος, ἀξία, ἄξιον *mit Gen.*<br>λόγου ἄξιος | wert, würdig *(einer Person/Sache)*<br>einer Rede wert | |
| 7 | τὸ ἐγκώμιον | die Lobrede, die Verherrlichung | |
| 8 | διά *beim Gen. (vor Vokal auch* δι')<br><br>διὰ τῆς χώρας<br>διὰ τῶν γραμμάτων | 1. durch … hindurch<br>2. durch, mittels<br>durch das Land<br>durch die Buchstaben | διά *beim Akk.* |
| 9 | δια\|λέγομαι<br>*mit Dat. oder* πρός *beim Akk.*<br>Διαλέγομαι τοῖς φίλοις / πρὸς τοὺς φίλους. | *mit jdm.* reden, sich *mit jdm.* unterhalten<br>Ich unterhalte mich mit den Freunden. | λέγω, ὁ λόγος<br>Dialog |
| 10 | ὁ πόλεμος | der Krieg | πολέμιος |
| 11 | ἡ εἰρήνη | der Friede | Irene |
| 12 | ὁ χρησμός | der Orakelspruch | |
| 13 | τηρέω | *(auf etw. achten)*<br>1. beobachten<br>2. behüten, bewahren | |

## Lektion 12

### A

| | | | |
|---|---|---|---|
| 1 | βασιλικός, βασιλική, βασιλικόν | königlich | ὁ βασιλεύς |
| 2 | παρά *beim Gen. (vor Vokal auch* παρ')<br>παρὰ τῶν φίλων / παρ' αὐτῶν ἥκειν | von … her, von<br><br>von den Freunden / von ihnen kommen | παρά *beim Dat.* |
| 3 | πᾶς, πᾶσα, πᾶν<br>*Gen.* παντός, πάσης, παντός | 1. all, ganz<br>2. jeder | πάνυ<br>pan\|europäisch, Pan\|demie, Pan\|orama |
| 4 | ὁμολογέω<br>παρὰ πάντων ὁμολογεῖται | übereinstimmen, zustimmen<br>von allen wird zugegeben | ὁ λόγος |
| 5 | ὅτε *(Subjunktion)* | *(zu der Zeit,)* als, wenn | πότε, ποτέ, τότε, ὁπότε |
| 6 | ὁ παῖς *(auch* ἡ παῖς*)*, τοῦ/τῆς παιδός | 1. das Kind<br>2. der Sklave | παιδεύω, τὸ παιδίον, παίζω<br>Päd\|agogik |
| 7 | κράτιστος, κρατίστη, κράτιστον | stärkster, bester | |
| 8 | ἄριστος, ἀρίστη, ἄριστον | *(Superlativ zu* ἀγαθός*)* bester, tüchtigster, tapferster | ἡ ἀρετή<br>Aristo\|kratie |
| 9 | ἐπί *beim Dat. (vor Vokal auch* ἐπ' *bzw.* ἐφ'*)*<br>ἐπὶ τῷ ἵππῳ<br>ἐπὶ τῇ κρήνῃ<br>ἐπὶ τῷ λόγῳ | 1. auf *(Frage: wo?)*, bei<br>2. aufgrund, wegen<br>auf dem Pferd<br>bei der Quelle<br>wegen des Worts | ἐπί *beim Akk.* |

| | | | |
|---|---|---|---|
| 10 | ἔνθα *(Adverb)* | hier, da, dort | |
| 11 | θεάομαι | sehen, anschauen, betrachten | Theater |
| 12 | ἔνιοι, ἔνιαι, ἔνια | einige | |
| 13 | τιμάω | 1. ehren, respektieren<br>2. *(den Wert)* einschätzen, taxieren | |
| 14 | ἀτιμάζω | verachten, verächtlich behandeln | |
| 15 | ἐκ παίδων | von Kindheit an | ὁ παῖς |
| 16 | ἔπειτα *(Adverb)* | dann, darauf, danach | *entspricht* εἶτα |
| 17 | ἡ ἡλικία | 1. das Lebensalter, das Alter<br>2. die Jugend | |
| 18 | πρέπει | es gehört sich, es ist angemessen | |
| 19 | ἡ θήρα | die Jagd | |
| 20 | τὸ θηρίον | das Tier | |
| 21 | ἐπι- *(als Präfix, auch* ἐπ-, ἐφ-*)* | heran-, auf- | ἐπί *beim Akk.* |
| 22 | φέρομαι | eilen | φέρω |
| 23 | κτείνω *und* ἀπο\|κτείνω | töten | |
| 24 | καίπερ *beim Partizip* | obwohl, wenn auch | καί |
| 25 | ἡ βοήθεια | die Hilfe | |
| 26 | ἔρχομαι | kommen, gehen | |
| 27 | λαμπρός, λαμπρά, λαμπρόν | 1. glänzend, hell<br>2. ruhmvoll | Lampe |
| 28 | τὸ δῶρον | das Geschenk, die Gabe | Doro\|thea, Theo\|dor |

**Eigennamen**

| | | |
|---|---|---|
| | ὁ Κῦρος | Kyros *(der Jüngere; persischer Prinz; versuchte seinen Bruder, den Großkönig Artaxerxes, zu stürzen; fiel 401 v. Chr.)* |

### B

| | | | |
|---|---|---|---|
| 1 | ἡ παρθένος | das Mädchen, die junge Frau, die Jungfrau | Parthenon |
| 2 | ὁ ἀγών, τοῦ ἀγῶνος | 1. der Wettkampf<br>2. der Prozess | ἀγωνίζομαι<br>Agonie |
| 3 | ἀσκέω | 1. üben *(z. B. den Körper)*<br>2. ausüben *(z. B. eine Kunst)* | Asket, Askese |
| 4 | ἔδει | *(Imperfekt zu* δεῖ*)* es war nötig, man musste | |
| 5 | τε – τε | sowohl – als auch, … und … | *entspricht* καί – καί, τε – καί |
| 6 | μετά *beim Gen. (vor Vokal auch* μετ' *bzw.* μεθ'*)*<br>μετὰ τῶν φίλων<br>μεθ' ἡμῶν | 1. inmitten, unter<br>2. (zusammen) mit<br>mit den Freunden<br>mit uns | μετά *beim Akk.* |
| 7 | ἀν\|έχομαι | aushalten, ertragen | ἔχω |
| 8 | ὥσπερ *(Adverb)* | wie | ὡς |
| 9 | ἡ κόρη | das Mädchen | |
| 10 | ἐθίζω<br>*Imperfekt* εἴθιζον | jdn. gewöhnen | |
| 11 | γυμνός, γυμνή, γυμνόν | 1. nackt, leicht bekleidet<br>2. unbewaffnet | Gymnastik |

| | | | |
|---|---|---|---|
| 12 | πρός *beim Dat.* | 1. bei, an | πρός *beim Akk.* |
| | | 2. zusätzlich zu | |
| | πρὸς τῇ οἰκίᾳ | beim Haus | |
| 13 | ᾄδω | singen, besingen | Ode |
| 14 | αἰσχρός, αἰσχρά, αἰσχρόν | 1. *(ästhetisch unschön)* hässlich | |
| | | 2. *(moralisch unschön)* schändlich, niederträchtig, gemein | |
| 15 | οἱ νέοι | die jungen Leute | νέος |
| 16 | προ\|τρέπω | *zu etw.* antreiben, anregen | τρέπω, ἐπι\|τρέπω |
| 17 | ὁ γάμος | die Hochzeit, die Ehe | Poly\|gamie, Mono\|gamie |

**Eigennamen**

| | | |
|---|---|---|
| ἡ Λακεδαίμων, τῆς Λακεδαίμονος | 1. die Stadt Lakedaimon (Sparta) | |
| | 2. die Gegend Lakedaimon (Lakonien) | |
| οἱ Λακεδαιμόνιοι | die Lakedaimonier (Spartaner) | |

# Lektion 13

## A

| | | | |
|---|---|---|---|
| 1 | τὸ τέλος *und* τέλος *(Adverb)* | endlich, schließlich | |
| 2 | ὁ ναός | der Tempel | |
| 3 | μέγας, μεγάλη, μέγα | groß, bedeutend | Mega\|byte, Mega\|phon |
| 4 | θαυμάσιος, θαυμασία, θαυμάσιον | 1. wunderbar | |
| | | 2. seltsam, erstaunlich | |
| 5 | τὸ ἄγαλμα, τοῦ ἀγάλματος | 1. die Kostbarkeit, das Prachtstück | |
| | | 2. die Götterstatue | |
| 6 | πολύς, πολλή, πολύ | viel | πολλοί |
| | | | Poly\|theismus, Poly\|gamie |
| 7 | ἔφην | ich sagte, behauptete | |
| | ἔφη | er, sie, es sagte, behauptete | |
| 8 | ὑπ\|άρχω | 1. anfangen | ἄρχω |
| | | 2. *(von Anfang an dasein)* vorhanden sein, zur Verfügung stehen | |
| 9 | ἔνδοξος, ἔνδοξον | berühmt, allgemein anerkannt | ἡ δόξα |

**Eigennamen**

| | |
|---|---|
| ὁ Πλάτων, τοῦ Πλάτωνος | Platon *(athenischer Philosoph; 428/7–348/7 v. Chr.)* |

## B

| | | | |
|---|---|---|---|
| 1 | μέγιστος, μεγίστη, μέγιστον | *(Superlativ zu* μέγας*)* größter | |
| 2 | ἡ ὁδός | 1. der Weg | Methode |
| | | 2. der Marsch, die Reise | |
| 3 | ὁ πόρος | 1. die Furt | ἄ\|πορος |
| | | 2. der Weg | Pore |
| 4 | εὖ *(Adverb)* | gut, richtig | Eu\|phorie, Ev\|angelium |
| 5 | εὐ- *(als Präfix)* | gut, wohl- | |

| 6 | εὔ\|πορος, εὔ\|πορον | 1. *(von Sachen)* gut gangbar, bequem<br>2. *(von Personen)*<br>  a) gewandt<br>  b) wohlhabend | ὁ πόρος |
|---|---|---|---|
| 7 | ἐπιτήδειος, ἐπιτηδεία, ἐπιτήδειον | 1. *(von Sachen oder Personen)* geeignet, passend, erforderlich<br>2. *(von Personen)* befreundet | |
| 8 | τὰ ἐπιτήδεια | die Lebensmittel | |
| 9 | ὁ ἐπιτήδειος | der Freund | |
| 10 | ἡ ἀ\|πορία | *(die Unwegsamkeit)*<br>1. die Ratlosigkeit, die Verlegenheit<br>2. der Mangel | ὁ πόρος, ἄ\|πορος<br>Aporie |
| 11 | ἄνευ *beim Gen.*<br>ἄνευ σοῦ | ohne<br>ohne dich | entspricht χωρίς *beim Gen.* |
| 12 | ἀ- *(nur als Präfix, auch* ἀν-*)* | *(sog.* alpha privativum, *verneinend)*<br>nicht, un- | ἀ\|θάνατος |
| 13 | ἐπίσταμαι | 1. sich *auf etw.* verstehen, *etw.* können<br>2. wissen | ἡ ἐπιστήμη |
| 14 | δυσ- *(nur als Präfix)* | schlecht, übel, miss- | |
| 15 | δύσ\|πορος, δύσ\|πορον | schlecht passierbar | ὁ πόρος, εὔ\|πορος, ἄ\|πορος |
| 16 | ἡ ἐρημία | 1. die Einsamkeit<br>2. die Wüste | Eremit |
| 17 | μεστός, μεστή, μεστόν *mit Gen.*<br>Ἡ ἐρημία μεστὴ τῶν θηρίων ἐστίν. | voll *von etw.*<br>Die Wüste ist voll von wilden Tieren. | |

**Eigennamen**

| ὁ Τισσαφέρνης, τοῦ Τισσαφέρνους | Tissaphernes *(persischer Satrap in Kleinasien; nach der Schlacht von Kunaxa 401 v. Chr. Bevollmächtigter des Großkönigs)* |
|---|---|

## Lektion 14
### A

| 1 | ἡ στοά | die Säulenhalle | |
|---|---|---|---|
| 2 | ἡ ἱστορία | 1. die Forschung, die Erforschung<br>2. die Geschichte | Historie, Historiker |
| 3 | τὸ ἔθος, τοῦ ἔθους<br>Nom./Akk. Pl. τὰ ἔθη | die Gewohnheit, die Sitte | ἐθίζω |
| 4 | ἀνά *beim Akk. (vor Vokal auch* ἀν'*)*<br><br>ἀνὰ τὸν ποταμόν<br>ἀνὰ πᾶσαν τὴν γῆν | 1. an ... hinauf, in ... hinauf<br>2. über ... hin<br>flussaufwärts<br>über die ganze Erde hin, auf der ganzen Welt | ἀνα\|βαίνω |
| 5 | ἀνα- *(als Präfix, auch* ἀν-*)* | 1. (hin)auf-<br>2. zurück-<br>3. wieder- | ἀνα\|βαίνω |
| 6 | φησί *(enklitisch)* | er, sie, es sagt, behauptet | ἔφην, ἔφη |
| 7 | τίθημι<br><br>τὰς τροφὰς ἐπὶ τὴν τράπεζαν τιθέναι<br>νόμους τιθέναι<br>Ἡρακλέα θεὸν τιθέναι | 1. setzen, stellen, legen<br>2. *(mit doppeltem Akk.)* machen zu<br>die Speisen auf den Tisch legen<br>Gesetze aufstellen, Gesetze geben<br>Herakles zu einem Gott machen | Theke, Apo\|theke, Biblio\|thek, These |
| 8 | ὑπο- *(als Präfix, auch* ὑπ-, ὑφ-*)* | darunter- | ὑπό *beim Gen./Akk.* |

| | | | |
|---|---|---|---|
| 9 | ἐπί *beim Gen. (vor Vokal auch* ἐπ' *bzw.* ἐφ') | 1. auf … (darauf), bei<br>2. zur Zeit von | ἐπί *beim Akk./Dat.* |
| | ἐπὶ γῆς | auf der Erde | |
| | ἐπὶ Ποσειδωνίου | zur Zeit von Poseidonios | |
| 10 | τὸ ξύλον | das Holz | Xylo\|phon |
| 11 | ξύλινος, ξυλίνη, ξύλινον | aus Holz, hölzern | |
| 12 | μικρός, μικρά, μικρόν *und* σμικρός, σμικρά, σμικρόν | klein, unbedeutend | Mikro\|skop |
| 13 | ὁ λέων, τοῦ λέοντος | der Löwe | |
| 14 | ἀμφότεροι, ἀμφότεραι, ἀμφότερα | beide | Amphi\|bie |
| 15 | αἴρω | hochheben | |
| 16 | δάκνω | beißen | |
| 17 | ἡ μάχαιρα | das Messer, der Dolch | |
| 18 | τέμνω | schneiden | Ana\|tomie, A\|tom |
| 19 | κάθημαι | sitzen | |
| 20 | μέσος, μέση, μέσον | mitten, der mittlere | Meso\|potamien |
| 21 | δια\|φέρω *mit Gen.* | 1. sich *von jdm.* unterscheiden<br>2. *(sich positiv unterscheiden)* sich *vor jdm.* auszeichnen | φέρω |
| | Οἱ Κελτοὶ διαφέρουσι τῶν ἄλλων τῇ ἀνδρείᾳ. | Die Kelten unterscheiden sich von den anderen durch die Tapferkeit / zeichnen sich vor den anderen durch die Tapferkeit aus. | |
| 22 | κατά *beim Akk. (vor Vokal auch* κατ' *bzw.* καθ') | 1. über … hin, überall in<br>2. gemäß, entsprechend | |
| | κατὰ τὴν Μακεδονίαν | über Makedonien hin, überall in Makedonien | |
| | κατὰ Ποσειδώνιον | gemäß Poseidonios, nach der Meinung des Poseidonios | |
| | κατὰ πλοῦτον | entsprechend dem Reichtum | |
| 23 | ὁ πλοῦτος | der Reichtum | πλούσιος<br>Pluto\|kratie |

**Eigennamen**

| | | |
|---|---|---|
| ὁ Ποσειδώνιος | Poseidonios *(135–51 v. Chr.; stoischer Philosoph, Historiker und Geograph)* | |
| ἡ Στοά | die Stoa *(hellenistische Philosophenschule)* | |
| οἱ Κελτοί | die Kelten | |

**B**

| | | | |
|---|---|---|---|
| 1 | ὁ/ἡ βοῦς, τοῦ/τῆς βοός | das Rind: der Ochse, die Kuh | |
| 2 | πορεύομαι | marschieren, wandern, reisen | ὁ πόρος |
| 3 | τὸ ὄνομα, τοῦ ὀνόματος | 1. der Name<br>2. der Ruf | ὀνομάζω<br>an\|onym |
| 4 | ἡ χάρις, τῆς χάριτος<br>*Akk.* τὴν χάριν | 1. *(woran man sich freut)*<br>  a) die Schönheit, der Charme, der Reiz<br>  b) die Gefälligkeit<br>2. *(die Äußerung der Freude)* der Dank | χαίρω, ἡ χαρά |
| 5 | θαυμάζω | 1. bewundern<br>2. sich wundern | θαυμάσιος |
| 6 | τὸ ἔθνος, τοῦ ἔθνους | das Volk, der Volksstamm *(als Kulturgemeinschaft; vgl. dagegen ὁ δῆμος)* | ethnisch, Ethno\|graphie |

## 14

**Eigennamen**

| | |
|---|---|
| ὁ Ἡρακλῆς, τοῦ Ἡρακλέους *Dat.* τῷ Ἡρακλεῖ, *Akk.* τὸν Ἡρακλέα, *Vok.* ὦ Ἡράκλεις | Herakles *(griechischer Held; Sohn des Zeus und der Alkmene)* |
| ἡ Ἐρύθεια | Erytheia *(Insel im Atlantik, jenseits der Straße von Gibraltar bei Gadeira [heute: Cádiz])* |
| ὁ Γηρυόνης, τοῦ Γηρυόνου | Geryones *(Monster mit drei Oberkörpern; lebte auf der Insel Erytheia und besaß schöne Rinder)* |
| ὁ Βρεταννός | Bretannos |
| ἡ Κελτίνη | Keltine |
| ὁ Κελτός | Keltos |

## Lektion 15
### A

| | | | |
|---|---|---|---|
| 1 | πότερος, ποτέρα, πότερον; | welcher (von beiden)? | ἕτερος |
| 2 | πότερον – ἤ | *(welches von beiden: x oder y?)* <br> 1. … oder <br> 2. ob … oder | |
| | Πότερον ἀντιλέγεις ἢ ὁμολογεῖς (<ὁμολογέ-εις); <br> Λέγε, πότερον οἱ νόμοι ἄρχουσιν ἢ οἱ ἄνθρωποι. | Widersprichst du oder stimmst du zu? <br><br> Sag, ob die Gesetze bestimmen oder die Menschen. | |
| 3 | δοκεῖ μοι | 1. es scheint mir <br> 2. es scheint mir gut, ich beschließe | δοκέω, ἡ δόξα |
| 4 | ἡ ὑγίεια | die Gesundheit | Hygiene |
| 5 | ἄλλος μέν – ἄλλος δέ | einer … ein anderer | ἄλλος |
| 6 | ὁ ἀνήρ, τοῦ ἀνδρός | 1. der Mann <br> 2. der Mensch | ἡ ἀνδρεία <br> andro\|gyn |
| 7 | ἡ γυνή, τῆς γυναικός | die Frau | Gynäko\|logie |
| 8 | εἴτε – εἴτε | 1. sei es (, dass) … oder (dass) <br> 2. ob … oder | εἰ, τε – τε |
| 9 | πρεσβύτερος, πρεσβυτέρα, πρεσβύτερον | älter | |
| 10 | ὁ πρεσβύτερος | der Ältere | |
| 11 | πως *(enklitisch)* | irgendwie | ὡς |
| 12 | ὅμοιος, ὁμοία, ὅμοιον | 1. gleich <br> 2. ähnlich | ὁμο\|λογέω <br> Homöo\|pathie |
| | Ὅδε ὁ ἀνὴρ ἐκείνῳ ὅμοιός ἐστι. | Dieser Mann ist jenem ähnlich/gleicht jenem. | |
| 13 | ἡ πόλις, τῆς πόλεως <br> *Akk.* τὴν πόλιν | 1. die Stadt <br> 2. der Staat | ἡ πολιτική <br> Politik, Poli\|klinik |
| 14 | οἰκέω | 1. wohnen, bewohnen <br> 2. verwalten | ἡ οἰκία *und* ὁ οἶκος |
| 15 | εἰ μή | 1. wenn nicht <br> 2. außer | εἰ, μή |
| 16 | δῆτα | wirklich, gewiss | δή |
| 17 | οὐκοῦν | 1. also, folglich <br> 2. *(bei Fragen)* nicht wahr? | οὐκ, οὖν |
| 18 | ἡ ἀνάγκη <br><br> ἀνάγκη *(ergänze* ἐστίν*)* | 1. der Zwang, die Notwendigkeit <br> 2. die Not <br> *(„es besteht Notwendigkeit")* es ist notwendig, notwendigerweise | ἀναγκάζω |

| | | | |
|---|---|---|---|
| 19 | εἴπερ *(Subjunktion)* | wenn wirklich | εἰ |
| 20 | μέλλω *mit Infinitiv* | 1. wollen, im Begriff sein<br>2. sollen<br>3. zögern *(etw. zu tun)* | |
| 21 | ὁ τρόπος | 1. die Art und Weise<br>2. der Charakter | τρέπω |

**Eigennamen**

| | | |
|---|---|---|
| ὁ Μένων, τοῦ Μένωνος | Menon *(um 423–400 v. Chr.; thessalischer Truppenkommandeur; lebte zeitweilig in Athen)* | |

## B

| | | | |
|---|---|---|---|
| 1 | παλαιός, παλαιά, παλαιόν | alt | Palä\|onto\|logie |
| 2 | περί *beim Akk.*<br><br>περὶ τὴν οἰκίαν<br>περὶ τὸ σῶμα | 1. um … herum<br>2. hinsichtlich<br>um das Haus herum<br>hinsichtlich des Körpers, im Hinblick auf den Körper | περί *beim Gen.*<br>Peri\|pherie, Peri\|ode |
| 3 | πολεμικός, πολεμική, πολεμικόν | *(zum Krieg gehörig)*<br>1. Kriegs-<br>2. kriegerisch, kriegserfahren | ὁ πόλεμος, πολέμιος |
| 4 | βασιλεύω *mit Gen.*<br>Αἱ γυναῖκες ἐβασίλευον τῶν ἀνδρῶν. | König sein, herrschen *über jdn.*<br>Die Frauen herrschten über die Männer. | ὁ βασιλεύς, βασιλικός |
| 5 | μόνος, μόνη, μόνον | allein, einzig | μόνον<br>Mono\|log |
| 6 | τὸ πῦρ, τοῦ πυρός | das Feuer | Pyro\|technik, Pyro\|mane |
| 7 | καίω | anzünden, verbrennen | |
| 8 | ἡ μάχη | der Kampf, die Schlacht | ὁ σύμ\|μαχος |
| 9 | τὸ ὅπλον | die Waffe | |
| 10 | κατα\|λαμβάνω | 1. *etw./jdn.* ergreifen, einnehmen *(z. B. eine Festung)*<br>2. *jdn.* antreffen, ertappen, überraschen<br>3. *etw.* begreifen | λαμβάνω |
| 11 | φεύγω *mit Akk.*<br><br><br>Οἱ ἐναντίοι τὰς Ἀμαζόνας ἔφευγον. | 1. *vor jdm.* fliehen, *etw.* meiden<br>2. angeklagt sein<br>3. verbannt werden<br>Die Feinde flohen vor den Amazonen. | |
| 12 | ἀπο\|φεύγω *mit Akk.* | 1. *jdm.* entkommen<br>2. freigesprochen werden | |
| 13 | διώκω | 1. verfolgen<br>2. *(gerichtlich verfolgen)* anklagen | |

**Eigennamen**

| | |
|---|---|
| αἱ Ἀμαζόνες, τῶν Ἀμαζόνων | Amazonen *(mythisches Volk kriegerischer Frauen in der Gegend des Schwarzen Meeres)* |
| ὁ Θερμώδων, τοῦ Θερμώδοντος | Thermodon *(Fluss im nördlichen Kleinasien, der ins Schwarze Meer mündet)* |
| ὁ Ἄρης, τοῦ Ἄρεως | Ares *(Gott des Krieges)* |

## Lektion 16

### A

| | | | |
|---|---|---|---|
| 1 | ὁ ἔμ\|πορος | („der auf Fahrt ist") der Großkaufmann | ὁ πόρος, ἄ\|πορος, ἡ ἀ\|πορία, εὔ\|πορος, δύσ\|πορος |
| 2 | πονηρός, πονηρά, πονηρόν | (was Mühe und Ärger verursacht) 1. (sachlich) schlecht, untauglich 2. (moralisch) niederträchtig, böse | ὁ πόνος |
| 3 | ἐπ\|αινέω | loben | |
| 4 | πωλέω | verkaufen | Mono\|pol |
| 5 | ὠνέομαι | kaufen | |
| 6 | περι- (als Präfix) | herum-, ringsum | περί beim Akk., περι\|βάλλω |
| 7 | ἀεί (Adverb) | 1. immer 2. jeweils | (zu ἀεί Lektion 1) |
| | ὁ ἀεὶ ἐπιθυμῶν | der sich jeweils Interessierende | |
| 8 | ἀγνοέω | nicht kennen, nicht wissen | ἀ-, ἡ γνώμη, γιγνώσκω Agnostiker |
| 9 | ἐπιστήμων, ἐπιστῆμον Gen. ἐπιστήμονος | (sich auf etw. verstehend) kundig, geschickt | ἡ ἐπιστήμη, ἐπίσταμαι |
| | Ἐπιστήμων εἰμὶ τῆς ἰατρικῆς. | Ich kenne mich in der Medizin aus. | |
| 10 | σκοπέω und δια\|σκοπέω | 1. betrachten 2. prüfen | σκέπτομαι Mikro\|skop, Tele\|skop |
| 11 | ἡγέομαι | 1. (mit Gen./Dat.) führen 2. (mit Infinitiv/AcI) meinen, glauben 3. (mit doppeltem Akk.) halten für | Hegemonie |
| | Ἡγοῦμαι στρατοῦ. Ἡγοῦμαι στρατῷ. | Ich bin Führer eines Heeres / führe ein Heer. („Ich bin einem Heer der Wegführer") Ich zeige einem Heer den Weg. | |
| | Πάντες Κῦρον βασιλικώτατον ἡγοῦντο. | Alle hielten Kyros für sehr königlich. | |
| 12 | ὁμιλέω mit Dat. | mit jdm. zusammen sein | |

**Eigennamen**

| | | |
|---|---|---|
| | ὁ Πρωταγόρας, τοῦ Πρωταγόρου | Protagoras (Sophist; um 490–421 v. Chr.) |

### B

| | | | |
|---|---|---|---|
| 1 | ἀναγκαῖος, ἀναγκαία, ἀναγκαῖον | zwingend, notwendig | ἡ ἀνάγκη, ἀναγκάζω |
| 2 | ὁ διδάσκαλος | der Lehrer | διδάσκω |
| 3 | ὁ μαθητής, τοῦ μαθητοῦ | 1. der Lernende, der Schüler, der Student 2. (im Neuen Testament) der Jünger | μανθάνω, τὸ μάθημα |
| 4 | πολλάκις (Adverb) | vielfach, oft | πολλοί, πολύς |
| 5 | ζητέω | 1. suchen, aufsuchen 2. untersuchen, forschen, erforschen | |
| 6 | εὑρίσκω | 1. finden, herausfinden 2. erfinden | „Heureka!" |
| 7 | ὁ σοφιστής, τοῦ σοφιστοῦ | der Sophist | σοφός, ἡ σοφία |
| 8 | ἐπεί (als Hauptsatzeinleitung) | denn | ἐπεί (als Subjunktion) |
| 9 | φανερός, φανερά, φανερόν | sichtbar, deutlich | φαίνω |
| 10 | συγ\|γίγνομαι | 1. zusammenkommen 2. zusammensein | γίγνομαι |
| 11 | οὔποτε (Adverb) | niemals | οὐ, ποτέ |

| | | | |
|---|---|---|---|
| 12 | πῶς; | wie? | πως, ὡς |
| 13 | δαιμόνιος, δαιμονία, δαιμόνιον | 1. göttlich, übermenschlich, wunderbar, unbegreiflich | ὁ δαίμων, ἡ εὐ\|δαιμονία, εὐ\|δαίμων |
| | | 2. *(von einem δαίμων geschlagen)* unselig, unglücklich | |
| 14 | ἄ\|πειρος, ἄ\|πειρον *mit Gen.* | unerfahren *in etw.* | |
| | Ἄπειρός εἰμι τῆς πολιτικῆς. | Ich bin in der Politik unerfahren / habe keine Erfahrung mit der Politik. | |
| 15 | οἶδα *(1. Sg. Perfekt)* 2. Sg. οἶσθα | wissen, kennen | οἶδε(ν) |

**Eigennamen**

ὁ Ἄνυτος — Anytos *(Politiker; späterer Ankläger von Sokrates)*

# Lektion 17
## A

| | | | |
|---|---|---|---|
| 1 | πειράομαι | 1. *(mit Gen.)* etw./jdn. versuchen, erproben | ἄ\|πειρος |
| | | 2. *(mit Infinitiv)* versuchen | |
| | Πειρῶμαι τοῦ φίλου. | Ich prüfe („teste") den Freund. | |
| | Οἱ σοφισταὶ πειρῶνται ἡμᾶς πείθειν. | Die Sophisten versuchen uns zu überreden. | |
| 2 | ἐρωτάω *und* ἐπ\|ερωτάω | fragen | |
| 3 | παρά *beim Akk. (vor Vokal auch* παρ') | 1. zu (… hin) | παρά *beim Dat./Gen.* |
| | | 2. entlang an | |
| | | 3. gegen | para\|dox |
| | παρὰ Πρωταγόραν / παρ' ἐμέ | zu Protagoras / zu mir | |
| | παρὰ τὸν ποταμόν | den Fluss entlang | |
| | παρὰ τοὺς νόμους | gegen die Gesetze, gesetzeswidrig | |
| 4 | ἐπι\|χειρέω | *(Hand anlegen)* | ἐπί *beim Akk.,* ἡ χείρ |
| | | 1. *(mit Dat.)* a) *jdn.* angreifen b) *etw.* in Angriff nehmen, unternehmen | |
| | | 2. *(mit Infinitiv)* versuchen | |
| | τοῖς πολεμίοις ἐπιχειρεῖν | die Feinde angreifen | |
| | τῷ ἔργῳ ἐπιχειρεῖν | das Werk in Angriff nehmen | |
| | Ἐπιχειρῶ ὑμᾶς πείθειν. | Ich versuche euch zu überzeugen. | |
| 5 | φοιτάω | häufig *an einen Ort* gehen, *jdn.* regelmäßig besuchen | |
| | Φοιτῶμεν παρὰ Πρωταγόραν. | Wir gehen regelmäßig zu Protagoras. | |
| 6 | τὸ ἀργύριον *und* ὁ ἄργυρος | 1. das Silber 2. das Geld | |
| 7 | τελέω | 1. vollenden 2. bezahlen | τέλειος, (τὸ) τέλος |
| 8 | χρήομαι *mit Dat.* | 1. *etw.* gebrauchen 2. *mit jmd.* verkehren, zusammen sein | χρή, ἡ χρεία, χρηστός, χρήσιμος |
| | τῇ ῥητορικῇ χρῆσθαι | von der Rhetorik Gebrauch machen | |
| | Πρωταγόρᾳ φίλῳ χρῆσθαι | Protagoras zum Freund haben | |
| 9 | ἡ ῥητορική *(ergänze* τέχνη*)* | die Redekunst, die Rhetorik | |
| 10 | ἡ ἀριθμητική *(ergänze* τέχνη*)* | die Arithmetik, die Zahlenlehre | ὁ ἀριθμός |
| 11 | ἡ ἀστρονομία | die Astronomie | τὸ ἄστρον, ὁ νόμος |

# 17

| | | | |
|---|---|---|---|
| 12 | ἡ γεωμετρία | die Geometrie | ἡ γῆ |
| 13 | ἡ μουσική (*ergänze* τέχνη) | die Musik | |
| 14 | ἀφ\|ικνέομαι | kommen, ankommen | |
| 15 | κτάομαι | (sich) erwerben | |
| 16 | πολιτικός, πολιτική, πολιτικόν | (staats-)bürgerlich, politisch | **ἡ πόλις, ἡ πολιτική** Politik, politisch |
| 17 | ὁ πολιτικός | der Staatsmann, der Politiker | |
| 18 | ἡ τέχνη | das fachliche Können: 1. *(im materiellen Bereich)* das Handwerk, das handwerkliche Können 2. *(im geistigen Bereich)* a) das Können, die „Kunst" (z. B. die Redekunst) b) die List | Technik |
| 19 | ὑπ\|ισχνέομαι | versprechen | |
| 20 | ὁ ῥήτωρ, τοῦ ῥήτορος | der Redner | **ἡ ῥητορική** |
| 21 | ὁ πολίτης, τοῦ πολίτου | der Bürger | **ἡ πόλις, πολιτικός, ἡ πολιτική** Kosmo\|polit |

**Eigennamen**

| | | | |
|---|---|---|---|
| | ὁ Ἱπποκράτης, τοῦ Ἱπποκράτους | Hippokrates *(ein Bekannter von Sokrates)* | |

# B

| | | | |
|---|---|---|---|
| 1 | τὸ δένδρον | der Baum | Rhodo\|dendron |
| 2 | κατ\|εσθίω | aufessen, verschlingen | **ἐσθίω** |
| 3 | ἡ μηχανή | 1. der gute Einfall, die Erfindung, der Trick 2. das Mittel, das Werkzeug | Mechanik, mechanisch |
| 4 | κάλλιστος, καλλίστη, κάλλιστον | (*Superlativ zu* καλός) schönster | |
| 5 | ἡ φωνή | der Ton, die Stimme | **φησί, ἔφην** Mikro\|fon, Tele\|fon |
| 6 | παρα\|καλέω | einladen, auffordern | **καλέω** |
| 7 | κατα- (*als Präfix, auch* κατ-, καθ-) | hinab-, herab- | **κατά** *beim Akk.,* **κατα\|βαίνω** |
| 8 | βοάω | rufen, schreien | |
| 9 | πλανάομαι | 1. umherirren, sich verirren 2. sich irren | Planet |
| 10 | οἴομαι *und* οἶμαι 2. Sg. Präsens οἴει | glauben, meinen | (*zu* οἴομαι *Lektion 6*) |
| 11 | κινδυνεύω Ὁ Σωκράτης κινδυνεύει. Οἱ ἔμποροι κινδυνεύουσιν ἀγνοεῖν, τί πωλοῦσιν. | 1. in Gefahr sein 2. *(Gefahr laufen)* scheinen Sokrates ist in Gefahr. Die Großkaufleute scheinen („laufen Gefahr") nicht zu wissen, was sie verkaufen. | ὁ κίνδυνος |
| 12 | φυλάττω | bewachen | ὁ φύλαξ pro\|phylaktisch |
| 13 | φυλάττομαι *mit Akk.* Φυλάττομαι κακοὺς ἀνθρώπους. | sich *vor jdm./etw.* hüten Ich hüte mich vor bösen Menschen. | |
| 14 | τὸ πτερόν | der Flügel | Heliko\|pter |
| 15 | ὁράω Imperfekt ἑώρων | sehen | Pan\|orama |

# Lektion 18

## A

| | | | |
|---|---|---|---|
| 1 | σός, σή, σόν | dein | σύ (σοῦ *etc.*) |
| 2 | ἀδικέω *mit Akk.* <br> Οἱ Πέρσαι τοὺς Ἕλληνας ἀδικοῦσιν. | jdm. Unrecht tun, jdn. kränken <br> Die Perser tun den Griechen Unrecht. | ἡ ἀ\|δικία, δίκαιος, ἡ δικαιοσύνη |
| 3 | βοηθέω | („auf einen Ruf [βοή] hin herbeieilen [θέω]") zu Hilfe eilen, helfen | ἡ βοήθεια, βοάω |
| 4 | αἰτέω | fordern, bitten | |
| 5 | ὑμέτερος, ὑμετέρα, ὑμέτερον | euer | ὑμεῖς |
| 6 | κακῶς ποιέω | schlecht behandeln | |
| 7 | ὁ ἡγεμών, τοῦ ἡγεμόνος | der Führer, der Feldherr | ἡγέομαι <br> Hegemonie |
| 8 | τιμωρέομαι *mit Akk.* <br> Ὁ Ἀλέξανδρος τιμωρεῖται τοὺς Πέρσας. | sich *an jdm.* rächen, *jdn.* bestrafen <br> Alexander rächt sich an den Persern. | |
| 9 | στρατεύω *und* στρατεύομαι | einen Feldzug unternehmen | ὁ στρατός |
| 10 | ἐμός, ἐμή, ἐμόν | mein | ἐγώ (ἐμοῦ *etc.*) |
| 11 | τὸ χρῆμα, τοῦ χρήματος <br> τὰ χρήματα, τῶν χρημάτων | (das Brauchbare) die Sache, das Ding <br> das Geld, der Besitz, das Vermögen | χρή, χρήομαι, ἡ χρεία, χρηστός, χρήσιμος |
| 12 | αἰτιάομαι | beschuldigen | |
| 13 | δίδωμι | geben | Dosis |
| 14 | λοιπός, λοιπή, λοιπόν <br> τοῦ λοιποῦ (*ergänze* χρόνου) | übrig <br> künftig | λείπω, κατα\|λείπω |

### Eigennamen

| | | |
|---|---|---|
| | ὁ Φίλιππος | Philipp II. *(König von Makedonien, Vater Alexanders; um 382–336 v. Chr.)* |
| | ὁ Ἀρταξέρξης, τοῦ Ἀρταξέρξου | Artaxerxes III. *(Großkönig der Perser; um 390–338 v. Chr.)* |
| | ὁ Ἀρσῆς, τοῦ Ἀρσοῦ | Arses *(Großkönig der Perser; Sohn von Artaxerxes III.; gestorben 336 v. Chr.)* |
| | ὁ Ἕλλην, τοῦ Ἕλληνος | der Grieche, der Hellene |
| | ἡ Ἀσία | 1. Asien <br> 2. Kleinasien |

## B

| | | | |
|---|---|---|---|
| 1 | ὁ θόρυβος | der Lärm, die Unruhe | |
| 2 | ζήω <br> *Partizip Präsens Aktiv* ζῶν, ζῶσα, ζῶν <br> *Imperfekt* ἔζων | leben | τὸ ζῷον |
| 3 | πρὸς τούτοις | außerdem | πρός *beim Dat.* |
| 4 | ἡ θεραπεία | 1. der Dienst <br> 2. die Verehrung <br> 3. die Pflege | θεραπεύω <br> Therapie |
| 5 | συγ\|χωρέω | (mit jdm. in einer Sache zusammengehen) <br> 1. *jdm. etw.* zugestehen, erlauben <br> 2. zustimmen | ἡ χώρα |
| 6 | ὑπέρ *beim Gen.* <br><br> ὑπὲρ τοῦ οὐρανοῦ <br> Ὁ Ἀλέξανδρος ὑπὲρ τῶν Ἑλλήνων στρατεύεται. | 1. oberhalb, über <br> 2. im Interesse von, für <br> über dem Himmel <br> Alexander unternimmt für die Griechen einen Feldzug. | hyper\|aktiv |
| 7 | πολεμέω | Krieg führen | ὁ πόλεμος, πολέμιος, πολεμικός |

**Eigennamen**

| | |
|---|---|
| ὁ Ἀλέξανδρος | Alexander der Große *(König von Makedonien; 356–323 v. Chr.)* |
| ὁ Δαρεῖος | Dareios III. *(Großkönig der Perser; um 380–330 v. Chr.)* |

# Lektion 19
## A

| | | | |
|---|---|---|---|
| 1 | ὁ ποιμήν, τοῦ ποιμένος | der Hirte | |
| 2 | τὸ ποτόν | der Trank | πίνω |
| 3 | ποτέ – ποτέ | bald … bald, manchmal … manchmal | ποτέ |
| 4 | ὁ λύκος | der Wolf | |
| 5 | τὸ δέρμα, τοῦ δέρματος | die Haut | Dermato\|logie |
| 6 | ὁ ταῦρος | der Stier | |
| 7 | πρό *beim Gen.* | 1. vor *(räumlich und zeitlich)*<br>2. für | προ-, πρόσθεν |
| | πρὸ τῆς θύρας<br>πρὸ τῆς μάχης<br>πρὸ τῶν φίλων μάχεσθαι | vor der Tür<br>vor dem Kampf<br>für die Freunde kämpfen | |
| 8 | μάχομαι *mit Dat.*<br>*Aorist* ἐμαχεσάμην | mit jdm. / gegen jdn. kämpfen | ἡ μάχη, ὁ σύμ\|μαχος |
| | Ὁ ταῦρος λύκῳ ἐμαχέσατο. | Der Stier kämpfte mit einem Wolf. | |
| 9 | φονεύω | 1. Mörder sein<br>2. töten, ermorden | |
| 10 | τείνω<br>*Aorist* ἔτεινα | 1. dehnen, spannen, ausstrecken<br>2. sich erstrecken | Ton<br>Hypo\|tenuse |
| 11 | κρύπτω | verstecken, verbergen | kryptisch, Krypta |
| 12 | ἡ αἴξ, τῆς αἰγός | die Ziege | |
| 13 | τὸ πρόβατον | das Kleinvieh *(Schaf, Ziege)* | |
| 14 | ὁρμάω | 1. antreiben<br>2. *(sich in Bewegung setzen)*<br>   aufbrechen, losstürmen | Hormon |
| 15 | κατά *beim Gen. (vor Vokal auch* κατ'<br>*bzw.* καθ') | 1. von … herab, auf … herab<br>2. gegen | κατα-, κατά *beim Akk.* |
| | κατὰ τοῦ ἵππου<br>Μέλητος κατὰ τῶν φιλοσόφων ἔλεγεν.<br>καθ' ἡμῶν | vom Pferd herab<br>Meletos sprach gegen die Philosophen.<br>gegen uns | |
| 16 | πρίν *(Subjunktion)* | bevor | |
| 17 | πηδάω | springen | |
| 18 | ὁ ἔλεγχος | 1. Untersuchung, die Prüfung<br>2. die Widerlegung | |
| 19 | φρουρέω | 1. Wache halten<br>2. bewachen, schützen | |
| 20 | κεῖμαι | liegen | πρό\|κειμαι |
| 21 | σιωπάω | schweigen | |

**Eigennamen**

| | |
|---|---|
| ὁ Δόρκων, τοῦ Δόρκωνος | Dorkon *(ein Rinderhirte auf der Insel Lesbos)* |

**B**

| | | | |
|---|---|---|---|
| 1 | ὁ βοηθός | der Helfer | ἡ βοήθεια, βοηθέω |
| 2 | ἅπτομαι *mit Gen.* | 1. *jdn./etw.* anfassen, berühren | Haptik, Syn\|apse |
| | | 2. sich *mit etw.* befassen | |
| | Δάφνις Χλόης ἥπτετο. | Daphnis berührte Chloë. | |
| | Τὰ μειράκια ἅπτεται τῆς φιλοσοφίας. | Die jungen Männer befassen sich mit Philosophie. | |
| 3 | τὸ μειράκιον | der junge Mann | |
| 4 | μέγα *(Adverb)* | viel, sehr | μέγας |
| 5 | ἱκετεύω | *jdn.* um Schutz flehen, *jdn.* anflehen | |
| 6 | πάρ\|ειμι | anwesend sein, da sein | |
| | παρών, παροῦσα, παρόν | anwesend | |
| 7 | καλέω | 1. rufen | *(zu* καλέω *Lektion 7)* |
| | *Aorist* ἐκάλεσα | 2. nennen | |
| 8 | ταχέως *(Adverb)* | schnell | Tacho\|meter |
| 9 | ποιμενικός, ποιμενική, ποιμενικόν | zum Hirten gehörig, Hirten- | ὁ ποιμήν |
| 10 | ἡ παιδιά | das Spiel, der Spaß | τὸ παιδίον, ὁ παῖς, παίζω |

## Lektion 20

**A**

| | | | |
|---|---|---|---|
| 1 | τὸ στάδιον | 1. die Rennbahn, das Stadion | |
| | | 2. „Stadion" *als Längenmaß (etwa 180 m)* | |
| 2 | βαδίζω | gehen | βαίνω |
| 3 | ὁ ἑταῖρος | der Freund, der Gefährte | |
| 4 | μηδέ | und nicht, auch nicht, aber nicht, nicht einmal | οὐδέ |
| 5 | ἀκολουθέω | folgen | |
| 6 | ὁ στέφανος | der Kranz | Stefan |
| 7 | ὁ δέ | der aber | |
| 8 | νικάω | 1. siegen, Sieger sein | ἡ νίκη |
| | | 2. besiegen | Olympio\|nike |
| 9 | φρόνιμος, φρόνιμον | klug, vernünftig | σώφρων, ἡ σωφροσύνη, ἄ\|φρων |
| 10 | φθάνω *mit Akk.* | *jdn.* überholen, *jdm.* zuvorkommen | |
| | *Aorist* ἔφθασα | | |
| 11 | τρέχω | laufen, rennen | |
| 12 | πρότερον *(Adverb)* | früher | πρό *beim Gen.,* προ-, πρόσθεν |

**Eigennamen**

| | | |
|---|---|---|
| ὁ Διογένης, τοῦ Διογένους | Diogenes *(Philosoph aus Sinope am Schwarzen Meer; um 400–325 v. Chr.)* | |
| *Vok.* ὦ Διόγενες | | |

**B**

| | | | |
|---|---|---|---|
| 1 | ὁ δικαστής, τοῦ δικαστοῦ | der Richter | δίκαιος, ἡ δικαιοσύνη, ἡ ἀδικία, ἀδικέω |
| 2 | μισέω | hassen | Mis\|anthrop |
| 3 | πάλαι *(Adverb)* | 1. früher, ehemals | παλαιός |
| | | 2. schon lange | |

| | | | |
|---|---|---|---|
| 4 | πολιτεύομαι | sich politisch betätigen, Politik betreiben | ἡ πόλις, πολιτικός |
| 5 | πάλιν *(Adverb)* | wieder | Palin\|drom |

**Eigennamen**

| | | |
|---|---|---|
| ὁ Πειραιεύς, τοῦ Πειραιῶς Akk. τὸν Πειραιᾶ | Piräus *(der Hafen Athens)* | |

## Lektion 21

### A

| | | | |
|---|---|---|---|
| 1 | ὁ δεσπότης, τοῦ δεσπότου | der Herr, der Herrscher, der Despot | |
| 2 | χωρέω | *(Platz machen)* gehen *(vorwärts oder rückwärts)*, weichen | ἡ χώρα, συγ\|χωρέω |
| 3 | -θεν *(Suffix)* | von … her | |
| 4 | οἴκο\|θεν *(Adverb)* | von zu Hause | |
| 5 | ποτέ *(enklitisch)* | 1. irgendwann einmal  2. *(nach Fragewörtern)* … denn eigentlich | *(zu* ποτέ *Lektion 7)* |
| | Τί ποτε ἡ δικαιοσύνη ἐστίν; | Was ist eigentlich die Gerechtigkeit? | |
| 6 | εἰ δὲ μή | wenn aber nicht, andernfalls | εἰ, μή |
| 7 | ἀγανακτέω *mit Dat.*  Ὁ Δάφνις τῷ Δόρκωνι ἀγανακτεῖ. | sich ärgern, empört sein *über jdn./etw.*  Daphnis ärgert sich über Dorkon. | |

### B

| | | | |
|---|---|---|---|
| 1 | δέχομαι | 1. *etw.* annehmen  2. *jdn. (freundlich)* aufnehmen | |
| 2 | θεωρέω | 1. Zuschauer sein, anschauen  2. *(geistig anschauen)* erwägen, überlegen | Theorie, theoretisch |
| 3 | τὸ θέατρον | das Theater | θεάομαι |
| 4 | δίς *(Adverb)* | zweimal | δύο |
| 5 | ὁ ἅλς, τοῦ ἁλός | das Salz | |
| 6 | ἐν- *(als Präfix, auch* ἐμ-, ἐγ-*)* | 1. darin  2. hinein- | ἔν\|ειμι |
| 7 | δειπνέω | die Mahlzeit einnehmen *(Hauptmahlzeit am späten Nachmittag)* | |
| 8 | ἡ νύξ, τῆς νυκτός  (τῆς) νυκτός | die Nacht  nachts, bei Nacht | |
| 9 | ἡ κραυγή | das Geschrei | |
| 10 | ἡ σπουδή | 1. die Eile, der Eifer  2. der Ernst | |
| 11 | ἐπι\|λανθάνομαι *mit Gen.*  Ὁ Δάφνις τῆς Χλόης οὔποτε ἐπελανθάνετο. | *jdn./etw.* vergessen  Daphnis vergaß Chloë nie. | |
| 12 | ἡ σκηνή | 1. das Zelt, die Hütte  2. die Bühne | Szene |
| 13 | ὡς *beim Partizip* | *(subjektiv-vergleichend)* wie wenn, als ob | |

## Lektion 22
### A

| | | | |
|---|---|---|---|
| 1 | χαλεπῶς φέρω | („schwer an etwas tragen") sich ärgern | χαλεπός, φέρω |
| 2 | ἄ\|δικος, ἄ\|δικον | ungerecht | ἡ ἀ\|δικία, δίκαιος |
| 3 | ἡ κεφαλή | der Kopf | |
| 4 | φίλτατος, φιλτάτη, φίλτατον | (Superlativ zu φίλος) liebster | |
| 5 | βούλομαι<br>2. Sg. Präsens βούλει | wollen | (zu βούλομαι Lektion 5) |
| 6 | ἥσυχος, ἥσυχον | ruhig | ἡ ἡσυχία |
| 7 | γελάω<br>Aorist ἐγέλασα | 1. lachen<br>2. auslachen | γελοῖος |

**Eigennamen**

| | | |
|---|---|---|
| | ὁ Ἀπολλόδωρος | Apollodoros (ein Anhänger von Sokrates) |

### B

| | | | |
|---|---|---|---|
| 1 | τὸ ὄργανον | das Werkzeug, das Instrument | τὸ ἔργον<br>Organ, Orgel |
| 2 | ὡς beim Superlativ<br>ὡς τάχιστα | möglichst (beim Positiv)<br>möglichst schnell | |
| 3 | ταχύς, ταχεῖα, ταχύ<br>Superlativ τάχιστος, ταχίστη, τάχιστον | schnell | ταχέως<br>Tacho\|meter |
| 4 | δράω | tun, handeln | Drama, drastisch |
| 5 | σχίζω | spalten, zerteilen | Schisma, Schizo\|phrenie |
| 6 | περί beim Dat. | um (… herum) | περί beim Gen./Akk. |
| 7 | θαρρέω | mutig sein, zuversichtlich sein | |

**Eigennamen**

| | |
|---|---|
| ὁ Ζεύς, τοῦ Διός<br>Dat. τῷ Διί, Akk. τὸν Δία,<br>Vok. ὦ Ζεῦ | Zeus (Wettergott und König der Götter; zu ὁ Ζεύς Lektion 1) |
| ὁ Ἥφαιστος | Hephaistos (Gott der Schmiedekunst und des Handwerks) |
| ἡ Ἀθηνᾶ | Athene (Göttin der Weisheit, der Handwerks- und der Kriegskunst) |

## Lektion 23
### A

| | | | |
|---|---|---|---|
| 1 | ἡ στρατιά | das Heer | entspricht ὁ στρατός |
| 2 | Ἀθηναῖος, Ἀθηναία, Ἀθηναῖον | athenisch, aus Athen | ὁ Ἀθηναῖος |
| 3 | ὁ στρατηγός | 1. der Heerführer<br>2. (in Athen) der Stratege<br>(politisches Amt) | ὁ στρατός, ἄγω<br>Strat\|egie |
| 4 | ὁ στρατιώτης, τοῦ στρατιώτου | der Soldat | ὁ στρατός |
| 5 | μετα\|πέμπομαι | jdn. kommen lassen, nach jdm. schicken | |
| 6 | ἀρχαῖος, ἀρχαία, ἀρχαῖον | alt, ehemalig | ἄρχω<br>archaisch, Archäo\|logie |
| 7 | κρείττων, κρεῖττον<br>Gen. κρείττονος | (Komparativ zu ἀγαθός) stärker, überlegener, wichtiger, besser | κράτιστος |
| 8 | ἡ πατρίς, τῆς πατρίδος | das Vaterland, die Vaterstadt | ὁ πατήρ |

| | | | |
|---|---|---|---|
| 9 | ἡ πορεία | die Reise, der Marsch | ὁ πόρος, πορεύομαι |
| 10 | συμ\|βουλεύω | raten, einen Rat geben | βουλεύω |
| 11 | καλῶς πράττω und εὖ πράττω | es geht mir gut | |
| 12 | ἡ μαντεία | die Weissagung, der Orakelspruch | |
| 13 | ἀμείνων, ἄμεινον Gen. ἀμείνονος | (Komparativ zu ἀγαθός) tüchtiger, besser, tapferer | ἄριστος |
| 14 | κρίνω und δια\|κρίνω | (Grundbedeutung: sichten, scheiden) 1. unterscheiden, aussondern, auswählen 2. entscheiden, urteilen, richten | ἀπο\|κρίνομαι kritisch, Krise |

**Eigennamen**

| | | |
|---|---|---|
| ὁ Ξενοφῶν, τοῦ Ξενοφῶντος | Xenophon (aus Athen; Schüler des Sokrates, Schriftsteller; um 430–355 v. Chr.) | |
| ὁ Πρόξενος | Proxenos (aus Theben; Heerführer im Dienste des Kyros, Freund von Xenophon; um 431–401 v. Chr.) | |
| οἱ Δελφοί | Delphi (Stadt in Phokis, Apollon-Heiligtum und Orakelstätte) | |
| ὁ Ἀπόλλων, τοῦ Ἀπόλλωνος | Apollon (Sohn des Zeus und der Leto; Gott der Heilkunst, der Musik und der Weissagung) | |

## B

| | | | |
|---|---|---|---|
| 1 | τὸ κτῆμα, τοῦ κτήματος | das Erworbene, der Besitz | κτάομαι |
| 2 | ἡ ἀλήθεια | die Wahrheit | |
| 3 | ἀπατάω und ἐξ\|απατάω | täuschen, betrügen | ἡ ἀπάτη |
| 4 | στρατηγέω mit Gen. Μένων τῶν ξένων ἐστρατήγησεν. | 1. Heerführer sein 2. (in Athen) Stratege sein Menon war Heerführer der Söldner. | ὁ στρατός, ὁ στρατηγός |
| 5 | βάρβαρος, βάρβαρον | („unverständlich sprechend") nichtgriechisch | |
| 6 | ὁ βάρβαρος | der Nichtgrieche, der Barbar | |
| 7 | τελευτάω | 1. vollenden, beenden 2. (das Leben vollenden) sterben | τελέω, τέλειος, τὸ τέλος |

**Eigennamen**

| | |
|---|---|
| ὁ Ἀρίστιππος | Aristippos (aus Thessalien; Verbündeter des Kyros, wirbt für diesen Truppen an) |
| ὁ Ἀριαῖος | Ariaios (persischer Feldherr; Freund des Kyros, lief später zu Tissaphernes über) |

# Lektion 24
## A

| | | | |
|---|---|---|---|
| 1 | πλέω Aorist ἔπλευσα | (mit dem Schiff) fahren, segeln | |
| 2 | ὁ νεανίας, τοῦ νεανίου | der junge Mann | νέος, οἱ νέοι |
| 3 | ἡ ναῦς, τῆς νεώς | das Schiff | Nautik |
| 4 | ὁ ὁπλίτης, τοῦ ὁπλίτου | der Schwerbewaffnete, der Hoplit | τὸ ὅπλον |
| 5 | πληρόω mit Gen. Ὁ ἔμπορος τὴν ναῦν χρυσοῦ καὶ ἀργυρίου καὶ ἐπιτηδείων ἐπλήρωσεν. | mit etw. füllen Der Großkaufmann füllte das Schiff mit Gold, Silber und Lebensmitteln. | |
| 6 | ὁ βορέας, τοῦ βορέου | 1. der Nordwind 2. der Norden | |

| 7 | ἀντι- *(als Präfix, auch ἀντ-, ἀνθ-)* | gegen-, entgegen- | ἀντι\|λέγω, ἐν\|αντίος anti- |
|---|---|---|---|
| 8 | πνέω *Aorist* ἔπνευσα | hauchen, wehen, atmen | Pneu |
| 9 | ἡ δύναμις, τῆς δυνάμεως *Akk.* τὴν δύναμιν | die Macht, die Kraft, die Fähigkeit | δύναμαι, δυνατός Dynamik |
| 10 | ναυτικός, ναυτική, ναυτικόν | zum Schiff gehörig, Schiffs- | ἡ ναῦς |
| 11 | ἀφανίζω | 1. unsichtbar machen, verschwinden lassen 2. vernichten | ἀ-, φαίνω, φανερός |
| 12 | ψηφίζω *und* ψηφίζομαι | 1. abstimmen 2. *(durch Abstimmung)* beschließen | |
| 13 | ὁ ἄνεμος | der Wind | |
| 14 | κατ' ἐνιαυτόν | jährlich | ὁ ἐνιαυτός |
| 15 | ἡ ἑορτή | das *(religiöse)* Fest | |
| 16 | ὁ εὐ\|εργέτης, τοῦ εὐ\|εργέτου | der Wohltäter | τὸ ἔργον, ἐργάζομαι |

### Eigennamen

| οἱ Θούριοι | 1. die Stadt Thurioi *(in Unteritalien)* 2. die Einwohner von Thurioi |
|---|---|
| ὁ Διονύσιος | Dionysios I. *(Tyrann von Syrakus; um 430–367 v. Chr.)* |
| οἱ Μεγαλοπολῖται | die Einwohner von Megalopolis *(Stadt im Zentrum der Peloponnes)* |

### B

| 1 | ἐπ\|αινέω *Aorist* ἐπ\|ῄνεσα | loben | *(zu* ἐπ\|αινέω *Lektion 16)* |
|---|---|---|---|
| 2 | χρυσοῦς, χρυσῆ, χρυσοῦν | golden, aus Gold | ὁ χρυσός |
| 3 | ἵστημι *Aorist* ἔστησα Οἱ Ἀθηναῖοι τὴν εἰκόνα ἔστησαν ἐν Ἀκροπόλει. Ζεὺς τοὺς ἀνέμους ἔστησεν. | *(zum Stehen bringen)* 1. stellen, hinstellen, aufstellen 2. anhalten Die Athener stellten die Statue auf der Akropolis auf. Zeus hielt die Winde an. | |
| 4 | ἡ εἰκών, τῆς εἰκόνος | 1. das Bild 2. die Statue | Ikone, Icon |
| 5 | ἡ ἀκρόπολις, τῆς ἀκροπόλεως | *(der hoch gelegene, befestigte Teil der Stadt)* die Oberstadt, die Burg, die Akropolis | ἡ πόλις |
| 6 | ὁ πειρατής, τοῦ πειρατοῦ | der Seeräuber, der Pirat | |
| 7 | πλείων, πλεῖον *und* πλέων, πλέον *Gen.* πλείονος/πλέονος *Akk. Pl.* πλείους *(oder* πλείονας*)* | *(Komparativ zu* πολύς*)* mehr | |
| 8 | ἴδιος, ἰδία, ἴδιον | eigen, privat | Idiot |

### Eigennamen

| ὁ Εὐμαρίδας, τοῦ Εὐμαρίδου | Eumaridas |
|---|---|
| ὁ Παγκλῆς, τοῦ Παγκλέους | Pankles |
| ὁ Κυδωνιάτης, τοῦ Κυδωνιάτου | aus Kydonia *(Stadt auf Kreta, heute Chania)* |
| ὁ Βοῦκρις | Bukris *(ein Pirat)* |
| ἡ Κρήτη | Kreta |

## Lektion 25
### A

| | | | |
|---|---|---|---|
| 1 | τριάκοντα | dreißig | |
| 2 | λαμβάνω<br>Aorist ἔλαβον (Stamm λαβ-) | 1. nehmen, ergreifen<br>2. bekommen | (zu λαμβάνω Lektion 9) |
| 3 | δια\|λαμβάνω | (auseinander nehmen) einteilen | |
| 4 | εἰσ-/ἐσ- (als Präfix) | hinein- | εἰς/ἐς beim Akk. |
| 5 | ἔρχομαι<br>Aorist ἦλθον (Stamm ἐλθ-) | kommen, gehen | (zu ἔρχομαι Lektion 12) |
| 6 | βάλλω<br>Aorist ἔβαλον (Stamm βαλ-) | 1. werfen<br>2. treffen | (zu βάλλω Lektion 1) |
| 7 | παρα\|δίδωμι | übergeben, überlassen | δίδωμι |
| 8 | τὸ ἀνδράποδον | (Beute mit „Menschenfüßen")<br>der Sklave | ὁ ἀνήρ (ὁ πούς der Fuß) |
| 9 | ἐρωτάω<br>Aorist ἠρόμην (Stamm ἐρ-) | fragen | (zu ἐρωτάω Lektion 17)<br>neben ἠρώτησα |
| 10 | σῴζω<br>Aorist ἔσωσα | 1. retten<br>2. bewahren | (zu σῴζω Lektion 6) |
| 11 | λέγω<br>Aorist εἶπον (Stamm εἰπ-) | 1. sagen, behaupten<br>2. sprechen<br>3. nennen<br>4. meinen | (zu λέγω Lektion 1)<br>neben ἔλεξα |
| 12 | τὸ τάλαντον | das Talent (hohe Geldsumme;<br>6000 Drachmen = 60 Minen =<br>1 Talent; als Gewicht etwa 26 kg) | |
| 13 | ἕτοιμος, (ἑτοίμη,) ἕτοιμον und<br>ἑτοῖμος, (ἑτοίμη,) ἑτοῖμον | bereit, vorhanden | |
| 14 | τελέω<br>Aorist ἐτέλεσα | 1. vollenden<br>2. bezahlen | (zu τελέω Lektion 17) |
| 15 | ἡ πίστις, τῆς πίστεως<br>Akk. τὴν πίστιν | 1. die Treue, das Vertrauen,<br>   (in theologischen Texten) der Glaube<br>2. das feste Versprechen | πιστός, πείθω, πείθομαι |
| 16 | ὑπ\|ισχνέομαι<br>Aorist ὑπ\|εσχόμην (Stamm ὑπο\|σχ-) | versprechen | (zu ὑπ\|ισχνέομαι Lektion 17) |
| 17 | αἰσθάνομαι<br>Aorist ᾐσθόμην (Stamm αἰσθ-)<br>Αἰσθάνομαι τῆς κραυγῆς / τὴν κραυγήν. | wahrnehmen, bemerken<br><br>Ich nehme das Geschrei wahr. | An\|ästhesie, Ästhetik |
| 18 | ὁράω<br>Aorist εἶδον (Stamm ἰδ-) | sehen | (zu ὁράω Lektion 17) |
| 19 | ὁ δοῦλος | der Sklave, der Diener | |
| 20 | τρεῖς, τρεῖς, τρία | drei | τριά\|κοντα |
| 21 | λείπω<br>Aorist ἔλιπον (Stamm λιπ-) | zurücklassen, verlassen, übrig lassen | (zu λείπω Lektion 1) |
| 22 | ἀγαπάω | 1. jdn. lieben<br>2. mit etw. zufrieden sein | |

### Eigennamen

| | | |
|---|---|---|
| | ὁ Πείσων, τοῦ Πείσωνος | Peison (aus Athen; einer der Dreißig) |

## B

| | | | |
|---|---|---|---|
| 1 | ὁ βωμός | der Altar | |
| 2 | ἡ θεός | die Göttin | ὁ θεός |
| 3 | ὁ οἰκέτης, τοῦ οἰκέτου | („der Hausgenosse") der Sklave, der Diener | ἡ οἰκία und ὁ οἶκος, οἰκεῖος |
| 4 | δίδωμι<br>*Imperativ Aorist* δός | geben<br>gib! | *(zu* δίδωμι *Lektion 18)* |
| 5 | γίγνομαι<br>*Aorist* ἐγενόμην *(Stamm* γεν-*)* | 1. werden, entstehen, geboren werden<br>2. geschehen | *(zu* γίγνομαι *Lektion 5)* |

### Eigennamen

| | | |
|---|---|---|
| ὁ Τρυγαῖος | Trygaios *(ein Bauer)* | |
| ἡ Εἰρήνη | Eirene *(Göttin des Friedens)* | |

# Lektion 26

## A

| | | | |
|---|---|---|---|
| 1 | ἀπο\|θνῄσκω<br>*Aorist* ἀπ\|έθανον *(Stamm* ἀπο\|θαν-*)* | sterben | *(zu* ἀπο\|θνῄσκω *Lektion 5)* |
| 2 | θάπτω | bestatten, begraben | |
| 3 | ἄ\|ταφος, ἄ\|ταφον | unbestattet | |
| 4 | κηρύττω | bekannt geben, verkünden | |
| 5 | ἀπειλέω | drohen, androhen | |
| 6 | οὗτος, αὕτη, τοῦτο | dieser | τοῦτο, ταῦτα, οὕτω(ς) |
| 7 | ἡ ἀδελφή | die Schwester | ὁ ἀδελφός |
| 8 | λανθάνω *mit Akk.*<br>*Aorist* ἔλαθον *(Stamm* λαθ-*)*<br>Ἡ Ἀντιγόνη τοὺς φύλακας ἔλαθεν. | vor jdm. verborgen sein<br><br>Antigone war vor den Wächtern verborgen / wurde von den Wächtern nicht bemerkt. | ἡ ἀ\|λήθεια, ἐπι\|λανθάνομαι |
| 9 | εὑρίσκω<br>*Aorist* ηὗρον *(Stamm* εὑρ-*)* | 1. finden, herausfinden<br>2. erfinden | *(zu* εὑρίσκω *Lektion 16)* |
| 10 | ἐξ\|ευρίσκω | ausfindig machen | |
| 11 | αἱρέω<br>*Aorist* εἷλον *(Stamm* ἑλ-*)*<br><br>αἱρέομαι<br>*Aorist* εἱλόμην *(Stamm* ἑλ-*)* | 1. nehmen<br>2. ergreifen, fangen<br>3. erobern<br>sich nehmen, wählen | |
| 12 | ἥττων, ἧττον<br>*Gen.* ἥττονος<br>οὐδὲν ἧττον | *(Komparativ zu* κακός*)* schwächer, geringer, weniger, unterlegen<br>(„um nichts weniger") trotzdem | |
| 13 | ὁ νεκρός | der Tote, der Leichnam, die Leiche | Nekro\|pole, Nekro\|mant |
| 14 | ἑαυτοῦ/ῆς, ἑαυτῷ/ῇ, ἑαυτόν/ήν<br>*Pl.* ἑαυτῶν, ἑαυτοῖς/αῖς, ἑαυτούς/άς<br>*und* αὑτοῦ/ῆς etc. | *(reflexives Personalpronomen der 3. Person)* seiner, sich, sich | |

### Eigennamen

| | |
|---|---|
| ὁ Πολυνείκης, τοῦ Πολυνείκους<br>*Akk.* τὸν Πολυνείκη | Polyneikes *(Sohn von Oidipus)* |
| ὁ Κρέων, τοῦ Κρέοντος | Kreon *(Bruder der Iokaste, der Mutter von Oidipus)* |
| ἡ Ἀντιγόνη | Antigone *(Tochter von Oidipus)* |
| ὁ Αἵμων, τοῦ Αἵμονος | Haimon *(Sohn des Kreon und der Eurydike)* |
| ἡ Εὐρυδίκη | Eurydike *(Frau von Kreon)* |

## B

| | | | |
|---|---|---|---|
| 1 | ὁ μῦθος | 1. das Wort, die Rede<br>2. die Sage, die Erzählung | mythisch |
| 2 | ῥίπτω<br>Aorist ἔρριψα | werfen, schleudern | |
| 3 | εὐθύς, εὐθεῖα, εὐθύ<br>Adverb εὐθύ(ς) | („gerade")<br>1. (örtlich) gerade, geradewegs<br>2. (zeitlich) sofort | |

**Eigennamen**

| | | |
|---|---|---|
| | ὁ Αἴσωπος | Äsop (griechischer Fabeldichter; lebte wohl im 6. Jh. v. Chr.) |

## Lektion 27
### A

| | | | |
|---|---|---|---|
| 1 | κομίζω | 1. etw. besorgen<br>2. etw. herbeibringen, etw. wegbringen | |
| 2 | διδάσκω<br>Aorist ἐδίδαξα<br>Aorist Passiv ἐδιδάχθην | lehren | (zu διδάσκω Lektion 2) |
| 3 | δοκέω<br>Aorist ἔδοξα<br>δοκεῖ μοι<br>Aorist ἔδοξέ μοι | 1. meinen, glauben<br>2. scheinen<br>1. es scheint mir<br>2. es scheint mir gut, ich beschließe | (zu δοκέω Lektion 11)<br><br>(zu δοκεῖ μοι Lektion 15) |
| 4 | ὁ φθόνος | der Neid, die Missgunst | |
| 5 | ἄ\|φθονος, ἄ\|φθονον | 1. neidlos<br>2. (keinen Neid aufkommen lassend)<br>   reichlich | |
| 6 | ἐγείρω und ἀν\|εγείρω | wecken, aufwecken | |
| 7 | ἐλευθερόω | befreien | |
| 8 | ὀργίζομαι mit Dat.<br>Aorist ὠργίσθην | über jdn./etw. zornig werden,<br>zornig sein | (zu ὀργίζομαι Lektion 7) |
| 9 | μέλλω mit Infinitiv<br>Aorist ἐμέλλησα | 1. wollen, im Begriff sein<br>2. sollen<br>3. zögern (etw. zu tun) | (zu μέλλω Lektion 15) |
| 10 | δέομαι mit Gen.<br>Aorist ἐδεήθην | 1. etw. brauchen, nötig haben<br>2. jdn. bitten | (zu δέομαι Lektion 10) |
| 11 | θνητός, θνητή, θνητόν | sterblich | ὁ θάνατος, ἀ\|θάνατος,<br>ἀπο\|θνήσκω |
| 12 | παρα\|γίγνομαι und προσ\|γίγνομαι<br><br>Ὁ ἔμπορος παρεγένετο εἰς τὴν Κρήτην.<br>Προσεγενόμεθα τῇ ἑορτῇ. | 1. dazukommen<br>2. dabeisein<br>Der Großkaufmann kam nach Kreta.<br>Wir waren beim Fest / nahmen am<br>Fest teil. | γίγνομαι, συγ\|γίγνομαι |
| 13 | δουλεύω | Sklave sein, dienen | ὁ δοῦλος |
| 14 | ἡ μοῖρα | 1. der Teil, der Anteil<br>2. (der Anteil des Einzelnen am Leben)<br>   das Los, das Schicksal | |
| 15 | ἑκών, ἑκοῦσα, ἑκόν<br>(Gen. ἑκόντος, ἑκούσης, ἑκόντος)<br>und ἑκούσιος, ἑκουσία, ἑκούσιον | 1. freiwillig, willentlich, gern<br>2. absichtlich | |
| 16 | μήτε – μήτε | weder … noch | οὔτε – οὔτε |

### Eigennamen

| | |
|---|---|
| ὁ Ἀσκληπιός | Asklepios *(Gott der Heilkunde; ein Sohn Apollons)* |
| ὁ Χείρων, τοῦ Χείρωνος | Cheiron *(Arzt und Seher)* |
| ὁ Κένταυρος | Kentaur *(pferdegestaltiges Wesen mit menschlichem Oberkörper)* |
| οἱ Κύκλωπες, τῶν Κυκλώπων | die Zyklopen *(einäugige Riesen)* |
| ὁ Τάρταρος | der Tartaros *(die Unterwelt)* |
| ἡ Λητώ, τῆς Λητοῦς | Leto *(die Mutter Apollons)* |
| αἱ Φέραι | Pherai *(Stadt in Thessalien)* |
| ὁ Ἄδμητος | Admetos *(König von Pherai)* |
| αἱ Μοῖραι | die Moiren *(die Schicksalsgöttinnen)* |
| ἡ Ἄλκηστις, τῆς Ἀλκήστιδος | Alkestis *(Frau von Admetos)* |
| ἡ Περσεφόνεια | Persephone *(Göttin der Unterwelt)* |

### B

| # | | | |
|---|---|---|---|
| 1 | ἡ χθών, τῆς χθονός | die Erde, das Land | auto\|chthon |
| 2 | ὁ δράκων, τοῦ δράκοντος | die große Schlange, der Drache | |
| 4 | ἡ τιμή | 1. *(die Wertschätzung)* <br>    a) die Ehre <br>    b) das Amt <br> 2. *(die Einschätzung)* <br>    a) der Preis, der Wert <br>    b) der Schadenersatz, die Strafe | τιμάω, ἀ\|τιμάζω |
| 5 | πλήττω <br> *Aorist* ἔπληξα | schlagen | |
| 6 | βούλομαι <br> *Aorist* ἐβουλήθην | wollen | *(zu* βούλομαι *Lektion 5; <br> 2. Sg. Präsens* βούλει *Lektion 22)* |
| 7 | ὁ μάρτυς, τοῦ μάρτυρος | der Zeuge | Märtyrer |
| 8 | ἡ ἐλαία | 1. der Ölbaum <br> 2. die Olive | |
| 9 | ἡ ἔρις, τῆς ἔριδος <br> *Akk.* τὴν ἔριν | der Streit, der Wettstreit | |
| 10 | δώδεκα | zwölf | δύο <br> Dodeka\|eder |
| 11 | δια- *(als Präfix, auch* δι-*)* | 1. durch, bis ans Ende <br> 2. auseinander | διά *beim Gen.,* δια\|λαμβάνω <br> Dia\|lyse |
| 12 | δικάζω | Recht sprechen, entscheiden | δίκαιος, ὁ δικαστής |
| 13 | κρίνω <br> *Aorist Passiv* ἐκρίθην | *(Grundbedeutung: sichten, scheiden)* <br> 1. unterscheiden, aussondern, auswählen <br> 2. entscheiden, urteilen, richten | *(zu* κρίνω *Lektion 23)* |
| 14 | μαρτυρέω | bezeugen | ὁ μάρτυς |
| 15 | ὁ θυμός | 1. der Mut, der Zorn, die Leidenschaft <br> 2. die Empfindung, das „Herz" | ἐπι\|θυμέω, πρό\|θυμος |

### Eigennamen

| | |
|---|---|
| ὁ Κέκροψ, τοῦ Κέκροπος | Kekrops *(mythischer erster König von Attika, halb Mensch, halb Schlange)* |
| ἡ Ἀττική | Attika *(Halbinsel bei Athen)* |
| αἱ Ἀθῆναι | Athen |

## Lektion 28
### A

| | | | |
|---|---|---|---|
| 1 | μήν | gewiss, tatsächlich | |
| 2 | ἡ παρασκευή | die Bereitstellung, die Einrichtung | παρα\|σκευάζω |
| 3 | παντάπασι(ν) *(Adverb)* | 1. ganz und gar, überhaupt, völlig<br>2. *(in Antworten)* ja natürlich | πᾶς, πάνυ |
| 4 | δεύτερος, δευτέρα, δεύτερον | der zweite | |
| 5 | τρίτος, τρίτη, τρίτον | der dritte | τρεῖς |
| 6 | ἡ ἐσθής, τῆς ἐσθῆτος | das Kleid | |
| 7 | τοιοῦτος, τοιαύτη, τοιοῦτο | so beschaffen, ein solcher, derartig | ποῖος, τοιόσδε, οὗτος |
| 8 | φέρε *(beim Imperativ)* | auf!, los! | φέρω |
| 9 | ἀρκέω<br>Futur ἀρκέσω<br>Ἆρ' οὐχ αἱ νῆες ἀρκέσουσιν; | *(stark genug sein)*<br>genügen, ausreichen<br>Werden die Schiffe etwa nicht ausreichen? | aut\|ark |
| 10 | τοσοῦτος, τοσαύτη, τοσοῦτο | 1. so groß<br>2. so viel | οὗτος |
| 11 | δεῖ<br>Futur δεήσει | es ist nötig, man muss | *(zu* δεῖ *Lektion 1)* |
| 12 | ὁ οἰκο\|δόμος | („der Häuserbauer") der Baumeister | ἡ οἰκία *und* ὁ οἶκος |
| 13 | ὁ τέκτων, τοῦ τέκτονος | der Archi\|tekt, der Baumeister | Tektonik |
| 14 | ὁ δημιουργός | („der für die Gemeinschaft arbeitet")<br>1. der Handwerker<br>2. der Schöpfer | ὁ δῆμος, τὸ ἔργον |
| 15 | συχνός, συχνή, συχνόν<br><br>συχνὰ ὄργανα<br>συχνὸν χρόνον<br>συχνὴ πόλις | 1. dicht gedrängt, zahlreich<br>2. lang<br>zahlreiche Werkzeuge<br>lange Zeit<br>eine dichtbevölkerte Stadt | |
| 16 | οἰκίζω *und* κατ\|οικίζω | *(Menschen)* ansiedeln, *(Land)* besiedeln, *(eine Stadt)* gründen | ἡ οἰκία *und* ὁ οἶκος |
| 17 | ὁ τόπος | der Ort, der Platz, die Gegend | Topo\|graphie, U\|topie (οὐ-) |
| 18 | οὗ | wo *(relativ)* | ποῦ, που |
| 19 | δέομαι *mit Gen.*<br>Futur δεήσομαι | 1. *etw.* brauchen, nötig haben<br>2. *jdn.* bitten | *(zu* δέομαι *Lektion 10;*<br>*Aorist* ἐδεήθην *Lektion 27)* |
| 20 | σχεδόν τι | so ziemlich | σχεδόν |
| 21 | ἀ\|δύνατος, ἀ\|δύνατον | 1. *(von Personen)* machtlos, unfähig<br>2. *(von Sachen)* unmöglich | δύναμαι, δυνατός, ἡ δύναμις |
| 22 | ἄλλο\|θεν *(Adverb)* | anderswoher | ἄλλος, -θεν |
| 23 | κομίζω<br>Futur κομιῶ, κομιεῖς *etc.* | 1. *etw.* besorgen<br>2. *etw.* herbeibringen, *etw.* wegbringen | *(zu* κομίζω *Lektion 27)* |
| 24 | πάνυ γε | ganz recht, allerdings | *entspricht* πάνυ μὲν οὖν |
| 25 | τίνα τρόπον; | auf welche Weise? | ὁ τρόπος |
| 26 | ἄλλο τι ἤ; | („ist es etwas anderes als…?")<br>nicht wahr? | ἆρα, ἆρ' οὐ, ἆρα μή |
| 27 | οἰκοδομέω | *(Häuser)* bauen | ὁ οἰκο\|δόμος |
| 28 | τρέφω<br>Futur θρέψω | ernähren, aufziehen | *(zu* τρέφω *Lektion 8)* |

| | | | |
|---|---|---|---|
| 29 | σκευάζω | bereitmachen, einrichten, arrangieren | *entspricht* παρα\|σκευάζω, κατα\|σκευάζω |
| 30 | ὑμνέω | besingen, preisen | Hymne |

**Eigennamen**

| | | |
|---|---|---|
| ὁ Ἀδείμαντος | Adeimantos *(ein Bruder des Philosophen Platon)* | |

## B

| | | | |
|---|---|---|---|
| 1 | ἐπι\|λανθάνομαι *mit Gen.*<br>*Aorist* ἐπ\|ελαθόμην<br>*(Stamm* ἐπι\|λαθ-*)* | jdn./etw. vergessen | *(zu* ἐπι\|λανθάνομαι *Lektion 21)* |
| 2 | μάλα *(Adverb)* | sehr | μᾶλλον, μάλιστα |
| 3 | ἐνταῦθα *(Adverb)* | hier, dort | |
| 4 | ἀντί *beim Gen. (vor Vokal auch* ἀντ' *bzw.* ἀνθ'*)*<br>ἀντ' ἐμοῦ<br>ἀντὶ υἱοῦ (ἀνθ' υἱοῦ) | anstelle von, statt<br><br>anstelle von mir / an meiner Stelle<br>anstelle eines Sohnes | ἀντι- |
| 5 | τὸ γάλα, τοῦ γάλακτος | die Milch | Galaxis („Milchstraße") |
| 6 | ἐσθίω<br>*Futur* ἔδομαι | essen | *(zu* ἐσθίω *Lektion 8)* |
| 7 | πίνω<br>*Futur* πίομαι | trinken | *(zu* πίνω *Lektion 8)* |
| 8 | γίγνομαι<br>*Futur* γενήσομαι | 1. werden, entstehen, geboren werden<br>2. geschehen | *(zu* γίγνομαι *Lektion 5; Aorist* ἐγενόμην *Lektion 25)* |
| 9 | εἰμί<br>*Futur* ἔσομαι | sein | *(zu* εἰμί *Lektion 6; Imperfekt* ἦν *Lektion 7)* |
| 10 | παίζω<br>*Futur* παίξομαι | spielen, scherzen | *(zu* παίζω *Lektion 8)* |
| 11 | ἔχω<br>*Futur* ἕξω | haben, halten | *(zu* ἔχω *Lektion 1; Imperfekt* εἶχον *Lektion 7)* |
| 12 | νέμω<br>*Futur* νεμῶ, νεμεῖς *etc.* | 1. zuteilen<br>2. *(Weideland zuteilen)* *(das Vieh)* weiden lassen | *(zu* νέμω *Lektion 6)* |
| 13 | ἐπι\|μελέομαι *mit Gen.*<br>Γανυμήδης τῶν πραγμάτων ἐπιμελήσεται. | für etw. sorgen, sich *um etw.* kümmern<br>Ganymed wird sich um die Angelegenheiten kümmern. | |
| 14 | τὸ συμπόσιον | das Gastmahl, die *(private)* Feier | σύν-, πίνω<br>Symposium |
| 15 | οἶδα<br>*Futur* εἴσομαι | wissen, kennen | *(zu* οἶδα *Lektion 3, 16)* |

**Eigennamen**

| | |
|---|---|
| ὁ Γανυμήδης, τοῦ Γανυμήδους<br>*Vok.* ὦ Γανύμηδες | Ganymed *(ein schöner trojanischer Prinz)* |
| ὁ Ἔρως, τοῦ Ἔρωτος | Eros *(Gott der Liebe)* |

## Lektion 29

### A

| | | | |
|---|---|---|---|
| 1 | ἄν | (Modalpartikel: markiert beim Indikativ der Vergangenheit den Irrealis) | |
| 2 | πίπτω<br>Aorist ἔπεσον (Stamm πεσ-) | fallen | (zu πίπτω Lektion 3) |
| 3 | τὸ ἀνάθημα, τοῦ ἀναθήματος | das Weihgeschenk (für Götter, z. B. eine Statue, Waffen, Schmuck) | |
| 4 | ἀνα\|τίθημι | 1. aufstellen<br>2. (als Weihgeschenk) weihen | τίθημι |
| 5 | σῴζω<br>Aorist Passiv ἐσώθην | 1. retten<br>2. bewahren | (zu σῴζω Lektion 6;<br>Aorist ἔσωσα Lektion 25) |
| 6 | μέμφομαι | tadeln, kritisieren | |
| 7 | διότι (Subjunktion) | weil, da | entspricht ὅτι |
| 8 | κακῶς λέγω mit Akk.<br><br>Ὁ Ἄνυτος τοὺς φιλοσόφους κακῶς λέγει. | (jdn. in übler Weise nennen) schlecht von jdm. reden<br>Anytos spricht schlecht von den Philosophen. | |
| 9 | ἡ πεῖρα | 1. der Versuch, die Probe<br>2. die Erfahrung | ἄ\|πειρος, πειράομαι, ὁ πειρατής |
| 10 | ὁ γέρων, τοῦ γέροντος | der alte Mann, der Greis | Ger\|iatrie, Geronto\|logie |

**Eigennamen**

| | | |
|---|---|---|
| ὁ Κυμαῖος | der Einwohner von Kyme (Stadt in Äolien, an der Westküste der heutigen Türkei; die Einwohner wurden als einfältig verspottet) | |
| ἡ Σαμοθρᾴκη | Samothrake (Insel in der nördlichen Ägäis mit einem bedeutenden Heiligtum der Großen Götter) | |
| ὁ Παυσανίας, τοῦ Παυσανίου | Pausanias (König von Sparta während des Peloponnesischen Krieges) | |

### B

| | | | |
|---|---|---|---|
| 1 | φθείρω und δια\|φθείρω | 1. zugrunde richten, vernichten, verderben<br>2. (moralisch zugrunde richten) bestechen | |
| 2 | αἱρέω<br>Aorist Passiv ᾑρέθην | 1. nehmen<br>2. ergreifen, fangen<br>3. erobern | (zu αἱρέω;<br>Aorist εἷλον Lektion 26) |
| 3 | ὡς beim Partizip Futur | (drückt eine finale Sinnrichtung aus) damit, um zu | |
| 4 | ἡ πολιτεία | 1. der Staat<br>2. die Staatverwaltung, die Regierung<br>3. die Verfassung | ἡ πόλις, ὁ πολίτης, πολιτεύομαι<br>Polizei |
| 5 | δίδωμι<br>Futur δώσω | geben | (zu δίδωμι Lektion 18;<br>Imperativ Aorist δός Lektion 25) |

## Lektion 30
### A

| | | | |
|---|---|---|---|
| 1 | ἡ φύσις, τῆς φύσεως<br>φύσει – νόμῳ | (*das Wachsen*) die Natur<br>von Natur – aufgrund bloßer Übereinkunft (Konvention) | τὸ φυτόν<br>Physik, physisch |
| 2 | αἰσχρός, αἰσχρά, αἰσχρόν<br>*Komparativ* αἰσχίων, αἴσχιον<br>*Gen.* αἰσχίονος<br>*Superlativ* αἴσχιστος, αἰσχίστη, αἴσχιστον | 1. (*ästhetisch unschön*) hässlich<br>2. (*moralisch unschön*) schändlich, niederträchtig, gemein | |
| 3 | ὅστις, ἥτις, ὅ τι | 1. wer, welcher (*einen indirekten Fragesatz einleitend*)<br>2. wer auch immer; jeder, der (*verallgemeinernd relativ*) | ὅς + τις |
| 4 | οἷός τέ εἰμι<br>Οὐχ οἷοί τ᾽ ἐσμὲν ὑμῖν βοηθεῖν. | imstande sein, können<br>Wir können euch nicht helfen. | |
| 5 | οἱ πολλοί | die meisten, die Mehrzahl, die Masse | πολύς |
| 6 | πλεονεκτέω *mit Gen.*<br><br>Τίς δόξης πλεονεκτεῖ;<br>τοῦ ἥττονος πλεονεκτεῖν | 1. mehr *von etw.* haben, im Vorteil sein *vor jdm.*<br>2. mehr haben wollen, *jdn.* übervorteilen<br>Wer hat mehr Ruhm?<br>im Vorteil sein vor dem Schwächeren / den Schwächeren übervorteilen | πλέων, ἔχω |
| 7 | χείρων, χεῖρον<br>*Gen.* χείρονος | (*Komparativ zu* κακός) geringer, schlechter | |
| 8 | δηλόω | klar machen, zeigen | |
| 9 | πολλαχοῦ (*Adverb*) | an vielen Stellen | πολύς |
| 10 | ἔχω *mit Adverb*<br>Οὕτως ἔχει.<br>Εὖ ἔχω. | sich verhalten<br>Es verhält sich so.<br>Ich verhalte mich gut / es geht mir gut. | |
| 11 | ὅσπερ, ἥπερ, ὅπερ | eben/gerade der, welcher (*oft wie* ὅς, ἥ, ὅ) | |
| 12 | -περ | (*Suffix zur Verstärkung des vorangehenden Wortes*) | ὥσπερ, εἴπερ |
| 13 | ἐν\|δείκνυμι<br>ἐν\|δείκνυμαι | zeigen, anzeigen<br>zeigen, beweisen | |
| 14 | ἡ ᾠδή | der Gesang, das Lied | ᾄδω<br>Ode, Mel\|odie |
| 15 | ἐπριάμην (*nur Aorist*) | ich kaufte | |
| 16 | δωρέομαι | schenken, beschenken | τὸ δῶρον |
| 17 | ἐλαύνω<br>*Aorist* ἤλασα | 1. treiben, wegtreiben<br>2. ziehen, marschieren, reiten | (*zu* ἐλαύνω *Lektion 1*) |
| 18 | ὡς *beim Partizip* | (*subjektiv-begründend*) weil, da | |
| 19 | ἀμφισβητέω | 1. streiten<br>2. bestreiten, bezweifeln<br>3. behaupten | |
| 20 | ὁ ποιητής, τοῦ ποιητοῦ | der Dichter | ποιέω<br>Poet |

| 21 | βελτίων, βέλτιον<br>Gen. βελτίονος<br>Superlativ **βέλτιστος**, βελτίστη, βέλτιστον | (*Steigerung zu* **ἀγαθός**) besser (*der Abstammung nach oder in moralischem Sinn*) | *vgl.* ἀμείνων, ἄριστος *und* κρείττων, κράτιστος |

**Eigennamen**

| | ὁ Πίνδαρος | Pindar (*Dichter aus Theben; um 520–446 v. Chr.*) | |

## Impulse und Übungen

| 22 | μείζων, μεῖζον<br>Gen. μείζονος<br>Superlativ **μέγιστος**, μεγίστη, μέγιστον | (*Komparativ zu* **μέγας**) größer | |
| 23 | κακίων, κάκιον<br>Gen. κακίονος<br>Superlativ **κάκιστος**, κακίστη, κάκιστον | (*Komparativ zu* **κακός**) schlechter | |
| 24 | καλλίων, κάλλιον<br>Gen. καλλίονος<br>Superlativ **κάλλιστος**, καλλίστη, κάλλιστον | (*Komparativ zu* **καλός**) schöner | |
| 25 | ἐχθίων, ἔχθιον<br>Gen. ἐχθίονος<br>Superlativ **ἔχθιστος**, ἐχθίστη, ἔχθιστον | (*Komparativ zu* **ἐχθρός**) feindlicher | |
| 26 | ἐλάττων, ἔλαττον<br>Gen. ἐλάττονος<br>Superlativ **ἐλάχιστος**, ἐλαχίστη, ἐλάχιστον | (*Komparativ zu* **ὀλίγος**) geringer, weniger | |
| 27 | θάττων, θᾶττον<br>Gen. θάττονος<br>Superlativ **τάχιστος**, ταχίστη, τάχιστον | (*Komparativ zu* **ταχύς**) schneller | |

## B

| 1 | τὸ χρυσίον | 1. das Gold<br>2. das Geld | *entspricht* ὁ χρυσός |
| 2 | ἄγω<br>Aorist ἤγαγον (*Stamm* ἀγαγ-)<br>Aorist Passiv ἤχθην | 1. führen, treiben<br>2. ziehen, marschieren | (*zu* ἄγω *Lektion 1*) |
| 3 | ἁλίσκομαι<br><br>Λυσίας ὑπὸ Πείσωνος ἁλίσκεται.<br><br>Ἡ πόλις ὑπὸ τῶν πολεμίων ἁλίσκεται. | 1. gefangen werden, erobert werden<br>2. (*eines Unrechts*) überführt werden<br>Lysias wird von Peison gefangen genommen.<br>Die Stadt wird von den Feinden erobert. | |
| 4 | ἀπο\|κτείνω<br>Aorist ἀπ\|έκτεινα | töten | (*zu* ἀπο\|κτείνω *Lektion 12*) |

| | | | |
|---|---|---|---|
| 5 | πλεῖστος, πλείστη, πλεῖστον | (*Superlativ zu* πολύς) der, die, das meiste | πολλοί, πλείων |
| | οἱ πλεῖστοι | die meisten, sehr viele | |
| 6 | ἀπο\|κρίνομαι<br>*Aorist* ἀπ\|εκρινάμην | antworten | (*zu* ἀπο\|κρίνομαι *Lektion 6*) |
| 7 | ἡ ἐλευθερία | die Freiheit | ἐλευθερόω |
| 8 | ἡ πρᾶξις, τῆς πράξεως<br>*Akk.* τὴν πρᾶξιν | die Tätigkeit, die Handlung, die Unternehmung | πράττω, τὸ πρᾶγμα<br>Praxis |
| 9 | ἐλεύθερος, ἐλευθέρα, ἐλεύθερον | frei | ἡ ἐλευθερία, ἐλευθερόω |

**Eigennamen**

| | | |
|---|---|---|
| ὁ Θρᾷξ, τοῦ Θρακός | der Thraker | |
| ὁ Θεαγένης, τοῦ Θεαγένους | Theagenes (*ein Grieche aus Theben*) | |
| ἡ Χαιρώνεια | Chaironeia (*Stadt in Böotien; 338 v. Chr. besiegte hier Philipp II. von Makedonien die Thebaner und Athener*) | |

## Lektion 31

### A

| | | | |
|---|---|---|---|
| 1 | ὡς (*als Hauptsatzeinleitung*) | denn | ὡς (*als Subjunktion*) |
| 2 | εἷς, μία, ἕν (*Zahlwort*) | einer, eine, ein(e)s | |
| 3 | οἷος, οἵα, οἷον<br>Χλόη οὔποτε τοιοῦτον νεανίαν εὑρήσει, οἷός ἐστιν ὁ Δάφνις. | wie, wie beschaffen, was für ein<br>Chloë wird niemals einen solchen jungen Mann finden, wie es Daphnis ist. | ποῖος, τοιόσδε, τοιοῦτος |
| 4 | οἷον (*Adverb*) | wie, wie zum Beispiel | |
| 5 | οὐδείς, οὐδεμία, οὐδέν *und* μηδείς, μηδεμία, μηδέν | keiner, niemand | *aus* οὐδὲ εἷς |
| 6 | εὑρίσκω<br>*Futur* εὑρήσω | 1. finden, herausfinden<br>2. erfinden | (*zu* εὑρίσκω *Lektion 16; Aorist* ηὗρον *Lektion 26*) |
| 7 | δοκέω<br>*Futur* δόξω | 1. meinen, glauben<br>2. scheinen | (*zu* δοκέω *Lektion 11; Aorist* ἔδοξα *Lektion 27*) |
| 8 | ἀμελέω *mit Gen.*<br><br>Τί ἀμελεῖς μου; | sich nicht *um jdn./etw.* kümmern, *jdn./etw.* vernachlässigen<br>Warum vernachlässigst du mich? | ἀ-, ἐπι\|μελέομαι |
| 9 | μέλει *mit Dat. und Gen.*<br><br>Μέλει μοι τῆς τῶν ἄλλων δόξης. | *jdm.* ist *etw.* wichtig, *jdm.* liegt *etw.* am Herzen<br>Mir ist die Meinung der anderen wichtig. | ἐπι\|μελέομαι |
| 10 | αἰσχύνομαι *mit Akk.*<br><br>Αἰσχύνομαί σε. | sich schämen *vor jdm./etw.*, respektieren<br>Ich respektiere dich. | αἰσχρός |
| 11 | ναί | ja | |
| 12 | γυμνάζω | *jdn.* üben, trainieren | γυμνός<br>Gymnastik |
| 13 | ὁ ἔπαινος | das Lob | ἐπ\|αινέω |
| 14 | ὁ ψόγος | der Tadel | |
| 15 | ὁ νοῦς, τοῦ νοῦ<br>*Dat.* τῷ νῷ, *Akk.* τὸν νοῦν | der Sinn, der Verstand | |
| 16 | προσ\|έχω<br>Οἱ πειραταὶ τὴν ναῦν πρὸς τὴν γῆν προσέχουσιν. | hinlenken<br>Die Piraten lenken ihr Schiff an Land. | |

| 17 | (τὸν νοῦν) προσ\|έχω *mit Dat.* | („den Sinn auf etw. hinlenken") auf *etw.* achten | |
| | Προσέχεις (τὸν νοῦν) ταῖς τῶν ἄλλων δόξαις; | Achtest du auf die Meinungen der anderen? | |
| 18 | ταύτῃ – ᾗ | 1. dort – wo | |
| | | 2. so – wie | |
| 19 | ὁ ἐπαΐων, τοῦ ἐπαΐοντος | der Fachmann, der Experte | |
| 20 | σύμ\|παντες, σύμ\|πασαι, σύμ\|παντα | alle zusammen | συν-, πᾶς |
| 21 | καὶ δὴ καί | und so denn auch | καί, δή |
| 22 | ἡ βουλή | 1. die Beratung | βούλομαι, βουλεύω, βουλεύομαι |
| | | 2. der Rat *(den man jdm. gibt)*, der Plan, die Absicht | |
| | | 3. der Rat, die Ratsversammlung | |
| 23 | ἕπομαι | folgen | |
| | *Imperfekt* εἱπόμην | | |
| | *Aorist* ἑσπόμην *(Stamm* σπ-*)* | | |
| | Οὐχ ἑπόμεθα τῇ τῶν ἄλλων δόξῃ. | Wir folgen der Meinung der anderen nicht. | |

**Eigennamen**

| | ὁ **Κρίτων**, τοῦ Κρίτωνος | Kriton *(ein Freund von Sokrates)* | |

## B

| 1 | δημοσίᾳ *(Adverb)* | öffentlich, in der Öffentlichkeit, im Namen des Staates | δημόσιος |
| 2 | ἰδίᾳ *(Adverb)* | für sich allein, persönlich, privat | ἴδιος |
| 3 | πώποτε *(Adverb)* | jemals | ποτέ |
| 4 | ὁ κατήγορος | der Ankläger | κατ\|ηγορέω |
| 5 | φασί(ν) *(enklitisch)* | sie sagen, behaupten | φησί, ἔφην, ἡ φωνή |
| 6 | δια\|βάλλω | („Zerwürfnis stiften") verleumden | δια-, βάλλω diabolisch, Teufel |
| 7 | ἐμαυτοῦ/ῆς, ἐμαυτῷ/ῇ, ἐμαυτόν/ήν | *(reflexives Personalpronomen der 1. Person Sg.)* mein(er), mir, mich | |
| 8 | σεαυτοῦ/ῆς, σεαυτῷ/ῇ, σεαυτόν/ήν *und* σαυτοῦ/ῆς *etc.* | *(reflexives Personalpronomen der 2. Person Sg.)* dein(er), dir, dich | |
| 9 | φθονέω *mit Dat. und Gen.* | 1. *jdn.* um *etw.* beneiden | ὁ φθόνος, ἄ\|φθονος |
| | | 2. *jdm. etw.* vorenthalten, missgönnen | |
| | Διογένης οὐδενὶ φθονεῖ τῶν κτημάτων. | Diogenes beneidet niemanden um seinen Besitz. | |
| 10 | πένης | arm | |
| | *Gen.* πένητος | | |
| 11 | ἡ αἰτία | 1. die Beschuldigung | αἰτιάομαι |
| | | 2. die Schuld | |
| | | 3. die Ursache | |

## Lektion 32
### A

| | | | |
|---|---|---|---|
| 1 | τρέχω<br>Aorist ἔδραμον (Stamm δραμ-) | laufen, rennen | (zu τρέχω Lektion 20) |
| 2 | ἵνα (Subjunktion) mit Konjunktiv | damit, um zu | |
| 3 | ἡ ζωή | das Leben | τὸ ζῷον, ζήω<br>Zoe |
| 4 | κλέπτω | stehlen | Klepto\|manie |
| 5 | ψεύδομαι | 1. (jdn. in seinem Interesse täuschen) belügen, lügen (Aorist ἐψευσάμην)<br>2. sich täuschen, irren (Aorist ἐψεύσθην) | Pseudo\|nym |
| 6 | στερέω und ἀπο\|στερέω<br>Μὴ ἀποστέρει τοὺς πολίτας τῶν κτημάτων. | berauben, rauben<br>Beraube deine Mitbürger nicht des Besitzes / raube deinen Mitbürgern nicht den Besitz! | |
| 7 | ἡ νεότης, τῆς νεότητος | die Jugend | οἱ νέοι |
| 8 | ὅσος, ὅση, ὅσον<br>Δός, ὅσα ἔχεις.<br>Οὐδεμία πόλις τοσαύτη ἐστὶν ὅση αἱ Ἀθῆναι.<br>Πάντες, ὅσοι γυμνάζονται, τῇ τοῦ ἐπαΐοντος δόξῃ ἕπονται. | wie groß, wie viel<br>Gib, wie viel du hast.<br>Keine Stadt ist so groß wie Athen.<br>Alle, die trainieren, folgen der Meinung des Experten. | τοσοῦτος |
| 9 | ὁ πτωχός | der Bettler, der Arme | |
| 10 | ὁ θησαυρός | 1. die Schatzkammer, das Schatzhaus<br>2. der Schatz | Tresor |
| 11 | δεῦρο (Adverb) | hierher | |
| 12 | λυπέω | betrüben, kränken | ἡ λύπη, λυπηρός |

**Eigennamen**

| | | |
|---|---|---|
| ὁ Ἰησοῦς, τοῦ Ἰησοῦ | Jesus | |

### B

| | | | |
|---|---|---|---|
| 1 | ὑπ\|ακούω | gehorchen | ἀκούω |
| 2 | συμ\|φέρει | 1. es trägt sich zu, es geschieht<br>2. (es trägt etwas bei) es nützt | φέρω |
| 3 | πείθω<br>Aorist ἔπεισα<br>πείθομαι<br>Aorist ἐπείσθην | 1. überreden<br>2. überzeugen<br>(sich überreden lassen) jdm. gehorchen, folgen | (zu πείθω/πείθομαι Lektion 6) |
| 4 | προσ\|τάττω | anordnen, befehlen | τάττω |
| 5 | ὡς (Subjunktion) mit Konjunktiv | damit, um zu | (entspricht ἵνα mit Konjunktiv)<br>ὡς |

**Eigennamen**

| | |
|---|---|
| ὁ Λυκοῦργος | Lykurg (sagenhafter Politiker; Begründer der staatlichen Ordnung in Sparta) |

# Lektion 33

## A

| | | | |
|---|---|---|---|
| 1 | σφόδρα *(Adverb)* | sehr, heftig | |
| 2 | λευκός, λευκή, λευκόν | weiß | Leuko\|zyten |
| 3 | φοβέομαι<br>*Aorist* ἐφοβήθην | fürchten, sich fürchten | *(zu* φοβέομαι *Lektion 5)* |
| 4 | ἐγείρω<br>*Aorist Passiv* ἠγέρθην | wecken, aufwecken | *(zu* ἐγείρω *Lektion 27)* |
| 5 | σπεύδω | 1. sich beeilen<br>2. *etw.* eifrig betreiben, sich *um etw.* bemühen | ἡ σπουδή |
| 6 | πορεύομαι<br>*Aorist* ἐπορεύθην | marschieren, wandern, reisen | *(zu* πορεύομαι *Lektion 14)* |
| 7 | ὁράω<br>*Futur* ὄψομαι | sehen | *(zu* ὁράω *Lektion 17;<br>Imperfekt* ἑώρων *Lektion 17,<br>Aorist* εἶδον *Lektion 25)* |

### Eigennamen

| | |
|---|---|
| Μαρία ἡ Μαγδαληνή | Maria Magdalena *(eine Anhängerin von Jesus aus der Stadt Magdala in Galiläa)* |
| Μαρία ἡ Ἰακώβου | Maria, die Mutter des Jakobus |
| ἡ Σαλώμη | Salome *(eine Anhängerin von Jesus)* |
| ὁ Πέτρος | Petrus *(einer der ersten Anhänger von Jesus)* |

## B

| | | | |
|---|---|---|---|
| 1 | ὁ/ἡ ὄρνις, τοῦ/τῆς ὄρνιθος | der Vogel | Ornitho\|logie |
| 2 | οὐράνιος, οὐρανία, οὐράνιον | himmlisch | ὁ οὐρανός |
| 3 | μεριμνάω | 1. besorgt sein, Sorge haben<br>2. *etw.* besorgen, *für etw.* sorgen | |
| 4 | ἐσθίω<br>*Aorist* ἔφαγον *(Stamm* φαγ-*)* | essen | *(zu* ἐσθίω *Lektion 8;<br>Futur* ἔδομαι *Lektion 28)* |
| 5 | πίνω<br>*Aorist* ἔπιον *(Stamm* πι-*)* | trinken | *(zu* πίνω *Lektion 8;<br>Futur* πίομαι *Lektion 28)* |
| 6 | τὰ ἔθνη | 1. die Völker<br>2. *(im Neuen Testament)* die Nichtchristen, die Heiden | τὸ ἔθνος |
| 7 | χρῄζω *mit Gen.*<br><br>Πλούτου οὐ χρῄζομεν.<br>Χρῄζω σου μὴ πράγματα παρέχειν. | (nötig haben)<br>1. brauchen, nötig haben<br>2. wünschen, fordern<br>Wir brauchen keinen Reichtum.<br>Ich wünsche, dass du keine Schwierigkeiten machst. | χρή; *wie* δέομαι |
| 8 | ἅπας, ἅπασα, ἅπαν | 1. all, ganz<br>2. jeder | *(verstärktes* πᾶς, *vgl.* σύμ\|παντες*)* |
| 9 | ἡ βασιλεία | das Königreich, die Königsherrschaft | ὁ βασιλεύς, βασιλικός, βασιλεύω |
| 10 | δίδωμι<br>*Aorist Passiv* ἐδόθην | geben | *(zu* δίδωμι *Lektion 18;<br>Imperativ Aorist* δός *Lektion 25,<br>Futur* δώσω *Lektion 29)* |

## Lektion 34
### A

| | | | |
|---|---|---|---|
| 1 | τὸ μέλος, τοῦ μέλους | 1. das Glied *(Körperteil)* <br> 2. das Lied | Mel\|odie |
| 2 | ὁ ὀφθαλμός | das Auge | Optik, Ophthalmo\|loge |
| 3 | ὁ πούς, τοῦ ποδός | der Fuß | Anti\|pode, Okto\|pus |
| 4 | ἀσθενής, ἀσθενές | 1. kraftlos, schwach <br> 2. krank | Leg\|astheniker |
| 5 | κεράννυμι <br> *Aorist* ἐκέρασα | mischen | |
| 6 | τὸ σχίσμα, τοῦ σχίσματος | die Spaltung | σχίζω <br> Schisma |
| 7 | πάσχω <br> *Aorist* ἔπαθον (*Stamm* παθ-) | 1. *etw.* erleben <br> 2. *etw.* erleiden, erdulden | τὸ *πάθημα* <br> Sym\|pathie, patho\|logisch |
| 8 | δοξάζω | 1. meinen <br> 2. *(im Neuen Testament)* rühmen | ἡ δόξα |

### Eigennamen

| | | |
|---|---|---|
| | ὁ Χριστός | Christus („der Gesalbte") |
| | οἱ Ἰουδαῖοι | die Juden |

### B

| | | | |
|---|---|---|---|
| 1 | δουλόω | zum Sklaven machen, unterdrücken | ὁ δοῦλος, δουλεύω |
| 2 | κερδαίνω <br> *Aorist* ἐκέρδησα | 1. Gewinn haben <br> 2. *jdn.* gewinnen | |
| 3 | τὸ εὐ\|αγγέλιον | die frohe Botschaft, das Evangelium | |
| 4 | ἀ\|ληθής, ἀ\|ληθές | 1. wahr, wirklich <br> 2. ehrlich | ἡ ἀ\|λήθεια, λανθάνω |
| 5 | εὐ\|γενής, εὐ\|γενές | 1. von edler Herkunft, vornehm <br> 2. von guter Art, edel | γίγνομαι <br> Eugen |
| 6 | μωρός, μωρά, μωρόν *und* <br> μῶρος, μώρα, μῶρον | töricht, dumm | Oxy\|moron |
| 7 | ἀ\|γενής, ἀ\|γενές | 1. nicht vornehm, nicht adlig <br> 2. nicht edel, gewöhnlich | εὐ\|γενής |
| 8 | σαφής, σαφές | deutlich, klar, gewiss | |

## Lektion 35
### A

| | | | |
|---|---|---|---|
| 1 | τὸ τεῖχος, τοῦ τείχους | die Mauer | |
| 2 | ὁ φρουρός | der Wächter | φρουρέω |
| 3 | μανθάνω <br> *Aorist* ἔμαθον (*Stamm* μαθ-) | 1. lernen <br> 2. zur Kenntnis nehmen, bemerken, begreifen | *(zu* μανθάνω *Lektion 5)* <br> κατα\|μανθάνω |
| 4 | ἡ ἀνάβασις, τῆς ἀναβάσεως | der Aufstieg, der Weg hinauf | ἀνα\|βαίνω |
| 5 | δῆλος, δήλη, δῆλον | offensichtlich, klar | δηλόω |

| | | | |
|---|---|---|---|
| 6 | ὅποι | 1. wohin *(einen indirekten Fragesatz einleitend)*<br>2. wohin auch immer *(verallgemeinernd relativ)* | |
| 7 | ἅμα τῇ ἡμέρᾳ | *(„zugleich mit dem Tag")* mit Tagesanbruch | *(zu* ἅμα *Lektion 7)* |
| 8 | ἡ τάξις, τοῦ τάξεως | die Aufstellung, die Ordnung | προσ\|τάττω<br>Syn\|tax, Taktik |
| 9 | κινέω | bewegen | Kino, Kinetik |
| 10 | ἁρπάζω *und* ἀν\|αρπάζω | 1. an sich reißen<br>2. rauben | |
| 11 | ὁ ἄρχων, τοῦ ἄρχοντος | 1. der Herrscher, der Anführer<br>2. der Beamte<br>3. der Vorgesetzte | ἄρχω, ἡ ἀρχή |

**Eigennamen**

| | | |
|---|---|---|
| αἱ Σάρδεις, τῶν Σάρδεων | Sardes *(Hauptstadt Lydiens)* | |
| οἱ Χαλδαῖοι | die Chaldäer *(Volk in Ostanatolien)* | |
| ὁ Πέρσης, τοῦ Πέρσου | der Perser / persisch | |
| οἱ Λυδοί | die Lyder *(Volk im Westen Kleinasiens)* | |

## B

| | | | |
|---|---|---|---|
| 1 | ἡ γραφή | 1. die Schrift<br>2. die Anklageschrift<br>3. das Bild | γράφω<br>Graphik, Kalli\|graphie |
| 2 | θρασύς, θρασεῖα, θρασύ | 1. mutig, kühn<br>2. frech, dreist | |
| 3 | δείκνυμι | zeigen | ἐν\|δείκνυμι |
| 4 | βαρύς, βαρεῖα, βαρύ | 1. schwer, gewichtig<br>2. beschwerlich<br>3. *(von Tönen)* tief | Baro\|meter |
| 5 | ὁ δεσμός | das Band, die Fessel,<br>*im Pl. auch:* das Gefängnis | |
| 6 | ἡδύς, ἡδεῖα, ἡδύ<br>*Komparativ* ἡδίων, ἥδιον<br>*Gen.* ἡδίονος<br>*Superlativ* ἥδιστος, ἡδίστη, ἥδιστον | angenehm, erfreulich, süß | ἡ ἡδονή, ἥδομαι |
| 7 | μέλας, μέλαινα, μέλαν<br>*Gen.* μέλανος, μελαίνης, μέλανος | schwarz | Melan\|cholie, Melan\|om |
| 8 | τὸ εἶδος, τοῦ εἴδους *und*<br>ἡ ἰδέα | 1. die Gestalt, das Aussehen<br>2. die Idee, das Urbild | εἶδον *(Stamm* ἰδ-*),* οἶδα |
| 9 | ἐν\|τυγχάνω *mit Dat.*<br>*Aorist* ἐν\|έτυχον *(Stamm* τυχ-*)*<br>Περσεὺς πολλοῖς ἀνθρώποις ἐνέτυχεν.<br>Περσεὺς πολλοῖς κινδύνοις ἐνετύγχανεν. | auf jdn. treffen, in etw. hineingeraten<br><br>Perseus traf auf viele Menschen.<br>Perseus geriet in viele Gefahren. | ἡ τύχη, εὐ\|τυχέω |

**Eigennamen**

| | |
|---|---|
| οἱ Αἰθίοπες, τῶν Αἰθιόπων | die Äthioper (mythisches Volk am Rand der Welt; vgl. οἱ Αἰθιοπικοί) |
| ὁ Περσεύς, τοῦ Περσέως | Perseus (Sohn des Zeus und der Danaë) |
| ἡ Αἰθιοπία | Äthiopien (Land der Äthioper am Rande der Welt) |
| ἡ Ἀνδρομέδα | Andromeda (äthiopische Königstochter) |
| ἡ Γοργώ, τῆς Γοργοῦς | Gorgo (die drei Gorgonen waren Schwestern und hatten Schlangenhaar) |
| ἡ Μέδουσα | Medusa (die jüngste Gorgone) |

## Lektion 36

### A

| # | | | |
|---|---|---|---|
| 1 | τοι (enklitisch) und τοίνυν | 1. also, folglich<br>2. sicher, gewiss<br>3. oft unübersetzt | |
| 2 | χαρίεις, χαρίεσσα, χαρίεν<br>Gen. χαρίεντος, χαριέσσης, χαρίεντος | reizend, hübsch, nett | ἡ χάρις |
| 3 | ἐάν (Subjunktion) mit Konjunktiv | 1. wenn, falls<br>2. jedes Mal wenn | εἰ + ἄν |
| 4 | τὸ μέτρον | 1. das Maß, das rechte Maß<br>2. das Versmaß | Meter, Metro\|nom, Metrum |
| 5 | μέτριος, μετρία, μέτριον | maßvoll, ausgewogen | Metrum |
| 6 | τὸ δέον (meist Plural: τὰ δέοντα) | („das, was nötig ist") das Nötige | (Partizip zu δεῖ) |
| 7 | εὐ\|φυής, εὐ\|φυές | (von der Natur gut ausgestattet) begabt | ἡ φύσις |
| 8 | πόρρω | 1. Adverb: weiter, ferner<br>2. Präposition beim Gen.: fern von | |
| | πόρρω πορεύεσθαι<br>πόρρω τῶν βωμῶν<br>πόρρω τῆς ἡλικίας | weiter marschieren<br>fern von den Altären<br>fern vom Jugendalter, in höherem Alter | |
| 9 | φιλοσοφέω | philosophieren, sich mit philosophischen Fragen beschäftigen | ὁ φιλόσοφος, ἡ φιλοσοφία |
| 10 | ἐπειδάν (Subjunktion) mit Konjunktiv | 1. wenn, sobald<br>2. sooft | ἐπειδή + ἄν |
| 11 | κατα\|γελάω mit Gen.<br>Καλλικλῆς Σωκράτους κατεγέλασεν. | über jdn. lachen, jdn. auslachen<br>Kallikles lachte Sokrates aus. | γελάω, γελοῖος |
| 12 | καταγέλαστος, καταγέλαστον | lächerlich | |
| 13 | συμ\|βαίνει | („es kommt zusammen")<br>es ereignet sich, es passiert | βαίνω |
| 14 | ἵνα (Subjunktion) mit Indikativ | wo | ἵνα mit Konj. |
| 15 | τυγχάνω<br>Aorist ἔτυχον (Stamm τυχ-) | 1. (mit Gen.) jdn./etw. treffen<br>2. (mit Gen.) etw. erreichen, bekommen<br>3. (mit Partizip) zufällig/gerade etw. tun | ἐν\|τυγχάνω, ἡ τύχη, εὐ\|τυχέω |
| | Ἀγαθῶν ἀνδρῶν ἔτυχον.<br>Ἀγησίλαος πολλῶν τιμῶν ἔτυχεν.<br>Ἔτυχον παρόντες. | Ich habe gute Männer getroffen.<br>Agesilaos bekam viele Ehren.<br>Sie waren zufällig/gerade da. | |

| | | | |
|---|---|---|---|
| 16 | ὅπου | 1. wo *(einen indirekten Fragesatz einleitend)*<br>2. wo auch immer *(verallgemeinernd relativ)* | ποῦ, που, ὅποι |
| 17 | ἐντεῦ\|θεν *(Adverb)* | 1. *(örtlich)* von hier, von dort<br>2. *(zeitlich)* von da an<br>3. daher | ἔνθα, ἐνταῦθα |
| 18 | λοιδορέω | 1. schimpfen<br>2. *jdn./etw.* beschimpfen | |
| 19 | ὀρθός, ὀρθή, ὀρθόν | 1. aufrecht, gerade<br>2. richtig | ὀρθῶς<br>ortho\|dox, Ortho\|graphie |
| 20 | ἔχω<br>*Aorist* ἔσχον *(Stamm* σχ-*)* | haben, halten | *(zu* ἔχω *Lektion 1;<br>Imperfekt* εἶχον *Lektion 7,<br>Futur* ἕξω *Lektion 28)* |
| 21 | μετ\|έχω *mit Gen.*<br>*Aorist* μετ\|έσχον<br>Μετέχεις δόξης καὶ πλούτου.<br><br>Ἄνδρες καὶ γυναῖκες μετεῖχον τῆς ἑορτῆς. | 1. *an etw.* Anteil haben<br>2. *an etw.* teilnehmen<br>Du hast Anteil am Ruhm und am Reichtum.<br>Männer und Frauen nahmen am Fest teil. | μετά *beim Gen.,* ἔχω |
| 22 | χάριν *beim Gen. (nachgestellt)*<br><br><br>παιδείας χάριν | *(„zuliebe")*<br>1. wegen *(kausal begründend)*<br>2. um … willen *(final begründend)*<br>wegen der Bildung, um der Bildung willen | *wie* ἕνεκα *beim Gen.*<br>ἡ χάρις, χαρίεις |
| 23 | ὅταν *(Subjunktion) mit Konjunktiv* | 1. wenn<br>2. jedes Mal wenn | ὅτε + ἄν |
| 24 | ἡ πληγή | der Schlag | πλήττω |
| 25 | κἄν *(Subjunktion) mit Konjunktiv* | 1. und wenn<br>2. auch wenn, wenn auch, obwohl | καί + ἐάν |
| 26 | ἡ ἀγορά | 1. die Versammlung<br>2. der Versammlungsplatz, der Marktplatz | |

**Eigennamen**

| | | |
|---|---|---|
| | ὁ Εὐριπίδης, τοῦ Εὐριπίδου | Euripides *(Tragödiendichter aus Athen; 484–406 v. Chr.)* |

## B

| | | | |
|---|---|---|---|
| 1 | ὁ ὅρος | die Grenze | Horizont |
| 2 | ἑκάτερος, ἑκατέρα, ἑκάτερον | jeder von beiden | ἕτερος, πότερος, ἕκαστος |
| 3 | ἀπ\|αντάω | begegnen | ἀντί *beim Gen.* |
| 4 | ἡ θάλαττα/θάλασσα | das Meer | |
| 5 | ὁ ἰχθύς, τοῦ ἰχθύος | der Fisch | Ichthyo\|saurier |
| 6 | σπένδω | ausgießen, *spez.* ein Trankopfer darbringen | |

**Eigennamen**

| | | |
|---|---|---|
| | οἱ Λαμψακηνοί | die Lampsakener *(Einwohner der Stadt Lampsakos)* |
| | οἱ Παριανοί | die Parianer *(Einwohner von Parion)* |
| | τὸ Πάριον | Parion *(Stadt am Hellespont)* |
| | ἡ Λάμψακος | Lampsakos *(Stadt am Hellespont)* |

# Lektion 37

## A

| | | | |
|---|---|---|---|
| 1 | ἦ | 1. gewiss, wirklich, sicherlich<br>2. *(leitet eine Frage ein und wird nicht übersetzt)* | entspricht ἆρα |
| | Ἦ καλῶς εἶπες.<br>Ἦ τοῖς θεοῖς θύετε; | Wirklich gut hast du es gesagt.<br>Opfert ihr den Göttern? | |
| 2 | αἰδέομαι *mit Akk.* | 1. *vor jdm.* Ehrfurcht empfinden, *jdn.* respektieren<br>2. sich *vor jdm.* schämen | |
| | Ἕκτωρ τοὺς θεοὺς ἀεὶ αἰδεῖται. | Hektor empfindet vor den Göttern immer Ehrfurcht. | |
| 3 | ἀπ\|έχομαι<br>Ὁ δειλὸς ἀπέχεται τῆς μάχης. | sich fernhalten<br>Der Feige hält sich von der Schlacht fern. | |
| 4 | τὸ κλέος, τοῦ κλέους | der Ruhm | Peri\|kles, Kleo\|patra |
| 5 | ἡ φρήν, τῆς φρενός | 1. das Zwerchfell<br>2. das Denken, der Verstand | σώφρων, ἄ\|φρων, φρόνιμος<br>Schizo\|phrenie |
| 6 | ἀπ\|όλλυμι<br>*Aorist* ἀπ\|ώλεσα *(Stamm* ὀλ-*)* | 1. vernichten<br>2. verlieren | |
| 7 | ἀπ\|όλλυμαι<br>*Aorist* ἀπ\|ωλόμην *(Stamm* ὀλ-*)* | 1. vernichtet werden, zugrunde gehen<br>2. verloren gehen | |
| 8 | ὁ λαός | das Volk, die Menge | Niko\|laos, Laie |
| 9 | τοσοῦτο – ὅσον | so sehr – wie | |
| 10 | οἴκαδε *(Adverb)* | nach Hause | ἡ οἰκία *und* ὁ οἶκος, οἴκο\|θεν |
| 11 | κεῖμαι<br>*Futur* κείσομαι | liegen | *(zu* κεῖμαι *Lektion 19)*<br>πρό\|κειμαι |
| 12 | ἡ δούλη | die Sklavin, die Dienerin | ὁ δοῦλος, δουλεύω, δουλόω |
| 13 | ἄκων, ἄκουσα, ἄκον | 1. unfreiwillig, ungern<br>2. ohne Absicht | ἑκών |
| 14 | τὸ ὕδωρ, τοῦ ὕδατος | das Wasser | Hydrant, Hydro\|kultur |
| 15 | λέγω<br>*Futur* ἐρῶ | 1. sagen, behaupten<br>2. sprechen<br>3. nennen<br>4. meinen | *(zu* λέγω *Lektion 1;<br>Aorist* εἶπον *Lektion 25)* |

## Eigennamen

| | |
|---|---|
| ὁ Τρώς, τοῦ Τρωός | der Troer |
| ἡ Τρῳάς, τῆς Τρῳάδος | die Troerin |
| ἡ Ἴλιος | Ilios (Troja) |
| ὁ Πρίαμος | Priamos *(letzter trojanischer König; Vater von Hektor)* |
| οἱ Ἀχαιοί | die Achäer *(Bezeichnung für die Griechen bei Homer)* |
| τὸ Ἄργος, τοῦ Ἄργους | Argos *(Herrschaftsgebiet Agamemnons mit der Hauptstadt Mykene)* |
| ὁ Ἕκτωρ, τοῦ Ἕκτορος | Hektor *(trojanischer Prinz; Sohn von Priamos und Hekabe)* |

## B

| | | | |
|---|---|---|---|
| 1 | δια\|μένω | bleiben, ausharren | μένω, ἀνα\|μένω |
| 2 | ἔτι καὶ νῦν | auch jetzt noch | |
| 3 | κοσμέω | ordnen, schmücken | ὁ κόσμος<br>Kosmetik |
| 4 | ὁ καλούμενος<br>οἱ βασιλέως καλούμενοι ὀφθαλμοί | der sogenannte<br>die sogenannten Augen des Königs | καλέω |
| 5 | τὸ οὖς, τοῦ ὠτός | das Ohr | |
| 6 | ἀγγέλλω *und* ἀπ\|αγγέλλω | melden | τὸ εὐ\|αγγέλιον<br>Engel |
| 7 | ὠφελέω *mit Akk.*<br>Πολλοὶ τὸν βασιλέα ὠφελεῖν ἐθέλουσιν. | *jdm.* nützen, helfen<br>Viele wollen dem König nützen. | ὠφέλιμος |
| 8 | πανταχοῦ *(Adverb)* | überall | πᾶς, ποῦ, που, οὔ |
| 9 | σύμφορος, σύμφορον | („*etwas beitragend*")<br>nützlich, günstig | συμ\|φέρει |

## Lektion 38

### A

| | | | |
|---|---|---|---|
| 1 | ἐράω *und* ἔραμαι *mit Gen.*<br>*Aorist* ἠράσθην<br>Δάφνις Χλόης ἠράσθη.<br>Ὁ βασιλεὺς πολλῶν τιμῶν ἐρᾷ. | 1. lieben<br>2. *nach etw.* verlangen, *etw.* begehren<br>Daphnis verliebte sich in Chloë.<br>Der König begehrt viele Ehren. | ὁ Ἔρως<br>Erotik, erotisch |
| 2 | πυνθάνομαι<br>*Aorist* ἐπυθόμην *(Stamm* πυθ-*)* | 1. sich *nach etw.* erkundigen, fragen<br>2. *etw.* erfahren | *(zu* πυνθάνομαι *Lektion 7)* |
| 3 | ἀν\|έχομαι<br>*Imperfekt* ἠν\|ειχόμην<br>*Aorist* ἠν\|εσχόμην | aushalten, ertragen | *(zu* ἀν\|έχομαι *Lektion 12)* |
| 4 | πικρός, πικρά, πικρόν | 1. scharf<br>2. herb, bitter<br>3. grausam | |
| 5 | ὅσιος, ὁσία, ὅσιον | 1. heilig, gottgefällig, richtig<br>2. fromm, gottesfürchtig | |
| 6 | λαμβάνομαι *mit Gen.* | *jdn.* anfassen, packen | λαμβάνω |
| 7 | ἅμα – ἅμα | teils … teils, nicht nur … sondern auch | ἅμα |
| 8 | μαίνομαι<br>*Futur* μανοῦμαι<br>*Aorist* ἐμάνην | 1. von Sinnen sein, in Ekstase sein<br>2. toben, rasen, wüten | Mänade<br>Manie, manisch |
| 9 | δια\|φθείρω<br>*Futur* δια\|φθερῶ<br>*Aorist* δι\|έφθειρα<br>*Aorist Passiv* δι\|εφθάρην | 1. zugrunde richten, vernichten, verderben<br>2. (moralisch zugrunde richten) bestechen | *(zu* δια\|φθείρω *Lektion 29)* |
| 10 | κρίνω<br>*Futur* κρινῶ<br>*Aorist* ἔκρινα | (Grundbedeutung: sichten, scheiden)<br>1. unterscheiden, aussondern, auswählen<br>2. entscheiden, urteilen, richten | *(zu* κρίνω *Lektion 23;*<br>*Aorist Passiv* ἐκρίθην<br>*Lektion 27)* |

| 11 | ἐκ\|πλήττω | („aus der Fassung bringen") | πλήττω |
| --- | --- | --- | --- |
| | Aorist ἐξ\|έπληξα | jdn. erschrecken | |
| | Ἀλέξανδρος ἐξέπληξεν τὰς γυναῖκας. | Alexander erschreckte die Frauen. | |
| 12 | ἐκ\|πλήττομαι (mit Akk.) | („aus der Fassung geraten") | |
| | Aorist ἐξ\|επλάγην | (vor jdm./etw.) erschrecken, einen Schrecken bekommen | |
| | Αἱ γυναῖκες ἐξεπλάγησαν (Ἀλέξανδρον). | Die Frauen erschraken (vor Alexander). | |
| 13 | ἡ κρίσις, τῆς κρίσεως | die Entscheidung, das Urteil | κρίνω |
| | | | Krise |
| 14 | μένω | 1. bleiben, warten | (zu μένω Lektion 1) |
| | Futur μενῶ | 2. erwarten | ἀνα\|μένω, δια\|μένω |
| | Aorist ἔμεινα | | |
| 15 | μέχρι | 1. *Präposition beim Gen.:* bis, bis zu | |
| | | 2. *Subjunktion:* bis | |
| | μέχρι τῆς νυκτός | bis zur Nacht | |
| | μέχρι νὺξ ἐγένετο | bis es Nacht wurde | |

**Eigennamen**

| | ὁ Ἀλέξανδρος | Alexander *(ein Stadtrat aus Antiochia im kleinasiatischen Pisidien)* |
| --- | --- | --- |
| | ἡ Θέκλα | Thekla *(eine vornehme Frau aus Ikonion in Kleinasien)* |

## B

| 1 | εὐδοκιμέω | einen guten Ruf haben, angesehen sein | εὐ-, ἡ δόξα, ἔνδοξος, δοκέω |
| --- | --- | --- | --- |
| 2 | ἡ ἐκκλησία | 1. die Volksversammlung | ἐκ-, καλέω |
| | | 2. *(in christlichen Texten)* die Kirche *(das Gebäude und die Leute)* | |
| 3 | ἡ διαβολή | die Verleumdung | δια\|βάλλω |
| 4 | ἐπ\|αν\|έρχομαι | zurückkehren | |
| | Aorist ἐπ\|αν\|ῆλθον | | |
| 5 | ποθέν *(enklitisch)* | irgendwoher | πόθεν; |
| 6 | ἀν\|αιρέω | 1. aufnehmen, aufheben | αἱρέω |
| | Aorist ἀν\|εῖλον | 2. beseitigen, zerstören, töten | |
| | | 3. *(das Los aus der Urne oder vom Boden aufnehmen)* weissagen | |
| 7 | θάπτω | bestatten, begraben | (zu θάπτω Lektion 26) |
| | Futur θάψω | | |
| | Aorist ἔθαψα | | |
| | Aorist Passiv ἐτάφην | | |
| 8 | καίω | anzünden, verbrennen | (zu καίω Lektion 15) |
| | Aorist ἔκαυσα | | Hypo\|kaust, Holo\|kaust |
| | Aorist Passiv ἐκαύθην | | |

**Eigennamen**

| | ἡ Ἀλεξάνδρεια | Alexandria *(von Alexander dem Großen gegründete Stadt im westlichen Nildelta)* |
| --- | --- | --- |
| | ἡ Ὑπατία | Hypatia *(Mathematikerin und Philosophin aus Alexandria; um 355–415 n. Chr.)* |
| | ὁ Θέων, τοῦ Θέωνος | Theon *(Astronom und Mathematiker aus Alexandria; Vater der Hypatia)* |

## Weitere bereits bekannte Verben mit starkem Aorist Passiv

|  | Aorist Passiv |
|---|---|
| ἀπ\|αλλάττω | ἀπ\|ηλλάγην |
| βλάπτω | ἐβλάβην |
| γράφω | ἐγράφην |
| ῥίπτω | ἐρρίφην |
| στρέφω | ἐστράφην |
| τρέπω | ἐτράπην |
| φαίνομαι | ἐφάνην |

## Weitere bereits bekannte Verben auf -λ, -μ, -ν, -ρ mit Futur und Aorist

|  | Futur | Aorist |
|---|---|---|
| ἀγγέλλω | ἀγγελῶ | ἤγγειλα |
| αἴρω | ἀρῶ | ἦρα |
| ἀπο\|κρίνομαι | ἀπο\|κρινοῦμαι | ἀπ\|εκρινάμην |
| ἀπο\|κτείνω | ἀπο\|κτενῶ | ἀπ\|έκτεινα |
| βάλλω | βαλῶ | starker Aorist: ἔβαλον (Lektion 25) |
| ἐγείρω | ἐγερῶ | ἤγειρα |
| νέμω | νεμῶ | ἔνειμα |
| φαίνω | φανῶ | ἔφηνα |

# Lektion 39

| | | | |
|---|---|---|---|
| 1 | ἄν | (Modalpartikel: markiert beim Optativ den Potentialis) | (zu ἄν mit Indikativ der Vergangenheit als Markierung des Irrealis vgl. Lektion 29) |
| 2 | ἀπο\|λογέομαι | sich verteidigen | ὁ λόγος<br>Apologie |
| 3 | λαμβάνω<br>Aorist Passiv ἐλήφθην | 1. nehmen, ergreifen<br>2. bekommen | (zu λαμβάνω Lektion 9;<br>Aorist ἔλαβον Lektion 25) |
| 4 | ὅτι | (vor direkter Rede hat ὅτι die Funktion eines Doppelpunktes und wird nicht übersetzt) | |
| 5 | παντοδαπός, παντοδαπή, παντοδαπόν<br>θηρία παντοδαπά | verschiedenartig, allerlei, aller Art<br>Tiere aller Art | πᾶς |
| 6 | ἔχω mit Infinitiv / indirekter Frage<br>Τί ἔχεις εἰπεῖν;<br>Οὐκ ἔχω, τί λέγω. | wissen, können<br>Was kannst du sagen?<br>Ich weiß nicht, was ich sagen soll. | (zu ἔχω Lektion 1;<br>ἔχω mit Adverb Lektion 30) |
| 7 | ὑγιεινός, ὑγιεινή, ὑγιεινόν | gesund | ἡ ὑγίεια |
| 8 | πόσος, πόση, πόσον; | 1. wie groß?<br>2. wie viel, wie sehr? | ὅσος, τοσοῦτος |

| 9 | τὸ πάθος, τοῦ πάθους | 1. das Erlebnis<br>2. das Leiden, das Missgeschick<br>3. die Leidenschaft | πάσχω, ἔπαθον, τὸ πάθημα<br>Sym\|pathie |
|---|---|---|---|
| 10 | τὸ δικαστήριον | das Gericht, der Gerichtshof | ὁ δικαστής, δικάζω |

**Eigennamen**

| | ὁ Καλλικλῆς, τοῦ Καλλικλέους | Kallikles *(ein Sophist, Schüler des Gorgias; Ende des 5. Jh. v. Chr.)* | |

## Lektion 40

| 1 | ποικίλος, ποικίλη, ποικίλον | 1. bunt<br>2. verschiedenartig<br>3. listig | |
|---|---|---|---|
| 2 | ἡ εὐχή | 1. die Bitte<br>2. das Gebet | εὔχομαι |
| 3 | εἴθε *(Wunschpartikel)*<br><br>Εἴθε ἥκοι.<br>Εἴθε ἥκεν. | 1. *(mit Optativ: erfüllbarer Wunsch)*<br>hoffentlich, wenn doch<br>2. *(mit Vergangenheitstempus: unerfüllbarer Wunsch)* wenn doch<br>Hoffentlich kommt er.<br>Wenn er doch käme! | εἰ |
| 4 | ἐπι\|βουλεύω *mit Dat.*<br><br>Κῦρος τῷ ἀδελφῷ ἐπεβούλευεν. | *auf jdn.* einen Anschlag planen, etwas im Schilde führen *gegen jdn., gegen jdn.* intrigieren<br>Kyros plante einen Anschlag auf seinen Bruder. | βουλεύω, βουλεύομαι, ἡ βουλή |
| 5 | ἡ δίκη | 1. das Recht<br>2. der Rechtsstreit, der Prozess<br>3. die Strafe | δίκαιος, ἡ δικαιοσύνη,<br>ὁ δικαστής, ὁ δικαστήριον,<br>δικάζω, ἄ\|δικος, ἡ ἀδικία,<br>ἀδικέω |
| 6 | ἀκριβής, ἀκριβές | genau, sorgfältig | akribisch, Akribie |
| 7 | ἐξ\|ετάζω | prüfen | |
| 8 | δίδωμι<br>Aorist ἔδωκα | geben | *(zu* δίδωμι *Lektion 18;*<br>*Imperativ Aorist* δός *Lektion 25,*<br>*Futur* δώσω *Lektion 29,*<br>*Aorist Passiv* ἐδόθην *Lektion 33)* |

**Eigennamen**

| | τὰ Ὀλύμπια | die olympischen Spiele |

## Lektion 41

| | | | |
|---|---|---|---|
| 1 | ἀφ\|ικνέομαι<br>Aorist ἀφ\|ικόμην (Stamm ἱκ-) | kommen, ankommen | (zu ἀφ\|ικνέομαι Lektion 17) |
| 2 | κοιμάομαι und κατα\|κοιμάομαι<br>Aorist ἐκοιμήθην | sich schlafen legen, schlafen | κεῖμαι<br>Koma |
| 3 | ἡ ὄψις, τῆς ὄψεως | 1. das Sehen<br>2. (was man sieht)<br>a) der Anblick<br>b) die Traumerscheinung | ὁ ὀφθαλμός<br>Optik, optisch |
| 4 | ἡ γαστήρ, τῆς γαστρός | der Bauch | Gastritis |
| 5 | τὸ ἔτος, τοῦ ἔτους | das Jahr | |
| 6 | ἔξω<br><br>ἔξω εἶναι<br>ἔξω πορεύεσθαι<br>ἔξω τοῦ ἱεροῦ | 1. Adverb: draußen, hinaus<br>2. Präposition beim Gen.: außerhalb<br>draußen sein<br>hinaus marschieren<br>außerhalb des Heiligtums | ἐξ beim Gen.<br>exotisch |
| 7 | αὐτίκα (Adverb) | sofort, in demselben Augenblick | αὐτός |
| 8 | τίκτω<br>Aorist ἔτεκον (Stamm τεκ-) | 1. zeugen<br>2. gebären | (zu τίκτω Lektion 2)<br>τὸ τέκνον |

**Eigennamen**

| | | |
|---|---|---|
| ἡ Ἰθμονίκα | Ithmonika (eine Frau) | |
| ἡ Πελλανίς, τῆς Πελλανίδος | aus Pellene (vermutlich eine Stadt in der Region Achaia auf der Peloponnes) | |

## Lektion 42

| | | | |
|---|---|---|---|
| 1 | κατ' ἀρχάς | anfangs | ἡ ἀρχή |
| 2 | πανταχῇ (Adverb) | 1. überall<br>2. auf jede Art und Weise | ταύτῃ – ᾗ |
| 3 | ἐνδεής, ἐνδεές | 1. (von Personen) bedürftig<br>2. (von Sachen) dürftig, mangelhaft | δεῖ, δέομαι |
| 4 | οὔπω (Adverb) | noch nicht | οὐ |
| 5 | τὸ μέρος, τοῦ μέρους | der Teil, der Anteil | αἱ Μοῖραι |
| 6 | ἡ πολεμική (ergänze τέχνη) | die Kriegskunst | |
| 7 | ἀθροίζω | sammeln, versammeln | |
| 8 | κτίζω | (Land) besiedeln, (eine Stadt) gründen | |
| 9 | ἅτε beim Partizip | („objektiv" begründend) da, weil | |
| 10 | δείδω (Präsens selten)<br>Aorist ἔδεισα | fürchten | |
| 11 | τὸ γένος, τοῦ γένους | 1. das Geschlecht, die Gattung<br>2. die Abstammung | γίγνομαι, γενναῖος, εὐ\|γενής<br>Gen |
| 12 | μή (Subjunktion) | 1. damit nicht<br>2. dass (nach Verben des Fürchtens) | entspricht ἵνα μή |
| 13 | ἡ αἰδώς, τῆς αἰδοῦς<br>Dat. τῇ αἰδοῖ, Akk. τὴν αἰδώ | 1. die Scheu, die Scham<br>2. die Ehrfurcht, die Achtung | αἰδέομαι |
| 14 | ἡ νόσος | die Krankheit, die Seuche | |

**Eigennamen**

| | |
|---|---|
| ὁ Ἑρμῆς, τοῦ Ἑρμοῦ<br>*Dat.* τῷ Ἑρμῇ, *Akk.* τὸν Ἑρμῆν,<br>*Vok.* ὦ Ἑρμῆ | Hermes *(Götterbote; zu* ὁ Ἑρμῆς *Lektion 2)* |

## Lektion 43

| # | Griechisch | Deutsch | Verwandtes |
|---|---|---|---|
| 1 | καθέζομαι | sich setzen, sitzen | κάθημαι |
| 2 | ὁ θρόνος | der Sessel | Thron |
| 3 | ὁ ἐλέφας, τοῦ ἐλέφαντος | 1. der Elefant<br>2. das Elfenbein | |
| 4 | μιμέομαι | nachahmen | Panto\|mime |
| 5 | δεξιός, δεξιά, δεξιόν | rechts | |
| 6 | ἡ δεξιά | die rechte Hand | |
| 7 | ἀριστερός, ἀριστερά, ἀριστερόν | links | ἄριστος |
| 8 | ἡ ἀριστερά | die linke Hand | |
| 9 | τὸ σκῆπτρον | 1. der Stab<br>2. *(als Zeichen der Würde)* das Szepter | |
| 10 | τὸ μέταλλον | 1. das Bergwerk<br>2. *(was man im Bergwerk findet)* das Erz, das Metall | |
| 11 | ὁ ἀετός | der Adler | |
| 12 | ἐργάζομαι<br>*Perfekt* εἴργασμαι | 1. arbeiten<br>2. *etw.* bearbeiten, verfertigen, schaffen<br>3. *(mit doppeltem Akk.) jdm. etw.* antun | *(zu* ἐργάζομαι *Lektion 7)* |
| 13 | ἔμ\|προσθεν *(Adverb)* | 1. *(räumlich)* von vorn, vorn<br>2. *(zeitlich)* vorher | πρόσθεν, πρό *beim Gen.* |
| 14 | μεταξύ *(Adverb)* | 1. *(räumlich)* dazwischen<br>2. *(zeitlich)* inzwischen | |
| 15 | μεταξύ *beim Gen.*<br>μεταξὺ τῶν ποδῶν | zwischen<br>zwischen den Füßen | |
| 16 | ὁ λόχος | die Abteilung *(von etwa 100 Mann)* | |
| 17 | τάττω<br>*Perfekt Medio-Passiv* τέταγμαι | 1. aufstellen, anordnen<br>2. befehlen | προσ\|τάττω, ἡ τάξις |
| 18 | ἐπι\|τρέπω<br>*Perfekt Medio-Passiv* ἐπι\|τέτραμμαι | 1. *(zu\|wenden) jdm. etw.* überlassen<br>2. zulassen, gestatten | *(zu* ἐπι\|τρέπω *Lektion 7)* |
| 19 | ἡ φρουρά | die Wache, die Besatzung | φρουρέω, ὁ φρουρός |
| 20 | ὑπέρ *beim Akk.*<br>ὑπὲρ τὴν θάλατταν<br>ὑπὲρ δύναμιν | über … hinaus, über<br>über das Meer<br>über die Kraft hinaus | ὑπέρ *beim Gen.*<br>hyper\|modern |
| 21 | τὸ ἔπος, τοῦ ἔπους | 1. das Wort, die Erzählung<br>2. *(im Plural auch)* die Heldenlieder, die Epen | εἶπον<br>episch |
| 22 | λέγω<br>*Perfekt Medio-Passiv* εἴρημαι | 1. sagen, behaupten<br>2. sprechen<br>3. nennen<br>4. meinen | *(zu* λέγω *Lektion 1;<br>Aorist* εἶπον *Lektion 25,<br>Futur* ἐρῶ *Lektion 37)* |

**Eigennamen**

| | |
|---|---|
| ἡ Νίκη | Nike (Göttin des Sieges) |
| οἱ Θηβαῖοι | die Thebaner (Einwohner der Stadt Theben in Böotien) |
| ἡ Σφίγξ, τῆς Σφιγγός | die Sphinx (mythisches Mischwesen: geflügelter Löwe mit dem Kopf einer Frau) |
| ὁ Θησεύς, τοῦ Θησέως | Theseus (Nationalheld Athens) |
| ὁ Πάναινος | Panainos (Maler aus Athen; Bruder des Phidias) |
| αἱ Ἑσπερίδες, τῶν Ἑσπερίδων | die Hesperiden (Nymphen, die im fernen Westen in einem Garten einen Baum bewachen, der goldene Äpfel trägt, das Hochzeitsgeschenk der Gaia an Hera) |
| ὁ Φειδίας, τοῦ Φειδίου | Phidias (Bildhauer aus Athen; um 500/490–430/20 v. Chr.) |
| Ἀθήνησι(ν) | in Athen |
| ἡ Ποικίλη Στοά | die Stoa Poikile (die „bunte" Säulenhalle auf der Agora Athens; siehe Abb. S. 30) |
| ὁ Μαραθών, τοῦ Μαραθῶνος | Marathon (Ort an der Ostküste Attikas, wo die Athener 490 v. Chr. die Perser besiegten) |
| Μαραθῶνι | in Marathon |
| αἱ Χάριτες, τῶν Χαρίτων | die Chariten (die Göttinnen der Anmut, Schönheit und Festfreude) |
| αἱ Ὧραι | die Horen (die Göttinnen der Jahreszeiten) |

## Lektion 44

| | | | |
|---|---|---|---|
| 1 | εὑρίσκω<br>Perfekt Aktiv ηὕρηκα | 1. finden, herausfinden<br>2. erfinden | (zu εὑρίσκω Lektion 16; Aorist ηὗρον Lektion 26, Futur εὑρήσω Lektion 31) |
| 2 | παρ\|αινέω<br>Aorist παρ\|ῄνεσα<br>Σωκράτης παρῄνεσε τῷ Ξενοφῶντι τὸν Ἀπόλλωνα ἐρωτῆσαι. | jdm. raten, empfehlen, jdn. ermuntern<br><br>Sokrates riet dem Xenophon, Apollon zu befragen. | ἐπ\|αινέω, ὁ ἔπαινος |
| 3 | βάλλω<br>Perfekt Aktiv βέβληκα | 1. werfen<br>2. treffen | (zu βάλλω Lektion 1; Aorist ἔβαλον Lektion 25) |
| 4 | ἀπο\|βάλλω | 1. wegwerfen, abwerfen<br>2. verlieren | |
| 5 | ἀπ\|όλλυμαι<br>Perfekt Aktiv ἀπ\|όλωλα und ὄλωλα | 1. vernichtet werden, zugrunde gehen<br>2. verloren gehen | (zu ἀπ\|όλλυμαι Lektion 37; Aorist ἀπ\|ωλόμην) |
| 6 | λαμβάνω<br>Perfekt Aktiv εἴληφα | 1. nehmen, ergreifen<br>2. bekommen | (zu λαμβάνω Lektion 9; Aorist ἔλαβον Lektion 25, Aorist Passiv ἐλήφθην Lektion 39) |
| 7 | μετα\|λαμβάνω mit Gen.<br><br>Πάντες οἱ ἄνθρωποι νοῦ μετέλαβον. | an etw. Anteil nehmen, an etw. teilnehmen<br>Alle Menschen haben Anteil am Verstand bekommen. | |
| 8 | τὸ εὐ\|τύχημα, τοῦ εὐ\|τυχήματος | das Glück, der Erfolg | εὐτυχέω, ἡ τύχη, τυγχάνω |
| 9 | ἡ συμφορά | 1. das Schicksal, der Zufall<br>2. das Glück<br>3. das Unglück | συμ\|φέρει, σύμφορος |

### Bekannte Verben mit starkem Perfekt Aktiv (Ablaut oder Aspiration)

|  | *Perfekt Aktiv* |
|---|---|
| ἄγω | ἦχα |
| ἀπο\|κτείνω | ἀπ\|έκτονα |
| γράφω | γέγραφα |
| δια\|φθείρω | δι\|έφθαρκα |
| κηρύττω | κεκήρυχα |
| κρύπτω | κέκρυφα |
| λείπω | λέλοιπα |
| πέμπω | πέπομφα |
| πράττω | πέπραχα |
| ῥίπτω | ἔρριφα |
| στρέφω | ἔστροφα |
| τάττω | τέταχα |
| τρέπω | τέτροφα |
| τρέφω | τέτροφα |

## Lektion 45

| 1 | ἡ ζήτησις, τῆς ζητήσεως | die Untersuchung | ζητέω |

## Lektion 46

| 1 | δι\|ηγέομαι *und* ἐξ\|ηγέομαι | *(ein Thema)* ausführen, darstellen, erzählen | ἡγέομαι<br>Ex\|egese |
| 2 | ἡ ἐπιμέλεια<br>ἡ τῆς ψυχῆς ἐπιμέλεια | die Sorge, die Bemühung<br>die Sorge um die Seele | ἐπι\|μελέομαι, ἀμελέω, μέλει |
| 3 | ἀξιόω | 1. *jdn.* für würdig halten<br>2. *(etw. für angemessen halten)* fordern, bitten | ἄξιος<br>Axiom |
|  | Ξενοφῶν Κῦρον πολλῶν τιμῶν ἠξίωσεν.<br>Ἡρακλῆς ὑπὸ πάντων θαυμάζεσθαι ἀξιοῖ. | Xenophon hielt Kyros vieler Ehren würdig.<br>Herakles fordert, von allen bewundert zu werden. | |

### Eigennamen

| ἡ Ἑλλάς, τῆς Ἑλλάδος | Hellas *(Name für Gesamtgriechenland)* |

## Lektion 47

| | | | |
|---|---|---|---|
| 1 | φημί<br>Futur φήσω<br>Aorist ἔφησα | sagen, behaupten | φησί, φασί, ἔφην, ἔφη |
| 2 | οἱ (enklitisch) oder οἷ | 1. sich<br>2. ihm / ihr | (reflexives bzw. indirekt-reflexives Personalpronomen im Dat. Sg.) |
| 3 | δέω<br>Perfekt Medio-Passiv δέδεμαι | binden, fesseln | ὁ δεσμός |
| 4 | εἶμι<br>Infinitiv ἰέναι | ich werde gehen | Ionen |
| 5 | γίγνομαι<br>Perfekt γέγονα und γεγένημαι | 1. werden, entstehen, geboren werden<br>2. geschehen | (zu γίγνομαι Lektion 5; Aorist ἐγενόμην Lektion 25, Futur γενήσομαι Lektion 28) |
| 6 | ὁ, ἡ, τό | der, dieser | (Der Artikel hat manchmal demonstrative Bedeutung.) |
| 7 | τὸ δεῖπνον | die Mahlzeit (Hauptmahlzeit am späten Nachmittag) | δειπνέω |
| 8 | εἰς Ἀγάθωνος (ergänze οἶκον) | zu Agathon | |
| 9 | χθές (Adverb) | gestern | |
| 10 | φεύγω mit Akk.<br>Aorist ἔφυγον (Stamm φυγ-) | 1. vor jdm. fliehen, etw. meiden<br>2. angeklagt sein<br>3. verbannt werden | (zu φεύγω Lektion 15) |
| 11 | τήμερον und σήμερον (Adverb) | („diesen Tag") heute | ἡ ἡμέρα |
| 12 | ἦ δ' ὅς | sagte der | |
| 13 | ἄ\|κλητος, ἄ\|κλητον | ungerufen, ungeladen | καλέω |
| 14 | ὅπως | 1. wie (einen indirekten Fragesatz einleitend)<br>2. wie auch immer (verallgemeinernd relativ)<br>3. (als Subjunktion) dass<br>4. (als Subjunktion) damit | πῶς, πως, οὕτως<br><br><br><br>(entspricht ἵνα mit Konjunktiv) |
| 15 | ἡ παροιμία | das Sprichwort, die Redensart | |
| 16 | μετα\|βάλλω | 1. („um\|werfen") ändern, verändern<br>2. sich ändern | βάλλω<br>Metabolismus |
| 17 | αὐτόματος, αὐτόματον | aus eigenem Antrieb, von selbst | αὐτός<br>Automat |
| 18 | καλέω<br>Perfekt Medio-Passiv κέκλημαι | 1. rufen<br>2. nennen | (zu καλέω Lektion 7; Aorist ἐκάλεσα Lektion 19) |

**Eigennamen**

| | |
|---|---|
| ὁ Ἀριστόδημος | Aristodemos (ein Anhänger von Sokrates) |
| ὁ Ἀγάθων, τοῦ Ἀγάθωνος | Agathon (attischer Tragödiendichter; um 450–400 v. Chr.) |

## Lektion 48

| | | | |
|---|---|---|---|
| 1 | πλησίον | 1. *Adverb:* nahe<br>2. *Präposition beim Gen.:* nahe bei, in der Nähe von | |
| | πλησίον τοῦ οἴκου | nahe beim Haus | |
| 2 | γιγνώσκω<br>*Futur* γνώσομαι<br>*Wurzelaorist* ἔγνων<br>*Perfekt* ἔγνωκα<br>*Perfekt Medio-Passiv* ἔγνωσμαι<br>*Aorist Passiv* ἐγνώσθην | 1. erkennen, kennenlernen, erfahren<br>2. kennen, wissen | (*zu* γιγνώσκω *Lektion 2*) |
| 3 | βαίνω<br>*Futur* βήσομαι<br>*Wurzelaorist* ἔβην<br>*Perfekt* βέβηκα | gehen | (*zu* βαίνω *Lektion 1*) |
| 4 | ἀπορέω | 1. ratlos sein, in Not sein<br>2. Mangel haben *an etw.* | ἄ\|πορος, ἡ ἀ\|πορία, ὁ πόρος, εὔ\|πορος, δύσ\|πορος |
| | Πάντες ἠπόρουν, ὅ τι χρὴ ποιεῖν.<br>Οἱ στρατιῶται τροφῆς ἀποροῦσιν. | Alle waren ratlos, was sie tun sollten.<br>Die Soldaten haben Mangel an Nahrung. | |
| 5 | ἀμύνομαι *mit Akk.* | sich wehren, sich *gegen jdn.* verteidigen | |
| | Οἱ ἀσθενεῖς ἀμύνονται τοὺς κρείττους. | Die Schwachen wehren sich gegen die Stärkeren. | |
| 6 | ἵσταμαι<br>*Wurzelaorist* ἔστην | (sich zum Stehen bringen)<br>1. sich hinstellen, (*wohin*) treten<br>2. stehen bleiben | ἵστημι |
| | Ἕκτωρ παρὰ Ἀνδρομάχην ἔστη.<br>Στῶμεν. | Hektor trat zu Andromache.<br>Bleiben wir stehen! | |
| 7 | ὑπο\|λείπω | zurücklassen, verlassen, übrig lassen | *entspricht* λείπω *und* κατα\|λείπω |
| 8 | ἡ ἀσέβεια | die Gottlosigkeit, der Frevel | σέβομαι<br>A\|sebie |
| 9 | φέρω<br>*Aorist* ἤνεγκον (*Stamm* ἐνεγκ-) | 1. tragen, bringen<br>2. ertragen | (*zu* φέρω *Lektion 4*) |
| 10 | σφοδρός, σφοδρά, σφοδρόν | heftig | σφόδρα |
| 11 | λεπτός, λεπτή, λεπτόν | dünn, fein, zart | |

# Gesamtvokabular

Im Gesamtvokabular werden zu allen Vokabeln und den später nachgeführten Formen die jeweilige Lektion differenziert nach A und B angegeben. Unregelmäßige Verbformen sind alphabetisch eingeordnet, die Grundform und ihre Bedeutung werden jeweils genannt.

## A

ἀ- **13B** *(nur als Präfix, sog.* alpha privativum, *verneinend)* nicht, un-

ἀγαθός, ἀγαθή, ἀγαθόν **6A** gut, tüchtig

τὸ ἀγαθόν **5A** 1. das Gute, das Erfreuliche, das Richtige; 2. der Wert

τὰ ἀγαθά **5A** 1. die Werte, die Tugenden; 2. die Güter, der Besitz

τὸ ἄγαλμα, τοῦ ἀγάλματος **13A** 1. die Kostbarkeit, das Prachtstück; 2. die Götterstatue

ἀγανακτέω *mit Dat.* **21A** sich ärgern, empört sein *über jdn./etw.*

ἀγαπάω **25A** 1. *jdn.* lieben; 2. *mit etw.* zufrieden sein

ἀγγέλλω **37B** melden

ἀγγελῶ **38** (Formentabelle) *Futur zu* ἀγγέλλω melden

ἡ ἀγέλη **7B** 1. die Herde; 2. die Gruppe

ἀγενής, ἀγενές **34B** 1. nicht vornehm, nicht adlig; 2. nicht edel, gewöhnlich

ἀγνοέω **16A** nicht kennen, nicht wissen

ἡ ἀγορά **36A** 1. die Versammlung; 2. der Versammlungsplatz, der Marktplatz

ὁ ἀγρός **7A** der Acker, das Feld

ἄγω **1A** 1. führen, treiben; 2. ziehen, marschieren

ὁ ἀγών, τοῦ ἀγῶνος **12B** 1. der Wettkampf; 2. der Prozess

ἀγωνίζομαι **8A** 1. kämpfen, wetteifern; 2. prozessieren

ἡ ἀδελφή **26A** die Schwester

ὁ ἀδελφός **1B** der Bruder

ἀδικέω *mit Akk.* **18A** *jdm.* Unrecht tun, *jdn.* kränken

ἡ ἀδικία **9A** das Unrecht

ἄδικος, ἄδικον **22A** ungerecht

ἀδύνατος, ἀδύνατον **28A** 1. *(von Personen)* machtlos, unfähig; 2. *(von Sachen)* unmöglich

ᾄδω **12B** singen, besingen

ἀεί *Adverb* **1A** 1. immer; **16A** 2. jeweils

ὁ ἀετός **43** der Adler

ἀθάνατος, ἀθάνατον **11A** unsterblich

Ἀθηναῖος, Ἀθηναία, Ἀθηναῖον **23A** athenisch, aus Athen

ὁ Ἀθηναῖος **2A** der Athener

ἀθροίζω **42** sammeln, versammeln

αἰδέομαι *mit Akk.* **37A** 1. *vor jdm.* Ehrfurcht empfinden, *jdn.* respektieren; 2. sich *vor jdm.* schämen

ἡ αἰδώς, τῆς αἰδοῦς **42** *(Dat.* τῇ αἰδοῖ, *Akk.* τὴν αἰδῶ) 1. die Scheu, die Scham; 2. die Ehrfurcht, die Achtung

ἡ αἴξ, τῆς αἰγός **19A** die Ziege

αἱρέω **26A** 1. nehmen; 2. ergreifen, fangen; 3. erobern

αἱρέομαι **26A** sich nehmen, wählen

αἴρω **14A** hochheben

αἰσθάνομαι **25A** wahrnehmen, bemerken

αἰσχρός, αἰσχρά, αἰσχρόν **12B** 1. hässlich; 2. schändlich, niederträchtig, gemein

αἰσχίων, αἴσχιον **30A** *(Gen.* αἰσχίονος) *Komparativ zu* αἰσχρός

αἴσχιστος, αἰσχίστη, αἴσχιστον **30A** *Superlativ zu* αἰσχρός

αἰσχύνομαι *mit Akk.* **31A** sich schämen *vor jdm./etw.*, respektieren

αἰτέω **18A** fordern, bitten

ἡ αἰτία **31B** 1. die Beschuldigung; 2. die Schuld; 3. die Ursache

αἰτιάομαι **18A** beschuldigen

ἄκλητος, ἄκλητον **47** ungerufen, ungeladen

ἀκολουθέω **20A** folgen

ἀκούω **2A** hören

ἀκριβής, ἀκριβές **40** genau, sorgfältig

ἡ ἀκρόπολις, τῆς ἀκροπόλεως **24B** die Oberstadt, die Burg, die Akropolis

ἄκων, ἄκουσα, ἄκον **37A** 1. unfreiwillig, ungern; 2. ohne Absicht

ἡ ἀλήθεια **23B** die Wahrheit

ἀληθής, ἀληθές **34B** 1. wahr, wirklich; 2. ehrlich

ἁλίσκομαι **30B** 1. gefangen werden, erobert werden; 2. *(eines Unrechts)* überführt werden

ἀλλά **2A** aber, sondern

ἀλλήλων **7B** *(Dat.* ἀλλήλοις, ἀλλήλαις, ἀλλήλοις; *Akk.* ἀλλήλους, ἀλλήλας, ἄλληλα) einander

ἄλλο **6B** *Nom./Akk. Sg. n. zu* ἄλλος ein anderer

ἄλλος, ἄλλη, ἄλλο **2A/6B** ein anderer

ἄλλος μέν – ἄλλος δέ **15A** einer … ein anderer

ἄλλο τι ἤ; **28A** nicht wahr?

ἄλλοθεν **28A** *(Adverb)* anderswoher

ἄλλως **10A** *(Adverb)* auf andere Weise, sonst

ὁ ἅλς, τοῦ ἁλός **21B** das Salz

ἅμα **7B** *(Adverb)* 1. zugleich; 2. zusammen

ἅμα – ἅμα **38A** teils … teils, nicht nur … sondern auch

ἅμα τῇ ἡμέρᾳ **35A** mit Tagesanbruch

ἀμείνων, ἄμεινον **23A** *(Gen.* ἀμείνονος; *Komparativ zu* ἀγαθός) tüchtiger, besser, tapferer

ἀμελέω *mit Gen.* **31A** sich nicht *um jdn./etw.* kümmern, *jdn./etw.* vernachlässigen

ἀμύνομαι *mit Akk.* **48** sich wehren, sich *gegen jdn.* verteidigen

ἀμφισβητέω 30A 1. streiten; 2. bestreiten, bezweifeln;
3. behaupten
ἀμφότεροι, ἀμφότεραι, ἀμφότερα 14A beide
ἄν 29A, 39 (Modalpartikel)
ἀν- 13B (nur als Präfix, vgl. ἀ-; sog. alpha privativum,
verneinend) nicht, un-
ἀν- 14A (als Präfix) 1. (hin)auf-; 2. zurück-; 3. wieder-
ἀνά beim Akk. 14A 1. an ... hinauf, in ... hinauf; 2. über ... hin
ἀνα- 14A (als Präfix) 1. (hin)auf-; 2. zurück-; 3. wieder-
ἀναβαίνω 1A hinaufgehen, hinaufsteigen
ἡ ἀνάβασις, τῆς ἀναβάσεως 35A der Aufstieg,
der Weg hinauf
ἀναγκάζω 5A zwingen
ἀναγκαῖος, ἀναγκαία, ἀναγκαῖον 16B zwingend,
notwendig
ἡ ἀνάγκη 15A 1. der Zwang, die Notwendigkeit; 2. die Not
ἀνάγκη (ergänze ἐστίν) 15A es ist notwendig,
notwendigerweise
τὸ ἀνάθημα, τοῦ ἀναθήματος 29A das Weihgeschenk
ἀναιρέω 38B 1. aufnehmen, aufheben; 2. beseitigen,
zerstören, töten; 3. weissagen
ἀναμένω 8B 1. bleiben, warten; 2. erwarten
ἀναρπάζω 35A 1. an sich reißen; 2. rauben
ἀνατίθημι 29A 1. aufstellen; 2. (als Weihgeschenk) weihen
ἀναφαίνω 8B sehen lassen, zeigen
τὸ ἀνδράποδον 25A der Sklave
ἡ ἀνδρεία 4A die Tapferkeit
ἀνεγείρω 27A wecken, aufwecken
ἀνεῖλον 38B Aorist zu ἀναιρέω 1. aufnehmen, aufheben;
2. beseitigen, zerstören, töten; 3. weissagen
ὁ ἄνεμος 24A der Wind
ἄνευ beim Gen. 13B ohne
ἀνέχομαι 12B aushalten, ertragen
ὁ ἀνήρ, τοῦ ἀνδρός 15A 1. der Mann; 2. der Mensch
ἀνθ- 24A (als Präfix) gegen-, entgegen-
ἀνθρώπειος, ἀνθρωπεία, ἀνθρώπειον 11A menschlich
ὁ ἄνθρωπος 1B der Mensch
ἀντ- 24A (als Präfix) gegen-, entgegen-
ἀντί beim Gen. 28B anstelle von, statt
ἀντι- 24A (als Präfix) gegen-, entgegen-
ἀντιλέγω 4A widersprechen
ἄξιος, ἀξία, ἄξιον mit Gen. 11B wert, würdig
(einer Person/Sache)
ἀξιόω 46 1. jdn. für würdig halten; 2. fordern, bitten
ἀπ- 8A (als Präfix) weg-
ἀπαγγέλλω 37B melden
ἀπαλλάττω mit Gen. 8B 1. von etw. entfernen;
2. von etw. befreien
ἀπαντάω 36B begegnen
ἅπας, ἅπασα, ἅπαν 33B 1. all, ganz; 2. jeder
ἀπατάω 23B täuschen, betrügen
ἡ ἀπάτη 6B die Täuschung, der Betrug

ἀπέθανον 26A (Stamm ἀποθαν-) Aorist zu
ἀποθνῄσκω sterben
ἀπειλέω 26A drohen, androhen
ἄπειρος, ἄπειρον mit Gen. 16B unerfahren in etw.
ἀπεκρινάμην 30B Aorist zu ἀποκρίνομαι antworten
ἀπέκτεινα 30B Aorist zu ἀποκτείνω töten
ἀπέκτονα 44 (Formentabelle) Perfekt zu ἀποκτείνω töten
ἀπέχομαι 37A sich fernhalten
ἀπηλλάγην 38 (Formentabelle) Aorist Passiv zu ἀπαλλάττω
mit Gen. 1. von etw. entfernen; 2. von etw. befreien
ἀπό beim Gen. 3B 1. von ... her, von ... weg, von; 2. seit
ἀπο- 8A (als Präfix) weg-
ἀποβάλλω 44 1. wegwerfen, abwerfen; 2. verlieren
ἀποθνῄσκω 5B sterben
ἀποκρίνομαι 6A antworten
ἀποκρινοῦμαι 38 (Formentabelle) Futur zu
ἀποκρίνομαι antworten
ἀποκτείνω 12A töten
ἀποκτενῶ 38 (Formentabelle) Futur zu ἀποκτείνω töten
ἀπόλλυμι 37A 1. vernichten; 2. verlieren
ἀπόλλυμαι 37A 1. vernichtet werden, zugrunde gehen;
2. verloren gehen
ἀπολογέομαι 39 sich verteidigen
ἀπολούω 7B abwaschen
ἀπόλωλα 44 Perfekt zu ἀπόλλυμι 1. vernichten; 2. verlieren
ἀπορέω 48 1. ratlos sein, in Not sein; 2. Mangel haben
an etw.
ἡ ἀπορία 13B 1. die Ratlosigkeit, die Verlegenheit;
2. der Mangel
ἄπορος, ἄπορον 7A 1. (von Sachen) unwegsam, schwierig;
2. (von Personen) ratlos
ἀποστερέω 32A berauben, rauben
ἀποφαίνω 11A zeigen, darlegen
ἀποφεύγω mit Akk. 15B 1. jdm. entkommen;
2. freigesprochen werden
ἅπτομαι mit Gen. 19B 1. jdn./etw. anfassen, berühren;
2. sich mit etw. befassen
ἀπώλεσα 37A (Stamm ολ-) Aorist zu ἀπόλλυμι
1. vernichten; 2. verlieren
ἀπωλόμην 37A (Stamm ολ-) Aorist zu ἀπόλλυμαι
1. vernichtet werden, zugrunde gehen; 2. verloren gehen
ἄρα 2A also, folglich
ἆρα 2A (leitet eine Frage ein und wird nicht übersetzt)
ἆρα μή; 10B ... etwa ...?
ἆρ' οὔ; 2A ... nicht ...?, ... etwa nicht?
τὸ ἀργύριον 17A 1. das Silber; 2. das Geld
ὁ ἄργυρος 17A 1. das Silber; 2. das Geld
ἡ ἀρετή 3A 1. die Tapferkeit; 2. die Leistung, die Qualität;
3. die Tugend
ἡ ἀριθμητική (ergänze τέχνη) 17A die Arithmetik,
die Zahlenlehre
ὁ ἀριθμός 3A die Zahl

## A

ἀριστερός, ἀριστερά, ἀριστερόν **43** links
   ἡ ἀριστερά **43** die linke Hand
ἄριστος, ἀρίστη, ἄριστον **12A** *(Superlativ zu*
   ἀγαθός)* bester, tüchtigster, tapferster
ἀρκέσω **28A** *Futur zu* ἀρκέω genügen, ausreichen
ἀρκέω **28A** genügen, ausreichen
ἁρπάζω **35A** 1. an sich reißen; 2. rauben
ἀρχαῖος, ἀρχαία, ἀρχαῖον **23A** alt, ehemalig
ἡ ἀρχή **4B** 1. der Anfang; 2. die Herrschaft;
   3. das Amt
ἄρχω *mit Gen.* **11A** 1. etw./mit etw. anfangen;
   2. über jdn. herrschen
   ἄρχομαι *mit Gen.* **11A** *mit etw.* anfangen
ὁ ἄρχων, τοῦ ἄρχοντος **35A** 1. der Herrscher,
   der Anführer; 2. der Beamte; 3. der Vorgesetzte
ἀρῶ **38** *(Formentabelle) Futur zu* αἴρω hochheben
ἡ ἀσέβεια **48** die Gottlosigkeit, der Frevel
ἀσθενής, ἀσθενές **34A** 1. kraftlos, schwach;
   2. krank
ἀσκέω **12B** 1. üben; 2. ausüben
τὸ ἄστρον **3B** der Stern, das Gestirn
ἡ ἀστρονομία **17A** die Astronomie
ἄταφος, ἄταφον **26A** unbestattet
ἅτε *beim Partizip* **42** da, weil
ἀτιμάζω **12A** verachten, verächtlich behandeln
αὖ **7B** 1. wieder, wiederum; 2. andererseits
αὖθις **7B** 1. wieder, wiederum; 2. andererseits
αὐτίκα **41** *(Adverb)* sofort, in demselben Augenblick
αὐτόματος, αὐτόματον **47** aus eigenem Antrieb,
   von selbst
αὐτός, αὐτή, αὐτό **5A** selbst
   αὐτοῦ, αὐτῆς, αὐτῶν **7A** sein, ihr *(die Genitive von* αὐτός
   *dienen als Possessivpronomen der 3. Person:*
   dessen, deren)
   αὐτόν, αὐτήν, αὐτό **8A** ihn, sie, es *(die Formen von*
   αὐτός *dienen – außer im Nom. – als Personalpronomen*
   *der 3. Person)*
   ὁ αὐτός, ἡ αὐτή, τὸ αὐτό **11A** derselbe, der gleiche
αὑτοῦ/ῆς **26A** αὑτῷ/ῇ, αὑτόν/ήν, *Pl.* αὑτῶν, αὑτοῖς/αῖς,
   αὑτούς/άς *(reflexives Personalpronomen der 3. Person)*
   seiner, sich, sich
ἀφ- **8A** *(als Präfix)* weg-
ἀφανίζω **24A** 1. unsichtbar machen, verschwinden lassen;
   2. vernichten
ἄφθονος, ἄφθονον **27A** 1. neidlos; 2. reichlich
ἀφικνέομαι **17A** kommen, ankommen
ἀφικόμην **41** *(Stamm* ἱκ-*) Aorist zu* ἀφικνέομαι kommen,
   ankommen
ἄφρων, ἄφρον **10B** *(Gen.* ἄφρονος*)* unbesonnen,
   unvernünftig

## B

βαδίζω **20A** gehen
βαίνω **1A** gehen
βάλλω **1B** 1. werfen; 2. treffen
βαλῶ **38** *(Formentabelle) Futur zu* βάλλω 1. werfen;
   2. treffen
βάρβαρος, βάρβαρον **23B** nichtgriechisch
ὁ βάρβαρος **23B** der Nichtgrieche, der Barbar
βαρύς, βαρεῖα, βαρύ **35B** 1. schwer, gewichtig;
   2. beschwerlich; 3. *(von Tönen)* tief
ἡ βασιλεία **33B** das Königreich, die Königsherrschaft
ὁ βασιλεύς, τοῦ βασιλέως **2B** der König, der Herrscher
βασιλεύω *mit Gen.* **15B** König sein, herrschen *über jdn.*
βασιλικός, βασιλική, βασιλικόν **12A** königlich
βέβαιος, (βεβαία,) βέβαιον **9B** feststehend, fest, zuverlässig
βέβηκα **48** *Perfekt zu* βαίνω gehen
βέβληκα **44** *Perfekt zu* βάλλω 1. werfen; 2. treffen
βέλτιστος, βελτίστη, βέλτιστον **30A** *Superlativ zu*
   ἀγαθός gut
βελτίων, βέλτιον **30A** *(Gen.* βελτίονος*) Komparativ zu*
   ἀγαθός gut
βήσομαι **48** *Futur zu* βαίνω gehen
βιάζω **5A** zwingen, Gewalt antun
τὸ βιβλίον **3B** das Buch
ὁ βίος **4B** das Leben
βλάπτω *mit Akk.* **5A** *jdn.* schädigen, *jdm.* schaden
βλέπω **7A** 1. sehen; 2. *mit* εἰς *beim Akk.*: *jdn.* anblicken,
   ansehen
βοάω **17B** rufen, schreien
ἡ βοήθεια **12A** die Hilfe
βοηθέω **18A** zu Hilfe eilen, helfen
ὁ βοηθός **19B** der Helfer
ὁ βορέας, τοῦ βορέου **24A** 1. der Nordwind; 2. der Norden
βούλει **22A** *2. Sg. Präsens zu* βούλομαι wollen
βουλεύομαι **6B** 1. sich ausdenken; 2. sich beraten,
   überlegen; 3. beschließen
βουλεύω **6B** 1. raten, beraten; 2. Mitglied des Rates sein
ἡ βουλή **31A** 1. die Beratung; 2. der Rat, der Plan,
   die Absicht; 3. der Rat, die Ratsversammlung
βούλομαι **5B** wollen
ὁ/ἡ βοῦς, τοῦ/τῆς βοός **14B** das Rind: der Ochse, die Kuh
ὁ βωμός **25B** der Altar

## Γ

ἡ γαῖα **3B** die Erde, das Land
τὸ γάλα, τοῦ γάλακτος **28B** die Milch
ὁ γάμος **12B** die Hochzeit, die Ehe
γάρ **1A** denn, nämlich
ἡ γαστήρ, τῆς γαστρός **41** der Bauch
γε **6B** *(enklitisch)* 1. *(einschränkend)* wenigstens, jedenfalls;
   2. *(betonend)* gewiss, gerade; 3. *oft unübersetzt*

γεγένημαι **47** *Perfekt zu* γίγνομαι 1. werden, entstehen, geboren werden; 2. geschehen

γέγονα **47** *Perfekt zu* γίγνομαι 1. werden, entstehen, geboren werden; 2. geschehen

γέγραφα **44 (Formentabelle)** *Perfekt zu* γράφω 1. schreiben; 2. malen, zeichnen

γελάω **22A** 1. lachen; 2. auslachen

γελοῖος, γελοία, γελοῖον **10A** lächerlich, komisch

γενήσομαι **28B** *Futur zu* γίγνομαι 1. werden, entstehen, geboren werden; 2. geschehen

γενναῖος, γενναία, γενναῖον **6A** *(von guter Herkunft)* 1. adlig, edel; 2. tüchtig; 3. echt, unverfälscht

τὸ γένος, τοῦ γένους **42** 1. das Geschlecht, die Gattung; 2. die Abstammung

ὁ γέρων, τοῦ γέροντος **29A** der alte Mann, der Greis

ἡ γεωμετρία **17A** die Geometrie

ὁ γεωργός **8B** der Bauer

ἡ γῆ, τῆς γῆς **3B** die Erde, das Land

γίγνομαι **5A** 1. werden, entstehen, geboren werden; 2. geschehen

γιγνώσκω **2A** 1. erkennen, kennenlernen, erfahren; 2. kennen, wissen

ἡ γνώμη **11A** 1. der Verstand, die Einsicht; 2. die Gesinnung, die Meinung

γνώσομαι **48** *Futur zu* γιγνώσκω 1. erkennen, kennenlernen, erfahren; 2. kennen, wissen

τὸ γράμμα, τοῦ γράμματος **11B** der Buchstabe, die Schrift

ἡ γραφή **35B** 1. die Schrift; 2. die Anklageschrift; 3. das Bild

γράφω **2A** 1. schreiben; 2. malen, zeichnen

γυμνάζω **31A** *jdn.* üben, trainieren

γυμνός, γυμνή, γυμνόν **12B** 1. nackt, leicht bekleidet; 2. unbewaffnet

ἡ γυνή, τῆς γυναικός **15A** die Frau

## Δ

δαιμόνιος, δαιμονία, δαιμόνιον **16B** 1. göttlich, übermenschlich, wunderbar, unbegreiflich; 2. unselig, unglücklich

ὁ δαίμων, τοῦ δαίμονος **6B** 1. das göttliche Wesen, die Gottheit; 2. das Schicksal

δάκνω **14A** beißen

δέ **1B** 1. aber; 2. und; 3. *oft unübersetzt*

δέδεμαι **47** *Perfekt Medio-Passiv zu* δέω binden, fesseln

δεήσει **28A** *Futur zu* δεῖ es ist nötig, man muss

δεήσομαι **28A** *Futur zu* δέομαι *mit Gen.* 1. *etw.* brauchen, nötig haben; 2. *jdn.* bitten

δεῖ **1A** es ist nötig, man muss

δείδω **42** fürchten

δείκνυμι **35B** zeigen

δειλός, δειλή, δειλόν **9B** 1. furchtsam, feige; 2. elend

δεινός, δεινή, δεινόν **2B** 1. furchtbar, gefährlich; 2. gewaltig; 3. fähig

δειπνέω **21B** die Mahlzeit einnehmen *(Hauptmahlzeit am späten Nachmittag)*

τὸ δεῖπνον **47** die Mahlzeit *(Hauptmahlzeit am späten Nachmittag)*

τὸ δένδρον **17B** der Baum

δεξιός, δεξιά, δεξιόν **43** rechts
  ἡ δεξιά **43** die rechte Hand

δέομαι *mit Gen.* **10A** 1. *etw.* brauchen, nötig haben; 2. *jdn.* bitten

τὸ δέον **36A** *(meist Plural:* τὰ δέοντα*)* das Nötige

τὸ δέρμα, τοῦ δέρματος **19A** die Haut

ὁ δεσμός **35B** das Band, die Fessel, *im Pl. auch:* das Gefängnis

ὁ δεσπότης, τοῦ δεσπότου **21A** der Herr, der Herrscher, der Despot

δεῦρο **32A** *(Adverb)* hierher

δεύτερος, δευτέρα, δεύτερον **28A** der zweite

δέχομαι **21B** 1. *etw.* annehmen; 2. *jdn. (freundlich)* aufnehmen

δέω **47** binden, fesseln

δή **4B** 1. gerade, sicherlich, wirklich; 2. nun, also, folglich; 3. *oft unübersetzt*

δῆλος, δήλη, δῆλον **35A** offensichtlich, klar

δηλόω **30A** klar machen, zeigen

ὁ δημιουργός **28A** 1. der Handwerker; 2. der Schöpfer

ὁ δῆμος **4A** 1. das Volk *(als politische Einheit)*; 2. die Gemeinde, die Heimatgemeinde

δημόσιος, δημοσία, δημόσιον **7A** öffentlich, staatlich
  δημοσίᾳ **31B** *(Adverb)* öffentlich, in der Öffentlichkeit, im Namen des Staates

δήπου **10B** *(Adverb)* doch wohl, sicherlich

δῆτα **15A** wirklich, gewiss

δι- **27B** *(als Präfix)* 1. durch, bis ans Ende; 2. auseinander

διά *beim Akk.* **5B** wegen
  διὰ τί; **5B** weshalb?
  διὰ τοῦτο **1B** deswegen

διά *beim Gen.* **11B** 1. durch … hindurch; 2. durch, mittels

δια- **27B** *(als Präfix)* 1. durch, bis ans Ende; 2. auseinander

διαβάλλω **31B** verleumden

ἡ διαβολή **38B** die Verleumdung

διάγω **8B** (Zeit) verbringen

διακρίνω **23A** 1. unterscheiden, aussondern, auswählen; 2. entscheiden, urteilen, richten

διαλαμβάνω **25A** einteilen

διαλέγομαι *mit Dat. oder* πρός *beim Akk.* **11B** *mit jdm.* reden, sich *mit jdm.* unterhalten

διαμένω **37B** bleiben, ausharren

διασκοπέω **16A** 1. betrachten; 2. prüfen

διαφέρω *mit Gen.* **14A** 1. sich *von jdm.* unterscheiden; 2. sich *vor jdm.* auszeichnen

## Δ

**διαφθείρω** 29B 1. zugrunde richten, vernichten, verderben; 2. bestechen
**διαφθερῶ** 38A *Futur zu* **διαφθείρω** 1. zugrunde richten, vernichten, verderben; 2. bestechen
**ὁ διδάσκαλος** 16B der Lehrer
**διδάσκω** 2A lehren
**δίδωμι** 18A geben
**διεφθάρην** 38A *Aorist Passiv zu* **διαφθείρω** 1. zugrunde richten, vernichten, verderben; 2. bestechen
**διέφθαρκα** 44 (Formentabelle) *Perfekt zu* **διαφθείρω** 1. zugrunde richten, vernichten, verderben; 2. bestechen
**διέφθειρα** 38A *Aorist zu* **διαφθείρω** 1. zugrunde richten, vernichten, verderben; 2. bestechen
**διηγέομαι** 46 *(ein Thema)* ausführen, darstellen, erzählen
**δικάζω** 27B Recht sprechen, entscheiden
**δίκαιος**, δικαία, δίκαιον 3A gerecht, richtig
**ἡ δικαιοσύνη** 3A die Gerechtigkeit
**τὸ δικαστήριον** 39 das Gericht, der Gerichtshof
**ὁ δικαστής**, τοῦ δικαστοῦ 20B der Richter
**ἡ δίκη** 40 1. das Recht; 2. der Rechtsstreit, der Prozess; 3. die Strafe
**διό** 4A 1. weshalb *(relativ)*; 2. deshalb
**διότι** 29A *(Subjunktion)* weil, da
**δίς** 21B *(Adverb)* zweimal
**διώκω** 15B 1. verfolgen; 2. anklagen
**δοκεῖ μοι** 15A 1. es scheint mir; 2. es scheint mir gut, ich beschließe
**δοκέω** 11A 1. meinen, glauben; 2. scheinen
**ἡ δόξα** 4A 1. die Meinung; 2. der Ruf, *spez.* der gute Ruf, der Ruhm
**δοξάζω** 34A 1. meinen; 2. *(im Neuen Testament)* rühmen
**δόξω** 31A *Futur zu* **δοκέω** 1. meinen, glauben; 2. scheinen
**δός** 25B *Imperativ Aorist zu* **δίδωμι** geben
**δουλεύω** 27A Sklave sein, dienen
**ἡ δούλη** 37A die Sklavin, die Dienerin
**ὁ δοῦλος** 25A der Sklave, der Diener
**δουλόω** 34B zum Sklaven machen, unterdrücken
**ὁ δράκων**, τοῦ δράκοντος 27B die große Schlange, der Drache
**δράω** 22B tun, handeln
**δύναμαι** 5B können, imstande sein
**ἡ δύναμις**, τῆς δυνάμεως 24A die Macht, die Kraft, die Fähigkeit
**δυνατός**, δυνατή, δυνατόν 9A 1. *(von Personen)* mächtig, fähig; 2. *(von Sachen)* möglich
**δύο** 7A zwei
**δυσ-** 13B *(nur als Präfix)* schlecht, übel, miss-
**δύσπορος**, δύσπορον 13B schlecht passierbar
**δώδεκα** 27B zwölf
**δωρέομαι** 30A schenken, beschenken
**τὸ δῶρον** 12A das Geschenk, die Gabe
**δώσω** 29B *Futur zu* **δίδωμι** geben

## E

**ἐάν** 36A *(Subjunktion mit Konjunktiv)* 1. wenn, falls; 2. jedes Mal wenn
**ἑαυτοῦ/ῆς** 26A ἑαυτῷ/ῇ, ἑαυτόν/ήν, *Pl.* ἑαυτῶν, ἑαυτούς/άς *(reflexives Personalpronomen der 3. Person)* seiner, sich, sich
**ἐάω** 11A lassen: 1. zulassen; 2. in Ruhe lassen
**ἔβαλον** 25A *(Stamm* βαλ-*) Aorist zu* **βάλλω** 1. werfen; 2. treffen
**ἔβην** 48 *Aorist zu* **βαίνω** gehen
**ἐβλάβην** 38 (Formentabelle) *Aorist Passiv zu* **βλάπτω** *mit Akk. jdn.* schädigen, *jdm.* schaden
**ἐβουλήθην** 27B *Aorist zu* **βούλομαι** wollen
**ἐγ-** 21B *(als Präfix)* 1. darin; 2. hinein-
**ἐγείρω** 27A wecken, aufwecken
**ἐγέλασα** 22A *Aorist zu* **γελάω** 1. lachen; 2. auslachen
**ἐγενόμην** 25B *(Stamm* γεν-*) Aorist zu* **γίγνομαι** 1. werden, entstehen, geboren werden; 2. geschehen
**ἐγερῶ** 38 (Formentabelle) *Futur zu* **ἐγείρω** wecken, aufwecken
**τὸ ἐγκώμιον** 11B die Lobrede, die Verherrlichung
**ἔγνωκα** 48 *Perfekt zu* **γιγνώσκω** 1. erkennen, kennenlernen, erfahren; 2. kennen, wissen
**ἔγνων** 48 *Aorist zu* **γιγνώσκω** 1. erkennen, kennenlernen, erfahren; 2. kennen, wissen
**ἐγνώσθην** 48 *Aorist Passiv zu* **γιγνώσκω** 1. erkennen, kennenlernen, erfahren; 2. kennen, wissen
**ἔγνωσμαι** 48 *Perfekt Medio-Passiv zu* **γιγνώσκω** 1. erkennen, kennenlernen, erfahren; 2. kennen, wissen
**ἐγράφην** 38 (Formentabelle) *Aorist Passiv zu* **γράφω** 1. schreiben; 2. malen, zeichnen
**ἐγώ** 4A (ἐμοῦ, ἐμοί, ἐμέ; *enklitisch* μου, μοι, με) ich
**ἔγωγε** 7B *(betontes* ἐγώ*)* ich jedenfalls, ich wenigstens
**ἐδεήθην** 27A *Aorist zu* **δέομαι** *mit Gen.* 1. *etw.* brauchen, nötig haben; 2. *jdn.* bitten
**ἔδει** 12B *Imperfekt zu* **δεῖ** es ist nötig, man muss
**ἔδεισα** 42 *Aorist zu* **δείδω** fürchten
**ἐδίδαξα** 27A *Aorist zu* **διδάσκω** lehren
**ἐδιδάχθην** 27A *Aorist Passiv zu* **διδάσκω** lehren
**ἐδόθην** 33B *Aorist Passiv zu* **δίδωμι** geben
**ἔδομαι** 28B *Futur zu* **ἐσθίω** essen
**ἔδοξα** 27B *Aorist zu* **δοκέω** 1. meinen, glauben; 2. scheinen
**ἔδραμον** 32A *(Stamm* δραμ-*) Aorist zu* **τρέχω** laufen, rennen
**ἔδωκα** 40 *Aorist zu* **δίδωμι** geben
**ἔζων** 18B *Imperfekt zu* **ζήω** leben
**ἔθανον** 26A *(Stamm* ἐθαν-*) Aorist zu* **θνῄσκω** sterben
**ἔθαψα** 38B *Aorist zu* **θάπτω** bestatten, begraben
**ἐθέλω** 2B wollen, bereit sein
**ἐθίζω** 12B *jdn.* gewöhnen

τὸ ἔθνος, τοῦ ἔθνους **14B** das Volk, der Volksstamm *(als Kulturgemeinschaft)*
τὰ ἔθνη **33B** 1. die Völker; 2. *(im Neuen Testament)* die Nichtchristen, die Heiden
τὸ ἔθος, τοῦ ἔθους **14A** die Gewohnheit, die Sitte
εἰ **3A** *(Subjunktion)* 1. wenn, falls; 2. ob
εἰ δὲ μή **21A** wenn aber nicht, andernfalls
εἰ μή **15A** 1. wenn nicht; 2. außer
εἶδον **25A** *(Stamm* ἰδ-*) Aorist zu* ὁράω sehen
τὸ εἶδος, τοῦ εἴδους **35B** 1. die Gestalt, das Aussehen; 2. die Idee, das Urbild
εἴθε **40** *(Wunschpartikel)* 1. *(mit Optativ: erfüllbarer Wunsch)* hoffentlich, wenn doch; 2. *(mit Vergangenheitstempus: unerfüllbarer Wunsch)* wenn doch
εἴθιζον **12B** *Imperfekt zu* ἐθίζω jdn. gewöhnen
ἡ εἰκών, τῆς εἰκόνος **24B** 1. das Bild; 2. die Statue
εἴληφα **44** *Perfekt zu* λαμβάνω 1. nehmen, ergreifen; 2. bekommen
εἱλόμην **26A** *(Stamm* ἑλ-*) Aorist zu* αἱρέομαι sich nehmen, wählen
εἷλον **26A** *(Stamm* ἑλ-*) Aorist zu* αἱρέω 1. nehmen; 2. ergreifen, fangen; 3. erobern
εἰμί **6A** *(enklitisch)* ich bin
εἶμι **47** ich werde gehen
εἶναι **2B** *(Infinitiv zu* εἰμί*)* sein
εἴπερ **15A** *(Subjunktion)* wenn wirklich
εἱπόμην **31A** *Imperfekt zu* ἕπομαι folgen
εἶπον **25A** *(Stamm* εἰπ-*) Aorist zu* λέγω 1. sagen, behaupten; 2. sprechen; 3. nennen; 4. meinen
εἴργασμαι **43** *Perfekt zu* ἐργάζομαι 1. arbeiten; 2. etw. bearbeiten, verfertigen, schaffen; 3. *(mit doppeltem Akk.)* jdm. etw. antun
εἴρημαι **43** *Perfekt Medio-Passiv zu* λέγω 1. sagen, behaupten; 2. sprechen; 3. nennen; 4. meinen
ἡ εἰρήνη **11B** der Friede
εἰς *beim Akk.* **1A** 1. in (… hinein), zu (… hin), nach (… hin); 2. gegen; 3. hinsichtlich
εἰς Ἀγάθωνος *(ergänze* οἶκον*)* **47** zu Agathon
εἰσ- **25A** *(als Präfix)* hinein-
εἷς, μία, ἕν **31A** *(Zahlwort)* einer, eine, ein(e)s
εἰσί(ν) **1A** *(enklitisch; 3. Pl. zu* εἰμί*)* sie sind
εἴσομαι **28B** *Futur zu* οἶδα wissen, kennen
εἶτα **2B** *(Adverb)* dann, darauf, danach
εἴτε – εἴτε **15A** 1. sei es (, dass) … oder (dass); 2. ob … oder
εἶχον **7B** *Imperfekt zu* ἔχω haben, halten
ἐκ *beim Gen.* **1A** 1. aus … (heraus); 2. seit; 3. infolge
ἐκ παίδων **12A** von Kindheit an
ἐκ τούτου **7B** 1. infolgedessen; 2. darauf
ἐκ τούτων **7B** 1. infolgedessen; 2. darauf
ἐκ- **8B** *(als Präfix)* heraus-, hinaus-
ἐκάλεσα **19B** *Aorist zu* καλέω 1. rufen; 2. nennen
ἕκαστος, ἑκάστη, ἕκαστον **1B** jeder (für sich), jeder einzelne
ἑκάτερος, ἑκατέρα, ἑκάτερον **36B** jeder von beiden
ἐκαύθην **38B** *Aorist Passiv zu* καίω anzünden, verbrennen
ἔκαυσα **38B** *Aorist zu* καίω anzünden, verbrennen
ἐκεῖ **1A** *(Adverb)* dort
ἐκεῖνος, ἐκείνη, ἐκεῖνο **5B** der dort, jener
ἐκέρασα **34A** *Aorist zu* κεράννυμι mischen
ἐκέρδησα **34B** *Aorist zu* κερδαίνω 1. Gewinn haben; 2. jdn. gewinnen
ἡ ἐκκλησία **38B** 1. die Volksversammlung; 2. *(in christlichen Texten)* die Kirche *(das Gebäude und die Leute)*
ἐκλέγω **4B** auswählen
ἐκοιμήθην **41** *Aorist zu* κοιμάομαι sich schlafen legen, schlafen
ἐκπλήττω **38A** jdn. erschrecken
ἐκπλήττομαι *(mit Akk.)* **38A** (vor jdm./etw.) erschrecken, einen Schrecken bekommen
ἐκρίθην **27B** *Aorist Passiv zu* κρίνω 1. unterscheiden, aussondern, auswählen; 2. entscheiden, urteilen, richten
ἔκρινα **38A** *Aorist zu* κρίνω 1. unterscheiden, aussondern, auswählen; 2. entscheiden, urteilen, richten
ἑκών, ἑκοῦσα, ἑκόν **27A** *(Gen.* ἑκόντος, ἑκούσης, ἑκόντος*)* 1. freiwillig, willentlich, gern; 2. absichtlich
ἔλαβον **25A** *(Stamm* λαβ-*) Aorist zu* λαμβάνω 1. nehmen, ergreifen; 2. bekommen
ἔλαθον **26A** *(Stamm* λαθ-*) Aorist zu* λανθάνω *mit Akk.* vor jdm. verborgen sein
ἡ ἐλαία **27B** 1. der Ölbaum; 2. die Olive
ἐλάττων, ἔλαττον **30** (Übung 7) *(Gen.* ἐλάττονος*) Komparativ zu* ὀλίγος wenig, gering
ἐλαύνω **1A** 1. treiben, wegtreiben; 2. ziehen, marschieren, reiten
ἐλάχιστος, ἐλαχίστη, ἐλάχιστον **30** (Übung 8) *Superlativ zu* ὀλίγος wenig, gering
ὁ ἔλεγχος **19A** 1. Untersuchung, die Prüfung; 2. die Widerlegung
ἡ ἐλευθερία **30B** die Freiheit
ἐλεύθερος, ἐλευθέρα, ἐλεύθερον **30B** frei
ἐλευθερόω **27A** befreien
ὁ ἐλέφας, τοῦ ἐλέφαντος **43** 1. der Elefant; 2. das Elfenbein
ἐλήφθην **39** *Aorist Passiv zu* λαμβάνω 1. nehmen, ergreifen; 2. bekommen
ἔλιπον **25A** *(Stamm* λιπ-*) Aorist zu* λείπω zurücklassen, verlassen, übrig lassen
ἐλπίζω **4A** 1. hoffen; 2. ahnen
ἐμ- **21B** *(als Präfix)* 1. darin; 2. hinein-
ἔμαθον **35A** *(Stamm* μαθ-*) Aorist zu* μανθάνω 1. lernen; 2. zur Kenntnis nehmen, bemerken, begreifen
ἐμάνην **38A** *Aorist zu* μαίνομαι 1. von Sinnen sein, in Ekstase sein; 2. toben, rasen, wüten

# E

ἐμαυτοῦ/ῆς **31B** (ἐμαυτῷ/ῇ, ἐμαυτόν/ήν; *reflexives Personalpronomen der 1. Person Sg.*) mein(er), mir, mich
ἐμαχεσάμην **19A** *Aorist zu* μάχομαι *mit Dat. mit jdm. / gegen jdn.* kämpfen
ἔμεινα **38A** *Aorist zu* μένω 1. bleiben, warten; 2. erwarten
ἐμέλλησα **27A** *Aorist zu* μέλλω *mit Infinitiv* 1. wollen, im Begriff sein; 2. sollen; 3. zögern (*etw. zu tun*)
ἐμός, ἐμή, ἐμόν **18A** mein
ὁ ἔμπορος **16A** der Großkaufmann
ἔμπροσθεν **43** (*Adverb*) 1. (*räumlich*) von vorn, vorn; 2. (*zeitlich*) vorher
ἐν *beim Dat.* **1A** in, bei, an, auf
ἐν- **21B** (*als Präfix*) 1. darin; 2. hinein-
ἐναντίος, ἐναντία, ἐναντίον **10A** entgegen, entgegengesetzt
  ὁ ἐναντίος **10A** der Feind
  τὸ ἐναντίον **10A** 1. das Gegenteil; 2. (*Adverb*) im Gegenteil
ἐνδεής, ἐνδεές **42** 1. (*von Personen*) bedürftig; 2. (*von Sachen*) dürftig, mangelhaft
ἐνδείκνυμι **30A** zeigen, anzeigen
  ἐνδείκνυμαι **30A** zeigen, beweisen
ἔνδον **2B** (*Adverb*) drinnen
ἔνδοξος, ἔνδοξον **13A** berühmt, allgemein anerkannt
ἔνειμα **38** (Formentabelle) *Aorist zu* νέμω 1. zuteilen; 2. (*das Vieh*) weiden lassen
ἔνειμι **3A** darin sein
ἕνεκα *beim Gen.* **6B** (*nachgestellt*) 1. wegen; 2. um … willen
ἕνεκεν *beim Gen.* **6B** (*nachgestellt*) 1. wegen; 2. um … willen
ἔνεστι(ν) **3A** er, sie, es ist darin
ἐνέτυχον **35B** (*Stamm* τυχ-) *Aorist zu* ἐντυγχάνω *mit Dat. auf jdn.* treffen, *in etw.* hineingeraten
ἔνθα **12A** (*Adverb*) hier, da, dort
ὁ ἐνιαυτός **6B** das Jahr
ἔνιοι, ἔνιαι, ἔνια **12A** einige
ἐνταῦθα **28B** (*Adverb*) hier, dort
ἐντεῦθεν **36A** (*Adverb*) 1. (*örtlich*) von hier, von dort; 2. (*zeitlich*) von da an; 3. daher
ἐντυγχάνω *mit Dat.* **35B** *auf jdn.* treffen, *in etw.* hineingeraten
ἐξ *beim Gen.* **1A** 1. aus … (heraus); 2. seit; 3. infolge
ἐξ- **8B** (*als Präfix*) heraus-, hinaus-
ἐξαπατάω **23B** täuschen, betrügen
ἐξεπλάγην **38A** *Aorist zu* ἐκπλήττομαι (*mit Akk.*) (*vor jdm./etw.*) erschrecken, einen Schrecken bekommen
ἐξέπληξα **38A** *Aorist zu* ἐκπλήττω *jdn.* erschrecken
ἔξεστι(ν) **5A** es ist möglich, es ist erlaubt
ἐξετάζω **40** prüfen
ἐξευρίσκω **26A** ausfindig machen
ἐξηγέομαι **46** (*ein Thema*) ausführen, darstellen, erzählen
ἔξω **41** 1. *Adverb:* draußen, hinaus; 2. *Präposition beim Gen.:* außerhalb
ἕξω **28B** *Futur zu* ἔχω haben, halten
ἡ ἑορτή **24A** das (*religiöse*) Fest
ἐπ- **12A** (*als Präfix*) heran-, auf-
ἔπαθον **34A** (*Stamm* παθ-) *Aorist zu* πάσχω 1. *etw.* erleben; 2. *etw.* erleiden, erdulden
ἐπαινέω **16A** loben
ὁ ἔπαινος **31A** das Lob
ὁ ἐπαΐων, τοῦ ἐπαΐοντος **31A** der Fachmann, der Experte
ἐπανέρχομαι **38B** zurückkehren
ἐπανῆλθον **38B** *Aorist zu* ἐπανέρχομαι zurückkehren
ἐπεί **16B** (*als Hauptsatzeinleitung*) denn
ἐπεί **6A** (*Subjunktion mit Indikativ*) 1. (*temporal*) als, nachdem; 2. (*kausal*) weil, da ja
ἐπειδάν **36A** (*Subjunktion mit Konjunktiv*) 1. wenn, sobald; 2. sooft
ἐπειδή **6A** (*Subjunktion mit Indikativ*) 1. (*temporal*) als, nachdem; 2. (*kausal*) weil, da ja
ἔπεισα **32B** *Aorist zu* πείθω 1. überreden; 2. überzeugen
ἐπείσθην **32B** *Aorist zu* πείθομαι *jdm.* gehorchen, folgen
ἔπειτα **12A** (*Adverb*) dann, darauf, danach
ἐπελαθόμην **28B** (*Stamm* ἐπιλαθ-) *Aorist zu* ἐπιλανθάνομαι *mit Gen. jdn./etw.* vergessen
ἐπερωτάω **17A** fragen
ἔπεσον **29A** (*Stamm* πεσ-) *Aorist zu* πίπτω fallen
ἐπῄνεσα **24B** *Aorist zu* ἐπαινέω loben
ἐπί *beim Akk.* **4A** 1. auf … (hinauf); 2. zu … hin; 3. gegen
ἐπί *beim Dat.* **12A** 1. auf, bei; 2. aufgrund, wegen
ἐπί *beim Gen.* **14A** 1. auf … (darauf), bei; 2. zur Zeit von
ἐπι- **12A** (*als Präfix*) heran-, auf-
ἐπιβουλεύω *mit Dat.* **40** *auf jdn.* einen Anschlag planen, etwas im Schilde führen *gegen jdn.*, *gegen jdn.* intrigieren
ἐπιθυμέω *mit Gen./Infinitiv* **5B** *etw.* begehren, verlangen, wollen
ἐπιλανθάνομαι *mit Gen.* **21B** *jdn./etw.* vergessen
ἡ ἐπιμέλεια **46** die Sorge, die Bemühung
ἐπιμελέομαι *mit Gen.* **28B** *für etw.* sorgen, sich *um etw.* kümmern
ἔπιον **33B** (*Stamm* πι-) *Aorist zu* πίνω trinken
ἐπίσταμαι **13B** 1. sich *auf etw.* verstehen, *etw.* können; 2. wissen
ἡ ἐπιστήμη **3A** das Wissen, die Wissenschaft, die Erkenntnis
ἐπιστήμων, ἐπιστῆμον **16A** (*Gen.* ἐπιστήμονος) kundig, geschickt
ἡ ἐπιστολή **11B** der Brief
ἐπιτέτραμμαι **43** *Perfekt Medio-Passiv zu* ἐπιτρέπω 1. *jdm. etw.* überlassen; 2. zulassen, gestatten
ἐπιτήδειος, ἐπιτηδεία, ἐπιτήδειον **13B** 1. (*von Sachen oder Personen*) geeignet, passend, erforderlich; 2. (*von Personen*) befreundet
  ὁ ἐπιτήδειος **13B** der Freund
  τὰ ἐπιτήδεια **13B** die Lebensmittel

ἐπιτρέπω 7A 1. *jdm. etw.* überlassen; 2. zulassen, gestatten

ἐπιχειρέω 17A 1. *(mit Dat.) a) jdn.* angreifen; b) *etw.* in Angriff nehmen, unternehmen; 2. *(mit Infinitiv)* versuchen

ἔπλευσα 24A Aorist zu πλέω *(mit dem Schiff)* fahren, segeln

ἔπληξα 27B *Aorist zu* πλήττω schlagen

ἔπνευσα 24A *Aorist zu* πνέω hauchen, wehen, atmen

ἕπομαι 31A folgen

ἐπορεύθην 33A Aorist zu πορεύομαι marschieren, wandern, reisen

τὸ ἔπος, τοῦ ἔπους 43 1. das Wort, die Erzählung; 2. *(im Plural auch)* die Heldenlieder, die Epen

ἐπριάμην 30A *(Aorist)* ich kaufte

ἐπυθόμην 38A *(Stamm* πυθ-*) Aorist zu* πυνθάνομαι 1. sich *nach etw.* erkundigen, fragen; 2. *etw.* erfahren

ἔραμαι *mit Gen.* 38A 1. lieben; 2. *nach etw.* verlangen, *etw.* begehren

ἐράω *mit Gen.* 38A 1. lieben; 2. *nach etw.* verlangen, *etw.* begehren

ἐργάζομαι 7A 1. arbeiten; 2. *etw.* bearbeiten, verfertigen, schaffen; 3. *(mit doppeltem Akk.) jdm. etw.* antun

τὸ ἔργον 10A 1. das Werk, die Arbeit; 2. die Tat

ἡ ἐρημία 13B 1. die Einsamkeit; 2. die Wüste

ἡ ἔρις, τῆς ἔριδος 27B *(Akk.* τὴν ἔριν*)* der Streit, der Wettstreit

ἔρριφα 44 (Formentabelle) *Perfekt zu* ῥίπτω werfen, schleudern

ἐρρίφην 38 (Formentabelle) *Aorist Passiv zu* ῥίπτω werfen, schleudern

ἔρριψα 26B *Aorist zu* ῥίπτω werfen, schleudern

ἔρχομαι 12A kommen, gehen

ἐρῶ 37A *Futur zu* λέγω 1. sagen, behaupten; 2. sprechen; 3. nennen; 4. meinen

ἐρωτάω 17A fragen

ἐς *beim Akk.* 1A 1. in (… hinein), zu (… hin), nach (… hin); 2. gegen; 3. hinsichtlich

ἐσ- 25A *(als Präfix)* hinein-

ἡ ἐσθής, τῆς ἐσθῆτος 28A das Kleid

ἐσθίω 8A essen

ἔσομαι 28B *Futur zu* εἶναι sein

ἑσπόμην 31A *(Stamm* σπ-*) Aorist zu* ἕπομαι folgen

ἔστην 48 *Aorist zu* ἵσταμαι 1. sich hinstellen, *(wohin)* treten; 2. stehen bleiben

ἔστησα 24B *Aorist zu* ἵστημι 1. stellen, hinstellen, aufstellen; 2. anhalten

ἐστί(ν) 1A *(enklitisch, 3. Sg. zu* εἰμί*)* er, sie, es ist

ἔστι(ν) 7A *(zu* εἶναι *als Vollverb: Akzent!)* es gibt, es existiert, es ereignet sich

ἐστράφην 38 (Formentabelle) *Aorist Passiv zu* στρέφω 1. drehen, wenden; 2. umkehren

ἔστροφα 44 (Formentabelle) *Perfekt zu* στρέφω 1. drehen, wenden; 2. umkehren

ἔσχον 36A *(Stamm* σχ-*) Aorist zu* ἔχω haben, halten

ἐσώθην 29A *Aorist Passiv zu* σῴζω 1. retten; 2. bewahren

ἔσωσα 25A *Aorist zu* σῴζω 1. retten; 2. bewahren

ὁ ἑταῖρος 20A der Freund, der Gefährte

ἐτάφην 38B *Aorist Passiv zu* θάπτω bestatten, begraben

ἔτεινα 19A *Aorist zu* τείνω 1. dehnen, spannen, ausstrecken; 2. sich erstrecken

ἔτεκον 41 *(Stamm* τεκ-*) Aorist zu* τίκτω 1. zeugen; 2. gebären

ἐτέλεσα 25A *Aorist zu* τελέω 1. vollenden; 2. bezahlen

ἕτερος, ἑτέρα, ἕτερον 11A 1. einer *(von zweien)*; 2. der andere *(von zweien)*

ἔτι 6B noch

ἔτι καὶ νῦν 37B auch jetzt noch

ἕτοιμος, (ἑτοίμη,) ἕτοιμον *und* ἑτοῖμος, (ἑτοίμη,) ἑτοῖμον 25A bereit, vorhanden

τὸ ἔτος, τοῦ ἔτους 41 das Jahr

ἐτράπην 38 (Formentabelle) *Aorist Passiv zu* τρέπω 1. *etw.* wenden; 2. *jdn.* in die Flucht schlagen

ἔτυχον 36A *(Stamm* τυχ-*) Aorist zu* τυγχάνω 1. *(mit Gen.) jdn./etw.* treffen; 2. *(mit Gen.) etw.* erreichen, bekommen; 3. *(mit Partizip)* zufällig/gerade *etw.* tun

εὖ 13B *(Adverb)* gut, richtig

εὖ πράττω 23A es geht mir gut

εὐ- 13B *(als Präfix)* gut, wohl-

τὸ εὐαγγέλιον 34B die frohe Botschaft, das Evangelium

εὐγενής, εὐγενές 34B 1. von edler Herkunft, vornehm; 2. von guter Art, edel

ἡ εὐδαιμονία 4A 1. das Glück, das Wohlbefinden; 2. der Wohlstand

εὐδαίμων, εὔδαιμον 10B *(Gen.* εὐδαίμονος*)* 1. glücklich; 2. wohlhabend

εὐδοκιμέω 38B einen guten Ruf haben, angesehen sein

ὁ εὐεργέτης, τοῦ εὐεργέτου 24A der Wohltäter

εὐθύς, εὐθεῖα, εὐθύ 26B *(Adverb* εὐθύ/ς*)* 1. *(örtlich)* gerade, geradewegs; 2. *(zeitlich)* sofort

εὔπορος, εὔπορον 13B 1. *(von Sachen)* gut gangbar, bequem; 2. *(von Personen)* a) gewandt; b) wohlhabend

εὑρήσω 31A *Futur zu* εὑρίσκω 1. finden, herausfinden; 2. erfinden

εὑρίσκω 16B 1. finden, herausfinden; 2. erfinden

εὐτυχέω 11A Glück haben, glücklich sein

τὸ εὐτύχημα, τοῦ εὐτυχήματος 44 das Glück, der Erfolg

εὐφυής, εὐφυές 36A begabt

ἡ εὐχή 40 1. die Bitte; 2. das Gebet

εὔχομαι 5B 1. beten *(mit Dat.:* beten zu*)*; 2. wünschen

ἐφ- 12A *(als Präfix)* heran-, auf-

ἔφαγον 33B *(Stamm* φαγ-*) Aorist zu* ἐσθίω essen

ἐφάνην 38 (Formentabelle) *Aorist zu* φαίνομαι sich zeigen, erscheinen

# E

ἔφη **13A** er, sie, es sagte, behauptete
ἔφην **13A** ich sagte, behauptete
ἔφηνα **38** (Formentabelle) *Aorist zu* φαίνω sehen lassen, zeigen
ἔφησα **47** *Aorist zu* φημί sagen, behaupten
ἔφθασα **20A** *Aorist zu* φθάνω *mit Akk. jdn.* überholen, *jdm.* zuvorkommen
ἐφοβήθην **33A** *Aorist zu* φοβέομαι fürchten, sich fürchten
ἔφυγον **47** (*Stamm* φυγ-) *Aorist zu* φεύγω *mit Akk.* 1. vor *jdm.* fliehen, *etw.* meiden; 2. angeklagt sein; 3. verbannt werden
ἐχθρός, ἐχθρά, ἐχθρόν **9A** verhasst, feindlich
 ἐχθίων, ἔχθιον **30** (Übung 7) (*Gen.* ἐχθίονος) Komparativ *zu* ἐχθρός
 ἔχθιστος, ἐχθίστη, ἔχθιστον **30** (Übung 8) Superlativ *zu* ἐχθρός
ὁ ἐχθρός **9A** der Feind
ἔχω **1A** haben, halten; **30A** *mit Adverb* sich verhalten; **39** *mit Infinitiv / indirekter Frage* wissen, können
ἐψευσάμην **32A** *Aorist zu* ψεύδομαι belügen, lügen
ἐψεύσθην **32A** *Aorist zu* ψεύδομαι sich täuschen, irren
ἑώρων **17B** *Imperfekt zu* ὁράω sehen

# Z

ζητέω **16B** 1. suchen, aufsuchen; 2. untersuchen, forschen, erforschen
ἡ ζήτησις, τῆς ζητήσεως **45** die Untersuchung
ζήω **18B** leben
ἡ ζωή **32A** das Leben
ζῶν, ζῶσα, ζῶν **18B** *Partizip Präsens Aktiv zu* ζήω leben
τὸ ζῷον **10B** 1. das Lebewesen; 2. das Tier

# H

ἡ **3A** (bestimmter Artikel, feminin)
ἤ **2A** 1. oder; 2. *(nach Komparativ oder ähnlichen Ausdrücken)* als
ἤ – ἤ **5B** entweder – oder
ἦ **37A** 1. gewiss, wirklich, sicherlich; 2. *(leitet eine Frage ein und wird nicht übersetzt)*
ἦ δ' ὅς **47** sagte der
ἤγαγον **30B** (*Stamm* ἀγαγ-) *Aorist zu* ἄγω 1. führen, treiben; 2. ziehen, marschieren
ἤγγειλα **38** (Formentabelle) *Aorist zu* ἀγγέλλω melden
ἤγειρα **38** (Formentabelle) *Aorist zu* ἐγείρω wecken, aufwecken
ὁ ἡγεμών, τοῦ ἡγεμόνος **18A** der Führer, der Feldherr
ἡγέομαι **16A** 1. *(mit Gen./Dat.)* führen; 2. *(mit Infinitiv/AcI)* meinen, glauben; 3. *(mit doppeltem Akk.)* halten für
ἠγέρθην **33A** *Aorist Passiv zu* ἐγείρω wecken, aufwecken
ἤδη **6B** schon, jetzt
ἥδιστος, ἡδίστη, ἥδιστον **35B** Superlativ *zu* ἡδύς angenehm, erfreulich, süß
ἡδίων, ἥδιον **35B** (*Gen.* ἡδίονος); Komparativ *zu* ἡδύς angenehm, erfreulich, süß
ἥδομαι **8B** sich freuen
ἡ ἡδονή **4B** die Freude, die Lust
ἡδύς, ἡδεῖα, ἡδύ **35B** angenehm, erfreulich, süß
ἥκω **4A** 1. kommen; 2. gekommen sein, da sein
ἤλασα **30A** *Aorist zu* ἐλαύνω 1. treiben, wegtreiben; 2. ziehen, marschieren, reiten
ἦλθον **25A** (*Stamm* ἐλθ-) *Aorist zu* ἔρχομαι kommen, gehen
ἡ ἡλικία **12A** 1. das Lebensalter, das Alter; 2. die Jugend
ὁ ἥλιος **2A** die Sonne
ἡμεῖς **4A** (ἡμῶν, ἡμῖν, ἡμᾶς) wir
ἡ ἡμέρα **9B** der Tag
ἡμέτερος, ἡμετέρα, ἡμέτερον **6A** unser
ἦν **7A** (*Imperfekt zu* εἰμί) 1. ich war; 2. er, sie, es war
ἤνεγκον **48** (*Stamm* ἐνεγκ-) *Aorist zu* φέρω 1. tragen, bringen; 2. ertragen
ἠνειχόμην **38A** *Imperfekt zu* ἀνέχομαι aushalten, ertragen
ἠνεσχόμην **38A** *Aorist zu* ἀνέχομαι aushalten, ertragen
ἦρα **38** (Formentabelle) *Aorist zu* αἴρω hochheben
ἠράσθην **38A** *Aorist zu* ἐράω *und* ἔραμαι *mit Gen.* 1. lieben; 2. nach etw. verlangen, *etw.* begehren
ᾑρέθην **29B** *Aorist Passiv zu* αἱρέω 1. nehmen; 2. ergreifen, fangen; 3. erobern
ἠρόμην **25A** (*Stamm* ἐρ-) *Aorist zu* ἐρωτάω fragen
ᾐσθόμην **25A** *Aorist zu* αἰσθάνομαι wahrnehmen, bemerken
ἡ ἡσυχία **7A** die Ruhe
ἥσυχος, ἥσυχον **22A** ruhig
ἥττων, ἧττον **26A** (*Gen.* ἥττονος; Komparativ *zu* κακός) schwächer, geringer, weniger, unterlegen
ηὕρηκα **44** *Perfekt zu* εὑρίσκω 1. finden, herausfinden; 2. erfinden
ηὗρον **26A** (*Stamm* εὑρ-) *Aorist zu* εὑρίσκω 1. finden, herausfinden; 2. erfinden
ἦχα **44** (Formentabelle) *Perfekt zu* ἄγω 1. führen, treiben; 2. ziehen, marschieren
ἤχθην **30B** *Aorist Passiv zu* ἄγω 1. führen, treiben; 2. ziehen, marschieren

# Θ

ἡ θάλαττα/θάλασσα **36B** das Meer
ὁ θάνατος **1B** der Tod
θάπτω **26A** bestatten, begraben
θαρρέω **22B** mutig sein, zuversichtlich sein
θάττων, θᾶττον **30A** (Formentabelle) (*Gen.* θάττονος), Komparativ *zu* ταχύς schnell
θαυμάζω **14B** 1. bewundern; 2. sich wundern
θαυμάσιος, θαυμασία, θαυμάσιον **13A** 1. wunderbar; 2. seltsam, erstaunlich
θάψω **38B** *Futur zu* θάπτω bestatten, begraben

θεάομαι 12A sehen, anschauen, betrachten
τὸ θέατρον 21B das Theater
θεῖος, θεία, θεῖον 9A göttlich
   τὰ θεῖα 9A das Göttliche
θέλω 2B wollen, bereit sein
-θεν 21A *(Suffix)* von … her
ὁ θεός 1A 1. der Gott; 2. die Gottheit
ἡ θεός 25B die Göttin
ἡ θεραπεία 18B 1. der Dienst; 2. die Verehrung;
   3. die Pflege
θεραπεύω 1B 1. bedienen; 2. verehren; 3. pflegen, heilen
θεωρέω 21B 1. Zuschauer sein, anschauen; 2. *(geistig anschauen)* erwägen, überlegen
ἡ θήρα 12A die Jagd
τὸ θηρίον 12A das Tier
ὁ θησαυρός 32A 1. die Schatzkammer, das Schatzhaus;
   2. der Schatz
θνήσκω 5B sterben
θνητός, θνητή, θνητόν 27A sterblich
ὁ θόρυβος 18B der Lärm, die Unruhe
θρασύς, θρασεῖα, θρασύ 35B 1. mutig, kühn; 2. frech, dreist
θρέψω 28A *Futur zu* τρέφω ernähren, aufziehen
ὁ θρόνος 43 der Sessel
ἡ θυγάτηρ, τῆς θυγατρός 6A die Tochter
ὁ θυμός 27B 1. der Mut, der Zorn, die Leidenschaft;
   2. die Empfindung, das „Herz"
ἡ θύρα 8B die Tür, das Tor
θύω 1B opfern

## I

ἡ ἰατρική *(ergänze* τέχνη*)* 3A die Heilkunst, die Medizin
ὁ ἰατρός 3A der Arzt
ἡ ἰδέα 35B 1. die Gestalt, das Aussehen; 2. die Idee, das Urbild
ἰδίᾳ 31B *(Adverb)* für sich allein, persönlich, privat
ἴδιος, ἰδία, ἴδιον 24B eigen, privat
ἰέναι 47 *Infinitiv zu* εἶμι ich werde gehen
ἱερός, ἱερά, ἱερόν 9A heilig, geweiht
   τὸ ἱερόν 9A 1. das Opfer; 2. das Heiligtum;
   3. das *(religiöse)* Fest
ἱκανός, ἱκανή, ἱκανόν 10B 1. ausreichend; 2. geeignet, fähig
ἱκετεύω 19B *jdn.* um Schutz flehen, *jdn.* anflehen
τὸ ἱμάτιον 6B das Oberkleid, das Gewand
ἵνα 36A *(Subjunktion mit Indikativ)* wo
ἵνα 32A *(Subjunktion mit Konjunktiv)* damit, um zu
ὁ ἵππος 1A das Pferd
ἵστημι 24B 1. stellen, hinstellen, aufstellen; 2. anhalten
   ἵσταμαι 48 1. sich hinstellen, *(wohin)* treten; 2. stehen bleiben
ἡ ἱστορία 14A 1. die Forschung, die Erforschung;
   2. die Geschichte
ἰσχυρός, ἰσχυρά, ἰσχυρόν 8A stark

ἴσως 4B *(Adverb)* vielleicht
ὁ ἰχθύς, τοῦ ἰχθύος 36B der Fisch

## K

καθ- 17B *(als Präfix)* hinab-, herab-
καθέζομαι 43 sich setzen, sitzen
καθεύδω 9B schlafen
κάθημαι 14A sitzen
καί 1A 1. und; 2. auch; 3. sogar
   καί – καί 1B sowohl – als auch, … und
   καὶ δὴ καί 31A und so denn auch
καίπερ *beim Partizip* 12A obwohl, wenn auch
καίω 15B anzünden, verbrennen
κακός, κακή, κακόν 6A schlecht, schlimm, böse
   κακῶς λέγω *mit Akk.* 29A schlecht von jdm. reden
   κακῶς ποιέω 18A schlecht behandeln
   κακίων, κάκιον 30 *(Übung 8)* *(Gen.* κακίονος*)* Komparativ *zu* κακός
   κάκιστος, κακίστη, κάκιστον 30 *(Übung 8)* Superlativ *zu* κακός
τὸ κακόν 5A das Übel, das Unglück, der Schaden
καλέω 7B 1. rufen; 2. nennen
καλός, καλή, καλόν 6A 1. schön; 2. gut
   καλῶς πράττω 23A es geht mir gut
   καλλίων, κάλλιον 30 *(Übung 7)* *(Gen.* καλλίονος*)* Komparativ zu καλός
   κάλλιστος, καλλίστη, κάλλιστον 17B Superlativ zu καλός
ὁ καλούμενος 37B der sogenannte
κἄν 36A *(Subjunktion mit Konjunktiv)* 1. und wenn;
   2. auch wenn, wenn auch, obwohl
κατ- 17B *(als Präfix)* hinab-, herab-
κατά *beim Akk.* 14A 1. über … hin, überall in;
   2. gemäß, entsprechend
   κατ' ἀρχάς 42 anfangs
   κατ' ἐνιαυτόν 24A jährlich
κατά *beim Gen.* 19A 1. von … herab, auf … herab; 2. gegen
κατα- 17B *(als Präfix)* hinab-, herab-
καταγέλαστος, καταγέλαστον 36A lächerlich
καταγελάω *mit Gen.* 36A über jdn. lachen, jdn. auslachen
κατακοιμάομαι 41 sich schlafen legen, schlafen
καταλαμβάνω 15B 1. etw./jdn. ergreifen, einnehmen;
   2. *jdn.* antreffen, ertappen, überraschen; 3. *etw.* begreifen
καταλείπω 10B zurücklassen, verlassen, übrig lassen
καταμανθάνω 8A 1. (genau) begreifen; 2. (sorgfältig) prüfen
κατασκευάζω 4A bereitmachen, einrichten, arrangieren
κατεσθίω 17B aufessen, verschlingen
κατηγορέω *mit Gen.* 2A *jdn.* anklagen
ὁ κατήγορος 31B der Ankläger
κατοικίζω 28A *(Menschen)* ansiedeln, *(Land)* besiedeln, *(eine Stadt)* gründen

# K

κεῖμαι **19A** liegen
κείσομαι **37A** *Futur zu* κεῖμαι liegen
κεκήρυχα **44** (Formentabelle) *Perfekt zu* κηρύττω bekannt geben, verkünden
κέκλημαι **47** *Perfekt Medio-Passiv zu* καλέω 1. rufen; 2. nennen
κέκρυφα **44** (Formentabelle) *Perfekt zu* κρύπτω verstecken, verbergen
κελεύω **2B** 1. befehlen; 2. auffordern
κεράννυμι **34A** mischen
κερδαίνω **34B** 1. Gewinn haben; 2. *jdn.* gewinnen
ἡ κεφαλή **22A** der Kopf
κηρύττω **26A** bekannt geben, verkünden
κινδυνεύω **17B** 1. in Gefahr sein; 2. scheinen
ὁ κίνδυνος **6A** die Gefahr
κινέω **35A** bewegen
τὸ κλέος, τοῦ κλέους **37A** der Ruhm
κλέπτω **32A** stehlen
κοιμάομαι **41** sich schlafen legen, schlafen
κοινός, κοινή, κοινόν **5A** 1. gemeinsam *(mit Gen. oder Dat.: jdm.)*; 2. öffentlich
   κοινῇ **7B** *(Adverb)* 1. gemeinsam; 2. öffentlich, im Staatsinteresse
κομίζω **27A** 1. *etw.* besorgen; 2. *etw.* herbeibringen, *etw.* wegbringen
κομιῶ **28A** *Futur zu* κομίζω 1. *etw.* besorgen; 2. *etw.* herbeibringen, *etw.* wegbringen
ἡ κόρη **12B** das Mädchen
κοσμέω **37B** ordnen, schmücken
ὁ κόσμος **1B** 1. die Ordnung; 2. der Schmuck; 3. die Weltordnung, die Welt, der Kosmos
κράτιστος, κρατίστη, κράτιστον **12A** *(Superlativ zu* ἀγαθός) stärkster, bester
ἡ κραυγή **21B** das Geschrei
κρείττων, κρεῖττον **23A** *(Gen.* κρείττονος; *Komparativ zu* ἀγαθός) stärker, überlegener, wichtiger, besser
ἡ κρήνη **10B** der Brunnen, die Quelle
κρίνω **23A** 1. unterscheiden, aussondern, auswählen; 2. entscheiden, urteilen, richten
κρινῶ **38A** *Futur zu* κρίνω 1. unterscheiden, aussondern, auswählen; 2. entscheiden, urteilen, richten
ἡ κρίσις, τῆς κρίσεως **38A** die Entscheidung, das Urteil
κρύπτω **19A** verstecken, verbergen
κτάομαι **17A** (sich) erwerben
κτείνω **12A** töten
τὸ κτῆμα, τοῦ κτήματος **23B** das Erworbene, der Besitz
κτίζω **42** *(Land)* besiedeln, *(eine Stadt)* gründen
ὁ κύκλος **11A** der Kreis, der Ring
ὁ κύριος **8A** der Herr
ὁ κύων, τοῦ κυνός **10A** der Hund
κωλύω **5A** 1. hindern, verhindern; 2. abhalten
ἡ κώμη **7A** das Dorf

# Λ

λαμβάνομαι *mit Gen.* **38A** *jdn.* anfassen, packen
λαμβάνω **9A** 1. nehmen, ergreifen; 2. bekommen
λαμπρός, λαμπρά, λαμπρόν **12A** 1. glänzend, hell; 2. ruhmvoll
λανθάνω *mit Akk.* **26A** vor *jdm.* verborgen sein
ὁ λαός **37A** das Volk, die Menge
λέγω **1A** 1. sagen, behaupten; 2. sprechen; 3. nennen; 4. meinen
   κακῶς λέγω *mit Akk.* **29A** schlecht *von jdm.* reden
λείπω **1A** zurücklassen, verlassen, übrig lassen
λέλοιπα **44** (Formentabelle) *Perfekt zu* λείπω zurücklassen, verlassen, übrig lassen
λεπτός, λεπτή, λεπτόν **48** dünn, fein, zart
λευκός, λευκή, λευκόν **33A** weiß
ὁ λέων, τοῦ λέοντος **14A** der Löwe
ὁ λίθος **2A** der Stein
ὁ λόγος **3A** 1. das Wort, die Rede, die Erzählung; 2. der Gedanke, die Vernunft, der Verstand; 3. die Berechnung, die Abrechnung
λοιδορέω **36A** 1. schimpfen; 2. *jdn./etw.* beschimpfen
λοιπός, λοιπή, λοιπόν **18A** übrig
τοῦ λοιποῦ *(ergänze* χρόνου) **18A** künftig
λούω **7B** waschen
ὁ λόχος **43** die Abteilung *(von etwa 100 Mann)*
ὁ λύκος **19A** der Wolf
λυπέω **32A** betrüben, kränken
ἡ λύπη **7B** das Leid, der Kummer
λυπηρός, λυπηρά, λυπηρόν **8B** 1. *(von Sachen)* betrüblich; 2. *(von Personen)* betrübt
λύω **8B** lösen

# M

τὸ μάθημα, τοῦ μαθήματος **11A** 1. der Lerngegenstand; 2. die Kenntnis; 3. die Lehre, die Wissenschaft
ὁ μαθητής, τοῦ μαθητοῦ **16B** 1. der Lernende, der Schüler, der Student; 2. *(im Neuen Testament)* der Jünger
μαίνομαι **38A** 1. von Sinnen sein, in Ekstase sein; 2. toben, rasen, wüten
μακρός, μακρά, μακρόν **6B** lang, groß
μάλα **28B** *(Adverb)* sehr
   μᾶλλον **7A** *(Adverb)* mehr, eher, lieber
   μάλιστα **8A** *(Adverb)* am meisten
μανθάνω **5B** 1. lernen; 2. zur Kenntnis nehmen, bemerken, begreifen
μανοῦμαι **38A** *Futur zu* μαίνομαι 1. von Sinnen sein, in Ekstase sein; 2. toben, rasen, wüten
ἡ μαντεία **23A** die Weissagung, der Orakelspruch
μαρτυρέω **27B** bezeugen
ὁ μάρτυς, τοῦ μάρτυρος **27B** der Zeuge
ἡ μάχαιρα **14A** das Messer, der Dolch
ἡ μάχη **15B** der Kampf, die Schlacht

μάχομαι *mit Dat.* **19A** *mit jdm. / gegen jdn.* kämpfen
μέγας, μεγάλη, μέγα **13A** groß, bedeutend
  μείζων, μεῖζον **30 (Übung 7)** *(Gen.* μείζονος*)* Komparativ *zu* μέγας
  μέγιστος, μεγίστη, μέγιστον **13B** Superlativ *zu* μέγας
  μέγα **19B** *(Adverb)* viel, sehr
τὸ μειράκιον **19B** der junge Mann
μέλας, μέλαινα, μέλαν **35B** *(Gen.* μέλανος, μελαίνης, μέλανος*)* schwarz
μέλει *mit Dat. und Gen.* **31A** *jdm.* ist *etw.* wichtig, *jdm.* liegt *etw.* am Herzen
μέλλω *mit Infinitiv* **15A** 1. wollen, im Begriff sein; 2. sollen; 3. zögern *(etw. zu tun)*
τὸ μέλος, τοῦ μέλους **34A** 1. das Glied *(Körperteil)*; 2. das Lied
μέμφομαι **29A** tadeln, kritisieren
μέν – δέ **1B** 1. (zwar) – aber, einerseits – andererseits; 2. oft unübersetzt
μέντοι **6B** jedoch, allerdings
μένω **1B** 1. bleiben, warten; 2. erwarten
μενῶ **38A** *Futur zu* μένω 1. bleiben, warten; 2. erwarten
μεριμνάω **33B** 1. besorgt sein, Sorge haben; 2. *etw.* besorgen, *für etw.* sorgen
τὸ μέρος, τοῦ μέρους **42** der Teil, der Anteil
μέσος, μέση, μέσον **14A** mitten, der mittlere
μεστός, μεστή, μεστόν *mit Gen.* **13B** voll *von etw.*
μετά *beim Akk.* **1B** nach
μετά *beim Gen.* **12B** 1. inmitten, unter; 2. (zusammen) mit
μεταβάλλω **47** 1. ändern, verändern; 2. sich ändern
μεταλαμβάνω *mit Gen.* **44** *an etw.* Anteil nehmen, *an etw.* teilnehmen
τὸ μέταλλον **43** 1. das Bergwerk; 2. das Erz, das Metall
μεταξύ **43** *(als Adverb)* 1. *(räumlich)* dazwischen; 2. *(zeitlich)* inzwischen; *beim Gen.* zwischen
μεταπέμπομαι **23A** *jdn.* kommen lassen, *nach jdm.* schicken
μετέσχον **36A** *Aorist zu* μετέχω *mit Gen.* 1. *an etw.* Anteil haben; 2. *an etw.* teilnehmen
μετέχω *mit Gen.* **36A** 1. *an etw.* Anteil haben; 2. *an etw.* teilnehmen
μέτριος, μετρία, μέτριον **36A** maßvoll, ausgewogen
τὸ μέτρον **36A** 1. das Maß, das rechte Maß; 2. das Versmaß
μέχρι **38A** 1. *Präposition beim Gen.:* bis, bis zu; 2. *Subjunktion:* bis
μή **4A** nicht
μή **42** *(Subjunktion)* 1. damit nicht; 2. dass *(nach Verben des Fürchtens)*
μηδέ **20A** und nicht, auch nicht, aber nicht, nicht einmal
μηδείς, μηδεμία, μηδέν **31A** keiner, niemand
μηκέτι / μή ... ἔτι **6B** nicht mehr
μήν **28A** gewiss, tatsächlich
μήτε – μήτε **27A** weder ... noch

ἡ μήτηρ, τῆς μητρός **9B** (*Vok.* ὦ μῆτερ) die Mutter
ἡ μηχανή **17B** 1. der gute Einfall, die Erfindung, der Trick; 2. das Mittel, das Werkzeug
μικρός, μικρά, μικρόν **14A** klein, unbedeutend
μιμέομαι **43** nachahmen
μιμνήσκομαι *mit Gen.* **7B** sich *an etw.* erinnern
μισέω **20B** hassen
ἡ μοῖρα **27A** 1. der Teil, der Anteil; 2. das Los, das Schicksal
μόνος, μόνη, μόνον **15B** allein, einzig
μόνον **5A** *(Adverb)* nur
ἡ μουσική *(ergänze* τέχνη*)* **17A** die Musik
ὁ μῦθος **26B** 1. das Wort, die Rede; 2. die Sage, die Erzählung
μωρός, μωρά, μωρόν *und* μῶρος, μώρα, μῶρον **34B** töricht, dumm

# N

ναί **31A** ja
ὁ ναός **13A** der Tempel
ἡ ναῦς, τῆς νεώς **24A** das Schiff
ναυτικός, ναυτική, ναυτικόν **24A** zum Schiff gehörig, Schiffs-
ὁ νεανίας, τοῦ νεανίου **24A** der junge Mann
ὁ νεκρός **26A** der Tote, der Leichnam, die Leiche
νέμομαι **7A** 1. unter sich *etw.* aufteilen; 2. weiden
νέμω **6A** 1. zuteilen; 2. *(das Vieh)* weiden lassen
νεμῶ **28B** *Futur zu* νέμω 1. zuteilen; 2. *(das Vieh)* weiden lassen
νέος, νέα, νέον **6B** 1. neu; 2. jung
οἱ νέοι **12B** die jungen Leute
ἡ νεότης, τῆς νεότητος **32A** die Jugend
νικάω **20A** 1. siegen, Sieger sein; 2. besiegen
ἡ νίκη **8A** der Sieg
νομίζω **2A** 1. glauben, meinen; 2. *(mit doppeltem Akk.)* halten für; 3. *etw.* (als verbindlich) anerkennen
ὁ νόμος **11B** 1. der Brauch, die Sitte; 2. das Gesetz
ἡ νόσος **42** die Krankheit, die Seuche
ὁ νοῦς, τοῦ νοῦ **31A** *(Dat.* τῷ νῷ, *Akk.* τὸν νοῦν*)* der Sinn, der Verstand
  τὸν νοῦν προσέχω **31A** *(mit Dat.)* auf *etw.* achten
ἡ νύμφη **5B** 1. die junge Frau, die Braut; 2. die Nymphe *(weibliche Naturgottheit)*
νῦν **4A** *(Adverb)* nun, jetzt
ἡ νύξ, τῆς νυκτός **21B** die Nacht
  νυκτός / τῆς νυκτός **21B** nachts, bei Nacht

# Ξ

ὁ ξένος **6A** 1. der Gast; 2. der Gastgeber; 3. der Söldner
ξύλινος, ξυλίνη, ξύλινον **14A** aus Holz, hölzern
τὸ ξύλον **14A** das Holz
ξύν *beim Dat.* **1A** (zusammen) mit

# O

ὁ **1A** *(bestimmter Artikel, maskulin)*
ὁ, ἡ, τό **47** der, dieser
ὁ δέ **20A** der aber
ὁ μέν … ὁ δέ … **7A** der eine … der andere …
ὅδε, ἥδε, τόδε **6A** der hier, dieser; der folgende
ἡ ὁδός **13B** 1. der Weg; 2. der Marsch, die Reise
οἱ *(enklitisch) oder* οἵ **47** 1. sich; 2. ihm / ihr
οἶδα **16B** wissen, kennen
οἶδε(ν) **3A** *3. Sg. zu* οἶδα wissen, kennen
οἴει **17B** *2. Sg. Präsens zu* οἴομαι *und* οἶμαι glauben, meinen
οἴκαδε **37A** *(Adverb)* nach Hause
οἰκεῖος, οἰκεία, οἰκεῖον **10A** 1. verwandt; 2. eigen, eigentümlich; 3. vertraut
ὁ οἰκέτης, τοῦ οἰκέτου **25B** der Sklave, der Diener
οἰκέω **15A** 1. wohnen, bewohnen; 2. verwalten
ἡ οἰκία **6B** das Haus
οἰκίζω **28A** *(Menschen)* ansiedeln, *(Land)* besiedeln, *(eine Stadt)* gründen
οἰκοδομέω **28A** bauen
ὁ οἰκοδόμος **28A** der Baumeister
οἴκοθεν **21A** *(Adverb)* von zu Hause
ὁ οἶκος **6B** das Haus
οἶμαι **6B** glauben, meinen
ὁ οἶνος **4B** der Wein
οἴομαι **6B** glauben, meinen
οἷος, οἵα, οἷον **31A** wie, wie beschaffen, was für ein
οἷός τέ εἰμι **30A** imstande sein, können
οἷον **31A** *(Adverb)* wie, wie zum Beispiel
οἶσθα *2. Sg. zu* οἶδα **16B** wissen, kennen
ὀλίγος, ὀλίγη, ὀλίγον **4A** wenig, gering
ὀλίγοι, ὀλίγαι, ὀλίγα **4A** wenige
ὅλος, ὅλη, ὅλον **7A** ganz
ὄλωλα **44** *Perfekt zu* ἀπόλλυμι 1. vernichten; 2. verlieren
ὁμιλέω *mit Dat.* **16A** *mit jdm.* zusammen sein
ὅμοιος, ὁμοία, ὅμοιον **15A** 1. gleich; 2. ähnlich
ὁμολογέω **12A** übereinstimmen, zustimmen
ὅμως **1A** dennoch, trotzdem
ὀνειδίζω *mit Dat.* **3A** *jdm.* Vorwürfe machen, *jdn.* tadeln
τὸ ὄνομα, τοῦ ὀνόματος **14B** 1. der Name; 2. der Ruf
ὀνομάζω **6A** nennen, benennen
ὁ ὁπλίτης, τοῦ ὁπλίτου **24A** der Schwerbewaffnete, der Hoplit
τὸ ὅπλον **15B** die Waffe
ὅποι **35A** 1. wohin *(einen indirekten Fragesatz einleitend)*; 2. wohin auch immer *(verallgemeinernd relativ)*
ὁπότε **7B** *(Subjunktion)* (immer) wenn, als
ὅπου **36A** 1. wo *(einen indirekten Fragesatz einleitend)*; 2. wo auch immer *(verallgemeinernd relativ)*
ὅπως **47** 1. wie *(einen indirekten Fragesatz einleitend)*; 2. wie auch immer *(verallgemeinernd relativ)*; 3. *(als Subjunktion)* dass; 4. *(als Subjunktion)* damit
ὁράω **17B** sehen
τὸ ὄργανον **22B** das Werkzeug, das Instrument
ὀργίζομαι *mit Dat.* **7A** *über jdn./etw.* zornig werden, zornig sein
ὀρθός, ὀρθή, ὀρθόν **36A** 1. aufrecht, gerade; 2. richtig
ὀρθῶς **3A** *(Adverb)* richtig, auf rechte Art
ὁ ὅρκος **9A** der Eid, der Schwur
ὁρμάω **19A** 1. antreiben; 2. aufbrechen, losstürmen
ὁ/ἡ ὄρνις, τοῦ/τῆς ὄρνιθος **33B** der Vogel
ὁ ὅρος **36B** die Grenze
ὅς, ἥ, ὅ **8A** *(Relativpronomen)* der, welcher
ὅσιος, ὁσία, ὅσιον **38A** 1. heilig, gottgefällig, richtig; 2. fromm, gottesfürchtig
ὅσος, ὅση, ὅσον **32A** wie groß, wie viel
ὅσπερ, ἥπερ, ὅπερ **30A** eben/gerade der, welcher
ὅστις, ἥτις, ὅ τι **30A** 1. wer, welcher *(einen indirekten Fragesatz einleitend)*; 2. wer auch immer; jeder, der *(verallgemeinernd relativ)*
ὅταν **36A** *(Subjunktion mit Konjunktiv)* 1. wenn; 2. jedes Mal wenn
ὅτε **12A** *(Subjunktion)* (zu der Zeit,) als, wenn
ὅτι **2A** *(Subjunktion)* 1. weil, da; 2. dass
ὅτι **39** *(vor direkter Rede hat* ὅτι *die Funktion eines Doppelpunktes und wird nicht übersetzt)*
οὐ **2A** nicht
  οὐ δεῖ **2B** es ist nicht nötig, man darf nicht
  οὐ μόνον – ἀλλὰ καί **1A** nicht nur – sondern auch
οὗ **28A** wo *(relativ)*
οὐδαμῶς **2B** *(Adverb)* auf keinen Fall, keineswegs
οὐδέ **2A** und nicht, auch nicht, aber nicht, nicht einmal
οὐδείς, οὐδεμία, οὐδέν **31A** keiner, niemand
οὐδέν **5B** 1. nichts; 2. gar nicht, überhaupt nicht
  οὐδὲν ἧττον **26A** trotzdem
οὐκ **2A** nicht
οὐκέτι / οὐ … ἔτι **6B** nicht mehr
οὐκοῦν **15A** 1. also, folglich; 2. *(bei Fragen)* nicht wahr?
οὖν **2B** 1. nun; 2. also, folglich; 3. wirklich
οὔποτε **16B** *(Adverb)* niemals
οὔπω **42** *(Adverb)* noch nicht
οὐράνιος, οὐρανία, οὐράνιον **33B** himmlisch
ὁ οὐρανός **1A** der Himmel
τὸ οὖς, τοῦ ὠτός **37B** das Ohr
οὔτε – οὔτε **5A** weder – noch
οὗτος, αὕτη, τοῦτο **26A** dieser
  ἐκ τούτου **7B** 1. infolgedessen; 2. darauf
  ἐκ τούτων **7B** 1. infolgedessen; 2. darauf
οὕτω(ς) **1B** *(Adverb)* so, auf diese Weise
οὐχ **2A** nicht
ὁ ὀφθαλμός **34A** das Auge

ὁ ὄχλος **7A** die Menschenmasse, das *(gewöhnliche)* Volk
ἡ ὄψις, τῆς ὄψεως **41** 1. das Sehen; 2. *(was man sieht)*
  a) der Anblick; b) die Traumerscheinung
ὄψομαι **33A** *Futur zu* ὁράω sehen

## Π

τὸ πάθημα, τοῦ παθήματος **11A** 1. das Erlebnis;
  2. das Leiden, das Missgeschick
τὸ πάθος, τοῦ πάθους **39** 1. das Erlebnis; 2. das Leiden,
  das Missgeschick; 3. die Leidenschaft
ἡ παιδεία **4A** die Erziehung, die Bildung
παιδεύω **4A** erziehen, bilden
ἡ παιδιά **19B** das Spiel, der Spaß
τὸ παιδίον **8A** das kleine Kind
παίζω **8A** spielen, scherzen
παίξομαι **28B** *Futur zu* παίζω spielen, scherzen
ὁ/ἡ παῖς, τοῦ/τῆς παιδός **12A** 1. das Kind; 2. der Sklave
  ἐκ παίδων **12A** von Kindheit an
πάλαι **20B** *(Adverb)* 1. früher, ehemals; 2. schon lange
παλαιός, παλαιά, παλαιόν **15B** alt
πάλιν **20B** *(Adverb)* wieder
παντάπασι(ν) **28A** *(Adverb)* 1. ganz und gar, überhaupt,
  völlig; 2. *(in Antworten)* ja natürlich
πανταχῇ **42** *(Adverb)* 1. überall; 2. auf jede Art und Weise
πανταχοῦ **37B** *(Adverb)* überall
παντοδαπός, παντοδαπή, παντοδαπόν **39** verschieden-
  artig, allerlei, aller Art
πάνυ **10A** *(Adverb)* ganz, völlig
  πάνυ γε **28A** ganz recht, allerdings
  πάνυ μὲν οὖν **10A** ganz recht, allerdings
παρά *beim Akk.* **17A** 1. zu (… hin); 2. entlang an; 3. gegen
παρά *beim Dat.* **1A** bei, neben
παρά *beim Gen.* **12A** von … her, von
παραβάλλω **10A** 1. nebeneinanderstellen; 2. vergleichen
παραγίγνομαι **27A** 1. dazukommen; 2. dabeisein
παραδίδωμι **25A** übergeben, überlassen
παραινέω **44** *jdm.* raten, empfehlen, *jdn.* ermuntern
παρακαλέω **17B** einladen, auffordern
παρασκευάζω **4A** bereitmachen, einrichten, arrangieren
ἡ παρασκευή **28A** die Bereitstellung, die Einrichtung
πάρειμι **19B** anwesend sein, da sein
παρέχω **1B** 1. anbieten, bieten; 2. geben, überreichen;
  3. gewähren
  πράγματα παρέχω **11B** Schwierigkeiten machen
παρῄνεσα **44** *Aorist zu* παραινέω *jdm.* raten, empfehlen,
  *jdn.* ermuntern
ἡ παρθένος **12B** das Mädchen, die junge Frau, die Jungfrau
ἡ παροιμία **47** das Sprichwort, die Redensart
πᾶς, πᾶσα, πᾶν **12A** (Gen. παντός, πάσης, παντός)
  1. all, ganz; 2. jeder
πάσχω **34A** 1. *etw.* erleben; 2. *etw.* erleiden, erdulden
ὁ πατήρ, τοῦ πατρός **6B** der Vater

ἡ πατρίς, τῆς πατρίδος **23A** das Vaterland, die Vaterstadt
παύω **7B** beenden
  παύομαι *mit Gen.* **7B** *mit etw.* aufhören
πείθω **6B** 1. überreden; 2. überzeugen
  πείθομαι **6B** *jdm.* gehorchen, folgen
ἡ πεῖρα **29A** 1. der Versuch, die Probe; 2. die Erfahrung
πειράομαι **17A** 1. *(mit Gen.) etw./jdn.* versuchen, erproben;
  2. *(mit Infinitiv)* versuchen
ὁ πειρατής, τοῦ πειρατοῦ **24B** der Seeräuber, der Pirat
πέμπω **2B** 1. schicken; 2. begleiten
πένης **31B** (Gen. πένητος) arm
πέπομφα **44** *(Formentabelle) Perfekt zu* πέμπω 1. schicken;
  2. begleiten
πέπραχα **44** *(Formentabelle) Perfekt zu* πράττω
  1. tun, handeln; 2. betreiben
-περ **30A** *(Suffix zur Verstärkung des vorangehenden
  Wortes)*
περί *beim Akk.* **15B** 1. um … herum; 2. hinsichtlich
περί *beim Dat.* **22B** um (… herum)
περί *beim Gen.* **3A** über *jdn./etw.*, von *jdm./etw.*
περι- **16A** *(als Präfix)* herum-, ringsum
περιβάλλω **8B** 1. *etw.* um *etw.* herumlegen; 2. umarmen
ἡ πηγή **7B** die Quelle
πηδάω **19A** springen
πικρός, πικρά, πικρόν **38A** 1. scharf; 2. herb, bitter;
  3. grausam
πίνω **8B** trinken
πίομαι **28B** *Futur zu* πίνω trinken
πίπτω **3B** fallen
ἡ πίστις, τῆς πίστεως **25A** 1. die Treue, das Vertrauen, *(in
  theologischen Texten)* der Glaube; 2. das feste Versprechen
πιστός, πιστή, πιστόν **9A** vertrauenswürdig, treu,
  zuverlässig
πλανάομαι **17B** 1. umherirren, sich verirren; 2. sich irren
πλεῖστος, πλείστη, πλεῖστον **30B** *(Superlativ zu* πολύς*)*
  der, die, das meiste
  οἱ πλεῖστοι **30B** die meisten, sehr viele
πλείων, πλεῖον *und* πλέων, πλέον **24B** (Gen. πλείονος/
  πλέονος, Akk. Pl. πλείους *oder* πλείονας; *Komparativ
  zu* πολύς) mehr
πλεονεκτέω *mit Gen.* **30A** 1. mehr *von etw.* haben,
  im Vorteil sein *vor jdm.*; 2. mehr haben wollen, *jdn.*
  übervorteilen
πλέω **24A** *(mit dem Schiff)* fahren, segeln
ἡ πληγή **36A** der Schlag
πληρόω *mit Gen.* **24A** *mit etw.* füllen
πλησίον **48** 1. *Adverb*: nahe; 2. *Präposition beim Gen.*:
  nahe bei, in der Nähe von
πλήττω **27B** schlagen
πλούσιος, πλουσία, πλούσιον **9A** reich
ὁ πλοῦτος **14A** der Reichtum
πνέω **24A** hauchen, wehen, atmen

# Π

πόθεν; **7A** woher?
ποθέν **38B** *(enklitisch)* irgendwoher
ποιέω **1B** 1. machen, verfertigen, *spez.* dichten; 2. tun, bewirken
   κακῶς ποιέω **18A** schlecht behandeln
ὁ ποιητής, τοῦ ποιητοῦ **30A** der Dichter
ποικίλος, ποικίλη, ποικίλον **40** 1. bunt; 2. verschiedenartig; 3. listig
ποιμενικός, ποιμενική, ποιμενικόν **19B** zum Hirten gehörig, Hirten-
ὁ ποιμήν, τοῦ ποιμένος **19A** der Hirte
ποῖος, ποία, ποῖον; **10A** wie beschaffen?, was für ein?
πολεμέω **18B** Krieg führen
ἡ πολεμική *(ergänze* τέχνη*)* **42** die Kriegskunst
πολεμικός, πολεμική, πολεμικόν **15B** 1. Kriegs-; 2. kriegerisch, kriegserfahren
πολέμιος, πολεμία, πολέμιον **9A** feindlich
ὁ πολέμιος **9A** der Feind
ὁ πόλεμος **11B** der Krieg
ἡ πόλις, τῆς πόλεως **15A** 1. die Stadt; 2. der Staat
ἡ πολιτεία **29B** 1. der Staat; 2. die Staatsverwaltung, die Regierung; 3. die Verfassung
πολιτεύομαι **20B** sich politisch betätigen, Politik betreiben
ὁ πολίτης, τοῦ πολίτου **17A** der Bürger
πολιτικός, πολιτική, πολιτικόν **17A** (staats-)bürgerlich, politisch
   ὁ πολιτικός **17A** der Staatsmann, der Politiker
   ἡ πολιτική *(ergänze* τέχνη*)* **3A** die Politik
πολλάκις **16B** *(Adverb)* vielfach, oft
πολλαχοῦ **30A** *(Adverb)* an vielen Stellen
πολλοί, πολλαί, πολλά **4A** viele
οἱ πολλοί **30A** die meisten, die Mehrzahl, die Masse
πολύς, πολλή, πολύ **13A** viel
πονηρός, πονηρά, πονηρόν **16A** 1. schlecht, untauglich; 2. niederträchtig, böse
ὁ πόνος **1A** die Arbeit, die Mühe, die Strapaze
ἡ πορεία **23A** die Reise, der Marsch
πορεύομαι **14B** marschieren, wandern, reisen
ὁ πόρος **13B** 1. die Furt; 2. der Weg
πόρρω **36A** 1. *Adverb:* weiter, ferner; 2. *Präposition beim Gen.:* fern von
πόσος, πόση, πόσον; **39** 1. wie groß?; 2. wie viel, wie sehr?
ὁ ποταμός **1B** der Fluss
πότε; **7B** wann?
ποτέ *(enklitisch)* **7B** 1. irgendwann einmal; **21A** 2. *(nach Fragewörtern)* … denn eigentlich
   ποτέ – ποτέ **19A** bald … bald, manchmal … manchmal
πότερος, ποτέρα, πότερον; **15A** welcher (von beiden)?
   πότερον – ἤ **15A** 1. … oder; 2. ob … oder
τὸ ποτόν **19A** der Trank
ποῦ; **2B** wo?
που **6A** *(enklitisch)* 1. irgendwo; 2. wohl, vielleicht

ὁ πούς, τοῦ ποδός **34A** der Fuß
τὸ πρᾶγμα, τοῦ πράγματος **11A** 1. die Tat; 2. die Sache
   πράγματα παρέχω **11A** Schwierigkeiten machen
ἡ πρᾶξις, τῆς πράξεως **30B** die Tätigkeit, die Handlung, die Unternehmung
πρᾶος, πρᾶον **9A** freundlich, mild, sanft
πράττω **5A** 1. tun, handeln; 2. betreiben
   εὖ / καλῶς πράττω **23A** es geht mir gut
πρέπει **12A** es gehört sich, es ist angemessen
πρεσβύτερος, πρεσβυτέρα, πρεσβύτερον **15A** älter
   ὁ πρεσβύτερος **15A** der Ältere
πρίν **19A** *(Subjunktion)* bevor
πρό *beim Gen.* **19A** 1. vor *(räumlich und zeitlich)*; 2. für
προ- **8B** *(als Präfix)* 1. vor-; 2. voran-; 3. vorher-
τὸ πρόβατον **19A** das Kleinvieh *(Schaf, Ziege)*
προέχω *mit Gen.* **4A** *jdm.* überlegen sein
πρόθυμος, πρόθυμον **9A** bereitwillig, eifrig
πρόκειμαι **11A** vorliegen
προκείμενος, προκειμένη, προκείμενον **11A** *(Partizip zu* πρόκειμαι*)* vorliegend
πρός *beim Akk.* **4A** 1. zu … hin; 2. gegen
πρός *beim Dat.* **12B** 1. bei, an; 2. zusätzlich zu
   πρὸς τούτοις **18B** außerdem
προσ- **8B** *(als Präfix)* hinzu-, heran-
προσγίγνομαι **27A** 1. dazukommen; 2. dabeisein
προσέχω **31A** hinlenken
   (τὸν νοῦν) προσέχω **31A** *mit Dat. auf etw.* achten
πρόσθεν **3A** *(Adverb)* vorher, früher
προστάττω **32B** anordnen, befehlen
πρότερον **20A** *(Adverb)* früher
προτρέπω **12B** *zu etw.* antreiben, anregen
πρῶτον **7A** *(Adverb)* 1. zuerst; 2. zum ersten Mal
πρῶτος, πρώτη, πρῶτον **11A** (der) erste
τὸ πτερόν **17B** der Flügel
ὁ πτωχός **32A** der Bettler, der Arme
πυνθάνομαι **7A** 1. sich *nach etw.* erkundigen, fragen; 2. *etw.* erfahren
τὸ πῦρ, τοῦ πυρός **15B** das Feuer
πωλέω **16A** verkaufen
πώποτε **31B** *(Adverb)* jemals
πῶς; **16B** wie?
πως **15A** *(enklitisch)* irgendwie

# Ρ

ῥᾴδιος, ῥᾳδία, ῥᾴδιον **11B** leicht
ἡ ῥητορική *(ergänze* τέχνη*)* **17A** die Redekunst, die Rhetorik
ὁ ῥήτωρ, τοῦ ῥήτορος **17A** der Redner
ῥίπτω **26B** werfen, schleudern
ἡ ῥώμη **8A** die Kraft, die Stärke

## Σ

**σαφής**, σαφές **34B** deutlich, klar, gewiss
**σεαυτοῦ/ῆς**, und **σαυτοῦ/ῆς 31B** (σεαυτῷ/ῇ, σεαυτόν/ήν und σαυτῷ/ῇ, σαυτόν/ήν; *reflexives Personalpronomen der 2. Person Sg.*) dein(er), dir, dich
**σέβομαι 9A** verehren
**ὁ σεισμός 1B** das Erdbeben
**ἡ σελήνη 3A** der Mond
**σήμερον 47** (*Adverb*) heute
**τὸ σιτίον 10B** 1. das Getreide, das Brot; 2. die Nahrung
**ὁ σῖτος 10B** 1. das Getreide, das Brot; 2. die Nahrung
**σιωπάω 19A** schweigen
**σκέπτομαι 10A** 1. betrachten; 2. überlegen, prüfen
**σκευάζω 28A** bereitmachen, einrichten, arrangieren
**ἡ σκηνή 21B** 1. das Zelt, die Hütte; 2. die Bühne
**τὸ σκῆπτρον 43** 1. der Stab; 2. (*als Zeichen der Würde*) das Szepter
**σκοπέω 16A** 1. betrachten; 2. prüfen
**σμικρός**, σμικρά, σμικρόν **14A** klein, unbedeutend
**σός**, σή, σόν **18A** dein
**ἡ σοφία 3A** 1. die Geschicklichkeit, die Klugheit; 2. die Fachkenntnis, das Wissen; 3. die Weisheit
**ὁ σοφιστής**, τοῦ σοφιστοῦ **16B** der Sophist
**σοφός**, σοφή, σοφόν **4B** 1. klug, intelligent; 2. „weise", kundig
**ὁ σοφός 4B** der Weise, der Sachverständige
**σπένδω 36B** ausgießen, *spez.* ein Trankopfer darbringen
**σπεύδω 33A** 1. sich beeilen; 2. *etw.* eifrig betreiben, sich *um etw.* bemühen
**ἡ σπουδή 21B** 1. die Eile, der Eifer; 2. der Ernst
**τὸ στάδιον 20A** 1. die Rennbahn, das Stadion; 2. „Stadion" *als Längenmaß (etwa 180 m)*
**στερέω 32A** berauben, rauben
**ὁ στέφανος 20A** der Kranz
**ἡ στοά 14A** die Säulenhalle
**στρατεύω 18A** einen Feldzug unternehmen
**στρατεύομαι 18A** einen Feldzug unternehmen
**στρατηγέω** *mit Gen.* **23B** 1. Heerführer sein; 2. (*in Athen*) Stratege sein
**ὁ στρατηγός 23A** 1. der Heerführer; 2. (*in Athen*) der Stratege (*politisches Amt*)
**ἡ στρατιά 23A** das Heer
**ὁ στρατιώτης**, τοῦ στρατιώτου **23A** der Soldat
**ὁ στρατός 11A** das Heer
**στρέφω 8B** 1. drehen, wenden; 2. umkehren
**σύ 4A** (σοῦ, σοί, σέ; *enklitisch* σου, σοι, σε) du
**συ- 8A** (*als Präfix*) zusammen-, mit-
**συγ- 8A** (*als Präfix*) zusammen-, mit-
**συγγίγνομαι 16B** 1. zusammenkommen; 2. zusammensein
**συγχωρέω 18B** 1. *jdm. etw.* zugestehen, erlauben; 2. zustimmen
**συλ- 8A** (*als Präfix*) zusammen-, mit-
**συλλέγω 7B** sammeln, versammeln
**συμ- 8A** (*als Präfix*) zusammen-, mit-
**συμβαίνει 36A** es ereignet sich, es passiert
**συμβουλεύω 23A** raten, einen Rat geben
**ὁ σύμμαχος 9A** der Verbündete, der Bundesgenosse
**σύμπαντες**, σύμπασαι, σύμπαντα **31A** alle zusammen
**τὸ συμπόσιον 28B** das Gastmahl, die (*private*) Feier
**συμφέρει 32B** 1. es trägt sich zu, es geschieht; 2. es nützt
**ἡ συμφορά 44** 1. das Schicksal, der Zufall; 2. das Glück; 3. das Unglück
**σύμφορος**, σύμφορον **37B** nützlich, günstig
**σύν** *beim Dat.* **1A** (zusammen) mit
**συν- 8A** (*als Präfix*) zusammen-, mit-
**σύνειμι 2B** zusammensein *mit jdm.*
**συχνός**, συχνή, συχνόν **28A** 1. dicht gedrängt, zahlreich; 2. lang
**σφόδρα 33A** (*Adverb*) sehr, heftig
**σφοδρός**, σφοδρά, σφοδρόν **48** heftig
**σχεδόν 7A** (*Adverb*) beinahe, fast
**σχεδόν τι 28A** so ziemlich
**σχίζω 22B** spalten, zerteilen
**τὸ σχίσμα**, τοῦ σχίσματος **34A** die Spaltung
**σῴζω 6A** 1. retten; 2. bewahren
**τὸ σῶμα**, τοῦ σώματος **7B** der Körper
**ἡ σωφροσύνη 10B** die Besonnenheit, die Selbstbeherrschung
**σώφρων**, σῶφρον **10B** (*Gen.* σώφρονος) besonnen, maßvoll, vernünftig

## Τ

**τὸ τάλαντον 25A** das Talent (*hohe Geldsumme; 6000 Drachmen = 60 Minen = 1 Talent; als Gewicht etwa 26 kg*)
**ἡ τάξις**, τοῦ τάξεως **35A** die Aufstellung, die Ordnung
**ταράττω 3B** erschüttern, durcheinanderbringen, verwirren
**τάττω 43** 1. aufstellen, anordnen; 2. befehlen
**ὁ ταῦρος 19A** der Stier
**ταῦτα 2B** (*Nom./Akk. Pl. n. zu* **οὗτος**) dies(es)
**ταύτῃ**, ᾗ **31A** 1. dort, wo; 2. so, wie
**ταχέως 19B** (*Adverb*) schnell
**ταχύς**, ταχεῖα, ταχύ **22B** schnell
**τάχιστος**, ταχίστη, τάχιστον **22B** *Superlativ zu* **ταχύς** schnell
**τε 3A** (*enklitisch*) und
**τε – καί 3B** sowohl – als auch, … und …
**τε – τε 12B** sowohl – als auch, … und …
**τείνω 19A** 1. dehnen, spannen, ausstrecken; 2. sich erstrecken
**τὸ τεῖχος**, τοῦ τείχους **35A** die Mauer
**τὸ τέκνον 9B** das Kind

# T

ὁ τέκτων, τοῦ τέκτονος **28A** der Architekt, der Baumeister
τέλειος, τελεία, τέλειον **4A** vollendet, vollkommen
τελευτάω **23B** 1. vollenden, beenden; 2. sterben
τελέω **17A** 1. vollenden; 2. bezahlen
τὸ τέλος *und* τέλος **13A** *(Adverb)* endlich, schließlich
τέμνω **14A** schneiden
τέταγμαι **43** *Perfekt Medio-Passiv zu* τάττω 1. aufstellen, anordnen; 2. befehlen
τέταχα **44** *(Formentabelle) Perfekt zu* τάττω 1. aufstellen, anordnen; 2. befehlen
τέτροφα **44** *(Formentabelle) Perfekt zu* τρέπω 1. *etw.* wenden; 2. *jdn.* in die Flucht schlagen
τέτροφα **44** *(Formentabelle) Perfekt zu* τρέφω ernähren, aufziehen
ἡ τέχνη **17A** das fachliche Können: 1. das Handwerk, das handwerkliche Können; 2. a) das Können, die „Kunst"; b) die List
τήμερον **47** *(Adverb)* heute
τηρέω **11B** 1. beobachten; 2. behüten, bewahren
τί; **2A** *(Akzent: immer Akut!)* 1. was?; 2. welches?; 3. warum?
τι, τινός **5A** *(enklitisch)* irgendetwas
τίθημι **14A** 1. setzen, stellen, legen; 2. *(mit doppeltem Akk.)* machen zu
τίκτω **2B** 1. zeugen; 2. gebären
τιμάω **12A** 1. ehren, respektieren; 2. *(den Wert)* einschätzen, taxieren
ἡ τιμή **27B** 1. a) die Ehre; b) das Amt; 2. a) der Preis, der Wert; b) der Schadenersatz, die Strafe
τιμωρέομαι *mit Akk.* **18A** sich *an jdm.* rächen, *jdn.* bestrafen
τίνα τρόπον; **28A** auf welche Weise?
τίς; **9B** *(m und f, Akzent: immer Akut!)* 1. wer?; 2. welcher? welche?
τις, τινός **5A** *(enklitisch)* irgendwer, jemand *(m und f)*
τό **3B** *(bestimmter Artikel, neutrum)*
τοι **36A** *(enklitisch)* 1. also, folglich; 2. sicher, gewiss; 3. *oft unübersetzt*
τοίνυν **36A** 1. also, folglich; 2. sicher, gewiss; 3. *oft unübersetzt*
τοιόσδε, τοιάδε, τοιόνδε **11A** so beschaffen, ein solcher
τοιοῦτος, τοιαύτη, τοιοῦτο **28A** so beschaffen, ein solcher, derartig
ὁ τόπος **28A** der Ort, der Platz, die Gegend
τοσοῦτος, τοσαύτη, τοσοῦτο **28A** 1. so groß; 2. so viel
τοσοῦτο – ὅσον **37A** so sehr – wie
τότε **7B** *(Adverb)* dann, damals
τοὐναντίον **10A** 1. das Gegenteil; 2. *(Adverb)* im Gegenteil
τοῦτο **2B** *(Nom./Akk. Sg. n. zu* οὗτος) dies(es)
ἡ τράπεζα **4B** der Tisch
τρεῖς, τρεῖς, τρία **25A** drei
τρέπω **7A** 1. *etw.* wenden; 2. *jdn.* in die Flucht schlagen
τρέφω **8A** ernähren, aufziehen
τρέχω **20A** laufen, rennen
τριάκοντα **25A** dreißig
τρίτος, τρίτη, τρίτον **28A** der dritte
ὁ τρόπος **15A** 1. die Art und Weise; 2. der Charakter
ἡ τροφή **8B** die Nahrung, die Ernährung
τυγχάνω **36A** 1. *(mit Gen.) jdn./etw.* treffen; 2. *(mit Gen.) etw.* erreichen, bekommen; 3. *(mit Partizip)* zufällig/gerade *etw.* tun
ἡ τύχη **4A** 1. das Schicksal, der Zufall; 2. das Glück; 3. das Unglück

# Υ

ἡ ὑγίεια **15A** die Gesundheit
ὑγιεινός, ὑγιεινή, ὑγιεινόν **39** gesund
τὸ ὕδωρ, τοῦ ὕδατος **37A** das Wasser
ὁ υἱός **1B** der Sohn
ὑμεῖς **4B** (ὑμῶν, ὑμῖν, ὑμᾶς) ihr
ὑμέτερος, ὑμετέρα, ὑμέτερον **18A** euer
ὑμνέω **28A** besingen, preisen
ὑπ- **14A** *(als Präfix)* darunter-
ὑπακούω **32B** gehorchen
ὑπάρχω **13A** 1. anfangen; 2. vorhanden sein, zur Verfügung stehen
ὑπέρ *beim Akk.* **43** über … hinaus, über
ὑπέρ *beim Gen.* **18B** 1. oberhalb, über; 2. im Interesse von, für
ὑπεσχόμην **25A** *(Stamm* ὑποσχ-*) Aorist zu* ὑπισχνέομαι versprechen
ὑπισχνέομαι **17A** versprechen
ὑπό *beim Akk.* **3B** unter (hinunter) *(Frage: wohin?)*
ὑπό *beim Gen.* **5A** 1. unter *(Frage: wo?)*; 2. von *(Urheber beim Passiv)*
ὑπο- **14A** *(als Präfix)* darunter-
ὑπολείπω **48** zurücklassen, verlassen, übrig lassen
ὑφ- **14A** *(als Präfix)* darunter-

# Φ

φαίνω **6B** sehen lassen, zeigen
φαίνομαι **6B** sich zeigen, erscheinen
φανερός, φανερά, φανερόν **16B** sichtbar, deutlich
φανῶ **38** *(Formentabelle) Futur zu* φαίνω sehen lassen, zeigen
φασί(ν) **31B** *(enklitisch)* sie sagen, behaupten
φαῦλος, φαύλη, φαῦλον **5A** minderwertig, schlecht
φέρε **28A** *(beim Imperativ)* auf!, los!
φέρω **4B** 1. tragen, bringen; 2. ertragen
  χαλεπῶς φέρω **22A** sich ärgern
  φέρομαι **12A** eilen

φεύγω *mit Akk.* **15B** 1. *vor jdm.* fliehen, *etw.* meiden; 2. angeklagt sein; 3. verbannt werden

φημί **47** sagen, behaupten

φησί **14A** *(enklitisch)* er, sie, es sagt, behauptet

φήσω **47** *Futur zu* φημί sagen, behaupten

φθάνω *mit Akk.* **20A** *jdn.* überholen, *jdm.* zuvorkommen

φθείρω **29B** 1. zugrunde richten, vernichten, verderben; 2. bestechen

φθονέω *mit Dat. und Gen.* **31B** 1. *jdn. um etw.* beneiden; 2. *jdm. etw.* vorenthalten, missgönnen

ὁ φθόνος **27A** der Neid, die Missgunst

φιλέω **8B** 1. lieben; 2. küssen

ἡ φιλία **5A** die Freundschaft

φίλος, φίλη, φίλον **6A** lieb, befreundet

    ὁ φίλος **6A** der Freund

φιλοσοφέω **36A** philosophieren, sich mit philosophischen Fragen beschäftigen

ἡ φιλοσοφία **3A** die Philosophie, die Liebe zur Weisheit

ὁ φιλόσοφος **3A** der Philosoph

φίλτατος, φιλτάτη, φίλτατον **22A** *(Superlativ zu* φίλος*)* liebster

φοβέομαι **5B** fürchten, sich fürchten

φοβερός, φοβερά, φοβερόν **9A** 1. furchtbar; 2. ängstlich

ὁ φόβος **1B** die Furcht

φοιτάω **17A** häufig *an einen Ort* gehen, *jdn.* regelmäßig besuchen

φονεύω **19A** 1. Mörder sein; 2. töten, ermorden

ἡ φρήν, τῆς φρενός **37A** 1. das Zwerchfell; 2. das Denken, der Verstand

φρόνιμος, φρόνιμον **20A** klug, vernünftig

ἡ φρουρά **43** die Wache, die Besatzung

φρουρέω **19A** 1. Wache halten; 2. bewachen, schützen

ὁ φρουρός **35A** der Wächter

ὁ φύλαξ, τοῦ φύλακος **10A** der Wächter

φυλάττω **17B** bewachen

    φυλάττομαι *mit Akk.* **17B** sich *vor jdm./etw.* hüten

ἡ φύσις, τῆς φύσεως **30A** die Natur

    φύσει – νόμῳ **30A** von Natur – aufgrund bloßer Übereinkunft (Konvention)

τὸ φυτόν **7B** die Pflanze

ἡ φωνή **17B** der Ton, die Stimme

# Χ

χαῖρε **2B** *(Grußformel)* Sei gegrüßt!; Guten Tag!

χαίρω *mit Dat.* **2B** sich freuen *über etw.*

χαλεπαίνω *mit Dat.* **7A** über *etw.* entrüstet sein, verärgert sein

χαλεπός, χαλεπή, χαλεπόν **10A** 1. schwierig; 2. unangenehm, lästig

    χαλεπῶς φέρω **22A** sich ärgern

ἡ χαρά **7B** die Freude

χαρίεις, χαρίεσσα, χαρίεν **36A** *(Gen.* χαρίεντος, χαριέσσης, χαρίεντος*)* reizend, hübsch, nett

χάριν *beim Gen.* **36A** *(nachgestellt)* 1. wegen; 2. um … willen

ἡ χάρις, τῆς χάριτος **14B** *(Akk.* τὴν χάριν*)* 1. *(woran man sich freut)* a) die Schönheit, der Charme, der Reiz; b) die Gefälligkeit; 2. *(die Äußerung der Freude)* der Dank

ἡ χείρ, τῆς χειρός **10B** *(Dat. Pl.* ταῖς χερσίν*)* die Hand

χείρων, χεῖρον **30A** *(Gen.* χείρονος; *Komparativ zu* κακός*)* geringer, schlechter

χθές **47** *(Adverb)* gestern

ἡ χθών, τῆς χθονός **27B** die Erde, das Land

ἡ χρεία **8A** 1. das Bedürfnis; 2. der Gebrauch, der Nutzen

χρή **6A** es ist nötig, man muss

χρῄζω *mit Gen.* **33B** 1. brauchen, nötig haben; 2. wünschen, fordern

τὸ χρῆμα, τοῦ χρήματος **18A** die Sache, das Ding

τὰ χρήματα, τῶν χρημάτων **18A** das Geld, der Besitz, das Vermögen

χρῆναι **9A** *Infinitiv zu* χρή es ist nötig, man muss

χρήομαι *mit Dat.* **17A** 1. *etw.* gebrauchen; 2. *mit jmd.* verkehren, zusammen sein

χρήσιμος, χρήσιμον **11B** 1. *(von Sachen)* brauchbar, nützlich; 2. *(von Menschen)* tüchtig, anständig

ὁ χρησμός **11B** der Orakelspruch

χρηστός, χρηστή, χρηστόν **11B** 1. *(von Sachen)* brauchbar, nützlich; 2. *(von Menschen)* tüchtig, anständig

ὁ χρόνος **3A** die Zeit

τὸ χρυσίον **30B** 1. das Gold; 2. das Geld

ὁ χρυσός **1A** 1. das Gold; 2. das Geld

χρυσοῦς, χρυσῆ, χρυσοῦν **24B** golden, aus Gold

ἡ χώρα **6B** 1. der Ort, der Platz; 2. das Land

χωρέω **21A** gehen *(vorwärts oder rückwärts)*, weichen

χωρίς *beim Gen.* **9B** getrennt von, ohne

# Ψ

ψεύδομαι **32A** 1. belügen, lügen *(Aorist* ἐψευσάμην*)*; 2. sich täuschen, irren *(Aorist* ἐψεύσθην*)*

ψηφίζω **24A** 1. abstimmen; 2. beschließen

    ψηφίζομαι **24A** 1. abstimmen; 2. beschließen

ὁ ψόγος **31A** der Tadel

ἡ ψυχή **3A** 1. die Seele; 2. das Leben

# Ω

ὦ **2A** *(Anredepartikel beim Vokativ)*

ἡ ᾠδή **30A** der Gesang, das Lied

ὁ ὠκεανός **1A** der Ozean, das Meer

ὠνέομαι **16A** kaufen

ἡ ὥρα **7B** 1. die Jahreszeit; 2. die Stunde

ὠργίσθην **27A** *Aorist zu* ὀργίζομαι *mit Dat.* über *jdn./etw.* zornig werden, zornig sein

# Ω

ὡς **2A** *als Subjunktion mit Indikativ* 1. wie; 2. weil, da; 3. dass; 4. als
ὡς **32B** *als Subjunktion mit Konjunktiv* damit, um zu
ὡς **31A** *als Hauptsatzeinleitung* denn
ὡς **30A** *beim Partizip (subjektiv-begründend)* weil, da
ὡς **21B** *beim Partizip (subjektiv-vergleichend)* wie wenn, als ob
ὡς **29B** *beim Partizip Futur* damit, um zu
ὡς **22B** *beim Superlativ* möglichst
ὥσπερ **12B** *(Adverb)* wie
ὥστε **9A** *(Subjunktion)* (so) dass
ὠφελέω *mit Akk.* **37B** *jdm.* nützen, helfen
ὠφέλιμος, ὠφέλιμον **9A** nützlich

# Eigennamen

## A

ὁ Ἀγάθων, τοῦ Ἀγάθωνος **47** Agathon *(attischer Tragödiendichter; um 450–400 v. Chr.)*

ὁ Ἀγησίλαος **9A** Agesilaos *(König von Sparta; um 443–359/58 v. Chr.)*

ὁ Ἀδείμαντος **28A** Adeimantos *(ein Bruder des Philosophen Platon)*

ὁ Ἄδμητος **27A** Admetos *(König von Pherai)*

ἡ Ἀθηνᾶ **22B** Athene *(Göttin der Weisheit, der Handwerks- und der Kriegskunst)*

αἱ Ἀθῆναι **27B** Athen

Ἀθήνησι(ν) **43** in Athen

ὁ Ἀθηναῖος **2A** der Athener

ὁ Ἅιδης, τοῦ Ἅιδου **1B** Hades *(Gott der Unterwelt)*

οἱ Αἰθίοπες, τῶν Αἰθιόπων **35B** die Äthioper *(mythisches Volk am Rand der Welt)*

ἡ Αἰθιοπία **35B** Äthiopien *(Land der Äthioper am Rande der Welt)*

οἱ Αἰθιοπικοί **1A** die Äthioper *(mythisches Volk am Rand der Welt)*

ὁ Αἵμων, τοῦ Αἵμονος **26A** Haimon *(Sohn des Kreon und der Eurydike)*

ὁ Αἴσωπος **26B** Äsop *(griechischer Fabeldichter; lebte wohl im 6. Jh. v. Chr.)*

ἡ Ἀλεξάνδρεια **38B** Alexandria *(von Alexander dem Großen gegründete Stadt im westlichen Nildelta)*

ὁ Ἀλέξανδρος **18B** 1. Alexander der Große *(König von Makedonien; 356–323 v. Chr.);* **38A** 2. Alexander *(ein Stadtrat aus Antiochia im kleinasiatischen Pisidien)*

ἡ Ἄλκηστις, τῆς Ἀλκήστιδος **27A** Alkestis *(Frau von Admetos)*

ὁ Ἀλκίνοος **6A** Alkinoos *(König der Phaiaken)*

ἡ Ἀλκμήνη **2B** Alkmene *(Gattin des Amphitryon, des Königs von Theben in Böotien)*

αἱ Ἀμαζόνες, τῶν Ἀμαζόνων **15B** Amazonen *(mythisches Volk kriegerischer Frauen in der Gegend des Schwarzen Meeres)*

ὁ Ἀναξαγόρας, τοῦ Ἀναξαγόρου **2A** Anaxagoras *(griechischer Denker; um 500–428 v. Chr.)*

ἡ Ἀνδρομέδα **35B** Andromeda *(äthiopische Königstochter)*

ἡ Ἀντιγόνη **26A** Antigone *(Tochter von Oidipus)*

ὁ Ἀντίγονος **4A** Antigonos *(makedonischer König; um 319–239 v. Chr.)*

ὁ Ἄνυτος **16B** Anytos *(Politiker; späterer Ankläger von Sokrates)*

ὁ Ἀπολλόδωρος **22A** Apollodoros *(ein Anhänger von Sokrates)*

ὁ Ἀπόλλων, τοῦ Ἀπόλλωνος **23A** Apollon *(Sohn des Zeus und der Leto; Gott der Heilkunst, der Musik und der Weissagung)*

τὸ Ἄργος, τοῦ Ἄργους **37A** Argos *(Herrschaftsgebiet Agamemnons mit der Hauptstadt Mykene)*

ὁ Ἄρης, τοῦ Ἄρεως **15B** Ares *(Gott des Krieges)*

ὁ Ἀριαῖος **23B** Ariaios *(persischer Feldherr; Freund des Kyros, lief später zu Tissaphernes über)*

ὁ Ἀρίστιππος **23B** Aristippos *(aus Thessalien; Verbündeter des Kyros, wirbt für diesen Truppen an)*

ὁ Ἀριστόδημος **47** Aristodemos *(ein Anhänger von Sokrates)*

ὁ Ἀριστοτέλης **3A** Aristoteles *(griechischer Philosoph; 384–322 v. Chr.)*

ὁ Ἀρσῆς, τοῦ Ἀρσοῦ **18A** Arses *(Großkönig der Perser; Sohn von Artaxerxes III.; gestorben 336 v. Chr.)*

ὁ Ἀρταξέρξης, τοῦ Ἀρταξέρξου **18A** Artaxerxes III. *(Großkönig der Perser; um 390–338 v. Chr.)*

ἡ Ἀσία **18A** 1. Asien; 2. Kleinasien

ὁ Ἀσκληπιός **27A** Asklepios *(Gott der Heilkunde; ein Sohn Apollons)*

ἡ Ἀττική **27B** Attika *(Halbinsel bei Athen)*

οἱ Ἀχαιοί **37A** die Achäer *(Bezeichnung für die Griechen bei Homer)*

## B

ἡ Βοιωτία **2B** Böotien *(Gegend in Mittelgriechenland)*

ὁ Βοῦκρις **24B** Bukris *(ein Pirat)*

ὁ Βρεταννός **14B** Bretannos

## Γ

ὁ Γανυμήδης, τοῦ Γανυμήδους **28B** *(Vok. ὦ Γανύμηδες)* Ganymed *(ein schöner trojanischer Prinz)*

ὁ Γηρυόνης, τοῦ Γηρυόνου **14B** Geryones *(Monster mit drei Oberkörpern; lebte auf der Insel Erytheia und besaß schöne Rinder)*

ὁ Γλαύκων, τοῦ Γλαύκωνος **10A** Glaukon *(ein Bruder des Philosophen Platon)*

ἡ Γοργώ, τῆς Γοργοῦς **35B** Gorgo *(die drei Gorgonen waren Schwestern und hatten Schlangenhaar)*

## Δ

ὁ Δαρεῖος **18B** Dareios III. *(Großkönig der Perser; um 380–330 v. Chr.)*

ὁ Δάφνις, τοῦ Δάφνιδος **7B** *(Akk. τὸν Δάφνιν, Vok. ὦ Δάφνι)* Daphnis

οἱ Δελφοί **23A** Delphi *(Stadt in Phokis, Apollon-Heiligtum und Orakelstätte)*

ὁ Διογένης, τοῦ Διογένους **20A** *(Vok. ὦ Διόγενες)* Diogenes *(Philosoph aus Sinope am Schwarzen Meer; um 400–325 v. Chr.)*

ὁ Διονύσιος **24A** Dionysios I. *(Tyrann von Syrakus; um 430–367 v. Chr.)*

ὁ Δόρκων, τοῦ Δόρκωνος **19A** Dorkon *(ein Rinderhirte auf der Insel Lesbos)*

## E

ἡ Εἰρήνη **25B** Eirene *(Göttin des Friedens)*

ὁ Ἕκτωρ, τοῦ Ἕκτορος **37A** Hektor *(trojanischer Prinz; Sohn von Priamos und Hekabe)*

ἡ Ἑλλάς, τῆς Ἑλλάδος **46** Hellas *(Name für Gesamtgriechenland)*

ὁ Ἕλλην, τοῦ Ἕλληνος **18A** der Grieche, der Hellene

ὁ Ἑρμῆς, τοῦ Ἑρμοῦ **2B** (**42** *Dat.* τῷ Ἑρμῇ, *Akk.* τὸν Ἑρμῆν, *Vok.* ὦ Ἑρμῆ) Hermes *(Götterbote)*

ἡ Ἐρύθεια **14B** Erytheia *(Insel im Atlantik, jenseits der Straße von Gibraltar bei Gadeira [heute: Cádiz])*

ὁ Ἔρως, τοῦ Ἔρωτος **28B** Eros *(Gott der Liebe)*

αἱ Ἑσπερίδες, τῶν Ἑσπερίδων **43** die Hesperiden *(Nymphen, die im fernen Westen in einem Garten einen Baum bewachen, der goldene Äpfel trägt, das Hochzeitsgeschenk der Gaia an Hera)*

ὁ Εὐμαρίδας, τοῦ Εὐμαρίδου **24B** Eumaridas

ὁ Εὐριπίδης, τοῦ Εὐριπίδου **36A** Euripides *(Tragödiendichter aus Athen; 484–406 v. Chr.)*

ἡ Εὐρυδίκη **26A** Eurydike *(Frau von Kreon)*

## Z

ὁ Ζεύς **1B** (**22B** *Gen.* τοῦ Διός, *Dat.* τῷ Διί, *Akk.* τὸν Δία, *Vok.* ὦ Ζεῦ) Zeus *(Wettergott und König der Götter)*

ὁ Ζήνων, τοῦ Ζήνωνος **4A** Zenon *(stoischer Philosoph; um 334–262 v. Chr.)*

## H

ὁ Ἥλιος **1A** Helios *(Sonnengott)*

ὁ Ἡρακλῆς, τοῦ Ἡρακλέους **14B** (*Dat.* τῷ Ἡρακλεῖ, *Akk.* τὸν Ἡρακλέα, *Vok.* ὦ Ἡράκλεις) Herakles *(griechischer Held; Sohn des Zeus und der Alkmene)*

ὁ Ἥφαιστος **22B** Hephaistos *(Gott der Schmiedekunst und des Handwerks)*

## Θ

ὁ Θεαγένης, τοῦ Θεαγένους **30B** Theagenes *(ein Grieche aus Theben)*

ἡ Θέκλα **38A** Thekla *(eine vornehme Frau aus Ikonion in Kleinasien)*

ὁ Θερμώδων, τοῦ Θερμώδοντος **15B** Thermodon *(Fluss im nördlichen Kleinasien, der ins Schwarze Meer mündet)*

ὁ Θέων, τοῦ Θέωνος **38B** Theon *(Astronom und Mathematiker aus Alexandria; Vater der Hypatia)*

οἱ Θηβαῖοι **43** die Thebaner *(Einwohner der Stadt Theben in Böotien)*

ὁ Θησεύς, τοῦ Θησέως **43** Theseus *(Nationalheld Athens)*

οἱ Θούριοι **24B** 1. die Stadt Thurioi *(in Unteritalien)*; 2. die Einwohner von Thurioi

ὁ Θρᾷξ, τοῦ Θρακός **30B** der Thraker

## I

ὁ Ἰησοῦς, τοῦ Ἰησοῦ **32A** Jesus

ἡ Ἰθάκη **6B** Ithaka *(Insel im Ionischen Meer; Heimat des Odysseus)*

ἡ Ἰθμονίκα **41** Ithmonika *(eine Frau)*

ἡ Ἴλιος **37A** Ilios *(Troja)*

οἱ Ἰουδαῖοι **34A** die Juden

ὁ Ἱπποκράτης, τοῦ Ἱπποκράτους **17A** Hippokrates *(ein Bekannter von Sokrates)*

## K

ὁ Καλλικλῆς, τοῦ Καλλικλέους **39** Kallikles *(ein Sophist, Schüler des Gorgias; Ende des 5. Jh. v. Chr.)*

ὁ Κέκροψ, τοῦ Κέκροπος **27B** Kekrops *(mythischer erster König von Attika, halb Mensch, halb Schlange)*

ἡ Κελτίνη **14B** Keltine

οἱ Κελτοί **14A** die Kelten

ὁ Κελτός **14B** Keltos

ὁ Κένταυρος **27A** Kentaur *(pferdegestaltiges Wesen mit menschlichem Oberkörper)*

ὁ Κλαζομένιος **3B** der Klazomenier *(Einwohner von Klazomenai in Kleinasien)*

ὁ Κρέων, τοῦ Κρέοντος **26A** Kreon *(Bruder der Iokaste, der Mutter von Oidipus)*

ἡ Κρήτη **24B** Kreta

ὁ Κρίτων, τοῦ Κρίτωνος **31A** Kriton *(ein Freund von Sokrates)*

ὁ Κρόνος **1B** Kronos *(Vater des Zeus)*

ὁ Κυδωνιάτης, τοῦ Κυδωνιάτου **24B** aus Kydonia *(Stadt auf Kreta, heute Chania)*

οἱ Κύκλωπες, τῶν Κυκλώπων **27A** die Zyklopen *(einäugige Riesen)*

ὁ Κυμαῖος **29A** der Einwohner von Kyme *(Stadt in Äolien, an der Westküste der heutigen Türkei; die Einwohner wurden als einfältig verspottet)*

ὁ Κῦρος **12A** Kyros *(der Jüngere; persischer Prinz; versuchte seinen Bruder, den Großkönig Artaxerxes, zu stürzen; fiel 401 v. Chr.)*

## Λ

οἱ Λακεδαιμόνιοι **12B** die Lakedaimonier *(Spartaner)*

ἡ Λακεδαίμων, τῆς Λακεδαίμονος **12B** 1. die Stadt Lakedaimon *(Sparta)*; 2. die Gegend Lakedaimon *(Lakonien)*

οἱ Λαμψακηνοί **36B** die Lampsakener *(Einwohner der Stadt Lampsakos)*

ἡ Λάμψακος **36B** Lampsakos *(Stadt am Hellespont)*

ἡ Λητώ, τῆς Λητοῦς **27A** Leto *(die Mutter Apollons)*

οἱ Λυδοί **35A** die Lyder *(Volk im Westen Kleinasiens)*

ὁ Λυκοῦργος **32B** Lykurg *(sagenhafter Politiker; Begründer der staatlichen Ordnung in Sparta)*

## M

**ἡ Μαῖα** 9B  Maia *(Nymphe; Mutter des Hermes)*
**ἡ Μακεδονία** 4A  Makedonien *(Gegend im Norden Griechenlands)*
**ὁ Μαραθών**, τοῦ Μαραθῶνος  43  Marathon *(Ort an der Ostküste Attikas, wo die Athener 490 v. Chr. die Perser besiegten)*
  Μαραθῶνι  43  in Marathon
**Μαρία ἡ Ἰακώβου**  33A  Maria, die Mutter des Jakobus
**Μαρία ἡ Μαγδαληνή**  33A  Maria Magdalena *(eine Anhängerin von Jesus aus der Stadt Magdala in Galiläa)*
**οἱ Μεγαλοπολῖται**  24A  die Einwohner von Megalopolis *(Stadt im Zentrum der Peloponnes)*
**ἡ Μέδουσα**  35B  Medusa *(die jüngste Gorgone)*
**ὁ Μέλητος**  2A  Meletos *(Ankläger von Sokrates)*
**ὁ Μένων**, τοῦ Μένωνος  15A  Menon *(um 423–400 v. Chr.; thessalischer Truppenkommandeur; lebte zeitweilig in Athen)*
**ὁ Μίμνερμος**  1A  Mimnermos *(griech. Dichter; um 600 v. Chr.)*
**αἱ Μοῖραι**  27A  die Moiren *(die Schicksalsgöttinnen)*

## N

**ἡ Νίκη**  43  Nike *(Göttin des Sieges)*

## Ξ

**ὁ Ξενοφῶν**, τοῦ Ξενοφῶντος  23A  Xenophon *(aus Athen; Schüler des Sokrates, Schriftsteller; um 430–355 v. Chr.)*

## O

**ὁ Ὀδυσσεύς**, τοῦ Ὀδυσσέως  6B  Odysseus
**τὰ Ὀλύμπια**  40  die olympischen Spiele
**ὁ Ὀλύμπιος**  6A  der Olympier *(Beiname des Zeus)*
**ὁ Ὄλυμπος**  1B  der Olymp *(Gebirge zwischen Thessalien und Makedonien)*

## Π

**ὁ Παγκλῆς**, τοῦ Παγκλέους  24B  Pankles
**ὁ Πάν**, τοῦ Πανός  8B  *(Dat. τῷ Πανί)* Pan *(Gott des Feldes, des Waldes und der Hirten)*
**ὁ Πάναινος**  43  Panainos *(Maler aus Athen; Bruder des Phidias)*
**οἱ Παριανοί**  36B  die Parianer *(Einwohner von Parion)*
**τὸ Πάριον**  36B  Parion *(Stadt am Hellespont)*
**ὁ Παυσανίας**, τοῦ Παυσανίου  29A  Pausanias *(König von Sparta während des Peloponnesischen Krieges)*
**ὁ Πειραιεύς**, τοῦ Πειραιῶς  20B  *(Akk. τὸν Πειραιᾶ)* Piräus *(der Hafen Athens)*
**ὁ Πείσων**, τοῦ Πείσωνος  25A  Peison *(aus Athen; einer der Dreißig)*
**ἡ Πελλανίς**, τῆς Πελλανίδος  41  aus Pellene *(vermutlich eine Stadt in der Region Achaia auf der Peloponnes)*
**ἡ Πελοπόννησος**  3B  die Peloponnes
**οἱ Πέρσαι**  11A  die Perser
**ὁ Περσεύς**, τοῦ Περσέως  35B  Perseus *(Sohn des Zeus und der Danaë)*
**ἡ Περσεφόνεια**  27A  Persephone *(Göttin der Unterwelt)*
**ὁ Πέρσης**, τοῦ Πέρσου  35A  der Perser / persisch
**ὁ Πέτρος**  33A  Petrus *(einer der ersten Anhänger von Jesus)*
**ὁ Πίνδαρος**  30A  Pindar *(Dichter aus Theben; um 520–446 v. Chr.)*
**ὁ Πλάτων**, τοῦ Πλάτωνος  13A  Platon *(athenischer Philosoph; 428/7–348/7 v. Chr.)*
**ἡ Ποικίλη Στοά**  43  die Stoa Poikile *(die „bunte" Säulenhalle auf der Agora Athens)*
**ὁ Πολυνείκης**, τοῦ Πολυνείκους  26A  *(Akk. τὸν Πολυνείκη)* Polyneikes *(Sohn von Oidipus)*
**ὁ Ποσειδῶν**, τοῦ Ποσειδῶνος  1B  Poseidon *(Gott des Meeres)*
**ὁ Ποσειδώνιος**  14A  Poseidonios *(135–51 v. Chr.; stoischer Philosoph, Historiker und Geograph)*
**ὁ Πρίαμος**  37A  Priamos *(letzter trojanischer König; Vater von Hektor)*
**ὁ Πρόξενος**  23A  Proxenos *(aus Theben; Heerführer im Dienste des Kyros, Freund von Xenophon; um 431–401 v. Chr.)*
**ὁ Πρωταγόρας**, τοῦ Πρωταγόρου  16A  Protagoras *(Sophist; um 490–421 v. Chr.)*
**ὁ Πυθαγόρας**, τοῦ Πυθαγόρου  3A  Pythagoras *(griechischer Philosoph; um 570 bis nach 510 v. Chr.)*

## Σ

**ἡ Σαλώμη**  33A  Salome *(eine Anhängerin von Jesus)*
**ἡ Σαμοθράκη**  29A  Samothrake *(Insel in der nördlichen Agäis mit einem bedeutenden Heiligtum der Großen Götter)*
**αἱ Σάρδεις**, τῶν Σάρδεων  35A  Sardes *(Hauptstadt Lydiens)*
**ἡ Σπάρτη**  8A  Sparta *(Stadt im Südosten der Peloponnes)*
**ὁ Σπαρτιάτης**, τοῦ Σπαρτιάτου  8A  der Spartiat *(Vollbürger Spartas)*
**ἡ Στοά**  14A  die Stoa *(hellenistische Philosophenschule)*
**ἡ Σφίγξ**, τῆς Σφιγγός  43  die Sphinx *(mythisches Mischwesen: geflügelter Löwe mit dem Kopf einer Frau)*
**ὁ Σωκράτης**, τοῦ Σωκράτους  2A  *(Akk. τὸν Σωκράτη)* Sokrates *(griechischer Philosoph; 469–399 v. Chr.)*

## T

**ὁ Τάρταρος**  27A  der Tartaros *(die Unterwelt)*
**ὁ Ταΰγετος**  8A  Taygetos *(Gebirge auf der Peloponnes zwischen Lakonien und Messenien)*
**ὁ Τηλέμαχος**  6B  Telemachos *(Sohn des Odysseus)*
**ὁ Τισσαφέρνης**, τοῦ Τισσαφέρνους  13B  Tissaphernes *(persischer Satrap in Kleinasien; nach der Schlacht von Kunaxa 401 v. Chr. Bevollmächtigter des Großkönigs)*

ὁ Τρυγαῖος **25B** Trygaios *(ein Bauer)*
ἡ Τρῳάς, τῆς Τρῳάδος **37A** die Troerin
ὁ Τρώς, τοῦ Τρωός **37A** der Troer

## Υ
ἡ Ὑπατία **38B** Hypatia *(Mathematikerin und Philosophin aus Alexandria; um 355–415 n. Chr.)*

## Φ
οἱ Φαίακες, τῶν Φαιάκων **6A** die Phaiaken *(Bewohner der Insel Scheria)*
ὁ Φειδίας, τοῦ Φειδίου **43** Phidias *(Bildhauer aus Athen; um 500/490–430/20 v. Chr.)*
αἱ Φέραι **27A** Pherai *(Stadt in Thessalien)*
ὁ Φίλιππος **18A** Philipp II. *(König von Makedonien, Vater Alexanders; um 382–336 v. Chr.)*

## Χ
ἡ Χαιρώνεια **30B** Chaironeia *(Stadt in Böotien; 338 v. Chr. besiegte hier Philipp II. von Makedonien die Thebaner und Athener)*
οἱ Χαλδαῖοι **35A** die Chaldäer *(Volk in Ostanatolien)*
αἱ Χάριτες, τῶν Χαρίτων **43** die Chariten *(die Göttinnen der Anmut, Schönheit und Festfreude)*
ὁ Χείρων, τοῦ Χείρωνος **27A** Cheiron *(Arzt und Seher)*
ἡ Χλόη **8B** Chloë
ὁ Χριστός **34A** Christus *("der Gesalbte")*

## Ω
αἱ Ὧραι **43** die Horen *(die Göttinnen der Jahreszeiten)*

# Map of Asia Minor and the Aegean

**THRAKE**

**Pontos Euxeinos**

*Hebros*

Abdera

*Thasos*

*Samothrake*

*Propontis*

*Bosporos*

Byzantion

*Imbros*

Parion

Lampsakos

*Hellespontos*

*Granikos*

Prusa

*Lemnos*

Ilion (Troia)

*Halys*

**PHRYGIA**

**MYSIA**

*Lesbos*

Pergamon

**LYDIA**

Kyme

*Hermos*

*aion Pelagos*

*Chios*

Klazomenai

Sardeis

Kolophon

*ndros*

Ephesos

*Maiandros*

*Tenos*

*Samos*

*Ikaria*

**IONIA**

*Delos*

Miletos

**KARIA**

*os*

*Naxos*

Halikarnassos

*Kos*

**LYKIA**

Rhodos

*Rhodos*

Lindos

*elagos*

*Karpathos*

*ossos*

© Klett

**Weitere Materialien zum Kantharos Schülerbuch**

**Arbeitsheft:** 978-3-12-663213-3
**Grammateion:** 978-3-12-663216-4

**Audio-Angebot:**
Im Internet finden Sie unter www.klett.de Audiodateien zum kostenlosen Download. Geben Sie dazu den Online-Code in das Suchfeld ein.
Online-Code
c3rd7q

1. Auflage    1 6 5 4 3 2 | 2023 22 21 20 19

Alle Drucke dieser Auflage sind unverändert und können im Unterricht nebeneinander verwendet werden.
Die letzte Zahl bezeichnet das Jahr des Druckes.
Das Werk und seine Teile sind urheberrechtlich geschützt. Jede Nutzung in anderen als den gesetzlich zugelassenen Fällen bedarf der vorherigen schriftlichen Einwilligung des Verlages. Hinweis § 52 a UrhG: Weder das Werk noch seine Teile dürfen ohne eine solche Einwilligung eingescannt und in ein Netzwerk eingestellt werden. Dies gilt auch für Intranets von Schulen und sonstigen Bildungseinrichtungen. Fotomechanische oder andere Wiedergabeverfahren nur mit Genehmigung des Verlages.

© Ernst Klett Verlag GmbH, Stuttgart 2018. Alle Rechte vorbehalten. www.klett.de

**Herausgeber:** Dr. Martin Holtermann, Mannheim; Dr. Christian Utzinger, Zürich

**Autorinnen und Autoren:** Grit Diaz de Arce, Berlin; Dr. Ruth E. Harder, Schaffhausen; Dr. Martin Holtermann, Mannheim; Meike Madsen, Bonn; Irmgard Meyer-Eppler, Sankt Augustin; Raphael A. Michel, Sankt Blasien; Matthias Peppel, Tübingen; Christiane Schulz, Köln; Dr. Christian Utzinger, Zürich
sowie: Dr. Winfried Elliger, Tübingen; Dr. Gerhard Fink, Nürnberg; Dr. Günter Heil, Offenbach; Prof. Dr. Thomas Meyer, Tübingen

**Beratung:** Matthias Peppel, Tübingen

**Redaktion:** Martin Fruhstorfer, Leipzig; Thomas Eilrich
**Herstellung:** Thomas Gremmelspacher

**Gestaltung:** Koma Amok, Stuttgart
**Satz:** Fotosatz Kaufmann, Stuttgart
**Karten:** Ernst Klett Verlag GmbH, Leipzig (Matthias Dietrich, Peer Janson, Ralf Ruge, Dr. Henry Waldenburger)
**Illustration:** Sven Palmowski, Barcelona
**Umschlagfoto:** BPK (Hermann Buresch), Berlin
**Druck:** PASSAVIA Druckservice GmbH & Co. KG, Passau

Printed in Germany
ISBN 978-3-12-663212-6

# Kantharos

## Griechisches Unterrichtswerk

von
Dr. Martin Holtermann
Dr. Christian Utzinger

Grit Diaz de Arce
Dr. Ruth E. Harder
Meike Madsen
Irmgard Meyer-Eppler
Raphael A. Michel
Matthias Peppel
Christiane Schulz
u. a.

Ernst Klett Verlag
Stuttgart · Leipzig

# Inhaltsverzeichnis

9  **So lernen Sie mit Kantharos**

10 **Griechische Sprache und Schrift**

14 **Lektion 1**

**Die griechischen Götter**

**A Die Aufgabe des Sonnengottes**
Mimn. Frg. 12 West
**S** vier Satzglieder; Prädikatsnomen und Kopula; Apposition; (erweiterter) Inf. als Subj. bei δεῖ; attr. Stellung I: Klammerstellung; Gen. des Besitzers; Artikel; Satzzeichen I: Punkt, Hochpunkt
**F** o-Dekl.: Subst. im Mask.; 3. Sg./Pl. sowie Inf. Präs. Akt.; ἐστί(ν)/εἰσί(ν)
**L** fakultatives ν; Enklise; Trema; Iota subscriptum

**B Die Herrscher der Welt**
Hom. Il. 15,187–193
**S** Teilungsgenitiv; Dat. des Besitzers; Artikellosigkeit des Prädikatsnomens
**L** Iota adscriptum

**Impulse und Übungen**

18 **Lektion 2**

**Die griechische Religion**

**A War Sokrates ein Atheist?**
Pl. Ap. 26c–d
**S** Inf. als Obj.; dopp. Akk.; Gen. als Obj.; Fragen; ὦ beim Vok.; Satzzeichen II: Fragezeichen
**F** o-Dekl.: Vok.; 1./2. Sg./Pl. Präs. Akt.
**L** Elision; οὐ/οὐκ/οὐχ (Hauchassimilation); Akzent von ἔστι nach οὐκ

**B Ein seltsamer Auftrag an den Sonnengott**
Luc. DDeor. 10 (= 14 MacLeod),1–2
**F** Inf.: εἶναι

**Impulse und Übungen**

22 **Lektion 3**

**Die griechische Philosophie von den Vorsokratikern bis Aristoteles**

**A Was ist ἀρετή?**
Arist. MM 1,1 5–7; 26–27
**S** Kasus von Objekten; Adv. als Attribut; Ellipse I: sinngemäß zu ergänzendes Prädikat; attr. Stellung II: mit wiederholtem Artikel
**F** a-Dekl.: Fem. auf -η und -ᾱ
**L** qualitativer Ablaut (ε/ο): λέγειν/λόγος; α purum

**B Götter? Natur!**
Anaxag. DK 59A42 (6–8, 11–12)
**S** Präd. im Sg. bei Subj. im Neutr. Pl.
**F** o-Dekl.: Neutr.

**Impulse und Übungen**

26 **Lektion 4**

**Stoiker und Epikur über die richtige Lebensführung**

**A Macht und Philosophie**
D.L. 7,7
**S** Inf. zum Ausdruck eines Begehrens; Inf. bzw. Akk. mit Inf. nach Verben des Sagens und Glaubens; οὐ und μή; Dat. des Mittels
**F** a-Dekl.: Fem. auf -ᾰ; Imperativ Präs. Akt.; Personalpron.: 1./2. Pers. Sg. (betont und unbetont), 1. Pers. Pl.

**B Epikur über die ἡδονή**
Epicur. Ep. 3,128; 131–132
**F** Personalpron.: 2. Pers. Pl.

**Impulse und Übungen**

30 **Lektion 5**

**Logos-Philosophie und Freiheitslehre der Stoa**

**A Stoische Ruhe**
Stob. II, 7,11 g–i (SVF I, 216 = SVF III, 567)
**S** Substantivierung I: Adj.; Übers. des Mediums; αὐτός I: „selbst"; Akk. mit Inf. als Subj.
**F** 3. Sg./Pl. und Inf. Präs. Med.-Pass.; Deponens: γίγνομαι

**B Wie betet ein stoischer Weiser?**
M.Ant. 9 40
**F** 1./2. Sg./Pl. Präs. Med.-Pass.; Imperativ 2. Sg./Pl. Präs. Med.-Pass.; Demonstrativpron.: ἐκεῖνος
**L** -εσαι > ῃ, -εσο > ου: Schwund des intervok. Sigma; Kontraktion: ε+α > η, ε+ο > ου

**Impulse und Übungen**

34 **Lektion 6**

**Die Epen Homers – ein merkwürdiger Anfang**

**A Rettung eines Schiffbrüchigen**
Hom. Od. 6,187–197
**F** Adj. der a-/o-Dekl.; Demonstrativpron.: ὅδε, ἥδε, τόδε; Possessivpron. (ἡμέτερος); εἰμί, εἶ, ἐσμέν

**S** = Satzlehre; **F** = Formenlehre; **L** = Lautlehre

**B Ich bin dein Vater!**
Hom. Od. 16,181–206
**S** Dat. der Zeit (ohne Präp.); Indefinitpron. τις in adj. Verwendung; Akk. der Ausdehnung
**Impulse und Übungen**

## Lektion 7

### Die Griechen und die Natur

**A Elend auf Euboia**
D.Chr. 7,24–33
**S** dramatisches Präs.; Indefinitpron. τις in subst. Verwendung; εἶναι als Vollverb; Artikel bei ὅλος; Präpositionalausdruck als Attribut; αὐτός II: Possessivpron.
**F** Imperfekt Akt./Med.-Pass., εἶναι; Augment
**L** Dehnung: ε/α > η; ο > ω

**B Arme Chloë!**
Longus 1,9,1–10,1; 13,1–2, 5
**L** Assimilation
**Impulse und Übungen**

## Lektion 8

### Leben in Sparta

**A Geboren um zu siegen**
Plu. Lyc. 16,1–2; 7; 10
**S** Relativsätze (als Attribut); αὐτός III: Personalpron.
**F** Relativpron.

**B Liebeskummer im Winter**
Longus 3,3,3; 3,4,1–4
**S** Gen. der Trennung (bei Verben)
**Impulse und Übungen**

## Lektion 9

### Sparta-Fans in Athen

**A Lob des Agesilaos**
X. Ages. 3,2; 11,3
**S** Superlativ und Elativ; Gen. des Vergleichs; ὥστε mit Ind.
**F** Adj.: regelmäßige Komparation

**B Hermes beschwert sich über sein Schicksal**
Luc. DDeor. 24 (= 4 MacLeod),1–2
**S** Komparativ ohne Vergleich; Gen. der Zeit
**Impulse und Übungen**

## Lektion 10

### Die Herrschaft des Wortes

**A Staatliche Wachhunde**
Pl. R. 375b–e; 403e
**S** Ellipse II: fehlende Kopula
**F** 3. Dekl.: Stämme auf -κ und -ν; a-Dekl.: γῆ
**L** Krasis; ν vor σ fällt aus

**B Eine Lektion auf dem Marktplatz**
D.L. 6,37
**S** Zsfg.: Frageeinleitungen; Substantivierung II: Inf.
**F** 3. Dekl.: χείρ; Adj. mit Stamm auf -ν
**Impulse und Übungen**

## Lektion 11

### Das größte Reich der Antike

**A Warnung**
Hdt. 1,207,1–3
**S** αὐτός IV: „derselbe"; Zsfg.: αὐτός
**F** 3. Dekl.: Stämme auf -τ: πρᾶγμα
**L** Dental vor σ fällt aus

**B Ein nützliches Mittel**
D.S. 12,13,1–2
**S** Substantivierung III: Präpositionalausdrücke, Adverbien
**Impulse und Übungen**

## Lektion 12

### Der Zug der Zehntausend

**A Die Erziehung des jüngeren Kyros**
X. An. 1,9,1–6
**S** Akk. der Beziehung; Akk. mit Part.; adverbiales Part.: PC; Substantivierung IV: Partizipien
**F** 3. Dekl.: Stämme auf -δ (παῖς) und -ντ (πᾶς); Part. Präs. Med./Pass.
**L** ντ vor σ fällt aus (mit Ersatzdehnung)

**B Wie junge Mädchen in Sparta erzogen wurden**
Plu. Lyc. 14,3–4; 7; 15,1
**S** prädikativ gebrauchtes Adj.
**F** o-Dekl.: Fem. (παρθένος)
**Impulse und Übungen**

## 62 Lektion 13

### Götter und ihr Zuhause

**A Göttliche Verehrung**
Aristid. 51 Keil (= 27 Dindorf), 61–63
- S πολλοὶ καί …; Gen. obiectivus
- F zweistämmige Adj.: μέγας, πολύς; 3. Dekl.: τις

**B Ausgeliefert**
X. An. 2,5,7–9
- F o-Dekl.: Fem. (ἡ ὁδός); zweiendige Adj.

**Impulse und Übungen**

## 66 Lektion 14

### Ein Gastmahl in Athen

**A Tischsitten bei den Kelten**
Ath. 4,151e–152b
- S attributives Part., adverbiales Part.: modal
- F 3. Dekl.: Stämme auf -ντ; Part. Präs. Akt.
- L -οντ > -ων (Ablaut)

**B Wie die Kelten zu ihrem Namen kamen**
Parth. 30
- S εἰ μή
- F 3. Dekl.: βοῦς, χάρις

**Impulse und Übungen**
- F Part. von εἶναι (Ü3)

## 70 Lektion 15

### Frauenbilder im antiken Griechenland

**A Männliche und weibliche ἀρετή**
Pl. Men. 72d–73c
- S Doppelfragen; Dat. der Art und Weise
- F 3. Dekl.: Stämme mit Ablaut (ἀνήρ, πατήρ, γυνή)
- L quantitativer Ablaut (Ablautstufen)

**B Arestöchter**
Apollod. 2,5,9 (= 2,98); D.S. 2,45; Str. 11,5,1; Lys. 2,4–5
- F 3. Dekl.: Stämme mit Ablaut (μήτηρ, θυγάτηρ)

**Impulse und Übungen**

## 74 Lektion 16

### Die Sophisten
Protag. 80B1 DK

**A Wissen zu verkaufen**
Pl. Prt. 313d–e
- S direkte und indirekte Fragen
- F e-Kontrakta; 3. Dekl.: τίς (oblique Kasus)
- L Kontraktion mit ε

**B Lehrer der Tugend?**
Pl. Men. 89d–92c
- F a-Dekl.: Mask.; δέομαι

**Impulse und Übungen**

## 78 Lektion 17

### Erziehung und Bildung in Athen

**A Protagoras in Athen**
Pl. Prt. 311b; 312d; 318d–319a
- S Inf. bei Adj.; mehrgliedriges Präd. I: χαίρω ἀποκρινόμενος
- F a-Kontrakta; χρῆσθαι; 3. Dekl.: ῥήτωρ
- L Kontraktion mit α

**B Wer ist schlauer?**
Aesop. 245 Hausrath = 241 Perry

**Impulse und Übungen**

## 82 Lektion 18

### Alexander der Große – ein Makedone wird zum Mythos

**A Zwei Briefe**
Arr. An. 2,14,2–9
- S Aspekte von Aorist und Imperfekt
- F Aorist I (sigmatisch): Ind. Akt./Med., Inf. Med. der verba vocalia und verba contracta; 3. Dekl.: Stämme auf -ευς; Possessivpron. (ἐμός, σός, ὑμέτερος)

**B Königsfamilie in Gefangenschaft**
Arr. An. 2,12,3–5
- F ζήω; Inf. Aor. I Akt.

**Impulse und Übungen**

## 86 Lektion 19

### Der griechische Liebesroman

**A Die Rache des Rivalen**
Longus 1,20,1–21,3
S sinngleiches Objekt: figura etymologica
F Aor. I. Akt./Med. der verba muta; Part. Aor. I Med.

**B Glück im Unglück**
Longus 1,21,3–5

Impulse und Übungen

## 90 Lektion 20

### Die Olympischen Spiele

**A Diogenes und der 200-m-Läufer**
D.Chr. 9,14–15
S resultatives Präs.
F Komparation der Adj. mit Stämmen auf -ν

**B Alles vergeben und vergessen?**
Isoc. 18,45–46
S πρίν/ὥστε mit Inf.

Impulse und Übungen

## 94 Lektion 21

### Frauenleben in Athen

**A Frauenschicksal**
E. Med. 230–247
F Part. Aor. I Akt.

**B Zwei Charaktere**
Thphr. Char. 14; 25
S adv. Part. mit ὡς I („als ob")

Impulse und Übungen

## 98 Lektion 22

### Der Prozess gegen Sokrates

**A „Wär's dir anders lieber?"**
X. Ap. 28
F Adverb (einschl. Komparation)
L 2. Sg. Präs. Med.-Pass.: -ει statt -ῃ

**B Ein heikler Auftrag**
Luc DDeor 8 (= 13 MacLeod)
F 3. Dekl.: Ζεύς

Impulse und Übungen

## 102 Lektion 23

### Das Orakel von Delphi

**A Wie fragt man das Orakel?**
X. An. 3,1,4–7
S Sperrung; Frage- oder Relativsätze mit Verschränkung

**B Menon aus Thessalien**
X. An. 2,6,21–29
S Vergleichssatz; Substantivierung V: Inf. mit Obj.

Impulse und Übungen

## 106 Lektion 24

### Seefahrt und Seehandel

**A Ehrungen für einen Wind**
Ael. VH 12,61
F 3. Dekl.: ναῦς
L πλέω

**B Ehrung eines verdienten Mannes**
IG II/III³ 1137 (= II/III² 844)
F o-Dekl.: kontrahierte Adj. (χρυσοῦς); πλείων

Impulse und Übungen

## 110 Lektion 25

### Der Peloponnesische Krieg und seine Folgen

**A Geld oder Leben**
Lys. 12,8–11
F Aorist II (starker Aor.) Akt./Med.: Ind./Part., Inf. Akt.

**B Trygaios will Frieden**
Ar. Pax 948–992
F Imperativ Aor. I Akt., II Akt./Med.

Impulse und Übungen

## 114 Lektion 26

### Das griechische Theater

**A Sophokles: Antigone**
Hypothesis zu S. Ant.
S relativer Satzanschluss; Reflexivität
F Demonstrativpron.: οὗτος; Reflexivpron. 3. Person
L Hauchdissimilation

**B Μῦθος κατ' Αἴσωπον: Hasen und Frösche**
Aesop. 143 Hausrath = 138 Perry
S Gen. mit Part.

Impulse und Übungen

## Lektion 27

118

### Die Mythen der Griechen

**A Streit unter Göttern**
Apollod. 3,10,3 = 3,119–120; 3,10,4 = 3,122; 1,9,15 = 1,106
- S Gen. absolutus
- F Aor. I Pass.: Ind./Inf./ Part.
- L Hauchassimilation

**B Streit um Attika**
Apollod. 3,14,1 = 3,177–179
- F a-Dekl.: Kontrakta (Ἀθηνᾶ)

Impulse und Übungen

## Lektion 28

122

### Griechen gründen Städte

**A Modell einer Stadtgründung**
Pl. R. 369d–372d
- F Fut. Akt./Med. Ind./Part.; τοιοῦτος, τοσοῦτος; kontrahierendes Fut.

**B Neu auf dem Olymp**
Luc. DDeor. 4 (= 10 MacLeod),3–4
- F Fut. von εἶναι und weiteren Verben; Imperativ von εἶναι

Impulse und Übungen
- F Inf. Fut. Akt./Med.; mediales Fut. mit akt. Bedeutung

## Lektion 29

126

### Witz und Anekdote

**A Schlagfertig**
Aesop. 282 Halm = 453 Perry; Hierocl. 173; D.L. 6,59; Plut. mor. 231a
- S Irrealis; Dat. des Unterschieds

**B Eine für alle?**
E. TrGF 360
- S adv. Part. mit ὡς II: mit Part. Fut.
- F Fut. Pass.

Impulse und Übungen

## Lektion 30

130

### Griechisches Recht

**A Macht vor Recht**
Pl. Grg. 483a–484c
- S adv. Part. mit ὡς III („da ja"); Inkonzinnität
- F unregelm. Komparation; ὅστις; o-Kontrakta; ὅσπερ
- L Kontraktion mit o

**B Alexander und Timokleia**
Plut. Alex. 12

Impulse und Übungen

## Lektion 31

134

### Die Anhänger des Sokrates

**A Soll man der Meinung der Menge folgen?**
Pl. Cri. 44b–c; 47a–d
- F Imperativ Aor. I Pass.; εἷς, μία, ἕν; οὐδείς

**B Sokrates über sich selbst**
Pl. Ap. 33a–b
- S mehrfache Negation; μή bei konditionalem Part.
- F Reflexivpron. 1./2. Pers.

Impulse und Übungen

## Lektion 32

138

### Die Anfänge des Christentums

**A Die Forderung**
Ev.Marc. 10,17–22
- S Konjunktiv in überlegenden Fragen, Finalsätzen, als Verbot
- F Konj. Präs./Aor. I Akt.

**B Der schlaue Lykurg**
Polyaen. 1,16
- F Konj. Präs. Med.

Impulse und Übungen
- F Konj. Aor. I Med.

## Lektion 33

142

### Judentum und Christentum

**A Das leere Grab**
Ev.Marc. 16,1–7
- S Konj. der Aufforderung
- F Konj. Aor. II Akt., Aor. I Pass

**B Sorge um die Zukunft**
Ev.Matt. 6,26; 31–33
- F Konj. Aor. II Med.

Impulse und Übungen

## Lektion 34 — 146

**Paulus, Apostel und Missionar**

**A** Paulus über die Einheit der christlichen Gemeinde
1 Ep.Cor. 12,12–13; 20–22; 24–26
**F** 3. Dekl.: σ-Stämme; Konj. von εἰμί

**B** Paulus ermahnt die christliche Gemeinde in Korinth
1 Ep.Cor. 9,19; 22–23; 1,26–28; 1,10
**F** 3. Dekl. : σ-Stämme (Adj.)

Impulse und Übungen

## 150 — Die Entwicklung zum Neugriechischen

## Lektion 35 — 152

**Die Griechen und die Fremden**

**A** Die Eroberung von Sardeis
X. Cyr. 7,2,2–6
**F** 3. Dekl.: Stämme auf -ι

**B** Eine Bildbeschreibung
Philostr. 1,29,1–3
**F** 3. Dekl.: Adj. der Stämme auf -υ

Impulse und Übungen

## Lektion 36 — 156

**Der Streit um die richtige Bildung**

**A** In welchem Alter soll man philosophieren?
Pl. Grg. 484c–485d
**S** Konj. mit ἄν im adv. Nebensatz: Iterativus/Generalis; mehrgliedriges Präd. II: τυγχάνω παρών

**B** Grenzstreit
Polyaen. 6,24
**S** Konj. mit ἄν im adv. Nebensatz: Eventualis
**F** 3. Dekl.: Subst. auf -υ (ἰχθύς)

Impulse und Übungen

## Lektion 37 — 160

**Helden bei Homer**

**A** Eine schwere Entscheidung
Hom. Il. 6,441–461
**S** Konj. mit ἄν in attr. Nebensätzen

**B** Königliche Freigebigkeit
X. Cyr. 8,2,7–12
**S** mehrgliedriges Präd. III: φανερός εἰμι παρών

Impulse und Übungen

## Lektion 38 — 164

**Frauen im frühen Christentum**

**A** „Fass mich nicht an!"
ActThecl 26–27
**F** Aor. II Pass.; Fut./ Aor. Akt. der Verben auf -λ, -μ, ν, -ρ

**B** Eine Frau provoziert
Socr. Schol. 7,15,1–5
**S** mehrgliedriges Präd. IV: Verben des besonderen Seins, Zsfg.

Impulse und Übungen

## 168 — Einblicke in das Neugriechische I

## Lektion 39 — 170

**Die griechische Medizin**

**Sokrates' Vorahnung**
Pl. Grg. 521e–522b
**S** Potentialis; potentialer Inf.; ὅτι vor wörtl. Rede
**F** Optativ Präs./Aor. II

Impulse und Übungen

## Lektion 40 — 173

**Die Zweite Sophistik**

**Was sich die Menschen von den Göttern wünschen**
Luc. Icar. 25
**S** Opt. cupitivus
**F** Opt. Aor. I

Impulse und Übungen

## Lektion 41 — 176

**Asklepios und sein Kult**

**Eine ungewöhnliche Schwangerschaft**
IG IV² 1,121
**S** Opt. obliquus I
**F** Opt. von εἰμί

Impulse und Übungen

179 **Lektion 42**

### Die Entstehung von Zivilisation und Kultur

**Was Menschen zum Zusammenleben brauchen**
Pl. Prt. 322a–d
**S** Optativ: Iterativ der Vgh.; adv. Part. mit ἅτε; μή nach Verben des Fürchtens; Opt. obliquus II: in adv. Nebensätzen
**F** Imperativ 3. Person; a-Dekl.: Kontrakta (Ἑρμῆς)

**Impulse und Übungen**

182 **Lektion 43**

### Griechische Götterstatuen

**Der Zeus des Phidias**
Paus. 5,11,1–2; 4–6
**S** resultativer Aspekt des Perfekts; Gen. des Materials; persönliches Pass. intransitiver Verben
**F** Perf. Med./Pass.

**Impulse und Übungen**

185 **Lektion 44**

### Die Fabel – eine literarische Gattung mit einer langen Geschichte

**Zwei Wanderer**
Aesop. 68 Hausrath = 67 Perry
**F** Perf. I/II Akt.: Ind./Part.
**L** Aspiration

**Impulse und Übungen**
**F** Inf. Perf. Akt.

188 **Lektion 45**

### Sokratische Gesprächsführung

**Allzu skeptisch?**
Pl. Men. 80d–81a
**F** οἶδα
**L** Digamma

**Impulse und Übungen**

191 **Lektion 46**

### Herakles

**Eine wichtige Entscheidung**
X. Mem. 2,1,27–28
**S** Verwendung der Verbaladj.; Dat. des Täters
**F** Verbaladj. auf -τός und -τέος

**Impulse und Übungen**

194 **Lektion 47**

### Das Symposion

**Ohne Einladung zum Symposion?**
Pl. Conv. 174a–d
**S** Artikel in demonstrativer Funktion; indirekte Rede; elliptische Präpositionalausdrücke (εἰς Ἀγάθωνος)
**F** οἱ als Reflexivpron.; εἶμι; φημί; Dual

**Impulse und Übungen**

197 **Lektion 48**

### Tiere in der griechischen Kultur

**Μῦθος κατ' Αἴσωπον: Adler und Fuchs**
Aesop. 1 Hausrath = 1 Perry
**F** Wurzelaorist

**Impulse und Übungen**

200 **Einblicke in das Neugriechische II**

202 **Griechische Vasen**

204 **Griechische Statuen**

206 **Die Architektur griechischer Tempel**

208 **Gesamtvokabular**

222 **Eigennamen**

225 **Bildquellenverzeichnis**

---

Das Vokabelheft liegt als separates Heft dem Schülerbuch bei.

## Vokabelheft

3 **Das griechische Alphabet**

4 **Lektionsvokabular**

66 **Gesamtvokabular**

85 **Eigennamen**

# So lernen Sie mit Kantharos

Jede Lektion beginnt mit einem **Informationstext**, der in das Thema des folgenden Lektionstextes einführt oder vertiefend Hintergründe beschreibt.

Die griechischen **Lektionstexte** beruhen auf Originaltexten. Sie sind blau unterlegt und bilden das Zentrum der Lektionen.

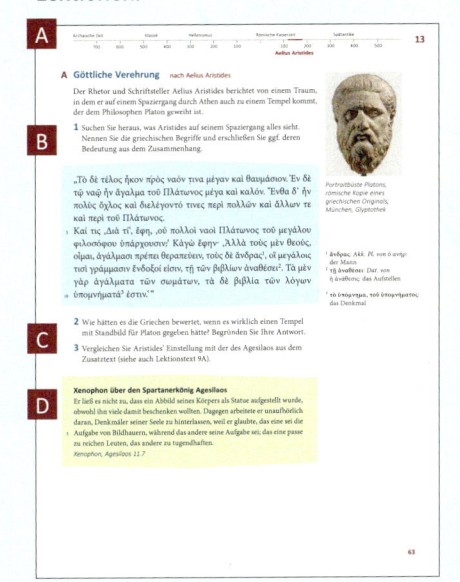

Eine **Zeitleiste** (A) gibt an, zu welcher Zeit die Autoren und die in den Texten behandelten Personen gelebt haben.

**Vorerschließungs-** (B) und **Interpretationsaufgaben** (C) unterstützen die Arbeit mit den Texten und Abbildungen.

Zusätzliche **Sachinformationen** oder ins Deutsche übersetzte **Originalquellen** (D) geben weitere Anregungen für die Arbeit mit dem Inhalt des Lektionstextes.

**Impulse zur Grammatikerschließung** sowie **Übungen zur Festigung von Wortschatz und Grammatik** beschließen die Lektion.

**Extraseiten** zur griechischen Sprache, Schrift, Kunst und Architektur sowie zum Neugriechischen vermitteln weitere wesentliche Themen des Griechischunterrichts.

Für jede Aufgabe wird angegeben, wann sie **frühestens eingesetzt** werden kann (E). So bedeutet hier *vor Text A → 1–4*, dass die Übungen 1–4 vor der Behandlung von Lektionstext A bearbeitet werden können.

Ein blauer Punkt kennzeichnet Aufgaben, die zur **Differenzierung** (F) eingesetzt werden können. Sie sind fakultativ.

# Griechische Sprache und Schrift

### Die Entstehung des Griechischen
Griechisch ist die älteste noch heute gesprochene Sprache Europas: Seit mindestens 3500 Jahren sprechen Menschen Griechisch.
Entstanden ist Griechisch aus der indogermanischen Ursprache: In mehreren Schüben zogen ab 2000 v. Chr. Volkstämme in die Landschaften des späteren Griechenland; aus den indogermanischen Dialekten, die diese Volksstämme sprachen, entwickelte sich das Griechische, ebenfalls in verschiedenen Dialektformen.

### Die erste Schrift Europas
Griechisch ist aber zugleich die älteste schriftlich bezeugte Sprache Europas. In der späten Bronzezeit, um 1500 v. Chr., bildeten sich palastartige Wirtschaftszentren heraus, in deren Verwaltung Listen von Waren, Tieren und Arbeitskräften erstellt wurden. Die dazu verwendete Schrift nennt man heute Linear B, da die Schriftzeichen aus Linien zusammengesetzt sind. Die meisten der etwa 90 Zeichen von Linear B stehen für eine bestimmte Silbe; daneben gibt es auch Bildzeichen für Begriffe wie „Pferd", „Frau" oder „Mann". Als Schriftträger dienten unter anderem Tontäfelchen, in die man die Zeichen ritzte. Als um 1200 v. Chr. Brände die Paläste zerstörten, wurden die in ihren Archiven aufbewahrten Tontafeln durch die Hitze fest gebrannt – nur so blieben sie über Jahrtausende erhalten. 1953 gelang es, die Schrift dieser Tafeln zu entziffern und die Sprache, die man heute Mykenisch nennt, als frühe Form des Griechischen zu identifizieren.

*Tontafel aus Knossos (Kreta), um 1400 v. Chr., 10,5 x 10,7 cm; Oxford, Ashmolean Museum*

### Mündliche und erste schriftliche Literatur
Der Untergang der Paläste um 1200 v. Chr. bedeutete auch den Untergang ihrer Verwaltungsstruktur und der zugehörigen Verwaltungsschrift. Danach waren die Griechen für mehr als 400 Jahre wieder eine schriftlose Kultur. Doch ihre Sprache entwickelte sich weiter, und es entstanden Helden-Epen und Götter-Hymnen. Diese rein mündliche Literatur ist uns dadurch fassbar, dass sie die Grundlage bildete für die ersten schriftlich konzipierten und mithilfe der Schrift überlieferten Werke der europäischen Literatur: Die Dichter Homer und Hesiod (um 700 v. Chr.) nutzten eine neue Schrift, deren Zeichen die Griechen um 800 v. Chr. von den Phöniziern übernommen hatten.

### Die Entstehung des Alphabets
Die Phönizier siedelten im Gebiet des heutigen Libanon und waren in dieser Zeit die führende Handelsmacht im Mittelmeer. Zusammen mit ihren Waren verbreiteten sie auch die Schrift, die sie für ihre Sprache, einen Dialekt des Semitischen, verwendeten. Es handelte sich um eine der ersten Alphabetschriften: Jedes Zeichen stand für einen bestimmten Laut, nicht für eine Silbe oder einen Begriff. Allerdings gab es im phönizischen Alphabet Zeichen nur für Konsonanten. Die Griechen entwickelten diese Konsonantenschrift weiter, indem sie Zeichen für Konsonanten, die im Griechischen nicht vorkamen, zu Vokalzeichen umdeuteten. Dadurch schufen die Griechen die erste vollständige Lautschrift.
Die Reihenfolge der Buchstaben im phönizischen Alphabet behielten die Griechen bei, ebenso – in leicht veränderter Form – die Buchstabennamen: Aus phönizisch *aleph, bet, gimel* wurde ἄλφα,

βῆτα, γάμμα. Je nach Gegend und Dialekt entstanden leicht unterschiedliche griechische Alphabete. Im Ostgriechischen wurden z. B. die Buchstaben Φ, Χ, Ψ und Ω hinzugefügt. 403 v. Chr. beschlossen die Athener, das ostgriechische Alphabet mit seinen 24 Buchstaben für alle offiziellen Dokumente zu verwenden. Dieses Alphabet setzte sich im ganzen griechischen Sprachraum durch und gilt bis heute unverändert.

Die Buchstaben hatten die gleiche Höhe: jeder Buchstabe passte zwischen zwei gedachte Linien. Worttrennung und Satzzeichen gab es nicht. Geschrieben wurde zunächst von rechts nach links oder zeilenweise wechselnd, später einheitlich von links nach rechts.

### Die griechischen Dialekte

Die griechische Sprache existierte früh in verschiedenen Dialekten. Diese breiteten sich aus, als vom 8. bis zum 6. Jahrhundert v. Chr. zahlreiche griechische Kolonien rund ums Mittelmeer sowie am Schwarzen Meer gegründet wurden. Doch nie entwickelten sich die griechischen Dialekte zu eigenständigen Sprachen – Griechisch ist über Tausende von Jahren Griechisch geblieben.

### Griechisch wird Weltsprache

Eine Sonderstellung unter den Dialekten nimmt das Attische ein. Im Zuge der kulturellen Blüte Athens im 5. und 4. Jahrhundert wurde der attische Dialekt einerseits zur führenden Literatursprache. Andererseits wurde das gesprochene Attisch infolge einer gezielten Entscheidung zu der Sprachform, in der bald alle Griechisch-Sprecher kommunizierten: Das makedonische Reich, das sich von 359 bis 338 v. Chr. alle anderen griechischen Staaten unterwarf, beschloss, das Attische in seinem Herrschaftsgebiet zur dialektübergreifenden Verständigungssprache zu erheben.

Infolge der Eroberungsfeldzüge des Makedonenkönigs Alexander verbreitete sich Griechisch weit über das ursprüngliche Siedlungsgebiet der Griechen hinaus: Alexander eroberte 334–323 v. Chr. das Perserreich und drang mit seinen griechischen Soldaten nach Syrien und Ägypten und sogar bis ins heutige Afghanistan und Indien vor. Spätestens seit dieser Zeit war Griechisch in Form eines (leicht abgewandelten) Attisch die „gemeinsame" Weltsprache, die κοινή. Dies zeigt sich auch daran, dass andere Völker und Religionen das Griechische übernahmen: Die hebräische Bibel wurde ab 250 v. Chr. ins Griechische übersetzt, die Schriften der Christen wurden von vornherein in der internationalen Sprache Griechisch abgefasst. Die Aussprache dieses κοινή-Griechisch wandelte sich mit der Zeit; z. B. wurden EI und H als „i", EY als „ew/ef" ausgesprochen, Veränderungen, die bis ins heutige Griechisch fortdauern.

*Papyrus aus Ägypten, 3. Jh. n. Chr., mit Text aus Platons „Staat"; Oxford, Sackler Library*

*Ausschnitt aus einer Steininschrift aus Athen, Ende 4. Jh. v. Chr.; Athen, Nationalmuseum*

## Aussprachehilfen und Satzzeichen

Infolge des Aussprachewandels entstanden allerdings Unsicherheiten über die Aussprache von Wörtern, die man fast nur noch in literarischen Texten aus früherer Zeit fand. So gab es Wörter, die zwar gleich geschrieben, aber ursprünglich unterschiedlich ausgesprochen wurden und verschiedene Bedeutungen hatten: ΦΩΣ etwa konnte „Mann" oder „Licht" bedeuten.

Um 200 v. Chr. wurden daher Lesezeichen erfunden, die die ursprüngliche Aussprache dokumentieren sollten:

1. Vokalisch anlautende Wörter bekamen ein Zeichen, wenn sie mit einem h-Laut am Wortanfang zu sprechen waren (ʽ = Spiritus asper, „der raue Hauch"); später wurde auch ein Zeichen eingeführt, um die Abwesenheit eines solchen h-Lautes zu signalisieren (ʼ = Spiritus lenis, „der sanfte Hauch").

2. In den meisten griechischen Wörtern war eine Silbe dadurch hervorgehoben, dass sie mit einem höheren Ton gesprochen wurde; diese Art der Hervorhebung nennt man musikalischen Akzent (von lat. *accentus,* aus griech. προσ|ῳδία „das Hinzu|singen"). Für die unterschiedlichen Tonhöhen wurden drei Zeichen eingeführt:

  ´ der Akut (von lat. acutus „scharf") bezeichnet den hohen Ton,
  ` der Gravis (von lat. gravis „schwer") steht für einen nicht ganz so hohen Ton (nur am Wortende),
  ~ der Zirkumflex (von lat. circumflexus „herumgebogen") signalisiert einen erst steigenden, dann abfallenden Ton.

Allmählich wurde der musikalische Akzent des Griechischen von einem Betonungsakzent abgelöst, d. h. die hervorzuhebende Silbe wurde lauter gesprochen. In der Schrift dokumentierte man aber weiterhin die ursprünglichen Tonhöhenunterschiede durch Akut, Gravis und Zirkumflex. Erfunden und verwendet wurden diese Lesezeichen von Gelehrten, die im ägyptischen Alexandria die gesamte griechische Literatur sammelten und dazu die Texte neu abschreiben ließen und kommentierten. Auch die ersten Satzzeichen kamen auf (. = Punkt und · = Hochpunkt). In Alltagstexten wurden Lese- und Satzzeichen aber nur wenig benutzt.

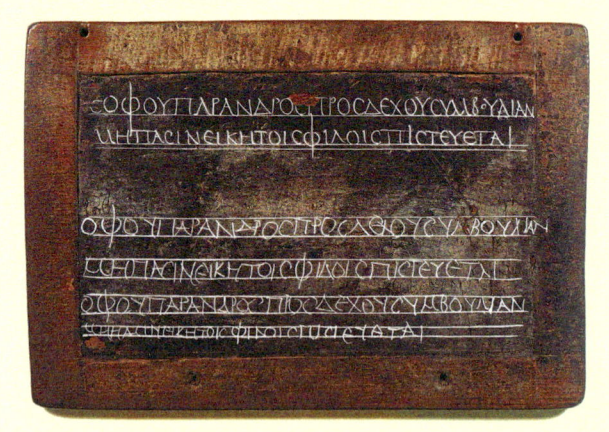

Hölzerne Wachstafel mit antiker Schreibübung (Wachs nicht erhalten) aus Ägypten, 2. Jh. n. Chr.; London, British Museum

## Griechisch im Römischen Reich

Griechisch war auch im römischen Weltreich die gemeinsame Sprache zumindest aller Gebildeten, denn die römische Kultur war schon, bevor die Römer Griechenland eroberten, griechisch geprägt. Das Erlernen der griechischen Sprache, die Lektüre griechischer Dichter und die rhetorische Ausbildung bei griechischen Lehrern gehörten zum Bildungsgang eines jeden jungen Mannes aus der Oberschicht.

Zur Zeit des römischen Kaisers Augustus (63 v. bis 14 n. Chr.) vollzog sich ein Wandel im literarischen Geschmack: Der attische Dialekt des 5./4. Jahrhunderts v. Chr. wurde als die ideale Form des Griechischen empfunden, die jeder Gebildete beherrschen sollte. Diese als Attizismus bezeichnete Einstellung verfestigte eine schon früher zu beobachtende Trennung: Während sich die Gelehrten in ihrer Sprachproduktion an jahrhundertealten, als vorbildlich erachteten Texten orientierten, entwickelte sich die Volkssprache weiter und war offen für Einflüsse von außen.

## Griechisch im Byzantinischen Reich

Attisches Griechisch war auch dann noch der Inbegriff von Bildung, als das Christentum sich religiös, politisch und kulturell im Römischen Reich durchgesetzt hatte. Nach der Spaltung des

Römischen Reiches 395 n. Chr. blieb Griechisch im oströmischen Teil, dem späteren Byzantinischen Reich, sowohl die Umgangssprache (als Fortsetzung der κοινή) als auch (in Form des Attischen) die Sprache der Verwaltung, der Kirche und der Literatur. Damit sich die Amtsträger das geforderte Sprachideal aneignen konnten, studierten sie die Texte der nichtchristlichen Antike. Daher wurden weiter Handschriften mit antiken Texten durch Abschreiben produziert, hauptsächlich in den Klöstern des Byzantinischen Reiches von speziell geschulten Mönchen. Im 9. Jahrhundert begannen sie, die alten, zwischen zwei Linien geschriebenen Texte in einer neuen Schriftform zu kopieren: Die Tendenz, die einzelnen Buchstaben in möglichst wenigen Zügen zu schreiben, führte zu einer Schrift mit Ober- und Unterlängen, die im Prinzip bis heute so gehandhabt wird. Zugleich setzten die Schreiber beim Kopieren Neuerungen früherer Zeit jetzt systematisch um: Alle Worte wurden nun voneinander getrennt geschrieben und mit Lesezeichen versehen; ein Iota, das nach Langvokalen stumm geworden war, wurde manchmal unter den jeweiligen Buchstaben geschrieben (Iota subscriptum). Satzzeichen finden sich jetzt häufiger. Die alte Zweilinienschrift verwendete man noch zur Auszeichnung von Werktiteln und gelegentlich bei (heiligen) Namen, aber eine Unterscheidung zwischen Groß- und Kleinschreibung gab es anders als heute nicht.

*Auszug aus dem Johannes-Evangelium in einer byzantinischen Pergament-Handschrift, 11./12. Jh.*

## Griechisch kommt nach Westeuropa

Nach dem Zusammenbruch des Byzantinischen Reiches 1453 flüchteten viele Gelehrte von dort in die Länder Westeuropas. Sie brachten auch Handschriften mit den Texten antiker griechischer Autoren mit. Diese Texte, die man im lateinisch geprägten Europa kaum kannte, wurden begeistert aufgenommen und begierig studiert.
Bald nach Erfindung des Buchdrucks mit beweglichen Lettern wurden auch antike Texte in dieses neue Medium überführt. Die Drucklettern ähnelten anfangs noch sehr den Buchstabenformen in zeitgenössischen Handschriften; bald jedoch wurden für das griechische Alphabet neue Druckschriften geschaffen, die leichter lesbar waren. Aus ihnen wurden auch die digitalen griechischen Schrifttypen entwickelt, die es nicht nur ermöglichen, Griechisch in digitalen Medien bequem zu lesen und zu schreiben, sondern auch die Grundlage dafür sind, dass antike griechische Texte überall auf der Welt und jederzeit zugänglich sind.

**1** Nennen Sie für die folgenden Daten die für die griechische Sprache und Schrift wichtigen Entwicklungen und Ereignisse:

1500 v. Chr. • um 800 v. Chr. • 5./4. Jh. v. Chr. • 403 v. Chr. • um 350 v. Chr. • um 200 v. Chr. • Anfang des 1. Jh. n. Chr. • 9. Jh. • 1453

**2** Die Entwicklung der griechischen Sprache zeigt sowohl Tendenzen zur Neuerung als auch der Rückwärtsgewandtheit. Nennen Sie für beide Phänomene Beispiele aus dem Text.

**3** Untersuchen Sie anhand der Abbildungen, welchen Einfluss die verschiedenen Schriftträger auf die Buchstabenformen gehabt haben könnten.

# Lektion 1

## Die griechischen Götter

### Vielfalt der Götter

Viele Völker der Antike sahen Himmelskörper wie Sonne oder Mond als göttlich an. Auch bei den Griechen wurden die Sonne (ὁ Ἥλιος) und der Mond (ἡ Σελήνη) als Götter verehrt. Doch die Griechen glaubten noch an viele andere Götter, alle in Menschengestalt und mit oft sehr menschlichen Verhaltensweisen. Götter wurden geboren, hatten Geschwister und bekamen Kinder, sodass sie eine große, weitverzweigte Familie bildeten. Alle waren unsterblich, fast alle führten ein Leben ohne Anstrengung.

### Die zwölf Götter

Die bedeutendsten Götter, zwölf an der Zahl, versammelten sich oft auf dem Berg Ὄλυμπος in Nordgriechenland; diese waren daher als die „olympischen Götter" bekannt. Unter ihnen war Zeus der stärkste Gott; er wurde deshalb auch als „Vater der Götter und Menschen" bezeichnet. Mit seinen Brüdern Hades und Poseidon hatte sich Zeus die Welt aufgeteilt. Auch die anderen Götter waren jeweils für einen bestimmten Bereich zuständig, in dem sie ihre Macht ausübten.

### Neue Götter

Die Gesamtheit der Götter, das Pantheon, war nicht abgeschlossen: Neue Götter konnten dazugerechnet, neue Kulte eingerichtet werden.
Ein Beispiel dafür ist Asklepios: Als Sohn des Gottes Apollon und einer sterblichen Frau war er eigentlich ein Halbgott (griechisch: ὁ ἥρως), doch um 500 v. Chr. begann man, ihm als Gott der Heilkunst Tempel und Heiligtümer zu errichten. Einzelne Gottheiten übernahmen die Griechen auch von angrenzenden Völker, z. B. den syrisch-phönizischen Vegetationsgott Adonis.

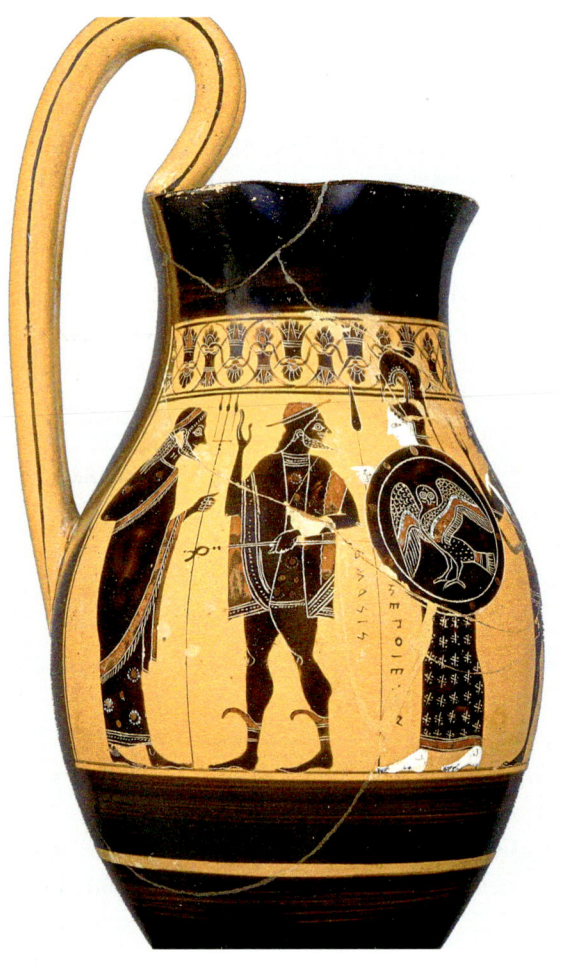

*Detail einer Weinkanne aus Attika, um 550 bis 530 v. Chr.; Paris, Louvre*

**1** Um die griechischen Vorstellungen von den Göttern zu beschreiben werden oft die Begriffe „Polytheismus", „Genealogie" und „Anthropomorphismus" verwendet. Erklären Sie diese Begriffe mithilfe des alphabetischen Wörterverzeichnisses sowie gegebenenfalls durch eine Recherche.

**2** In bildlichen Darstellungen haben Götter oft Gegenstände oder Tiere bei sich, an denen man ihre Zuständigkeitsbereiche erkennen kann, sogenannte Attribute. Welche Gottheiten sind auf dem Vasenbild zu erkennen?

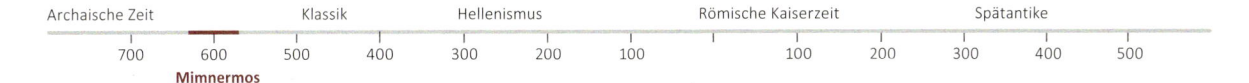

## A  Die Aufgabe des Sonnengottes   nach Mimnermos

**1** Sammeln Sie aus dem Text die Eigennamen.

Μίμνερμος ὁ ποιητής¹ λέγει·
Ὁ Ἥλιος θεός ἐστιν. Ὅμως ὁ Ἥλιος ἀεὶ πόνον ἔχει. Δεῖ γὰρ ἀεὶ τὸν ὠκεανὸν λείπειν καὶ εἰς τὸν οὐρανὸν ἀναβαίνειν.
Παρὰ τοῖς Αἰθιοπικοῖς τὸ ἅρμα² ἐστίν· ἐκεῖ εἰσι καὶ οἱ ἵπποι.
5 Ἐκεῖ οὐ μόνον οἱ τοῦ Ἡλίου ἵπποι εἰσίν, ἀλλὰ καὶ ὁ τῶν ἵππων σταθμός³. Χρυσός ἐστιν ἐν τῷ σταθμῷ³ καὶ χρυσὸς ἐν τῷ ἅρματι².
Πρωΐ⁴ ὁ Ἥλιος τοὺς ἵππους ἄγει ἐκ τοῦ σταθμοῦ³ καὶ εἰς τὸν οὐρανὸν ἐλαύνει. Οἱ ἵπποι σὺν τῷ Ἡλίῳ τὸν ὠκεανὸν λείπουσι
10 καὶ εἰς τὸν οὐρανὸν ἀναβαίνουσιν.

¹ ὁ ποιητής: der Dichter

² τῷ ἅρματι: *Dat. Sg. von* τὸ ἅρμα: der Wagen

³ ὁ σταθμός: der Stall

⁴ πρωΐ: früh morgens

**2** Erläutern Sie, inwiefern sich Helios von den meisten anderen Göttern unterscheidet.

**3** Erschließen Sie, wo auf der Erde sich Mimnermos das Land der Äthioper vorstellte.

**4** Diskutieren Sie die Groß- bzw. Kleinschreibung von ΗΛΙΟΣ, ΩΚΕΑΝΟΣ und ΟΥΡΑΝΟΣ in diesem Text.

**5** Beschreiben Sie das Bild auf dem Gefäß: Welche Elemente finden sich im Text wieder?

*Detail eines Weinmischgefäßes (κρατήρ) aus Attika, um 430 v. Chr.; London, British Museum*

| Archaische Zeit | Klassik | Hellenismus | Römische Kaiserzeit | Spätantike |

700 — **Homer** — 600 — 500 — 400 — 300 — 200 — 100 — 100 — 200 — 300 — 400 — 500

## B  Die Herrscher der Welt   nach Homer

**1** Suchen Sie alle Ortsangaben sowie die Naturerscheinungen aus dem Text heraus und setzen Sie sie in Beziehung zu den genannten Eigennamen.

Ὁ Ζεὺς καὶ ὁ Ἅιδης καὶ ὁ Ποσειδῶν θεοὶ καὶ ἀδελφοί εἰσιν· εἰσὶ γὰρ υἱοὶ τοῦ Κρόνου. Ἕκαστος δὲ τρίτον[1] τοῦ κόσμου ἔχει. Τῷ μὲν Διί[2] ὁ οὐρανὸς καὶ ἡ γῆ[3] εἰσιν, ἔχει καὶ τὸν Ὄλυμπον. Ὁ δὲ Ἅιδης τὸ κάτω[4] ἔχει, οὗ[5] οἱ ἄνθρωποι μετὰ τὸν θάνατον μένουσιν.
5  Ὁ δὲ Ποσειδῶν καὶ τὸν ὠκεανὸν καὶ τοὺς ποταμοὺς ἔχει. Ὁ μὲν Ζεὺς κεραυνοὺς[6] βάλλει, ὁ δὲ Ποσειδῶν τὴν τρίαιναν[7] ἄγει καὶ σεισμοὺς ποιεῖ[8]. Οὕτως οἱ θεοὶ φόβον παρέχουσι τοῖς ἀνθρώποις. Διὰ τοῦτο δεῖ τοὺς θεοὺς θεραπεύειν καὶ τοῖς θεοῖς θύειν.

[1] τρίτον: ein Drittel
[2] τῷ Διί: *Dat. von* ὁ Ζεύς
[3] ἡ γῆ: die Erde
[4] τὸ κάτω: die Unterwelt
[5] οὗ: wo
[6] ὁ κεραυνός: der Blitz
[7] τὴν τρίαιναν *(Akk.)*: den Dreizack
[8] ποιεῖ < ποιέ-ει

**2** Erklären Sie, warum die Menschen die Götter verehren sollen. Beziehen Sie sich dabei auf den Text.

**3** Identifizieren Sie mithilfe des Textes die unten abgebildeten Gottheiten.

A

B

C

*A  Bronzestatuette aus Dodona, Höhe 13,5 cm, um 470 v. Chr.; Berlin, Staatliche Museen, Antikensammlung*

*B  Marmorstatue aus Kreta, 1. Jh. v. Chr.; Iraklio, Archäologisches Museum*

*C  Münze (Stater) aus Süditalien; um 525 v. Chr.; Berlin, Staatliche Museen, Münzkabinett*

# Impulse und Übungen

vor Text A → 1
nach Text A → 2 – 5
nach Text B → 6 – 9

**1 a** Lesen Sie die Namen der folgenden Gottheiten:

Ἥρα • Διόνυσος • Ἀπόλλων • Ἥλιος • Ἄρης • Δημήτηρ • Ἀθηνᾶ • Ποσειδῶν • Ἑστία • Ἄρτεμις • Ἥφαιστος • Ἅιδης • Ζεύς • Ἑρμῆς • Ἀφροδίτη

**b** Schreiben Sie die Namen in griechischen Großbuchstaben und ordnen Sie sie alphabetisch.

**2** Erschließen Sie aus Lektionstext A eine Regel für folgende verschiedenen Schreibweisen:
εἰσι/εἰσιν  -ουσι/-ουσιν

**3** Vergleichen Sie:
ὁ θεός – der Gott
θεός – ein Gott

Übersetzen Sie entsprechend:
(ὁ) ἵππος • (ὁ) χρυσός • (οἱ) πόνοι

**4** Kombinieren Sie die Satzhälften so, dass ein sinnvoller kleiner Text entsteht, und übersetzen Sie.

1. Ὁ Μίμνερμος …
2. Ὁ Μίμνερμος …
3. Ὁ Ἥλιος …
4. Ὅμως ὁ Ἥλιος …
5. Οἱ ἵπποι …
6. Ἀεὶ ὁ Ἥλιος …
7. Καὶ οἱ ἵπποι …

a) ποιητής[1] ἐστιν.
b) εἰς τὸν οὐρανὸν ἀναβαίνουσιν.
c) θεός ἐστιν.
d) εἰς τὸν οὐρανὸν ἀναβαίνει.
e) λέγει·
f) παρὰ τοῖς Αἰθιοπικοῖς εἰσίν.
g) πόνον ἔχει.

[1] ὁ ποιητής: der Dichter

**5** Nennen Sie für jeden Satz das passende Akkusativ-Objekt. (Achtung: Einige bleiben übrig!)

1. Ὁ Ἥλιος ἀεὶ ? ἔχει.
2. Δεῖ γὰρ ἀεὶ ? λείπειν.
3. Ὁ Ἥλιος ? ἐλαύνει.
4. Οἱ ἵπποι ? λείπουσιν.

τοὺς ἵππους • τὸν οὐρανὸν • τὸν σταθμὸν[1] • πόνον • τὸν ὠκεανὸν • τοὺς Αἰθιοπικοὺς

[1] ὁ σταθμός: der Stall

**6 a** Benennen Sie die Satzgliedfunktion von τοῦ Ἡλίου in dem Ausdruck οἱ τοῦ Ἡλίου ἵπποι. Übersetzen Sie den Ausdruck und vergleichen Sie die Wortstellung im Griechischen mit der im Deutschen.

**b** Bilden Sie entsprechend sinnvolle Ausdrücke und übersetzen Sie:
1. οἱ υἱοί – ὁ Κρόνος
2. ὁ σταθμός[1] – οἱ ἵπποι
3. ὁ φόβος – οἱ ἄνθρωποι

[1] ὁ σταθμός: der Stall

**7** Bestimmen Sie den Kasus der folgenden Formen, ergänzen Sie den Artikel und übersetzen Sie.

? πόνον • ? κόσμου • ? οὐρανῷ • ? φόβων • ? ἀδελφούς • ? θάνατος

**8 a** Benennen Sie in den folgenden Fremdwörtern mindestens ein griechisches Ursprungswort:
Theologie • Phobie • Uran • Seismologie • Ozeanographie • Hippopotamos
**b** Erklären Sie die Bedeutung dieser Fremdwörter.

**9** Setzen Sie die Satzhälften richtig zusammen und übersetzen Sie.

1. Τῷ Ἡλίῳ …
2. Τῷ Διί[1] …
3. Τῷ Ποσειδῶνι …

a) ὁ οὐρανός ἐστιν.
b) ὠκεανὸς καὶ ποταμοί εἰσιν.
c) ἵπποι εἰσίν.

[1] τῷ Διί: Dat. von ὁ Ζεύς

# Lektion 2

*Holztafel aus einem Nymphen-Heiligtum in der Nähe von Sikyon, um 540–530 v. Chr.; Athen, Nationalmuseum*

## Die griechische Religion

### Religion ist Praxis

Die Griechen verehrten ihre Götter durch Handlungen. Gebete trugen sie im Stehen und mit ausgebreiteten Armen vor. Opfer für die Götter bestanden vor allem im Ausgießen von Wein und in der rituellen Tötung von Tieren, deren Fett und Knochen dann auf einem Altar verbrannt wurden – man stellte sich vor, dass der aufsteigende Dampf die Götter ernährte. Für viele Gottheiten wurden große städtische Feste gefeiert: Oft wurden dabei die Statuen der Götter gewaschen, angekleidet und mit Essen bewirtet; es gab Prozessionen, Aufführungen und Wettkämpfe. Erwartet wurde von den Teilnehmern das richtige Verhalten in der gemeinsamen Ausübung des Kultes.

### Kritik

Früh begannen die Griechen, die Götter kritisch zu hinterfragen. Xenophanes von Kolophon (um 570–475 v. Chr.) kritisierte besonders ihre Verehrung in Menschengestalt: „Wenn Rinder und Pferde Hände hätten und mit diesen Händen malen und Statuen schaffen könnten wie die Menschen, würden die Pferde die Götter als Pferde, die Rinder aber ihre Götter als Rinder darstellen."
Die allzu menschlichen Götter konnten sogar verspottet werden: In Komödien konnte man sehen, wie Götter ausgehungert werden, indem man das Aufsteigen des Opferdampfes blockiert, oder wie sie verprügelt werden, um ihre Göttlichkeit zu testen – aufgeführt wurden solche Komödien ausgerechnet im Rahmen eines Festes für den Gott Dionysos.

### Vorgehen gegen Kritiker

Doch gab es vereinzelt auch Anzeigen und Strafen gegen Personen, deren Verhalten oder Aussagen man als Verstoß gegen die Verehrung der Götter empfand. Der Philosoph Anaxagoras wurde wegen seiner Ansichten über die Himmelskörper angeklagt und ging in die Verbannung. Sokrates wurde für seine angeblich abweichende Einstellung zu den Göttern sogar zum Tode verurteilt.

**1** Beschreiben Sie die abgebildete Opferszene.

**2** Vieles, was die großen Weltreligionen heute prägt, kannten die Griechen nicht. Finden Sie Beispiele.

## A War Sokrates ein Atheist? nach Platon

Sokrates wurde 399 v. Chr. im Alter von 70 Jahren angeklagt, weil er, wie es in der Anklageschrift hieß, „die Jugend verdirbt und nicht die Götter anerkennt, welche die Stadt für maßgeblich hält, sondern an neue Gottheiten glaubt". In seiner Verteidigungsrede vor den Geschworenen fragt Sokrates den Ankläger Meletos, wie das gemeint sei.

**1** Analysieren Sie jeweils, wen Sokrates und Meletos direkt ansprechen.

ΣΩΚΡΑΤΗΣ  Τί λέγεις, ὦ Μέλητε; Λέγεις, ὅτι οὐ διδάσκω τοὺς τῶν Ἀθηναίων θεοὺς νομίζειν, ἀλλ᾽ ἄλλους θεούς; Ἢ λέγεις, ὅτι τὸ παράπαν[1] οὐ νομίζω θεούς;
ΜΕΛΗΤΟΣ  Λέγω, ὅτι τὸ παράπαν[1] οὐ νομίζεις θεούς.
5 ΣΩΚΡΑΤΗΣ  Τί δέ, ὦ Μέλητε; Οὐδ᾽ ἥλιον ἄρα νομίζω θεόν, ὡς οἱ ἄλλοι ἄνθρωποι;
ΜΕΛΗΤΟΣ  Μὰ Δί᾽[2], ὦ Ἀθηναῖοι, ὁ Σωκράτης τὸν ἥλιον λίθον λέγει.
ΣΩΚΡΑΤΗΣ  Τί ἀκούομεν, ὦ Ἀθηναῖοι; Ἆρ᾽ οὐ γιγνώσκετε,
10 ὅτι ὁ Μέλητος οὐ τοῦ Σωκράτους κατηγορεῖ[3], ἀλλὰ τοῦ Ἀναξαγόρου; Ὁ γὰρ Ἀναξαγόρας γράφει, ὅτι ὁ ἥλιος οὐκ ἔστι θεός.

[1] τὸ παράπαν: überhaupt
[2] μὰ Δί(α): bei Zeus
[3] κατηγορεῖ < κατηγορέ-ει

**2** Beschreiben Sie, welche Risiken Philosophen mit ihren Theorien eingingen.

**3** Recherchieren Sie, welche Rolle bei Sokrates das von ihm sogenannte δαιμόνιον spielte. Inwiefern konnte sein δαιμόνιον Grundlage für die gegen ihn erhobene Anklage sein?

*Porträtbüste des Sokrates, römische Marmorkopie nach einem griechischen Bronzeoriginal von etwa 380 v. Chr.; Neapel, Museo Archeologico Nazionale*

| Archaische Zeit | Klassik | Hellenismus | Römische Kaiserzeit | Spätantike |

700  600  500  400  300  200  100 | 100  200  300  400  500
**Lukian**

## B  Ein seltsamer Auftrag an den Sonnengott   nach Lukian

Im 2. Jahrhundert n. Chr. gewann Lukian, ein griechischer Schriftsteller aus Syrien, dem typisch griechischen Anthropomorphismus eine unterhaltsame Seite ab, indem er fiktive Gespräche zwischen Göttern wie das folgende verfasste.

**1** Suchen Sie alle Eigennamen heraus: Wer spricht mit wem? Über wen wird gesprochen?

**2** Achten Sie auf die Satzzeichen. Schließen Sie daraus auf den Aufbau des Gesprächs.

ΕΡΜΗΣ  Χαῖρε, ὦ Ἥλιε. Ζεύς, ὁ βασιλεὺς τῶν θεῶν, με¹ πέμπει.
ΗΛΙΟΣ  Χαῖρε καὶ σύ², ὦ Ἑρμῆ. Τί οὖν κελεύει ὁ Ζεύς;
ΕΡΜΗΣ  Ὁ Ζεὺς λέγει· „Ὦ Ἥλιε, ³τρεῖς ἡμέρας³ οὐ δεῖ τοὺς ἵππους ἐλαύνειν εἰς τὸν οὐρανόν."
5  ΗΛΙΟΣ  Τί λέγεις; ⁴Νύκτα μακράν⁴ οὐ δεῖ τὸν ὠκεανὸν λείπειν, ἀλλ' ἔνδον μένειν; Τί δὲ τοῦτο κελεύει ὁ Ζεύς; Ποῦ δ' ἐστίν;
ΕΡΜΗΣ  Ἔστιν ἐν Βοιωτίᾳ. Ἐκεῖ δ' ἐθέλει συνεῖναι τῇ Ἀλκμήνῃ⁵.
ΗΛΙΟΣ  Εἶτα οὐκ ἐξαρκεῖ⁶ νὺξ μία⁷;
ΕΡΜΗΣ  Οὐδαμῶς· ἐθέλει γὰρ τίκτειν υἱὸν δεινόν.
10  ΗΛΙΟΣ  ⁸Ταῦτα δ' οὖν, ὦ Ἑρμῆ, οὐκ ἐγένετο ἐπὶ τοῦ Κρόνου.⁸

¹ με: mich
² σύ: du
³ τρεῖς ἡμέρας: drei Tage lang
⁴ νύκτα μακράν: eine lange Nacht lang
⁵ τῇ Ἀλκμήνῃ (Dat.): mit Alkmene
⁶ ἐξ|αρκεῖ: es reicht
⁷ νὺξ μία: eine Nacht
⁸ „Das, lieber Hermes, hat es aber zur Zeit des Kronos nicht gegeben."

**3** Als Ergebnis dieser Nacht wurde ein Sohn geboren. Recherchieren Sie, wie er hieß und inwiefern er δεινός war.

**4** Bearbeiten Sie die folgenden Aufgaben arbeitsteilig:
**a** Arbeiten Sie heraus, wie der oberste Gott im Gespräch charakterisiert wird. Welche Gottesvorstellung wird daraus deutlich?
**b** Die abgebildete Szene aus einem volkstümlichen Lustspiel zeigt Personen, die auch im Text vorkommen. Identifizieren Sie die Personen und erschließen Sie das dargestellte Geschehen.

*Glockenkrater, Höhe 37 cm, um 360–330 v. Chr.; Rom, Musei Vaticani*

# Impulse und Übungen

vor Text A → 1–3
nach Text A → 4–6
nach Text B → 7–9

**1 a** Lesen Sie die folgenden Personen- und Ortsnamen und schreiben Sie sie mit lateinischen Buchstaben.

Πλάτων • Μίμνερμος • Ξενοφάνης • Θάλης • Σωκράτης • Ἀναξαγόρας • Ἀριστοτέλης • Ὅμηρος • Μέλητος • Λουκιανός • Πυθαγόρας

Ὄλυμπος • Ἀττική • Βοιωτία • Κρήτη • Δωδώνη • Νεάπολις • Σικυών • Ἀθῆναι • Ῥώμη • Συρία

**b** Wählen Sie eine der beiden Aufgaben aus:
1. Ordnen Sie die Personen chronologisch nach ihrer Lebenszeit – gegebenfalls mithilfe einer Recherche.
2. Lokalisieren Sie die Orte auf einer der Karten im Umschlag vorne oder hinten.

**2** Erschließen Sie, um welche Formen es sich hier handelt, und bilden Sie zu jeder Form den Nominativ; beachten Sie dabei den Numerus.
ὦ Ἥλιε • ὦ Μίμνερμε • ὦ Ζεῦ • ὦ θεοί • ὦ ἄνθρωποι

**3** Vertauschen Sie Singular und Plural und übersetzen Sie die neu erhaltene Form.
λείπεις • παρέχει • θεραπεύομεν • θύω • ἔχετε • βάλλουσι

**4** Stellen Sie fest, welche verschiedenen Formen die Verneinung annehmen kann, und formulieren Sie eine Regel.

Ὁ Σωκράτης οὐ νομίζει θεούς, ὥς λέγει ὁ Μέλητος. Ἀλλ' οὐχ ὁ Σωκράτης τὸν Ἥλιον λίθον λέγει· ὁ Ἀναξαγόρας λέγει, ὅτι ὁ Ἥλιος οὐκ ἔστι θεός.

**5** Nennen Sie die griechischen Wörter, von denen die folgenden Fremdwörter abgeleitet sind.
– Litho|graphie (ein Verfahren, bei dem eine *Stein*platte zum *Drucken* verwendet wird)
– Akustik (Lehre von dem, was man *hören* kann)
– Therapie (die *Pflege* eines Kranken)
– Helio|sphäre (der Bereich rings um die *Sonne*, in dem der Sonnenwind mit seinen Magnetfeldern wirksam ist)
– Kosmo|logie (die Lehre vom *Weltall*)

**6** Lesen und übersetzen Sie, was Meletos in seiner Anklagerede gegen Sokrates gesagt haben könnte. (Der Text ist wie in der Antike mit einheitlich großen Buchstaben und ohne Worttrennung oder Satzzeichen geschrieben.)

ΟΣΩΚΡΑΤΗΣΟΥΝΟΜΙΖΕΙΤΟΥΣΘΕΟΥΣΟΥ
ΓΑΡΘΥΕΙΤΟΙΣΘΕΟΙΣΟΥΘΕΡΑΠΕΥΕΙΤΟΥΣ
ΘΕΟΥΣΟΙΜΕΝΑΛΛΟΙΑΝΘΡΩΠΟΙΤΟΝΗΛΙ
ΟΝΘΕΟΝΝΟΜΙΖΟΥΣΙΚΑΙΤΩΙΗΛΙΩΙΘΥΟΥ
5 ΣΙΝΟΔΕΣΩΚΡΑΤΗΣΤΟΝΗΛΙΟΝΛΙΘΟΝΛΕ
ΓΕΙΔΙΑΤΟΥΤΟΚΑΤΗΓΟΡΩΤΟΥΣΩΚΡΑΤΟΥΣ

**7** Vergleichen Sie jeweils die beiden Sätze miteinander und formulieren Sie eine Regel.
1. Οὐδὲ τὸν Ἥλιον νομίζεις. • Οὐδ' Ἥλιον νομίζεις.
2. Μὰ Δία¹. • Μὰ Δί'¹, ὦ Ἀθηναῖοι.
3. Ὁ δὲ Ζεὺς ἐθέλει. • Ζεὺς δ' ἐθέλει.

¹ μὰ Δί(α): bei Zeus

**8** Setzen Sie Stämme und Endungen so zusammen, dass sich die richtige Form ergibt.

ich schreibe • wir glauben • du schickst • ihr hört • sie will • sie zeugen

ἀκού • ἐθέλ • τίκτ • -ομεν • -εις • -ετε •
πέμπ • γράφ • νομίζ • -ω • -ει • -ουσιν

**9** Bilden Sie aus den Satzstücken fünf inhaltlich und grammatisch richtige Aussagen.

Ὁ Ζεύς • Ὁ Ποσειδῶν • Ὁ Ζεὺς καὶ ὁ Ἅιδης καὶ ὁ Ποσειδῶν

1. θεὸς τοῦ οὐρανοῦ ἐστιν.
2. υἱοὶ τοῦ Κρόνου εἰσίν.
3. βασιλεὺς τῶν θεῶν ἐστιν.
4. ἀδελφοί εἰσιν.
5. θεὸς τοῦ ὠκεανοῦ ἐστιν.

# Lektion 3

*Raffael: „Die Schule von Athen", 1508–1511, Wandgemälde; Rom, Musei Vaticani*

## Die griechische Philosophie von den Vorsokratikern bis Aristoteles

### Die Anfänge

Die Anfänge der westlichen Philosophie liegen in Ionien, einem Küstenstreifen am östlichen Rand des griechischen Siedlungsgebietes. In den verhältnismäßig kleinen, unabhängigen Städten Ioniens begünstigten gut entwickelte Handelsbeziehungen sowohl den wirtschaftlichen als auch den kulturellen Austausch mit anderen Völkern. Dies mag zum Entstehen ungewöhnlicher Fragestellungen beigetragen haben: Woraus besteht die Welt? Was ist der Ursprung von allem? Wie lassen sich die Naturphänomene erklären?

### Thales von Milet und die Vorsokratiker

Der Erste, der solche Fragen über die Natur des κόσμος stellte, soll Thales von Milet gewesen sein. Mit ihm beginnt im 6. Jahrhundert eine Reihe von Naturphilosophen, die auch als Vorsokratiker bezeichnet werden; dieser moderne Begriff verweist auf den Wandel, der in der zweiten Hälfte des 5. Jahrhunderts mit Sokrates und anderen Denkern seiner Zeit eintrat: In den Mittelpunkt der philosophischen Diskussionen rückten jetzt Fragen nach dem Menschen und dem richtigen Verhalten.

### Philosophen in Athen

Das Zentrum der Philosophie verlagerte sich nach Athen; dort entstanden regelrechte philosophische Schulen. Die bedeutendste unter ihnen war die 387 v. Chr. gegründete Akademie Platons. Dieser war ein Schüler des Sokrates und ließ in seinen Schriften, die er in Form von Gesprächen gestaltete, fast immer Sokrates als Gesprächspartner auftreten; Platon erweiterte aber den Bereich der philosophischen Themen über die Fragestellungen des Sokrates hinaus. Platons Schüler Aristoteles, der 335 v. Chr. im Lykeion-Heiligtum seine Philosophenschule gründete, war ein scharfsinniger Analytiker philosophischer Begriffe und Wissenschaftssystematiker; durch seine Naturforschungen, unter anderem zu Tieren und Pflanzen, wurde er auch zum Begründer der Naturwissenschaften. In seinen Schriften bezieht sich Aristoteles immer auch darauf, was frühere Philosophen zu einem bestimmten Thema gesagt haben. So verdanken wir vieles, was wir über die Anfänge griechischen Philosophierens wissen, den Zusammenfassungen des Aristoteles.

**1** Nennen Sie Unterrichtsfächer, deren Inhalte schon von den genannten griechischen Philosophen behandelt wurden.

**2** Beschreiben Sie die Tätigkeiten der Personen auf dem Bild.

**3** Diskutieren Sie, was für Sie Philosophie ist.

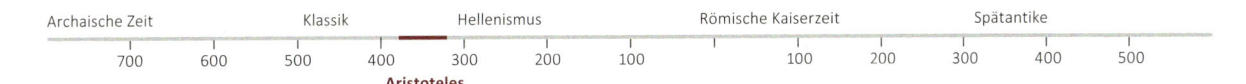

## A  Was ist ἀρετή?   nach Aristoteles

Aristoteles bildete seine Schüler dadurch aus, dass er Vorlesungen über die einzelnen Teilbereiche der Philosophie hielt. Für seinen Vortrag stützte er sich auf Notizen, die nach seinem Tod von seinen Anhängern weiter studiert und verwendet wurden. Auf eines dieser Vorlesungsmanuskripte geht auch der folgende Text zurück.

**1** Stellen Sie begründete Vermutungen darüber an, welche Teilbereiche der Philosophie Aristoteles in Z. 3–9 anspricht.

Ὁ Ἀριστοτέλης λέγει περὶ τῆς φιλοσοφίας καὶ ὀνειδίζει τοῖς πρόσθεν φιλοσόφοις·
„Οὐ περὶ τοῦ ἡλίου οὐδὲ τῆς σελήνης λέγειν ἐθέλω, ἀλλὰ περὶ τοῦ ἀνθρώπου· περὶ τῆς ψυχῆς, τῆς πολιτικῆς, τῆς ἀρετῆς.
5 Τί οὖν ἐστιν ἀρετή; Τί διδάσκουσιν οἱ φιλόσοφοι οἱ τοῦ πρόσθεν χρόνου περὶ τῶν ἀρετῶν;
Πρῶτός[1] ἐστιν ὁ Πυθαγόρας· νομίζει τὸν κόσμον ἀριθμὸν καὶ τὰς ἀρετὰς ἀριθμούς. Ἀλλ' οὐκ ὀρθῶς· οὐ γάρ ἐστιν ἡ δικαιοσύνη [2]ἀριθμὸς ἰσάκις ἴσος[2].
10 Ὁ δὲ Σωκράτης τὴν ἀρετὴν ἐπιστήμην λέγει· διδάσκει, ὅτι αἱ ἀρεταὶ ἐπιστῆμαί εἰσιν. Οὐ δ' ὀρθῶς. Ἐν μὲν ταῖς ἐπιστήμαις λόγος ἐστίν, ἐν δὲ τῇ ἀρετῇ λόγος οὐκ ἔνεστιν. Ἐπιστήμη γάρ ἐστιν ἡ ἰατρική· εἴ τις[3] οἶδεν τὴν ἰατρικήν, ἰατρός ἐστιν. Ἀλλ' εἴ τις[3] οἶδεν τὴν δικαιοσύνην, οὐκ ἀεὶ δίκαιός ἐστιν."

[1] πρῶτος: der Erste
[2] ἀριθμὸς ἰσάκις ἴσος: Quadratzahl
[3] τις: jemand

**2** Informieren Sie sich, zum Beispiel in einer Philosophiegeschichte, wie Pythagoras dazu kam, die δικαιοσύνη als eine Quadratzahl aufzufassen, und warum Sokrates die ἀρετή für eine ἐπιστήμη hielt.

**3** Nehmen Sie Stellung zu der Aussage: Εἴ τις οἶδεν τὴν δικαιοσύνην, οὐκ ἀεὶ δίκαιός ἐστιν (Z. 13/14).

| Archaische Zeit | | | Klassik | | Hellenismus | | | Römische Kaiserzeit | | | Spätantike | |
|---|---|---|---|---|---|---|---|---|---|---|---|---|
| 700 | 600 | 500 | 400 | 300 | 200 | 100 | | 100 | 200 | 300 | 400 | 500 |
| | | **Anaxagoras** | | | | | | | | | | |

## B Götter? Natur!   nach Anaxagoras

Anaxagoras aus dem ionischen Klazomenai formulierte Erklärungen der Welt, in denen für Gottheiten oder göttliches Einwirken kein Platz war.

**1** Stellen Sie unter Berücksichtigung des Lektionsvokabulars aus dem Text die Substantive mit ihren deutschen Bedeutungen zusammen. Schließen Sie daraus auf die Themen des Anaxagoras.

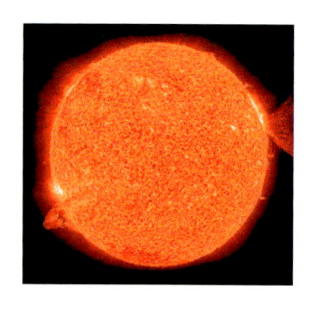

Ἀναξαγόρας ὁ Κλαζομένιος ἐν τοῖς βιβλίοις γράφει, ὅτι ὅ τε ἥλιος καὶ ἡ σελήνη καὶ τὰ ἄστρα λίθοι ἔμπυροί[1] εἰσιν. Περὶ τοῦ κόσμου λέγει οὕτως·

Τὸ τῶν ἄστρων θερμόν[2] οὐκ αἰσθητόν[3], ὅτι τὰ ἄστρα πόρρω[4] 
5 ἐστίν.
Ὁ μὲν ἥλιος μείζων[5] ἐστὶν ἢ ἡ Πελοπόννησος, ἡ δὲ σελήνη ἀπὸ τοῦ ἡλίου ἔχει τὸ φῶς[6].
Τὸ θερμόν[2] πίπτει εἰς τὰς νεφέλας[7] καὶ οὕτω ποιεῖ[8] τοὺς κεραυνούς[9].
10 [10]Ὁ δὲ ἄνω ἀήρ[10], εἰ πίπτει [11]εἰς τὸν ἀέρα τὸν ὑπὸ γῆν[11], τὴν γῆν ταράττει καὶ σεισμὸν ποιεῖ[8].

[1] ἔμπυρος: feurig
[2] τὸ θερμόν: die Hitze
[3] αἰσθητός: spürbar
[4] πόρρω: weit entfernt
[5] μείζων: größer
[6] τὸ φῶς: das Licht
[7] ἡ νεφέλη: die Wolke
[8] ποιεῖ < ποιέ-ει
[9] ὁ κεραυνός: der Blitz
[10] ὁ ἄνω ἀήρ: die obere Luft
[11] εἰς τὸν ἀέρα τὸν ὑπὸ γῆν: in die Luft unter der Erde

**2** Vergleichen Sie die Theorien des Anaxagoras mit den Aussagen des Lektionstextes 1B sowie den Erkenntnissen der heutigen Naturwissenschaft.

**3** Wählen Sie eine Aufgabe zur Bearbeitung in der Gruppe aus.
  **a** Recherchieren Sie, welche der folgenden Personen zu den Naturphilosophen gezählt werden und weswegen:
  Epikur • Thales • Demokrit • Sokrates • Pythagoras • Poseidonios • Heraklit
  **b** Recherchieren Sie, welche der folgenden Vorstellungen bzw. Entdeckungen auf antike Philosophen zurückgehen:
  Erdanziehungskraft • heliozentrisches Weltbild • Atome • Elektrizität • Vorhersagbarkeit einer Sonnenfinsternis • Wasser als Urstoff des Lebens • Bakterien als Krankheitserreger

## Impulse und Übungen

| vor Text A | → 1–3 |
|---|---|
| nach Text A | → 4, 5 |
| vor Text B | → 6 |
| nach Text B | → 7–9 |

**1** Als Attribut verwendete Zeit- oder Ortsadverbien können im Deutschen mit Adjektiven wiedergegeben werden:
οἱ πρόσθεν φιλόσοφοι – die Philosophen von früher / die früheren Philosophen.
Übersetzen Sie in gleicher Weise die folgenden Ausdrücke:
ὁ ἀεὶ κόσμος • οἱ πρόσθεν πόνοι •
ὁ ἐκεῖ βασιλεύς • ὁ ἔνδον φόβος

**2** Das Wort ἀρετή ist mit dem Adjektiv ἄριστος „der beste" verwandt und bedeutet demnach „die Bestform". Überlegen Sie, wie sich die Übersetzung „Bestform" in folgenden Zusammenhängen am treffendsten ersetzen lässt:
– Bestform des Kriegers
– Bestform im Verhalten
– Bestform in der Ausübung von Tätigkeiten
– Bestform einer Sache

**3** Alles auf -ν. – Ordnen Sie die Wörter unter die Wortarten Substantiv, Verb und Partikel.
ἄγειν • ἐν • ἐστίν • λίθον • νομίζουσιν •
οὖν • οὐρανόν • σύν

**4** Bringen Sie die Substantive mit dem zugehörigen Artikel in die richtige Kasus-Reihenfolge.
ἀρετάς • δικαιοσύνη • ἐπιστῆμαι • ψυχῶν •
φιλοσοφίαν • ἀρετῆς • ψυχαῖς • σελήνη

**5** Erschließen Sie aus den Angaben zur Bedeutungsdifferenzierung von λόγος im Lektionsvokabular, von welchem Bedeutungszweig die folgenden Fremdwörter abgeleitet sind:
logisch • analog (entsprechend) • Katalog (Verzeichnis) • Logopädie (Sprachheilkunde, Spracherziehung) • Logo (graphisches Zeichen) • Dekalog (Zehn Gebote)

**6** Suchen Sie im in Lektionstext B alle Formen der Neutra der o-Deklination heraus (mit Artikel). Welche der vorkommenden Formen weichen von denen der Maskulina ab?

**7** Übersetzen Sie und vergleichen Sie jeweils die Subjekte und Prädikate.
1. Οἱ φιλόσοφοι τοὺς ἀνθρώπους διδάσκουσιν. – Καὶ τὰ τῶν φιλοσόφων βιβλία τοὺς ἀνθρώπους διδάσκει.
2. Τὰ ἄστρα ἐν τῷ οὐρανῷ ἐστιν. – Καὶ οἱ τοῦ Ἡλίου ἵπποι ἐν τῷ οὐρανῷ εἰσιν.

**8** Nennen Sie die griechischen Wörter, von denen die folgenden Fremdwörter abgeleitet sind.
– Psycho|logie (die *Lehre* von der *Seele*)
– Chrono|graph (ein Gerät, das die *Zeit* auf*zeichnet*)
– Arithmetik (die Lehre von den *Zahlen*)
– Psych|iater (*Seelenarzt*)
– Geo|logie (die *Lehre* von der Beschaffenheit der *Erde*)
– Biblio|thek (eine Stelle, wo *Bücher* auf–bewahrt werden)

**9** Objekte griechischer Verben müssen im Deutschen in einigen Fällen durch einen anderen Kasus oder mit einer Präposition wiedergegeben werden:
Χαίρω τῷ κόσμῳ. – Ich freue mich über den Schmuck.

Ordnen Sie die Objekte sinngemäß zu und übersetzen Sie.

1. Οἱ φιλόσοφοι ❓ (Dat.) χαίρουσιν.
2. Ἐν τοῖς βιβλίοις ❓ (Gen.) ἀκούομεν.
3. Καὶ ❓ (Akk.) ἀκούομεν.
4. Οἱ ἄνθρωποι ❓ (Dat.) ὀνειδίζουσιν, ὅτι τὸν ἥλιον λίθον νομίζει.
5. Ὁ Μέλητος ❓ (Gen.) κατηγορεῖ[1].

τοῦ Σωκράτους • τῇ ἐπιστήμῃ
τῶν πρόσθεν φιλοσόφων • τῷ φιλοσόφῳ
τοὺς τοῦ Ἀναξαγόρου λόγους

---
[1] κατηγορεῖ > κατηγορέ-ει

# Lektion 4

## Stoiker und Epikur über die richtige Lebensführung

### Eine Stadt – viele Philosophen

Athen war im 5. Jahrhundert einer der führenden Stadtstaaten in Griechenland. Nachdem die Athener jedoch den Peloponnesischen Krieg (431 bis 404 v. Chr.) gegen die Spartaner verloren hatten, konnten sie ihre politische Vormachtstellung nicht mehr wiedererlangen. In kultureller Hinsicht blieb die Stadt jedoch der Anziehungspunkt der gesamten griechischen Welt. Nach Athen zogen Philosophen aus den unterschiedlichsten Gegenden. Zu den bereits bestehenden Schulen, der Akademie Platons und dem Lykeion des Aristoteles, traten die Schulen der Stoiker (gegr. 306 v. Chr.) und Epikurs (gegr. 301 v. Chr.). Die Stoiker benannten sich nach einer Säulenhalle (ἡ στοὰ [ποικίλη]) im Zentrum Athens, wo sie sich zu treffen pflegten.

### Die Schule Epikurs

Um sich von diesem städtischen Umfeld abzusetzen, versammelte Epikur seine Schüler in einem Garten (ὁ κῆπος) an der Stadtgrenze. Dieser Ort entsprach Epikurs Ideal von einem Leben, das möglichst frei von Beeinträchtigungen durch Äußeres wie zum Beispiel durch die Politik sein sollte. Er zog es vor, in privater Atmosphäre mit seinen Freunden darüber zu diskutieren, was ein glückerfülltes Leben ausmacht.

### Die Philosophie der Stoiker

Die Stoiker dagegen vertraten schon seit ihrem Gründer Zenon von Kition die Auffassung, dass jedem Menschen von Natur aus eine bestimmte Rolle zugewiesen ist, die er zu erfüllen hat. Dazu gehörte auch die aktive Beteiligung an der Politik, eine Aufgabe, die aber immer schwieriger wurde, als ab dem ausgehenden 4. Jahrhundert zunehmend monarchische Herrscher die Geschicke der griechischen Städte und Staaten bestimmten.

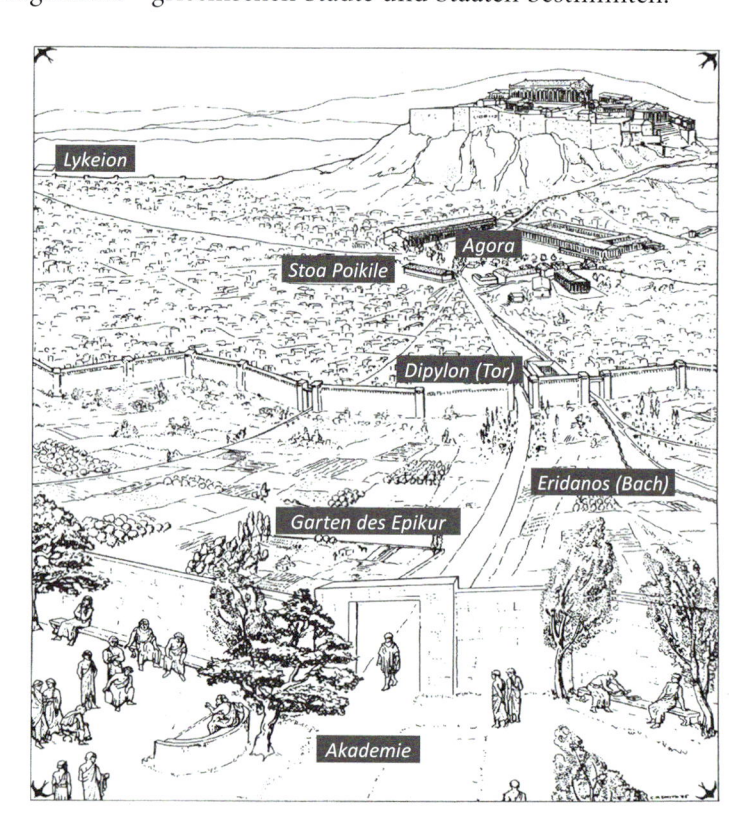

*Blick auf Athen zu Beginn des 3. Jh. v. Chr., Rekonstruktionszeichnung*

**1** Führen Sie zu zweit einen Dialog: Ein Athener nimmt einen Fremden im Jahr 300 v. Chr. an der Akademie in Empfang und führt ihn von dort an Epikurs Garten vorbei über die Stoa Poikile bis zum Lykeion; dabei erklärt er dem interessierten, aber philosophieunkundigen Fremden die Grundzüge dieser vier Philosophenschulen.

## A  Macht und Philosophie   nach Diogenes Laertios

Der Makedonenkönig Antigonos II. war sein Leben lang in Kämpfe um den Erhalt seiner Herrschaft verwickelt. Trotzdem interessierte er sich auch für Philosophie, Dichtung und Wissenschaft. Es wird berichtet, dass er Zenon, den Gründer der stoischen Schule, als Sachverständigen für Bildungsfragen an seinen Hof eingeladen habe, doch dieser habe mit dem Hinweis auf sein hohes Alter von 80 Jahren abgelehnt.

**1** Nennen Sie aus dem Text Hinweise, um was für eine Textsorte es sich handelt.

**2** Stellen Sie mithilfe des Lernvokabulars alle Verben des Textes mit deutscher Bedeutung zusammen und schließen Sie daraus auf den Inhalt der Einladung.

Βασιλεὺς Ἀντίγονος Ζήνωνι[1] φιλοσόφῳ χαίρειν.
Ἐγὼ τύχῃ μὲν καὶ δόξῃ νομίζω προέχειν σοῦ, λόγῳ δὲ καὶ παιδείᾳ καθυστερεῖν[2] καὶ τῇ τελείᾳ εὐδαιμονίᾳ, ἣν[3] σὺ ἔχεις.
Διὸ γράφω σοι ἥκειν πρὸς ἐμέ· ἐλπίζω γάρ σε μὴ ἀντιλέγειν.
5 Νῦν μὲν γὰρ ὀλίγους παιδεύεις, ἐν δὲ τῇ Μακεδονίᾳ πολλούς.
Ἧκε πρὸς ἡμᾶς· παίδευε καὶ ἄγε τὸν βασιλέα[4] ἐπὶ τὴν ἀρετήν.
Οὕτω καὶ τὸν δῆμον παρασκευάζεις πρὸς ἀνδρείαν.
Ἔρρωσο[5].

[1] Ζήνωνι: *Dat. von* Ζήνων
[2] καθυστερεῖν < καθυστερέ-ειν: unterlegen sein
[3] ἥν: *Relativpronomen (Akk. Sg. f.)*
[4] τὸν βασιλέα: *Akk. von* ὁ βασιλεύς
[5] ἔρρωσο: leb wohl!

**3** Nennen Sie die Begriffe, mit denen im Text die Vorzüge des Herrschers und des Philosophen umschrieben werden, und erklären Sie, worin sich die beiden Lebensformen unterscheiden.

**4** Schreiben Sie auf Deutsch eine kurze Antwort Zenons. Beziehen Sie sich dabei auf Antigonos' Argumente und berücksichtigen Sie die Informationen aus dem Einführungstext.

*Portraitbüste des Zenon von Kition; Venedig, Museo Archeologico Nazionale*

## B  Epikur über die ἡδονή   nach Epikur

Epikur verteidigt seine Lehre gegen Kritiker.

**1** Nennen Sie mithilfe des Lektionsvokabulars die Bedeutungen aller Substantive und erschließen Sie daraus, welche Werte Epikur anspricht.

Ἡμεῖς δὴ λέγομεν τὴν ἡδονὴν ἀρχὴν καὶ τέλος[1] εἶναι τοῦ μακαρίου[2] βίου. Ἀλλὰ τοὺς λόγους ἡμῶν μὴ παρανοεῖτε[3]· οὐ γὰρ τὰς τῶν ἀσώτων[4] ἡδονὰς λέγομεν, ὡς ὑμεῖς ἴσως νομίζετε. Οὐ γὰρ χρυσὸς οὐδὲ γυναῖκες[5] οὐδ' οἶνος καὶ ἰχθύες[6] καὶ [7]τὰ
5 ἄλλα, ὅσα φέρει πολυτελὴς[8] τράπεζα, ἡμῖν ποιεῖ[9] τὴν ἡδονήν, ἀλλὰ ὁ λόγος. Δεῖ γὰρ ἡμᾶς τῷ λόγῳ ἐκ τῶν ἡδονῶν ἐκλέγειν τὰς τῶν σοφῶν ἡδονάς.

[1] τὸ τέλος: das Ziel
[2] μακάριος: glücklich
[3] παρα|νοεῖτε < παρανοέ-ετε, von παρα|νοέω: missverstehen
[4] οἱ ἄσωτοι: die Unersättlichen
[5] αἱ γυναῖκες: die Frauen
[6] οἱ ἰχθύες: die Fische
[7] τὰ ἄλλα, ὅσα: „was sonst"
[8] πολυτελής: reich gedeckt
[9] ποιεῖ < ποιέ-ει

**2** Diskutieren Sie, welche ἡδοναί für Epikur wohl die zu wählenden sind.

**3** Recherchieren Sie die Prinzipien des Epikureismus und erklären Sie, warum die epikureische Lehre von der ἡδονή oft falsch verstanden wurde.

**4** Erschließen Sie aus den Speiseresten auf dem Mosaik, was sonst noch zu einer reich gedeckten Tafel gehörte.

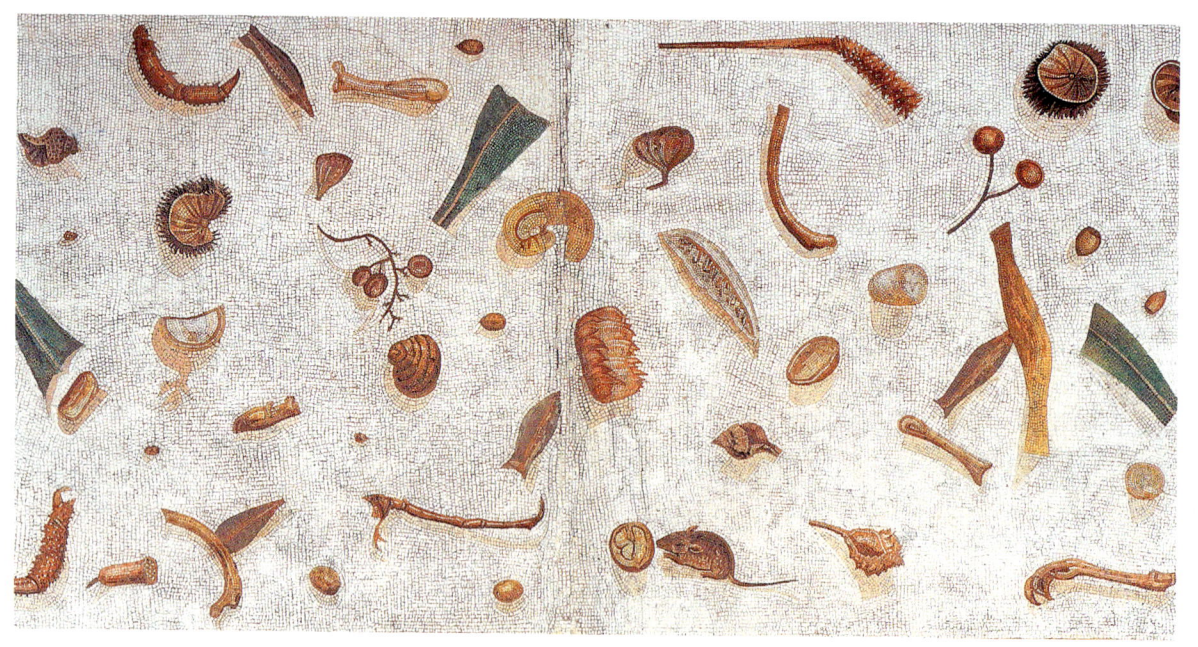

„Ungefegtes Haus"; römisches Mosaik nach einem griechischen Original des 2. Jahrhunderts v. Chr. von Sosos von Pergamon; Rom, Musei Vaticani

# Impulse und Übungen

vor Text A → 1, 2
nach Text A → 3–5
nach Text B → 6–8

**1** Das Wort δόξα bezeichnet einerseits die „Meinung", die jemand zu einem Thema hat, andererseits auch den „Ruf", den ein Mensch hat, d. h. was andere über ihn denken. Ist es ein „guter Ruf", lässt sich δόξα auch mit „Ruhm" wiedergeben.
Übersetzen Sie entsprechend:
τῇ τοῦ υἱοῦ δόξῃ χαίρειν • δόξα Ἀχιλλέως[1] •
ἡ τοῦ φιλοσόφου δόξα περὶ τῆς δικαιοσύνης

[1] Ἀχιλλέως: *Gen. von* Ἀχιλλεύς

**2** Vergleichen Sie und formulieren Sie eine Regel zum Gebrauch der Negationen.
**Οὐ** γράφετε. – Ihr schreibt nicht.
**Μὴ** γράφετε. – Schreibt nicht!

**3** Erschließen Sie aus der folgenden Gegenüberstellung, welche Aufgabe die Infinitive jeweils erfüllen.
1. Ἀντίγονος Ζήνωνι χαίρειν.
   Ἀντίγονος Ζήνωνι γράφει· Χαῖρε.
2. Ἐλπίζω σε μὴ ἀντιλέγειν.
   Ἐλπίζω· Μὴ ἀντίλεγε.

**4** Fügen Sie die Personalpronomen passend in den Satz ein und übersetzen Sie.

| 1. ▪ μὲν ἐλπίζεις ▪ ἥκειν πρὸς ▪, ▪ δὲ οὐκ ἀντιλέγω ▪. | ἐγώ • σύ • σοι • με • σέ |
|---|---|
| 2. ▪ οὐκ ἐθέλομεν ▪ συνεῖναι· ▪ γὰρ ἀεὶ ▪ ὀνειδίζετε καὶ ▪ ταράττετε. | ὑμῖν • ἡμᾶς • ἡμεῖς • ὑμεῖς • ἡμῖν |

**5** Setzen Sie die Verbformen jeweils in den anderen Numerus. Übersetzen Sie dann die neugebildeten Formen und ergänzen Sie sie zu kurzen deutschen Sätzen mit beliebigem Inhalt.
Beispiel: βάλλε → βάλλετε
          Werft (die Steine weg)!
λέγεις • γράφε • νομίζομεν • ἔχουσιν • ἄγω • πέμπετε (2) • ἔλαυνε • ἐθέλει • παρέχετε (2)

**6 a** Bestimmen Sie die folgenden Formen nach Kasus, Numerus und Genus. Mit zwei Formen geht das nicht – erklären Sie, warum.
τύχῃ • παιδείας (2) • δόξαν • ἄστρα • ἡδοναί • γῆν • τραπέζης • ἄρα • ἀνδρείᾳ • ἀρχαῖς • μετά

• **b** Die a-Deklination besteht aus drei Gruppen, die sich im Singular unterscheiden. Nennen Sie die Unterscheidungsmerkmale und teilen Sie die Substantive dann der richtigen Gruppe zu.

**7** Vergleichen Sie die Funktion des Dativs in folgenden Sätzen.
a) Οἱ θεοὶ φόβον παρέχουσι **τοῖς ἀνθρώποις**.
b) Ὁ Ποσειδῶν **τῇ τριαίνῃ**[1] τὸν ὠκεανὸν ταράττει.
Bestimmen Sie in den folgenden Sätzen, ob ein Dativobjekt oder ein Dativ des Mittels vorliegt, und übersetzen Sie.
1. Τοῖς σοφοῖς οὐκ ἀντιλέγομεν.
2. Τύχῃ προέχω σοῦ.
3. Δεῖ λόγῳ τὰς ἡδονὰς ἐκλέγειν.

[1] ἡ τρίαινα: der Dreizack

**8** Antigonos erläutert seinen Beratern seine Beweggründe für die Einladung an Zenon. Achten Sie bei der Übersetzung darauf, welche Konstruktion jeweils vom übergeordneten Prädikat abhängt und wie sie passend im Deutschen wiedergegeben werden kann.

„Ἐλπίζω τὸν φιλόσοφον ἥκειν. Νομίζω γὰρ τοὺς φιλοσόφους ἀρετὴν ἔχειν. Λέγω δή, ὅτι ἡ ἀρετὴ τοὺς ἀνθρώπους ἐπὶ τὴν ἀνδρείαν ἄγει. Διὸ ἐθέλω φιλόσοφον ἐμὲ
5 τὸν βασιλέα[1] παιδεύειν. Δεῖ γὰρ τὸν βασιλέα[1] δίκαιον εἶναι."

[1] τὸν βασιλέα: *Akk. von* ὁ βασιλεύς

# Lektion 5

## Logos-Philosophie und Freiheitslehre der Stoa

### Der Mensch in der Welt

Die Stoa hatte über viele Jahrhunderte Anhänger. Ihr Erfolg lässt sich durch zwei Faktoren erklären. Zum einen gelang es der stoischen Philosophie, die verschiedenen philosophischen Teildisziplinen überzeugend zu einem System zu verbinden. Die Stoa sah den gesamten Kosmos als vom λόγος geleitet an. Für den Menschen ergibt sich daraus die Aufgabe, diesen λόγος zu erkennen und das eigene Leben danach auszurichten. Durch den λόγος ist alles Geschehen vorherbestimmt, und doch hat der Mensch die Freiheit, sich entweder nach dem Unvermeidlichen auszurichten und das Beste daraus zu machen oder Widerstand zu leisten und zu leiden. Der den Kosmos durchwaltende λόγος wird mit dem einen Gott gleichgesetzt, der in der ganzen Natur anwesend ist und in Form göttlicher Vorsehung alles zum Besten lenkt. Die vielen Gottheiten des Volksglaubens sind für die Stoa verschiedene Ausprägungen des einen Gottes.

### Orientierung im Privaten und in der Gesellschaft

Zum anderen forderte die Stoa, sich um die Ausgeglichenheit der eigenen Seele zu kümmern, sich aber auch – je nach den eigenen Möglichkeiten – am öffentlichen Leben zu beteiligen. Dadurch konnte die Stoa Menschen unter sehr unterschiedlichen politischen Verhältnissen eine Orientierung für ihre private und die gesellschaftliche Lebensführung geben. Alle Menschen waren Bürger des einen Kosmos und dadurch gleich. Aufgabe jedes Einzelnen war, in Übereinstimmung mit der Natur zu leben und dabei seine persönliche Freiheit zu verwirklichen. Diese bestand nicht in einer äußeren Handlungsfreiheit, sondern in der inneren, selbstbestimmt gewählten Unabhängigkeit von allem Äußeren.

### Der Stoiker Epiktet

Der ehemalige Sklave Epiktet (um 55–135 n. Chr.), der von klein auf hinkte, sein Leben lang arm war und als Philosoph verfolgt und zur Flucht gezwungen wurde, erklärte den stoischen Freiheitsbegriff so: „Frei ist der ungehinderte Mensch, dem alle Handlungen offenstehen, wie er es will. Wen man aber hindern, zwingen, aufhalten oder gegen seinen Willen in einen Zustand versetzen kann, der ist ein Sklave. Wer aber ist ungehindert? Derjenige, der nach keinem der äußeren Güter strebt. Was sind die äußeren Güter? Diejenigen, bei denen es nicht in unserer Macht steht, ob wir sie besitzen oder nicht besitzen oder als was oder wie."

*Rekonstruktionszeichnung der Stoa Poikile*

---

**1** Diskutieren Sie mit Bezug auf den Text, wie sich der Begriff λόγος im Sinne der stoischen Philosophie am besten auf Deutsch wiedergeben lässt.

**2** Ordnen Sie die Lehren der Stoa aus dem Text den folgenden philosophischen Teildisziplinen zu:
Religionsphilosophie • Kosmologie • Ethik • Staatstheorie

**3** Inwiefern könnte die stoische Freiheitslehre auch heute besonders aktuell erscheinen? Nennen Sie Beispiele.

## A  Stoische Ruhe   nach Stobaios

Eine zentrale Lehre der stoischen Philosophie besagt, dass der Mensch sich nicht von seinen Gefühlen beherrschen lassen, sondern Gelassenheit und Seelenruhe anstreben soll.

**1** Arbeiten Sie heraus, welche zwei Personengruppen einander gegenübergestellt werden, und erproben Sie während der Übersetzung für deren griechische Bezeichnungen verschiedene deutsche Wiedergaben.

Ὁ σοφὸς οὔτε ἀναγκάζεται ὑπό τινος οὔτε ἀναγκάζει, οὔτε κωλύεται οὔτε κωλύει, οὔτε βιάζεται ὑπό τινος οὔτ' αὐτὸς βιάζει, οὔτε δεσπόζει[1] οὔτε δεσπόζεται[1]. Οὔτε γὰρ κακὰ πράττουσιν οἱ σοφοὶ οὔτε κακοῖς περιπίπτουσιν[2] οὔτε βλάπτονται οὔτε βλάπτουσιν.
5  Καὶ μόνον ἐν τοῖς σοφοῖς γίγνεται φιλία, ἐν δὲ τοῖς φαύλοις φιλίαν γίγνεσθαι οὐκ ἔξεστιν. Τὰ γὰρ ἀγαθὰ κοινά ἐστι τῶν σοφῶν, τῶν δὲ φαύλων τὰ κακά.

[1] δεσπόζω: beherrschen

[2] περι|πίπτω (mit Dat.): in etw. hineingeraten

**2** Verfassen Sie (auf Deutsch) eine Widerlegung dieser stoischen Ansicht. Einigen Sie sich zuvor auf die Gesichtspunkte, die dabei beachtet werden sollen.

**3** Erörtern Sie die Aussage: Μόνον ἐν τοῖς σοφοῖς γίγνεται φιλία.

*Katsushika Hokusai: „Große Woge vor der Küste bei Kanagawa", aus der Serie „36 Ansichten des Berges Fuji", um 1830/31.*

## B Wie betet ein stoischer Weiser?  nach Mark Aurel

Der römische Kaiser Mark Aurel war bestrebt, stets gemäß den Lehren der Stoa zu leben. Über die Fragen und Herausforderungen, die sich dabei für ihn ergaben, hat er in einem griechisch geschriebenen Buch sehr persönliche Überlegungen angestellt. Das Buch trägt den Titel „An sich selbst", denn Mark Aurel spricht darin nie einen Leser, sondern nur sich selbst an. In einem dieser Selbstgespräche fragt er sich: „Wie musst du als Stoiker richtig beten?"

**1** Schließen Sie aus den Partikeln sowie den Personalpronomina und -endungen im Text darauf, wie Mark Aurel seine Betrachtungen zum richtigen Beten (εὔχεσθαι) aufbaut.

Ἢ οὐδὲν δύνανται οἱ θεοὶ ἢ δύνανταί τι. Εἰ μὲν οὖν μὴ δύνανται, διὰ τί εὔχῃ; Εἰ δὲ δύνανται, διὰ τί οὐχ οὕτως εὔχῃ, ὡς οἱ σοφοὶ εὔχονται;
Ὑμεῖς μὲν οἱ μῶροι[1] οὕτως εὔχεσθε· „Οὐ βουλόμεθα ἀποθνῄσκειν."
5 Ἡμεῖς δὲ οἱ σοφοὶ εὐχόμεθα· „Βουλόμεθα μὴ φοβεῖσθαι[2] τὸν θάνατον."
Ἄλλος μὲν εὔχεται· „Βούλομαι συνεῖναι ἐκείνῃ τῇ νύμφῃ." Σὺ δὲ εὔχεσθαι δύνασαι· „Βούλομαι μὴ ἐπιθυμεῖν[3] συνεῖναι νύμφῃ."
Οὕτως εὔχου καὶ μάνθανε, τί γίγνεται.

[1] μῶρος: dumm
[2] φοβεῖσθαι < φοβέ-εσθαι
[3] ἐπιθυμεῖν < ἐπιθυμέ-ειν

**2** Erläutern Sie, was an Mark Aurels Auffassung vom richtigen Beten typisch für die Stoa ist.

**3** Mark Aurels Reiterstandbild zeigt ihn als Feldherrn und als Philosophen. Weisen Sie dies an einzelnen Elementen nach.

*Reiterstatue Mark Aurels, um 165 n. Chr.; Rom, Musei Capitolini*

# Impulse und Übungen

vor Text A → 1, 2
nach Text A → 3–6
vor Text B → 7
nach Text B → 8, 9

**5**

**1** Untersuchen Sie die verschiedenen Bedeutungen und Verwendungen des Wörtchens τί oder τι.
1. „Λέγει τι."
2. „Τί λέγει;"
3. „Οὐ γιγνώσκω, τί λέγει."

βαρβαροβή

**2** Formen Sie aus den Vokabeln Gegensatzpaare.
ἀπό · βασιλεύς · βίος · δῆμος · διό · ἡδονή · ἡμεῖς · θάνατος · μοι · ὀλίγοι · ὅμως · πολλοί · πρός · σοι · ὑμεῖς · φόβος

**3** Beschreiben Sie, welcher formale Unterschied zwischen den beiden Übersetzungen von γίγνεται besteht.
Φιλία γίγνεται. Freundschaft …
a) wird geschlossen.
b) entsteht.
Übersetzen Sie ebenfalls auf verschiedene Weise: Πολλὰ κακὰ γίγνεται.

**4** Ordnen Sie die Formen nach Nomina und Verba und übersetzen Sie sie.
ἐπιστήμη · γίγνῃ · γράφεις · δήμοις · λέγω · λόγῳ · παιδείαν · χαίρειν · εἶναι · ἀρεταί · φαῦλοι · σοι · βιβλία · φιλία · βλαπτόμεθα · βλάπτου · ἵππου · γίγνου · πράττετε (2) · ἥκουσιν · ἄστρων · κωλύεσθε (2)

**5** Stellen Sie fest, welches Satzglied der AcI in den folgenden Sätzen vertritt:
1. Καὶ ὁ Ζήνων νομίζει τὸν σοφὸν οὐκ ἀναγκάζεσθαι.
2. Οὐκ ἔξεστι τοὺς φαύλους φιλίαν ἔχειν.

**6** Im Griechischen können Adjektive mit einem Artikel substantiviert werden:
σοφός → ὁ σοφός: der Weise
δίκαιος → τὸ δίκαιον: das Gerechte / die Gerechtigkeit
Übersetzen Sie:
τὸ κοινόν · οἱ ὀλίγοι · οἱ πολλοί · οἱ φαῦλοι · τὸ τέλειον

**7** Untersuchen Sie die Übersetzungen des Medio-Passivs.
**οὐκ ἀναγκάζομαι:** ich werde nicht gezwungen / man zwingt mich nicht / ich lasse mich nicht zwingen
**νομίζεται:** es wird geglaubt / man nimmt an / es soll
Übersetzen Sie auf ähnliche Weise:
1. Τὸ πᾶν[1] κόσμος λέγεται.
2. Ἡ ἀνδρεία ἀρετὴ εἶναι νομίζεται.
3. Οἱ φαῦλοι καὶ ἀναγκάζονται καὶ ἀναγκάζουσιν.
4. Οὔτε κωλύῃ οὔτε ἀναγκάζῃ· σοφὸς γὰρ εἶ[2].

[1] τὸ πᾶν: das All
[2] εἶ: du bist

**8** Wählen Sie eine der beiden Aufgaben aus.
**a** Ordnen Sie die Formen einander zu, sodass jeweils die Personen im Aktiv denselben Personen im Medio-Passiv gegenüberstehen.
ἀναβαίνεις · ἀποθνῄσκουσιν · βλάπτονται · βούλεσθε · γίγνεται · κελεύῃ · μανθάνετε · παιδεύομεν · παρασκευαζόμεθα · πράττω · σύνεστιν · φέρομαι
**b** Suchen Sie aus den Wörtern von a) die medial-passiven Formen heraus, ordnen Sie diese den passenden deutschen Ergänzungen zu und übersetzen Sie.
1. ❓ auf unseren Wettkampf vor.
2. ❓ uns gar nicht zuhören.
3. Die Menschen ❓ durch Lügen.
4. Von niemandem ❓ Unrechtes zu tun.
5. Von meinem Pferd ❓ .
6. Vertrauen ❓ wenn man sich selbst treu bleibt.

**9** Fassen Sie die Wörter zu folgenden Sachfeldern zusammen:
a) Natur
b) Religion
c) Unterricht

βιβλίον · θεραπεύω · ποταμός · λίθος · εὔχομαι · διδάσκω · θεός · σεισμός · γράφω · θύω · ἄστρον · ἐπιστήμη

# Lektion 6

## Die Epen Homers – ein merkwürdiger Anfang

### Epen vor Homer

Am Anfang der europäischen Literatur steht der Name „Homer". Doch in welchem Sinne sind seine Werke ein Anfang? Um 700 v. Chr., als die Ilias und die Odyssee entstanden, gab es schon seit vielen Jahrhunderten Epen, also umfangreiche erzählerische Werke über Taten von Göttern und Helden. Das epische Versmaß, der Hexameter, war längst allgemein üblich. Und auch inhaltlich beruhen Ilias und Odyssee auf überlieferten Erzählungen, nicht nur der Griechen, sondern auch benachbarter Hochkulturen.

### Schriftliche Überlieferung

Ilias und Odyssee sind allerdings die ersten griechischen Heldendichtungen, die nicht wie vorher nur mündlich erzählt, sondern schriftlich konzipiert und verfasst wurden. Indem für sie das neue Medium Schrift genutzt wurde, war die Grundlage gegeben, dass sie die Jahrhunderte bis heute überdauern konnten.

### Leitthemen

Ilias und Odyssee versuchen nicht, die Geschehnisse während des Trojanischen Krieges bzw. auf der Heimfahrt des Odysseus vollständig und nacheinander zu erzählen. Stattdessen stellen sie jeweils ein Leitthema in den Vordergrund: die Ilias den anhaltenden Zorn des griechischen Hauptkämpfers Achill, der sich wegen einer Ehrverletzung weigert weiterzukämpfen, die Odyssee Odysseus' Selbstbehauptung angesichts unzähliger Leiden.

### Sagen in Ausschnitten

Beide Epen erzählen nur Ausschnitte aus ihrem Sagenzusammenhang: Die Ilias schildert 51 Tage des zehnten und letzten Kriegsjahres (aber nicht mehr die Eroberung und Zerstörung Trojas), die Handlung der Odyssee konzentriert sich auf die letzten 40 Tage von Odysseus' Heimkehr. Darüber hinaus beginnen beide Epen an einem kaum zu vermutenden Punkt der Geschehnisse. Die Ilias beginnt mit einem innergriechischen Streit zwischen Achill und Agamemnon, dem Anführer der Griechen. Die Odyssee präsentiert einen verzweifelten Odysseus: Seit sieben Jahren steckt er auf einer Insel fest.

Erst das Eingreifen der Götter ermöglicht es Odysseus, sich ein Floß für die Rückfahrt zu bauen. Doch auch damit gelingt ihm die Heimkehr noch nicht: Erneut erleidet er Schiffbruch und findet sich auf einer Insel wieder, die nicht seine Heimat ist.

Als Odysseus schließlich doch auf Ithaka ankommt, ist seine äußere, räumliche Heimkehr beendet. Die innere, seelische Heimkehr aber steht ihm noch bevor: die Wiederbegegnung mit Vater, Frau und Sohn, die ihn zwanzig Jahre lang nicht gesehen haben.

**1** Vergleichen Sie in einer deutschen Übersetzung die ersten Verse von Ilias und Odyssee: Wie werden dort Thema und Beginn der Handlung angegeben?

**2** In der Stoa galt Odysseus als Musterbeispiel eines stoischen Weisen. Informieren Sie sich über die Odyssee und erklären Sie, auf welche Eigenschaften und Verhaltensweisen des Odysseus sich die Stoiker bezogen haben könnten.

**3** Geben Sie Beispiele für die heutige Verwendung des Wortes „episch".

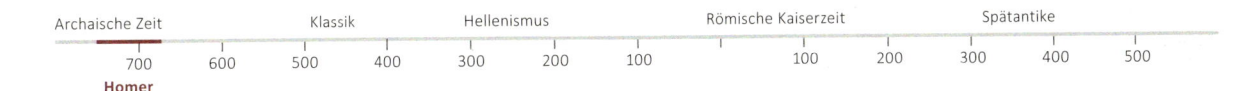

## A  Rettung eines Schiffbrüchigen   nach Homer

Nach langen Irrfahrten hat Odysseus alle seine Gefährten verloren und ist nach einem Schiffbruch an Land getrieben worden. Zufällig kommt eine Schar von Mädchen an dieselbe Stelle. Als sie den nackten Mann sehen, laufen sie weg – bis auf eine. Odysseus fleht das unerschrockene Mädchen an, ihm zu helfen. Sie antwortet ihm ohne Scheu.

1  Stellen Sie die Verbformen des Textes zusammen und identifizieren Sie das jeweilige Subjekt.

2  Stellen Sie auf dieser Grundlage, ggf. mithilfe des Lernvokabulars, Vermutungen über den Inhalt der einzelnen Textabschnitte an.

„Ὦ ξένε, ἐπεὶ οὔτε κακὸς οὔτε ἄλογος[1] ἄνθρωπος εἶ, ἐθέλω ἀποκρίνεσθαί σοι·
Ζεὺς δ᾽ Ὀλύμπιος αὐτὸς τὴν τύχην νέμει τοῖς ἀνθρώποις, καὶ τοῖς ἀγαθοῖς καὶ τοῖς κακοῖς, ὡς ἐθέλει. Καί που σοὶ τάδε νέμει,
5 σὲ δὲ χρὴ φέρειν.
Νῦν δέ, ἐπεὶ εἰς τὴν ἡμετέραν γῆν ἥκεις, σῴζῃ ἐκ κινδύνων.
Ἡμεῖς γάρ ἐσμεν φίλοι τῶν θεῶν. Φαίακες μὲν ὀνομαζόμεθα καὶ τήνδε τὴν καλὴν γῆν ἔχομεν. Εἰμὶ δ᾽ ἐγὼ θυγάτηρ τοῦ γενναίου Ἀλκινόου· ὅδε δὲ βασιλεύς ἐστι τῶν Φαιάκων."

[1] ἄλογος, ἄλογον: unvernünftig

3  Recherchieren Sie den Namen des Mädchens sowie die Umstände der Begegnung mit Odysseus und untersuchen Sie auf dieser Grundlage die Darstellung auf der Vase.

*Detail der Vorderseite (A) und Rückseite (B) einer Strickhalsamphora, um 450/440 v. Chr.; München, Staatliche Antikensammlungen*

## B Ich bin dein Vater! nach Homer

Auf Ithaka angekommen, wird Odysseus von Athene in einen alten Bettler verwandelt. So kann er in aller Ruhe die Lage erkunden und ist vor seinen Feinden geschützt. Selbst seinem Sohn Telemachos begegnet Odysseus zunächst in dieser veränderten Gestalt. Doch kurzfristig verwandelt Athene Odysseus wieder zurück in sein ursprüngliches Aussehen und Alter, damit er sich seinem Sohn zu erkennen geben kann. Telemachos versteht nicht, was er da sieht.

**1** Schreiben Sie aus dem Text alle Formen von εἶναι mit dem jeweils zugehörigen Prädikatsnomen heraus und übersetzen Sie diese. Beachten Sie auch, wer jeweils spricht.

„Ἀλλοῖός[1] μοι φαίνῃ, ὦ ξένε· νῦν γὰρ νέος καὶ καλὸς εἶ καὶ ἄλλο ἱμάτιον φέρεις. Διὸ σὲ θεὸν εἶναι οἴομαι καὶ ἀπάτης ἕνεκα ἥκειν."
Ὁ δὲ Ὀδυσσεὺς ἀποκρίνεται· „Οὔκ εἰμι θεός, ἀλλὰ πατήρ σου. Ἤδη μακρὸν χρόνον με μένεις."
5 Ὁ δὲ Τηλέμαχος οὐ πείθεται καὶ λέγει· „Οὐ σύ γε Ὀδυσσεὺς εἶ, ἀλλὰ δαίμων τις κακὴν ἀπάτην βουλεύεται."
Ὁ δὲ Ὀδυσσεὺς ἀποκρίνεται· „Οὐ μέντοι ἐλεύσεταί[2] σοι ἔτι ἄλλος Ὀδυσσεὺς εἰς Ἰθάκην, ἀλλ' ἐγώ εἰμι ὁ βασιλεὺς καὶ ἥκω τῷ εἰκοστῷ[3] ἐνιαυτῷ εἰς τήνδε τὴν χώραν καὶ εἰς τήνδε τὴν
10 οἰκίαν."

[1] ἀλλοῖος, ἀλλοία, ἀλλοῖον: andersartig

[2] ἐλεύσεται: (er) wird kommen

[3] εἰκοστός, εἰκοστή, εἰκοστόν: zwanzigster

**2** Erklären Sie die Reaktion des Telemachos.

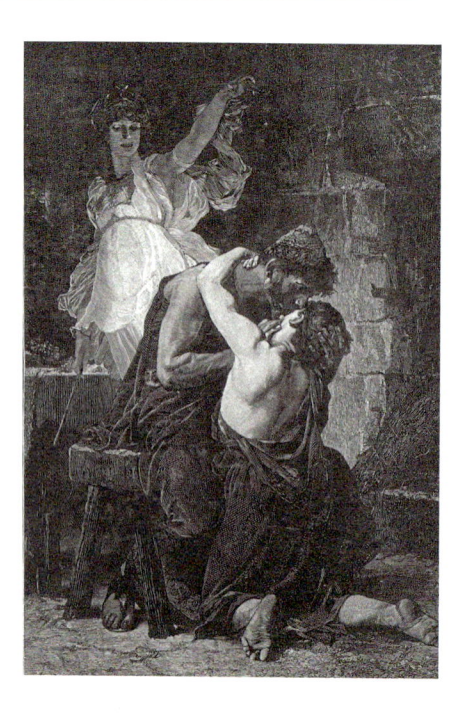

*Henri-Lucien Doucet: „Die Wiedererkennung von Odysseus und Telemachos", Reproduktion als Holzstich von Charles Baude, Ende des 19. Jh.*

# Impulse und Übungen

vor Text A → 1
nach Text A → 2–6
nach Text B → 7, 8

**1 a** Bestimmen Sie in den drei folgenden Sätzen die Verwendung der Adjektive: als Attribut, als Substantiv, als Prädikatsnomen.
  1. Τοὺς δεινοὺς θεοὺς φοβούμεθα[1]. – Wir fürchten die gewaltigen Götter.
  2. Οἱ θεοὶ δεινοί εἰσιν. – Die Götter sind gewaltig.
  3. Τὸ δεινὸν φοβούμεθα[1]. – Wir fürchten das Gewaltige.

**b** Bestimmen Sie die jeweilige Verwendungsweise im folgenden Text und übersetzen Sie.
Ὁ δίκαιος βασιλεὺς οὔτε κακὰ πράττει οὔτε τὸν δῆμον βλάπτει. Ἀλλὰ ὀλίγοι τῶν βασιλέων[2] δίκαιοί εἰσιν. Οἱ θεοὶ τοῖς δικαίοις ἀνθρώποις χαίρουσιν, διὸ δεῖ ἀεὶ τὸ δίκαιον πράττειν.

[1] φοβούμεθα < φοβε-όμεθα
[2] τῶν βασιλέων: Gen. Pl. von ὁ βασιλεύς

**2** Nennen Sie aus der folgenden Zusammenstellung die Adjektive und geben Sie ihre Bedeutung an.
οὐρανός • σοφός • ἄνθρωπος • ψυχή • ἀγαθή • λόγος • φαῦλος • οἶνος • λόγοι • πολλοί • τράπεζα • ὀλίγοι • ἄστρον

**3** Fügen Sie die Adjektive κακός, καλός und σοφός an passender Stelle im richtigen Kasus, Numerus und Genus ein und übersetzen Sie.
  1. Παρὰ τοῖς ἀνθρώποις φιλία οὐ γίγνεται.
  2. Τὰ γὰρ ἔργα[1] μόνον οἱ ἄνθρωποι πράττουσιν.

[1] τὸ ἔργον: das Werk

**4 a** Setzen Sie die richtige Form des Demonstrativpronomens und den Artikel zu den folgenden Substantiven.
Beispiel: φόβων → τῶνδε τῶν φόβων

πόνοις • υἱοί • ποταμῷ • ἐπιστημῶν • τύχῃ • ψυχήν • χρυσόν • ἀρχάς • ἡλίου • ἀριθμός • δόξαις • ἀδελφούς • φιλοσοφίᾳ • ἄστρα • ἡδοναί • πολιτικῆς • βιβλίον

**b** Übersetzen Sie die Ausdrücke unter Beachtung des Kasus. Beispiel: φόβων → τῶνδε τῶν φόβων – dieser Ängste

**5** Das Verb σῴζω ist vom Adjektiv σῶς „sicher, gesund, heil" abgeleitet. Erläutern Sie vor diesem Hintergrund die Bedeutungsrichtungen von σῴζω.

**6** Unter einem Gen verstehen wir heute den Träger von Erbinformationen. Die griechische Wortwurzel γεν- bezeichnet im weitesten Sinne die Herkunft, die Abstammung. Wir finden sie verkürzt in γί**γν**ομαι und in τὸ **γέν**ος (Abstammung, Familie, Gattung, Geschlecht).
Erläutern Sie, wie die Bedeutungen von γενναῖος (1. adlig, edel; 2. tüchtig; 3. echt, unverfälscht) entstanden sind.

**7** Übersetzen Sie die folgenden Sätze und beschreiben Sie die verschiedenen Verwendungsweisen des Dativs: als Objekt oder als Angabe des Besitzers, des Mittels, des Grundes, des Ortes, der Begleitung, der Zeit.
  1. Δεῖ ἡμᾶς τῷδε τῷ ἐνιαυτῷ ἔτι καὶ τοὺς ἀριθμοὺς μανθάνειν.
  2. Οἱ ἄνθρωποι νομίζουσι τοῖς θεοῖς τὸν οὐρανὸν καὶ τὴν γῆν εἶναι.
  3. Οἱ φιλόσοφοι τῶν ἄλλων ἀνθρώπων λόγῳ προέχουσιν.
  4. Τὰ ἄστρα ἐν τῷ οὐρανῷ ἐστιν.
  5. Οἱ φιλόσοφοι τῇ ἐπιστήμῃ χαίρουσιν.
  6. Ἐγὼ οὐκ ἀντιλέγω σοι.
  7. Ὁ Ζεὺς τῇ Ἀλκμήνῃ σύνεστιν.

**8 a** Übersetzen Sie die folgenden Formen von εἶναι:
ἐσμεν • εἰμι • ἐστιν • ἐστε • εἰσιν • εἶ

**b** Setzen Sie vor jede der Formen von εἶναι eines der folgenden Adjektive. Beachten Sie dabei den Numerus und die Akzente.
καλή • φαῦλοι • δεινόν • κακοί • ἀγαθαί • μακρός

# Lektion 7

## Die Griechen und die Natur

### Göttliche Natur
Für die Griechen war die Natur von Gottheiten erfüllt. Jeder Fluss hatte seinen Flussgott, Berge, Bäume und Quellen waren von Nymphen bevölkert. Ihnen wurden Opfer dargebracht und zu ihnen wurde gebetet.

### Die Natur im Mythos
Aber natürlich haben auch die Griechen die Natur, in der sie lebten, intensiv genutzt: Sie jagten Tiere als Nahrung und fällten Bäume, um mit dem Holz zu bauen, zu kochen und Wärme zu erzeugen, aber auch um landwirtschaftliche Nutzflächen zu gewinnen. In Artemis, der „Herrin der Tiere", verehrten sie eine Jagdgöttin, Demeter ist die Göttin des Getreideanbaus, und Hera wacht über weidende Rinderherden.

Der Umgang des Menschen mit der Natur ist auch Kern vieler Mythen. Darin erscheint die Natur oft als gefährlich, als Wildnis, die es zu besiegen, zu unterwerfen und in diesem Sinne zu „kultivieren" gilt. Und doch war den Griechen bewusst, dass zum Beispiel die Rodung von Wäldern durch die nachfolgende Bodenerosion zu schweren Umweltschäden führen konnte.

### Geographische Gegebenheiten
In welchem Umfang die Griechen natürliche Ressourcen nutzen konnten, wurde von der Geographie des griechischen Siedlungsgebietes bestimmt: Griechenland ist zu fast 78 Prozent gebirgig und umfasst über 3000 Inseln. Das Meer ermöglichte Schiffshandel und Fischerei, während die vielen kargen Bergregionen Ackerbau und Viehzucht erschwerten. Oft konnten Bauern und Hirten gerade einmal den eigenen Lebensunterhalt sichern. Sie waren zu einer einfachen Lebensweise gezwungen.

*Das griechische Festland, das Ägäische Meer und die Küste Kleinasiens*

### Stadt und Land
Viele Bewohner der Städte blickten auf Bauern und Hirten herab. Andere dagegen machten sich idealisierte Vorstellungen von deren Leben. Seit dem 3. Jahrhundert v. Chr. entwickelte sich mit der Bukolik, der Hirten-Dichtung, eine literarische Gattung, die ihre städtischen Leser in eine ländlich-idyllische Gegenwelt versetzen wollte. Ein besonders anmutiges Bild des einfachen, unbeschwerten Lebens der Hirten im Einklang mit der Natur zeichnete der Schriftsteller Longos in seinem Roman „Daphnis und Chloë" aus dem zweiten nachchristlichen Jahrhundert.

**1** Erstellen Sie gemeinsam ein Lernplakat zum Thema „Die Griechen und die Natur".

**2** Recherchieren Sie die zwölf Taten des Herakles und beschreiben Sie, welche Einstellung zur Natur darin deutlich wird.

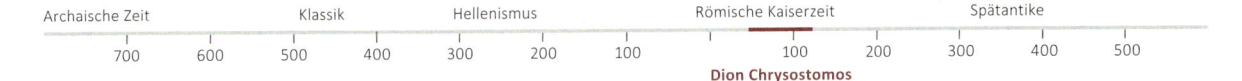

## A  Elend auf Euboia   nach Dion Chrysostomos

In einem abgelegenen, bergigen Teil der Insel Euboia lebten zwei Familien von Lohnhirten. Als ihr Arbeitgeber starb und das Vieh weggetrieben wurde, blieben sie notgedrungen bei ihren ärmlichen Hütten und den jetzt leeren Weiden. Zur Nahrungsbeschaffung gingen sie auf die Jagd – Ackerbau war ihnen nur in sehr geringem Maße möglich.

Viele Jahre lebten sie gänzlich isoliert. Da erschien eines Tages ein Städter und forderte von ihnen Steuern. Weil sie kein Geld hatten, musste einer der beiden Familienväter in die Stadt mitkommen. Er wurde sofort in die Volksversammlung geführt, die gerade begonnen hatte.

**1** Welche Personen kommen im Text vor? Stellen Sie die griechischen Wörter zusammen, mit denen sie bezeichnet werden.

Πρῶτον μὲν οὖν τινες[1] ἔλεγον πρὸς τὸν ὄχλον, οἱ μὲν ὀλίγους, οἱ δὲ πολλοὺς λόγους. Καὶ τῶν μὲν ἤκουεν ὁ ὄχλος μακρὸν χρόνον, τοῖς δὲ ἐχαλέπαινον καὶ οὐδὲ γρύζειν[2] ἐπέτρεπον. Ἐπεὶ δὲ ἡσυχία γίγνεται, παράγουσι[3] καὶ ἐμέ. Καὶ ἔλεγέ τις·
5 „Ὅδε ὁ ἄνθρωπος καρποῦται[4] τὴν δημοσίαν γῆν πολλοὺς ἤδη ἐνιαυτούς· ἔχει γὰρ οἰκίας καὶ ἀμπέλους[5] καὶ ἄλλα πολλὰ ἀγαθά. Ἐπυνθανόμην δὲ δύο εἶναι τοὺς κορυφαίους[6]. Νέμονται οὖν σχεδὸν ὅλην τὴν ἐν τοῖς ὄρεσι[7] χώραν. Πόθεν ἄρα οὕτως πολλοὺς ἀγρούς, μᾶλλον δὲ ὅλας κώμας κατεσκευάζοντο; Καὶ
10 ὑμεῖς δὲ ἴσως βλέπετε εἰς τὸ φαῦλον δέρμα[8] αὐτοῦ. Ἔστι δὲ τῆς ἀπάτης ἕνεκα, ὡς φαίνεται."
Οὕτως μὲν ἔλεγεν ἐκεῖνος, ὁ δὲ ὄχλος ὠργίζετο· ἐγὼ δὲ ἄπορος ἦν, ὅτι με κακόν τι ἐργάζεσθαι ἐβούλοντο.

[1] τινες: einige
[2] γρύζω: einen Laut von sich geben
[3] παρ|άγω: vorführen
[4] καρποῦται < καρπό-εται von καρπόομαι mit Akk.: aus etw. Nutzen ziehen
[5] ἡ ἄμπελος: der Weinstock
[6] ὁ κορυφαῖος: der Anführer
[7] ἐν τοῖς ὄρεσι: in den Bergen
[8] τὸ δέρμα: der Fellumhang

**2** Arbeiten Sie heraus, welches Bild von den Bewohnern und den Zuständen in der Stadt dieser Text vermittelt.

*Blick auf Euboia*

## B Arme Chloë!  nach Longos

Der Hirtenjunge Daphnis und das Hirtenmädchen Chloë haben sich im Frühling beim Hüten ihrer Herden in den Bergen kennengelernt und sind sich dabei näher gekommen.

Inzwischen ist es Herbst geworden, die Zeit der Weinlese und der fröhlichen Dionysosfeste. Daphnis und Chloë helfen bei der Ernte und sind deshalb zum ersten Mal nicht mehr allein. Daphnis findet zudem bei den anderen Mädchen Gefallen. Chloë zieht sich zurück und denkt traurig an die gemeinsame Zeit mit Daphnis im Frühjahr.

**1** Erschließen Sie aus den Personalendungen und Personalpronomina, an wen Chloë jeweils denkt.

„Ἆρ' οὐ μιμνήσκῃ, ὦ Δάφνι, τῆς τοῦ ἦρος[1] ὥρας; Ὡς ἐπράττομεν κοινῇ πάντα[2] καὶ παρ' ἀλλήλοις τὰς ἀγέλας ἐνέμομεν; Ὡς συνελέγομεν φυτὰ καὶ ταῖς Νύμφαις παρείχομεν;
Ἔγωγε ἔτι μιμνήσκομαι, ὥς ποτε ἐν τῷ νυμφαίῳ[3] ἦμεν· σὺ δὴ
5 ἦσθα παρὰ τῇ πηγῇ καὶ τήν τε κόμην[4] καὶ τὸ σῶμα ἀπελούου. Τότε μὲν πρῶτόν μοι καλὸς ἐφαίνου.
Ἐκ δὲ τούτου νέον πάθημα[5] με ἐτάραττεν· ὁπότε γὰρ ἔβλεπον εἰς σέ, λύπη καὶ χαρὰ ἅμα εἶχον τὴν ψυχήν, ἐγὼ δὲ ἀεὶ ἐκάλουν[6] ‚Δάφνιν'.
10 Πότε αὖ βλέπεις εἰς ἐμέ, ὦ Δάφνι; Οὕτως ἐθέλεις παύειν τὴν εὐδαιμονίαν ἡμῶν;"

[1] ἦρος: *Gen. von* τὸ ἔαρ: der Frühling
[2] πάντα: alles
[3] τὸ νυμφαῖον: die Nymphen-Grotte
[4] ἡ κόμη: das Haar
[5] τὸ πάθημα: das Gefühl
[6] ἐκάλουν < ἐκάλε-ον

**2** Beschreiben Sie, wie sich die beiden Jugendlichen allmählich annähern.

**3** Benennen Sie das νέον πάθημα (Z. 7) und erklären Sie, weshalb Chloë offensichtlich nicht in der Lage ist, dieses Gefühl genauer zu bezeichnen.

*Weihgeschenk an die Nymphen in Form einer Grotte, Marmor, 31 x 40 cm, 2. Hälfte 4. Jh. v. Chr.; Berlin, Staatliche Museen, Antikensammlung*

# Impulse und Übungen

vor Text A → 1–3
nach Text A → 4, 5
nach Text B → 6, 7

**7**

**1** Vergleichen Sie die Formen des Indikativ Präsens Aktiv mit den entsprechenden des Imperfekts.

| λέγω | ἔ-λεγ-ον |
| λέγεις | ἔ-λεγ-ες |
| λέγει | ἔ-λεγ-ε(ν) |
| λέγομεν | ἐ-λέγ-ομεν |
| λέγετε | ἐ-λέγ-ετε |
| λέγουσι(ν) | ἔ-λεγ-ον |

**2** Ordnen Sie die Imperfektformen denen des Präsens zu.

| γίγνομαι | ἐγίγνετο |
| γίγνῃ | ἐγίγνοντο |
| γίγνεται | ἐγίγνεσθε |
| γιγνόμεθα | ἐγιγνόμην |
| γίγνεσθε | ἐγιγνόμεθα |
| γίγνονται | ἐγίγνου |

**3** Als Zeichen der Vergangenheit tritt bei konsonantisch anlautenden Verben eine Erweiterung vor den Stamm, das sogenannte Augment:
πράττω – **ἔ**πραττον
γράφεις – **ἔ**γραφες

**a** Beschreiben Sie die Augmentierung bei zusammengesetzten Verben und leiten Sie eine Regel daraus ab.

ἀντι-λέγει – ἀντ-**ἔ**-λεγεν
παρα-σκευάζω – παρ-**ἐ**-σκεύαζον
ἐκ-λέγουσι – ἐξ-**ἔ**-λεγον
συλ-λέγετε – συν-**ἐ**-λέγετε

**b** Bei Verben mit *vokalischem Anlaut* besteht das Augment in einer Dehnung des Vokals. Erschließen Sie aus den Beispielen, wie sich die Vokale verändern, und erstellen Sie eine Übersicht über die Lautveränderungen.

| ἄγω | – ἦγον | εὔχομαι | – ηὐχόμην |
| ἐθέλω | – ἤθελον | οἴομαι | – ᾠόμην |
| ἥκω | – ἧκον | ὀνειδίζω | – ὠνείδιζον |

**4** Am Tag nach dem Fest haben Daphnis und Chloë Gelegenheit zu einem Gespräch. Erschließen Sie daraus die Imperfektformen von εἶναι.

ΧΛΟΗ Ταῖς ἄλλαις καλὸς ἐφαίνου καὶ εὐδαίμων[1] **ἦσθα**.
ΔΑΦΝΙΣ Ἆρ' οὐκ **ἦν** ἡ ἑορτή[2] καλή; Πολλοὶ ἄνθρωποι **ἦσαν** ἐν τῇ κώμῃ.
5 ΧΛΟΗ Πολλαὶ κόραι[3] **ἦσαν** ἐν τῇ κώμῃ. Σὺ καὶ ἐκεῖναι ἱλαροί[4] **ἦτε**, ἐγὼ δ' ἄπορος **ἦν**.

---
[1] εὐδαίμων, εὔδαιμον: glücklich
[2] ἡ ἑορτή: das Fest
[3] ἡ κόρη: das Mädchen
[4] ἱλαρός, ἱλαρά, ἱλαρόν: fröhlich

**5** Berühmte Gestalten der Odyssee. – Achten Sie bei der Übersetzung auf die Wiedergabe des Possessivpronomens.
1. Ὁ Ὀδυσσεύς· Τηλέμαχος υἱὸς αὐτοῦ ἐστιν.
2. Ἡ Κίρκη καὶ ἡ Καλυψώ· ἡ δεινὴ ἐπιθυμία[1] αὐτῶν μακρὸν χρόνον τὸν Ὀδυσσέα[2] κωλύει εἰς τὴν γῆν αὐτοῦ νοστεῖν[3].
3. Οἱ Φαίακες· ἡ χώρα αὐτῶν Σχερίη λέγεται.
4. Ἡ Ναυσικάα· ὁ πατὴρ αὐτῆς Ἀλκίνοός ἐστιν, ὁ βασιλεὺς τῶν Φαιάκων.

---
[1] ἡ ἐπιθυμία: die Begierde
[2] τὸν Ὀδυσσέα: Akk. von ὁ Ὀδυσσεύς
[3] νοστεῖν < νοστέ-ειν *von* νοστέω: heimkehren

**6** Geben Sie zu den Imperfektformen die 1. Person Singular Indikativ Präsens (Grundform) und die Bedeutung an.
ἠναγκάζετο • παρεσκευάζοντο • ἤγομεν • ἀντέλεγες • εἶχε • ηὔχου • ἀνέβαινεν • ᾤοντο • ἀπεκρίνου • ἀπέθνῃσκες

**7** Der Gegensatz zwischen Stadt und Land wurde in der Antike stark betont. Die Stadt stand für Zivilisation, Kultur und Bildung, das Land für Rückständigkeit, aber auch für Natur und Ruhe. Ordnen Sie die folgenden Wörter den beiden Bereichen zu.
ἡ ἀγέλη • ὁ ὄχλος • ἡ κώμη • τὸ βιβλίον • ὁ ἀγρός • ὁ φιλόσοφος • ἡ χώρα • νέμω • ἡ ἡσυχία • ἡ ἐπιστήμη • ἡ παιδεία • ἡ γῆ • ἡ πολιτική • ἡ φιλοσοφία • τὸ φυτόν

# Lektion 8

## Leben in Sparta

### „Typisch" spartanisch

Eine einfache und anspruchslose Lebensweise nennt man noch heute „spartanisch". In der Tat war das Leben der Spartiaten, der Vollbürger in Sparta, von Entbehrungen und Einschränkungen geprägt. In ihrer Jugend wurden sie durch ständiges Training körperlich abgehärtet und zu unbedingtem Gehorsam erzogen. Sparsam sollten sie auch mit der Sprache umgehen: Man erwartete von ihnen, stets möglichst knappe Antworten zu geben, was noch heute als „lakonische Ausdrucksweise" bekannt ist.

Die erwachsenen Spartiaten sollten kein Vermögen anhäufen können. Deshalb gab es nur Geld aus Eisen, nicht aus Silber oder Gold wie in anderen Staaten. Jeden Tag mussten sich die Spartiaten in kleinen Gruppen zu einem Gemeinschaftsessen versammeln. Dazu musste jeder die immer gleichen Lebensmittel beisteuern. Es gab Fladenbrot aus Gerste, gekochtes Schweinefleisch mit Blutsuppe und als Nachtisch Käse, Oliven und Feigen.

### Politik und Krieg

Die Spartiaten sollten sich ganz auf Politik und Krieg konzentrieren. Damit sie für ihren Lebensunterhalt sorgen konnten, wurde ihnen jeweils ein gleich großes Stück Land zugeteilt. Handwerk und Handel waren den Spartiaten verboten. In diesen Wirtschaftszweigen waren die Peri|öken tätig. Diese „Um|wohner" lebten in den Dörfern im Umkreis von Sparta und betrieben dort auch Landwirtschaft. Sie waren frei, hatten aber keine politischen Rechte.

*Früheste Darstellung der von den Spartanern erfundenen Phalanx-Kampfformation. Korinthische Vase, um 640 v. Chr.; Rom, Museo Nazionale di Villa Giulia*

### Die Heloten

Die zahlenmäßig größte Bevölkerungsgruppe bildeten die Heloten. Es waren Sklaven im Besitz des Staates, die den Spartiaten überlassen wurden, um deren Landgüter zu bewirtschaften. Neben ihrer harten Arbeit litten die Heloten unter ständiger Lebensgefahr: Aus Furcht vor Aufständen erklärten die Spartiaten den Heloten jedes Jahr offiziell den Krieg. Junge Spartiaten bekamen zu militärischen Übungszwecken den Auftrag, das Land zu durchstreifen und nachts jeden Heloten zu töten, auf den sie trafen.

**1** Erstellen Sie ein Schaubild mit den folgenden griechischen Begriffen:
οἱ εἵλωτες, οἱ Λακεδαιμόνιοι, ἡ Λακωνική, οἱ περίοικοι, ἡ Σπάρτη, οἱ Σπαρτιᾶται.

**2** Die Spartiaten bezeichneten sich untereinander als ὅμοιοι, als „Gleiche". Nennen Sie Aussagen des Textes, die zu diesem Ideal passen.

## A Geboren um zu siegen   nach Plutarch

Die Söhne der Spartiaten wurden von ihrer Geburt an einer systematischen Auslese unterzogen, die sich bis ins Jünglingsalter fortsetzte: Nur die besten sollten überleben und als unbezwingbare Krieger Sparta gegen Feinde verteidigen.

**1** Ordnen Sie den Bildern entsprechende Abschnitte des Textes zu, indem Sie griechische Schlüsselwörter benennen.

Ἐν τῇ Σπάρτῃ οὐχ ὁ πατὴρ ἦν κύριος τοῦ παιδίου· ὁπότε γὰρ υἱός τις ἐγίγνετο, ἐφέρετο ἐπὶ τοὺς πρεσβυτάτους¹, οἳ αὐτὸν κατεμάνθανον. Παιδίον οὖν, ὃ μὲν ἰσχυρὸν ἐφαίνετο καὶ γενναῖον, ἐτρέφετο, ὃ δ' οὔ, ἀπεφέρετο εἰς τὸν Ταΰγετον, ἐν ᾧ ἀπέθνῃσκεν.
Οὐδ' ἐξῆν ἑκάστῳ τῶν Σπαρτιατῶν τρέφειν οὐδὲ παιδεύειν, ὡς ἐβούλετο, τοὺς υἱούς. Ἑπταετεῖς² ἀπεπέμποντο καὶ εἰς ἀγέλας ἐνέμοντο, ἐν αἷς συνήσθιον, συνέπαιζον, συνηγωνίζοντο. Μάλιστα μὲν οὖν ἐπαιδεύοντο πρὸς τὴν ῥώμην καὶ τὴν νίκην. Τὰ δὲ γράμματα³ τῆς χρείας ἕνεκα ἐμάνθανον.

¹ οἱ πρεσβύτατοι: die Ältesten

² ἑπταετεῖς: als Siebenjährige

³ τὰ γράμματα: die Schrift

**2** Zum ersten Abschnitt: Vergleichen Sie den Lebenswert eines Kindes in Sparta und heute.

**3** Zum zweiten Abschnitt:
  **a** Nennen Sie drei Punkte, die den Spartiaten bei der παιδεία besonders wichtig waren. Belegen Sie diese durch griechische Zitate.
  **b** Diskutieren Sie, welche Gesellschaften eine ähnliche Kontrolle über die Erziehung von Kindern praktizieren oder praktiziert haben und zu welchem Zweck.

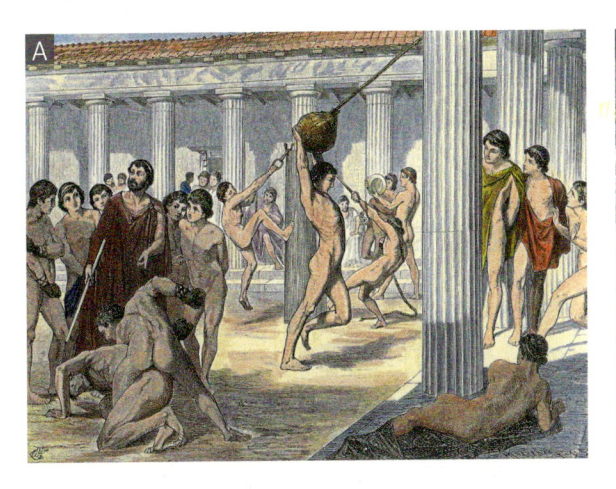

A  Holzstich von 1880
B  Stahlstich von 1844

## B  Liebeskummer im Winter  nach Longos

Für Daphnis und Chloë ist das Jahr schnell vergangen. Jetzt, da der Winter eingezogen ist, wird ihre Liebe auf eine harte Probe gestellt, denn sie müssen die ganze Zeit daheim bei ihren Eltern verbringen, getrennt voneinander und ohne die Möglichkeit, sich zu sehen. Für die anderen jedoch bietet diese Jahreszeit eine Abwechslung.

**1** Ordnen Sie die folgenden Überschriften Textabschnitten zu (mit Zeilenangaben) und nennen Sie Schlüsselwörter auf Griechisch:
a) „Des einen Freud, des andern Leid"
b) „Typische Tätigkeiten im Winter"
c) „Die Nymphen sollen's richten"
d) „Liebesschmerzen"

Οὔτ' οὖν ἀγέλην τις ἐς νομήν[1] ἦγεν οὔτε αὐτὸς προέβαινε τῶν θυρῶν, ἀλλ' οἱ μὲν λίνον[2] ἔστρεφον, οἱ δὲ [3]πάγας ὀρνίθων ἐσοφίζοντο[3].
Οἱ μὲν ἄλλοι γεωργοὶ ἥδοντο, ὅτι πόνων ἀπηλλάττοντο ὀλίγον
5  χρόνον· Χλόη δὲ καὶ Δάφνις ἐμιμνήσκοντο, ὡς ἐφίλουν[4], ὡς περιέβαλλον, ὡς ἅμα τὴν τροφὴν προσεφέροντο.
Νύκτας[5] δὲ λυπηρὰς διῆγον καὶ τὴν ἠρινὴν[6] ὥραν ἀνέμενον ὡς ἐκ θανάτου παλιγγενεσίαν[7]. Λύπην δὲ παρεῖχε αὐτοῖς ἢ πήρα[8], ἐξ ἧς συνήσθιον, ἢ γαυλός[9], ἐξ οὗ συνέπινον.
10 Ηὔχοντο δὴ ταῖς Νύμφαις καὶ τῷ Πανὶ αὐτοὺς ἐκλύειν τῶν κακῶν καὶ ἀναφαίνειν ποτὲ αὐτοῖς καὶ ταῖς ἀγέλαις ἥλιον.

[1] ἡ νομή: die Weide
[2] τὸ λίνον: der Flachs
[3] πάγας ὀρνίθων σοφίζομαι: Fallen für Vögel bauen
[4] ἐφίλουν < ἐφίλε-ον
[5] νύκτας: Akk. Pl. von ἡ νύξ: die Nacht
[6] ἠρινός, ἠρινή, ἠρινόν: frühlingshaft, Frühlings-
[7] ἡ παλιγγενεσία: die Wiedergeburt
[8] ἡ πήρα: die Tasche
[9] ὁ γαυλός: der Melkeimer

**2** Untersuchen Sie, wie die Sehnsucht von Daphnis und Chloë veranschaulicht wird.

**3** Recherchieren Sie Informationen zur Insel Lesbos und erstellen Sie eine Mindmap zu Geographie, Geschichte und wichtigen Persönlichkeiten der Insel in der Antike.

# Impulse und Übungen

| | |
|---|---|
| vor Text A | → 1, 2 |
| nach Text A | → 3, 4 |
| nach Text B | → 5, 6 |

**8**

**1** Das Pronomen αὐτός wird auch als Personalpronomen der 3. Person gebraucht. Erschließen Sie anhand der folgenden Sätze, wie αὐτός in diesem Fall übersetzt werden kann.
  1. *Die Spartaner sprechen über die ἀνδρεία:*
    „Εἰς **αὐτὴν** βλέπομεν, **αὐτῆς** ἐπιθυμοῦμεν[1], ὑπ᾽ **αὐτῆς** παιδευόμεθα."
  2. *Chloë spricht über Daphnis:*
    „Σὺν **αὐτῷ** τὰς ἀγέλας ἔνεμον, ὑπ᾽ **αὐτοῦ** ταράττομαι, **αὐτὸν** μένω."

[1] ἐπιθυμοῦμεν < ἐπιθυμέ-ομεν

**2** Fügen Sie Hauptsatz und Relativsatz grammatisch und sachlich richtig zusammen. Übersetzen Sie die neu entstandenen Sätze.
  1. „Ὁ γενναῖος Ἀλκίνοος βασιλεύς ἐστι τῶν Φαιάκων."
  2. Οἱ Στωϊκοὶ[1] **τὰς ἡδονὰς** γιγνώσκουσιν.
  3. Βλέπετε **εἰς τὸ φαῦλον δέρμα**[2].
  4. **Τῷ Σωκράτει**[3] εἰσὶν πολλοὶ φίλοι.
  a) **ὃ** ὅδε ὁ ἄνθρωπος φέρει
  b) **οὗ** ὁ Μέλητος κατηγόρει[4]
  c) **οὗ** θυγάτηρ εἰμί
  d) **ὑφ᾽** ὧν αἱ τῶν ἀνθρώπων ψυχαὶ ταράττονται

[1] ὁ Στωικός: der Stoiker
[2] τὸ δέρμα: der Fellumhang
[3] Σωκράτει: *Dat. von* Σωκράτης
[4] κατηγόρει < κατηγόρε-ε

**3** Das Verb τρέφω hat als Kernbedeutung „wachsen lassen, groß machen". In der Verbindung παιδία τρέφειν heißt es „ernähren, aufziehen". In anderen Zusammenhängen müssen andere Ausdrücke gefunden werden. Formulieren Sie gute Übersetzungen für τρέφειν in folgenden Verbindungen:
  1. φόβον ⎤
  2. υἱὸν ἐν φιλοσοφίᾳ ⎬ τρέφειν
  3. τὴν οἰκίαν ⎦
Eine solche Bedeutungsübertragung nennt man eine **Metapher**.

**4** λόγος und λέγω haben den gleichen Stamm, unterscheiden sich aber durch die Art des Stammvokals. Man spricht von einem qualitativen Ablaut (vgl. singen – der Gesang; to sing – the song).
  **a** Führen Sie folgende Fremdwörter auf griechische Verben zurück:
  Nomade • Tropen • Pomp • Phosphor • Trophologie
  • **b** Erschließen Sie anhand der griechischen Verben die Bedeutung der Fremdwörter und überprüfen Sie sie mit einem Lexikon.

**5** Sie haben bereits die folgenden zusammengesetzten Verben kennengelernt:
ἀνα|βαίνω, ἀπο|πέμπω, ἐκ|λέγω, προ|βαίνω, προσ|φέρω, σύν|ειμι.
  **a** Erschließen Sie die Bedeutung der Präfixe.
  **b** Nennen Sie die Bedeutung des Stammverbs, von dem die zusammengesetzte Form abgeleitet ist.
  **c** Erschließen Sie die Bedeutung der Verben:
  ἀνα|βλέπω • ἀνα|γράφω • ἀν|έχω • ἀνα|λύω • ἀνα|πέμπω • ἀνα|φέρω • ἀπο|καλέω • ἀπ|έχω • ἀπο|λείπω • ἀπο|λύω • ἀπο|λούω • ἐκ|βαίνω • ἐκ|καλέω • ἐκ|λείπω • ἐκ|πέμπω • ἐκ|φέρω • ἐξ|ήκω
  **d** Nicht immer ist die Bedeutung eines zusammengesetzten Verbs auf den ersten Blick ersichtlich. Ordnen Sie die griechischen den deutschen Verben zu:

| | |
|---|---|
| προ\|έχω | antreiben, ermuntern • |
| προ\|λέγω | dazukommen, dabei sein • |
| προ\|τρέπω | aufschreiben, verfassen • |
| προσ\|γίγνομαι | hinhalten, hinlenken • |
| προσ\|έχω | sammeln • zusammenrufen, |
| προσ\|τρέπω | versammeln • voraushaben, |
| συγ\|γράφω | überlegen sein • vorhersagen, |
| συγ\|καλέω | öffentlich erklären • |
| συλ\|λέγω | hinwenden |

**6** Untersuchen Sie, welche Funktion alle Genitive im Lektionstext B, Z. 7–11 erfüllen, und nennen Sie aus Z. 1–6 ein weiteres Beispiel für diese Funktion.

45

# Lektion 9

*Verbündete während des Peloponnesischen Krieges*

## Sparta-Fans in Athen

### Athen und Sparta

Im 5. Jahrhundert v. Chr. standen sich mit Athen und Sparta zwei Großmächte gegenüber, die beide danach strebten, ihren Einflussbereich zu vergrößern. Dies mündete 431 v. Chr. in den „Peloponnesischen Krieg", so genannt, weil Athen (und seine Verbündeten) gegen die „Peloponnesier" unter Führung Spartas kämpfte. Der Krieg wurde in vielen Teilen Griechenlands, zu Lande und zu Wasser, ausgetragen. 404 v. Chr. mussten die Athener kapitulieren und hinnehmen, dass die Spartaner die Demokratie in Athen beseitigten und eine ihnen passende Regierung einsetzten.

Viele Griechen, darunter auch manche Athener, sahen in der Erziehung der Spartiaten die Erklärung für Spartas militärische Erfolge. Aber auch politisch empfand man Sparta oft als Vorbild: Anstelle verschiedener gesellschaftlicher Gruppen, die um die politische Macht kämpften, gab es eine homogene Gruppe, die Spartiaten, die alle Entscheidungen traf. An der Spitze standen zwei (!) erbliche Könige, die hauptsächlich Heeresführer waren, fünf jährlich wechselnde Ephoren („Aufseher") bildeten die oberste Kontrollinstanz.

### Sparta-Fans und die Demokratie

In Athen sympathisierten nicht wenige Kritiker der Demokratie offen mit Sparta. Die einen gaben sich schon durch ihr Äußeres als Sparta-Fans zu erkennen, indem sie immer denselben Mantel, lange Haare und einen ungepflegten Bart trugen. Andere verherrlichten in Schriften die Verfassung der Spartaner oder herausragende spartanische Persönlichkeiten. Der Athener Xenophon (um 425–354 v. Chr.) verfasste sowohl eine „Verfassung der Spartaner" als auch eine Lobschrift auf den spartanischen König Agesilaos II., dessen Truppen er sich zeitweise angeschlossen hatte.

Pikanterweise war Xenophon – wie auch einige andere Sparta-Sympathisanten – ein Schüler des Sokrates. Daher konnte man auch Sokrates eine Vorliebe für Sparta und demokratiefeindliche Tendenzen vorwerfen.

Schon 403 v. Chr. wurde in Athen die Demokratie wiederhergestellt. 371 v. Chr. unterlag Sparta in einem Krieg dem damals aufstrebenden Stadtstaat Theben so entscheidend, dass es politisch und militärisch danach nie mehr eine Rolle spielte.

**1** Tragen Sie auf einer Zeitleiste alle im Text vorkommenden Daten und die zugehörigen Ereignisse ein.

Archaische Zeit | Klassik | Hellenismus | Römische Kaiserzeit | Spätantike

Agesilaos II. / Xenophon

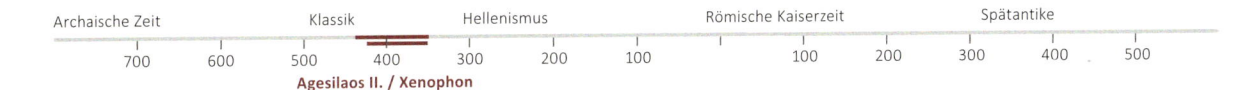

## A  Lob des Agesilaos   nach Xenophon

Der Athener Xenophon hatte den Spartanerkönig Agesilaos persönlich als Heerführer erlebt. Nach dessen Tod verfasste Xenophon eine Biographie des Agesilaos, in der er diesen als idealen König und edlen Menschen darstellt.

**1** Der Text beschreibt Agesilaos' Verhalten gegenüber verschiedenen Gruppen. Arbeiten Sie diese heraus.

Ἀγησίλαος μὲν καὶ τὰ τῶν πολεμίων ἱερὰ ἐσέβετο, ἐνόμιζεν γὰρ χρῆναι καὶ ἐν τῇ πολεμίᾳ γῇ θεοὺς ποιεῖσθαι[1] συμμάχους. Καὶ τὰ θεῖα οὕτως ἐσέβετο, ὥστε καὶ οἱ πολέμιοι τοὺς ὅρκους, οὓς ἀπ' ἐκείνου ἐλάμβανον, πιστοτέρους ἐνόμιζον ἢ [2]τὴν ἑαυτῶν
5 φιλίαν[2].
Τῶν δὲ φίλων οὐ τοὺς δυνατωτάτους, ἀλλὰ τοὺς προθυμοτάτους μάλιστα ἠσπάζετο[3]. Χαίρων[4] τοὺς δικαίους πλουσιωτέρους ἐποίει[5]· ἐβούλετο γὰρ τὴν δικαιοσύνην ὠφελιμωτέραν εἶναι τῆς ἀδικίας. Καὶ τοῖς μὲν φίλοις πρᾳότατος ἦν, τοῖς δὲ ἐχθροῖς
10 φοβερώτατος.

[1] ποιεῖσθαι < ποιέ-εσθαι

[2] ἡ ἑαυτῶν φιλία: die Freundschaft mit ihren eigenen Leuten

[3] ἀσπάζομαι: schätzen
[4] χαίρων: gern, mit Freuden
[5] ἐποίει < ἐποίε-ε

**2** Welche Eigenschaften lassen sich aus den geschilderten Verhaltensweisen des Agesilaos ablesen? Erstellen Sie dazu ein Schaubild.

**3** Vergleichen Sie den Stellenwert von Eiden und Schwüren heute mit ihrer Bedeutung in der griechischen Antike.

### Eide und Schwüre

Eide (ὅρκοι) spielten in der griechischen Gesellschaft eine wichtige Rolle: Behauptungen oder Versprechungen konnten durch Eide bekräftigt, Verträge zwischen Handelspartnern oder Abkommen zwischen Kriegsparteien durch Eide geschlossen werden. Amtsträger mussten einen Eid schwören, aber auch Ärzte und die Athleten, die an den Olympischen Spielen teilnahmen.
Ein Eid umfasste bei den Griechen drei Elemente:
1. eine Erklärung über Vergangenes oder Gegenwärtiges bzw. ein Versprechen für die Zukunft,
2. die Nennung einer höheren Macht (in der Regel eine Gottheit), die die Einhaltung des Eides überwachen sollte,
3. eine Verfluchung, die der Schwörende sich selber auferlegte für den Fall, dass er den Eid brechen würde.

Die Selbstverfluchung für den Fall des Eidbruches wurde nicht immer explizit ausgesprochen, sondern galt oft einfach als vorausgesetzt.
Die Bedeutung des Eidwesens zeigt sich auch daran, dass Zeus, der oberste Gott, als Ζεὺς ὅρκιος über die Eide wachte. Selbst die Götter mussten, wenn sie einen Schwur taten, eine eigene Macht dafür anrufen (ἡ Στύξ, ein Fluss in der Unterwelt).

## B  Hermes beschwert sich über sein Schicksal   nach Lukian

Ein Gespräch zwischen Hermes und seiner Mutter Maia aus den Göttergesprächen von Lukian zeigt, dass sogar für einen Gott das Leben beschwerlich werden kann.

**1** Suchen Sie alle Zeitangaben und die gesteigerten Adjektive, deren Bedeutung Ihnen bekannt ist, heraus. Leiten Sie daraus ab, warum Hermes sein Leben für beschwerlich hält.

ΕΡΜΗΣ  Ἔστι γάρ, ὦ μῆτερ, ἐν οὐρανῷ θεός τις φαυλότερος ἐμοῦ;
ΜΑΙΑ  Τί λέγεις, ὦ τέκνον; Οἵδε οἱ λόγοι φαυλότατοί εἰσιν.
ΕΡΜΗΣ  Ἀλλὰ δεῖ με ἀεὶ χωρὶς τῶν ἄλλων θεῶν ἐργάζεσθαι.
5  Τίς δὲ βεβαιότερός ἐστιν ἐμοῦ; Ἡμέρας μὲν γὰρ τοῖς ἀνθρώποις τὰς τῶν θεῶν ἀγγελίας¹ φέρω, νυκτὸς² δ' ³εἰς Ἅιδου³ τὰς ψυχὰς ἄγω. Ἀλλὰ γὰρ διὰ τοὺς ἀεὶ πόνους οὔτε νυκτὸς² οὔθ' ἡμέρας καθεύδω. Ἆρ' οὐ βίον δειλότερον ἢ τὸν τῶν ἀνθρώπων διάγω;
10  ΜΑΙΑ  Χρὴ καὶ σέ, ὦ Ἑρμῆ, ἐπεί γε νεώτερος εἶ, τὸν Δία⁴ τὸν δεινότατον τῶν θεῶν θεραπεύειν.

¹ ἡ ἀγγελία: die Botschaft
² νυκτός: nachts
³ εἰς Ἅιδου <οἶκον>: zum Hades; in die Unterwelt

⁴ Δία: Akk. von Ζεύς

**2** Beschreiben Sie das Hermes-Bild auf der Vase und beurteilen Sie, inwiefern die bildliche Darstellung von Hermes mit dem Selbstbild des Gottes im Lukian-Text übereinstimmt oder sich unterscheidet.

**3** Stellen Sie die verschiedenen Zuständigkeitsbereiche des Hermes zusammen und arbeiten Sie einen gemeinsamen Wesenszug heraus.

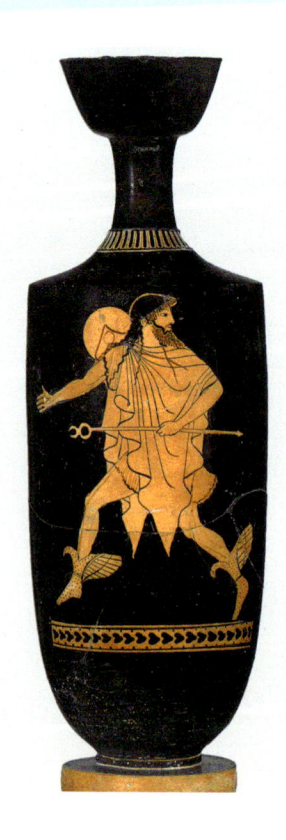

*Attisch-rotfigurige Lekythos (Ölgefäß), Höhe 34 cm, um 480–470 v. Chr.; New York, Metropolitan Museum of Art*

## Impulse und Übungen

vor Text A → 1
nach Text A → 2
vor Text B → 3
nach Text B → 4, 5

**1 a** Erschließen Sie anhand der folgenden Sätze die Bildung sowohl des Komparativs (Vergleichsstufe) als auch des Superlativs (Höchststufe).
1. Ὁ Σωκράτης ἄνθρωπος σοφὸς ἦν.
2. Ὁ Σωκράτης σοφώτερος ἦν ἢ οἱ ἄλλοι φιλόσοφοι.
3. Ὁ Σωκράτης σοφώτατος τῶν ἀνθρώπων νομίζεται.

Der o-Laut vor dem Steigerungssuffix ist variabel: Ist die Silbe davor kurz, so steht ein Omega; ist die Silbe davor lang, steht ein Omikron.

**b** Im Griechischen gibt es zum Ausdruck der Person / Sache, mit der etwas verglichen wird, zwei Möglichkeiten. Beschreiben Sie diese anhand des folgenden Beispiels:
4. Ζεὺς ἰσχυρότερός ἐστιν ἢ οἱ ἄλλοι θεοί.
5. Ζεὺς ἰσχυρότερός ἐστι τῶν ἄλλων θεῶν.

**2** Ohne Vergleichsglied dient der Komparativ der Hervorhebung, um entweder einen relativ hohen oder einen zu hohen Grad auszudrücken:
εἶ νεώτερος: du bist ziemlich jung / zu jung
Übersetzen Sie entsprechend die Komparative von Aufgabe 5a.

**3 a** Der Superlativ bezeichnet im Griechischen nicht nur den höchsten, sondern – als sogenannter Elativ (Hervorhebungsstufe) – auch einen sehr hohen Grad.

οἱ πιστότατοι τῶν φίλων:
die treuesten von den Freunden (Superlativ)

πιστότατοι φίλοι:
sehr / überaus / äußerst treue Freunde (Elativ)

Stellen Sie fest, ob in den folgenden Sätzen Superlativ oder Elativ vorliegt; suchen Sie nach entsprechenden Signalen.
1. Τῶν φίλων Ἀγησίλαος οὐ τοὺς δυνατωτάτους, ἀλλὰ τοὺς προθυμοτάτους μάλιστα ἠσπάζετο[1].
2. Καὶ τοῖς μὲν φίλοις πρᾱότατος ἦν, τοῖς δὲ ἐχθροῖς φοβερώτατος.
3. Δάφνις καὶ Χλόη νύκτας[2] λυπηροτάτας διῆγον.

[1] ἀσπάζομαι: schätzen
[2] νύκτας: Akk. Pl. von ἡ νύξ: die Nacht

**b** Elative lassen sich im Deutschen manchmal mit einem bildhaften Ausdruck treffend wiedergeben, z. B. λυπηρότατος „tieftraurig" oder πιστότατος „charakterfest".
Suchen Sie kreative Lösungen für die folgenden Elative:
ἰσχυρότατος • δεινότατος • πλουσιώτατος • προθυμότατος • γενναιότατος

**4** Untersuchen Sie, wie Zeitangaben auf die Fragen „wann?" und „wie lange?" ausgedrückt werden können, und übersetzen Sie:

Ἡμέρας μὲν ὁ Ἥλιος τοὺς ἵππους διὰ[1] τοῦ οὐρανοῦ ἐλαύνει· νυκτὸς[2] δ' οἱ ἵπποι ἐν τῷ σταθμῷ[3] εἰσιν. Ἀλλ' ὁ Ζεύς ποτε ἐβούλετο μακρὸν χρόνον τῇ Ἀλκμήνῃ συνεῖναι· διὰ ταῦτα τὸν Ἥλιον κελεύει τοὺς ἵππους αὐτοῦ τρεῖς[4] ἡμέρας μὴ ἐξ|άγειν. Ἐν δὴ ἐκείνῃ τῇ νυκτί[2] ὁ Ἡρακλῆς ἐγίγνετο.

[1] διά beim Gen.: durch
[2] νυκτός/νυκτί: Gen./Dat. von ἡ νύξ: die Nacht
[3] ὁ σταθμός: der Stall
[4] τρεῖς: drei

**5 a** Setzen Sie zu jeder Steigerungsform einen sinngemäß passenden Genitiv des Vergleichs und übersetzen Sie den Ausdruck.

| | |
|---|---|
| δεινότερος | Ἅιδου |
| γενναιότερος | ἵππου |
| δυνατώτερος | τοῦ Σωκράτους |
| ἰσχυρότερος | τῶν θεῶν |
| φοβερώτερος | παιδίου |
| σοφώτερος | τοῦ βασιλέως |

**b** Bilden Sie mit den Komparativen der Adjektive δίκαιος und βέβαιος ähnliche Ausdrücke.

# Lektion 10

*Die Pnyx mit Blick auf die Akropolis*

## Die Herrschaft des Wortes

### Meinungsfreiheit in Athen

Auf die Frage, was die demokratische Verfassung Athens ausmache, hätte ein Athener wohl geantwortet: das Recht eines jeden (erwachsenen, männlichen) Bürgers, jedes öffentliche Amt zu bekleiden, und das Recht, zu reden und seine Meinung zu sagen. Die Herrschaft des Volkes (δημοκρατία) war eine Herrschaft des Wortes.

In ihrem Stadtzentrum haben die Athener zwei Areale gestaltet, auf denen die Bürger Athens die Herrschaft über sich selbst mit der Kraft des Wortes ausübten. Auf dem Hügel Pnyx trat die Volksversammlung zusammen, die ἐκκλησία. Wahrscheinlich bis zu 15 000 Bürger hatten auf der Pnyx Platz. Alle Entscheidungen wurden in der Volksversammlung getroffen. Jeder konnte zum jeweiligen Thema die Rednerbühne besteigen und eine Rede halten. Die Fähigkeit, gut zu reden, die Rhetorik, spielte die entscheidende Rolle bei der politischen Willensbildung.

### Das Rechtswesen

Die ἀγορά, auf der ursprünglich die Volksversammlungen stattgefunden hatten, war der Ort, wo – umgeben von den Läden der Händler und den Werkstätten der Handwerker – aktuelle Fragen diskutiert wurden. Dort fanden auch die Gerichtsprozesse statt. Es gab keine ausgebildeten Richter, Staatsanwälte und Verteidiger. Jeder Bürger konnte einen anderen anklagen und dieser musste sich immer selbst verteidigen. Auch hier kam es allein auf die Macht des Wortes an. Das Urteil fällten andere Bürger, die für ihr Richteramt ausgelost wurden. Als Richter oder Teilnehmer an einer Volksversammlung erhielt man ein Tagegeld (ἡ δίαιτα).

### Beamte

Auch diejenigen, die eines der ungefähr 700 öffentlichen Ämter (αἱ ἀρχαί) ausübten, wurden in der Mehrzahl durch Los bestimmt. Für Ämter, die eine Spezialisierung erforderten, wie die Führung von Heer und Flotte oder der Bau öffentlicher Gebäude, wurden befähigte Kandidaten von der Volkversammlung gewählt. Jedes Amt dauerte nur ein Jahr, die Amtsführung wurde regelmäßig von der Volksversammlung überprüft, nicht immer wurde eine Bezahlung für die Amtstätigkeit gewährt.

**1** Gewählte Volksvertreter, Gewaltenteilung, Meinungsfreiheit, Wahlrecht ab 18 für alle Staatsbürger, staatlich besoldete Beamte, Behörden sind für uns Bestandteile eines demokratischen Rechtsstaates. Prüfen Sie, ob es Vergleichbares im demokratischen Athen gegeben hat.

## A  Staatliche Wachhunde   nach Platon

Ähnlich wie Xenophon war auch dessen Zeitgenosse Platon demokratiekritisch eingestellt. In seinem Dialog Πολιτεία entwirft er das Modell eines Staates, der streng nach Ständen gegliedert ist. Die politische Leitung liegt in den Händen der Philosophen, weil sie über das zur Herrschaft nötige Wissen verfügen. Die „Wächter" (οἱ φύλακες) haben militärische und polizeiliche Aufgaben wahrzunehmen.

**1** Stellen Sie die Adjektive in Z. 1–7 zu Gegensatzpaaren und Synonymen zusammen und leiten Sie daraus ab, wie im Text der φύλαξ beschrieben wird.

ΣΩΚΡΑΤΗΣ  Ποῖον δεῖ τὸν φύλακα εἶναι καὶ τί ἐστι τὸ τῶν
φυλάκων ἔργον; Ταῦτα νῦν σκέπτεσθαι βουλόμεθα.
Πρὸς μὲν τοὺς οἰκείους πράους δεῖ τοὺς φύλακας εἶναι, πρὸς
δὲ τοὺς πολεμίους χαλεπούς. Ἄλλως οὐκ ἔστιν ἀγαθὸς φύλαξ.
5 ΓΛΑΥΚΩΝ  Δυνάμεθα ἄρα τοῖς φύλαξι παραβάλλειν τοὺς
κύνας· καὶ γὰρ τῶν κυνῶν οἱ γενναῖοι πρὸς μὲν τοὺς γνω-
ρίμους[1] πρᾱότατοί εἰσιν, πρὸς δὲ τοὺς ἀγνῶτας[2] τοὐναντίον.
ΣΩΚΡΑΤΗΣ  Πάνυ μὲν οὖν. Καὶ μεθύειν[3] οὐκ ἔξεστι τῷ
φύλακι, ὥστε οὐκ οἶδεν, ποῦ γῆς ἐστιν.
10 ΓΛΑΥΚΩΝ  Γελοῖον γὰρ τόν γε φύλακα φύλακος δεῖσθαι[4].

[1] γνώριμος, γνώριμον: bekannt
[2] ἀγνώς, Gen. ἀγνῶτος: unbekannt
[3] μεθύω: betrunken sein
[4] δεῖσθαι < δέ-εσθαι

**2** Erklären Sie, worin der Bezugspunkt des Vergleichs zwischen Wächtern und Hunden liegt.

**3** Diskutieren Sie, ob der Vergleich ernst gemeint ist.

*Marmorskulptur von einem Grab, um 320 v. Chr.; Athen, Kerameikos*

# 10

Archaische Zeit | Klassik | Hellenismus | Römische Kaiserzeit | Spätantike

700 600 500 400 300 200 100 100 200 300 400 500
**Diogenes von Sinope** **Diogenes Laertios**

## B  Eine Lektion auf dem Marktplatz   nach Diogenes Laertios

Ein junger Mann aus reichem Hause trifft auf dem Marktplatz (ἡ ἀγορά) zufällig auf den Philosophen Diogenes, der ihn sofort anspricht und auf einen kleinen Jungen zeigt.

**1** Erschließen Sie aus Verben, die mehrfach im Text vorkommen, um welche Themen es Diogenes geht.

„Βλέπε εἰς τόδε τὸ παιδίον· ταῖς χερσὶ πίνει ἐκ τῆς κρήνης καὶ
τῷ σίτῳ ἐσθίει τὴν φακῆν¹. Ἆρ' οὐ ἡμεῖς μέν ἐσμεν ἄφρονες, τὸ
δὲ παιδίον σῶφρον; Ἆρ' οὐ προέχει δὴ ἡμῶν σωφροσύνη;
Τί γὰρ οἱ ἄνθρωποι δέονται τῶν σκύφων² ἢ τῶν ἄλλων σκευῶν³;
5 Τοῖς σώφροσι δήπου αἱ χεῖρες ἱκαναί εἰσι πρὸς τὸ πίνειν τε καὶ
τὸ ἐσθίειν.
Καὶ βλέπε εἰς τὰ ζῷα, βλέπε εἰς τοὺς κύνας. Ἆρα μὴ οἱ κύνες
δέονται τῶν σκύφων² ἢ τῶν ἱματίων ἢ τῶν οἰκιῶν; Δυνάμεθα
ἆρα καὶ ἡμεῖς καταλείπειν ⁴πάντα ταῦτα⁴, ὅτι ἔξεστι χωρὶς
10 ⁴πάντων τούτων⁴ εἶναι εὐδαίμονας."

¹ ἡ φακῆ: der Linsenbrei
² ὁ σκύφος: der Becher
³ σκευῶν: *Gen. Pl. von* τὸ σκεῦος: das Gerät
⁴ πάντα ταῦτα: all dies, alle diese Dinge

**2** Vergleichen Sie die Funktion, die die Hunde in den Lektionstexten A und B erfüllen.

*Gemälde von Nicolas Poussin, 160 x 221 cm, 1648; Paris, Louvre*

# Impulse und Übungen

vor Text A → 1–3
vor Text B → 4
nach Text B → 5–8

**1** Suchen Sie aus dem Lektionstext A und der Einleitung sämtliche dort vorkommenden Formen von ὁ φύλαξ heraus und erstellen Sie (mit Artikeln) eine Deklinationsübersicht.

**2** Vergleichen Sie:
Λυπηρός ἐστιν ὁ θάνατος.
Λυπηρὸς ὁ θάνατος.

**a** Übersetzen Sie entsprechend:
1. Μακρὸς καὶ δεινὸς ὁ κόσμος.
2. Καλαὶ αἱ νῖκαι.
3. Οὐ πολλοὶ πιστοὶ φίλοι.

• **b** Skizzieren Sie für jeden Satz eine Situation, in der dieser Satz gesagt werden könnte.

**3** Bestimmen Sie in den folgenden Sätzen den Kasus jedes Eigennamens und übersetzen Sie den Text.
1. Ἀντίγονος Ζήνωνι τῷ φιλοσόφῳ γράφει· ἐλπίζει γὰρ ὑπὸ Ζήνωνος τὸν δῆμον πρὸς ἀνδρείαν παρασκευάζεσθαι.
2. Ὁ μὲν Ζήνων τοῦ Ἀντιγόνου προεῖχε παιδείᾳ καὶ εὐδαιμονίᾳ· ἐνόμιζε δ' ὁ βασιλεὺς τοῦ Ζήνωνος καθυστερεῖν[1] τύχῃ καὶ δόξῃ.

[1] καθυστερεῖν < καθυστερέ-ειν von καθυστερέω mit Gen.: jdm. unterlegen sein

**4** Mit dem Wort ἡ φρήν, τῆς φρενός bezeichneten die Griechen ein inneres Organ (wahrscheinlich das Zwerchfell), das als Sitz geistiger Tätigkeiten galt. Daher kann ἡ φρήν auch „Geist, Verstand, Seele" bedeuten.

Von dem Stamm φρεν- (Ablaut: φρον-) sind andere Wörter abgeleitet. So bezeichnet -φρον- zusammen mit dem Präfix σω- für „gesund" in dem Substantiv ἡ σωφροσύνη den „gesunden Verstand".

Erläutern Sie vor diesem Hintergrund folgende Bedeutungsangaben für das Adjektiv σώφρων:
besonnen • maßvoll • vernünftig • bescheiden • keusch • klug

**5** Passen Sie das Adjektiv jeweils dem Substantiv in Kasus, Numerus und Genus an, übersetzen Sie und vervollständigen Sie die übersetzten Ausdrücke zu ganzen Sätzen.

σώφρων: τοῖς ❓ κυρίοις • εὐδαίμων: τὸ ❓ τέκνον • οἰκεῖος: τὰ ❓ ἀγαθά • θεῖος: ἡ ❓ ἐπιστήμη • σώφρων: ἡ ❓ νύμφη • ἄφρων: τὰς ❓ ἡδονάς • δεινός: ταῖς ❓ χερσί • ἱερώτατος: τῶν ❓ ὅρκων

**6** Epikur erteilt in einem Brief seinem Schüler Menoikeus Ratschläge für ein glückliches Leben.

**a** Achten Sie bei der Übersetzung auf den Gebrauch des substantivierten Infinitivs.

> Ἐπίκουρος Μενοικεῖ[1] χαίρειν.
> Τὸ φιλοσοφεῖν[2] καὶ τῷ νέῳ καὶ τῷ γέροντί[3] ἐστιν ἀγαθὸν ὠφέλιμον. Ἑκάστη ἡ ὥρα οὖν ἱκανὴ πρὸς τὸ φιλοσοφεῖν[2]· οὕτως γὰρ ὁ
> 5 ἄνθρωπος γίγνεται ἰατρὸς τῆς ἑαυτοῦ[4] ψυχῆς. Τῷ φιλοσοφεῖν[2] ὁ γέρων[3] νέος ἀναμένει, γίγνεται σοφὸς ὁ νέος.

[1] Μενοικεῖ: Dat. von Μενοικεύς
[2] φιλοσοφεῖν < φιλοσοφέ-ειν: philosophieren
[3] ὁ γέρων, τοῦ γέροντος: der alte Mann
[4] ἑαυτοῦ: sein (eigen)

• **b** Erläutern Sie, inwiefern sich die Art der Aussagen Epikurs verändert, wenn Sie τὸ φιλοσοφεῖν durch ἡ φιλοσοφία ersetzen.

**7** Skizzieren Sie für jede Frage einen möglichen Kontext und nennen Sie die erwartete Antwort.
1. Ἆρα ἱκανοί ἐσμεν τοὺς πολεμίους τρέπειν;
2. Ἆρ' οὐκ εὐδαίμων εἶ, ὦ φίλε;
3. Ἆρα μὴ ὅδε ὁ κύων φαῦλός ἐστιν;

**8** Übersetzen Sie den Text und erschließen Sie, welchen Bedeutungsunterschied bei ἐστιν die Betonung ausmacht.
*Diogenes schaut auf ein Kind:*
„Πολλὰ ζῷα ἔστι, ἃ δεῖται[1] ὀλίγων εἰς τὸν βίον. Καὶ τῷδε τῷ παιδίῳ ἐστὶν οὐ πολλά, ὅμως εὐδαίμόν ἐστιν."

[1] δεῖται < δέ-εται

# Lektion 11

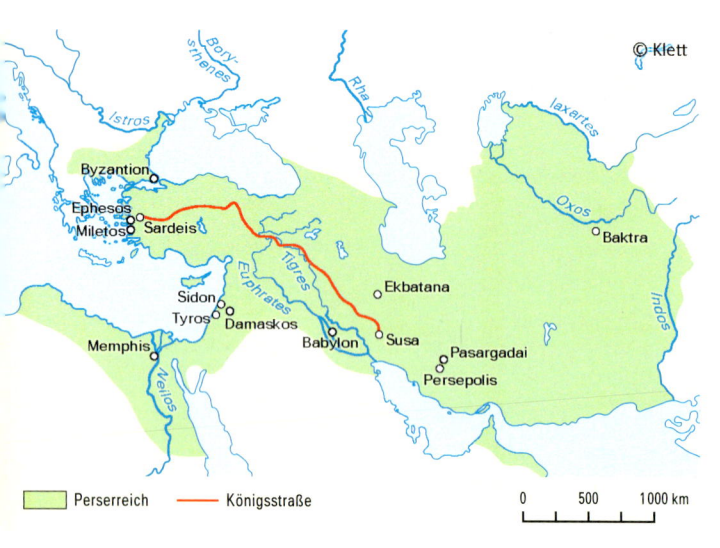

*Größte Ausdehnung des Perserreiches um 500 v. Chr.*

## Das größte Reich der Antike

### Aufstieg zur Großmacht
Von dem antiken Volk der Perser zeugt heute noch der Name „Persischer Golf". An dessen Nordküste, im Süden des heutigen Iran, lag das ursprüngliche Siedlungsgebiet der Perser. Lange Zeit standen diese unter der Herrschaft des benachbarten Volkes der Meder. 550 v. Chr. begann der König der persischen Stadt Anshan einen Aufstand, besiegte die Meder und machte sich zum König der Perser und Meder. 547 eroberte er das Reich der Lyder (in der heutigen Türkei) und die griechischen Städte in Ionien. 539 hatte er das babylonische Großreich erobert und sein Herrschaftsgebiet bis weit nach Osten und Norden ausgedehnt. So hatte dieser König in wenigen Jahren das größte Reich der Antike geschaffen. Dieser König hieß Kyros, er starb 529 v. Chr.

### Kyros der Große
Später wurde Kyros auch „der Große" genannt. Für diese Bezeichnung gab es mehrere Gründe. Kyros hatte nicht nur erstaunliche militärische Erfolge errungen, sondern großen Respekt gegenüber den von ihm besiegten Völkern gezeigt. Er achtete deren Kultur, förderte die Ausübung ihrer Religionen und Kulte und integrierte ihre führenden Persönlichkeiten in sein Herrschaftssystem.

### Die griechischen Städte in Ionien
Wie alle Völker im persischen Reich mussten auch die griechischen Städte in Ionien den persischen Herrschern Abgaben (Tribute) leisten und Truppen stellen. Sie profitierten aber auch von den Handelsbeziehungen mit dem Osten. Innere Streitigkeiten führten jedoch 499 v. Chr. dazu, dass sich mehrere ionische Städte gegen die Perser erhoben. Dies war der Beginn auch kriegerischer Auseinandersetzungen zwischen Griechen und Persern, die sich über einen Zeitraum von 170 Jahren erstreckten.

### Perserkriege
Unter dem Perserkönig Dareios wurden 494 v. Chr. die aufständischen Ionier besiegt. 490 v. Chr. griff Dareios Griechenland an, und auch sein Sohn Xerxes versuchte zehn Jahre später, Griechenland zu erobern. Obwohl die Griechen zahlenmäßig weit unterlegen waren, wehrten sie die Angriffe ab. Die Siege in den Schlachten bei Marathon (490), Salamis (480) und Plataiai (479) wurden zum nationalen Mythos der Griechen, die sich seitdem als Verteidiger der Freiheit gegenüber den „despotischen" Persern verstanden.

### Der Historiker Herodot
Einige Jahrzehnte später erforschte Herodot die Konflikte zwischen Griechen und Nicht-Griechen. Durch sein Werk Ἱστορίαι („Erforschungen") wurde er zum „Vater der Geschichtsschreibung". Herodot schreibt zwar aus der Perspektive der Sieger, stellt die Perser aber differenziert dar. Ihm geht es vor allem darum, durch Auseinandersetzung mit dem Fremden besser zu verstehen, was die griechische Kultur ausmacht.

**1** Erstellen Sie eine Zeitleiste zur Geschichte der Perser.

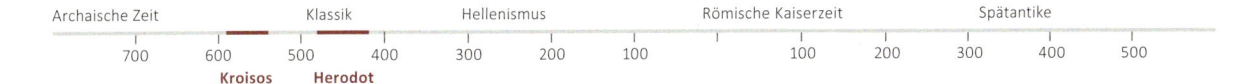

| Archaische Zeit | | Klassik | | Hellenismus | | | Römische Kaiserzeit | | | Spätantike | |
|---|---|---|---|---|---|---|---|---|---|---|---|
| 700 | 600 | 500 | 400 | 300 | 200 | 100 | 100 | 200 | 300 | 400 | 500 |
| | Kroisos | Herodot | | | | | | | | | |

## A  Warnung   nach Herodot

Kyros hatte Kroisos, den König der Lyder, besiegt, danach aber als Berater in seinen Kronrat aufgenommen. Als Kyros 529 v. Chr. weitere Eroberungspläne bekannt gibt, warnt ihn Kroisos.

**1** Identifizieren Sie die Konnektoren im Text und achten Sie auf die Personalendungen der Prädikate. Schließen Sie daraus auf die Textstruktur.

„Τὰ παθήματά μοι μαθήματά ἐστιν.
Εἰ μὲν ἀθάνατος δοκεῖς[1] εἶναι καὶ στρατοῦ ἀθανάτου ἄρχειν,
[2]οὐδέν ἐστι πρᾶγμα[2] γνώμην ἐμὲ σοὶ ἀποφαίνεσθαι·
εἰ δὲ γιγνώσκεις, ὅτι ἄνθρωπος καὶ σὺ εἶ καὶ ἑτέρων τοιῶνδε
5 ἄρχεις, ἐκεῖνο πρῶτον μάνθανε, ὡς ἔστι κύκλος τῶν ἀνθρωπείων
πραγμάτων, ὃς οὐκ ἐᾷ[3] ἀεὶ τοὺς αὐτοὺς εὐτυχεῖν[4].
Ἔχω οὖν γνώμην περὶ τοῦ προκειμένου πράγματος ἐναντίαν ἢ
τῶν Περσῶν οἱ πρῶτοι."

[1] δοκεῖς < δοκέ-εις

[2] οὐδέν ἐστι πρᾶγμα: es lohnt sich nicht

[3] ἐᾷ < ἐά-ει

[4] εὐτυχεῖν < εὐτυχέ-ειν

**2** Bearbeiten Sie nach Wahl eine der beiden Aufgaben.
**a** Erläutern Sie, welche Ansicht vom Gang der Geschichte Herodot Kroisos vertreten lässt, und leiten Sie daraus Folgerungen ab, die sich für das menschliche Handeln ergeben.
**b** Vergleichen Sie die Abbildung mit der Ansicht des Kroisos und nehmen Sie Stellung dazu, ob Sie diesem Bild des menschlichen Lebens zustimmen.

*Spätmittelalterliche Buchmalerei; London, British Library*

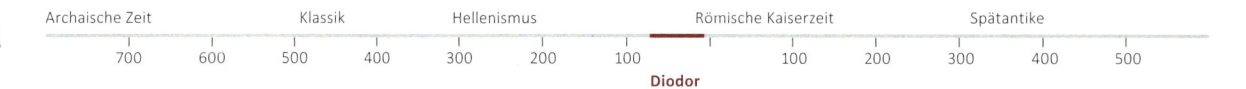

## B  Ein nützliches Mittel   nach Diodor

Der Historiker Diodor berichtet von einem Gesetzgeber auf Sizilien, der dafür sorgte, dass alle Jungen in seiner Stadt auf Staatskosten Lesen und Schreiben lernten. Diese Regelung lobt Diodor sehr und erklärt, warum ausgerechnet die Kenntnis der Schrift so wichtig ist.

**1** Stellen Sie alle Substantive zusammen, deren Bedeutung Ihnen bekannt ist, und schließen Sie daraus, welchen Nutzen Diodor in der Schrift sieht.

Τὰ γράμματα ἐργάζεται τὰ χρησιμώτατα τῶν πρὸς τὸν βίον·
ψήφους[1], ἐπιστολάς, νόμους καὶ τὰ ἄλλα, ἃ τὸν τῶν ἀνθρώπων
βίον μάλιστα παρασκευάζει.
Οὐ ῥᾴδιόν ἐστιν ἄξιον ἐγκώμιον τῆς γραμματικῆς[2] γράφειν.
5 Διὰ γὰρ τῶν γραμμάτων οἱ μὲν ἄνθρωποι οἱ τοῦ πρόσθεν χρόνου
διαλέγονται τοῖς νῦν ἀνθρώποις, οἱ δ' ἄνθρωποι, οἳ [3]πλεῖστον
ἀπέχουσιν[3], φίλοι γίγνονται δι' αὐτῶν.
Ἔν τε τῷ πολέμῳ ἡ γραμματικὴ[2] ἀσφάλειάν[4] τε καὶ εἰρήνην ποιεῖ[5]
διαθήκαις[6].
10 Καὶ οἱ τῶν σοφῶν λόγοι καὶ οἱ τῶν θεῶν χρησμοὶ σῴζονται τοῖς
γράμμασιν, ἔτι δὲ φιλοσοφία τε καὶ παιδεία τηροῦνται[7] δι' αὐτῶν
εἰς τὸν ἀεὶ χρόνον.

[1] ἡ ψῆφος: der Beschluss

[2] ἡ γραμματική: die Schreibkunst

[3] πλεῖστον ἀπέχω: sehr weit entfernt sein

[4] ἡ ἀσφάλεια: die Sicherheit

[5] ποιεῖ < ποιέ-ει

[6] ἡ διαθήκη: der Vertrag

[7] τηροῦνται < τηρέ-ονται

**2** Vergleichen Sie Diodors Auffassung von der Schrift mit der im folgenden Mythos und nehmen Sie Stellung.

### Erfindung der Schrift

In Ägypten gab es einen von den alten Göttern mit Namen Theuth. Dieser hat als Erster Zahlen, Rechnen, Geometrie und Astronomie erfunden, aber
5 auch die Schrift. König von Ägypten war damals Thamus. Zu diesem kam Theuth, führte ihm seine Erfindungen vor und sagte, man solle sie allen anderen Ägyptern bekannt machen. Thamus aber fragte, welchen Nutzen man von ihnen habe.
10 Bezüglich der Schrift sagte Theut: „Dieses Mittel wird die Ägypter klüger und ihr Gedächtnis besser machen." Thamus erwiderte: „Ganz im Gegenteil wird dieses Mittel bei den Lernenden Vergesslichkeit bewirken, weil sie ihr Gedächtnis nicht mehr trainieren; denn im Vertrauen auf die Schrift erinnern sie sich nur mithilfe von äußeren Zeichen, aber nicht von innen heraus und durch eigene Leistung."

*Nach Platon, Phaidros 274c–275a*

# Impulse und Übungen

vor Text A → 1, 2
nach Text A → 3–5
vor Text B → 6
nach Text B → 7, 8

**1 a** Nennen Sie nach dem Beispiel
τὸ πρᾶγμα – τὰ πράγματα
den Nominativ Singular zu
τὰ παθήματα und τὰ μαθήματα.
**b** Wählen Sie eine Aufgabe aus:
1. Trennen Sie in den folgenden Formen die Endungen vom Stamm und bestimmen Sie Kasus und Numerus:
πράγματος • παθημάτων • μαθήματι • πράγμασιν • παθήματα
2. Ordnen Sie die in Kasus und Numerus übereinstimmenden Formen einander zu:

| κύνας • χειρός • | γράμματι • πραγμάτων • |
| φύλακες • κυνῶν • | πάθημα • μαθήματα • |
| φύλακι • χερσίν • | παθήματος • γράμματα • |
| κύνα | πράγμασιν |

**2** Ordnen Sie die folgenden Adjektive unter dem Gesichtspunkt, ob sie positive oder negative Eigenschaften bezeichnen:
σώφρων • φοβερός • χαλεπός • πρᾶος • δίκαιος • πιστός • πρόθυμος • ἐχθρός • φαῦλος • βέβαιος • γελοῖος

**3** „Selbst" oder „derselbe"? Übersetzen Sie den folgenden Text und beachten Sie dabei die Stellung von αὐτός beim Artikel.

> Ὁ Κροῖσος πρὸς αὐτὸν τὸν βασιλέα[1] λέγει·
> „Σὺ οὐκ ἀθάνατος εἶ. Καὶ αὐταὶ αἱ Μοῖραι[2] νέμουσιν τοῖς ἀνθρώποις οὐδαμῶς δὶς[3] τὴν αὐτὴν τύχην, ὅτι οὐκ ἔξεστιν ἀεὶ τοὺς αὐτοὺς
> 5 εὐτυχεῖν[4]."

[1] τὸν βασιλέα: *Akk. Sg. von* ὁ βασιλεύς
[2] αἱ Μοῖραι: die Schicksalsgöttinnen
[3] δίς: zweimal
[4] εὐτυχεῖν < εὐτυχέ-ειν

**4** Erläutern Sie, was der stoische Philosoph Epiktet mit folgendem Satz ausdrücken will:
Ταράττει τοὺς ἀνθρώπους οὐ τὰ πράγματα, ἀλλὰ τὰ περὶ τῶν πραγμάτων δόγματα[1].

[1] τὸ δόγμα, τοῦ δόγματος: die Meinung

**5** Nennen Sie aus den folgenden Vierergruppen jeweils die eine Form, die nicht zu den anderen dreien passt.
1. πολλοί • καλοί • γεωργοί • ἀγαθοί
2. νομίζεται • βούλεται • λέγεται • ἀναγκάζεται
3. προ|έβαινε • ἔχε • χαῖρε • φέρε
4. γνώμη • νύμφη • παύη • ἀρετῇ

**6 a** Übersetzen Sie die folgenden Ausdrücke und erklären Sie, warum die hervorgehobenen Attribute nicht nach Kasus, Numerus und Genus angeglichen sind.

εἰς τὸν **ἀεὶ** χρόνον • τῶν **νῦν** ἀνθρώπων • τοῖς **πρόσθεν** φιλοσόφοις • αἱ **περὶ τοῦ κόσμου** γνῶμαι • τὰ **ἐν τῷ οὐρανῷ** ἄστρα

**b** Vergleichen Sie die folgenden Ausdrücke mit den oben angegebenen und übersetzen Sie diese.

αἱ ἐν τῇ κώμῃ • τοὺς ἔνδον • οἱ νῦν • ὁ βασιλεὺς καὶ οἱ σὺν αὐτῷ • τὰ πρὸς τὸν βίον

**7** Übersetzen Sie und beachten Sie die Verwendung von αὐτός.

> Ἄνθρωποι, οἳ οὐκ ἐν τῇ αὐτῇ χώρᾳ διάγουσιν, φίλοι γίγνονται γράμμασιν. Δι' αὐτῶν καὶ ἄνθρωποι, οἳ οὐκ ἐν τῷ αὐτῷ χρόνῳ διάγουσιν, γιγνώσκουσιν ἀλλήλους. Διὰ
> 5 τοῦτο δεῖ τοὺς νέους[1] αὐτὰ μανθάνειν, εἰ καὶ τὸ μανθάνειν αὐτοῖς οὐκ ἀεὶ χαρὰν παρέχει· οὐδὲν γὰρ ὠφελιμώτερόν ἐστι γραμμάτων.

[1] οἱ νέοι: die jungen Leute

**8** Das Wort νόμος ist vom Verb νέμω abgeleitet.
**a** Überlegen Sie vor diesem Hintergrund, welches die ursprüngliche Bedeutung des Begriffs νόμος sein könnte und wie die Bedeutungen „Brauch, Sitte; Gesetz" damit in Verbindung stehen.
**b** Analysieren Sie vor diesem Hintergrund die Bedeutungen von νομίζω, das seinerseits direkt von νόμος abstammt.

# Lektion 12

## Der Zug der Zehntausend

### Die Faszination Persiens

Das persische Reich faszinierte die Griechen des 5. und 4. Jahrhunderts v. Chr. außerordentlich: Sie waren beeindruckt, dass ein so großes Reich so lange von Monarchen beherrscht werden konnte, und bewunderten den Luxus und Reichtum der Perser. Auch wenn Persien zu Beginn des 5. Jahrhunderts in den großen Perserkriegen noch als der gemeinsame Feind galt, wandten sich in der Folge immer wieder griechische Stadtstaaten bei Auseinandersetzungen untereinander mit der Bitte um Unterstützung an die Perser; mehrere herausragende Persönlichkeiten, die in Konflikt mit ihren Heimatstaaten geraten waren, suchten Zuflucht in Persien.

### Xenophon in Persien

Der Athener Xenophon war Mitte zwanzig, als er im Frühjahr des Jahres 401 v. Chr. einen Brief seines Freundes Proxenos erhielt. Proxenos war Anführer einer Truppe griechischer Soldaten in Diensten des persischen Oberbefehlshabers in Sardeis. Dieser warb gerade weitere griechische Soldaten an, um gegen einen aufständischen Stamm zu Felde zu ziehen. Proxenos lud Xenophon ein, sich als Zivilist dem Heereszug anzuschließen, und Xenophon sagte zu. Offenbar gab die Aussicht, dem engeren Kreis des persischen Oberbefehlshabers angehören zu können und die persische Kultur aus eigener Anschauung kennenzulernen, den Ausschlag. So fand sich Xenophon kurze Zeit später in Sardeis unter mehr als 10 000 Soldaten wieder, die aus vielen Teilen Griechenlands dem Ruf gefolgt waren.

### Griechische Söldner

Griechische Soldaten waren als schwerbewaffnete Fußsoldaten (Hopliten) wegen ihrer erprobten Kampftechnik gefragt und zogen häufig als Söldner (ξένοι) gegen Bezahlung für fremde Herren in den Krieg. Hauptsächlich ließen sich Söldner vom finanziellen Gewinn (monatlicher Sold, gelegentliche Sonderzahlungen, Beute bei Plünderungen) dazu bewegen, für ein ihnen vorgegebenes Kriegsziel zu kämpfen und dabei das Risiko von Tod oder Verwundung sowie die Strapazen durch lange Märsche, unzureichende Nahrungsversorgung und extreme Wetterverhältnisse auf sich zu nehmen. Aber auch Abenteuerlust und die Aussicht auf kriegerischen Ruhm spielten eine Rolle. Manche Söldner ließen sich in der Fremde nieder oder gründeten neue Städte. In jedem Fall stellten sie ein bedeutendes Bindeglied im kulturellen Austausch zwischen Griechenland und dem Osten dar.

### Der „Zug der Zehntausend"

Kyros der Jüngere (um 423–401 v. Chr.), der oberste Befehlshaber des „Zugs der Zehntausend", führte die griechischen Truppen nicht wie angekündigt gegen fremde Stämme in den Kampf, sondern gegen seinen älteren Bruder, den persischen Großkönig Artaxerxes, den er vom Thron stürzen wollte. Für Xenophon sollte die Teilnahme ein einschneidendes Erlebnis werden: Als das Unternehmen tief im Inneren des Persischen Reiches scheiterte, musste der militärisch weitgehend unerfahrene junge Mann unerwartet eine Führungsposition bei der Rückführung seiner griechischen Landsleute übernehmen. Darüber veröffentlichte Xenophon einige Jahrzehnte später einen Bericht, in dem er von sich selbst distanziert in der 3. Person spricht.

**1** Zeigen Sie, dass das Verhältnis zwischen Persern und Griechen kein grundsätzlicher Gegensatz zwischen „Ost" und „West" war.

## A Die Erziehung des jüngeren Kyros   nach Xenophon

Xenophon schildert Kyros als Herrscher, der durch sein Talent und durch die besondere Schule der persischen Adelserziehung zum König geradezu vorherbestimmt zu sein scheint.

**1** Stellen Sie alle Adjektive im Superlativ mit ihrer Bedeutung zusammen. Erläutern Sie, wie der junge Kyros beschrieben wird.

Κῦρος ἦν βασιλικώτατός τε καὶ ἄρχειν ἀξιώτατος, ὡς παρὰ πάντων ὁμολογεῖται¹. Πρῶτον μὲν γάρ, ὅτε ἔτι παῖς ἦν, παιδευόμενος καὶ σὺν τῷ ἀδελφῷ καὶ σὺν τοῖς ἄλλοις παισὶ πάντα κράτιστος πάντων ἐνομίζετο. Πάντες γὰρ οἱ τῶν ἀρίστων
5 Περσῶν παῖδες ἐπὶ ²ταῖς βασιλέως θύραις² παιδεύονται· ἔνθα σωφροσύνην καταμανθάνουσιν. Θεῶνται³ δ' οἱ παῖδες ἐνίους ὑπὸ βασιλέως τιμωμένους⁴ καὶ ἀκούουσι, καὶ ἄλλους ἀτιμαζομένους, ὥστε ἐκ παίδων μανθάνουσιν ἄρχειν τε καὶ ἄρχεσθαι. Ἔνθα Κῦρος πρῶτον μὲν τὴν σωφροσύνην ἄριστος πᾶσιν ἐδόκει⁵
10 εἶναι, ἔπειτα δὲ φιλ|ιππότατος ἦν καὶ τῶν εἰς τὸν πόλεμον ἔργων φιλο|μαθέστατος⁶.
Ἐπεὶ δὲ τῇ ἡλικίᾳ ἔπρεπε, καὶ φιλο|θηρότατος ἦν καὶ πρὸς τὰ θηρία μέντοι φιλο|κινδυνότατος. Καὶ ἄρκτον⁷ ποτὲ ἐπι|φερομένην οὐκ ἐφοβεῖτο⁸, ἀλλ' ἀπέκτεινε καίπερ πολλὰ τιτρωσκόμενος⁹.
15 Ὁ δὲ πρῶτος τῷ Κύρῳ εἰς βοήθειαν ἐρχόμενος λαμπρότατα δῶρα ἀπ' ἐκείνου ἐλάμβανεν.

¹ ὁμολογεῖται < ὁμολογέ-εται
² αἱ βασιλέως θύραι: der Hof des Großkönigs
³ θεῶνται < θεά-ονται
⁴ τιμωμένους < τιμα-ομένους
⁵ ἐδόκει < ἐδόκε-ε
⁶ φιλο|μαθέστατος, φιλο|μαθέστατον: äußerst lernbegierig
⁷ ἡ ἄρκτος: die Bärin
⁸ ἐφοβεῖτο < ἐφοβέ-ετο
⁹ τιτρώσκω: verwunden

**2** Benennen Sie die Eigenschaften des Kyros, die ihn zum Herrschen befähigen.

**3** Stellen Sie aufgrund der Informationen des Informationstextes begründete Vermutungen an, warum Xenophon Kyros so positiv darstellt.

### Vom Nutzen der Jagd

*In einer späteren Schrift äußert sich Xenophon über den Nutzen der Jagd:*

„Sie ist die beste Vorbereitung auf die Erfordernisse des Krieges. Denn sie gewöhnt die jungen Männer daran, früh aufzustehen sowie Kälte und Hitze auszuhalten, und übt sie im Marschieren und Laufen. Sie erfordert, je nachdem wo man gerade steht, ein Tier mit dem Pfeil oder dem Speer zu erlegen. Sie zwingt oft auch, den eigenen Mut zu schärfen, wenn einem ein Tier entgegentritt, das sich wehrt; denn man muss es erlegen, wenn es nahe herankommt, und sich davor in Acht nehmen, wenn es heranstürzt."

*Xenophon, Kyrupädie 1.2.10*

## B Wie junge Mädchen in Sparta erzogen wurden nach Plutarch

**1** Lesen Sie den Text aufmerksam durch und nennen Sie das vorherrschende Sachfeld.

Ἐν τῇ Λακεδαίμονι πάσας τὰς παρθένους τὰ σώματα ἐν ἀγῶσιν ἀσκεῖν[1] ἔδει. Οἱ γὰρ Λακεδαιμόνιοι ᾤοντο οὕτω πᾶν τε τέκνον ἰσχυρὰν ἀρχὴν ἐν ἰσχυροῖς σώμασιν λαμβάνειν, τάς τε νύμφας μετὰ ῥώμης τοὺς τόκους[2] ἀνεχομένας ῥᾳδίως[3] ἀγωνίζεσθαι πρὸς
5 τὰς ὠδῖνας[4].
Ὥσπερ δ' οἱ κόροι[5], οὕτω καὶ αἱ κόραι εἰθίζοντο ἐν τῷ δημοσίῳ γυμναί τε πομπεύειν[6] καὶ πρὸς ἱεροῖς ὀρχεῖσθαι[7] καὶ ᾄδειν. Πάντα ταῦτα οὐδὲν αἰσχρὸν εἶχεν, ἐπεὶ αὐταὶ μὲν εἰς τὴν εὐεξίαν[8] τε καὶ τὴν ἀρετὴν ἐπαιδεύοντο, οἱ δὲ νέοι προετρέποντο εἰς τὸν
10 γάμον τὰς κόρας γυμνὰς θεώμενοι[9].

[1] ἀσκεῖν < ἀσκέ-ειν
[2] ὁ τόκος: die Geburt
[3] ῥᾳδίως (Adv.): mit Leichtigkeit
[4] αἱ ὠδῖνες: die Wehen
[5] ὁ κόρος: der Junge
[6] πομπεύω: an einer Prozession teilnehmen
[7] ὀρχεῖσθαι < ὀρχέ-εσθαι: tanzen
[8] ἡ εὐεξία: die körperliche Fitness
[9] θεώμενοι < θεα-όμενοι

**2** Vergleichen Sie die Erziehung der spartanischen Jungen (siehe den Informationstext zu Lektion 8) mit derjenigen der spartanischen Mädchen.

**3** Analysieren Sie ausgehend vom Text und gegebenenfalls weiterer Recherche, inwiefern das Gemälde von Edgar Degas der historischen Realität entspricht.

*Edgar Degas: „Junge Spartanerinnen fordern Knaben zum Wettkampf heraus", Ölgemälde, 1860/62; London, National Gallery*

## Impulse und Übungen

vor Text A → 1, 2
nach Text A → 3–6
vor Text B → 7, 8

**12**

**1** Beschreiben Sie, wie die Aussage von Satz 1 in Satz 2 zu einer abhängigen Aussage geworden ist, und übersetzen Sie.

1. Οἱ κύνες τῶν ἱματίων οὐ δέονται.
2. Ὁ Διογένης βλέπει τοὺς κύνας τῶν ἱματίων οὐ δεομένους.

**2** Erläutern Sie nach dem Vorbild φιλό|σοφος die Bedeutung der Adjektive φιλο|κίνδυνος · φίλ|ιππος · φιλο|μαθής[1] · φιλό|θηρος[2].

[1] von μανθάνω
[2] von ἡ θήρα: die Jagd

**3 a** Beschreiben Sie, wie im folgenden Beispiel die Partizipialkonstruktion übersetzt wurde.

Οἱ τῶν Σπαρτιατῶν υἱοὶ πρὸς ῥώμην καὶ νίκην παιδευόμενοι ἄριστοι ἐγίγνοντο.

– *Weil* die Söhne der Spartiaten zu Kraft und Sieg erzogen wurden, wurden sie sehr gute Krieger.
– Die Söhne der Spartiaten wurden zu Kraft und Sieg erzogen *und* wurden *daher* sehr gute Krieger.
– *Wegen* ihrer Erziehung zu Kraft und Sieg wurden die Söhne der Spartiaten sehr gute Krieger.

**b** Übersetzen Sie auch die folgenden Sätze jeweils dreimal in vergleichbarer Weise.

1. Οἱ σοφοὶ καίπερ τοὺς λόγους τέχνῃ[1] ἐργαζόμενοι οὐ πάντας τοὺς ἀνθρώπους πείθουσιν.
2. Ὁ Κῦρος παιδευόμενος σὺν τῷ ἀδελφῷ ἐμάνθανε ἄρχειν τε καὶ ἄρχεσθαι.

[1] τέχνῃ: kunstvoll

**4** Ordnen Sie die folgenden Formen von παῖς und πᾶς, πᾶσα, πᾶν nach Kasus und Numerus.

παιδί · παῖδες · παῖδα · πάντα · πᾶσα · πάσας · πάντας · πάσης · παιδός · πάντων · πᾶν · πασῶν · πᾶσι · παισίν · πάσαις · πάσῃ · πᾶσαι · παντός

**5** Führen Sie die Bedeutungen von τιμάω „ehren, respektieren, einschätzen, taxieren" auf einen gemeinsamen Bedeutungskern zurück und leiten Sie daraus die Bedeutungen des zugrunde liegenden Substantivs ἡ τιμή her.

**6** Ein Akkusativ der Beziehung antwortet auf die Frage „in Bezug worauf? in welcher Hinsicht?". Übersetzen Sie.

1. Οἱ Σπαρτιᾶται σώματα δεινοὶ ἦσαν.
2. Ταράττομαι τὴν ψυχήν.
3. Ἕκαστος ταῦτα ἀγαθός ἐστιν, ἃ σοφός ἐστιν.

**7 a** Erklären Sie, wodurch die Bedeutungsunterschiede von πᾶς in den folgenden Verbindungen bedingt sind:

πᾶσα ἡ κώμη — das ganze Dorf
πᾶσα κώμη — jedes Dorf / ein ganzes Dorf
πᾶσαι αἱ κῶμαι — alle Dörfer

**b** Geben Sie an, welche Bedeutung von πᾶς in den folgenden Sätzen jeweils am besten passt.

1. **Πᾶν** πάθημα μάθημα.
2. Δεῖ **πάντας τοὺς παῖδας** τὰ γράμματα μανθάνειν.
3. **Πᾶς ὁ ὄχλος** χαλεπαίνει τοῖς γεωργοῖς, ὅτι **τὴν χώραν πᾶσαν** νέμονται.
4. Αἱ Μοῖραι[1] **πᾶσιν πάντα** νέμουσιν.

[1] αἱ Μοῖραι: die Schicksalsgöttinnen

**8** Substantivierte Partizipien können auf mehrere Weisen übersetzt werden:
οἱ ἀρχόμενοι:
– die Beherrschten (die Untertanen)
– diejenigen, die beherrscht werden

Übersetzen Sie entsprechend:
τὰ φαινόμενα · τὰ λεγόμενα ·
αἱ ἀγωνιζόμεναι · οἱ δυνάμενοι ·
τὰ ἐν τῷ ἀγρῷ γιγνόμενα · οἱ θεώμενοι[1]

[1] θεώμενοι < θεα-όμενοι

# Lektion 13

## Götter und ihr Zuhause

### Menschenwelt – Götterwelt

Für die Griechen bedeutete die Verehrung von Göttern, mit ihnen durch Gebete und Opfer zu kommunizieren. Dafür schufen sie eigene Areale, die von der Welt der Menschen deutlich abgegrenzt waren, meistens mit einer Mauer. Ein solcher **heiliger Bezirk** war Besitz der Gottheit und hieß auf Griechisch τὸ τέμενος („das abgetrennte Stück Land") oder τὸ ἱερόν („das Heilige"). **Heiligtümer** konnten im Zentrum einer Stadt liegen (z. B. die ἀκρόπολις in Athen) oder auch weit entfernt von menschlichen Siedlungen (so die Heiligtümer von Delphi und Olympia).

A Tempel des Hephaistos und der Athene (sog. Theseion) in Athen, um 440 v. Chr.

B Tonmodell eines Tempels, um 700 v. Chr.; Athen, Nationalmuseum

### Anbetung und Dank

Zentraler Ort eines jeden Heiligtums war der **Altar**; an ihm versammelten sich die Gläubigen, um Opfertiere für den Gott zu schlachten. Angebetet wurden die Gottheiten meist in Form von Objekten, sogenannten **Kultbildern**, die in der Frühzeit noch roh und unförmig sein konnten, später aber in der Regel die Götter in Menschengestalt darstellten. In manchen Heiligtümern wurden auch **heilige Bäume oder Felsen** verehrt. Der Gläubige verband seinen im Gebet vorgetragenen Wunsch oft mit dem Versprechen, der Gottheit nach Erfüllung der Bitte ein Geschenk darzubringen. Solche **Weihgeschenke** konnten Opfergeräte, kleine Figuren von Opfertieren, menschliche Statuetten oder auch große Statuen sein. In den großen pan|hellenischen Heiligtümern stellten die bedeutenden Städte Griechenlands ihre Weihgeschenke in eigens errichteten „**Schatzhäusern**" (θησαυροί) aus, die Macht und Reichtum dieser Städte demonstrieren sollten.

### Die Wohnung des Gottes

Die bedeutendste Leistung der Griechen in der Gestaltung ihrer religiösen Räume war die Architektur ihrer **Tempel**. Das griechische Wort für „Tempel" (ὁ ναός) bezeichnet die „Wohnung" der Gottheit, und tatsächlich stellten sich die Griechen ihre Götter als anwesend in den Tempeln vor. Da es in der Regel von einer bestimmten Gottheit Tempel an vielen verschiedenen Orten gab, rief der Betende den Gott oder die Göttin für gewöhnlich zu Anfang seines Gebetes eigens herbei.
Die frühesten Tempel waren aus Holz und hatten die Form eines einfachen Hauses. Sie zeigten aber schon typische Merkmale griechischer Tempel: einen nur nach vorne geöffneten Raum, in dem das Kultbild stand, ein Satteldach mit Giebeldreieck und vor allem die Säulen. Diese wurden später zu einem Säulenumgang rings um den „Wohnraum" vermehrt. Figürliche Bauplastik und eine farbige Bemalung vieler Bauteile unterstrichen die großartige Wirkung.

**1** Benennen Sie anhand des Grundrisses eines griechischen Heiligtums Ihrer Wahl die im Text genannten typischen Elemente.

**2** Suchen Sie Elemente der griechischen Tempelarchitektur in Ihrer Umgebung und stellen Sie Fotos davon in Ihrer Lerngruppe vor.

## A Göttliche Verehrung — nach Aelius Aristides

Der Rhetor und Schriftsteller Aelius Aristides berichtet von einem Traum, in dem er auf einem Spaziergang durch Athen auch zu einem Tempel kommt, der dem Philosophen Platon geweiht ist.

**1** Suchen Sie heraus, was Aristides auf seinem Spaziergang alles sieht. Nennen Sie die griechischen Begriffe und erschließen Sie ggf. deren Bedeutung aus dem Zusammenhang.

„Τὸ δὲ τέλος ἧκον πρὸς ναόν τινα μέγαν καὶ θαυμάσιον. Ἐν δὲ τῷ ναῷ ἦν ἄγαλμα τοῦ Πλάτωνος μέγα καὶ καλόν. Ἔνθα δ' ἦν πολὺς ὄχλος καὶ διελέγοντό τινες περὶ πολλῶν καὶ ἄλλων τε καὶ περὶ τοῦ Πλάτωνος.
5 Καί τις ‚Διὰ τί', ἔφη, ‚οὐ πολλοὶ ναοὶ Πλάτωνος τοῦ μεγάλου φιλοσόφου ὑπάρχουσιν;' Κἀγὼ ἔφην· ‚Ἀλλὰ τοὺς μὲν θεούς, οἶμαι, ἀγάλμασι πρέπει θεραπεύειν, τοὺς δὲ ἄνδρας[1], οἳ μεγάλοις τισὶ γράμμασιν ἔνδοξοί εἰσιν, τῇ τῶν βιβλίων ἀναθέσει[2]. Τὰ μὲν γὰρ ἀγάλματα τῶν σωμάτων, τὰ δὲ βιβλία τῶν λόγων
10 ὑπομνήματά[3] ἐστιν.'"

*Portraitbüste Platons, römische Kopie eines griechischen Originals; München, Glyptothek*

[1] ἄνδρας: *Akk. Pl. von* ὁ ἀνήρ: der Mann
[2] τῇ ἀναθέσει: *Dat. von* ἡ ἀνάθεσις: das Aufstellen
[3] τὸ ὑπόμνημα, τοῦ ὑπομνήματος: das Denkmal

**2** Wie hätten es die Griechen bewertet, wenn es wirklich einen Tempel mit Standbild für Platon gegeben hätte? Begründen Sie Ihre Antwort.

**3** Vergleichen Sie Aristides' Einstellung mit der des Agesilaos aus dem Zusatztext (siehe auch Lektionstext 9A).

### Xenophon über den Spartanerkönig Agesilaos

Er ließ es nicht zu, dass ein Abbild seines Körpers als Statue aufgestellt wurde, obwohl ihn viele damit beschenken wollten. Dagegen arbeitete er unaufhörlich daran, Denkmäler seiner Seele zu hinterlassen, weil er glaubte, das eine sei die
5 Aufgabe von Bildhauern, während das andere seine Aufgabe sei; das eine passe zu reichen Leuten, das andere zu tugendhaften.

*Xenophon, Agesilaos 11.7*

## B Ausgeliefert  nach Xenophon

In der Schlacht bei Kunaxa (401 v. Chr.) schlug das griechische Söldnerheer den persischen Großkönig in die Flucht. Doch Kyros, der Anführer der Griechen, war in der Schlacht getötet worden. In dieser schwierigen Lage akzeptierten die Griechen das Angebot der Perser, die Waffen niederzulegen und sich von Tissaphernes, dem Bevollmächtigten des persischen Großkönigs, sicher nach Hause zurückführen zu lassen. Obwohl man die Abmachung durch Eide bekräftigte, blieb ein großes Misstrauen bestehen. Daher suchte Klearchos, einer der tüchtigsten griechischen Heerführer, das direkte Gespräch.

**1** Suchen Sie alle Personalpronomina heraus und bestimmen Sie ihre syntaktische Funktion.

**2** Stellen Sie Vermutungen an, welches Ziel Klearchos erreichen will.

„Οἱ ὅρκοι, ὦ Τισσαφέρνη, οὓς πιστοτάτους νομίζομεν, ἡμᾶς κωλύουσι πολεμίους εἶναι ἀλλήλοις. Σὺ μὲν δυνατώτατος πάντων τῶν πολεμίων ἡμῖν ἦσθα, νῦν δ' ἐγὼ σὲ νομίζω μέγιστόν τι ἀγαθόν· οὐδὲ δῶρόν τι ἡμῖν βεβαιότερον σοῦ ἐστιν.
5 Σὺν μὲν γὰρ σοὶ πᾶσα μὲν ὁδὸς εὔπορος, πᾶς δὲ ποταμὸς διαβατός¹, τῶν τε ἐπιτηδείων οὐκ ἀπορία.
Ἄνευ δὲ σοῦ πᾶσα μὲν ἡ ὁδὸς ἀβέβαιος (οὐδὲν γὰρ αὐτῆς ἐπιστάμεθα), πᾶς δὲ ποταμὸς δύσπορος, πᾶς δὲ ὄχλος φοβερός, φοβερώτατον δ' ἐρημία· μεστὴ γὰρ πολλῆς ἀπορίας ἐστίν."

¹ διαβατός, διαβατόν: überquerbar

**3** Erklären Sie, warum für die Griechen die Hilfe des Tissaphernes so wichtig war.

**4** Bewerten Sie Klearchos' Verhalten gegenüber Tissaphernes.

*Der Weg des griechischen Söldnerheeres*

# Impulse und Übungen

vor Text A → 1–4
nach Text B → 5, 6

**13**

**1** Die Deklination der Adjektive πολύς (viel) und μέγας (groß) folgt überwiegend der a/o-Deklination (Stämme: πολλ- bzw. μεγαλ-). Je vier Formen weichen davon ab.

**a** Suchen Sie in Lektionstext A die Formen mit dem Stamm πολυ- bzw. μεγα- heraus, bestimmen Sie KNG und vervollständigen Sie durch Analogie die Deklinationen der beiden Adjektive.

**b** Setzen Sie Formen von μέγας passend ein und übersetzen Sie:
ἡ ❓ ἀδικία • τὸν ❓ στρατόν • ὁ ❓ φύλαξ • τῆς ❓ ἡμέρας • τὰ ❓ παθήματα • τὸ ❓ θηρίον • τοῖς ❓ θεοῖς

**2 a** Setzen Sie zu den folgenden Substantiven die passenden Formen des Indefinitpronomens (es bleiben einige übrig).
Beispiel: φυτά → φυτά τινα

| τροφῇ • χαρᾶς • θεοί • γεωργόν • χερσί • τέκνον • κυνός | τις • τινι • τινα • τινος • τινες • τι • τισι • τινων • τινας |

**b** Übersetzen Sie unter Beachtung von Kasus und Numerus. Beispiel:
φυτά τινα → irgendwelche / einige Pflanzen

**c** Ergänzen Sie die übrig gebliebenen Indefinitpronomina mit einem Substantiv Ihrer Wahl und übersetzen Sie.

**3 a** Die folgenden Adjektive haben keine eigenen Formen für das Femininum. Welche weitere Gemeinsamkeit weisen sie auf?
ἄ|δικος • φίλ|ιππος • ἀ|θάνατος • ἔν|δοξος • πρό|θυμος • πάν|σοφος • ἄ|κοσμος • φιλο|κίνδυνος • πάν|αρχος • ἀ|βέβαιος

**b** Ordnen Sie aus diesen Adjektiven inhaltlich passende den folgenden Substantiven zu und gleichen Sie die Form des Adjektivs dem des Substantivs an:
τῶν θεῶν • αἱ γνῶμαι • τὴν Νύμφην • τοὺς ἵππους • ἡ εἰρήνη

**4** Adjektive können durch ein vorangestelltes negierendes ἀ- (vor Vokalen ἀν-) verneint werden, das sogenannte *alpha privativum*:
βέβαιος: sicher   ἀ|βέβαιος: un|sicher
ἱερός: heilig     ἀν|ίερος: un|heilig

Außerdem kommt es als erster Bestandteil in zusammengesetzten Adjektiven vor, die von einem Substantiv abgeleitet sind:

ἡ δόξα    ἄ|δοξος: „keinen Ruhm habend" → ruhmlos
ὁ λόγος   ἄ|λογος: „keine Vernunft habend" → unvernünftig

**a** Erschließen Sie die Bedeutung:
ἄπιστος • ἄθεος • ἀθάνατος • ἄνομος • ἄπαις • ἄλυπος • ἄδικος

**b** Geben Sie die Bedeutung der folgenden Substantive auf -ια an, die von diesen Adjektiven abgeleitet sind:
ἡ ἀδοξία • ἡ ἀλογία • ἡ ἀπιστία • ἡ ἀθανασία • ἡ ἀνομία • ἡ ἀλυπία • ἡ ἀδικία

**5 a** Führen Sie jeweils den zweiten Teil der folgenden Fremdwörter auf ein griechisches Wort zurück, das Sie schon kennen.
Eutrophie • Euthanasie • Dystrophie • Dyslexie • Dysgrammatismus
Atrophie • Apathie • Abulie • Atheismus

**b** Erschließen Sie die Bedeutung dieser Fremdwörter aus ihren Bestandteilen.

**6 a** Setzen Sie zu den folgenden Formen von ἡ ὁδός jeweils den Artikel und die passende Form der Adjektive καλός und εὔπορος:
ὁδοῖς • ὁδούς • ὁδῷ • ὁδοῦ • ὁδοί

**b** Auch die von ὁδός abgeleiteten Fremdwörter sind Feminina, z. B. die Synode, die Anode, die Kathode, die Methode. Ordnen Sie diesen Fremdwörtern folgende Erklärungen zu:
1. Elektrode, die Elektronen aufnimmt
2. Zusammenkunft, Sitzung, Tagung
3. Vorgehensweise, Verfahren
4. Elektrode, die Elektronen abgibt

# Lektion 14

## Ein Gastmahl in Athen

### Die Vorbereitungen

Ein wohlhabender Athener schlendert über die Agora und lädt Freunde, die er trifft, zum Gastmahl ein. Er begegnet dort Köchen, die ihre Kochkunst (ἡ ὀψοποιία) anbieten, und er bucht einen Koch aus Sizilien. Sizilische Köche sind nämlich berühmt für die Zubereitung von Delikatessen.

### Die Ankunft der Gäste

Kurz vor Sonnenuntergang erscheinen die geladenen Freunde. Diese bringen noch weitere Gäste mit. Alle sind willkommen. Die Sklaven ziehen den Gästen die Sandalen aus. Man wäscht ihnen zuerst die Füße, später die Hände. Dann werden die Gäste in das Esszimmer (ὁ ἀνδρών) geführt, das nur für Männer bestimmt ist. Sie legen sich zu zweit auf eine der sieben Liegen; diese sind auf einem leicht erhöhten Absatz entlang den Wänden aufgestellt und weich gepolstert. Vor jeder Liege steht ein kleiner Tisch als Ablage für Speisen.

### Tischsitten

Der ältere Sohn des Gastgebers ist auch dabei. Er darf heute am Gastmahl teilnehmen, um gute Tischsitten unter Männern einzuüben. Sein Vater macht ihm Platz auf seiner Liege und kontrolliert nun, ob der Sohn bei seinem Pädagogen gelernt hat, wie man sich mit dem linken Ellenbogen auf das Polsterkissen stützt und dabei in der Linken das Brot (ὁ σῖτος) hält. Unterdessen tragen Sklaven in Näpfen, Schalen und Körbchen Beilagen, Saucen und Würzen herbei und stellen diese nach Wunsch auf den Tischen ab. Der Sohn ist schon gespannt, was sein Vater an „Speisen zum Brot" (τὸ ὄψον) servieren lässt. Es werden vorgeschnittene Fleischstücke, Fisch, Käse, Oliven, verschiedene Gemüse- und Obstsorten als ὄψον gereicht. Gierig greift er mit der ganzen Hand nach einem Stück Thunfisch. Sein Vater schimpft – hat der Pädagoge dem Sohn etwa nicht beigebracht, wie man mit drei Fingern, und zwar mit den Fingerspitzen nur, nach Speisen greift?

Ein Sklave bringt nun einen delikat zubereiteten Seebarsch und denkt dabei: „Diese Männer hier sind ὀψοφάγοι; sie essen das ὄψον wie ich mein tägliches Gerstenbrot. Dabei wäre allein das feine Weizenbrot in ihrer Linken für mich ein Festmahl. Wie gierig sie jetzt ihren sizilisch zubereiteten Fisch erwarten!"

Nach dem Essen waschen sich die Gäste die Hände in Wasserschalen, manche aber wischen sich die Finger an Brotstücken ab, die sie dann auf den Boden werfen. Der Raum wird gereinigt und ein wenig umgeräumt.

### Das Symposion

Der Sohn des Gastgebers ruft: „Jetzt kommt das Trinkgelage (τὸ συμπόσιον)!", denn er weiß, dass Wein erst nach der Mahlzeit getrunken wird. „Alles ist so, wie Xenophanes einst dichtete: ‚Nun ist ja der Boden rein, auch die Hände aller und die Becher. Einer setzt uns gewundene Kränze auf, ein anderer reicht uns in der Schale wohlriechende Salbe. Der Mischkrug steht da voller Frohsinn, bereit ist auch anderer Wein …'" Sein Vater unterbricht den Sohn und schickt ihn fort: „Lern du erst einmal richtige Tischsitten!"

*Griechischer Fischteller aus Süditalien, Durchmesser 15,6 cm, um 340 v. Chr.; Paris, Louvre*

**1** Ein Gastmahl war von Trennungen wie der zwischen gemeinsamem Mahl und anschließendem Trinken geprägt. Arbeiten Sie weitere heraus.

## A Tischsitten bei den Kelten — nach Athenaios

Der Stoiker Poseidonios aus dem syrischen Apameia war nicht nur ein Philosoph, sondern auch ein Historiker, Geograph und Ethnologe. Im 1. Jahrhundert v. Chr. bereiste er fast das ganze Mittelmeergebiet, um die Lebensverhältnisse und Sitten anderer Völker zu erforschen. Auch über die Kelten weiß Poseidonios Interessantes zu berichten, wie der Schriftsteller Athenaios schreibt.

**1** Ermitteln Sie anhand der Verben, welche Verhaltensweisen bei Tisch Poseidonios anspricht. Berücksichtigen Sie dabei das Lektionsvokabular.

Ποσειδώνιος ὁ ἀπὸ τῆς Στοᾶς
ἐν ταῖς Ἱστορίαις πολλὰ παρὰ πολλοῖς ἔθη καὶ νόμους ἀνα|γράφων
„Κελτοί", φησί, „τὰς τροφὰς προτίθενται¹
χόρτον² ὑπο|βάλλοντες
5 ἐπὶ τραπεζῶν ξυλίνων μικρὸν ἀπὸ τῆς γῆς ἐπηρμένων³.
Ἡ τροφὴ δ' ἐστὶν ἄρτος⁴ μὲν ὀλίγος, κρέα⁵ δὲ πολλά.
Προσφέρονται⁶ δὲ ταῦτα ὥσπερ οἱ λέοντες
ταῖς χερσὶν ἀμφοτέραις αἴροντες ὅλα κρέα⁵ καὶ ἀπο|δάκνοντες,
τὰ δὲ δυσαπόσπαστα⁷ μαχαίρᾳ μικρᾷ τέμνοντες.
10 Κάθηνται μὲν ἐν κύκλῳ, μέσος δὲ ὁ κράτιστος,
διαφέρων τῶν ἄλλων ἢ κατὰ τὴν ἐν πολέμῳ ἀνδρείαν ἢ κατὰ
πλοῦτον."

¹ προ|τίθενται: sie legen vor sich hin
² ὁ χόρτος: das Heu
³ ἐπ|ηρμένος, ἐπ|ηρμένη, ἐπ|ηρμένον: erhöht
⁴ ὁ ἄρτος: das Brot
⁵ τὰ κρέα: das Fleisch, die Fleischbrocken
⁶ προσ|φέρομαι: zum Mund führen
⁷ δυσ|από|σπαστος, δυσ|από|σπαστον: schwer abzubeißen

**2** Erklären Sie, was die Tischsitten der Kelten für den griechischen Leser so ungewöhnlich macht. Berücksichtigen Sie dabei den Informationstext und die Abbildung.

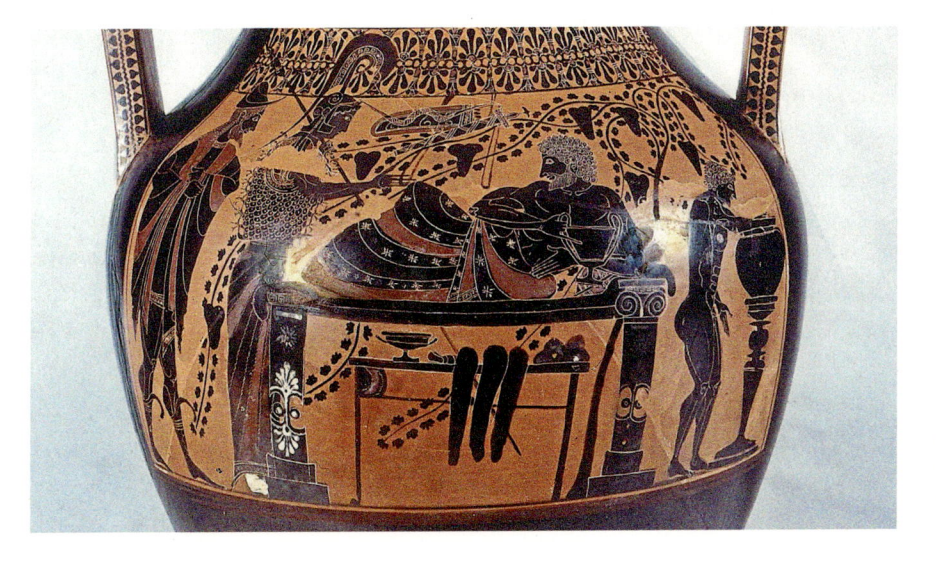

*Detail einer Bauchamphora des Andokides, um 510 v. Chr.; München, Staatliche Antikensammlung*

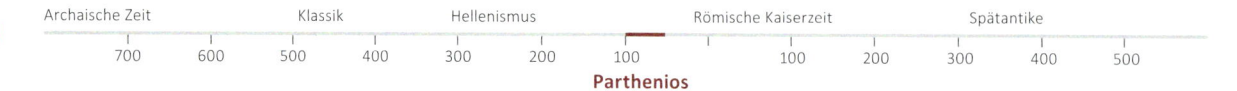

## B  Wie die Kelten zu ihrem Namen kamen  nach Parthenios

**1** Stellen Sie alle im Text vorkommenden Personennamen zusammen und ermitteln Sie anhand von Schlüsselwörtern, in welcher Beziehung die Personen jeweils zueinander stehen.

Περὶ τοῦ Ἡρακλέους τοιάδε λέγεται·
Ὅτε ἀπ᾽ Ἐρυθείας τὰς Γηρυόνου βοῦς ἤλαυνεν, καὶ διὰ τῆς Κελτῶν χώρας ἐπορεύετο. Ἐκεῖ Βρεταννὸς ὁ βασιλεὺς ἦρχεν, ᾧ παῖς ἦν Κελτίνη ὄνομα. Ἀλλ᾽ ἡ παρθένος ἐπιθυμοῦσα[1] τοῦ
5 Ἡρακλέους καὶ βουλομένη αὐτὸν ἀναμένειν τὰς βοῦς αὐτοῦ κατέκρυψεν[2]. Κελτίνη οὖν πρὸς τὸν Ἡρακλέα „Οὐκ ἐῶ[3]", φησί, „ὦ Ἡράκλεις, σὲ τὰς βοῦς ἐλαύνειν, εἰ μή μοι σύν|ει." Ὁ δ᾽ Ἡρακλῆς τήν τε τῆς Κελτίνης χάριν θαυμάζων καὶ θέλων τὰς βοῦς ἀπ|άγειν παρεῖχεν ταῦτα, ἃ ἡ παρθένος ἤθελεν. Μετὰ δὲ
10 ταῦτα παῖς ἐγένετο[4], ὀνομαζόμενος Κελτός, ἀφ᾽ οὗ δὴ ἐκεῖνο τὸ ἔθνος Κελτοὶ ὀνομάζεται.

[1] ἐπιθυμοῦσα < ἐπιθυμέ-ουσα
[2] κατέκρυψεν: (sie) versteckte
[3] ἐῶ < ἐά-ω
[4] ἐγένετο: (er/sie/es) wurde geboren

**2** Beschreiben Sie die List, die Keltine anwendet, um Herakles für sich zu gewinnen.

*Detail einer Amphora, um 530 v. Chr.; Paris, Bibliothèque Nationale*

# Impulse und Übungen

vor Text A → 1–3
nach Text A → 4, 5
nach Text B → 6, 7

**1 a** Ordnen Sie den folgenden Formen von λέων (Löwe) die in KNG entsprechenden Formen von εὐδαίμων zu.

λέοντα • λέοντος • λέουσιν • λέοντες • λέων • λέοντας

εὐδαίμονες • εὐδαίμονα • εὐδαίμων • εὐδαίμοσιν • εὐδαίμονας • εὐδαίμονος

**b** Vergleichen Sie die Lautveränderungen bei den ντ-Stämmen und den ν-Stämmen.

**2 a** Ordnen Sie die Formen des Partizip Präsens Aktiv von λέγω den entsprechenden Formen von πᾶς zu und bestimmen Sie KNG. Wo ist die Formenbildung anders als bei πᾶς?

λέγοντι • λέγων • λέγουσαν • λεγούσῃ • λεγουσῶν • λεγόντων • λέγουσι(ν) • λέγουσα • λέγον • λεγούσαις

πᾶν • πᾶσι(ν) • πᾶς • παντί • πάσαις • πασῶν • πᾶσαν • πάσῃ • πάντων • πᾶσα

**b** Eine Form von λέγων könnte auch eine ganz andere Funktion haben. Welche?

**3 a** Nennen Sie von den folgenden Formen diejenigen, die Neutrum sein könnten.

λεγούσας • λέγων • λέγον • λέγοντας • λέγοντα

**b** Die folgenden Verbformen sind alle Partizipien von εἶναι. Vergleichen Sie mit der Bildung des Part. Präs. Akt. von λέγω.

ὄντες • ὄν • οὖσαι • οὖσιν • ὤν

**4** Suchen Sie für jedes Partizip ein passendes Bezugswort aus dem zweiten Wortspeicher in der rechten Spalte heraus. (Achtung: Einige bleiben übrig!)

παιζούσαις • διαλεγομένης • δεόμενον • πειθόμενοι • καθεύδον • δακνομένων • (Ἀθηναῖος) ὤν • τρέποντας • ὑπάρχοντα • ἀποκτείνοντι • γιγνομένην • παρεχούσῃ

νύμφης • ἐπιτήδεια • παίδων • ἡλικίᾳ • θηρίῳ • ζῴοις • κρήνῃ • παρθένων • τέκνον • Σωκράτης • κύνες • κόραις • ἡσυχίαν • υἱοί • φύλακα • στρατούς • πρᾶγμα

**5** Übersetzen Sie und achten Sie auf die Verwendung der Partizipien (als Attribut, als Substantiv, als Participium coniunctum):

**Götterverehrung der Kelten**

1. Οἱ μὲν Κελτοὶ οἴονται μήτε[1] ἀγάλματα χειρὶ ποιούμενα[2] μήτε[1] μεγάλους ναοὺς εἶναι ἀξίους τῶν θεῶν.
2. Ἱερὰ δὲ λίθινα[3] ἐν χώραις πόρρω[4] τῶν κωμῶν οὔσαις ἐργάζονται, ἐπεὶ νομίζουσι τὰ ψιλά[5] εἶναι ἱερά.
3. Διὰ τοῦτο δὴ ἔξεστι τοὺς Κελτοὺς ἐν ὑπαίθρῳ[6] τοὺς θεοὺς θεραπεύοντας παραβάλλειν τοῖς Πέρσαις.
4. Πάντα γὰρ τὰ ἐν οὐρανῷ καὶ ἐπὶ γῆς φαινόμενα νομίζουσι θεῖα· διὸ θύουσιν ἡλίῳ καὶ σελήνῃ καὶ γῇ ναοὺς οὐκ ἔχοντες.

[1] μήτε … μήτε: weder … noch
[2] ποιούμενα < ποιε-όμενα
[3] λίθινος, λιθίνη, λίθινον: steinern, aus Stein
[4] πόρρω *beim Gen.*: fern von
[5] τὸ ψιλόν: freies Gelände
[6] ἐν ὑπαίθρῳ: unter freiem Himmel

**6** Ordnen Sie die folgenden Formen von ὁ βοῦς anhand der beigegebenen Artikel zu einem Deklinationsschema; wo sind auch ohne Artikel die Kasus leicht zu bestimmen?

τῶν βοῶν • τῷ βοΐ • τοὺς βοῦς • τοῦ βοός • τὸν βοῦν • τοῖς βουσίν • οἱ βόες

**7** Mit ἡ χάρις wird „die Ausstrahlung, der Charme" einer Person bezeichnet, aber auch ihre „Beliebtheit". Andere empfinden für die Person „Zuneigung" oder „Sympathie", die sich vielleicht in einer „Gefälligkeit", einem „Geschenk" äußert. Die erste Person wiederum reagiert darauf mit „Dank".
**a** Fertigen Sie eine skizzenhafte Darstellung der Bedeutungen von χάρις an.
**b** Wenden Sie das χάρις-Konzept auf das Verhältnis von Daphnis und Chloë an.

# Lektion 15

## Frauenbilder im antiken Griechenland

### Die Rollen von Mann und Frau

„Die Ägypter", so schreibt der griechische Historiker Herodot, „stehen in Bezug auf ihre Sitten und Gebräuche fast komplett im Gegensatz zu den anderen Menschen. Bei ihnen gehen die Frauen auf den Markt und treiben Handel, die Männer dagegen sind zu Hause und weben." Dieser Satz sagt nicht nur etwas über die Ägypter aus, er zeigt auch, welche Rollenverteilung zwischen Mann und Frau Herodot und seine griechischen Leser als normal ansahen: Männer gehen nach draußen und treiben Handel, die Frauen bleiben im Haus und stellen Textilien her.

### Leben im Verborgenen

Dies war im antiken Griechenland tatsächlich die Regel, auch wenn es natürlich Ausnahmen gab: Insbesondere in den ärmeren Schichten betrieben nicht wenige Frauen ein Gewerbe, etwa als Marktfrau, und in Sparta hatten Frauen eine grundsätzlich größere Präsenz in der Öffentlichkeit. In den anderen griechischen Staaten konnte man zwar Frauen gelegentlich in der Öffentlichkeit sehen, so bei der Ausübung religiöser Kulte oder beim Wasserholen. Doch hauptsächlich spielte sich das Leben griechischer Frauen unsichtbar im geschlossenen Raum des Hauses ab. Männer- und Frauenwelten waren deutlich getrennt.

### Die Bestimmung der Frau

So gab es für junge Männer und junge Frauen kaum Gelegenheiten, sich kennenzulernen oder sich auch nur zu begegnen. Mädchen wurden daher verheiratet, meist schon im Alter von 14 bis 15 Jahren. Sie bekamen einen Mann, der üblicherweise etwa 30 Jahre alt und damit viel älter als sie war. Die Bestimmung der verheirateten Frau wurde darin gesehen, dem Ehemann Nachkommen zu gebären und den Haushalt zu führen. Als wichtigste Tugend der Frau galt die σωφροσύνη, also Zurückhaltung und Sparsamkeit.

### Angst vor dem Unkontrollierbaren

Ein ähnliches Verständnis von der Rolle der Frau findet man in vielen anderen sogenannten traditionellen Gesellschaften. Die Vorstellung von der fast unsichtbaren, zurückhaltenden und passiven Frau hat bei den Griechen jedoch eine überraschende Kehrseite: Frauen würden, so die weit verbreitete Meinung, besonders dazu neigen, irrationale Triebe auszuleben. Eine junge, noch unverheiratete Frau wurde daher als „wildes Tier" gesehen, das durch die Heirat „gezähmt" werden müsse. Von gewalttätigen Frauen, die ihren Ehemann erschlagen oder gar ihre Kinder töten, erzählen die griechischen Mythen. In Komödien belustigte man sich an der Vorstellung, dass Frauen, wenn sie unter sich sind, sich hemmungslos dem Wein und sexuellen Phantasien hingeben oder gar planen, die Leitung des Staates zu übernehmen.

### Starke Frauen

Dem stehen jedoch im Mythos Mädchen und Frauen gegenüber, die aus eigenem Entschluss ihr Leben opfern, um ihre Stadt vor dem Untergang zu bewahren, ein großes kriegerisches Unternehmen vor dem Scheitern zu bewahren oder ihre Familienangehörigen vor dem Tod zu retten. Und tätig und wirksam sind nicht zuletzt die mächtigen Göttinnen in der Götterwelt der Griechen.

**1** Informieren Sie sich über die folgenden Frauengestalten und ordnen Sie sie den im Text erwähnten verschiedenen Frauenbildern zu:
Iphigenie • Praxagora • die Mänaden • Medea • Klytaimnestra • Lysistrate • Alkestis

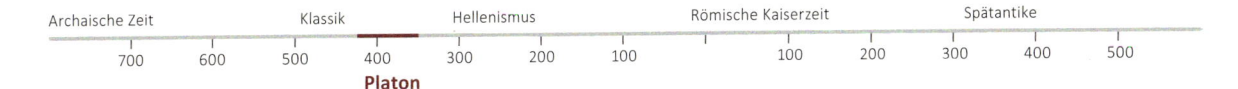

## A Männliche und weibliche ἀρετή — nach Platon

Was das Wesen menschlicher ἀρετή ist und wie man sie in seinem Leben verwirklicht, war ein zu Sokrates' Zeiten aktuelles und lebhaft diskutiertes Thema. Hier unterhält sich Sokrates darüber mit Menon, der die Ansicht vertritt, die ἀρετή sei bei Jung und Alt, Mann und Frau jeweils verschieden.

**1** Suchen Sie Ausdrücke heraus, die Gleichheit oder Verschiedenheit anzeigen, und formulieren Sie Ihre Erwartung, welche Position Sokrates zu Menons These einnimmt.

ΣΩΚΡΑΤΗΣ Πότερον δὲ περὶ ἀρετῆς μόνον σοι οὕτω δοκεῖ[1], ὦ Μένων, ἢ καὶ περὶ ὑγιείας καὶ περὶ ἰσχύος[2] καὶ τῶν ἄλλων; Ἄλλη μὲν ἀνδρὸς δοκεῖ[1] σοι εἶναι ὑγίεια, ἄλλη δὲ γυναικός, ἢ τὸ αὐτό, εἴτε ἐν ἀνδρί, εἴτε ἐν γυναικί;

5 ΜΕΝΩΝ Ἡ αὐτή μοι δοκεῖ[1] ὑγίειά γε εἶναι καὶ ἀνδρὸς καὶ γυναικός.

ΣΩΚΡΑΤΗΣ Ἡ δὲ ἀρετὴ διαφέρει τι, εἴτε ἐν παιδὶ εἴτε ἐν πρεσβυτέρῳ, εἴτε ἐν γυναικὶ εἴτε ἐν ἀνδρί;

ΜΕΝΩΝ Ἔμοιγέ πως δοκεῖ[1], ὦ Σώκρατες, τοῦτο οὐκέτι ὅμοιον
10 εἶναι τοῖς ἄλλοις.

ΣΩΚΡΑΤΗΣ Τί δέ; Οὐκ ἀνδρῶν μὲν ἀρετὴν ἔλεγες πόλιν εὖ οἰκεῖν[3], γυναικῶν δὲ οἰκίαν;

ΜΕΝΩΝ Ἔγωγε.

ΣΩΚΡΑΤΗΣ Ἆρ' οὖν ἔξεστιν ἀνδράσιν ἢ γυναιξὶν εὖ οἰκεῖν[3]
15 ἢ πόλιν ἢ οἰκίαν ἢ ἄλλο τι, εἰ μὴ σωφρόνως[4] καὶ δικαίως[4];

ΜΕΝΩΝ Οὐ δῆτα.

ΣΩΚΡΑΤΗΣ Οὐκοῦν εἰ δικαίως[4] καὶ σωφρόνως[4] οἰκοῦσιν[5], δικαιοσύνῃ καὶ σωφροσύνῃ οἰκήσουσιν[6];

ΜΕΝΩΝ Ἀνάγκη.

20 ΣΩΚΡΑΤΗΣ Τῶν αὐτῶν ἄρα ἀμφότεροι δέονται, εἴπερ μέλλουσιν ἀγαθοὶ εἶναι, καὶ ἡ γυνὴ καὶ ὁ ἀνήρ, δικαιοσύνης καὶ σωφροσύνης.

ΜΕΝΩΝ Φαίνονται.

ΣΩΚΡΑΤΗΣ Τῷ αὐτῷ τρόπῳ ἄρα πάντες οἱ ἄνθρωποι ἀγαθοί
25 εἰσιν.

[1] δοκεῖ < δοκέ-ει
[2] ἡ ἰσχύς, τῆς ἰσχύος: die Stärke
[3] οἰκεῖν < οἰκέ-ειν
[4] -ως: Endung des Adverbs
[5] οἰκοῦσιν < οἰκέ-ουσιν
[6] οἰκήσουσιν: Futur zu οἰκέω

**2** Skizzieren Sie den Verlauf der sokratischen Argumentation.

## B Arestöchter  nach einem mythologischen Handbuch

Die Amazonen waren ein mythisches Frauenvolk, das nach der Vorstellung der Griechen an der Grenze der bekannten Welt lebte.

**1** Diskutieren Sie, welches Bild vom Amazonenvolk heute noch besteht, und leiten Sie daraus ab, welches Sachfeld in diesem Text vorherrschen dürfte. Stellen Sie die entsprechenden Wörter zusammen.

Κατὰ τοὺς παλαιοὺς αἱ Ἀμαζόνες αἱ περὶ τὸν Θερμώδοντα ποταμὸν οἰκοῦσαι¹ ἐνομίζοντο θυγατέρες τοῦ Ἄρεως. Ἔθνος ἦν πολεμικῶν γυναικῶν, καὶ γυναῖκες ἐβασίλευον. Ταῖς μὲν μητράσιν ἐξῆν μόνας τὰς κόρας τρέφειν· οἱ δὲ υἱοὶ πρὸς
5 τοὺς πατέρας, οἳ ἔξω² τῆς χώρας ᾤκουν³, ἀπεπέμποντο. Αἱ δὲ γυναῖκες ⁴δεξιὸν μαστόν⁴, ᾧ τοξεύειν⁵ ἐκωλύοντο, πυρὶ ἔκαιον, ὅτι ἔβλεπον μόνον εἰς τὴν ἐν τῇ μάχῃ ἀνδρείαν. Μόναι μὲν αἱ Ἀμαζόνες τῶν περὶ αὐτὰς οἰκούντων⁶ ἐθνῶν εἶχον ὅπλα σιδηρᾶ⁷· πρῶται δὲ τῶν πάντων ἐφ᾽ ἵππους ἀνέβαινον, οἷς
10 κατελάμβανον μὲν τοὺς φεύγοντας, ἀπέφευγον δὲ τοὺς διώκοντας. Διὰ τοῦτο δὴ ἦρχον πολλῶν ἐθνῶν.

¹ οἰκοῦσαι < οἰκέ-ουσαι
² ἔξω *beim Gen.:* außerhalb
³ ᾤκουν > ᾤκε-ον
⁴ ὁ δεξιὸς μαστός: die rechte Brust
⁵ τοξεύω: mit dem Bogen schießen
⁶ οἰκούντων < οἰκε-όντων
⁷ σιδηροῦς, σιδηρᾶ, σιδηροῦν: aus Eisen

**2** Erklären Sie, was die Amazonen aus der Sicht der Griechen so besonders macht.

**3** Nennen Sie Unterschiede in der Darstellung der Amazonen und der Griechen auf dem Vasenbild.

*Detail eines Weinmischgefäßes, um 380/370 v. Chr.; Genf, Musée d'Art et d'Histoire*

# Impulse und Übungen

| vor Text A | → 1, 2 |
|---|---|
| bei Text A | → 3 |
| nach Text A | → 4, 5 |
| vor Text B | → 6 |

**1** Im Griechischen kann eine Doppelfrage (X *oder* Y?) bereits am Beginn eines Satzes durch das Wort πότερον markiert werden:
**Πότερον** ἡ ὁδὸς εὔπορός ἐστιν **ἢ** ἄπορος;
Ist der Weg bequem **oder** schwierig?

Übersetzen Sie entsprechend:
1. Πότερον ἀρετῆς ἢ ἡδονῆς ὁ σοφὸς ἐπιθυμεῖ[1];
2. Πότερον χρὴ φίλους ἐκ κινδύνων σῴζειν ἢ οὔ;
Auch ein abhängiger Fragesatz kann durch πότερον eingeleitet werden. Wie wird in diesem Fall πότερον übersetzt?
3. Σκεπτόμεθα, πότερον ὁ δίκαιος ἄνθρωπος εὐδαίμων ἐστὶν ἢ οὔ.

[1] ἐπιθυμεῖ < ἐπιθυμέ-ει

**2** Achten Sie bei der Übersetzung auf die verschiedenen Verwendungen von αὐτός.

Ὁ Ποσειδώνιος αὐτὸς ἐν τῇ τῶν Κελτῶν χώρᾳ ἦν. Ἐν δὲ ταῖς Ἱστορίαις τοὺς νόμους αὐτῶν ἀνα|γράφει. Λέγει αὐτοὺς κρέα[1] πολλὰ ἐσθίειν. Καὶ ἄλλοις ἔθνεσιν[2] τὸ αὐτὸ ἔθος ἐστίν.

[1] τὰ κρέα (n. Pl.): die Fleischbrocken
[2] ἔθνεσιν: Dat. Pl. von τὸ ἔθνος

**3** Übersetzen Sie den Satz **ἄλλη μὲν ἀνδρὸς** δοκεῖ σοι εἶναι ὑγίεια, **ἄλλη δὲ γυναικός** (Lektionstext A, Z. 3) nach dem folgenden Modell: Ἄλλη μέν ἐστι ῥώμη νεωτέρων, ἄλλη δὲ πρεσβυτέρων.
Die körperliche Leistungsfähigkeit jüngerer und älterer Menschen ist **verschieden**.

**4** Übersetzen Sie und unterscheiden Sie bei den hervorgehobenen Wörtern die verschiedenen Verwendungsweisen des Dativs:

Ὁ δ' Ἀντίγονος βασιλεὺς **Ζήνωνι φιλοσόφῳ** ἐν ἐπιστολῇ τινι γράφει· „Ἐγὼ **τύχῃ** μὲν καὶ **δόξῃ** νομίζω προέχειν σοῦ, **λόγῳ** δὲ καὶ **παιδείᾳ** καθυστερεῖν[1]. Ὑμῖν οὖν **τοῖς φιλοσόφοις** τελεία εὐδαιμονία ἐστίν. Διὸ **σοὶ** συνεῖναι ἐθέλω καὶ **ὁμοίῳ τρόπῳ** εὐδαίμων γίγνεσθαι."

[1] καθυστερεῖν < καθυστερέ-ειν: unterlegen sein

**5** Das Wort ἀνήρ zeigt bei der Deklination einen **quantitativen Ablaut** des zweiten Stammvokals:
– kurzer Vokal (Vollstufe)
  im Vok. Sg.: ἄνερ (vgl. κύον)
– gedehnter Vokal (Dehnstufe)
  im Nom. Sg.: ἀνήρ (vgl. κύων)
– geschwundener Vokal (Nullstufe)
  in den anderen Kasus: ἀνρ- (vgl. κυν-).

Um die Nullstufe leichter aussprechen zu können, wurden ein δ bzw. ein α eingefügt:
*ἀνρ-ός > ἀνδρός; *ἀνρσιν > ἀνδράσιν.

**a** Nennen Sie aus den folgenden Formen Beispiele für die drei Ablautstufen.

πατρί • θυγατέρες • μητέρας • θυγατρός • μητέρα • πάτερ • μήτηρ • μητέρων • πατήρ • μητέρες • πατράσι(ν) • θύγατερ

**b** Legen Sie arbeitsteilig für jede der drei Verwandtschaftsbezeichnungen ein Deklinationsschema an (einschließlich Vokativ) und ordnen Sie die Formen jeweils mit Artikel ein.

● **c** Ergänzen Sie die fehlenden Formen.

**6** Das Wort πόλις bezeichnete eine größere Ansiedlung, häufig mit einer hoch (ἄκρος) gelegenen **Burg**, und bedeutete für die Griechen den Ort, an dem sie **Bürgerrecht** genossen. Von ihrer **Mutterstadt** aus gründeten sie neue Siedlungen. Auch das Land, das die Stadt umgab und politisch zu ihr gehörte (Athen: Attika), nannten die Griechen πόλις. Schließlich bezeichnet πόλις die die Gemeinschaft der **Bürger**, die dort nach einer **staatlichen Ordnung** lebten und **sich politisch betätigten**.

Ordnen Sie die folgenden Begriffe den hervorgehobenen Wörtern zu:

ἡ ἀκρόπολις • ἡ πολιτεία (2) • ὁ πολίτης • ἡ μητρόπολις • πολιτεύομαι

# Lektion 16

## Die Sophisten

### Demokratie und Rhetorik

Die Demokratie in Athen ermöglichte es jedem Bürger, aktiv an der Gestaltung der Polis teilzunehmen. In der Volksversammlung oder vor Gericht waren nicht mehr Herkunft, Ansehen oder erbrachte Leistungen ausschlaggebend, sondern die argumentative Überzeugungskraft. Die neue Art der politischen Entscheidungsprozesse begünstigte das Auftreten einer neuen Art von Lehrern: Als Spezialisten boten sie an, gegen Bezahlung die argumentativen und rhetorischen Fähigkeiten eines jeden Interessenten zu verbessern. Diese Sophisten (οἱ σοφισταί), wie sie bald genannt wurden, stammten aus verschiedenen Städten Griechenlands, hielten sich aber bevorzugt in Athen auf, wo sie in den Kreisen der wohlhabenden Oberschicht ihre Unterrichtskurse anboten. Sophisten wie Protagoras oder Gorgias konnten durch geschickte Vermarktung enorm hohe Honorare von ihren Schülern fordern und bewiesen gleichsam durch ihre eigene Person, was man mit der von ihnen angepriesenen Selbstvervollkommnung alles erreichen konnte.

### Argumentationstechnik, Redekunst und Dichterinterpretation

Hauptsächlich lehrten die Sophisten Dialektik, d. h. die Kunst der geschickten Argumentation, und Rhetorik, also den Aufbau und die Ausgestaltung einer Rede. Sie analysierten auch als Erste grundsätzlich die Bestandteile der Sprache und die Wirkungsweisen öffentlicher Rede.

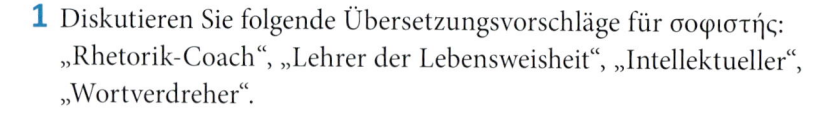

*Relief ΕΥΓΛΩΣΣΙΑ (Redekunst) von Anton Paul Wagner am Parlamentsgebäude in Wien, um 1880*

Das Bewusstsein, dass nun prinzipiell jeder seine Ziele im politischen Meinungsbildungsprozess durchsetzen konnte, musste zwangsläufig auch bedeuten, frühere Autoritäten in Frage zu stellen. So spielte die Interpretation und Kritik bekannter Dichter bei den Sophisten eine wichtige Rolle. Auch der traditionelle Götterglaube wurde hinterfragt.

### Bildungsexperten

Die Sophisten schlugen verschiedene Wege ein, um die Leistungsfähigkeit (ἀρετή) ihrer Schüler zu steigern: Die einen setzten wie Protagoras alles auf die Verbesserung der rhetorischen Fertigkeit, die ihre Brillanz an letztlich beliebigen Themen erweisen sollte; andere wie Hippias gaben umfassende Kenntnisse in möglichst vielen Bereichen als das Ziel ihrer Bildung aus. So waren die Sophisten keine einheitliche Bewegung. Gemeinsam war ihnen aber, dass sie nicht nur pädagogisch, sondern auch philosophisch neue Impulse setzten: Nicht mehr die Natur und der Kosmos, sondern der Mensch und sein Handeln standen jetzt im Zentrum der Philosophie.

**1** Diskutieren Sie folgende Übersetzungsvorschläge für σοφιστής: „Rhetorik-Coach", „Lehrer der Lebensweisheit", „Intellektueller", „Wortverdreher".

**2** Übersetzen und interpretieren Sie folgende These des Sophisten Protagoras: Πάντων χρημάτων[1] μέτρον[2] ἐστὶν ἄνθρωπος, τῶν μὲν ὄντων ὡς ἔστιν, τῶν δὲ οὐκ ὄντων ὡς οὐκ ἔστιν.

[1] τὸ χρῆμα, τοῦ χρήματος: das Ding
[2] τὸ μέτρον: das Maß, der Maßstab

**3** Arbeiten Sie heraus, wie Anton Wagner das Wesen der Rhetorik bildlich in Szene gesetzt hat.

## A  Wissen zu verkaufen   nach Platon

Der junge Hippokrates ist auf dem Weg zu Protagoras, bei dem er gegen Bezahlung in die Lehre gehen will. Hippokrates wird von seinem Freund Sokrates begleitet, der ihn aber durch einen überraschenden Vergleich warnt.

**1** Betrachten Sie die Satzanfänge und erschließen Sie aus den Konnektoren den Aufbau des Vergleichs.

**2** Arbeiten Sie heraus, wer mit wem verglichen wird.

„Ὁ ἔμπορός τε καὶ κάπηλος[1]
περὶ τῶν ἀγωγίμων[2]
οὔτε αὐτοὶ ἐπίστανται,
τί χρηστὸν ἢ πονηρὸν περὶ τὸ σῶμα,
5 – ἐπαινοῦσιν δὲ πάντα πωλοῦντες –
οὔτε οἱ ὠνούμενοι παρ' αὐτῶν.
Οὕτω δὲ καὶ οἱ τὰ μαθήματα περιάγοντες καὶ
πωλοῦντες τῷ ἀεὶ ἐπιθυμοῦντι ἐπαινοῦσιν μὲν πάντα,
ἃ πωλοῦσιν,
10 ἀγνοοῦσιν δέ,
τί χρηστὸν ἢ πονηρὸν πρὸς τὴν ψυχήν·
ὡσαύτως[3] δὲ καὶ οἱ ὠνούμενοι παρ' αὐτῶν.
Εἰ οὖν δοκεῖς ἐπιστήμων εἶναι,
τί χρηστὸν καὶ πονηρόν,
15 [4]ἀσφαλές σοί ἐστιν[4] ὠνεῖσθαι μαθήματα
καὶ παρὰ Πρωταγόρου καὶ παρ' ἄλλου.
Σκόπει δή,
πότερον ἡγῇ
τῷ Πρωταγόρᾳ δεῖν ὁμιλεῖν ἢ οὔ."

[1] ὁ κάπηλος: der Einzelhändler
[2] τὰ ἀγώγιμα: die Waren
[3] ὡσαύτως: ebenso
[4] ἀσφαλές σοί ἐστιν: es ist für dich sicher, du kannst ohne Risiko

**3** Erläutern Sie mithilfe des Informationstextes den Vergleich, den Sokrates anstellt.

**4** Diskutieren Sie: Über welche Eigenschaften müsste jemand verfügen, damit er gefahrlos bei Protagoras „einkaufen" kann?

*Detail einer Schale aus Lakonien, um 560 v. Chr.; Paris, Bibliothèque nationale*

## B  Lehrer der Tugend?   nach Platon

Sokrates diskutiert mit Anytos, einem angesehenen und einflussreichen Politiker, die Frage, ob ἀρετή angeboren ist oder ob man sie lernen und deshalb auch lehren kann.

**1** Sammeln Sie Hinweise darauf, dass Sokrates die gestellte Frage für schwer lösbar hält – im Unterschied zu Anytos.

ΣΩΚΡΑΤΗΣ  Εἰ ἔξεστι τὴν ἀρετὴν διδάσκειν, οὐκ ἀναγκαῖον καὶ διδασκάλους καὶ μαθητὰς εἶναι τῆς ἀρετῆς;
ΑΝΥΤΟΣ  Ἔμοιγε δοκεῖ.
ΣΩΚΡΑΤΗΣ  Ἐγὼ οὖν πολλάκις ζητῶν, εἴ τινές εἰσιν αὐτῆς
5 διδάσκαλοι, καὶ πάντα ποιῶν οὐ δύναμαι εὑρίσκειν. Διὰ τοῦτο δέομαι σοῦ, ὦ Ἄνυτε· σὺ οὖν ἐμοὶ συζήτει, τίνες εἰσὶ διδάσκαλοι περὶ τῆς ἀρετῆς. Ἀλλὰ μέντοι οἱ ἄνθρωποι τούτους[1] καλοῦσι σοφιστάς.
ΑΝΥΤΟΣ  [2]Ἡράκλεις, εὐφήμει[2], ὦ Σώκρατες· ἐπεὶ οἱ σοφισταὶ
10 φανερά ἐστι διαφθορά[3] τῶν συγγιγνομένων. Ἔγωγε οὔποτε σοφισταῖς ὁμιλῶ οὐδὲ τοῖς οἰκείοις ἐπιτρέπω ἐκείνοις συνεῖναι.
ΣΩΚΡΑΤΗΣ  Πῶς οὖν, ὦ δαιμόνιε, ἄπειρος ὢν οἶσθα περὶ τοῦ πράγματος, εἴτε τι ἀγαθὸν ἔχει εἴτε φαῦλον;

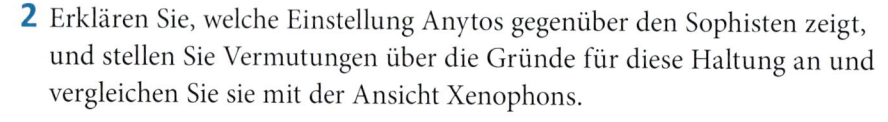

Raffael: Ausschnitt aus dem Wandgemälde „Die Schule von Athen", 1508–1511; Rom, Musei Vaticani

[1] τούτους: „diese"
[2] Ἡράκλεις, εὐφήμει: „bei Herakles, pass auf, was du sagst"
[3] ἡ διαφθορά: der Untergang

**2** Erklären Sie, welche Einstellung Anytos gegenüber den Sophisten zeigt, und stellen Sie Vermutungen über die Gründe für diese Haltung an und vergleichen Sie sie mit der Ansicht Xenophons.

**3** Diskutieren Sie: Sollte es ein Schulfach „Tugendlehre" geben?

### Xenophon über die Sophisten

Ich wundere mich über die sogenannten Sophisten, weil die meisten von ihnen behaupten, die jungen Männer zur Tugend zu führen, sie aber zum Gegenteil führen; denn wir haben noch nie einen Mann gesehen, den die jetzigen Sophisten tugendhaft gemacht haben, und sie präsentieren auch keine Schriften, aus denen man zwangsläufig tugendhaft wird, sondern sie haben viel über unnützes Zeug geschrieben, woraus die jungen Männer leere Vergnügungen schöpfen, Tugend enthalten sie aber nicht. Die Worte darin sind zwar bewusst gewählt, aber moralische Sprüche, durch die die Jüngeren zur Tugend erzogen werden könnten, finden sich darin nicht. Ich selbst bin zwar ungebildet, aber ich weiß, dass es das Allerbeste ist, aus der eigenen Wesensveranlagung das Gute zu lernen, am zweitbesten aber, eher von denen, die wirklich etwas Gutes kennen, als von denen, die die Kunst der Täuschung besitzen.

*Xenophon, Kynegetikos 13.1–4*

# Impulse und Übungen

vor Text A → 1
vor Text B → 2
nach Text B → 3–6

**1** Bei Verben, deren Stamm auf -ε endet, verschmilzt dieses -ε mit dem nachfolgenden Vokal durch Kontraktion.

**a** Ordnen Sie den Formen von πράττω die entsprechenden von ποιέω zu.

ἐπράττου • πρᾶττε • πραττόμεθα • πράττεις • ἔπραττε(ν) • πράττῃ • πράττω • ἐπράττετο • πράττονται

ἐποίου • ποιῶ • ποίει • ποιεῖς • ποιούμεθα • ἐποιεῖτο • ποιοῦνται • ἐποίει • ποιῇ

**b** Formulieren Sie drei Regeln, nach denen die Verben auf -έω kontrahieren.

**c** Weisen Sie die Regeln an folgenden Formen nach und bestimmen Sie diese:
ποιοῦσιν • ποιοῦ • ποιῶν • ποιοῦντος • ποιοῦν • ποιεῖν • ποιοῦσαι • ποιεῖτε

**d** Das Verb δέομαι kontrahiert nur in einem der durch die drei Regeln beschriebenen Fälle. Zeigen Sie dies an den Formen δεῖται, δεόμεθα und ἐδέου.

**2 a** Ordnen Sie folgende Formen von σοφιστής nach Kasus und Numerus und ergänzen Sie dann die Artikel:
σοφισταῖς • σοφισταί • σοφιστῇ • σοφιστής • σοφιστάς • σοφιστοῦ • σοφιστῶν • σοφιστήν

**b** Nennen Sie die Deklination, nach der σοφιστής dekliniert wird, und die Kasusformen, die von ihr abweichen.

**c** Vergleichen Sie die folgenden Formen und überlegen Sie, worauf die abweichende Endung zurückzuführen ist:
σοφιστῇ – Πρωταγόρᾳ

**3 a** Gleiche Endungen, aber unterschiedliche Funktionen. Bestimmen Sie die Formen und ordnen Sie diesen die richtigen Übersetzungen zu.
σκόπει • ἐτήρει • ἀγνοεῖ • ὠνοῦ (2) • δέου • ἤσκουν (2) • ὁμολογοῦν

er/sie behütete • du kauftest • ich übte • zustimmend • ihr führtet • prüfe! • er/sie kennt nicht • kaufe! • sie übten • bitte!

**b** Ordnen Sie die inhaltlich und formal passenden Formen in die folgenden Sätze ein:
1. Ὁ Δάφνις σὺν τῇ Χλόῃ ❓ τὰς ἀγέλας.
2. Αἱ τῶν Σπαρτιατῶν κόραι ❓ τὰ σώματα πολλοῖς ἀγῶσιν.
3. Ἆρα παιδίον ἀεὶ ❓ ἐστὶ σῶφρον;
4. ❓, εἰ ὑγίειά ἐστιν ἡ αὐτὴ καὶ τῆς γυναικὸς καὶ τοῦ ἀνδρός.

**4** Wie das unbestimmte τις (jemand, einer) wird auch das fragende τίς (wer?) dekliniert. Setzen Sie die Formen in die Fragen ein und beantworten Sie diese auf Deutsch.

τίς • τίνα • τίνι • τίνος

1. ❓ περι|άγει τὰ μαθήματα καὶ πωλεῖ;
2. ❓ ὁ Ἱπποκράτης ἡγεῖται δεῖν ὁμιλεῖν;
3. ❓ ὁ Σωκράτης παραβάλλει τῷ ἐμπόρῳ τε καὶ τῷ καπήλῳ[1];
4. Περὶ ❓ οἱ πωλοῦντες οὐκ ἐπίστανται;

---
[1] ὁ κάπηλος: der Einzelhändler

**5** Führen Sie die folgenden Wörter auf Substantive gleichen Stammes zurück und nennen Sie die Bedeutung:
πονηρός • ἀναγκαῖος • ἀγνοέω • ἐπιστήμων • οἰκεῖος • δαιμόνιος

**6** Setzen Sie die folgenden Begriffe an die richtige Stelle:

σοφιστής • σοφός (2) • φιλόσοφος

Als ❓ bezeichneten die Griechen jeden, der in seinem Beruf geschickt war. So konnte ein Schreiner ebenso ❓ sein wie ein Politiker oder Wissenschaftler. Im engeren Sinne ❓ wurde jemand genannt, der die Welt insgesamt und das Wesen des Menschen erkunden und verstehen wollte. Dagegen machte ein ❓ jeden, der dafür bezahlen konnte, „geschickt" in der Rhetorik und in der Argumentationskunst (Dialektik).

# Lektion 17

## Erziehung und Bildung in Athen

### Erziehung einmal umgekehrt

*Ein Vater kommt laut schreiend aus seinem Haus gerannt, verfolgt von seinem Sohn:*
**Der Vater:** „Aua, Aua! Nachbarn, Verwandte, Gemeinde-Mitglieder, helft mir! Ich werde nach Strich und Faden verprügelt! *(zu seinem Sohn)* Du verfluchter Kerl schlägst deinen Vater?"
**Der Sohn:** „Na klar, Papa. Und ich werd' dir beweisen, dass ich dich mit Recht geschlagen habe! Hast du mich nicht auch geschlagen, als ich noch ein Kind war?"
**Der Vater:** „Natürlich, aus Fürsorge für dich und weil ich es gut mit dir meinte."
**Der Sohn:** „Sag mir: Ist es dann nicht gerecht, dass ich es genauso gut mit dir meine – und dich schlage?"

Eine Szene wie diese aus einer Komödie konnte man in Athen häufiger auf der Theaterbühne sehen. In der öffentlichen Diskussion waren Erziehung und Bildung offensichtlich wichtige Themen, über die man sich auch amüsieren konnte, wenn wie hier die Rollen einmal verkehrt wurden. Die Szene zeigt, dass die Erziehung von Kindern in Athen zunächst Aufgabe der Eltern war und dass dabei üblicherweise Gewalt angewendet wurde.

### Schule – ein seltener Luxus

Neben den Eltern kümmerte sich in wohlhabenden Familien eine Sklavin als Kinderfrau (ἡ τροφός) um die Kinder, um die Jungen später auch ein Sklave als Erzieher (ὁ παιδαγωγός). Das Leben der Mädchen war auf das Haus beschränkt. Eltern, deren Söhne nicht bei der Erwerbsarbeit helfen mussten, konnten die Jungen in dieser „freien Zeit" (ἡ σχολή) zu einem γραμματιστής schicken. Bei ihm lernten die Jungen ab einem Alter von etwa sieben Jahren gegen Bezahlung lesen, schreiben und rechnen. Nach dem Schreiben einzelner Buchstaben, Silben, Wörter und Sätze lasen und interpretierten die Schüler die Werke der großen Dichter. In der Dichtung sollten sie vorbildliche Verhaltensmuster kennenlernen; Homer, der bedeutendste Dichter, galt als „der Erzieher Griechenlands".

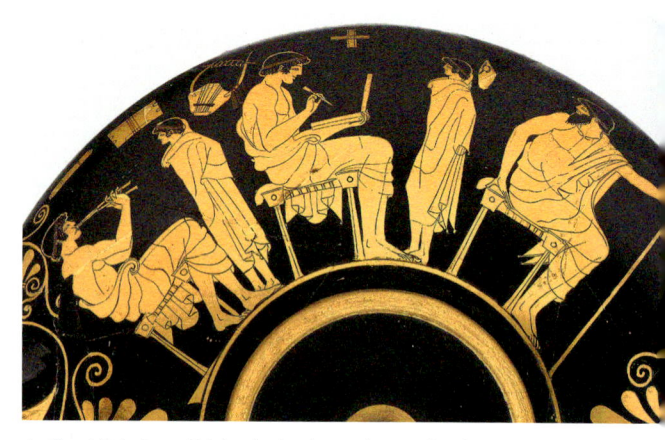

*Außenbild einer Trinkschale, bemalt von Duris, um 480 v. Chr.; Berlin, Antikensammlung*

### Vom Jungen zum Mann

Um innerlich wie äußerlich ein ἀνὴρ καλὸς κἀγαθός zu werden, lernten die Jungen einerseits bei einem Musiklehrer singen und Instrumente spielen, andererseits trainierten sie ihren Körper in verschiedenen Sportarten. Das Training fand im γυμνάσιον statt, einem von Säulengängen umgebenen Platz. Beobachtet und bewundert wurden die Jungen dabei von älteren Männern, die darum wetteiferten, einen der παῖδες durch Zuwendung und Geschenke als ihren „Liebling" für sich zu gewinnen. Der ältere Mann sollte den jüngeren in die Welt der erwachsenen Männer einführen und ihm ein Vorbild sein; als Gegenleistung wurden dafür sexuelle Handlungen erwartet, was damals gesellschaftlich akzeptiert war. Mit 18 Jahren begann für die jungen Männer eine zweijährige militärische Ausbildung mit Kampftraining und Wachdiensten zur Sicherung der Grenzen. Danach waren sie vollberechtigte Bürger.

**1** Vergleichen Sie Erziehung und Schulbildung in Athen a) mit der in Sparta (siehe Lektionstext 8A), b) mit heute.

## A  Protagoras in Athen     nach Platon

Auf dem Weg zu Protagoras will Sokrates zuerst einmal herausfinden, was sich Hippokrates von Protagoras verspricht.

**1** Suchen Sie aus dem Text „Unterrichtsfächer" heraus und ordnen Sie diese den jeweiligen Lehrern zu.

Ὁ Σωκράτης πειρώμενος τοῦ Ἱπποκράτους διεσκόπει καὶ ἠρώτα·
„Παρὰ Πρωταγόραν νῦν ἐπιχειρεῖς φοιτᾶν ἀργύριον τελῶν
ἐκείνῳ – τίνος ἕνεκα;"
Ὁ δ' Ἱπποκράτης „Δεινὸν λέγειν", ἔφη, „ποιεῖ Πρωταγόρας
5 διδάσκων εὖ χρῆσθαι τῇ ῥητορικῇ."

Bei Protagoras angekommen, fragt Sokrates ihn, worin Hippokrates besser werde, wenn er sich bei ihm unterrichten lasse.

ΠΡΩΤΑΓΟΡΑΣ Σύ τε καλῶς¹ ἐρωτᾷς, ὦ Σώκρατες, καὶ ἐγὼ
τοῖς καλῶς¹ ἐρωτῶσι χαίρω ἀποκρινόμενος. Οἱ μὲν ἄλλοι
σοφισταὶ λωβῶνται² τοὺς νέους ἀριθμητικήν τε καὶ ἀστρο-
νομίαν καὶ γεωμετρίαν καὶ μουσικὴν διδάσκοντες· παρὰ δ'
10 ἐμὲ ἀφικνούμενος κτᾶται ὁ Ἱπποκράτης εὐβουλίαν³ περὶ τῶν
οἰκείων καὶ τῶν πολιτικῶν πραγμάτων.
ΣΩΚΡΑΤΗΣ Δοκεῖς μοι λέγειν τὴν πολιτικὴν τέχνην καὶ
ὑπισχνεῖσθαι ποιεῖν ἄνδρας μὴ μόνον δεινοὺς ῥήτορας, ἀλλὰ
καὶ ἀγαθοὺς πολίτας.
15 ΠΡΩΤΑΓΟΡΑΣ Αὐτὸ μέντοι τοῦτό ἐστιν τὸ ἐπάγγελμα⁴, ὃ
ἐπαγγέλλομαι⁴.

¹ -ῶς: Endung des Adverbs
² λωβάομαι: „übers Ohr hauen"
³ ἡ εὐβουλία: die Fähigkeit, richtige Entscheidungen zu treffen
⁴ (τὸ) ἐπάγγελμα ἐπ|αγγέλλομαι: ein Angebot anbieten

**2** Identifizieren Sie die im Text genannten Unterrichtsfächer auf der Vase des Duris (siehe S. 78).

**3** Bearbeiten Sie eine der folgenden Aufgaben:
  **a** Stellen Sie sich vor, es gäbe eine Schule zur Ausbildung von zukünftigen Politikern. Überlegen Sie, welche einzelnen Fächer eine solche Schule anbieten müsste.
  **b** Informieren Sie sich über die Studieninhalte des Universitätsfachs „Politikwissenschaft" und erörtern Sie, ob sich dieses mit dem deckt, was Protagoras unter πολιτικὴ τέχνη versteht.

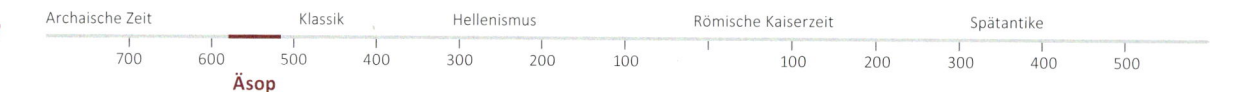

**17** | Archaische Zeit | Klassik | Hellenismus | Römische Kaiserzeit | Spätantike

**Äsop**

## B Wer ist schlauer?   nach Äsop

**1** Stellen Sie begründete Vermutungen über die Eigenschaften der genannten Tiere und den Ausgang der Fabel an.

Τέττιξ¹ ἐπί τινος δένδρου ᾖδεν. Ἀλώπηξ² δὲ βουλομένη αὐτὸν κατεσθίειν μηχανήν τινα εὑρίσκειν ἐπειρᾶτο. Τὸν τέττιγα¹ θεωμένη ἐθαύμαζεν τὴν καλλίστην φωνὴν αὐτοῦ καὶ παρεκάλει καταβαίνειν λέγουσα, ὅτι ἐπιθυμεῖ θεᾶσθαι, ποῖον ζῷον οὕτως
5 ᾄδει. Καὶ ἐκεῖνος ὑπονοῶν³ τὴν μηχανὴν αὐτῆς ἐβόα· „Πλανᾷ, εἰ οἴει με καταβήσεσθαι⁴ καὶ κινδυνεύσειν⁴. Ἐγὼ γὰρ ἀλώπεκας² φυλάττομαι, ὅτι ἐν ἀφοδεύματι⁵ ἀλωπέκων² πτερὰ τεττίγων¹ ἑώρων."

¹ ὁ τέττιξ, τοῦ τέττιγος: die Zikade
² ἡ ἀλώπηξ, τῆς ἀλώπεκος: der Fuchs
³ ὑπο|νοέω: ahnen
⁴ κατα|βήσεσθαι (von κατα|βαίνω) und κινδυνεύσειν: Infinitiv Futur
⁵ τὸ ἀφόδευμα, τοῦ ἀφοδεύματος: der Kot

**2** Erklären Sie, wie der Fuchs die Zikade zu überlisten versucht.

**3** Bearbeiten Sie eine der folgenden Aufgaben:
  **a** Stellen Sie – gegebenenfalls durch eine Recherche – weitere Fabeln mit einem Fuchs zusammen und vergleichen Sie das Handeln und den Erfolg des Fuchses.
  **b** Vergleichen Sie diese Fabel mit weiteren Fabeln, in denen ein Tier von einem anderen Tier besiegt wird.
  **c** Analysieren Sie, welche Darstellungsmittel die Abbildung des Äsop wie eine Karikatur erscheinen lassen.

*Äsop lässt sich Fabeln von einem Fuchs erzählen. Innenbild einer Trinkschale, um 470 v. Chr.; Rom, Musei Vaticani*

# Impulse und Übungen

vor Text A → 1–3
nach Text A → 4
nach Text B → 5, 6

**1 a** Ordnen Sie den Formen von λέγω die entsprechenden von ἐρωτάω zu und bilden Sie die unkontrahierte Form. Beispiel:
λέγετε – ἐρωτᾶτε (< ἐρωτά-ετε)

λέγεσθαι • ἐλέγομεν • λέγεις • λέγει • λέγω • ἐλέγου • λέγῃ

ἐρωτῶ • ἠρωτῶμεν • ἐρωτᾶσθαι • ἐρωτᾷ (2x) • ἐρωτᾷς • ἠρωτῶ

**b** Formulieren Sie die zwei Regeln, nach denen die -άω-Verben kontrahieren.

**c** Bilden Sie von παιδεύω und τιμάω die folgenden Formen:
er erzieht – er ehrt • du wirst erzogen – du wirst geehrt • ich erziehe – ich ehre • lass dich erziehen! – lass dich ehren!

**2** Ordnen Sie die folgenden Wörter danach, ob sie eine zeitliche oder eine begründende Relation herstellen können oder beides.
γάρ • ἐπεί • ὅτι • ὅτε • ἔπειτα • ἐπειδή

**3** Das Adjektiv δεινός bezeichnet auch besondere Fähigkeiten:
Πρωταγόρας δεινὸς ἦν λέγειν.
Protagoras war „unheimlich" fähig zu reden / ein großartiger / gewaltiger Redner.

Übersetzen Sie entsprechend:
εἶ δεινὸς πωλεῖν • δεινότατοί ἐστε ἐσθίειν καὶ πίνειν • δεινός εἰμι μανθάνειν

**4 a** Der Stamm von χρήομαι endet auf -η. Erschließen Sie anhand der Formen die Unterschiede zu den α-Kontrakta:

χρῶμαι • ἐχρῆτο • χρώμενος • χρῆσθε • ἐχρῶ • χρώμεθα • χρῇ • ἐχρώμην

**b** Setzen Sie aus diesen Formen von χρήομαι die passenden ein und übersetzen Sie:
1. Τῷ Κύρῳ σὺ μὲν ἐχθρῷ ❓, ἐγὼ δὲ φίλῳ ❓.
2. Ὑμεῖς μὲν ἀδικίᾳ ❓, ἡμεῖς δὲ ❓ δικαιοσύνῃ.
3. Ὁ Ἥλιος τοῖς ἵπποις ❓ τὴν ἡμέραν ἀν|άγει.

**5** Ordnen Sie den griechischen Verbformen die passende Übersetzung zu. Manchmal gibt es mehrere Möglichkeiten.

φοιτῶ • βοᾷ • ἐτίμων • ἐρωτᾶν • θεῶ • ἐτίμα • θεᾶσθε • φοιτῶσα • βοᾶτε • ἐπειρᾶτο • ἠρωτώμην • ἔα • ἐκτῶ • πλανώμεθα • ἐβοῶμεν

er/sie/es versuchte • er/sie/es ehrte • fragen • er/sie/es schreit • ich wurde gefragt • wir irren (herum) • ihr schaut an • lass zu! • ich besuche • sie ehrten • wir schrien • ihr ruft • schau an! • schreit! • ich ehrte • schaut an! • eine, die besucht • du hast erworben

**6 a** τέχνη bezeichnet Tätigkeiten, die Sachwissen und Geschicklichkeit voraussetzen, also ein „Können" oder eine „Kunst". Ein Handwerker, Architekt, Dichter oder Bildhauer besitzt eine τέχνη, aber auch ein Betrüger. Formulieren Sie passende Übersetzungen für die τέχνη dieser „Berufe".

**b** Heutige Bezeichnungen für Wissenschaften gehen häufig auf griechische Adjektive zurück, die auf -ικός enden und zu denen gedanklich τέχνη zu ergänzen ist:

διαλέγομαι → ἡ διαλεκτική (τέχνη): die Kunst der Gesprächsführung, die Argumentationskunst → Dialektik

Suchen Sie die Herkunftswörter folgender Wissenschaftsbezeichnungen heraus und schließen Sie daraus auf deren Bedeutung:

Poetik • Politik • Rhetorik • Musik • Grammatik • Pädagogik • Mathematik • Ballistik • Logik

λόγος • ποιέω • βάλλω • μάθημα • πόλις • Μοῦσα (Muse, Göttin der Künste) • παιδεύω • οἶκος • γράμμα • ῥήτωρ

# Lektion 18

## Alexander der Große – ein Makedone wird zum Mythos

### Ein „legendärer" Herrscher

Auf seinen Kriegszügen soll Alexander unter seinem Kopfkissen stets einen Dolch und Homers „Ilias" gehabt haben, berichtet ein Teilnehmer. Der griffbereite Dolch verdeutlicht die vielen Gefahren, denen Alexander während seines Lebens ausgesetzt war. Die „Ilias" bot Alexander Vorbilder kriegerischer Tugend, und er selbst berief sich auf Achill als Vorfahren mütterlicherseits. Die Anekdote zeigt aber auch, wie sich schon zu Alexanders Lebzeiten Legenden um ihn bildeten: Weder hätte ein Werk im Umfang von 24 Papyrus-Rollen unter Alexanders Kopfkissen Platz gehabt noch hätte der zerbrechliche Beschreibstoff eine solche Aufbewahrung unbeschadet überstanden.

Legenden rankten sich schon um seine Geburt (356 v. Chr.): Seine Mutter Olympias sei schwanger geworden, nachdem sie geträumt hatte, ein Blitz habe ihren Leib getroffen (nach einer anderen Version fand sich in ihrem Bett eine Schlange). So schien Alexander neben seinem leiblichen Vater, dem Makedonenkönig Philipp II., auch noch einen Gott als Vater zu haben. Und tatsächlich sei er viele Jahre später in der libyschen Orakelstätte des Amun, den die Griechen mit Zeus gleichsetzten, als „Sohn des Gottes" begrüßt worden.

Je weiter Alexander auf seinem Zug nach Osten kam, desto Erstaunlicheres soll ihm dort begegnet sein: Er traf die Königin der Amazonen, fand die Ketten des Prometheus, den Alexanders Vorfahre Herakles befreit hatte, bekam Felle goldschürfender Riesenameisen gezeigt, errichtete eine Mauer aus Eisen gegen die Völker Gog und Magog und tauchte in einer Glocke bis auf den Meeresgrund.

### Ein erbarmungsloser Feldherr

Dabei sind schon die historisch belegten Taten Alexanders staunenswert genug: Im Alter von 18 Jahren befehligte er ein Truppenkontingent, als sein Vater Philipp II. in der Schlacht bei Chaironeia (338

*Porträt Alexanders des Großen, römische Kopie eines nach 338 v. Chr. entstandenen griechischen Originals; München, Glyptothek*

v. Chr.) die griechischen Städte unterwarf. Mit 20 Jahren trat er die Königsherrschaft im makedonischen Reich an und musste gleich gegen feindliche Stämme kämpfen. Die Stadt Theben, die sich gegen die makedonische Herrschaft erhoben hatte, ließ er dem Erdboden gleichmachen; 6000 Einwohner ließ Alexander töten, die restlichen 30 000 in die Sklaverei verkaufen.

### Bis ans Ende der Welt

334 v. Chr. begann Alexander dann seinen großen Feldzug gegen die Perser, den schon sein Vater Philipp als Rache für die Feldzüge der Perser nach Griechenland 490/480 v. Chr. geplant hatte. Gleich die erste Schlacht (Granikos, 334 v. Chr.) endete mit einem phänomenalen Sieg Alexanders; 10 000 griechische Söldner, die im Dienste des persischen Großkönigs standen, ließ Alexander als Verräter töten. Innerhalb von vier Jahren vernichtete er die persische Heeresmacht und machte sich selber zum König der Perser. Danach strebte er zu den Grenzen der bekannten Welt und kam bis ins heutige Afghanistan, Pakistan und Indien. Insgesamt legte er über 23 000 km auf dem Landweg zurück und gründete zehn Städte, bis er am 10. Juni 323 v. Chr. in Babylon an einer Krankheit starb.

**1** Was an Alexander fasziniert auch Sie? Diskutieren Sie.

## A  Zwei Briefe   nach Arrian

Alexander hat auf seinem Weg nach Osten im Jahr 333 v. Chr. bei Issos eine große Schlacht gegen den Perserkönig Dareios III. gewonnen und auch einige von dessen Familienangehörigen gefangen genommen. Dareios selbst konnte allerdings entkommen. Er schreibt Alexander einen Brief, in dem er zunächst auf ihre jeweiligen Vorfahren eingeht: seine Vorgänger Artaxerxes und Arses sowie Alexanders Vater Philipp.

**1**  In beiden Briefen werden Vergangenheit, Gegenwart und Zukunft angesprochen. Weisen Sie dies am griechischen Text nach.

Τῷ μὲν Φιλίππῳ, πατρὶ σῷ, βεβαία φιλία καὶ συμμαχία¹ πρὸς Ἀρταξέρξην ἦν. Ἐπειδὴ δ' Ἄρσης ὁ υἱὸς Ἀρταξέρξου ἐβασίλευσεν, ὁ Φίλιππος πρῶτος ἠδίκησεν αὐτόν. Ὅτε δ' ἐγὼ ἐβασίλευσα Περσῶν, σὺ ἐπεχείρησας ἐμοί. Ἐν τῇ μάχῃ οἱ θεοὶ ἐβοήθησάν
5  σοι. Νῦν δ' αἰτῶ, βασιλεὺς παρὰ βασιλέως, τὴν γυναῖκά τε καὶ τὴν μητέρα καὶ τοὺς παῖδας, καὶ φιλίαν ἐθέλω ποιήσασθαι πρὸς σὲ καὶ σύμμαχος εἶναί σοι.

¹ ἡ συμμαχία: der Bündnisvertrag

Folgendes antwortet Alexander – auch er holt weit aus:

Οἱ ὑμέτεροι πρόγονοι² κακῶς ἐποίησαν ἡμᾶς. Ἐγὼ δέ, τῶν Ἑλλήνων ἡγεμών, ἐτιμωρησάμην τοὺς Πέρσας, οἳ ἐστρατεύσαντο
10  ἐφ' ἡμᾶς. Καὶ γὰρ πολεμίοις τισὶν ἐβοηθήσατε, οἳ τὸν ἐμὸν πατέρα ἠδίκουν. Ἐπιστολαῖς δὲ καὶ χρήμασιν τοὺς ἐμοὺς φίλους ἐκέλευσας τὴν εἰρήνην, ἣν τοῖς Ἕλλησι κατεσκεύασα, διαλύειν³. Διὸ ἐστράτευσα ἐπὶ σέ. Καὶ σὺ ἡμᾶς ᾐτιάσω, ὅτι τῆς φιλίας ἐπαυσάμεθα;
15  Νῦν δ' ἐγὼ τὴν χώραν ἔχω, ἣν οἱ θεοὶ ἐμοὶ ἔδοσαν⁴. Εἰ οὖν τὴν μητέρα καὶ τὴν γυναῖκα καὶ τοὺς παῖδας αἰτεῖς, ἧκε πρὸς ἐμὲ καὶ λάμβανε αὐτούς. Τοῦ δὲ λοιποῦ ἐπιστολὴν μή μοι ἐξ ἴσου⁵ πέμπε, ἀλλ' ὡς βασιλεῖ πάσης τῆς Ἀσίας καὶ ὡς κυρίῳ πάντων τῶν σῶν.

² οἱ πρόγονοι: die Vorfahren

³ δια|λύω: zerstören

⁴ ἔδοσαν: 3. Pl. Aor. Akt. von δίδωμι

⁵ ἐξ ἴσου: von gleich zu gleich

**2**  Diskutieren Sie, ob πάντων τῶν σῶν (Z. 18/19) maskulinum oder neutrum ist.

**3**  Zeigen Sie, an welchen Stellen Alexander direkt auf den Brief des Dareios Bezug nimmt.

**4**  Untersuchen Sie, welche Funktion in der Argumentation der beiden Kriegsgegner jeweils der Bezug auf die Vergangenheit hat.

## B Königsfamilie in Gefangenschaft   nach Arrian

Nach der Schlacht bei Issos fanden Alexanders Soldaten im Lager der Perser Dareios' Mutter, Frau und Kinder und brachten sie als Kriegsgefangene in das Lager der Griechen.

**1** Versetzen Sie sich in die Lage der kriegsgefangenen Familienangehörigen des Dareios und suchen Sie nach Hinweisen, von welchen Gefühlen und Gedanken diese bewegt werden.

Ἀλέξανδρος οὖν ἤκουσε γυναικῶν οἰμωγὴν¹ καὶ ἄλλον θόρυβον· ἠρώτησεν, τίς ἐστιν. Καὶ ἐξήγγειλέν² τις· „Ὦ βασιλεῦ, ἡ μήτηρ τε καὶ ἡ γυνὴ Δαρείου καὶ οἱ παῖδες. Οἴονται γὰρ Δαρεῖον οὐκέτι ζῆν, ἐπεὶ ἤκουσαν, ὅτι σὺ τὰ τοῦ Δαρείου ὅπλα ἔχεις." Ἀποκρίνεται
5 δὲ ταῖς γυναιξὶν ὁ Ἀλέξανδρος, ὅτι ζῇ Δαρεῖος, τὰ δὲ ὅπλα φεύγων ἀπέλιπεν³.
Πρὸς δὲ τούτοις Ἀλέξανδρος τὴν θεραπείαν αὐταῖς συνεχώρησεν τὴν βασιλικὴν καὶ τὸν ἄλλον κόσμον καὶ καλεῖσθαι βασιλίσσας⁴. Οὐ γὰρ ἔφη δι' ἔχθραν⁵ ἐπιχειρῆσαι τῷ Δαρείῳ, ἀλλ' ὑπὲρ τῆς
10 ἀρχῆς τῆς Ἀσίας πολεμήσασθαι κατὰ τοὺς νόμους.

¹ ἡ οἰμωγή: das Wehklagen
² ἐξ|ήγγειλεν: (er/sie/es) meldete
³ ἀπ|έλιπεν: (er/sie/es) ließ zurück
⁴ ἡ βασίλισσα: die Königin, die „Majestät"
⁵ ἡ ἔχθρα: die persönliche Feindschaft

**2** Erklären Sie aus dem Satzkontext, was in Z. 8 mit κόσμος gemeint ist.

**3** Untersuchen Sie, wie Alexander durch sein Verhalten charakterisiert wird.

*Ausschnitte aus einem Mosaik aus Pompeji nach einem griechischen Gemälde vom Ende des 4. Jh. v. Chr.; Neapel, Museo Archeologico Nazionale*

# Impulse und Übungen

vor Text A → 1–3
nach Text A → 4–6
nach Text B → 7

**1** Stellen Sie aus den Formen von Lektionstext A und den folgenden Formen die Deklination von ὁ βασιλεύς zusammen (jeweils mit Artikel):

βασιλέα • βασιλέας • βασιλεῦσιν • βασιλέων • βασιλεῖς

**2 a** Vergleichen Sie die Formenbildung von Aorist und Imperfekt im Aktiv und Medium.
**b** Welches Merkmal ist allen aufgeführten Aoristformen gemeinsam, welches ist bei den meisten erkennbar?

### Aktiv

| Imperfekt | Aorist |
|---|---|
| ἔ-παυ-ον | ἔ-παυ-σα |
| ἔ-παυ-ες | ἔ-παυ-σας |
| ἔ-παυ-ε(ν) | ἔ-παυ-σε(ν) |
| ἐ-παύ-ομεν | ἐ-παύ-σαμεν |
| ἐ-παύ-ετε | ἐ-παύ-σατε |
| ἔ-παυ-ον | ἔ-παυ-σαν |
|  | παῦ-σαι |

### Medium

| Imperfekt | Aorist |
|---|---|
| ἐ-παυ-όμην | ἐ-παυ-σάμην |
| ἐ-παύ-ου (<εσο) | ἐ-παύ-σω (<-σασο) |
| ἐ-παύ-ετο | ἐ-παύ-σατο |
| ἐ-παυ-όμεθα | ἐ-παυ-σάμεθα |
| ἐ-παύ-εσθε | ἐ-παύ-σασθε |
| ἐ-παύ-οντο | ἐ-παύ-σαντο |
|  | παύ-σασθαι |

**3** Erschließen Sie aus den folgenden Formen, welche Besonderheit in der Aoristbildung die Verben auf -εω und -αω zeigen.

ἐπώλησαν • ἠρώτησα • ἐποιήσατο • ἐπεθύμησε • τιμῆσαι

**4 a** Bilden Sie zu folgenden Infinitiven den Aorist:
ἐρωτᾶν • βοηθεῖν • φοιτᾶν • ὁμολογεῖν

**b** Ordnen Sie die Verben nach zwei Wortfeldern.

**5 a** Übersetzen Sie die folgenden Ausdrücke mit Possessivpronomina.

ἡ ἡμετέρα γῆ • ἡ ῥώμη ἡ τοῦ ἐμοῦ στρατοῦ • τὴν σὴν ἀνδρείαν • τῷ ὑμετέρῳ πλούτῳ • οἱ ἐμοὶ σύμμαχοι • τοῖς ὑμετέροις παθήμασι

**b** Possessivpronomina können auch substantiviert werden. Übersetzen Sie.

ὁ ἀριθμὸς τῶν ἡμετέρων • τοὺς σούς • τὰ ἐμά

**6 a** Bestimmen Sie in den folgenden Ausdrücke die Funktion des Genitivs (des Besitzers, des geteilten Ganzen, als Objekt bei Verben, Genitivus obiectivus, der Trennung, des Vergleichs).
1. λαμπρότερος τοῦ Ἀλεξάνδρου
2. τὰ τῶν Ἀμαζόνων ὅπλα
3. οἱ τῶν ἵππων ἄριστοι
4. τὴν τῶν παίδων τροφήν
5. ἄρχει τοῦ κόσμου
6. ἀπαλλάττονται τῶν κακῶν

• **b** Erweitern Sie die Ausdrücke zu ganzen Sätzen, indem Sie aus den folgenden Bausteinen jeweils einen sowohl grammatisch als auch inhaltlich passenden auswählen:

ὁ Ζεύς • ἀγαθὴν εἶναι δεῖ • δεινά ἐστιν • Δάφνις καὶ Χλόη • τίς ἐστι…; • ἐν τῷ Ὀλυμπικῷ ἀγῶνι ἀγωνίζονται

**7 a** Ordnen Sie den Aoristformen die in Person und Numerus entsprechenden des Präsens zu.

| | |
|---|---|
| ἔπαυσε | συγχωροῦσιν |
| ἐπεθύμησα | ἄρχει |
| ἐκώλυσαν | πράττειν |
| ἐκελεύσαμεν | πειθόμεθα |
| ἐτίμησας | ἀτιμάζεις |
| ποιῆσαι | βούλομαι |

**b** Gruppieren Sie die Paare danach, ob sie einen Gegensatz bilden oder eine ähnliche Bedeutung haben.

# Lektion 19

## Der griechische Liebesroman

**Liebe und Abenteuer**

Herzschmerz – Entführung – Rivalen – ein Happy End: Die griechischen Liebesromane, die im zweiten und dritten nachchristlichen Jahrhundert entstanden sind, bieten Spannung und Abenteuer. Die Handlung entwickelt sich aus einer Reihe fester Themen, die in den verschiedenen Romanen nur leicht abgewandelt werden: Ein junger Mann und eine junge Frau aus der reichen Bürgerschicht einer Polis verlieben sich, aber die Eltern verbieten deren Heirat, deshalb fliehen beide aus ihrer Heimatstadt. Auf der Reise erleidet das Paar Schiffbruch, wird von Piraten oder Räubern gefangen genommen und versklavt. Konkurrenten stellen die Treue der Liebenden auf die Probe. Am Ende jedoch finden die beiden wieder zueinander und gelangen glücklich nach Hause, die Eltern erlauben den verloren geglaubten Kindern die Heirat.

Den Autoren geht es weniger um eine innere Entwicklung der Hauptfiguren wie in modernen Romanen, sondern um deren Mut und Standhaftigkeit, wenn es gilt, die Liebe und Treue zueinander zu bewahren. Bestimmt wird das Geschehen wesentlich auch von den Göttern und vor allem von Τύχη, der Göttin des Schicksals und des Zufalls. Die Gottheiten greifen über Träume und Prophezeiungen ins Geschehen ein oder erscheinen gar selbst.

**Erzählungen der Welt – eine Welt voller Erzählungen**

Die Romane bieten der Leserschaft Ausblicke in die große Welt: Es werden fremde Länder, Städte, Lebensweisen anderer Völker beschrieben, man lernt exotische Landschaften und Tiere, berühmte Sehenswürdigkeiten kennen. Ebenso wichtig wie die eigentliche Handlung sind die Geschichten, die von den Romanfiguren erzählt werden.

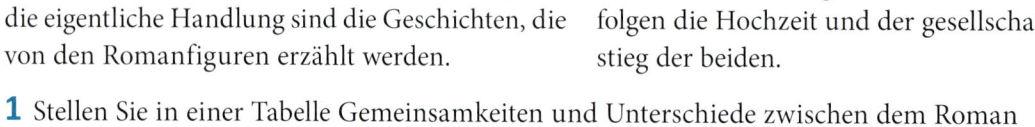

*Louis Hersent: „Daphnis und Chloë", Öl auf Leinwand, 95 × 170 cm, 1842; Paris, Louvre*

**Der Roman des Longos**

Der Roman des Longos spielt im Milieu einfacher Hirten auf der Insel Lesbos. Auch die Götterwelt ist eine einfache: Die Nymphen und Pan stehen neben Eros im Vordergrund. Den Rhythmus der Ereignisse bestimmen die Jahreszeiten. Dies ist der Kontext für die Geschichte von Daphnis und Chloë: Der Junge und das Mädchen, beide Findelkinder, wachsen auf dem Land auf und lernen sich beim Hüten der Ziegen und Schafe kennen und lieben. Anfangs sind die beiden Hauptfiguren so naiv, dass sie ihre Gefühle füreinander zwar wahrnehmen und sogar beschreiben, aber nicht zu deuten wissen. Erst schrittweise lernen sie sich lieben, und auch die körperliche Annäherung fällt ihnen nicht leicht. Allerdings wird das Paar vor harte Prüfungen gestellt: Ihr ruhiges Leben wird von (scheiternden) Entführungsversuchen gestört, ihre heile Welt der einfachen und ehrlichen Landbewohner wird von listenreichen und verdorbenen Städtern bedroht. Erst am Ende stellt sich heraus, dass Daphnis und Chloë jeweils das leibliche Kind reicher Eltern aus der Stadt sind. Der glücklichen Wiedererkennung folgen die Hochzeit und der gesellschaftliche Aufstieg der beiden.

**1** Stellen Sie in einer Tabelle Gemeinsamkeiten und Unterschiede zwischen dem Roman des Longos und dem typischen Schema griechischer Liebesromane zusammen.

**2** Beschreiben Sie, wie der Künstler Hersent die „idyllische" Liebe von Daphnis und Chloë bildlich umsetzt.

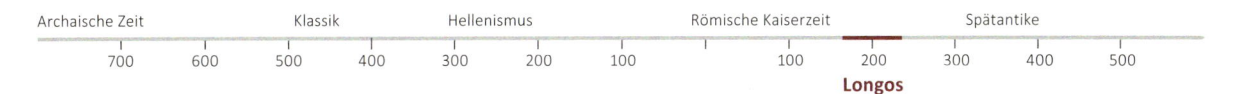

## A  Die Rache des Rivalen    nach Longos

Der Rinderhirt Dorkon will schon seit längerem Chloë mit kleinen Aufmerksamkeiten für sich gewinnen, was Daphnis gar nicht gefällt. Zwischen den beiden Hirtenjungen kommt es zu einem Wettstreit, wer der Schönere von beiden sei. Chloë ist die Schiedsrichterin, als Preis ist ein Kuss ausgesetzt. Dorkon stellt seine Vorzüge heraus: er sei schöner, reicher, und vor allem stinke er nicht wie ein Ziegenhirt. Aber trotz allem bekommt Daphnis den Kuss. Dorkon will sich rächen und greift zu einer List.

**1** Stellen Sie Begriffe aus dem Text zu einem Sachfeld „Natur" zusammen. Berücksichtigen Sie dabei auch die Lektionsvokabeln.

Δόρκων δ' ἐτεχνήσατο[1] τέχνην, ὥσπερ ποιμένι πρέπει. Παρε-
φύλαξε[2] γάρ, ὅτι ἐπὶ ποτὸν ἄγουσι τὰς ἀγέλας ποτὲ μὲν ὁ Δάφνις,
ποτὲ δὲ ἡ παῖς. Λύκου δέρμα μεγάλου, ὃν ταῦρός ποτε πρὸ τῶν
βοῶν μαχόμενος ἐφόνευσε, περι|έτεινε τῷ σώματι, καὶ
5 ἐργασάμενος τοῦτο ἔκρυψεν ἑαυτὸν[3] παρὰ τῇ πηγῇ, ἧς ἔπινον
αἱ αἶγες καὶ τὰ πρόβατα. Ἐτήρει οὖν ὁ Δόρκων τοῦ ποτοῦ τὴν
ὥραν.

Χρόνος ὀλίγος διαγίγνεται[4] καὶ Χλόη κατ|ήλαυνε τὰς ἀγέλας
εἰς τὴν πηγήν. Καὶ οἱ κύνες ὑλάκτησαν[5] καὶ ὥρμησαν ἐπὶ τὸν
10 Δόρκωνα ὡς ἐπὶ λύκον· καὶ ἔδακνον κατὰ τοῦ δέρματος, πρὶν
ἀνα|πηδῆσαι ἐδύνατο. Τέως[6] οὖν τὸν ἔλεγχον φοβούμενος καὶ
ὑπὸ τοῦ δέρματος φρουρούμενος ὁ Δόρκων ἔκειτο σιωπῶν ἐν
τῇ λόχμῃ[7].

[1] τεχνάομαι: ersinnen
[2] παρα|φυλάττω: beobachten

[3] ἑαυτόν: sich

[4] δια|γίγνομαι: verstreichen *(von der Zeit)*
[5] ὑλακτέω: bellen

[6] τέως: eine Zeit lang

[7] ἡ λόχμη: das Gebüsch

**2** Erklären Sie, worin Dorkons Plan bestand und was er damit erreichen wollte.

**3** Skizzieren Sie eine mögliche Fortsetzung der Geschichte.

*Kolorierter Druck zu „Daphnis und Chloë", nach einer Zeichnung von Raphael Collin, 1890*

## B  Glück im Unglück   nach Longos

**1** Überprüfen Sie am Text, ob sich Ihre Vermutung zu Text A, wie die Geschichte weitergehen könnte, bestätigen lässt.

> Ἡ μὲν Χλόη τὸν Δάφνιν ἐκάλει βοηθόν· οἱ δὲ κύνες περισπῶντες¹ τὸ δέρμα τοῦ σώματος ἥπτοντο τοῦ Δόρκωνος. Τὸ μειράκιον μέγα ᾤμωξεν² καὶ ἱκέτευε βοηθεῖν τὴν κόρην καὶ τὸν Δάφνιν ἤδη παρόντα. Τοὺς μὲν δὴ κύνας ἀν|εκάλεσαν καὶ ταχέως
> 5 ἡμέρωσαν³, τὸν δὲ Δόρκωνα ἐν τῇ πηγῇ ἀπένιψαν⁴.
> Τὴν δὲ ἐπιβολὴν⁵ τοῦ δέρματος νομίζοντες ποιμενικὴν παιδιὰν παραμυθησάμενοι⁶ ἀπ|έπεμψαν.

¹ περι|σπάω: (ringsum) wegzerren
² οἰμώζω: jammern
³ ἡμερόω: besänftigen
⁴ ἀπο|νίπτω: abwaschen
⁵ ἡ ἐπιβολή: das Überwerfen
⁶ παρα|μυθέομαι: zureden, trösten

**2** Charakterisieren Sie Daphnis und Chloë in dieser Episode.

**3** Beschreiben Sie die Farbgestaltung und die Größenverhältnisse im Bild und vergleichen Sie die Schwerpunkte, die Marc Chagall dadurch setzt, mit denen im Text des Longos.

Marc Chagall: „Dorkons List", Farblithographie, 1961

# Impulse und Übungen

vor Text A → 1–4
nach Text A → 5–8

**1 a** Ordnen Sie die Verben nach ihrem Stammauslaut in drei Gruppen (k-Stämme, p-Stämme, t-Stämme), erklären Sie die Lautveränderung im Aorist-Stamm und übersetzen Sie jeweils beide Formen.

πέμπω • ἔπεμψα • διώκω, ἐδίωξα • λέγω, ἔλεξα • ἄρχω, ἦρξα • πείθω, ἔπεισα • νομίζω, ἐνόμισα • ἐπιτρέπω, ἐπέτρεψα • σκέπτομαι, ἐσκεψάμην • ἐργάζομαι, ἠργασάμην • γράφω, ἔγραψα

**b** Zu einer dieser drei Gruppen gehören auch die Verben auf -ττω: πράττω, ἔπραξα • φυλάττω, ἐφύλαξα • ταράττω, ἐτάραξα

Was für ein Laut ist offenbar in -ττ- versteckt? Vergleichen Sie dazu die Substantive πρᾶγμα und φύλαξ.

**2 a** Sortieren Sie arbeitsteilig die gegebenen Verbformen nach einem der folgenden Gesichtspunkte:

1. Aktiv / Medio-Passiv / Medium
2. Präsens / Aorist
3. Infinitiv / Partizip / finite Form

πειθομένῳ • βιάσασθαι • νομίσαντες • γράφει • ἀπαλλάττειν • ἀγωνισαμένοις • ἔπεισεν • εὔχεσθαι • βλεπούσης • ὀνειδίσαι • κατασκευάσω

**b** Bestimmen Sie gemeinsam jede Form genau.

**3 a** Übersetzen Sie die folgenden Aoristformen.

ἠγωνίσαντο • ἤλπισαν • ὠνόμασα • ἠτίμασας • ἐπετρέψαμεν • ἐβιάσατε • ηὐξάμην • ἔβλαψεν • ὠνειδίσατε • κατεσκευασάμεθα • ἠναγκάσατε • ἐτάραξεν

• **b** Suchen Sie die Verben heraus, die zum Wortfeld „(körperliche/psychische) Gewalt" gehören, und nennen Sie zu diesen die Grundform (1. Sg. Ind. Präs.).

**4** ὁ θεός der Gott / ἡ θεός die Göttin. Übersetzen Sie entsprechend:

ὁ κύων / ἡ κύων • ὁ βοῦς / ἡ βοῦς • ὁ ἵππος / ἡ ἵππος • ὁ παῖς / ἡ παῖς

**5** Nennen Sie stammgleiche Verben zu den folgenden Substantiven:

σύμ|μαχος • πρᾶγμα • εὐ|βουλία • χείρ • γνώμη • χαρά

**6** Übersetzen Sie die Sätze so, dass die Wiederholung desselben Wortstamms im Deutschen vermieden wird.

*Alexander nach einem Sieg zu seinen Soldaten:*
1. „Φοβερὸν ἀγῶνα ἠγωνίσασθε.
2. Δεινὴν μάχην ἐμαχέσασθε.
3. Λαμπρὰν νίκην ἐνικήσατε[1].
4. Νῦν τὴν μεγίστην ἀρχὴν ἄρχομεν."

[1] νικάω: siegen, besiegen

**7** Übersetzen Sie. Achten Sie dabei darauf, welche Konstruktion von ἀκούω abhängt.

1. Ὁ Ἀλέξανδρος γυναικῶν βοωσῶν ἤκουσεν.
2. Ἡ γὰρ Δαρείου μήτηρ ἤκουσε τὸν Ἀλέξανδρον τὸν υἱὸν φονεῦσαι.
3. Μετὰ δ' ὀλίγον χρόνον ἤκουσε τὸν μὲν Ἀλέξανδρον τὰ τοῦ Δαρείου ὅπλα ἔχοντα, ἐκεῖνον δὲ ζῶντα.

**8** Fügen Sie die Satzhälften so zusammen, dass sich sinnvolle Sätze ergeben.

1. Ὁ ταῦρος τὸν λύκον ἐφόνευσε …
2. Οἱ κύνες τὸν Δόρκωνα ἔδακνον …
3. Ὁ ἔμπορος ἐπώλησε πολλὰ …
4. Κῦρος τὸν Κροῖσον ἠρώτησε …

a) … ἀγνοῶν, τί πονηρόν ἐστι.
b) … περὶ τοῦ πράγματος ἄλλην γνώμην ἔχοντα.
c) … μαχόμενος πρὸ τῶν βοῶν.
d) … οὐ δυνάμενον ἀνα|πηδῆσαι.

# Lektion 20

## Die Olympischen Spiele

### Das Maß aller Dinge

Aristolochos lebt in Athen ein gutes Leben: Er wird von seinen Mitbürgern hoch geehrt, muss keine Steuern zahlen und bekommt lebenslang Verpflegung auf Staatskosten. Aristolochos: ein Kriegsheld, ein Retter des Vaterlandes? – Nein, Aristolochos hat bei den Olympischen Spielen den Stadionlauf gewonnen.

Die Olympischen Spiele waren die wichtigsten sportlichen Wettkämpfe im antiken Griechenland. So wichtig, dass Kriegshandlungen für den Zeitraum der Wettkämpfe ausgesetzt wurden und die Zeitrechnung in Griechenland sich an den Spielen orientierte: „Olympiade" (ἡ Ὀλυμπιάς) bezeichnete den Zeitraum von vier Jahren, der zwischen zwei Olympischen Spielen (τὰ Ὀλύμπια) lag. Die ersten Olympischen Spiele sollen im Jahre 776 v. Chr. stattgefunden haben, sodass der Zeitraum von 776–772 v. Chr. die 1. Olympiade darstellt. Aristolochos hat seinen Sieg bei den 109. Olympischen Spielen, also im Jahre 344 v. Chr. errungen.

### Spiele für Zeus

Die Spiele wurden nicht um ihrer selbst willen abgehalten, sondern waren Bestandteil der kultischen Verehrung des Zeus. In Olympia gab es ein bedeutendes Zeus-Heiligtum; die gewaltige Statue des Gottes im Zeus-Tempel war eines der Sieben Weltwunder. Unter den Augen des Gottes, der dem Besten den Sieg schenkt, und beobachtet von bis zu 50 000 Zuschauern begannen die fünftägigen Wettkämpfe mit einer Opferzeremonie, gefolgt vom Eid der ausschließlich männlichen Athleten. Darin schworen sie, den Olympischen Frieden zu wahren und sich an die Regeln zu halten.

*Das antike Stadion von Olympia*

### Strafen für Betrug

Was ihnen drohte, wenn sie dies nicht taten, wurde den Sportlern anschaulich vor Augen geführt, bevor sie feierlich ins Stadion einzogen. Denn zuerst kamen sie an einer Reihe goldener Statuen für Zeus vorbei, die aus der Strafe derjenigen Sportler finanziert worden waren, welche die heiligen Satzungen der Spiele verletzt hatten, z. B. durch Bestechung ihrer Gegner oder der Kampfrichter.

### Wettkämpfe und Preise

An den folgenden drei Tagen fanden die Wettkämpfe statt: Laufen, Ringen, Faustkampf, Wagen- und Pferderennen, Fünfkampf und das besonders gefährliche παγκράτιον, ein Kampf, bei dem fast alles erlaubt war, außer Beißen und das Eindrücken der Augen. Am letzten Tag zogen die Sieger zum Zeus-Tempel, wo die Siegerehrung stattfand. Wie alle anderen Sieger in Olympia erhielt Aristolochos einen Palmzweig, ein Stirnband und einen Kranz aus Zweigen des heiligen Olivenbaums. Außerdem nutzte er das Recht, eine Statue von sich im Heiligen Bezirk aufstellen zu lassen, die für alle Zeit von seinem Sieg kündete. Die Erstplatzierten kehrten als hochverehrte Helden in ihre Heimatstädte zurück, allen anderen blieb die Schmach der Niederlage. Für Aristolochos haben sich das jahrelange harte Training und die weite Reise in den Westen der Peloponnes jedenfalls ausgezahlt.

**1** Nennen Sie Gründe, aus denen junge Griechen an den Olympischen Wettkämpfen teilnahmen.

**2** Vergleichen Sie Anlass und Ablauf der antiken Olympischen Wettkämpfe mit denen der modernen Olympischen Spiele.

## A  Diogenes und der 200-m-Läufer   nach Dion Chrysostomos

Einer der radikalsten Kultur- und Gesellschaftskritiker der Griechen war Diogenes von Sinope. Seinen Beinamen ὁ κύων trug Diogenes zu Recht: Durch provozierende Handlungen und Aussprüche „biss" und „bellte" er, um seine Mitmenschen wachzurütteln und sie zu einem bedürfnislosen, freien und unabhängigen Leben zu ermuntern. So auch einmal bei den Isthmischen Spielen in der Nähe von Korinth.

**1** Ermitteln Sie, was Diogenes sieht.

Διογένης δὲ βλέπων
ἄνδρα τινὰ ἐκ τοῦ σταδίου βαδίζοντα μετὰ πολλῶν ἑταίρων
καὶ μηδὲ ἐπι|βαίνοντα τῆς γῆς,
ἀλλὰ φερόμενον ὑπὸ τοῦ ὄχλου,
5  τοὺς δὲ ἀκολουθοῦντας καὶ βοῶντας,
ἄλλους δέ τινας πηδῶντας ὑπὸ χαρᾶς
καὶ τὰς χεῖρας αἴροντας πρὸς τὸν οὐρανόν,
τοὺς δὲ ἐπι|βάλλοντας τῷ ἀνδρὶ στεφάνους,
ἠρώτησε, τίς ἐστιν ὁ θόρυβος καὶ τί ἐγένετο[1].
10  Ὁ δὲ ἔφη· „Νικῶ, Διόγενες, τὸ στάδιον τὸ τῶν ἀνδρῶν."
„Τοῦτο δὲ τί ἐστιν;" ἔλεξεν· „οὐ γὰρ δὴ φρονιμώτερος γέγονας[2]
οὐδὲ μικρόν, ὅτι ἔφθασας τοὺς συν|τρέχοντας, οὐδὲ
σωφρονέστερος νῦν ἢ πρότερον."

[1] ἐγένετο: 3. Sg. Aor. von γίγνομαι

[2] γέγονας: 2. Sg. Perfekt von γίγνομαι

**2** Verfassen Sie eine Antwort des ἀνήρ.

**3** Vergleichen Sie die beiden Statuen und erklären Sie, inwieweit sie einen ähnlichen Gegensatz darstellen wie der Text.

*A  Diogenes. Römische Statuette (Höhe 54,6 cm, stark ergänzt) nach einem griechischen Original des 3./2. Jh. v. Chr.; Rom, Villa Albani*

*B  Athlet, der sich die Siegerbinde anlegt. Römische Marmorstatue (Höhe 195 cm) nach einem Bronzeoriginal des griechischen Bildhauers Polyklet, um 430 v. Chr.; Athen, Nationalmuseum*

## B  Alles vergeben und vergessen?  nach Isokrates

404 v. Chr. endete der Peloponnesische Krieg zwischen Athen und Sparta mit dem Sieg der Spartaner. Unter den Athenern brach gleich im Anschluss ein Bürgerkrieg aus: Die Anhänger der Demokratie operierten von ihrer Basis im Piräus aus gegen die Gegner der Demokratie im Stadtzentrum.
Mit der Hilfe der Spartaner konnte der Bürgerkrieg beendet werden. Im Jahre 403 wurde eine allgemeine Amnestie beschlossen: Alle in dieser Zeit auf beiden Seiten begangenen Unrechtstaten sollten straflos bleiben.
In einer Rede aus dem Jahr 402 oder 401 v. Chr. betont der Redner Isokrates die politische Bedeutung dieser Amnestie.

**1** Nennen Sie die Gegensätze, die diesen Text prägen.

Πρὶν μὲν ποιήσασθαι τὰς συνθήκας[1], ὦ ἄνδρες δικασταί, ἐπολεμοῦμεν – οἱ μὲν τὴν πόλιν ἔχοντες, οἱ δὲ τὸν Πειραιᾶ· μᾶλλον ἀλλήλους ἐμισοῦμεν ἢ τοὺς πάλαι πολεμίους.
Ἐπειδὴ δὲ τὰς συνθήκας[1] ἐποιησάμεθα, οὕτω καλῶς[2] καὶ κοινῶς[2]
5  πολιτευόμεθα, ὥστε πάντες εὐτυχεῖν.
Καὶ τότε μὲν ἀφρονεστάτους καὶ δυστυχεστάτους[3] πάντες ἡμᾶς ἐνόμιζον, νῦν δ' εὐδαιμονέστατοι καὶ σωφρονέστατοι τῶν Ἑλλήνων δοκοῦμεν εἶναι. Διὰ γὰρ τῶν συνθηκῶν[1] ὁρῶ τὴν ἡμετέραν πόλιν εὐδαίμονα πάλιν καὶ μεγάλην γιγνομένην.

[1] αἱ συνθῆκαι: die (Amnestie-)Vereinbarung

[2] -ῶς: *Endung des Adverbs*

[3] δυσ|τυχής, δυσ|τυχές: unglücklich

**2** Diskutieren Sie die Problematik von Amnestievereinbarungen. Berücksichtigen Sie dabei gegebenenfalls aktuelle Bürgerkriegsereignisse.

*Athen (unten) und der Hafen Piräus (oben), verbunden durch die Langen Mauern; Rekonstruktionszeichnung von Peter Connolly*

# Impulse und Übungen

vor Text A → 1–4
nach Text A → 5, 6

**20**

**1** Die Adjektive auf -ων haben im Komparativ und Superlativ eine eingefügte Silbe: σωφρον|έσ|τερος, σωφρον|έσ|τατος.

**a** Ordnen Sie den Adjektiven passende Substantivformen zu und ergänzen Sie den Artikel.

| | |
|---|---|
| ἀφρονεστάτας | βίον |
| ἐπιστημονεστέροις | ἡγεμόνας |
| σωρφονεστέρῳ | πολίταις |
| χρηστοτάτους | μηχανάς |
| εὐδαιμονέστατον | ἀνδρί |

• **b** Ergänzen Sie mit den entstandenen Verbindungen (eventuell mit Artikel) den folgenden Text sinnvoll:

Jedem ❓ ist klar: die ❓ erkennt man daran, dass die ihnen Anbefohlenen ein ❓ führen. Sie erscheinen ❓ kompetent und benötigen keine ❓, um ihr Amt zu behalten.

**2** Ordnen Sie die folgenden Wörter danach, ob sie Zustimmung, Ablehnung oder Unsicherheit ausdrücken.
οὐδαμῶς • δήπου • οὐ δῆτα • ἴσως • δή

**3** Führen Sie mit Ihrem Nachbarn ein Schreibgespräch nach folgendem Muster:
ὁ ἥλιος • ἡ Πελοπόννησος • μακρός

A: „Ὁ ἥλιος μακρότερος τῆς Πελοποννήσου ἐστίν / ἢ ἡ Πελοπόννησός ἐστιν."
B stimmt zu: „Πάντων μέντοι ἐστὶν ὁ ἥλιος μακρότατος." Oder B lehnt ab: „Οὐδαμῶς. Ἡ Πελοπόννησος μακροτάτη πάντων ἐστίν."

Verwenden Sie folgende Wörter:
1. ὁ Ἀλέξανδρος • ὁ Πλάτων • λαμπρός
2. οἱ φίλοι • οἱ οἰκεῖοι • πιστός
3. ἡ σοφία • ὁ πλοῦτος • ὠφέλιμος
4. ὁ Ὀδυσσεύς • ὁ Ἡρακλῆς • θαυμάσιος

Beachten Sie: Die Adjektive in 3 und 4 bilden Komparativ und Superlativ auf -ώτερος bzw. -ώτατος.

**4** Sie kennen bereits den Akkusativ der Beziehung (in Bezug worauf?). Ergänzen Sie jeweils sinngemäß einen Akkusativ und suchen Sie nach einer adäquaten deutschen Übersetzung.

τὸν πλοῦτον • τὸ σῶμα • τὴν χάριν • τὴν πολιτικήν • τὴν ἀρετήν • μικρόν

1. Οἱ νέοι ἰσχυροί εἰσιν ❓.
2. Οἱ σοφισταὶ σοφοί εἰσιν ❓.
3. Οἱ ἄνθρωποι διαφέρουσι ❓.
4. Ὁ Κροῖσος ἔνδοξος ἦν ❓.
5. Ἡ Χλόη καλή ἐστι ❓.

**5** Die Subjunktion πρίν steht nur dann mit einer finiten Form, wenn der Hauptsatz verneint ist; ansonsten steht πρίν mit Infinitiv oder (bei verschiedenem Subjekt) mit AcI.
Beachten Sie bei der Übersetzung, ob die Handlung des Nebensatzes zeitlich vor oder nach der des Hauptsatzes liegt:

1. Die Athleten kämpften in Olympia nicht, πρὶν παρεσκευάσαντο.
2. Die Athleten bereiteten sich jahrelang vor, πρὶν εἰς τοὺς ἀγῶνας πορεύεσθαι.
3. Die Ringer rieben sich mit Olivenöl ein, πρὶν ἀγωνίζεσθαι.
4. Ein Ringkampf war nicht beendet, πρίν τις ἐνίκησεν.

**6** Bei der Subjunktion ὥστε betont eine finite Verbform die wirkliche Folge, während ein Infinitiv (oder AcI) ausdrückt, dass eine Folge beabsichtigt oder logisch zu erwarten war (im Deutschen meist mit Zusatz von „können" wiederzugeben). Übersetzen Sie:

1. Es kamen so viele Besucher nach Olympia, ὥστε τὸ ἱερὸν μεστὸν ἦν ἀνθρώπων.
2. Zu den Zeiten der Olympischen Spiele gab es einen Waffenstillstand, ὥστε πάντας τοὺς ἀνθρώπους ἐν ἡσυχίᾳ πορεύεσθαι.
3. Die Wettkämpfe in den Kampfsportarten waren sehr hart, ὥστε καί τινες ἀπέθνησκον.

# Lektion 21

## Frauenleben in Athen

### Ein stolzer Ehemann

„Ist das nicht Ἰσχόμαχος, der da hinten sitzt?" Sokrates ist überrascht, Ischomachos entspannt auf den Stufen eines Tempels auf der Agora sitzen zu sehen. Sokrates hat schon viel von ihm gehört, vor allem von dem Wohlstand, den Ischomachos sich durch sein Landgut erwirtschaftet hat. Sokrates nutzt die Gelegenheit, sich mit ihm bekannt zu machen: „Lieber Ischomachos, was sitzt du hier so herum? Müsstest du nicht zu Hause sein und dich um die Verwaltung deines landwirtschaftlichen Betriebes kümmern?" – „Das macht meine Frau", antwortet Ischomachos, „ich selbst bin kaum noch zu Hause." – „Kannte sie sich denn schon in diesen Dingen aus, als du sie geheiratet hast?" – „Nein, sie war doch erst 15 Jahre alt, als sie zu mir kam. Vorher, bei ihren Eltern, war sie so aufgewachsen, dass ihr möglichst wenig zu sehen, zu hören oder zu fragen erlaubt war. Natürlich hatte sie gelernt, Wolle zu spinnen, Stoffe zu weben, zu kochen, aber alles andere habe ich ihr beigebracht. Sie war sehr gelehrig und führt meinen Haushalt und das Landgut jetzt sehr gut."

### Ein Leben in Abhängigkeit

Diesem Gespräch, das wir bei Xenophon lesen, lassen sich viele Informationen darüber entnehmen, wie Frauen aus Familien athenischer Vollbürger lebten. Mädchen wuchsen abgeschottet im Haus ihrer Eltern auf und lernten nur das, was sie später als Hausfrau brauchen würden. In jungen Jahren wurden sie verheiratet; die Ehemänner waren meist schon mehr als 30 Jahre alt. Der Vater schloss mit dem Bräutigam einen Vertrag über die „Herausgabe" seiner Tochter und zahlte dem Ehemann eine Mitgift; das war in der Regel eine hohe Geldsumme, die dem Drei- bis Zwanzigfachen dessen entsprach, was ein Handwerker im Jahr verdiente. Frauen hatten ihr ganzes Leben lang einen männlichen Vormund, einen κύριος. Mit der Verheiratung ging die Vormundschaft vom Vater an ihren Ehemann über.

### Pflichten ohne Rechte

Die Ehefrau hatte den Haushalt zu führen und Kinder zu gebären, um den Fortbestand der Familie zu sichern. Rechte hatte eine Frau keine; sie konnte nichts besitzen und durfte daher auch nicht erben; vor Gericht aufzutreten oder Verträge zu schließen war ihr nicht erlaubt.

### Möglichkeiten der Scheidung

Ein Mann konnte sich jederzeit von seiner Ehefrau trennen, indem er vor Zeugen aussprach, dass er entschlossen sei, seine Frau „wegzuschicken" (ἀπο|πέμπειν). Ein häufiger Grund für eine Scheidung war, wenn eine Frau keine Kinder bekommen konnte. Wurde die Frau vergewaltigt oder beging sie Ehebruch, musste der Mann sich von ihr trennen. Eine Ehefrau konnte die Scheidung nur einleiten, wenn sie öffentlich bei einem Beamten anzeigte, dass sie ihren Mann „verlassen" (ἀπο|λείπειν) werde. Nach der Scheidung musste sie in das Haus ihres Vaters oder ihres nächsten männlichen Verwandten zurückkehren. Immerhin war der Ehemann verpflichtet, die Mitgift an die Familie der Frau zurückzuzahlen.

**1** Nennen Sie von den Informationen über das Leben der athenischen Frauen (Z. 25 ff.) diejenigen, die sich auch in dem Gespräch zwischen Sokrates und Ischomachos belegen lassen.

**2** Vergleichen Sie die Situation von Frauen im damaligen Athen mit der in heutigen Kulturen.

## A Frauenschicksal — nach Euripides

Medea, die Tochter des Königs von Kolchis am Schwarzen Meer, hat sich in Iason verliebt und ihm geholfen, ihrem Vater das Goldene Vlies (ein goldenes Schafsfell) zu entwenden. Sie ist mit ihm nach Griechenland geflohen. Nun leben sie als Flüchtlinge mit ihren beiden Kindern in ärmlichen Verhältnissen in Korinth. Iason will Medea verlassen und die Tochter des Königs von Korinth heiraten. Nachdem Medea dies erfahren hat, spricht sie mit den Korintherinnen über das schwierige Los der Frauen.

**1** Ermitteln Sie die Aussagen, die der Text über Frauen und über Männer trifft.

„Ἡμεῖς αἱ γυναῖκες πάντων τῶν ψυχήν τε καὶ γνώμην ἐχόντων δυσδαιμονέσταταί[1] ἐσμεν.
Ἡμᾶς πρῶτον μὲν δεῖ ἄνδρα ὠνεῖσθαι δεσπότην τε σώματος λαμβάνειν – [2]κἂν τῷδ᾽[2] ἀγὼν[3] μέγιστος, ἢ κακὸν λαμβάνειν ἢ
5 χρηστόν· γυναιξὶ γὰρ οὐ καλαὶ ἀπαλλαγαί[4]. Πρὸς νέαν δ᾽ οἰκίαν χωρήσασαν γυναῖκα δεῖ μάντιν[5] εἶναι – μὴ ἀκούσασαν οἴκοθεν παρά τινος, πῶς ποτε τῷ ξυνευνέτῃ[6] χρῆσθαι δεῖ.
Καὶ εἰ μὲν ἡμῖν τάδε ἐκπονησαμέναις[7] καὶ οἶκον κατασκευασάσαις εὖ συνοικεῖ ὁ ἀνήρ, εὐδαίμων ὁ βίος, εἰ δὲ μή, ἀποθνῄσκειν
10 χρή.
Ὁ μὲν ἀνὴρ τοῖς ἔνδον ἀγανακτήσας ἔξω[8] βαίνων ἀπαλλάττεται τῆς λύπης· ἡμῖν δ᾽ ἀνάγκη ἀεὶ πρὸς μίαν[9] ψυχὴν βλέπειν."

[1] δυσ|δαίμων, δύσ|δαιμον, Gen. δυσ|δαίμονος: unglücklich

[2] κἂν (< καὶ ἐν) τῷδε: und dabei

[3] ὁ ἀγών, τοῦ ἀγῶνος hier: das Problem

[4] ἡ ἀπαλλαγή: die Scheidung

[5] ἡ μάντις (Akk. τὴν μάντιν): die Wahrsagerin, die Seherin

[6] ὁ ξυνευνέτης: der Mann im Bett, der Ehemann

[7] ἐκ|πονέω: erarbeiten, erlangen

[8] ἔξω: nach draußen

[9] μία (Nom. Sg. f.): eine

**2** Arbeiten Sie die besondere Sicht der Medea auf das Schicksal der Frauen heraus.

**3** Zeigen Sie hinsichtlich des Verhältnisses von Mann und Frau Gemeinsamkeiten zwischen dem Text und dem Szenenfoto auf.

*Szenenfoto einer Medea-Inszenierung am Schauspiel Frankfurt, 2012; Foto: Birgit Hupfeld*

## B  Zwei Charaktere   nach Theophrast

Theophrast, ein Schüler des Aristoteles, schrieb ein Buch, in dem er dreißig auf genauer Beobachtung beruhende Charakterbilder entwarf – ausnahmslos lächerliche oder komische „Typen": der Schmeichler, Schwätzer, Angeber, Geizhals usw.

**1** Ermitteln Sie, in welchen Lebensbereichen sich die Eigenschaften des ἀναίσθητος zeigen.

**2** Die Wörterbücher geben für ἀναίσθητος u. a. folgende Bedeutungen an: *unempfindlich, gefühllos, stumpfsinnig, kurzsichtig; nicht wahrnehmbar, schmerzlos.* Erproben Sie während der Übersetzung des Textes diese und gegebenenfalls weitere deutsche Ausdrücke, die der jeweiligen Situation angemessen sind.

Ὁ δὲ ἀναίσθητος δεξάμενός τι καὶ ἀποθείς¹ αὐτός, τοῦτο ζητεῖ καὶ οὐ δύναται εὑρίσκειν.
Καὶ θεωρήσας ἐν τῷ θεάτρῳ μόνος καταλείπεται καθεύδων.
Καὶ τὰ παιδία παλαίειν² ἀναγκάζων καὶ τρέχειν ³εἰς κόπον
5   ἐμ|βάλλει³.
Καὶ τοῖς ἐν ἀγρῷ ἐργαζομένοις φακῆν⁴ ἕψων⁵ δὶς ἅλας εἰς τὴν χύτραν⁶ ἐμ|βάλλων ἄβρωτον⁷ ποιεῖ.
Καὶ πολλὰ δειπνήσαντα καὶ τῆς νυκτὸς ἐπὶ θᾶκον⁸ ἀπο|χωρήσαντα πλανώμενον ἡ τοῦ γείτονος⁹ κύων δάκνει.

¹ ἀποθείς: *Partizip Aor. Akt. Nom. Sg. m. von* ἀπο|τίθημι

² παλαίω: ringen
³ εἰς κόπον ἐμβάλλω: völlig erschöpfen
⁴ ἡ φακῆ: der Linsenbrei
⁵ ἕψω: kochen
⁶ ἡ χύτρα: der Topf
⁷ ἄβρωτος, ἄβρωτον: ungenießbar
⁸ ὁ θᾶκος: der Sitz; das Klo
⁹ ὁ γείτων, τοῦ γείτονος: der Nachbar

**3** Nennen Sie das im folgenden Text vorherrschende Sachfeld und arbeiten Sie heraus, in welchem Lebensbereich sich die Eigenschaft des δειλός zeigt.

10  Ὁ δὲ δειλὸς στρατευσάμενος λέγει, ὡς χαλεπὸν γιγνώσκειν ἐστί, πότεροί εἰσιν οἱ πολέμιοι.
Καὶ ἀκούων κραυγῆς καὶ ὁρῶν πίπτοντάς τινας λέγει πρὸς τοὺς παρόντας, ὅτι τῆς μαχαίρας ὑπὸ σπουδῆς ἐπελάθετο¹⁰, καὶ τρέχει ἐπὶ τὴν σκηνήν· καὶ τὸν παῖδα ἐκ|πέμψας καὶ κελεύσας
15  περι|βλέπειν, ποῦ εἰσιν οἱ πολέμιοι, ἀπο|κρύψας τὴν μάχαιραν ὑπὸ τὸ προσκεφάλαιον¹¹, εἶτα διάγει μακρὸν χρόνον ὡς ζητῶν ἐν τῇ σκηνῇ.

¹⁰ ἐπ|ελάθετο: *Aor. von* ἐπι|λανθάνομαι

¹¹ τὸ προσκεφάλαιον: das Kopfkissen

**4** Spielen Sie die Szene mit dem δειλός.

# Impulse und Übungen

vor Text A → 1–3
nach Text A → 4, 5
nach Text B → 6–8

**21**

**1** Ordnen Sie die gegebenen Verbformen paarweise in eine zweispaltige Tabelle ein. Formulieren Sie Überschriften.

ἠρώτησας • κελεύσας • ὀνειδίσας • πηδήσας • ὠνείδισας • ἐπήδησας • ἐρωτήσας • ἐκέλευσας

**2** Legen Sie ein dreispaltiges Deklinations-Schema an (mask. – fem. – neutr.) und tragen Sie die Partizipien des Aorists darin ein. Achtung: Einige Partizipien stehen im Präsens.

ἀπαλλάξαντι • φοιτήσας • πείθουσαι • ταράξασιν • ἱκετεύσαντα • βασιλεύσαντες • βιασάσης • εὐτυχησασῶν • διωκόντων • ἐλπίζοντας • γραψάσας • θαυμάσασα • διασκοπούσας

**3** Ordnen Sie die folgenden Adjektive nach positiven und negativen Eigenschaften.

δεινός • καλός • θεῖος • σώφρων • ἀγαθός • ἐχθρός • πλούσιος • ἄριστος • ἄφρων • φοβερός • πρᾶος • δειλός • δίκαιος • ἄξιος • αἰσχρός • γελοῖος • δαιμόνιος

**4** Übersetzen Sie. Achten Sie dabei besonders auf das Zeitverhältnis.

> Πολλοὶ νέοι παρὰ Πρωταγόραν ἐφοίτων·
> οἱ γὰρ παρὰ Πρωταγόραν φοιτήσαντες νέαν τινὰ ἀρετὴν κτήσασθαι ἐβούλοντο. Ἐβάδισε δὲ καὶ ὁ Χαρμίδης παρὰ τὸν Πρωταγόραν.
> 5 Ὁ μὲν οὖν πατὴρ τὸν παῖδα παρὰ τὸν Πρωταγόραν ἔπεμψεν ἐρωτῆσαι, τίνα μαθήματα διδάσκει. Ὁ δὲ ἐπαινέσας τὸν ἐρωτήσαντα ἐπεχείρησεν ἀποφαίνεσθαι, ὅτι ποιεῖ ἄνδρας ἀγαθοὺς πολίτας. Τῷ δὲ
> 10 Χαρμίδῃ πάλιν ἐπερωτήσαντι „Τί διδάσκων ἄνδρας ἀγαθοὺς πολίτας ποιεῖς;"
> ὁ Πρωταγόρας „Ποιῶ", ἔφη, „τοὺς παρ' ἐμὲ φοιτήσαντας δεινοὺς λέγειν."

**5 a** Bestimmen Sie, welche Aufgabe der Genitiv im folgenden Satz erfüllt: Πλανώμενος τῆς νυκτὸς ὁ ἀναίσθητος δάκνεται.

**b** Fügen Sie folgende Ausdrücke übersetzt in einen passenden deutschen Satz ein: ἡμέρας • ὀλίγων ἡμερῶν • τοῦ λοιποῦ

**6** Übersetzen Sie die Aussagen arbeitsteilig und diskutieren Sie, ob Sie ihnen zustimmen.
1. Οἱ ἄνδρες καίπερ δίκαιοι ὄντες πολλάκις κακῶς ποιοῦσιν τὰς γυναῖκας.
2. Ἄνδρες τὰς γυναῖκας κακῶς ποιοῦντες δίκαιοι οὐκ εἰσιν. Χρῶνται ταῖς γυναιξὶν ὡς θηρίοις οὔσαις.
3. Οἱ ἄνδρες δικαιοσύνῃ τε καὶ ῥητορικῇ καὶ πολιτικῇ προέχουσι τῶν γυναικῶν.
4. Οἱ ἄνδρες τοὺς λόγους ποιοῦνται ὡς προέχοντες τῶν γυναικῶν.

**7** Bilden Sie durch Einsetzen geeigneter Substantive kurze Verkaufsgespräche.

– „Χαίρετε. Νομίζω ὑμᾶς ἢ ❓ (Akk.) ἢ ❓ (Akk.) ζητεῖν."
– „Οὔτε ❓ (Gen.) οὔτε ❓ (Gen.) χρεία ἡμῖν ἐστιν. ❓ (Gen.) ἐπιθυμοῦμεν."

αἴξ • ἱμάτιον • δένδρον • σιτίον • ξύλον • ἐπιτήδεια • στέφανος • λίθος • βιβλίον • χρυσός • ἅλς • οἰκία • ἀργύριον • κύων • ἵππος • δῶρον • βοῦς

**8** Die folgenden Ortsnamen sind von demselben indogermanischen Wort gebildet. Recherchieren Sie die Gemeinsamkeit dieser Orte und nennen Sie das zugrunde liegende Wort im Griechischen.

Bad Reichenhall • Hallstatt • Hallein • Schweizerhalle • Schwäbisch-Hall

# Lektion 22

## Der Prozess gegen Sokrates

### Todesstrafe in Athen

Zu den heute umstrittensten Strafen gehört, dass ein Staat einen seiner Bürger zum Tode verurteilt und hinrichtet. Auch die Athener verhängten die Todesstrafe, z. B. für vorsätzlichen Mord, Landesverrat oder für Diebstahl aus Heiligtümern. Für andere Vergehen war die Todesstrafe eine Möglichkeit neben anderen. Im Falle eines Religionsfrevels (ἡ ἀ|σέβεια) etwa konnte der Angeklagte zum Tod durch Hinrichtung, zu lebenslanger Verbannung oder zu einer Geldbuße verurteilt werden. Gemäß einem im Jahre 432 v. Chr. erlassenen Gesetz wurde derjenige bestraft, der die überlieferten Götter nicht anerkannte. Der Philosoph Anaxagoras, der Sonne und Mond nicht als Götter ansah, sondern als Teile der Natur erklärte, wurde deswegen zu einer Geldstrafe verurteilt und aus Athen verbannt.

### Das „Unrecht" des Sokrates

399 v. Chr. wurde Sokrates, der zu diesem Zeitpunkt schon siebzig Jahre alt war, wegen ἀσέβεια angeklagt: „Sokrates tut Unrecht (ἀδικεῖ), weil er die Jugend negativ beeinflusst und weil er nicht die Götter anerkennt (νομίζει), die die Stadt (ἡ πόλις) anerkennt, sondern neuartige Gottheiten (δαιμόνια)." Was genau wurde Sokrates damit vorgeworfen? Die Reden der Ankläger sind nicht erhalten, von der Verteidigungsrede des Sokrates gibt es zwei sehr unterschiedliche Versionen seiner Schüler Platon und Xenophon, die erst Jahre nach dem Prozess verfasst wurden. Der erste Vorwurf bezog sich wohl auf Sokrates' philosophische Gespräche. Der zweite könnte dadurch entstanden sein, dass Sokrates mehrfach von einer inneren Stimme berichtet; dieses von ihm so genannte δαιμόνιον habe ihn immer wieder davon abgehalten, etwas Falsches zu tun.

### Der Prozessverlauf

Sokrates wurde jedenfalls von einer knappen Mehrheit der Geschworenen für schuldig im Sinne der Anklage befunden. Wie bei solchen Verfahren vorgesehen, wurde das Strafmaß erst nach dem Schuldspruch festgelegt. Die Ankläger plädierten auf Hinrichtung. Sokrates beantragte – in Platons Version – zunächst keine Strafe, sondern eine Ehre, die sonst Olympia-Siegern zuteilwurde: Als gerechte Belohnung für das, was er für die Stadt getan habe, solle er zukünftig eine tägliche Speisung auf Staatskosten erhalten, alternativ sei er bereit, eine Geldbuße zu zahlen. Doch die Geschworenen verurteilten ihn mit großer Mehrheit zum Tode.

### In der Todeszelle

Sokrates musste noch längere Zeit im Gefängnis auf seine Hinrichtung warten: Eine religiöse Gesandtschaft war gerade im Auftrag der πόλις zum Apollon-Heiligtum auf der Insel Delos unterwegs, und solange durften keine Hinrichtungen vollstreckt werden. Ein reicher Freund bot Sokrates an, ihn aus dem Gefängnis zu befreien, damit er ins Ausland fliehen könne. Sokrates lehnte ab: Er dürfe den Staat und dessen Rechtssystem nicht durch eine unrechtmäßige Flucht in Frage stellen.

**1** In der griechischen Antike waren Politik und Religion eng miteinander verbunden. Arbeiten Sie heraus, wo sich dies auch im Prozess gegen Sokrates und seiner Hinrichtung zeigt.

**2** Nehmen Sie zu Sokrates' Verhalten während des Prozesses und im Gefängnis Stellung.

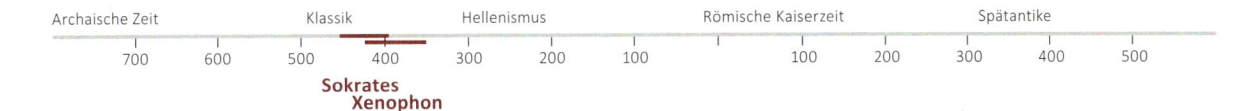

## A „Wär's dir anders lieber?" nach Xenophon

Xenophon berichtet in seiner Ἀπολογία Σωκράτους, der „Verteidigungsrede des Sokrates", von einem Gespräch, das Sokrates unmittelbar nach der Verkündigung des Todesurteils mit Apollodoros, einem besonders begeisterten Verehrer, geführt haben soll.

**1** Ermitteln Sie die Eigennamen im Text und weisen Sie den Personen Redeteile zu. Schließen sie aus Wortwiederholungen auf das Thema der Unterhaltung.

Ἐπεὶ Σωκράτης τοῖς φίλοις διελέγετο, παρὼν δέ τις Ἀπολλόδωρος θαυμάζων ἰσχυρῶς αὐτόν· „Ἀλλὰ τοῦτο ἔγωγε", ἔφη, „ὦ Σώκρατες, χαλεπώτατα φέρω, ὅτι ὁρῶ σε ἀδίκως ἀποθνῄσκοντα." Ὁ δὲ πρᾴως καταψήσας¹ αὐτοῦ τὴν κεφαλὴν ἠρώτησεν αὐτόν·
5 „Σὺ δέ, ὦ φίλτατε Ἀπολλόδωρε, μᾶλλον βούλει με ὁρᾶν δικαίως ἢ ἀδίκως ἀποθνῄσκοντα;" Καὶ ἅμα ἡσύχως ἐγέλασεν.

¹ κατα|ψάω: streicheln

**2** Charakterisieren Sie die Gesprächspartner: Wie verhält sich Sokrates angesichts des nahenden Todes? Wie verhält sich im Vergleich dazu Apollodoros?

**3** Beschreiben Sie, wie in dem Bild die einzelnen Personen auf den unmittelbar bevorstehenden Tod des Sokrates reagieren, und vergleichen Sie diese Reaktionen mit der des Apollodoros.

*Jacques-Louis David: „Der Tod des Sokrates", 130 × 197 cm, 1787; New York, Metropolitan Museum of Art*

## B  Ein heikler Auftrag    nach Lukian

Lukian erzählt gerne von „Alltagsproblemen", die es auch unter den olympischen Göttern gibt.

**1** Nennen Sie die Gottheiten, die in dem Text eine Rolle spielen, und ermitteln Sie Hinweise auf das Verhältnis dieser Gottheiten zueinander.

> Ζεὺς ἐκέλευσεν Ἥφαιστον ἔχοντα τὰ ὄργανα αὐτοῦ ὡς τάχιστα ἐς Ὄλυμπον ἔρχεσθαι. Τῷ Ἡφαίστῳ ἐρωτῶντι, τί δεῖ δρᾶν, ἔλεξεν, ὅτι ἤλγησε[1] δεινότερον τὴν κεφαλήν. „Δεῖ", ἔφη, „τὴν ἐμὴν κεφαλὴν σχίζειν."
> 
> 5 Ὁ δὲ Ἥφαιστος ἰσχυρότατα περὶ τῷ πατρὶ φοβούμενος ἀποκρίνεται, ὅτι τὰ ὄργανα φοβερά τε καὶ δεινά ἐστιν. Ἀλλ' ὁ Ζεὺς τὸν Ἥφαιστον θαρρεῖν καὶ τῷ ὀργάνῳ χρῆσθαι ἐκέλευσεν. Ὁ οὖν υἱὸς πείθεται καὶ σχίζει τὴν τοῦ Διὸς κεφαλήν. Οὕτως ὁ Ζεὺς θυγατέρα τίκτει· Ἀθηνᾶ ἡ παρθένος ὅπλα ἔχουσα ἐκ τῆς
> 10 τοῦ πατρὸς κεφαλῆς ταχέως ἐξ|επήδησεν.

[1] ἀλγέω: Schmerzen haben

**2** Recherchieren Sie, wie es zu dem geschilderten Problem gekommen war.

**3** Vergleichen Sie die Vasendarstellung mit dem Text.

*Detail eines attischen Weingefäßes (Pelike), um 450 v. Chr.; London, British Museum*

# Impulse und Übungen

vor Text A → 1–5
nach Text A → 6–8
nach Text B → 9

**22**

**1** Welche Satzglieder sind hervorgehoben? Vergleichen Sie mit dem Deutschen.

1. Ὁ ῥήτωρ **καλοὺς** λόγους ποιεῖται.
2. Οἱ τοῦ ῥήτορος λόγοι **καλοί** εἰσιν.
3. Ὁ ῥήτωρ **καλῶς** λέγει.

**2** Nennen Sie die Bedeutung der folgenden Wörter und erklären Sie die gleichlautende Endung.

πῶς • πως • ἄλλως • οὕτως • ὡς

**3** Beschreiben Sie die Komparation des Adverbs und vergleichen Sie sie mit der Komparation des Adjektivs.

Ἰσχυρῶς τὸν Πρωταγόραν θαυμάζω, ἰσχυρότερον τὸν Πλάτωνα, ἰσχυρότατα δὲ τὸν Σωκράτη[1].

[1] τὸν Σωκράτη: *Akk. von* ὁ Σωκράτης

**4** Wählen Sie aus den beiden Aufgaben eine aus.

**a** Achten Sie bei der Übersetzung auf die Verwendungsweisen der Formen von αὐτός.

Χλόη τὸν Δάφνιν ζητοῦσα καλεῖ αὐτόν· ἄνευ γὰρ αὐτοῦ φοβεῖται. Ὁ δὲ Δάφνις ἥκει πρὸς αὐτήν, ἤκουσε γὰρ αὐτῆς. Πολὺν δ᾽ οὖν χρόνον σὺν αὐτῇ ἐν τῇ αὐτῇ χώρᾳ διάγει.

**b** Ergänzen Sie entsprechend den gegebenen Hilfen Formen von αὐτός.

Ποίους δεῖ τοὺς φύλακας εἶναι καὶ τί ἐστι τὸ ἔργον ▢ (ihr); Δεῖ πράους εἶναι ▢ (sie) πρὸς τοὺς οἰκείους. Δυνάμεθα γὰρ παραβάλλειν ▢ (mit ihnen) τοὺς κύνας. Καὶ γὰρ οἱ γενναῖοι πρὸς τοὺς οἰκείους ▢ (von ihnen) πρᾳότατοί εἰσιν, καὶ ▢ (derselben) ἀρετῇ τοὺς οἴκους φυλάττουσιν.

**5** Suchen Sie aus folgenden Verben diejenigen heraus, die zum Wortfeld „wollen, begehren" gehören, und benennen Sie das Wortfeld, zu dem die anderen Verben gehören.

ἀκολουθέω • βούλομαι • ἐθέλω • τρέχω • ἥκω • ἐπιθυμέω • μέλλω • βαδίζω • φιλέω • ἔρχομαι

**6 a** Bilden Sie das Adverb zu folgenden Adjektiven:

καλός • σοφός • κακός • λυπηρότατος • ἄδικος • λαμπρότατος • ἄλλος • ἄξιος • βασιλικώτατος • δικαιότερος • πονηρότατος

**b** Fügen Sie jedes Adverb übersetzt in einen passenden deutschen Satz ein.

**7** Verwandeln Sie die Adverbien in den Komparativ und Superlativ und übersetzen Sie die Wendungen.

χαλεπῶς φέρομεν • δικαίως ἄρχει • φοβερῶς ἀποθνῄσκουσιν • ἀξίως τιμᾶται

**8** Gleiche Endung – andere Form: Setzen Sie folgende Formen passend in den Text ein. Achten Sie jeweils auch auf die Bedeutung.

| Wollen | Meinen/Glauben |
|---|---|
| βούλει • ἐθέλει | νομίζει • οἴει |

1. Ὁ Ζεὺς μέγαν πόνον ἔχει, ἀλλὰ ▢ τὸν Ἥφαιστον δυνατὸν εἶναι αὐτῷ βοηθῆσαι·
2. ▢ τὸν Ἥφαιστον τὴν κεφαλὴν αὐτοῦ σχίζειν.
3. Ὁ δ᾽ Ἥφαιστος λέγει „Τί δῆτα ▢ ἐμὲ τῷ ἐμῷ ὀργάνῳ χρῆσθαι;
4. Ἆρ᾽ οὐκ ▢ τοῦτο μέγαν κίνδυνον εἶναι;"

**9 a** Lesen Sie die Namen der drei Söhne des Kronos laut vor und achten Sie dabei auf die Lesezeichen.

Ζεύς • Ποσειδῶν • Ἅιδης

**b** Ergänzen Sie diese Götternamen mit den folgenden Formen zu einem Deklinationsschema und setzen Sie jeweils den passenden Artikel dazu.

Ποσειδῶνος • Ἅιδην • Ποσειδῶνα • Δία • Διός • Ἅιδου • Διί • Ποσειδῶνι • Ἅιδῃ

# Lektion 23

## Das Orakel von Delphi

### Frage-Ritual

Gespannt schauen die Gläubigen vor dem Tempel auf die Ziege, die mit Wasser besprengt wird: Nur wenn das Opfertier zusammenzuckt, gilt das als günstiges Zeichen, nur dann wird die Priesterin des Gottes Apollon heute die Fragen der lorbeerbekränzten Pilger beantworten, die sich Hinweise auf ihre Zukunft erhoffen. Zum Teil sind sie seit Wochen aus allen Teilen Griechenlands und dem gesamten Mittelmeerraum zum Orakel von Delphi unterwegs.

Die Gesuche reichen von alltäglichen Fragen nach einer günstigen Zeit für die Aussaat über Entscheidungen wie „Heiraten oder nicht?" bis hin zur Reinigung von Schuld. Als anstößig gilt es, zu viel zu fragen oder gar das Orakel zu testen. Bevor Abgesandte und Privatpersonen an der Reihe sind, haben die Einwohner von Delphi, bevorzugte Städte und großzügige Spender den Vortritt. Ein „Verkünder" vermittelt zwischen Ratsuchenden und Pythia, der Priesterin des Apollon. Diese kann erst mit Apollon in Verbindung treten, wenn sie ein rituelles Bad genommen und aus der heiligen Quelle getrunken hat. Anschließend kaut sie Lorbeerblätter und setzt sich inmitten von Weihrauchschwaden auf einen Dreifuß – vermutlich im Tempel.

### Göttliche Eingebung

Bei den antiken Autoren ist die Rede von einem „Hauch", der Pythia zu ihren Weissagungen inspirierte. Ob sich dahinter Gase aus einer Erdspalte verbergen oder ob dies nur auf den göttlichen Einfluss Apollons verweist, ist unsicher. Allein durch die geheimnisvolle Atmosphäre könnte sich die Gottesdienerin in einen psychischen Ausnahmezustand versetzt haben, der sie besonders empfänglich für Stimmungen aus ihrer Umgebung machte. Jedenfalls gehen viele der überlieferten Orakelsprüche weit über den Kenntnisstand einer einfachen

*Innenbild einer Trinkschale, 3. Viertel 5. Jh. v. Chr.; Berlin, Staatliche Museen, Antikensammlung*

Frau hinaus, die aus der Gemeinde von Delphi für ihre Aufgabe auf Lebenszeit ausgewählt wurde.

### Orakelsprüche

Anfänglich wurde in Delphi nur an Apollons Geburtstag geweissagt, später an jedem Siebten des Monats, im Sommer auch an den Folgetagen. Ihre Antworten gab Pythia ursprünglich wohl in Versform, einfache Fragen beantwortete sie mit „Ja" oder „Nein". Inwieweit der „Verkünder" und die assistierenden Priester sie unterstützten, ist unklar. Die Weissagungen waren gerade in heiklen Fällen oft vieldeutig, was Raum für Interpretation ließ und so den Erfolg des Orakels garantierte.

### Der Nabel der Welt

Seine überregionale Bedeutung als „Nabel der Welt", an dem Informationen von überall her zusammenliefen, erlangte Delphi ab dem 7. Jahrhundert v. Chr. Griechische und fremde Städte und Machthaber fragten in Delphi, wenn sie neue Siedlungen gründen oder Kulte und Gesetze einführen wollten. Auch bei politischen Streitigkeiten und im Krieg wurde Rat eingeholt. Delphi galt als so einflussreich, dass man sogar mehrfach versuchte, durch Bestechung einen Orakelspruch im eigenen Sinne zu erwirken.

**1** Beschreiben Sie, welche Einzelheiten des delphischen Orakels auf dem Vasenbild dargestellt sind.

## A Wie fragt man das Orakel? nach Xenophon

Xenophon hatte am Heereszug des Kyros teilgenommen und darüber später ein Werk verfasst. Die folgende Passage daraus schildert, wie es zu Xenophons Teilnahme gekommen war.

**1** Ermitteln Sie alle Eigennamen im Text. Betrachten Sie auch die Anfänge der Absätze. Schließen Sie daraus auf die Schritte, die Xenophon vor seinem Aufbruch unternimmt.

Ἦν δέ τις ἐν τῇ στρατιᾷ Ξενοφῶν Ἀθηναῖος, ὃς οὔτε στρατηγὸς οὔτε λοχαγὸς[1] οὔτε στρατιώτης ὢν συν|ηκολούθει, ἀλλὰ Πρόξενος αὐτὸν μετεπέμψατο οἴκοθεν ξένος ὢν ἀρχαῖος. Ὑπισχνεῖτο δὲ αὐτῷ φίλον αὐτὸν Κύρῳ ποιήσειν[2], ὃν αὐτὸς κρείττονα ἐνόμιζε τῆς πατρίδος.

Ὁ μέντοι Ξενοφῶν συμ|βουλεύεται Σωκράτει[3] τῷ Ἀθηναίῳ περὶ τῆς πορείας. Καὶ ὁ Σωκράτης συμβουλεύει αὐτῷ τὸν θεὸν ἐν Δελφοῖς ἐρωτῆσαι περὶ τῆς πορείας.

Ὁ δὲ Ξενοφῶν ἠρώτησε τὸν Ἀπόλλωνα, τίνι θεῶν θύων καὶ εὐχόμενος ἄριστα ἔρχεται τὴν ὁδόν, ἣν ἐπινοεῖ[4], καὶ καλῶς πράξας σῴζεται. Καὶ ἀνεῖλεν[5] αὐτῷ ὁ Ἀπόλλων τοὺς θεούς, οἷς ἔδει θύειν.

Ἐπεὶ δὲ πάλιν ἦλθε[6], λέγει τὴν μαντείαν τῷ Σωκράτει. Ὁ δὲ ἀκούσας ᾐτιᾶτο αὐτόν, ὅτι οὐ τοῦτο πρῶτον ἠρώτα, πότερον ἄμεινόν ἐστιν αὐτῷ πορεύεσθαι ἢ μένειν, ἀλλ' αὐτὸς ἔκρινεν πορεύεσθαι. „Ἐπεὶ μέντοι οὕτως ἠρώτησας", ἔφη, „πάντα χρὴ ποιεῖν, ἃ ὁ θεὸς ἐκέλευσεν."

[1] ὁ λοχαγός: der Offizier
[2] ποιήσειν: Inf. Fut. von ποιέω
[3] Σωκράτει: Dat. von Σωκράτης
[4] ἐπι|νοέω: beabsichtigen
[5] ἀν|εῖλεν: er nannte (in einem Orakelspruch)
[6] ἦλθε: 3. Sg. Aor. von ἔρχομαι

**2** Legen Sie mit eigenen Worten dar, aus welchem Grund Xenophon am Feldzug teilnimmt und welche Schritte er vor seinem Aufbruch unternimmt. Vergleichen Sie Ihre Ergebnisse mit denen Ihrer Vorerschließung.

**3** Stellen Sie die Auffassungen der Beteiligten von der richtigen Befragung des delphischen Orakels einander gegenüber.

*Pilger nähern sich Delphi, Rekonstruktionszeichnung*

## B Menon aus Thessalien   nach Xenophon

Zwischen Kyros und seinem Bruder, dem Großkönig der Perser, kam es 401 v. Chr. bei Kunaxa (im heutigen Irak) zur Schlacht. Zwar wurden die Truppen des Großkönigs in die Flucht geschlagen, doch Kyros selbst fiel. Nicht besser erging es den Anführern der griechischen Söldner: Von einem persischen Heerführer wurden sie in eine Falle gelockt und fast alle getötet. Zu den Heerführern der Griechen gehörte auch Menon, den Xenophon hier charakterisiert.

**1** Nennen Sie aus dem Text griechische Begriffe zu folgenden Sachfeldern: Einstellung zum Besitz • Freundschaft • Leid und Tod

Μένων δὲ ὁ Θετταλὸς[1] ἐπεθύμει μὲν πλούτου ἰσχυρῶς, ἐπεθύμει δὲ ἄρχειν, ἐπεθύμει δὲ τιμᾶσθαι.
Τοῖς μὲν τῶν πολεμίων κτήμασιν οὐκ ἐπεβούλευε[2]· χαλεπὸν γὰρ ᾤετο εἶναι τὰ τῶν φυλαττομένων λαμβάνειν. Τὰ δὲ τῶν φίλων
5  ἀφύλακτα[3] ὄντα ῥᾴδιον εἶναι ᾤετο λαμβάνειν.
Ὥσπερ δέ τις ἀγάλλεται[4] ἐπὶ ἀληθείᾳ καὶ δικαιοσύνῃ, οὕτως ὁ Μένων ἠγάλλετο[4] τῷ ἐξαπατᾶν δύνασθαι.
Παρὰ Ἀριστίππου φίλου τῷ Κύρῳ ὄντος μὲν ἔτι νέος ὢν στρατηγεῖν διεπράξατο[5] τῶν ξένων, Ἀριαίῳ δὲ βαρβάρῳ ὄντι
10  οἰκειότατος ἐγένετο[6], ὃς πρῶτον μὲν Κύρου φίλος ἦν, ἔπειτα δὲ τοὺς Ἕλληνας προέδωκεν[7].
Οἱ μὲν ἄλλοι στρατηγοὶ ἀπέθνῃσκον ὑπὸ τῶν Περσῶν. Ὁ δὲ Μένων οὐ ταχέως ἐτελεύτησεν, ἀλλὰ μετὰ πολλὰ αἰκίσματα[8] ζῶν ἐνιαυτὸν κακῶς ἐτελεύτα.

[1] ὁ Θετταλός: der Thessalier
[2] ἐπι|βουλεύω mit Dat.: es auf etw. abgesehen haben
[3] ἀ|φύλακτος, ἀ|φύλακτον: unbewacht
[4] ἀγάλλομαι: prahlen, stolz sein
[5] δια|πράττομαι: erreichen, durchsetzen
[6] ἐγένετο: 3. Sg. Aor. von γίγνομαι
[7] προ|έδωκεν: er verriet
[8] τὸ αἴκισμα, τοῦ αἰκίσματος: die Folter

**2** Diskutieren Sie die Wirkung, die Xenophon mit seiner Schilderung von Menons Ende erzielt.

**3** Die Grabstele für einen im Krieg Gefallenen zeigt das Ideal eines Soldaten. Charakterisieren Sie diesen idealen Soldaten und vergleichen Sie mit der Beschreibung Menons durch Xenophon.

*Grabstele aus Attika, Höhe 2,02 m, um 510 v. Chr.; Athen, Nationalmuseum*

# Impulse und Übungen

**vor Text A → 1–5**

**1** Gelegentlich kann ein Partizip von εἶναι unübersetzt bleiben oder durch „als" wiedergegeben werden:

1. Κῦρος παῖς **ὤν** ὑπὸ πάντων ἐθαυμάζετο.
   Schon als Kind wurde Kyros von allen bewundert.
2. Ξενοφῶν Ἀγησίλαον βασιλέα τῶν Λακεδαιμονίων **ὄντα** μάλιστα ἐπῄνει.
   Xenophon lobte Agesilaos, den König der Spartaner, sehr.

Übersetzen Sie ähnlich kurz:

3. Οὐδένα πρεσβύτερον ὄντα τὸν θάνατον φοβεῖσθαι δεῖ.
4. Ζεὺς μέγιστος θεὸς ὢν τῶν ἄλλων θεῶν ἄρχει.

**2** In griechischen Frage- oder Relativsätzen kann das einleitende Pronomen Bestandteil einer Partizipialkonstruktion oder eines AcI sein. Man spricht dann von einer Verschränkung.

1. Ἡ τύχη διακρίνει, **τίνα βίον διάγειν** δεῖ τὴν γυναῖκα.
   Das Schicksal entscheidet, welches Leben eine Frau führen muss.
2. **Τί ποιοῦσα** ἡ γυνὴ ἄνδρα ἀγαθὸν λαμβάνει;
   Wodurch („Was machend") bekommt eine Frau einen guten Mann?

Bestimmen Sie, ob in den folgenden Sätzen eine Verschränkung mit Partizipialkonstruktion oder AcI vorliegt, und übersetzen Sie in normalsprachliches Deutsch.

3. Χαλεπῶς φέρω τῷ τῶν γυναικῶν βίῳ, ὃν δυσδαιμονέστατον[1] εἶναι πάντων οἴομαι.
4. Εὖ σκόπει, τίνα ἀνδρῶν λαμβάνουσα εὐδαίμων γίγνῃ.
5. Ἐπαινῶ τὴν τύχην τὴν τοῦ ἀνδρός, ᾧ ἀγανακτοῦντι ἔξω[2] βαίνειν ἔξεστιν.

[1] δυσ|δαίμων, δύσ|δαιμον, Gen. δυσ|δαίμονος: unselig
[2] ἔξω: nach draußen

**3** Übersetzen Sie und geben Sie bei Präpositionen in Verbindung mit Relativpronomen die lautlich unveränderte „Grundform" an.

1. Χλόη ἐμιμνήσκετο τῆς πηγῆς, παρ' ᾗ τὸ σῶμα ἀπελούσατο ὁ Δάφνις.
2. Δόρκων τοὺς κύνας ἐφοβεῖτο, ὑφ' ὧν ἐδάκνετο.
3. Λύπην παρεῖχεν ὁ γαυλός[1], ἐξ οὗ σὺν τῇ παιδὶ ἔπινεν ὁ Δάφνις.
4. Τὴν Χλόην εἶχε νέον πάθημα, ᾧ ἐταράττετο τὴν ψυχήν.
5. Τίνες εἰσὶν οἱ πόνοι, ὧν οἱ γεωργοὶ ὀλίγον χρόνον ἀπηλλάττοντο;
6. Οἱ κύνες τὸν ποιμένα, ἐφ' ὃν ὥρμησαν, λύκον εἶναι ἐνόμιζον.

[1] ὁ γαυλός: der Melkeimer

**4** Setzen Sie die passenden Formen des Partizips von εἶναι ein und achten Sie bei der Übersetzung auf die Sinnrichtung der Partizipialkonstruktionen.

ὄντες • οὖσαν • ὄντι • ὄντα

1. Χλόη Δόρκωνα ἠτίμαζεν οὐ χρηστὸν ❓.
2. Ὁ Δόρκων ἀνέμενε τὴν παῖδα μόνην ❓.
3. Οἱ κύνες πολλοὶ ❓ τὸν Δόρκωνα χαλεπώτατα ἔδακνον.
4. Δάφνις ἐβοήθησε τῷ Δόρκωνι πονηροτάτῳ ❓.

**5** Wählen Sie die jeweils passende Bedeutung des Wortes ξένος.

> Xenophon war ein ξένος in den Diensten des Kyros, der seinen Bruder Artaxerxes stürzen wollte. Nach der Niederlage gegen das Heer des Großkönigs waren alle Griechen ξένοι in einem unbekannten Land. Um in den wilden Bergen Persiens zu überleben, mussten die Griechen ganze Dörfer als ξένοι gewinnen: War man einmal ein ξένος, so war man geschützt, durfte aber das Gastrecht auch nicht mit einem Verbrechen am ξένος verwirken. So gelangten die griechischen ξένοι wieder zurück in ihre Heimat.

# Lektion 24

## Seefahrt und Seehandel

### Mutige Seefahrer

„Froh über den Wind spannte er die Segel. Und er saß und steuerte kunstgerecht mit dem Ruder, und kein Schlaf schloss ihm die Lider, wenn er nach den Plejaden Ausschau hielt und nach den Sternbildern Bootes und Bär." – Der Seefahrer, der hier mutig alleine in See sticht, ist Odysseus, und dieser Textausschnitt (um 700 v. Chr.) nennt Voraussetzungen, die eine erfolgreiche Fahrt ermöglichen: günstiger Wind, technisches Können und die Orientierung auf See, hier mittels der Gestirne.
Bereits die Seeleute in mykenischer Zeit beherrschten Segeltechnik und Navigation sehr gut und pflegten im 2. Jahrtausend v. Chr. weitreichende Handelsbeziehungen. In Gräbern in Mykene hat man Handelsgüter aus Ägypten, von der Ostsee und aus Mesopotamien gefunden.
Von Bedeutung war die Seefahrt auch für die vielen Griechen, die sich ab dem 7. Jahrhundert aus ihren Heimatstädten aufmachten, um in der Ferne Siedlungen zu gründen.

### „Auf Nummer sicher"

Anders als in der eingangs zitierten Stelle beschrieben, mied man jedoch nach Möglichkeit das offene Meer und fuhr lieber in Sichtweite der Küste, um abends oder bei Unwetter an Land gehen zu können und nicht die Orientierung zu verlieren. Anhalt boten Landmarken (z. B. Kaps, Tempel, Häfen) und Naturphänomene wie Winde und Strömungen, die schon im 6. Jahrhundert aufgezeichnet und beschrieben wurden.

### Risiken und Gewinnaussichten

Da große Schiffe nur mithilfe der Segel über weitere Strecken bewegt werden konnten, waren die Seeleute sehr vom Wind abhängig: Bei Flaute mussten sie oft tagelang warten. Stürme bedeuteten eine große Gefahr: Davon zeugen über 2000 antike Wracks, die man bis heute auf dem Grund des Mittelmeers entdeckt hat. Wegen der Unwettergefahr stellte man im Winter die Schifffahrt sogar fast ganz ein. Transportiert wurden Luxusgüter wie Edelsteine, Stoffe, Glas, Gewürze und Keramik, aber auch Lebensmittel. Athen etwa exportierte Olivenöl und war umgekehrt auf den massenhaften Import von Weizen angewiesen. Daher war die Kontrolle über die Seewege entscheidend.
Gefahr drohte auch durch die weitverbreitete Piraterie. Schon die Epen Homers erzählen von Piraten, die von See aus Städte und Dörfer angreifen, plündern und deren Bewohner entführen. Gelegentlich wurden auch Schiffe auf hoher See gekapert. Dabei wurden außer Waren auch Menschen erbeutet, die dann in die Sklaverei verkauft wurden; dies war, wenn es sich um „Barbaren" handelte, gesellschaftlich weitgehend akzeptiert.

*Ladung eines antiken Handelsschiffes, gefunden vor Kas (Türkei)*

**1** Vergleichen Sie die Bedingungen antiker und moderner Schifffahrt: Welche Schwierigkeiten sind im Unterschied zu früher heute weitgehend beherrschbar?

## A Ehrungen für einen Wind   nach Aelian

Dionysios I., der Herrscher von Syrakus, wollte seine Herrschaft auf die griechischen Städte in Unteritalien ausdehnen und griff deshalb auch die Stadt Thurioi an.

**1** Ermitteln Sie alle Subjekte im Text und ordnen Sie ihnen die passenden Prädikate zu. Schließen Sie aus den gewonnenen Informationen, warum der Nordwind (βορέας) zu Ehrungen kommt und durch wen.

Θουρίοις ἐπέπλει Διονύσιος ἔτι νεανίας ὤν, καὶ τετρακοσίας¹ ἦγεν ἐπ' αὐτοὺς ναῦς ὁπλιτῶν πεπληρωμένας². Βορέας δὲ ἀντιπνεύσας τὰς ναῦς συνέτριψε³ καὶ τὴν δύναμιν αὐτοῦ τὴν ναυτικὴν ἠφάνισεν.
5 Ἐκ δὴ τούτων οἱ Θούριοι τῷ βορέᾳ ἔθυσαν καὶ ἐψήφισαν εἶναι τὸν ἄνεμον πολίτην καὶ οἰκίαν αὐτῷ καὶ χώραν ἀπεκλήρωσαν⁴ καὶ κατ' ἐνιαυτὸν ἑορτὰς ἦγον αὐτῷ. Ὁμοίως οἱ Ἀθηναῖοι κηδεστὴν⁵ καὶ εὐεργέτην ἐνόμιζον τὸν βορέαν, καὶ οἱ Μεγαλοπολῖται αὐτὸν εὐεργέτην ἐπέγραψαν⁶.

¹ τετρακόσιοι, τετρακόσιαι, τετρακόσια: 400
² πεπληρωμένος, πεπληρωμένη, πεπληρωμένον: Partizip Perf. Pass. von πληρόω
³ συν|τρίβω: zerschmettern
⁴ ἀπ|εκλήρωσαν: (sie) teilten zu
⁵ ὁ κηδεστής: der Beschützer
⁶ ἐπι|γράφω: (in einer Inschrift) nennen

**2** Man könnte βορέας in diesem Text auch mit großem Anfangsbuchstaben schreiben. Diskutieren Sie diese Variante.

**3** Beschreiben Sie, durch welche darstellerischen Mittel die Relieffiguren als Winde gekennzeichnet sind.

*Reliefs am „Turm der Winde", dem Ὡρο|λόγιον des Andronikos, in Athen, 1. Jh. v. Chr.*

| Archaische Zeit | | Klassik | | Hellenismus | | | Römische Kaiserzeit | | | Spätantike | |
|---|---|---|---|---|---|---|---|---|---|---|---|
| 700 | 600 | 500 | 400 | 300 | 200 | 100 | | 100 | 200 | 300 | 400 | 500 |

**227**

## B  Ehrung eines verdienten Mannes   nach einer Inschrift

Die Volksversammlung in Athen konnte beschließen, Männer, die sich für die Polis in besonderem Maße verdient gemacht hatten, öffentlich zu ehren. Eine solche Ehrung wurde 227 v. Chr. für den Kreter Eumaridas, den Sohn des Pankles, beschlossen.

**1** Schließen Sie aus den im Text genannten Eigennamen und Personengruppen auf den Grund der vorliegenden Ehrung.

Δέδοκται[1] τῷ δήμῳ ἐπαινέσαι Εὐμαρίδαν Παγκλέους Κυδωνιάτην καὶ τιμῆσαι αὐτὸν χρυσῷ στεφάνῳ, στῆσαι δὲ αὐτοῦ καὶ εἰκόνα χαλκῆν[2] ἐν ἀκροπόλει[3]. Ὅτε γὰρ Βοῦκρις ὁ πειρατὴς ταῖς ναυσὶν ἐπ|έπλευσε τῇ τῶν Ἀθηναίων χώρᾳ καὶ ἀπ|άγων πλείους τῶν
5 πολιτῶν καὶ τῶν ἄλλων τῶν ἐκ τῆς πόλεως ἀπ|έπλευσεν ἐς Κρήτην, ὁ Εὐμαρίδας τοῖς χρήμασι τοῖς ἰδίοις ἐκώλυσε τοὺς ἀπο|πλεύσαντας πειρατὰς πωλῆσαι τοὺς αἰχμαλώτους[4].

[1] δέδοκται *mit Dat.:* es ist beschlossen von jdm.

[2] χαλκοῦς, χαλκῆ, χαλκοῦν: aus Bronze

[3] ἀκροπόλει: *Dat. Sg. von* ἡ ἀκρόπολις

[4] ὁ αἰχμάλωτος: der Gefangene

**2** Erklären Sie, warum ein Fremder in Athen mit diesem Beschluss geehrt wurde. Vergleichen Sie Ihr Ergebnis mit dem Ihrer Vorerschließung.

**3** Untersuchen Sie, welche Informationen über die politischen und wirtschaftlichen Verhältnisse jener Zeit sich dieser Inschrift entnehmen lassen.

**4** Diskutieren Sie die Frage, weshalb diese Art von Ehrung für Bürger attraktiv war; beziehen Sie dabei auch die Abbildung ein.

*Lorbeerkranz aus Gold, Attika, 5./4. Jh. v. Chr.; Karlsruhe, Landesmuseum*

# Impulse und Übungen

vor Text A → 1–3
nach Text A → 4–7

**24**

**1** Die Formen von ἡ ναῦς (das Schiff) werden nach der 3. Deklination gebildet, zeigen aber Besonderheiten.
**a** Erstellen Sie aus den folgenden Formen das vollständige Paradigma und ergänzen Sie jeweils den Artikel.
νεῶν • ναυσί • ναῦς (2) • ναῦν • νηί • νῆες • νεώς (vgl. τοῦ βασιλέως)

**b** Markieren Sie die verschiedenen Stämme mit unterschiedlichen Farben.

**2** Das Substantiv ὁ νεανίας (der junge Mann) ist ein Maskulinum der a-Deklination (vgl. ὁ πολίτης).

| Singular | Plural |
|---|---|
| ὁ νεανίας | οἱ νεανίαι |
| τοῦ νεανίου | τῶν νεανιῶν |
| τῷ νεανίᾳ | τοῖς νεανίαις |
| τὸν νεανίαν | τοὺς νεανίας |

Ordnen Sie jeder Form eines der folgenden Merkmale zu.
1. Endung der a-Deklination
2. Endung der a-Deklination nach ε, ι, ρ
3. Endung der o-Deklination

**3** Ordnen Sie die folgenden Präpositionalausdrücke nach den Gesichtspunkten:

Richtung • Ort • Begründung • Gemeinschaft • Trennung.

ἐν τῇ χώρᾳ • σὺν τοῖς ξένοις • εἰς τὴν οἰκίαν • ἐπὶ τοὺς πολεμίους • ἄνευ χρημάτων • μετὰ τῶν πολιτῶν • παρὰ Πρωταγόραν • διὰ τὴν ἀπορίαν • διὰ τοῦ ποταμοῦ • τῆς ἀπάτης ἕνεκα • παρὰ τῷ δήμῳ • ἀπὸ τῆς γῆς • πρὸ τῶν θυρῶν • πρὸς τὰς γυναῖκας • χωρὶς ἐμοῦ • ἐπὶ τῆς τραπέζης • παρὰ τῶν ἐμπόρων

**4** Erschließen Sie die Besonderheiten in der Kontraktion von πλέω und δέομαι im Vergleich mit ποιέω.

ποιεῖ • ἐποίει • ποιοῦμεν • ποιοῦσιν
πλεῖ • ἔπλει • πλέομεν • πλέουσιν
δεῖται • ἐδεῖτο • δεόμεθα • δέονται

**5 a** Ermitteln Sie, wovon in den folgenden Sätzen jeweils die Genitive abhängen, und übersetzen Sie.
1. Παρὰ τοῖς Κελτοῖς μέσος κάθηται, ὃς τῶν ἄλλων κατ' ἀνδρείαν ἢ κατὰ πλοῦτον διαφέρει.
2. Τῶν αὐτῶν ἀγαθῶν ἄνδρες καὶ γυναῖκες δέονται.
3. Ὁ ἀνὴρ ἐκ τοῦ σταδίου φερόμενος τῆς γῆς οὐκ ἐπ|έβαινεν.
4. Αἱ Ἀμαζόνες ἦρχον πολλῶν ἐθνῶν.
5. Ἡ ὁδὸς μεστή ἐστι κινδύνων.

• **b** Bestimmen Sie die Funktionen der Genitive in den Sätzen 1 bis 4 (vgl. Lektion 18, Übung 6).

**6 a** Ordnen Sie Artikel und Adjektiv den passenden Substantiven zu. Achten Sie dabei auf Kasus, Numerus und Genus.

τοὺς καλοὺς • τὸν ἀγαθὸν • τὰς πολλὰς • τοῦ σώφρονος • τὴν ἀρίστην • τῆς τελείας

ναῦς • ὁδόν • εὐδαιμονίας • νεανίας • πολίτην • στρατιώτου

**b** Übersetzen Sie die Wortverbindungen unter Beachtung des Kasus.

**7 a** Ordnen Sie die folgenden Infinitive nach Tempus (Präsens/Aorist) und Diathese (Aktiv/Medium).
θεάσασθαι • χρῆσθαι • εἶναι • παρέχειν • ἀφανίσαι • πληροῦν (< πληρό-ειν)
**b** Ordnen Sie die Infinitive inhaltlich passend in den Text ein.
1. Οἱ Ἕλληνες ἐνόμιζον καὶ τοὺς ἀνέμους θεοὺς [?].
2. Ἔλεγον τοὺς θεοὺς τοῖς ἀνέμοις [?].
3. Λέγεται τὸν Ποσειδῶνα οὕτως [?] πολλὰς ναῦς.
4. Ὁ Ὅμηρος λέγει Αἴολον, τὸν τῶν ἀνέμων θεόν, ἀσκὸν[1] ἀνέμων [?] καὶ τῷ Ὀδυσσεῖ [?].
5. Οἱ δ' τοῦ Ὀδυσσέως ἑταῖροι ἐβούλοντο τοὺς ἀνέμους [?] καὶ ἀνέῳξαν[2] τὸν ἀσκόν.

---
[1] ὁ ἀσκός: der Lederschlauch
[2] ἀν|έῳξαν: sie öffneten

# Lektion 25

## Der Peloponnesische Krieg und seine Folgen

### Ein totaler Krieg

„Sie erschlugen jeden Gegner, den sie in ihre Finger bekamen. Jede Todesart wurde üblich, und es gab nichts, was es nicht gab, ja noch Extremeres. Zu solcher Verrohung steigerte sich der Bürgerkrieg." Mit diesen Worten kommentiert Thukydides in seinem Geschichtswerk über den Peloponnesischen Krieg die Gewaltexzesse auf der Insel Kerkyra (Korfu) zwischen den Anhängern Athens und den Gefolgsleuten Spartas.

Wie konnte es zu einem solchen Krieg kommen? Aus Angst vor einem erneuten Angriff der Perser gründeten viele Küstenstädte und Inseln unter Athens Führung ein Flottenbündnis. Zudem errichteten die Athener eine neue Stadtmauer, bauten den Hafen Piräus aus und verbanden ihn mit der Stadt durch eine 8 km lange Doppelmauer (vgl. Abb. auf S. 94). Unter Perikles, dem seit 443 v. Chr. führenden Politiker, wurde die Vormacht Athens im Seebund immer größer. Daher sahen die Landmacht Sparta und die im Peloponnesischen Bund vereinten Städte ihre Machtstellung bedroht. 431 v. Chr. kam es zum Krieg.

### Krieg zu Lande, Krieg zu Wasser

Die Athener folgten dem Rat des Perikles, dass die gesamte Bevölkerung Attikas sich hinter die Mauern der Stadt Athen zurückziehen sollte. Die Peloponnesier verwüsteten mit ihrem Landheer die Felder und Siedlungen in Attika; die Athener griffen mit ihrer Flotte Dörfer auf der Peloponnes oder andere Verbündete Spartas an und blockierten deren Handelswege. Dies wiederholte sich Jahr für Jahr. 429 v. Chr. brach unter der dicht gedrängten Bevölkerung Athens eine schlimme Seuche aus, an der auch Perikles starb. Athen gab trotzdem nicht auf; erst 421 v. Chr. wurde ein vorläufiger Friede geschlossen.

### Die Katastrophe der Athener

415 v. Chr. versuchten die Athener, ihre Macht auf Unteritalien und Sizilien auszudehnen. 134 Trieren und über 5000 Hopliten wurden entsandt, der Krieg mit Sparta brach erneut aus. Doch Athens Sizilische Expedition endete mit einer schweren Niederlage. Auch innenpolitische Auseinandersetzungen, die 411 v. Chr. vorübergehend sogar zur Abschaffung der Demokratie führten, schwächten die athenische Kriegsführung. Die Spartaner bauten nun selbst eine Flotte und verbündeten sich mit den Persern. Eine lückenlose Blockade zwang die ausgehungerten Athener schließlich im Jahre 404 v. Chr., bedingungslos zu kapitulieren und die Flotte sowie auswärtige Besitzungen abzugeben. In der Stadt setzten die Spartaner eine oligarchische Regierung von 30 Männern ein. Unter dieser sogenannten „Herrschaft der Dreißig" wurden die Anhänger der Demokratie, aber auch Nicht-Bürger, auf deren Geld man es abgesehen hatte, rücksichtslos verfolgt.

**1** Charakterisieren Sie die Athener mithilfe des Informationstextes und des folgenden Zusatztextes.

### Der Charakter der Athener

*In einer Versammlung vor Kriegsausbruch in Sparta sprechen die Korinther zu den Spartanern über die Athener:*

Sie neigen zu Neuerungen, sind rasch im Planen und in der Ausführung dessen, was sie beschlossen haben; ihr aber begnügt euch damit, das Bestehende zu wahren und keine neuen Pläne zu schmieden. Ferner sind sie über ihre Macht hinaus waghalsig, über alle Vernunft draufgängerisch, auch in Gefahren zuversichtlich; eure Art dagegen ist, weniger zu tun, als in eurer Macht steht. Sie sind tatkräftig im Gegensatz zu euch Zauderern, sie reisen in die Ferne im Gegensatz zu euch Nesthockern. Alles betreiben sie unter Mühen und Gefahren ihr ganzes Leben lang, genießen kaum, was sie haben, weil sie immer auf neuen Erwerb aus sind.

*Thukydides, 1,70 (gekürzt)*

## A  Geld oder Leben   nach Lysias

Von der Schreckensherrschaft der Dreißig (403 v. Chr.) war auch die Familie des berühmten Redners Lysias betroffen: Die Häuser des Lysias und seiner Brüder wurden geplündert, Lysias' Bruder Polemarchos wurde verhaftet und ohne Prozess hingerichtet.
Später klagte Lysias den Mörder seines Bruders vor Gericht an. In seiner Anklagerede schildert er dabei auch, was er selbst von Peison, einem Mitglied der Dreißig, zu erleiden hatte.

**1** Nennen Sie aus dem Text Ausdrücke, die zur Überschrift passen.

Πείσων δὲ καὶ οἱ ἄνδρες, οὓς οἱ τριάκοντα ἔπεμψαν, διαλαβόντες τὰς οἰκίας εἰσ|ῆλθον. Καὶ ἐμὲ μὲν ξένους ἑστιῶντα[1] κατέλαβον, οὓς ἐκ|βαλόντες Πείσωνί με παραδιδόασιν[2]. Οἱ δὲ ἄλλοι εἰς τὸ ἐργαστήριον[3] ἐλθόντες τὰ ἀνδράποδα ἀπεγράφοντο[4].
5 Ἐγὼ δὲ Πείσωνα μὲν ἠρόμην, εἰ βούλεταί με σῶσαι χρήματα λαβών.

Ὁ δ' εἶπεν· „Εἰ πολλά ἐστιν."
Εἶπον οὖν, ὅτι τάλαντον ἀργυρίου ἕτοιμός εἰμι τελέσαι· ὁ δ' ὡμολόγησεν.

10 Ἠπιστάμην μὲν οὖν, ὅτι οὔτε θεοὺς οὔτ' ἀνθρώπους νομίζει, ὅμως δ' [5]ἐκ τῶν παρόντων[5] ἐδόκει μοι ἀναγκαιότατον εἶναι [6]πίστιν παρ' αὐτοῦ λαβεῖν[6].
Ἐπειδὴ δὲ ὑπέσχετο λαβὼν τὸ τάλαντόν με σώσειν[7], εἰσ|ελθὼν εἰς τὸ δωμάτιον[8] τὴν κιβωτὸν[9] ἀνοίγνυμι[10].

15 Πείσων δ' αἰσθόμενος εἰσ|έρχεται, καὶ ἰδὼν τὰ ἐν|όντα καλεῖ τῶν δούλων δύο καὶ τὰ ἐν τῇ κιβωτῷ[9] λαβεῖν ἐκέλευσεν. Ἦν δὲ τρία τάλαντα καὶ ἄλλα πολλά.

Ἐγὼ δὲ ἐδεόμην αὐτοῦ ἐφόδιά[11] μοι καταλιπέσθαι.
Ὁ δ' εἶπεν· „Ἀγάπα, εἰ τὸ σῶμα σῴζεις."

[1] ἑστιάω: bewirten
[2] παραδιδόασιν: 3. Pl. von παρα|δίδωμι
[3] τὸ ἐργαστήριον: die Werkstatt
[4] ἀπο|γράφομαι: in einer Liste erfassen

[5] ἐκ τῶν παρ|όντων: aufgrund der Umstände
[6] πίστιν λαμβάνειν: eine eidliche Zusicherung erhalten
[7] σώσειν: Inf. Futur von σῴζω
[8] τὸ δωμάτιον: das Schlafzimmer

[9] ἡ κιβωτός: die Truhe
[10] ἀν|οίγνυμι: ich öffne

[11] τὰ ἐφόδια: das Geld für die Reise

**2** Charakterisieren Sie Peison.

**3** Rechnen Sie die in Z. 17 genannte Geldsumme um
   **a** in die entsprechende Anzahl an Tetradrachmen (τετρα-: vier-),
   **b** in das Silbergewicht,
   **c** in die Jahre, die ein gelernter Arbeiter dafür hätte arbeiten müssen.

*Vorder- und Rückseite einer attischen Tetradrachme (Silber; 17,2 g; 24 mm Durchmesser). 1 Talent entsprach 6000 Drachmen. Um 400 v. Chr. verdiente ein gelernter Arbeiter 1 Drachme am Tag.*

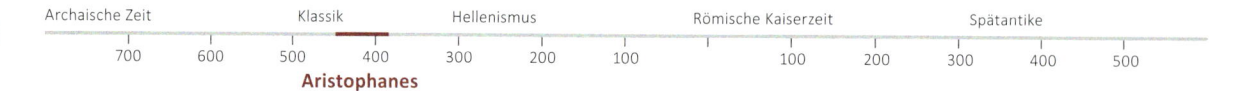

## B  Trygaios will Frieden   nach Aristophanes

Aristophanes schildert in seiner Komödie „Der Frieden" (aufgeführt 421 v. Chr.), wie der Bauer Trygaios unter dem Peloponnesischen Krieg leidet: Die ständigen Einfälle der Spartaner nach Attika machen es ihm unmöglich, seine Felder zu bestellen. Daher versucht Trygaios, für sich einen Privatfrieden mit den Spartanern auszuhandeln. Er bittet die Friedensgöttin um Hilfe und bringt ihr zusammen mit seinem Diener ein Opfer dar.

**1** Nennen Sie aus dem Text die Bestandteile, die zum Opfer dazugehören.

**2** Bestimmen Sie die Textsorte des Abschnittes Z. 9–11.

ΤΡΥΓΑΙΟΣ  Ἡμῖν πρὸς τὸν βωμὸν ἐλθοῦσιν, ἐφ' ᾧ θύειν βουλόμεθα, πάρεστι τὸ κανοῦν[1] τὸ στέφανον καὶ μάχαιραν καὶ τὰ ἄλλα ἔχον. Ἐπειδὴ δὲ ὑπεσχόμεθα τῇ θεῷ πρόβατον θύσειν[2], κελεύω σε τὸ πρόβατον λαβεῖν καὶ τὸν βωμὸν
5  περι|ελθεῖν ὡς τάχιστα.
ΟΙΚΕΤΗΣ  Ἰδοῦ, περι|ῆλθον.
ΤΡΥΓΑΙΟΣ  Ἆρ' ἔβαλες τὰς κριθὰς[3] ἐς πῦρ;
ΟΙΚΕΤΗΣ  Ἔβαλον.
ΤΡΥΓΑΙΟΣ  Ὦ Εἰρήνη, ᾔσθου δὴ τὴν ἡμετέραν ἀπορίαν· ἐλθὲ
10  δῆτα πρὸς ἡμᾶς, λῦσον δὲ μάχας, δὸς νῦν ἡσυχίαν, γενοῦ ἡ ἡμῖν πάλιν τὴν εὐδαιμονίαν παρασκευάζουσα.

[1] τὸ κανοῦν (< κανέ-ον): der Korb
[2] θύσειν: *Inf. Futur von* θύω
[3] αἱ κριθαί: die Gerste

**3** Wählen Sie von den folgenden Aufgaben eine zur Bearbeitung aus.
  **a** Erläutern Sie mithilfe des Informationstextes 25 Trygaios' Lage und Wünsche.
  **b** Vergleichen Sie den Text mit dem Bild: Welche Details können Sie auf dem Bild erkennen? Was davon ist auch im Text erwähnt?

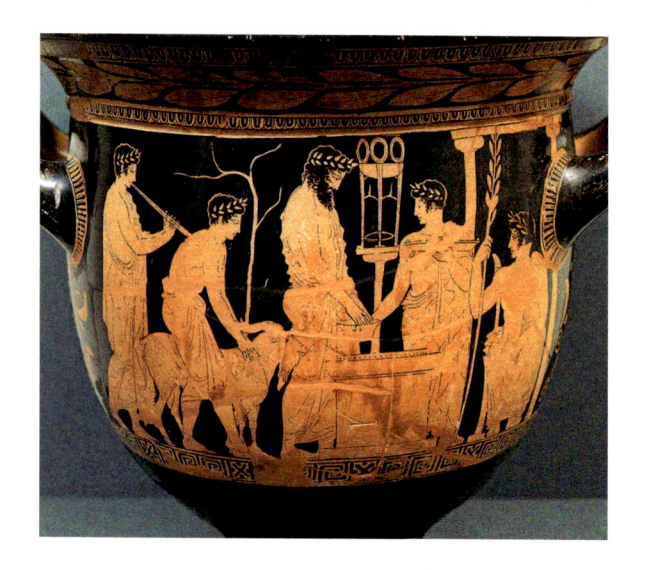

*Detail eines attischen Weinmischgefäßes, 5. Jh. v. Chr.*

# Impulse und Übungen

vor Text A → 1, 2
nach Text A → 3–5
nach Text B → 6–8

**1** Vergleichen Sie die Bildung des Imperfekts mit der des sogenannten starken Aorists und beschreiben Sie Gemeinsamkeiten und Unterschiede.

| Imperfekt | starker Aorist |
|---|---|
| ἐ-λάμβαν-ον | ἔ-λαβ-ον |
| ἔ-βαλλ-ε(ν) | ἔ-βαλ-ε(ν) |
| ἐ-λείπ-ομεν | ἐ-λίπ-ομεν |
| ἐ-λέγ-ετε | εἴπ-ετε |
| ἐ-λείπ-οντο | ἐ-λίπ-οντο |
| κατ-ε-λαμβαν-όμην | κατ-ε-λαβ-όμην |

**2 a** Bestimmen Sie die folgenden Formen aufgrund ihrer Ausgänge und nennen Sie die zugehörige Grundform (1. Sg. Ind. Präs.).

λαβόντες • λιπεῖν • βαλών • λίπετε • λαβέ • καταλαβοῦ • λαβομένῳ • λιπέσθαι • ἔμαθεν • λαβοῦσα • μαθεῖν • ὑποσχόμενος

**b** Bilden Sie die genau entsprechenden Formen des Präsens.

**3** Übersetzen Sie den Text und ordnen Sie dabei den Partizipien die verschiedenen Verwendungsweisen zu:

als Attribut • als Participium coniunctum • substantiviert • in einem Akkusativ mit Partizip

Οἱ ὑπὸ τῶν τριάκοντα πεμπόμενοι ἄνδρες εἰς τὸν τοῦ Λυσίου οἶκον ἦλθον. Εἰσ|ελθόντες δὲ τῷ Λυσίᾳ καὶ τοῖς ἄλλοις παροῦσι φόβον ἐν|έβαλον. Ὁ δὲ φοβούμενος τῷ Πείσωνι τάλαντον ἀργυρίου
5 παρεῖχεν. Ὁ δ' οὖν Λυσίας ἀπ|ερχόμενος οὐκ ᾔσθετο τὸν Πείσωνα διώκοντα. Ἐκεῖνος δὲ εἶδε πολὺ ἀργύριον ἐν τῇ κιβωτῷ[1] ἐν|όν. Καὶ τέλος Λυσίας ἀνείχετο τὸν Πείσωνα πᾶν τὸ ἀργύριον λαμβάνοντα καὶ ἔχαιρε τόν γε βίον σώσας.

[1] ἡ κιβωτός: die Truhe

**4** Ordnen Sie die angegebenen Partikeln nach solchen, die verbinden, und solchen, die gegenüberstellen.

ἤ – ἤ • καί – καί • οὐ μόνον – ἀλλὰ καί • εἴτε – εἴτε • τε – καί • μέν – δέ • οὔτε – οὔτε

**5 a** Nennen Sie zu jedem Fremdwort das griechische Ursprungswort und erschließen Sie die Bedeutung des Fremdworts.

An|ämie • Ana|mnese • An|ästhesie • A|mnesie • A|mnestie

αἰσθάνομαι • μιμνήσκομαι • τὸ αἷμα (das Blut)

**b** Formulieren Sie Sätze, in denen die Fremdwörter korrekt benutzt werden.

**6** Übersetzen Sie die folgenden Befehle Peisons und stellen Sie fest, welche er an seine Leute richtet, welche an Lysias.

1. Σκέψασθε τὴν μεγάλην οἰκίαν.
2. Εἰσ|έλθετε.
3. Ἐκ|βάλετε τοὺς ξένους.
4. Χώρησον ἐκ τοῦ δωματίου[1].
5. Καταλάβετε τόνδε τὸν ἄνδρα.
6. Πείθου μοι καὶ μὴ ἀντίλεγε.
7. Εἰπέ μοι, ποῦ ἔχεις τὸ ἀργύριον.
8. Ὑπόσχου, ὡς οὐκ ἔχεις ἄλλα χρήματα.
9. Φύλαξαι τοὺς τριάκοντα.
10. Φονεύσατε τὸν ἀδελφὸν αὐτοῦ.

[1] τὸ δωμάτιον: das Schlafzimmer

**7** Sammeln Sie alle Wörter, die zum Sachfeld „Götterkult" gehören.

**8** Für den „Herrn" über Sklaven verwendet das Griechische meist ὁ δεσπότης. Dagegen gibt es für den „Sklaven" mehrere Wörter. Erklären Sie, welche unterschiedlichen Auffassungen sich in den folgenden Begriffen ausdrücken. Beachten Sie dazu auch den Kontext der Lektionstexte.

τὸ ἀνδρά|ποδον[1] (A Z. 4) • ὁ δοῦλος (A Z. 16) • ὁ οἰκ|έτης (B Z. 6, 8) • ὁ παῖς (21B, Z. 14)

[1] *von* ὁ πούς, τοῦ ποδός: der Fuß

# Lektion 26

## Das griechische Theater

### Es geht los!

Kurz nach Sonnenaufgang strömen die Zuschauer in das Athener Theater (τὸ θέατρον). Sie wollen einen möglichst guten Sitzplatz ergattern, denn Platzkarten gibt es nicht. An den Großen Dionysien, den Festspielen zu Ehren des Gottes Dionysos, gibt es Theateraufführungen, wie immer kostenlos und unter freiem Himmel. In dem riesigen, im 5. Jahrhundert etwa 15 000 Zuschauer fassenden Dionysos-Theater sollte man nicht allzu weit oben sitzen, um das Geschehen noch gut verfolgen zu können.

*Das Theater von Epidauros (4. Jh. v. Chr.)*

### Menge und Länge

Die Zuschauer brauchen zudem Ausdauer: Am ersten Tag der Theater-Aufführungen werden fünf Komödien hintereinander gespielt, bevor ein Gremium aus gelosten Richtern den siegreichen Dichter verkündet. Bei einer durchschnittlichen Spieldauer von zwei Stunden pro Stück bedeutet das für die Zuschauer zehn Stunden Disziplin. An den folgenden drei Tagen führen drei Tragödiendichter jeweils eine Tetralogie auf: eine Abfolge aus drei Tragödien, gefolgt von einem humoristischen Satyrspiel. Auch hier wird am Ende ein Sieger gekürt. In Athen ist also auch eine Theateraufführung ein Wettkampf (ἀγών).

### Dramen von Bürgern für Bürger

Viele der Zuschauer hatten eigene Bühnenerfahrung. In jedem Stück trat eine Gruppe von 12, 15 oder 24 Laiendarstellern auf, die als Chor (ὁ χορός) tanzten und sangen. So saß im Publikum manch ein ehemaliger Mitwirkender. Profis waren nur die zwei bis drei Schauspieler; auch von ihnen wurde in einem ἀγών der Beste bestimmt. Alle Darsteller waren Männer (sie spielten auch die Frauenrollen) und trugen Masken und Kostüme.

### Komödien und Tragödien

Aufgeführt wurden komische und tragische Dramen. Die Komödiendichter brachten fiktive Geschichten auf die Bühne und präsentierten komisch überspitzte Charaktere. Die Handlung bezog sich oft auf aktuelle Ereignisse in der Stadt. Besonders liebte es das Publikum, wenn wieder einmal athenische Prominente verspottet wurden. In den Tragödien wurden meist Geschichten aus dem mythologischen Bereich aufgeführt, in denen in der Regel eine angesehene Persönlichkeit einen Schicksalsschlag erfährt, zum Beispiel ein König, der vom Glück ins Unglück stürzt. Hier ging es nicht darum, neue Geschichten zu erfinden, sondern althergebrachte neu zu erzählen.

Gemeinsam war beiden Dramenformen, dass sie aus einem Wechsel von gesprochenen Schauspielerszenen und Chorliedern mit Gesang und Tanz bestanden. Die Gesangspartien wurden von einem Musiker begleitet, der ein Blasinstrument spielte, das einer heutigen Oboe ähnelte.

---

**1** Vergleichen Sie die athenischen Theateraufführungen mit heutigen Bühnenaufführungen.
   **a** Nennen Sie Unterschiede der Aufführungsbedingungen zwischen dem griechischen und dem heutigen Theater.
   **b** Nennen Sie die heutigen Unterhaltungsformen, die dem klassischen griechischen Theater am nächsten kommen.

## A  Sophokles: Antigone   nach einer antiken Inhaltsangabe

Eteokles und Polyneikes sind im Kampf um ihre Vaterstadt Theben gefallen, Eteokles als Verteidiger der Stadt, Polyneikes als Angreifer. Als letzter männlicher Angehöriger der Herrscherfamilie hat Kreon die Regentschaft übernommen.

**1** Ermitteln Sie alle Personen im Text und deren Verwandtschaftsverhältnisse. Erstellen Sie ein Schaubild der Familienbeziehungen.

Ἀποθανόντα Πολυνείκη ἐν τῇ πρὸς τὸν ἀδελφὸν μονομαχίᾳ¹
Κρέων ἄταφον ἐκ|βαλὼν κηρύττει αὐτὸν μὴ θάπτειν, θάνατον
ἀπειλήσας τῷ θάψαντι. Τοῦτον Ἀντιγόνη ἡ ἀδελφὴ θάπτειν
πειρᾶται. Καὶ δὴ λαθοῦσα τοὺς φύλακας ἐπι|βάλλει κόνιν².
5 Οἷς ἀπειλεῖ θάνατον ὁ Κρέων, εἰ μὴ τὸν τοῦτο δράσαντα
ἐξευρίσκουσιν. Οὗτοι τὴν κόνιν² ἀφ|ελόντες οὐδὲν ἧττον
φρουροῦσιν.
Ἐπ|ελθοῦσα δὲ ἡ Ἀντιγόνη καὶ γυμνὸν εὑροῦσα τὸν νεκρὸν
ἀνοιμώξασα³ ἑαυτὴν εἰσαγγέλλει⁴. Ταύτην καταλαβόντες οἱ
10 φύλακες Κρέοντι παραδιδόασιν⁵. Οὗτος καταδικάζει⁶ αὐτὴν καὶ
ζῶσαν εἰς τύμβον⁷ κατα|βάλλει.
Ἐπὶ τούτοις Αἵμων, ὁ τούτου υἱός, ὃς ἐμνᾶτο⁸ ταύτην,
ἀγανακτήσας ἑαυτὸν ἀποκτείνει. Εὐρυδίκη, ἡ τοῦ Κρέοντος
γυνή, ταῦτα ἀκούσασα ἑαυτὴν ἀποκτείνει. Καὶ τέλος θρηνεῖ⁹
15 Κρέων τὸν τοῦ παιδὸς καὶ τῆς γυναικὸς θάνατον.

¹ ἡ μονομαχία: der Zweikampf
² ἡ κόνις (*Akk.:* κόνιν): der Staub
³ ἀν|οιμώζω: wehklagen
⁴ εἰσ|αγγέλλω: verraten
⁵ παραδιδόασιν: 3. Pl. von παρα|δίδωμι
⁶ κατα|δικάζω: *(zum Tode)* verurteilen
⁷ ὁ τύμβος: die Grabkammer
⁸ μνάομαι: heiraten wollen
⁹ θρηνέω: beweinen

**2** Nicht in allen Fällen ist das Handeln der Personen ohne weiteres nachvollziehbar. An welcher Stelle haben Sie Klärungsbedarf? Besprechen Sie sich mit Ihrem Banknachbarn.

**3** Vergleichen Sie diese antike Inhaltsangabe mit dem Personenverzeichnis und dem Anfang der „Antigone" in einer modernen Ausgabe.

*Joan Maria Grovin als Antigone in einer Inszenierung am Residenztheater München von 1959, Foto: Klaus Heirler*

## B  Μῦθος κατ' Αἴσωπον: Hasen und Frösche  nach Äsop

**1** Stellen Sie die Eigenschaften von Hasen und Fröschen zusammen. Ermitteln Sie dann Hinweise auf diese Eigenschaften im Text.

Οἱ λαγωοί[1] ποτε συν|ελθόντες τὸν ἑαυτῶν βίον ἀπεκλαίοντο[2] πρὸς ἀλλήλους. Εἶπον γὰρ ἑαυτοῖς· „Ἀβίωτός[3] ἐστιν ἡμῶν ὁ βίος. Καὶ γὰρ ἀετοί[4] τε καὶ κύνες τε καὶ ἄνδρες διώκοντες φόβον ἡμῖν ἐμ|βάλλουσιν." Διὰ ταῦτα τὸν βίον ἤθελον τελευτῆσαι καὶ
5 εἰς λίμνην[5] τινὰ αὑτοὺς ῥῖψαι.
Ταῦτ' οὖν εἰπόντες ὥρμησαν εἰς τὴν λίμνην[5]. Ὡς δὲ οἱ ἐπὶ ταῖς ὄχθαις[6] τῆς λίμνης[5] καθήμενοι βάτραχοι[7] τούτων ἐρχομένων ᾔσθοντο, εὐθὺς εἰς ταύτην τὴν λίμνην[5] εἰσ|επήδησαν ἐκ φόβου. Τῶν δὲ λαγωῶν[1] τις ἔφη πρὸς τοὺς ἑτέρους· „Στῆτε[8], ἑταῖροι.
10 Ἔστι γὰρ καὶ ἄλλα ζῷα, ὡς ὁρᾶτε, δειλότερα ἡμῶν."

[1] ὁ λαγωός: der Hase
[2] ἀπο|κλαίω: laut beweinen
[3] ἀβίωτος, ἀβίωτον: nicht lebenswert
[4] ὁ ἀετός: der Adler
[5] ἡ λίμνη: der Teich
[6] ἡ ὄχθη: das Ufer
[7] ὁ βάτραχος: der Frosch
[8] στῆτε: bleibt stehen!

**2** Formulieren Sie die „Moral" der Fabel.

**3** Wählen Sie von den folgenden Aufgaben eine zur Bearbeitung aus.
  **a** Nennen Sie andere Tiere, denen bestimmte Charaktereigenschaften zugeschrieben werden. Berücksichtigen Sie dabei auch deutsche Redewendungen.
  **b** Vergleichen Sie die Fabel mit der Illustration von Jörg Syrlin.

*Holzschnitt von Jörg Syrlin aus der Ulmer Äsop-Ausgabe (1476)*

# Impulse und Übungen

vor Text A → 1–3
nach Text A → 4, 5
vor Text B → 6
nach Text B → 7

**1 a** Setzen Sie die Formen des Demonstrativpronomens οὗτος, αὕτη, τοῦτο zu den passenden Substantiven und übersetzen Sie die erhaltenen Ausdrücke.
Beispiel: οὗτος ὁ ἀνήρ – dieser Mann.

ταύταις • τούτων (2) • αὗται • οὗτοι • ταύτης • ταῦτα • τοῦτον • ταύτας • τοῦτο

αἱ ἑορταί • τὸν ἀδελφόν • τῶν δοξῶν • οἱ ὁπλῖται • τὸ ποτόν • τῶν ἑταίρων • τῆς κραυγῆς • τὰς νύκτας • τὰ χρήματα • ταῖς παιδιαῖς

- **b** Formulieren Sie eine Regel zu den Formen von οὗτος, αὕτη, τοῦτο: Wann lautet die erste Silbe (τ)ου-, wann (τ)αυ-?

**2** Mit einem Demonstrativpronomen kann ein Wort aus einem vorhergehenden Satz aufgegriffen werden:
1. Οἱ Θούριοι τῷ βορέᾳ κατ' ἐνιαυτὸν ἔθυον. **Οὗτος** γὰρ τὰς τῶν πολεμίων ναῦς ἠφάνισεν.
Die Thurier brachten dem Nordwind jedes Jahr ein Opfer dar. Denn dieser hatte die Schiffe der Feinde vernichtet.
Der Bezug kann aber auch durch ein Relativpronomen hergestellt werden, das einen Hauptsatz einleitet:
2. Οἱ Θούριοι τῷ βορέᾳ κατ' ἐνιαυτὸν ἔθυον. **Ὅς** τὰς τῶν πολεμίων ναῦς ἠφάνισεν.
Formulieren Sie eine Regel, wie bei einem solchen „relativen Satzanschluss" das Relativpronomen übersetzt werden muss.

**3** Erklären Sie die Bedeutung des Substantivs μονομαχία im Vergleich mit den Fremdwörtern Monolog, Monarchie, Monopol, Monographie.

**4** Ordnen Sie griechische Wörter aus dem Sachfeld „Tod" nach folgenden Kategorien: töten – sterben – tot sein – bestatten.

**5** Griechische Demonstrativpronomina können sich 1. auf etwas beziehen, das räumlich/zeitlich gegenwärtig, etwas entfernt oder weit entfernt ist, 2. auf bereits Erwähntes oder erst noch Folgendes verweisen.
Weisen Sie den Demonstrativpronomina im folgenden Text jeweils eine dieser Funktionen zu und übersetzen Sie.
1. Ὁ Πείσων εἶπε **τάδε**·
2. „Καταλάβετε μὲν **τούτους** τοὺς δούλους.
3. Δεῦρο[1] δ' ἄγετε καὶ **ἐκείνους**, οἳ ἐν ἀγροῖς ἐργάζονται.
4. Ἐγὼ δὲ λαμβάνω **τόδε** τὸ ἀργύριον."
5. **Ταῦτα** εἶπεν ὁ Πείσων.

[1] **δεῦρο**: hierher

**6 a** Nach Verben der Wahrnehmung kann eine Partizipialkonstruktion als Objekt stehen:
1. Ὁ Διογένης ἄνδρα τινὰ ὑπὸ τοῦ ὄχλου φερόμενον εἶδεν. (Akk. mit Partizip)
Die Objektstelle kann aber auch mit einer Partizipialkonstruktion im Genitiv gefüllt sein. Übersetzen Sie entsprechend:
2. Ὁ Διογένης τῶν ἑταίρων βοώντων ἤκουσεν.
- **b** Vergleichen Sie die von ἀκούω abhängigen Konstruktionen in Satz 2 und 3 und erschließen Sie den Bedeutungsunterschied.
3. Ὁ Ἀλέξανδρος τὸν Διογένη[2] ἄνδρα εὐδαίμονα εἶναι ἤκουσεν.

[2] τὸν Διογένη: Akk. von ὁ Διογένης

**7 a** Bestimmen Sie, um welche Art Pronomen es sich im folgenden Satz handelt und worauf es sich bezieht.
1. Σωκράτης συμβουλεύει Ξενοφῶντι τὸν ἐν Δελφοῖς θεὸν ἐρωτῆσαι. Ὁ δὲ Ξενοφῶν· „Πῶς ἔξεστιν ὀρθῶς **αὐτὸν** ἐρωτᾶν;"
**b** Erläutern Sie anhand der folgenden Sätze den Begriff „Reflexivpronomen" und beschreiben Sie dessen Bildung.
2. Σωκράτης· „Δεῖ ἕκαστον γιγνώσκειν **ἑαυτόν**, ὥς λέγει ὁ θεός.
3. Ἀλλὰ πολλοὶ ἄνθρωποι οὐ δύνανται **αὑτοὺς** γιγνώσκειν."

# Lektion 27

## Die Mythen der Griechen

### Überall merkwürdige Geschichten

Ein König mit Schlangenleib – zwei Gottheiten, die sich über den Besitz eines Landes streiten – ein Kind, das aus der Erde geboren wird: Die griechischen Geschichten über Götter und Helden versetzen den heutigen Leser oft in Verwunderung.
Wie alle anderen Völker auch versuchten die Griechen die Welt zu deuten und Unerklärliches verstehbar zu machen in Form von Geschichten und Bildern mit handelnden Göttern, Halbgöttern, sterblichen Menschen und seltsamen Mischwesen. Viele Gestalten und Motive haben die Griechen von ihren Nachbarvölkern übernommen.
Mythen wurden zunächst nur mündlich überliefert und waren im Leben der Menschen allgegenwärtig: Bereits kleine Kinder hörten sie von ihren Müttern und Ammen. Bei Gastmählern, Festen und Ritualen erzählte man sie, und in Theaterstücken erwachten sie zum Leben. Mythische Szenen waren an Tempeln, auf Gemälden, Truhen, Wandteppichen, Siegeln, Gewändern, Schilden und Vasen zu sehen.

### Mythen und religiöse Handlungen

Fast immer stehen Mythen in enger Verbindung mit Orten und religiösen Kulten. So wurde auf der Akropolis von Athen eine Felsspalte verehrt, weil dort Poseidon einen Gegner mit seinem Dreizack aufgespießt haben soll. Bei religiösen Festen wurde das im Mythos berichtete Geschehen immer wieder vergegenwärtigt und manch seltsamer Ritus erst durch die zugehörigen Geschichten verständlich.

### Die Nutzung des Mythos

Einflussreiche Familiengeschlechter und Gemeinden nutzten Mythen, um ihre Machtansprüche zu begründen, etwa indem sie sich auf einen göttlichen Urahn beriefen. Die Grenzen zum historisch Bezeugten sind dabei fließend. In der Dichtung boten die Mythen Anlass, über das Handeln der Götter nachzudenken; aber auch moralische und politische Fragen wurden in Form von Mythen „durchgespielt". Dies war umso leichter möglich, als es bereits in der mündlichen Tradition nicht eine einzige verbindliche Form eines bestimmten Mythos gab, sondern viele verschiedene Versionen.

### Mythen-Kritik

Die Glaubwürdigkeit der überlieferten Mythen mit ihren Mischwesen und oft allzu menschlich handelnden Gottheiten wurde bereits von zeitgenössischen Denkern in Frage gestellt. Manche kritisierten die Mythen als willkürlich erfundene Geschichten mit meist fragwürdiger Moral, andere verstanden die Mythen als Ausschmückungen konkreter, oft banaler Ereignisse.

**1** Erläutern Sie ausgehend vom Text folgende Funktionen des Mythos: Aitiologie („Ursachenerklärung") • Wertevermittlung • Herrschaftslegitimation • Unterhaltung

**2** Charakterisieren Sie Palaiphatos' Einstellung zum Mythos.

### Palaiphatos über Medea

*In seiner Schrift Περὶ ἀ|πίστων ἱστοριῶν bespricht Palaiphatos (4./3. Jh. v. Chr.) auch den Medea-Mythos:*
Man erzählt, dass Medea ältere Männer verjüngt habe, indem sie sie kochte, aber es gibt keinen Beweis, dass sie auch nur einen verjüngt hat; wenn sie einen gekocht hätte, hätte sie ihn geradewegs getötet. Es hat sich vielmehr Folgendes zugetragen: Medea war die Erste, die herausfand, dass ein Dampfbad für Menschen nützlich ist. Jedem, der es wollte, bereitete sie ein Dampfbad, allerdings nicht in aller Öffentlichkeit, damit kein Arzt davon erführe; jeden ließ sie dabei schwören, es nicht zu verraten. Die Bezeichnung dieses Dampfbads war aber „Verkochung". Nun wurden die Menschen, die ein Dampfbad genossen hatten, auf diese Weise leichter und gesünder. Weil man also bei ihr Kessel und Feuer sah, war man der Überzeugung, dass sie die Menschen koche.

*Palaiphatos 43*

## A  Streit unter Göttern    nach einem mythologischen Handbuch

In einem mythologischen Handbuch wird erzählt, wie Asklepios, der Sohn Apollons, zum Gott der Heilkunde wurde und welche Konflikte daraus entstanden.

**1** Ermitteln Sie alle Eigennamen und Personen im Text sowie die zugehörigen Prädikate. Schließen Sie daraus auf den Hergang der Handlung.

Ἀσκληπιὸς τῆς μητρὸς ἀποθανούσης ἔτι παῖς ὢν ὑπὸ τοῦ
Ἀπόλλωνος ἐκομίσθη πρὸς Χείρωνα τὸν Κένταυρον, παρ' οὗ
τὴν ἰατρικὴν ἐδιδάχθη.
Καὶ γενόμενος ἰατρὸς καὶ τὴν τέχνην ἀσκήσας ἀφθόνως οὐ
5 μόνον ἐκώλυέ τινας ἀποθνῄσκειν, ἀλλ' ἀν|ήγειρε καὶ τοὺς
ἀποθανόντας.
Ζεὺς δὲ οὐκ ἐθέλων τοὺς ἀνθρώπους ἐλευθερωθῆναι θανάτου
ἐκεραύνωσεν¹ αὐτόν. Καὶ διὰ τοῦτο ὀργισθεὶς Ἀπόλλων
ἀποκτείνει τοὺς Κύκλωπας τοὺς τὸν κεραυνὸν² Διὶ κατα-
10 σκευάσαντας.
Ζεὺς δὲ ἐμέλλησε ῥίπτειν τὸν Ἀπόλλωνα εἰς Τάρταρον.
Δεηθείσης δὲ Λητοῦς ἐκέλευσεν αὐτὸν ἐνιαυτὸν ἀνδρὶ θνητῷ
θητεῦσαι³. Ὁ δὲ παραγενόμενος εἰς Φέρας πρὸς Ἄδμητον
τούτῳ δουλεύων τὰς ἀγέλας ἔνεμεν.
15 Ἀπόλλων δὲ φίλος γενόμενος τῷ Ἀδμήτῳ ἐδεήθη Μοιρῶν αὐτὸν
τοῦ θανάτου ἀπο|λυθῆναι ἐθέλοντός τινος ἑκουσίως ὑπὲρ αὐτοῦ
ἀποθνῄσκειν.
Ὡς δὲ ἦλθεν ἡ τοῦ θνῄσκειν ἡμέρα, μήτε τοῦ πατρὸς μήτε τῆς
μητρὸς ὑπὲρ αὐτοῦ θνῄσκειν θελόντων Ἄλκηστις ἡ ἄλοχος⁴
20 ὑπὲρ αὐτοῦ ἀπέθανεν. Ἀλλὰ πάλιν ἀν|επέμφθη ὑπὸ τῆς
Περσεφονείας.

¹ κεραυνόω: mit dem Blitz erschlagen
² ὁ κεραυνός: der Blitz
³ θητεύω: dienen
⁴ ἡ ἄλοχος: die Ehefrau

**2** Die Hauptpersonen handeln in Z. 7–21 aus unterschiedlichen Beweggründen. Arbeiten Sie diese heraus und setzen Sie sie in Beziehung.

**3** Euripides hat eine Tragödie namens „Alkestis" geschrieben. Informieren Sie sich über deren Handlung und vergleichen Sie diese mit dem Lektionstext.

## B  Streit um Attika  nach einem mythologischen Handbuch

In dem Erechtheion genannten Tempel auf der Akropolis gab es einen Brunnen mit Meerwasser, in dem man bei Südwind das Geräusch von Wellen hören konnte. In der Nähe des Erechtheions steht noch heute ein Olivenbaum. Beide sind mit einem Mythos aus der Frühgeschichte Athens verbunden, die mit dem König Kekrops beginnt.

**1** Ordnen Sie die genannten lokalen Besonderheiten Personen zu, die im Text genannt werden, und stellen Sie begründete Vermutungen über deren Tun an.

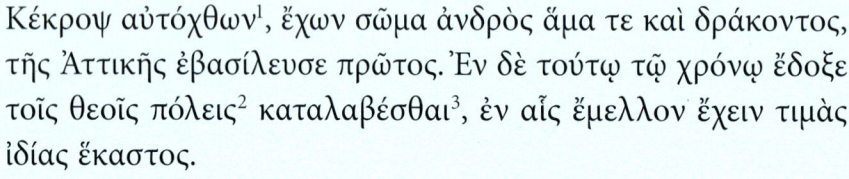

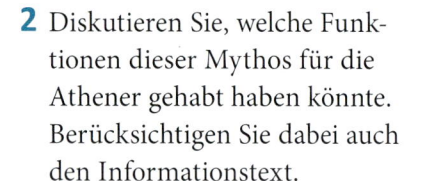

*Erechtheion auf der Akropolis (erbaut 420–406 v. Chr); Gesamtansicht von Südwesten*

Κέκροψ αὐτόχθων¹, ἔχων σῶμα ἀνδρὸς ἅμα τε καὶ δράκοντος, τῆς Ἀττικῆς ἐβασίλευσε πρῶτος. Ἐν δὲ τούτῳ τῷ χρόνῳ ἔδοξε τοῖς θεοῖς πόλεις² καταλαβέσθαι³, ἐν αἷς ἔμελλον ἔχειν τιμὰς ἰδίας ἕκαστος.

⁵ Ἧκεν οὖν πρῶτος Ποσειδῶν ἐπὶ τὴν Ἀττικήν, καὶ πλήξας τῇ τριαίνῃ⁴ εἰς μέσην τὴν ἀκρόπολιν ἐποίησε κρήνην· ἐβουλήθη γὰρ ἑλεῖν τὴν χώραν. Μετὰ δὲ τοῦτο ἧκεν Ἀθηνᾶ καὶ ποιησαμένη τὸν Κέκροπα μάρτυρα ἐφύτευσεν⁵ ἐλαίαν.

Γενομένης δὲ ἔριδος περὶ τῆς χώρας Ζεὺς δὲ τοὺς δώδεκα θεοὺς
¹⁰ συνέλεξε καὶ ἐδεήθη αὐτῶν τὴν ἔριν δια|λῦσαι. Καὶ τούτων δικαζόντων ἡ χώρα τῆς Ἀθηνᾶς ἐκρίθη⁶ Κέκροπος μαρτυρήσαντος, ὅτι πρώτη τὴν ἐλαίαν ἐφύτευσεν⁵.

Ἀθηνᾶ μὲν οὖν ἀφ' ἑαυτῆς τὴν πόλιν ἐκάλεσεν Ἀθήνας, Ποσειδῶν δὲ θυμῷ ὀργισθεὶς τὴν Ἀττικὴν ⁷ὕφαλον ἐποίησεν⁷.

¹ αὐτό|χθων, αὔτο|χθον, Gen. αὐτό|χθονος: aus der Erde selbst stammend
² πόλεις: Akk. Pl. von ἡ πόλις
³ κατα|λαμβάνω: in Besitz nehmen

⁴ ἡ τρίαινα: der Dreizack

⁵ φυτεύω: pflanzen

⁶ κρίνομαι mit Gen.: jdm. zugesprochen werden

⁷ ὕφ|αλον ποιέω: mit Salzwasser fluten

**2** Diskutieren Sie, welche Funktionen dieser Mythos für die Athener gehabt haben könnte. Berücksichtigen Sie dabei auch den Informationstext.

*Detail einer Trinkschale des Kodros-Malers, um 435 v. Chr.; Berlin, Staatliche Museen, Antikensammlung*

# Impulse und Übungen

**1** Bei Verbformen mit dem Bildungselement -θη- wirkt sich der Hauchlaut des θ auf vorhergehende Konsonanten aus (Hauchassimilation): ἐτρέφθη von τρέπω.

**a** Sortieren Sie die folgenden Formen des passiven Aorists nach finiter Form, Partizip und Infinitiv und nennen Sie die Lernform sowie deren Bedeutungen:

κηρυχθείς • ἐκρύφθητε • λειφθῆναι • ἤχθην • πραχθέντα • ἐπέμφθησαν • βλαφθεῖσα

**b** Erklären Sie die Hauchassimilation auch an den folgenden Beispielen:
οὐχ ὁμολογῶ • ἐφ᾽ ἵππον • ὑφ᾽ οὗ

**2 a** Trennen Sie nach dem Beispiel ἐ-παύ-θη-ν auch bei den folgenden Formen des Aorist Passiv den Stamm und die Bildungselemente und bestimmen Sie die Form.

ἐκομίσθη • ἐδιδάχθημεν • ἐρρίφθησαν • ἀν|επέμφθητε • ὀργισθείς • δεηθείσης • ἀπο|λυθέντες • ἐλευθερωθῆναι

**b** Übersetzen Sie die finiten Formen und nennen Sie für die anderen die Lernform und deren Bedeutungen.

**3** Beschreiben Sie, wie in den Sätzen 3 und 6 die jeweils vorangehenden Sätze enthalten sind, und übersetzen Sie diese beiden Sätze auf verschiedene Arten.

1. Ἀσκληπιὸς πολλάκις ἐβοήθει.
2. Οἱ ἄνθρωποι τὸν θάνατον οὐκ ἐφοβοῦντο.
3. Ἀσκληπιοῦ βοηθοῦντος οἱ ἄνθρωποι τὸν θάνατον οὐκ ἐφοβοῦντο.
4. Ὁ δὲ Ζεὺς τὸν Ἀσκληπιὸν ἐκεραύνωσεν[1].
5. Ἀπόλλων τοὺς Κύκλωπας ἀπέκτεινεν.
6. Τοῦ δὲ Διὸς τὸν Ἀσκληπιὸν κεραυνώσαντος[1] Ἀπόλλων τοὺς Κύκλωπας ἀπέκτεινεν.

---
[1] **κεραυνόω**: mit einem Blitz erschlagen

**4 a** Geben Sie zu jeder der folgenden Formen die Lernform und deren Bedeutungen an.

βασιλεύοντος • ἤκουσαι • ὄντες • δούλων • ἀργύριον • λίθων • αἱροῦσιν • λαβόντας • ἐλθούσῃ • χρημάτων • πωλοῦντι • τέκνον • καλοῦντος • ἰδόν • ἡγεμόσιν • ἀδικηθεῖσα

**b** Bilden Sie zu jedem Partizip die genau entsprechende Form von ἑκών.

**5** Die beiden Buchstaben -σκ- sind eine Erweiterung, die ein Verb nur im Präsens enthalten kann. Sie bedeutet, dass die entsprechende Handlung nur allmählich vor sich geht. Im Aorist fehlt diese Erweiterung folgerichtig.

**a** Bilden Sie den Aorist zu den folgenden Formen:
διδάσκω • εὑρίσκουσιν • ἀποθνῄσκει

**b** Bilden Sie zu den Aorist-Formen die entsprechenden des Imperfekts. Formulieren Sie dann nach folgendem Muster für alle sechs Formen Übersetzungen, die den Aspekt deutlich zum Ausdruck bringen. Beispiel: ἐβάλλομεν (z. B. λίθους εἰς τὸν ποταμόν): wir haben unablässig geworfen – ἐβάλομεν (z. B. τὴν τοῦ ἐναντίου κεφαλήν): wir haben gleich beim ersten Mal getroffen

**6** Übersetzen Sie die folgenden Sätze, ohne im Deutschen Passiv-Formen zu benutzen.

1. Ὁ Σωκράτης αἰτιαθείς, ὅτι τοὺς τῆς πόλεως θεοὺς οὐ νομίζει, ἀπεκρίνετο·
2. „Ἐψεύσθη[1] ὁ Μέλητος. Οὐ γὰρ ἐγώ, ἀλλ᾽ ὁ Ἀναξαγόρας εἶπεν τὸν ἥλιον λίθον εἶναι."
3. Μετὰ τὴν δίκην[2] ὁ Σωκράτης οὐκ ἐβουλήθη σωθῆναι καίπερ τῶν ἑταίρων προτρεπόντων.
4. Σοφὸς γὰρ ὢν οὔτε ἠναγκάσθη ὑπό τινος οὔτε ἠνάγκασεν.

---
[1] **ψεύδω**: täuschen
[2] **ἡ δίκη**: der Prozess

# Lektion 28

## Griechen gründen Städte

### Hier könnte man bleiben!

In der „Odyssee" wird erzählt, wie Odysseus und seine Gefährten auf ihrer Heimfahrt einmal auf eine unbewohnte Insel verschlagen werden. Sie stoßen dort auf Wälder, ausgedehnte Wiesen und viele Ziegen. Ein fruchtbarer Boden, zahlreiche Quellen und ein natürlicher Hafen, der Schifffahrt und damit Handel ermöglicht, lassen Odysseus erkennen: Diese Insel wäre bestens geeignet, eine neue Heimat für Siedler zu werden.

### Die große griechische Kolonisation

Im ausgehenden 8. Jahrhundert, kurz bevor Homers „Odyssee" entstand, begannen die Griechen tatsächlich in großem Umfang neue Städte zu gründen. Bis zum 6. Jahrhundert wurden bis zu 200 Städte neu gegründet, vor allem in Süditalien, am Schwarzen Meer, aber auch in Libyen und Ägypten. Es gab viele Gründe, warum kleinere oder größere Gruppen von Menschen ihre Heimatstädte verließen, um sich in anderen Gegenden niederzulassen: Streitigkeiten um die Macht, Überbevölkerung und Nahrungsmangel oder auch das Bestreben, neue Handelsniederlassungen zu errichten.

### Mythen von Erdgeborenen und Schlangen

Wie aber sind die allerersten Städte entstanden? Diese Frage versuchten verschiedene Mythen zu beantworten. Einige erzählen, dass die Ureinwohner und Gründer der ersten Städte aus der Erde (ἡ χθών) selbst (αὐτός) entstanden seien. Beispielsweise verstanden sich die Athener als ein solches auto|chthones Volk, weil ihr Stammvater Kekrops ein Erdgeborener war.

Oft spielen in solchen Gründungsmythen Schlangen eine wichtige Rolle, da sie als besonders erdnahe Tiere galten. So auch im Mythos von der Gründung der Stadt Theben: Der Phönizier Kadmos wurde vom delphischen Orakel zur Gründung einer Stadt an einer bestimmten Stelle aufgefordert; er musste aber erst eine große Schlange töten, die dort eine Quelle bewachte. Athene riet Kadmos, die Zähne des toten Reptils in die Erde zu säen. Sofort wuchsen daraus Männer empor, die ersten Bewohner der späteren Stadt.

*Detail einer lakonischen Schale, um 550 v. Chr.; Paris, Louvre*

### Philosophische Gedankenexperimente

Städtegründungen waren auch ein Thema der Philosophie. Platon hat gleich in zwei großen Dialogen, der Πολιτεία („Der Staat") und den Νόμοι („Die Gesetze"), die Gesprächspartner in Gedanken eine πόλις gründen lassen. Solche Stadtgründungen in Form eines Gedankenexperimentes boten die Möglichkeit, grundlegende Fragen nach dem Wesen des Menschen und den Bedingungen des Zusammenlebens zu diskutieren. Offenbar kam es Platon darauf an, die richtigen Mittel zu bestimmen, um die existentiellen menschlichen Bedürfnisse zu befriedigen und politisch stabile Verhältnisse zu ermöglichen.

**1** Diskutieren Sie, inwiefern Autochthonie-Mythen auch als Abwehr gegen Einwanderung von außen verstanden werden können.

## A Modell einer Stadtgründung   nach Platon

Sokrates und Adeimantos gründen in Gedanken eine Stadt und überlegen, welche Bedürfnisse der Bewohner die dringendsten sind.

**1** Ermitteln Sie aus dem Text die Personen, die für die Befriedigung der Grundbedürfnisse sorgen.

ΣΩΚΡΑΤΗΣ Ἀλλὰ μὴν πρώτη γε καὶ μεγίστη τῶν χρειῶν ἡ τῆς τροφῆς παρασκευὴ τοῦ ζῆν ἕνεκα.

ΑΔΕΙΜΑΝΤΟΣ Παντάπασί γε.

ΣΩΚΡΑΤΗΣ Δευτέρα δὴ οἰκίας, τρίτη δὲ ἐσθῆτος καὶ τῶν τοιούτων.

ΑΔΕΙΜΑΝΤΟΣ Ἔστι ταῦτα.

ΣΩΚΡΑΤΗΣ Φέρε δή, πῶς ἡ πόλις ἀρκέσει ἐπὶ τοσαύτην παρασκευήν; Οὐ πολλῶν δεήσει πολιτῶν; Ὁ γὰρ γεωργὸς οὐκ αὐτὸς ποιήσεται ἑαυτῷ τὸ ἄροτρον[1] οὐδὲ τὰ ἄλλα ὄργανα τοιαῦτα, οὐδ' αὖ ὁ οἰκοδόμος· ἢ οὔ;

ΑΔΕΙΜΑΝΤΟΣ Φαίνεται.

ΣΩΚΡΑΤΗΣ Τέκτονες δὴ καὶ χαλκεῖς[2] καὶ τοιοῦτοι πολλοὶ δημιουργοὶ συχνὸν τὸ πολίχνιον[3] ποιήσουσιν.

ΑΔΕΙΜΑΝΤΟΣ Πάνυ μὲν οὖν.

ΣΩΚΡΑΤΗΣ Ἀλλὰ μὴν κατοικίσαι γε τὴν πόλιν εἰς τοιοῦτον τόπον, οὗ ἐπεισαγωγίμων[4] μὴ δεήσεται, σχεδόν τι ἀδύνατον.

ΑΔΕΙΜΑΝΤΟΣ Ἀδύνατον γάρ.

ΣΩΚΡΑΤΗΣ Προσδεήσει[5] ἄρα ἔτι καὶ ἄλλων, οἳ ἄλλοθεν αὐτῇ κομιοῦσιν, ὧν δεῖται.

ΑΔΕΙΜΑΝΤΟΣ Δεήσει.

ΣΩΚΡΑΤΗΣ Δεησόμεθα δὴ καὶ ἐμπόρων εἰσαξόντων καὶ ἐξαξόντων ἕκαστα.

ΑΔΕΙΜΑΝΤΟΣ Πάνυ γε.

ΣΩΚΡΑΤΗΣ Πρῶτον οὖν σκεψόμεθα, τίνα τρόπον διαιτήσονται[6] οἱ οὕτω παρεσκευασμένοι[7]. Ἄλλο τι ἢ σῖτόν τε ποιήσουσι καὶ οἶνον καὶ ἱμάτια; Καὶ οἰκοδομήσονται οἰκίας καὶ θρέψονται ἐκ τῶν κριθῶν[8] ἄλφιτα[9] σκευαζόμενοι. Εὐωχήσονται[10] δὲ πίνοντες οἶνον καὶ ὑμνοῦντες τοὺς θεούς, καὶ οὕτω διάξουσι τὸν βίον ἐν εἰρήνῃ μετὰ ὑγιείας.

[1] τὸ ἄροτρον: der Pflug
[2] ὁ χαλκεύς (Pl.: οἱ χαλκεῖς): der Schmied
[3] τὸ πολίχνιον: die kleine Stadt
[4] τὰ ἐπ|εισ|αγώγιμα: die Importe
[5] προσ|δεῖ: es ist zusätzlich nötig
[6] δι|αιτάομαι: sein Leben verbringen
[7] παρεσκευασμένος, παρεσκευασμένη, παρεσκευασμένον: Partizip Perf. Pass. von παρα|σκευάζω
[8] ἡ κριθή: die Gerste
[9] τὸ ἄλφιτον: das Mehl
[10] εὐωχέομαι: es sich schmecken lassen

**2** Diskutieren Sie, wie das nächste Entwicklungsstadium dieser Modellstadt aussehen könnte.

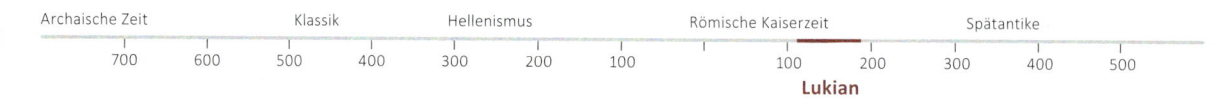

## B  Neu auf dem Olymp   nach Lukian

Zeus hat sich in den schönen Hirtenjungen Ganymed verliebt und ihn auf den Olymp entführt. Ganymed vermisst jedoch seine Heimat und sein gewohntes Leben als Hirte. Daraufhin zählt Zeus ihm die Vorteile des Lebens auf dem Olymp auf.

**1** Nennen Sie aus dem Text, was Zeus Ganymed in Aussicht stellt.

ΖΕΥΣ  Ὦ Γανύμηδες, ἐκεῖνα μὲν πάντα χαίρειν ἔα[1] καὶ ἐπιλάθου τῶν ἀγελῶν. Μάλα γὰρ εὖ πράξεις ἐνταῦθα καὶ ἀντὶ μὲν τυροῦ[2] καὶ γάλακτος ἀμβροσίαν[3] ἔδῃ καὶ νέκταρ[4] πίῃ. Τὸ δὲ μέγιστον, οὐκέτι ἄνθρωπος, ἀλλ᾽ ἀθάνατος γενήσῃ καὶ ὅλως εὐδαίμων ἔσῃ.

ΓΑΝΥΜΗΔΗΣ  Ἀλλὰ τίς συμ|παίξεταί μοι;

ΖΕΥΣ  Ἕξεις τὸν Ἔρωτα τὸν συμ|παιζόμενόν σοι καὶ ἀστράγαλοι[5] μάλα πολλοί σοι ἔσονται. Θάρρει μόνον καὶ φαιδρὸς[6] ἴσθι.

ΓΑΝΥΜΗΔΗΣ  Τί ὑμῖν χρήσιμος ἔσομαι; Ἆρα νεμῶ τὰς ἀγέλας;

ΖΕΥΣ  Οὔκ, ἀλλ᾽ οἶνον παρέξεις ἡμῖν καὶ ἐπιμελήσῃ τοῦ συμποσίου.

ΓΑΝΥΜΗΔΗΣ  Τοῦτο μὲν οὐ χαλεπόν· οἶδα γάρ, ὡς χρὴ ἐγχεῖν[7] τὸ γάλα.

ΖΕΥΣ  Πάλιν οὗτος γάλακτος μιμνήσκεται. – Ταῦτα δ᾽ ὁ οὐρανός ἐστι, καὶ πίνομεν, ὥσπερ ἔφην, τὸ νέκταρ[4].

ΓΑΝΥΜΗΔΗΣ  Ἥδιον[8], ὦ Ζεῦ, τοῦ γάλακτος;

ΖΕΥΣ  Εἴσῃ μετ᾽ ὀλίγον καὶ γευσάμενος[9] οὐκέτι ποθήσεις[10] τὸ γάλα.

[1] χαίρειν ἐάω mit Akk.: sich von etwas verabschieden
[2] ὁ τυρός: der Käse
[3] ἡ ἀμβροσία: die Ambrosia (Speise der Götter)
[4] τὸ νέκταρ, τοῦ νέκταρος: der Nektar (Göttertrank)
[5] ὁ ἀστράγαλος: der Würfel
[6] φαιδρός, φαιδρά, φαιδρόν: fröhlich
[7] ἐγ|χέω: eingießen, einschenken
[8] ἥδιον (Neutrum): süßer
[9] γεύομαι: kosten, schmecken
[10] ποθέω: vermissen

**2** Versehen Sie Ihre Übersetzung mit Regieanweisungen.

**3 a** Nennen Sie die Textstelle, mit der sich das Vasenbild beschreiben ließe.
**b** Setzen Sie die Darstellung in Beziehung zum Gefäß und seiner Funktion.

*Zeus und Ganymed; Detail einer attischen Trinkschale, um 510 v. Chr.; Tarquinia, Museo Archeologico Nazionale*

# Impulse und Übungen

| vor Text A | → 1, 2 |
| nach Text A | → 3 |
| vor Text B | → 4–7 |

**1 a** In welchem Tempus müssen Prophezeiungen formuliert sein? Übersetzen Sie entsprechend.

1. Οἱ ἀδελφοί σου φονεύσουσιν ἀλλήλους.
2. Ἐλαίᾳ νικήσεις τὸν Ποσειδῶνα.
3. Τόδε τὸ παιδίον ἥξει πρὸς τὸν πατέρα τε καὶ τὴν μητέρα καὶ παρέξει αὐτοῖς συμφοράν¹.
4. Βλάψετε τὸν σοφώτατον ἐν Ἀθήναις ἄνδρα.
5. Μόνον τὸ σῶμα σώσεις.
6. Ἄνεμός τις ἀφανιεῖ τὰς ναῦς αὐτοῦ.

¹ ἡ συμφορά: das Unglück

**b** Beschreiben Sie die Formenbildung der Verbformen. Erklären Sie, inwiefern die Verben auf -ίζω eine Ausnahme bilden.

**c** Bestimmen Sie die Adressaten der Prophezeiungen und skizzieren Sie die dazu gehörende Geschichte.

**2 a** Das Pronomen τοιοῦτος antwortet auf die Frage ποῖος (wie beschaffen? was für ein?), das Pronomen τοσοῦτος auf die Frage πόσος (wie groß?). Erschließen Sie, was die beiden Demonstrativpronomina bedeuten und für welchen Bedeutungsaspekt jeweils das -ι- bzw. das -σ- steht.

**b** Suchen Sie die Formen von τοιοῦτος und τοσοῦτος aus dem Lektionstext A heraus und vergleichen Sie deren Formbildung mit der von οὗτος, αὕτη, τοῦτο.

**3 a** Suchen Sie aus den Dreiergruppen diejenigen heraus, bei denen alle Wörter stammverwandt sind. Nennen Sie von allen Wörtern die Bedeutung.

1. ἐκεῖ • ἕκαστος • ἐκεῖνος
2. μάθημα • μαθητής • μανθάνω
3. δίκαιος • ἀδικέω • δικαιοσύνη
4. δεινός • εὐδαιμονία • εὐδαίμων
5. θνῄσκω • θνητός • ἀθάνατος
6. τρέπω • τρέφω • τροφή
7. πειρατής • ἄπειρος • πειράομαι
8. θεάομαι • θεῖος • θέατρον
9. ἔρχομαι • ἐργάζομαι • ἔργον
10. πολέμιος • πολεμέω • πόλεμος

**b** Setzen Sie, soweit es sich um Substantive handelt, den richtigen Artikel davor und nennen Sie den Genitiv.

**4** Das Futur zu εἰμί lautet ἔσομαι (3. Sg. ἔσται). Bilden Sie die entsprechenden Formen zu:

εἶ • εἰσίν • ἐστέ • ἐστίν • ὤν • οὖσαι • ἐσμέν • εἶναι • ὄντι • ὄντων

**5 a** Dorkon entwickelt seinen Plan, wie er Chloë für sich gewinnen kann. Übersetzen Sie.

Ἀπο|κρύψομαι παρὰ τῇ πηγῇ καὶ τηρήσω τὴν ὥραν, ᾗ Χλόη τὰς αἶγας ἐπ|άξει. Ὁρμήσω μὲν ἐπὶ τὴν παῖδα ὥσπερ λύκος· ἡ δὲ τὸν Δάφνιν βοήσεται, ἀλλ᾽ ἐκεῖνος οὐκ ἀκούσεται αὐτῆς
5 βοώσης. Ἐλπίζω δὴ αὐτὴν ὀλίγον μὲν χρόνον σιωπήσειν φοβουμένην, ταχέως δὲ γελάσεσθαι. Ἡμεῖς δ᾽ εὐδαίμονες ἐσόμεθα.

**b** Nennen Sie die medialen Futurformen, die aktive Bedeutung haben.

**6** Ordnen Sie – auch unter Berücksichtigung des Textzusammenhangs – die folgenden Präsensformen ihren jeweiligen Futurformen im Text zu.
ἔχω • πίνω • εἰμί • ἐσθίω • οἶδα • γίγνομαι

*Herakles ist mit seinem Status als Halbgott unzufrieden:*
„Πότε γάρ, ὦ Ζεῦ πάτερ, εἴσομαι, τίς καὶ ποῖος θεὸς ἔσομαι. Ἆρα σὺν σοὶ τὸ τῶν ἀθανάτων ποτὸν πίομαι, ἔδομαι τὸν σῖτον ὑμῶν; Γενήσομαί ποτε, ὥσπερ σύ, ἀθάνατος
5 καὶ ἕξω ἱερά;"

**7** Die folgenden Sätze enthalten Imperativformen von εἶναι; welches muss die Singularform sein? Übersetzen Sie.

1. Ἔστε πρᾷοι πρὸς τοὺς οἰκείους.
2. Σώφρων ἴσθι καὶ ἧκε πρὸς ἐμέ.

# Lektion 29

## Witz und Anekdote

### Der Herrscher und der Philosoph
Als sich der Makedonenkönig Alexander einmal in Korinth aufhielt, nutzte er die Gelegenheit, den berühmten Philosophen Diogenes aufzusuchen. Alexander trat vor Diogenes hin, als dieser sich gerade sonnte, und fragte ihn, ob er ihm irgendeinen Wunsch erfüllen könne. Diogenes antwortete: „Geh mir aus der Sonne!" Auf dem Rückweg, als Alexanders Begleiter noch immer über diese Antwort lachten, sagte Alexander: „Wenn ich nicht Alexander wäre, dann wäre ich am liebsten Diogenes."

### Anekdoten – lustig und anschaulich
Solche Anekdoten mit pointierten Aussprüchen berühmter Persönlichkeiten waren bei den Griechen sehr beliebt. Nicht nur konnte man darüber trefflich lachen, man erfuhr auch einiges über den Charakter einer Person, wenn man gleichsam miterleben konnte, wie diese in einer konkreten Situation reagierte – etwa dann, wenn jemand sie provozierte. Es gab sogar schriftliche Sammlungen von Anekdoten. Gleich mehrere solcher Werke wurden um 100 n. Chr. von dem Schriftsteller Plutarch zusammengestellt, darunter auch eines über die sprichwörtlich „lakonischen" Aussprüche berühmter Spartaner.

### Schräge Typen
Doch auch Verhaltensweisen von durchschnittlichen, aber etwas sonderbaren Menschen waren Gegenstand der Unterhaltungsliteratur der Griechen. Um 300 v. Chr. präsentierte Theophrast in seinen „Charakteren" auf belustigende Weise Schwächen und typische Angewohnheiten von Sonderlingen; der Leser soll sich darüber freuen, dass er selbst nicht zu solchen Typen gehört – oder aber auch in ihnen den einen oder anderen eigenen Fehler entdecken.

*Ausschnitt einer Buchillustration (kolorierte Lithografie) von William Rainey, 1910*

### Witze
Komische Typen sind auch Grundlage einer Witzesammlung aus dem 5. Jahrhundert n. Chr., dem Φιλόγελως („Lach|freund"). Zum Beispiel werden dort der Gefräßige, der Faule oder der verschrobene Gelehrte lächerlich gemacht. Beißender Spott trifft aber auch Menschen mit körperlichen Beeinträchtigungen oder Bewohner bestimmter griechischer Städte wie Kyme oder Abdera, die allein aufgrund ihrer Herkunft als besonders dumm galten.

### Götter zum Lachen
Sogar über ihre Götter konnten die Griechen lachen. In der „Ilias" lachen die Götter selbst, als der humpelnde und schwitzende Hephaistos ihnen den Göttertrank serviert. Die attische Komödie des 5. Jahrhunderts v. Chr. bringt feige oder verfressene Götter auf die Bühne. Und im 2. Jahrhundert n. Chr. treibt Lukian den Widerspruch zwischen göttlichem Wesen und menschlicher Gestalt auf die Spitze, indem er zeigt, wie auch die Götter sich mit vielerlei „menschlichen" Problemen herumschlagen müssen.

**1** Erläutern Sie die Pointe der beiden Aussprüche in der Alexander-Diogenes-Anekdote.

**2** Ordnen Sie die Lektionstexte 2B, 9B, 20A, 21B, 22A, 22B und 28B den im Text beschriebenen Arten von Komik zu.

| Archaische Zeit | Klassik | Hellenismus | Römische Kaiserzeit | Spätantike |
|---|---|---|---|---|
| 700   600   500 | 400   300   200   100 | 100   200   300   400   500 | | |
| | **Äsop** | | **Plutarch   Diogenes Laertios   Philogelos** | |

## A  Schlagfertig   nach Äsop, dem Philogelos, Diogenes Laertios und Plutarch

**1** Betrachten Sie den Aufbau der vier Texte und zeigen Sie formale Gemeinsamkeiten auf.

**2** Informieren Sie sich vor der Übersetzung der Texte 2 bis 4 mithilfe des Vokabelverzeichnisses jeweils, wer oder was mit den Namen gemeint ist.

Λύκος ἰδὼν ποιμένας ἐσθίοντας ἐν σκηνῇ πρόβατον, „Ἡλίκος¹ ἂν ἦν", ἔφη, „θόρυβος ὑμῖν, εἰ ἐγὼ ταῦτ' ἐποίουν."

¹ ἡλίκος, ἡλίκη, ἡλίκον: wie groß

Κυμαῖος μέλι² ἐπίπρασκεν³. Ἐλθόντος δέ τινος καὶ γευσαμένου⁴ καὶ εἰπόντος, ὅτι πάνυ καλόν, ἔφη· „Εἰ μὴ γὰρ μῦς⁵ ἐνέπεσεν
5 εἰς αὐτό, οὐκ ἂν ἐπώλουν."

² τὸ μέλι, τοῦ μέλιτος: der Honig
³ πιπράσκω: zum Verkauf anbieten
⁴ γεύομαι: eine Kostprobe nehmen
⁵ ὁ μῦς, τοῦ μυός: die Maus

Θαυμάζοντός τινος τὰ ἐν Σαμοθρᾴκῃ ἀναθήματα ὁ Διογένης ἔφη· „Πολλῷ ἂν ἦν πλείονα, εἰ καὶ οἱ μὴ σωθέντες ἀνετίθεσαν⁶."

⁶ ἀνετίθεσαν: 3. Pl. Imperf. von ἀνα|τίθημι

Μεμφομένων δὲ τῶν φίλων, διότι ἰατρόν τινα κακῶς λέγει, Παυσανίας ⁷πεῖραν οὐκ ἔχων⁷ αὐτοῦ οὐδὲ ἀδικηθείς τι, εἶπεν·
10 „Ὅτι, εἰ ἔλαβον αὐτοῦ πεῖραν, οὐκ ἂν ἔζων." Τοῦ δ' ἰατροῦ εἰπόντος αὐτῷ· „Γέρων γέγονας⁸", „Διότι", εἶπεν, „οὐκ ἐχρησάμην σοὶ ἰατρῷ."

⁷ πεῖραν ἔχω *mit Gen.*: Erfahrung mit jdm. haben

⁸ γέγονας: *2. Sg. Perf. von* γίγνομαι

**3** Formulieren Sie für jeden Text eine Überschrift.

A  Weinbecher aus Böotien, 5. Jh. v. Chr.; Oxford, Ashmolean Museum
B  Miniatur-Krug aus Athen, Höhe 6,4 cm, 5. Jh. v. Chr.; Paris, Louvre

## B  Eine für alle?   nach Euripides

Nachdem Poseidon im Wettstreit um Attika unterlegen ist, will sein Sohn Eumolpos die Schmach seines Vaters rächen und rückt mit einem großen Heer auf die Stadt Athen zu.
Der athenische König Erechtheus erfährt vom Orakel in Delphi, dass er gegen die Angreifer nur siegen wird, wenn er die älteste seiner drei Töchter der Persephone opfert. Als er seiner Frau Praxithea von dem Orakelspruch erzählt, hat diese eine klare Meinung.

**1** Formulieren Sie in zwei bis drei Sätzen eine mögliche Antwort der Praxithea.

„Πολλοὶ μὲν τὴν πόλιν οἰκοῦσιν, πολλοὶ δὲ φονευθήσονται ἐν πολέμῳ. Πῶς πολλοὺς πολίτας διαφθείρειν με χρή, εἰ ἔξεστι μίαν¹ ὑπὲρ πάντων θῦσαι;
Εἰ μὲν οὖν ἐν οἴκῳ υἱοὶ ἐγένοντο ἀντὶ θυγατέρων, πρὸς πόλιν
5 δὲ πολέμιοι ἐπεχείρουν, αὐτοὺς ἂν ἐξ|έπεμπον ἐγὼ εἰς μάχην. Τιμῶ μὲν γὰρ τέκνα, ἃ μάχεται, ὡς ἀνδράσι πρέπει. Μισῶ δὲ γυναῖκας, αἳ πρὸ τοῦ καλοῦ κἀγαθοῦ τοὺς παῖδας ζῆν αἱροῦνται. Εἰ δ' αἱρεθήσεται ἡ πόλις, ἆρα μὴ οἱ παῖδες σωθήσονται;
Ἔγωγε φιλῶ μὲν τὰ τέκνα, ἀλλὰ τὴν ἐμὴν πατρίδα μᾶλλον φιλῶ.
10 Ὡς οὖν βοηθήσουσα τῇ πολιτείᾳ τὴν κόρην δώσω θῦσαι πρὸ γαίας· τούτῳ τῷ τρόπῳ ἡ πόλις οὐ νικηθήσεται."

¹ μία: eine, eine einzige

**2** Geben Sie Praxitheas Entschluss und ihre Begründungen mit eigenen Worten wieder und vergleichen Sie diese mit der von Ihnen formulierten Antwort.

**3** Wählen Sie eine der folgenden Aufgaben zur Bearbeitung aus.
   **a** Wie reagiert der König auf die Ausführungen seiner Frau? Verfassen Sie eine Antwort.
   **b** Die Tochter hat das Gespräch mit angehört: Verfassen Sie eine Antwort der Tochter.

*Vorhalle am Erechtheion auf der Athener Akropolis, 420–406 v. Chr.; die sechs κόραι könnten die Töchter des Erechtheus und der Praxithea darstellen.*

# Impulse und Übungen

vor Text A → 1–3
nach Text A → 4
nach Text B → 5–7

**1 a** Vergleichen Sie den Modus der Prädikate im Griechischen und Deutschen und erklären Sie, wodurch im Griechischen das Nicht-Wirkliche (Irreale) der Aussagen bezeichnet wird:

1. Τὴν ἰατρικὴν οὐκ ἂν εὖ ἐμανθάνομεν, εἰ μὴ ὑπὸ ἀγαθῶν ἰατρῶν ἐδιδασκόμεθα.
   Wir würden die Medizin nicht gut lernen, wenn wir nicht von guten Ärzten unterrichtet würden.
2. Καὶ ὁ Ἀσκληπιὸς οὐκ ἂν ἰατρὸς ἐγένετο, εἰ μὴ ὑπὸ Χείρωνος ἐδιδάχθη.
   Auch Asklepios wäre kein Arzt geworden, wenn er nicht von Cheiron unterrichtet worden wäre.

**b** Erklären Sie, worin sich die Sätze 1 und 2 unterscheiden.

**2** Übersetzen Sie die Sätze und ordnen Sie die Aussagen den folgenden Personen zu:

Admet • Antigone • Ganymed • Poseidon

1. „Τοὺς τῶν θεῶν νόμους ἐβίασα ἄν, εἰ μὴ τὸν ἀδελφὸν ἔθαψα."
2. „Εἰ ἐγὼ τὴν Ἀθηνᾶν ἐνίκησα, αἱ Ἀθῆναι νῦν Ποσειδωνία ἂν ἐκαλοῦντο."
3. „Ἡ Ἄλκηστις οὐκ ἂν ἀπέθανεν, εἰ ἐγὼ τὸν θάνατον εἱλόμην."
4. „Εἰ ἐπὶ γῆς διῆγον, γάλα ἔτι ἂν ἔπινον."

**3** Übersetzen Sie die folgenden Sätze und berücksichtigen Sie dabei den Verbalaspekt der Partizipien und Prädikate.

1. Τοῦ Κέκροπος τῶν Ἀθηνῶν ἄρχοντος δύο θεοὶ περὶ τῆς πόλεως ἠγωνίσαντο.
2. Τῆς Ἀθηνᾶς νικησάσης ὁ Ποσειδῶν ὠργίσθη.
3. Ποσειδῶνος ὀργιζομένου ἡ πόλις ἐκινδύνευεν.

**4** Dareios bietet Alexander 1000 Talente und die Hälfte seines Reiches an, wenn er ihm Mutter und Ehefrau zurückgibt. Darauf sagt Alexanders General Parmenion:

„Αὐτὸς ἂν Ἀλέξανδρος ὢν τούτοις ἠγάπησά τε καὶ κατ|έλυσα τὸν πόλεμον."
Alexander antwortet: „Καὶ αὐτὸς ἄν, εἴπερ Παρμενίων ἦν, οὕτως ἔπραξα, ἐπεὶ δέ Ἀλέξανδρός εἰμι, οὔ."
Übersetzen Sie.

**5 a** Trennen Sie nach dem Beispiel παυ-θή-σ-ε-ται auch bei den folgenden Formen des Futur Passiv den Stamm und die Bildungselemente, und bestimmen Sie die Formen.

αἱρεθήσεται • πεμφθήσεσθε • κομισθήσεται • θαυμασθησομένη • διδαχθησόμεθα • πληρωθήσονται • σωθήσεσθαι

**b** Ordnen Sie den finiten Verbformen sinngemäß und grammatikalisch passende Subjekte zu und übersetzen Sie.
ἡμεῖς • ὑμεῖς • νῆες • ἡ πόλις • οἶνος

**6** Das Partizip Futur mit ὡς drückt eine Absicht oder einen Zweck aus:
Ὁ Εὔμολπος εἰς Ἀθήνας ἧκεν ὡς τιμωρησόμενος τοὺς Ἀθηναίους.
Eumolpos kam nach Athen, um sich an den Athenern zu rächen.

Übersetzen Sie nach diesem Muster.
1. Διὰ τοῦτο ὁ τῶν Ἀθηναίων βασιλεὺς ἦλθεν εἰς Δελφοὺς ὡς ἐρωτήσων τὸν θεὸν περὶ τῆς τύχης τῆς τῶν Ἀθηνῶν.
2. Ἐκέλευσεν οὖν ὁ θεὸς αὐτὸν τὴν θυγατέρα θῦσαι ὡς σώσοντα τὴν πόλιν.
3. Ταχέως πάλιν εἰς Ἀθήνας ἦλθεν ὡς συμ|βουλευσόμενος τῇ γυναικί.

**7 a** Setzen Sie ποῦ, που und οὗ richtig in die Sätze ein.
*Ein Fremder in Delphi:* „❓ ist das Stadion?" – „Da oben ❓. Den Weg entlang, ❓ das Theater steht."

**b** Entsprechend werden auch πότε, ποτέ und ὅτε gebraucht. Setzen Sie ein:
„❓ kann ich das Orakel befragen?" – „In den nächsten Tagen ❓, ❓ du an der Reihe bist."

# Lektion 30

## Griechisches Recht

### Brauch – Ordnung – Gesetz

Als im 7. Jahrhundert v. Chr. griechische πόλεις entstanden, kam es im Rechtsverständnis zu einer grundlegenden Änderung: An die Stelle von νόμος, dem Brauch, und θεσμός, der von einem Herrscher festgelegten Ordnung, traten die νόμοι, Gesetze, die sich die Gemeinschaft selbst gab. Die νόμοι wurden schriftlich, meist auf Stein, festgehalten. Sie waren öffentlich zugänglich und wurden an heiligen Stätten im Zentrum der πόλις aufgestellt und damit dem Schutz der jeweiligen Stadtgottheit anvertraut. Erhaltene Inschriften zeigen, dass sich die gesamte Polisgemeinschaft für die Einhaltung der Gesetze und für die Verfolgung von Gesetzesbrechern verantwortlich fühlte.

*Stadtrecht von Gortyn (Kreta), 5. Jh. v. Chr.*

### Gesetze und Demokratie in Athen

In Athen ging die Entwicklung von Recht und Gesetz mit der Entstehung der Demokratie einher und beruhte auf ἰσονομία, der prinzipiellen Gleichheit aller – männlichen – Bürger. Am Anfang stand das Gesetzeswerk von Drakon, das um 621/20 v. Chr. entstand und sich vor allem auf Tötungsdelikte bezog. Wenig später schuf Solon Gesetze, die das Recht auf schriftliche Anklage sowie auf Berufung gegen Rechtssprüche einräumten. Nach 410 v. Chr. begann man, alle damals gültigen νόμοι zu sammeln und zu ergänzen. Am Ende wurden sie auf Papyrus übertragen und im Staatsarchiv Athens aufbewahrt.

### Die Sophisten über Gesetz und Natur

Was aber sollte man unter Recht und Gesetz verstehen? Die Sophisten unterschieden die von Menschen geschaffenen νόμοι, die nur zu bestimmten Zeiten und an bestimmten Orten gelten, und die ewigen νόμοι der Natur (φύσις); so kommt zum Beispiel dem Recht auf persönliche Freiheit allgemeine Gültigkeit zu. Der Sophist Protagoras definierte den Menschen als unvollkommenes Wesen, aber ausgestattet mit einer natürlichen sittlichen Begabung. Die menschliche Gemeinschaft war seiner Ansicht nach aus der Not geboren, weshalb er Gesetze als notwendig für ein gutes Zusammenleben ansah. Kritisch dagegen fasste ein anderer Sophist, Antiphon, die von Menschen gemachten νόμοι als Fesseln der menschlichen φύσις auf. Dennoch erkannte auch er die Notwendigkeit von νόμοι an, sollte sich dadurch größtmöglicher Nutzen für alle Beteiligten einstellen. Radikal urteilte Kallikles über menschliche νόμοι. Indem er das Recht des Stärkeren, das er in der Tierwelt sah, auf den Menschen übertrug, lehnte er νόμοι strikt als willkürliche Übereinkunft von Schwachen ab und vertrat das Recht des Stärkeren, dessen Überlegenheit sich in der Fähigkeit zeige, zu herrschen und alle Triebe zügellos befriedigen zu können.

**1** Begründen Sie die öffentliche Aufstellung von Gesetzestafeln.

**2** Nehmen Sie Stellung zu den erwähnten unterschiedlichen Auffassungen vom νόμος.

## A  Macht vor Recht   nach Platon

Sokrates vertritt die These, dass Unrecht erleiden besser sei als Unrecht tun. Provozierend stellt Kallikles dieser Auffassung seine eigene entgegen.

**1** Ermitteln Sie Gegensatzpaare im Text und zeigen Sie an diesen das zentrale Thema des Textes auf.

„Φύσει μὲν αἴσχιόν ἐστιν τὸ ἀδικεῖσθαι, νόμῳ δὲ τὸ ἀδικεῖν. Οὐδὲ γὰρ ἀνδρὸς τοῦτό γ' ἐστιν τὸ πάθημα, τὸ ἀδικεῖσθαι, ἀλλ' ἀνδραπόδου τινός, ᾧ κρεῖττόν ἐστι τεθνάναι[1] ἢ ζῆν, ὅστις ἀδικούμενος μὴ οἷός τέ ἐστιν αὐτὸς αὑτῷ βοηθεῖν μηδὲ ἄλλῳ
5 τινί. Ἀλλ', οἶμαι, οἱ πολλοὶ ἐκφοβοῦντες[2] τοὺς ἐρρωμενεστέρους[3] τῶν ἀνθρώπων καὶ δυνατοὺς ὄντας πλέον ἔχειν λέγουσιν, ὡς αἰσχρὸν καὶ ἄδικον τὸ πλεονεκτεῖν, καὶ τοῦτό ἐστιν τὸ ἀδικεῖν· τὸ πλέον τῶν ἄλλων ζητεῖν ἔχειν.
10 Ἡ δέ γε, οἶμαι, φύσις αὐτὴ ἀποφαίνει αὐτό, ὅτι δίκαιόν ἐστιν τὸν ἀμείνω τοῦ χείρονος πλέον ἔχειν καὶ τὸν δυνατώτερον τοῦ ἀδυνατωτέρου. Δηλοῖ δὲ ταῦτα πολλαχοῦ, ὅτι οὕτως ἔχει, καὶ ἐν τοῖς ἄλλοις ζῴοις καὶ ἐν τοῖς ἀνθρώποις, ὅτι οὕτω τὸ δίκαιον κέκριται[4]· τὸν κρείττω τοῦ ἥττονος ἄρχειν καὶ πλέον ἔχειν.
15 Δοκεῖ δέ μοι καὶ Πίνδαρος, ἅπερ ἐγὼ λέγω, ἐνδείκνυσθαι ἐν τῇ ᾠδῇ, ἐν ᾗ λέγει, ὅτι

νόμος ὁ πάντων βασιλεὺς
θνατῶν[5] τε καὶ ἀθανάτων.

Λέγει δ' ὅτι Ἡρακλῆς οὔτε πριάμενος οὔτε δωρουμένου τοῦ
20 Γηρυόνου ἠλάσατο τὰς βοῦς, ὡς τούτου ὄντος τοῦ δικαίου φύσει· καὶ ἀμφισβητεῖ ὁ ποιητὴς βοῦς καὶ τἆλλα κτήματα τὰ τῶν χειρόνων τε καὶ ἡττόνων εἶναι πάντα τοῦ βελτίονός τε καὶ κρείττονος."

[1] τεθνάναι: tot sein
[2] ἐκ|φοβέω: einschüchtern
[3] ἐρρωμένος, ἐρρωμένη, ἐρρωμένον: stark
[4] κέκριται: es ist definiert
[5] θνατῶν = θνητῶν

**2** Erläutern Sie die Aussage οὐδὲ γὰρ ἀνδρὸς … ἀλλ' ἀνδραπόδου τινός (Z. 2/3) vor dem Hintergrund der antiken griechischen Gesellschaft und nehmen Sie Stellung.

**3** Fassen Sie zusammen, wie Kallikles die Auffassung des Sokrates zu widerlegen sucht.

**4** Ist es gerecht, wenn der Stärkere grundsätzlich Recht bekommt? Diskutieren Sie.

## B  Alexander und Timokleia   nach Plutarch

Als Alexander erfuhr, dass die Stadt Theben von ihm abgefallen war, griff er sie mit seinem Heer an und besiegte die aufständischen Thebaner. Er ordnete an, die Bevölkerung in die Sklaverei zu verkaufen.
Von den thrakischen Hilfstruppen, die für Alexander kämpften, drangen einige Soldaten und ihr Anführer während der Plünderungen auch in das Haus einer angesehenen Frau namens Timokleia ein.

**1** Suchen Sie alle Partizipien heraus und ordnen Sie ihnen das zugehörige Beziehungswort zu.

Ἀλλ' ὁ ἡγεμὼν βιασάμενος τὴν γυναῖκα ἠρώτησεν, εἴ που χρυσίον ἔχει ἢ ἀργύριον. Ἡ δ' ἔχειν ὡμολόγησε, καὶ αὐτὸν εἰς τὸν κῆπον¹ ἐπὶ τὸ φρέαρ² ἀγαγοῦσα „Ἐνταῦθα", ἔφη, „τῆς πόλεως ἁλισκομένης κατ|έβαλον αὐτὴ πάντα τὰ χρήματα."
⁵ Ἐγκύπτοντος³ δὲ τοῦ Θρᾳκὸς καὶ κατα|σκεπτομένου τὸν τόπον ἔωσεν⁴ αὐτὸν ἐξόπισθεν⁵ προσγενομένη, καὶ τῶν λίθων ἐπ|εμβαλοῦσα πολλοὺς ἀπέκτεινεν.
Ἀχθεῖσα δὲ πρὸς Ἀλέξανδρον ἀδεῶς⁶ εἶχε καὶ ἐδόκει πλείστης τιμῆς ἀξία εἶναι· ἔπειτα τοῦ βασιλέως ἐρωτήσαντος, τίς ἐστιν,
¹⁰ ἀπεκρίνατο Θεαγένους ἀδελφὴ εἶναι τοῦ μαχεσαμένου πρὸς Φίλιππον ὑπὲρ τῆς τῶν Ἑλλήνων ἐλευθερίας καὶ πεσόντος ἐν Χαιρωνείᾳ στρατηγοῦντος. Θαυμάσας οὖν ὁ Ἀλέξανδρος αὐτῆς καὶ τὸν λόγον καὶ τὴν πρᾶξιν ἐκέλευσεν ἐλευθέραν ἀπ|ελθεῖν μετὰ τῶν τέκνων.

¹ ὁ κῆπος: der Garten
² τὸ φρέαρ, τοῦ φρέατος: der Brunnen
³ ἐγ|κύπτω: sich vornüber beugen
⁴ ὠθέω, Aor. ἔωσα: stoßen
⁵ ἐξόπισθεν: von hinten
⁶ ἀδεῶς (Adv.): furchtlos

**2** Recherchieren Sie Informationen zum im Text erwähnten Philipp (II.) sowie der Schlacht bei Chaironeia.

**3** Vergleichen Sie Alexanders Umgang mit Timokleia mit seiner Behandlung der Familie des Dareios (Lektionstext 18B). Beschreiben Sie, welche Charaktereigenschaften Alexanders in den Schilderungen deutlich werden.

**4** Geben Sie an, auf welche Stelle des Textes sich die Darstellung Domenichinos bezieht.

*Domenichino: „Timokleia vor Alexander", Ölgemälde, 114 × 153 cm, um 1516; Paris, Louvre*

# Impulse und Übungen

vor Text A → 1–5
nach Text A → 6, 7
nach Text B → 8

**1 a** Deklinieren Sie nach dem Beispiel von σώφρων (Gen.: σώφρονος) die Komparative κρείττων und ἥττων.

**b** Erschließen Sie, für welche Formen der Komparative es auch abweichende Formen gibt:

1. Ὁ Πρωταγόρας τὸν ἥττω λόγον κρείττω ποιεῖ.
2. Οἱ σοφισταὶ τοὺς νέους ἀμείνους ποιοῦσιν.
3. Οἱ νέοι ἀμείνους γίγνονται.
4. Τὰ ἀγαθὰ τῶν κακῶν ἀμείνω ἐστίν.

**2 a** Erschließen Sie durch Vergleich die Verwendung und Bedeutung von ὅστις:

1. „Ὁ ἀνήρ, ὃν ἐκεῖ ὁρᾷς, ἀδελφός μού ἐστιν."
2. Πάντες ἄνθρωποι, οἵτινες εἰς τὴν ἀκρόπολιν ἀναβαίνουσιν, ἐκεῖ τὰ ἀναθήματα θαυμάζουσιν.

**b** Erschließen Sie, in welcher anderen Nebensatzart ὅστις noch verwendet werden kann:

3. Ὁ Γανυμήδης τὸν Δία ἐρωτᾷ, ὅστις τὰς ἐν οὐρανῷ ἀγέλας νέμει.

**3** Bilden Sie nach den folgenden Regeln für die o-Kontrakta die kontrahierten Formen:

o + ε, ο, ου     > ου
o + η, ω         > ω
o + ι-Diphthong  > οι

πληροόμεθα • πληρόων • ἐπλήροες • πληρόει • πληρόη • ἐπληρόου

**4** In einem Wörterbuch finden sich zu νόμος unter anderem folgende Bedeutungsangaben:

Gewohnheit • Gewohnheitsrecht • Sitte • Brauch • Satzung • Gesetz • Lied

Übersetzen Sie die Sätze und wählen Sie die passende Bedeutung aus:

1. Τοὺς μὲν θεοὺς σέβου, τοῖς δὲ νόμοις πείθου.
2. Οἱ στρατιῶται ᾄδουσιν πολεμικοὺς νόμους.
3. Παρὰ ἀνθρώποις τισὶ νόμος ἐστὶ τὰς γυναῖκας γεωργεῖν[1].

---
[1] **γεωργέω**: den Acker bestellen

**5** Übersetzen Sie die folgenden Sätze; achten Sie dabei auf die verschiedenen Bedeutungen von ὡς. Nennen Sie die Stellen aus dem Kontext, die Ihnen ggf. Hinweise geben.

1. Ὁ δειλὸς λέγει, ὡς χαλεπόν ἐστι γιγνώσκειν, πότεροί εἰσιν οἱ πολέμιοι.
2. Τὴν μάχην φεύγει ὡς τάχιστα εἰς τὴν σκηνὴν τρέχων.
3. Ἐκεῖ μακρὸν χρόνον διάγει ὡς ζητῶν τὴν μάχαιραν.
4. Ἀλλ' αὐτὴν οὐχ εὑρίσκει, ὡς εὑρίσκειν οὐ βούλεται.
5. Πάντα ταῦτα ποιεῖ ὡς σωθησόμενος.

**6** Bestimmen Sie die folgenden Formen von ὅστις nach Kasus, Numerus und Genus und beschreiben Sie die jeweilige Bildungsweise. Beachten Sie, dass es in manchen Fällen eine längere und eine kürzere Form gibt.

οἵτινες • οὕστινας • οὗτινος • ἥτις • ἅτινα • ὅτου • ᾧτινι • ἅττα • ᾗτινι • ὅτῳ • ὅ τι

**7 a** Ordnen Sie den im Positiv angeführten Adjektiven passende Komparative zu. Überlegen Sie, wo Sie sich am Stamm, wo nur an der Bedeutung orientieren können.

κακός • καλός • αἰσχρός • ἐχθρός • ἀγαθός • μέγας • πολύς • ὀλίγος

βελτίων • ἥττων • μείζων • κακίων • ἐχθίων • καλλίων • κρείττων • ἀμείνων • χείρων • αἰσχίων • ἐλάττων • πλείων/πλέων

**b** Erklären Sie, warum zu manchen Positiven mehrere Komparative gehören.

**8 a** Bilden Sie entsprechend κακίων – κάκιστος die Superlative zu:

καλλίων • ἐχθίων • αἰσχίων • βελτίων • χείρων

**b** Nennen Sie Komparativ und Positiv zu den folgenden Superlativen:

ἐλάχιστος • κράτιστος • μέγιστος • πλεῖστος • ἄριστος

# Lektion 31

## Die Anhänger des Sokrates

### Sokrates beim Schuhmacher

Die Ausgräber der Athener Agora fanden 1953 in einem Haus direkt an der Agora Schuhnägel aus Eisen und knöcherne Ösen für Schuhriemen.
⁵ Damit war klar, dass es sich um die Werkstatt eines Schusters handeln musste. Geradezu verblüfft waren die Archäologen, als sie den Boden eines Trinkbechers fanden, in den der Besitzer seinen Namen geritzt hatte: ΣΙΜΩΝΟΣ („des Simon").
¹⁰ Denn nicht nur wird in schriftlichen Quellen berichtet, dass Sokrates sich gerne mit jüngeren Anhängern in einer Schusterwerkstatt an der Grenze der Agora getroffen habe; es heißt auch, dass sich ein Schuhmacher namens Simon von den
¹⁵ Gesprächen, die Sokrates in seinem Laden geführt habe, Notizen gemacht und diese später als „Schuster-Dialoge" veröffentlicht habe. Sich Sokrates in einer solchen Werkstatt vorzustellen ist insofern stimmig, als Sokrates aus einer Handwerkerfami-
²⁰ lie stammte: Sein Vater war Steinmetz, und wahrscheinlich hat auch er diesen Beruf eine Zeit lang ausgeübt.

### Philosophierende Bleichgesichter

Sokrates entfaltete mit seinen Gesprächen eine
²⁵ große Wirkung. Schnell schloss sich ihm eine Reihe von Anhängern an; diese stammten vor allem aus der Oberschicht, denn nur Wohlhabende konnten es sich leisten, ihre Zeit mit Gesprächen anstatt mit Erwerbsarbeit zu verbringen. Die jün-
³⁰ geren unter Sokrates' Anhängern ahmten ihn gerne nach, indem sie selber Leute in Gespräche verwickelten und mit unangenehmen Fragen in die Enge trieben. Andere taten sich schon äußerlich als geradezu „Sokrates-verrückt" hervor, indem sie – wie
³⁵ ihr Vorbild – barfuß und ungepflegt auftraten. Chairephon, ein Freund von Sokrates seit Jugendtagen, wurde in den Komödien der Zeit immer wieder als blass, langhaarig und abgemagert verspottet – sein Spitzname war „Fledermaus". Chairephon war es auch, der dem delphischen Orakel ⁴⁰ die anmaßende Frage stellte, ob überhaupt jemand weiser als Sokrates sei.

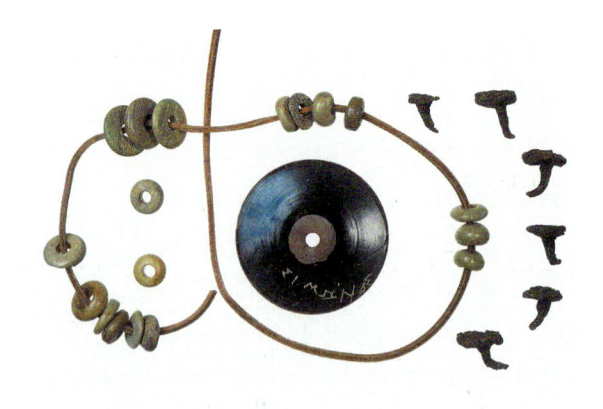

*Funde von der Agora; Athen, Agora-Museum*

### Sokrates und der Liebling der Massen

Sokrates verkehrte auch mit bedeutenden Politikern seiner Zeit. Zu diesen gehörte Alkibiades: ⁴⁵ reich, von bester Herkunft, ein stolzer Sieger bei den Olympischen Spielen und fähiger Heerführer, wechselte er im Krieg gegen Sparta mehrfach die Seiten. Offensichtlich erlangte Alkibiades nicht die Beständigkeit, die Sokrates ihn lehrte. Platon lässt ⁵⁰ dies in einem seiner Dialoge Alkibiades selbst mit Blick auf Sokrates aussprechen: „Mir ist von diesem als Einzigem der Menschen widerfahren, was man in mir wohl nicht vermuten würde, nämlich dass ich mich vor jemandem schäme; ich schäme mich ⁵⁵ aber nur vor diesem Mann. Denn ich bin mir bewusst: Ich kann ihm nicht widersprechen, dass ich tun müsste, was er mir befiehlt; aber sobald ich von ihm fort bin, werde ich schwach und beuge mich in meinem Ehrgeiz der breiten Masse." ⁶⁰

**1** Verfassen Sie einen Nachruf auf Sokrates, in dem Sie seine Rolle in der athenischen Gesellschaft würdigen. Schreiben Sie aus der Perspektive eines Vertreters der im Text erwähnten Gruppen.

## A  Soll man der Meinung der Menge folgen?  nach Platon

Sokrates sitzt im Gefängnis und wartet auf den Tag seiner Hinrichtung. Da kommt eines Morgens sein alter Freund Kriton, der ihn zur Flucht überreden möchte.

**1** Suchen Sie Ausdrücke heraus, die sich auf die in der Überschrift genannte Thematik beziehen.

ΚΡΙΤΩΝ  Ὦ δαιμόνιε Σώκρατες, ἐμοὶ πείθου καὶ σώθητι. Ὡς ἐμοί, εἰ σὺ ἀποθνῄσκεις, οὐ μία συμφορά¹ ἐστιν· ἐγὼ γὰρ οὐ μόνον στέρομαι² τοιούτου ἐπιτηδείου, οἷον ἐγὼ οὐδένα ποτὲ εὑρήσω, ἀλλὰ καὶ τοῖς πολλοῖς δόξω ἀμελῆσαί σου καίπερ
5 οἷός τ' ὢν σῴζειν.
ΣΩΚΡΑΤΗΣ  Ἀλλὰ τί ἡμῖν, ὦ φίλε Κρίτων, οὕτω τῆς τῶν πολλῶν δόξης μέλει; Ἆρ' οὐχ ἓν ἀεὶ ἐλέγομεν, ὅτι οὐ πάσας χρὴ τὰς δόξας τῶν ἀνθρώπων τιμᾶν, ἀλλὰ τὰς μὲν χρηστὰς αἰσχύνεσθαι, τὰς δὲ πονηρὰς οὔ;
10 ΚΡΙΤΩΝ  Ναί.
ΣΩΚΡΑΤΗΣ  Φέρε δή, πότερον γυμναζόμενος ἀνὴρ παντὸς ἀνδρὸς ἐπαίνῳ καὶ ψόγῳ καὶ δόξῃ τὸν νοῦν προσέχει ἢ ἑνὸς μόνου ἐκείνου, τοῦ παιδοτρίβου³;
ΚΡΙΤΩΝ  Ἑνὸς μόνου.
15 ΣΩΚΡΑΤΗΣ  Ταύτῃ ἄρα χρὴ γυμνάζεσθαι, ᾗ τῷ ἑνὶ δοκεῖ, τῷ ἐπαΐοντι, μᾶλλον ἢ σύμπασι τοῖς ἄλλοις.
ΚΡΙΤΩΝ  Ἔστι ταῦτα.
ΣΩΚΡΑΤΗΣ  Οὐκοῦν καὶ τἆλλα, ὦ βέλτιστε, οὕτως ἔχει; Καὶ δὴ καὶ περὶ τῶν δικαίων καὶ ἀδίκων καὶ αἰσχρῶν καὶ καλῶν
20 καὶ ἀγαθῶν καὶ κακῶν, περὶ ὧν νῦν ἡ βουλὴ ἡμῖν ἐστιν; Πότερον τῇ τῶν πολλῶν δόξῃ δεῖ ἡμᾶς ἕπεσθαι ἢ τῇ τοῦ ἑνός, εἴ τίς ἐστιν εἷς ἐπαΐων;

¹ ἡ συμφορά: das Unglück
² στέρομαι *mit Gen.*: ich werde einer Sache beraubt
³ ὁ παιδοτρίβης: der Trainer

**2** Untersuchen Sie, auf welche Argumente von Kriton Sokrates eingeht und auf welche nicht.

**3** Wählen Sie eine Aufgabe zur Bearbeitung in der Gruppe aus.
 **a** Die Meinung der Menge – unwichtig? Diskutieren Sie.
 **b** Bleiben oder fliehen? Mischen Sie sich ins Gespräch ein und diskutieren Sie mit.

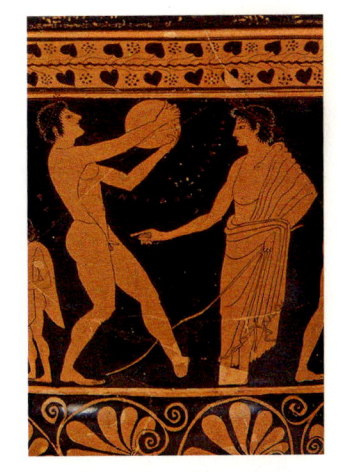

*Detail eines attischen Kelchkraters, um 500 v. Chr.; Berlin, Staatliche Museen, Antikensammlung*

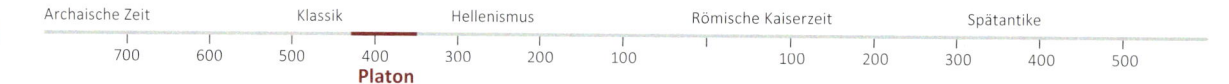

## B  Sokrates über sich selbst   nach Platon

In seiner Verteidigungsrede vor Gericht wehrt sich Sokrates gegen Unterstellungen seiner Ankläger, er habe sich wie ein Sophist verhalten.

**1** Suchen Sie die Eigenschaften der Sophisten heraus, auf die Sokrates hier Bezug nimmt. Berücksichtigen Sie dabei auch den Informationstext 16.

„Ἀλλ' ἐγὼ διὰ παντὸς τοῦ βίου, εἴ πού τι ἔπραξα δημοσίᾳ τε καὶ ἰδίᾳ, οὐδενὶ πώποτε συνεχώρησα οὐδὲν παρὰ τὸ δίκαιον, οὔτε ἄλλῳ οὔτε τούτων οὐδενί, οὕς οἱ κατήγοροί φασιν ἐμοὺς μαθητὰς εἶναι διαβάλλοντες ἐμέ.
5 Ἐγὼ δὲ διδάσκαλος μὲν οὐδενὸς πώποτ' ἐγενόμην· εἰ δέ τίς μου λέγοντος καὶ τὰ ἐμαυτοῦ πράττοντος ἐπεθύμει ἀκούειν, εἴτε νεώτερος εἴτε πρεσβύτερος, οὐδενὶ πώποτε ἐφθόνησα. Οὐδὲ χρήματα μὲν λαμβάνων διαλέγομαι, μὴ λαμβάνων δὲ οὐ διαλέγομαι, ἀλλ' ὁμοίως καὶ πλουσίῳ καὶ πένητι παρέχω ἐμαυτὸν
10 ἐρωτᾶν. Καὶ τούτων οὐ ¹τὴν αἰτίαν ὑπέχω¹, ἃ μήτε ὑπεσχόμην μηδενὶ πώποτε μήτε ἐδίδαξα."

¹ τὴν αἰτίαν ὑπέχω *mit Gen.:* für etw. verantwortlich sein

**2** Arbeiten Sie die Aussageabsicht heraus, die hinter der gehäuften Verwendung von Negationen in diesem Redeabschnitt steht.

**3** Ἐγὼ δὲ διδάσκαλος μὲν οὐδενὸς πώποτ' ἐγενόμην (Z. 5): Stimmen Sie Sokrates darin zu? Nehmen Sie Stellung.

*Szenenfoto aus einer Inszenierung der „Gespräche mit Sokrates" von Edward Radzinsky in Leningrad (heute St. Petersburg) von 1977*

# Impulse und Übungen

| vor Text A | → 1–3 |
| nach Text A | → 4, 5 |
| vor Text B | → 6, 7 |
| nach Text B | → 8 |

**1** Listig stellte sich Odysseus dem Kyklopen Polyphem mit folgenden Worten vor:

„Οὖτις ἐμοί γ᾿ ὄνομα· Οὖτιν δέ με κικλήσκουσι[1] μήτηρ ἠδὲ[2] πατὴρ ἠδ᾿[2] ἄλλοι πάντες ἑταῖροι."

[1] κικλήσκουσι = καλοῦσι
[2] ἠδέ = καί

Als Polyphem von Odysseus angegriffen wurde, rief er die anderen Kyklopen zu Hilfe: „Οὖτίς με κτείνει", doch keiner kam. Erklären Sie den Grund dafür.

**2** Setzen Sie den sinngemäß passenden Imperativ ein.

στράτευσαι • πείθου • γενοῦ • πρᾶττε

1. Diogenes zum Athleten: „ ❓ μόνον ταῦτα, ἅ σε φρονιμώτερον ποιεῖ."
2. Sokrates zu Apollodoros: „ ❓ τοῖς νόμοις."
3. Trygaios beim Opfern: „Ὦ Εἰρήνη, ❓ ἡ ἡμῖν τὴν εὐδαιμονίαν παρασκευάζουσα."
4. Ein Berater zu Alexander: „ ❓ ἐπὶ τοὺς Πέρσας."

**3** Das Adjektiv καλός kann sowohl eine ästhetische als auch eine moralische Wertung ausdrücken („schön" bzw. „anständig"). Ebenso wird αἰσχρός für äußerlich Wahrnehmbares oder Moralisches verwendet. Übersetzen Sie entsprechend:

1. Ἔνιοι τὸν Ἥφαιστον αἰσχρὸν νομίζουσιν.
2. Αἰσχρόν ἐστι τόν τε πατέρα καὶ τὴν μητέρα μὴ τιμᾶν.

**4** Setzen Sie die folgenden Wörter grammatisch und inhaltlich passend ein und übersetzen Sie.

μιᾷ • ἑνί • ἑνός • οὐδένα

1. Οἱ πολέμιοι ❓ ἄλλον πιστὸν ἡγοῦντο ἢ τὸν Ἀγησίλαον.
2. Δεῖ δούλους ❓ δεσπότῃ δουλεύειν.
3. Ἡ Χλόη ❓ μειρακίου ἐπεθύμει.
4. Ὁ Δάφνις ❓ κόρῃ δῶρα παρεῖχεν.

**5** Achten Sie bei der Übersetzung der folgenden Sätze auf die Form und Wiedergabe von οὐδείς.

1. Ὁ σοφὸς οὐδένα βλάπτει.
2. Ὁ σοφὸς οὐδεμίαν συμφορὰν[1] φοβεῖται.
3. Ὁ σοφὸς οὐδενὸς ἐπιθυμεῖ.

[1] ἡ συμφορά: das Unglück

**6** Sokrates über sich selbst:
„Ἐγὼ **οὐδένα οὔποτε οὐδὲν** ἔβλαψα."
„Ich habe **niemals jemanden** in **irgendeiner** Hinsicht geschädigt."

Übersetzen Sie entsprechend:
1. Οὐκ ἔξεστι διδάσκειν τὴν ἀρετὴν οὐδαμῶς.
2. Κελεύω μηκέτι μηδενὶ σοφιστῇ ὁμιλεῖν.
3. Οὐδεὶς οὔποτε σοφώτερος ἦν ἢ ὁ Σωκράτης.

**7** Benennen Sie die Art der hervorgehobenen Pronomina und erklären Sie deren Bildung. Zenon spricht zu seinen Schülern:

1. „Ὁ σοφὸς οὔτ᾿ ἄλλον οὔτε **ἑαυτὸν** βλάπτει. Οἱ δ᾿ ἄφρονες ἄλλους ἢ **αὐτοὺς** βλάπτουσιν."
Dann ermahnt er einen Schüler besonders:
2. „Μὴ **σεαυτῷ** πράγματα πάρεχε."
3. „Ἀλλ᾿ ἀεί", ἔφη ὁ μαθητής, „τῆς **ἐμαυτοῦ** ψυχῆς ἐπιμελοῦμαι."
Schließlich fragt Zenon in die Runde:
4. „Ἀεὶ προσέχετε **ὑμῖν αὐτοῖς**;"
5. „Θάρρει, ὦ διδάσκαλε, **ἡμῶν αὐτῶν** οὔποτε ἀμελήσομεν."

**8** Setzen Sie folgende Formen in den Text ein:
ἑαυτόν • ἐμαυτόν • ταύτην • ἑαυτήν • αὐτῆς • ἑαυτούς • αὐτόν

Οἱ φύλακες τὴν Ἀντιγόνην καταλαβόντες πρὸς τὸν Κρέοντα ἄγουσιν. Ὁ δὲ ❓ ¹θάνατον καταγιγνώσκει¹. Διὰ τοῦτο καὶ Αἵμων, ὃς ἐμνᾶτο² ❓, ἀποκτείνει ❓. Καὶ ἡ Εὐρυδίκη,
5 ἡ τοῦ Κρέοντος γυνή, ❓ ἀποκτείνει. Τότε δὴ Κρέων πρὸς ❓ λέγει· „Ἐγὼ ❓ ἔβλαψα. Ὁ Αἵμων καὶ ἡ Εὐρυδίκη ἀπέκτειναν ❓."

[1] θάνατον καταγιγνώσκω *mit Gen.*: jdn. zum Tode verurteilen
[2] μνάομαι: heiraten wollen

# Lektion 32

## Die Anfänge des Christentums

### Jesus, ein Mann aus Galiläa

Um das Jahr 30 sorgte in Judäa ein Mann für Unruhe: Er war Jude, stammte aus Nazareth in Galiläa und hieß Jesus. Er interpretierte die religiösen Gesetze der jüdischen Thora neu, diskutierte mit Schriftgelehrten und zog als Wanderprediger durch das Land. Dabei gewann er einige Anhänger. Als er schließlich nach Jerusalem kam, wurden seine Predigten vom Hohen Rat der Juden als gefährlicher Angriff auf die Grundlagen der Religion und die öffentliche Ordnung betrachtet. Man ließ ihn verhaften, verhörte ihn und übergab ihn dem römischen Statthalter Pontius Pilatus. Dieser verurteilte ihn zum Tode. Jesus wurde gefoltert und gekreuzigt; er starb am Vorabend zum jüdischen Passah-Fest.

### Die Anhänger Jesu sammeln sich

Zuerst flohen seine Anhänger enttäuscht in ihre Heimatdörfer. Visionen, in denen sich der von den Toten auferstandene Jesus seinen Jüngern zeigte, brachten sie dazu – so schildern es die überlieferten Zeugnisse –, unter der Führung von Petrus, einem der ersten Anhänger Jesu, nach Jerusalem zurückzukehren. Diese kleine Gruppe verstand sich als Teil der jüdischen Gemeinde, mit dem Unterschied allerdings, dass für sie mit Jesus der Messias (griechisch ὁ Χριστός), der erwartete König der Juden, bereits gekommen war. Die Jünger trafen sich regelmäßig zum Gebet und zu gemeinsamen Mahlzeiten. Sie kümmerten sich in der Nachfolge ihres Meisters um Schwache und gesellschaftlich Benachteiligte. Diese Art der Lebensführung beeindruckte auch andere, sodass sich immer mehr Juden dieser Gruppe anschlossen.

*Christus Pantokrator, Mosaik, 1148; Cefalù, Kathedrale Santissimo Salvatore*

### Der historische Jesus

Über die Person Jesu wissen wir nicht viel historisch Gesichertes. Informationen über ihn muss man den vier Evangelien (τὸ εὐαγγέλιον) entnehmen, die aber keine historischen Berichte, sondern Zeugnisse des Glaubens sind: Sie erzählen von Jesu Leben, Leid und Tod und beschreiben, wie Jesus und seine Botschaft auf die Menschen gewirkt haben.

### Die Sprache der Evangelien

Jesus sprach Aramäisch, die Umgangssprache Palästinas, konnte aber die in Hebräisch verfassten heiligen Texte seiner Religion lesen und auslegen. Die Texte der vier Evangelien sind jedoch in griechischer Sprache geschrieben. Das älteste, das Evangelium des Markus, ist etwa um 70 entstanden, die anderen, das Matthäus-, das Lukas- und das Johannesevangelium, in den folgenden 30 Jahren. Die Evangelisten verwendeten eine Form des Griechischen, die sich seit der Zeit des Alexanderreiches auf der Grundlage des Attischen als die Sprache herausgebildet hatte, mit deren Hilfe sich Menschen über Dialekt- und Sprachgrenzen hinaus verständigten: die Koine (ἡ κοινὴ διάλεκτος).

**1** Klären Sie folgende Begriffe:
Judäa • Galiläa • Thora • Passah-Fest • Messias • Evangelium

**2** Nehmen Sie Stellung zu folgender Aussage:
„Das Christentum war zunächst nur eine jüdische Sekte."

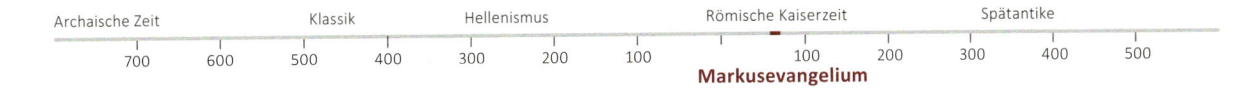

## A  Die Forderung  nach dem Markusevangelium

Als sich Jesus in einem Haus in Judäa befand, kamen viele Leute zu ihm und wollten von ihm unterrichtet werden.

**1** Weisen Sie die wörtlichen Reden dem jeweiligen Sprecher zu.

Καὶ ἐκ|πορευομένου αὐτοῦ[1] εἰς ὁδὸν προσ|δραμὼν εἷς καὶ γονυπετήσας[2] αὐτὸν ἐπηρώτα αὐτόν· „Διδάσκαλε ἀγαθέ, τί ποιήσω, ἵνα ζωὴν αἰώνιον[3] κληρονομήσω[4];"
Ὁ δὲ Ἰησοῦς εἶπεν αὐτῷ· „Τί με λέγεις ἀγαθόν; Οὐδεὶς ἀγαθὸς
5 εἰ μὴ εἷς ὁ θεός. Τὰς ἐντολὰς[5] οἶδας[6]· Μὴ φονεύσῃς, Μὴ μοιχεύσῃς[7], Μὴ κλέψῃς, Μὴ ψευδο|μαρτυρήσῃς, Μὴ ἀποστερήσῃς, Τίμα τὸν πατέρα σου καὶ τὴν μητέρα."
Ὁ δὲ ἔφη αὐτῷ· „Διδάσκαλε, ταῦτα πάντα ἐφυλαξάμην ἐκ νεότητός μου."
10 Ὁ δὲ Ἰησοῦς ἐμβλέψας[8] αὐτῷ ἠγάπησεν αὐτὸν καὶ εἶπεν αὐτῷ· „Ἕν σε ὑστερεῖ[9]· ὕπαγε[10], ὅσα ἔχεις, πώλησον καὶ δὸς τοῖς πτωχοῖς, καὶ ἕξεις θησαυρὸν ἐν οὐρανῷ, καὶ δεῦρο ἀκολούθει μοι."
Ὁ δὲ στυγνάσας[11] ἐπὶ τῷ λόγῳ ἀπ|ῆλθεν λυπούμενος· ἦν γὰρ
15 ἔχων κτήματα πολλά.

[1] αὐτοῦ: gemeint ist Jesus
[2] γονυπετέω *mit Akk.*: vor jdm. auf die Knie fallen
[3] αἰώνιος, αἰώνιον: ewig
[4] κληρονομέω: erlangen
[5] ἡ ἐντολή: das Gebot
[6] οἶδας = οἶσθα
[7] μοιχεύω: die Ehe brechen
[8] ἐμ|βλέπω *mit Dat.*: jdn. ansehen
[9] ὑστερέω *mit Akk.*: jdm. fehlen
[10] ὑπ|άγω: nach Hause gehen
[11] στυγνάζω: „finster dreinblicken", traurig sein

**2** Mit den ἐντολαί (Z. 5) bezieht sich Jesus auf die Zehn Gebote. Erläutern Sie, welche Gebote Jesus hier auswählt und welchen Schwerpunkt er damit setzt.

**3** Wählen Sie eine der Aufgaben zur Bearbeitung aus.
**a** Versetzen Sie sich in den jungen Mann und formulieren Sie mögliche Gedanken, die ihm nach seinem Gespräch mit Jesus durch den Kopf gehen.
**b** Am Ende seiner Verteidigungsrede fordert Sokrates die athenischen Mitbürger auf, gegen seine Söhne vorzugehen, „wenn ihr den Eindruck habt, sie kümmerten sich eher um Geld oder sonst etwas als um die ἀρετή". Vergleichen Sie dies mit der Forderung Jesu.

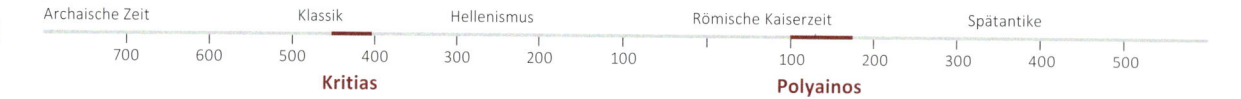

## B Der schlaue Lykurg  nach Polyainos

Polyainos stellte eine Sammlung von klugen Maßnahmen im Krieg (στρατηγήματα) zusammen. Dabei geht es nicht nur um konkrete Kampfsituationen, sondern es wird auch über den erfolgreichen Einsatz von Tricks und Listen im Umgang mit Menschen allgemein berichtet. So erzählt Polyainos Folgendes über Lykurg, den sagenhaften Begründer der spartanischen Verfassung.

**1** Ermitteln Sie die drei Sachfelder, die im Text vorherrschen.

Λυκοῦργος Λακεδαιμονίους φόβῳ τῶν θεῶν ἠνάγκασεν ὑπακοῦσαι τοῖς νόμοις. Εἴ τινα νόμον ἐξηῦρε, κομίσας εἰς Δελφοὺς ἠρώτα τὸν θεόν, εἰ συμφέρει· ἡ δὲ προφῆτις[1] χρήμασι πεισθεῖσα ἀεὶ συμφέρειν ἔχρα[2]. Οἱ Σπαρτιᾶται φόβῳ τοῦ θεοῦ
5 τοῖς νόμοις ὡς χρησμοῖς ὑπήκουσαν.
Λυκοῦργος προσέταξε τοῖς Σπαρτιάταις· „Ἐπὶ τοὺς αὐτούς, ὦ πολῖται, μὴ στρατεύετε πολλάκις, ἵνα μὴ πολεμεῖν τοὺς ἐναντίους διδάσκητε."
Καὶ τοῦτο Λυκοῦργος συνεβούλευσε τοῖς ἑαυτοῦ πολίταις· „Τοὺς
10 πολεμίους φεύγοντας μὴ φονεύσητε, ὡς φεύγειν κρεῖττον ἡγῶνται τοῦ μένειν."

[1] ἡ προφῆτις, τῆς προφήτιδος: die Seherin
[2] χράω: ein Orakel geben, weissagen

**2** Vergleichen Sie Lykurgs Strategie als Gesetzgeber mit den Überlegungen des Sophisten Kritias im Zusatztext.

**3** Diskutieren Sie, welche Rolle Religion heute bei der Einhaltung von Gesetzen spielt.

### Die Entstehung von Recht und Strafe

*Der Sophist Kritias schreibt in seinem Satyrspiel „Sisyphos":*
Es gab eine Zeit, als das Leben der Menschen ungeordnet und tierhaft und dem Prinzip der Stärke unterworfen war, als es keinen Preis für die Edlen gab und auf der anderen Seite die Schlechten keine Strafe erhielten. Und damals, so scheint mir, haben die Menschen strafende Gesetze aufgestellt, damit das Recht Herrscher über alle zugleich sei und die Freveltat unterwerfe und jemand bestraft werde, wenn er sich verginge. Dann, als die Gesetze sie hinderten, offen Gewalttaten zu begehen, sie diese aber heimlich begingen, da, scheint mir, hat zum ersten Mal ein schlauer und einsichtsvoller Mann für die Sterblichen die Furcht vor den Göttern erfunden, damit die Schlechten Furcht haben, auch wenn sie heimlich etwas tun oder sagen oder denken. Daher führte er nun das Göttliche ein: „Es gibt eine Gottheit, die alles, was bei den Sterblichen gesagt wird, hören wird und die alle Taten wird sehen können. Wenn du aber im Stillen etwas Schlechtes planst, wird dies den Göttern nicht verborgen bleiben." Mit diesen Worten führte er die süßeste Lehre ein, indem er die Wahrheit in eine Lüge kleidete.

# Impulse und Übungen

vor Text A → 1–3
nach Text A → 4
nach Text B → 5, 6

**1** Beschreiben Sie, welche Funktionen die griechischen Konjunktivformen erfüllen und wie dies im Deutschen ausgedrückt wird.
1. Μὴ φθονήσῃς μηδενί. Beneide niemanden!
2. Τί ποιῶ, ἵνα σῴζωμαι;
  Was soll ich tun, damit ich gerettet werde?

**2 a** Erschließen Sie aus den folgenden Verbpaaren die Bildungsregeln des Konjunktivs im Präsens:

ἔχομεν – ἔχωμεν • ἔχεται – ἔχηται •
ἔχουσιν – ἔχωσιν • ἔχεις – ἔχῃς •
ποιεῖ – ποιῇ • ποιοῦμεν – ποιῶμεν

**b** Bilden Sie nach den gefundenen Regeln die Konjunktive zu folgenden Indikativformen:
θαυμάζω • ποιῶ • λύῃ • τιμῶσιν • δηλοῖς

**c** Vergleichen Sie die folgenden Formen und formulieren Sie Regel für die Bildung des Konjunktivs im schwachen Aorist.

| λύῃς | λύσῃς | ἔλυσας |
| ποιῶνται | ποιήσωνται | ἐποιήσαντο |

**d** Erklären Sie die Bildung auch für den starken Aorist Aktiv und Medium:

| λαμβάνητε | λάβητε | ἐλάβετε |
| αἰσθάνωμαι | αἴσθωμαι | ᾐσθόμην |

**3** Von Substantiven können Adjektive mit der Endung -ικός abgeleitet sein, die die Zugehörigkeit zum entsprechenden Substantiv ausdrücken, Leiten Sie jeweils die Bedeutung nach folgendem Muster ab:
ὁ πόλεμος → πολεμικός:
zum Krieg gehörig, Kriegs-, feindlich

ἱππικός • γεωργικός • Ἑλληνικός • κυνικός •
νομικός • γαμικός • πολιτικός • βασιλικός •
δικαστικός • δημιουργικός • ποιμενικός

**4 a** Bilden Sie die folgenden Formen:
1. Sg. Ind. Fut. Akt. von ποιέω
1. Sg. Ind. Fut. Akt. von κληρονομέω
2. Sg. Ind. Fut. Akt. von φονεύω
2. Sg. Ind. Fut. Akt. von κλέπτω

**b** Vergleichen Sie diese Futurformen mit den Formen dieser Verben im Lektionstext 32 A, Z. 3 und 5/6. Woran können Sie erkennen, dass es sich im Text um Konjunktive handeln muss?

**c** Die im Lektionstext A, Z. 5–7 zitierten Gebote haben in der griechischen Übersetzung des Alten Testaments (Exodus 20,13–17) folgenden Wortlaut:

Οὐ μοιχεύσεις. Οὐ κλέψεις. Οὐ φονεύσεις. Οὐ ψευδο|μαρτυρήσεις κατὰ τοῦ πλησίον[1] σου [2]μαρτυρίαν ψευδῆ[2]. Οὐκ ἐπιθυμήσεις τὴν γυναῖκα τοῦ πλησίον[1] σου.

[1] ὁ πλησίον: der Nächste, der Nachbar
[2] μαρτυρία ψευδής: ein falsches Zeugnis

Vergleichen Sie die Textstellen und ziehen Sie Schlussfolgerungen über die Funktionen von Futur und Konjunktiv.

**5 a** Übersetzen Sie folgende Befehle, die Ganymed von seinem Vater gehört hat:
1. „Βοήθησον τοῖς ποιμέσιν."
2. „Φύλαξαι τοὺς λύκους."
3. „Ὅρμησον τοὺς κύνας."
4. „Εὖξαι τῷ Πανί."

**b** Auf dem Olymp muss Ganymed alles anders machen als zu Hause. Formulieren Sie entsprechende Anordnungen des Zeus, indem Sie die Befehle des Vaters in die 2. Sg. Konjunktiv Aorist umwandeln und mit μή verneinen.

**6** Übersetzen Sie und achten Sie dabei darauf, die ähnlich aussehenden Wörter nicht zu verwechseln.
Die Spartaner sagen über Lykurg:
1. „**Τοῦτον** τὸν ἄνδρα τιμῶμεν. Εὐτυχοῦμεν, ὅτι **τοιοῦτον** ἄνδρα ἔχομεν.
2. **Οὐ** γιγνώσκομεν, **οὗ** τὴν ἑαυτοῦ σοφίαν ἐκτήσατο.
3. Ἀλλὰ **μὴν** ὑπακουσόμεθα αὐτῷ, ἵνα **μὴ** ἥττονες γιγνώμεθα τῶν πολεμίων."

# Lektion 33

## Judentum und Christentum

### Das Judentum – eine Buchreligion

Das Judentum war im Umfeld der antiken Religionen in verschiedener Hinsicht eine Besonderheit: Gottes Worte an sein Volk lagen in schriftlicher Form vor, in der Thora und in weiteren Schriften des Alten Testaments; zudem gaben die heiligen Schriften Regeln vor, wie sich der Einzelne verhalten sollte.

Ab dem 3. Jahrhundert v. Chr. wurden diese auf Hebräisch verfassten Texte in die griechische Umgangssprache der Zeit, die Koine, übersetzt. Denn bedrängt von wirtschaftlicher Not und langer Fremdherrschaft, hatten viele Juden Palästina inzwischen verlassen und sich im ganzen Mittelmeerraum angesiedelt. Dort bewahrten sie zwar ihre Kultur und Religion, beherrschten aber bald das Hebräische nicht mehr ausreichend.

### Abgrenzung zur heidnischen Religion

Das sich entwickelnde Christentum bewahrte viele Anschauungen des Judentums wie die zentrale Rolle der heiligen Schriften und den Glauben an nur einen Gott, der die Welt geschaffen hat und beherrscht. Der jüdisch-christliche Monotheismus stand damit im Gegensatz zu den meisten antiken Religionen, in denen es viele Götter gab.

### Die christliche Lehre

Während die Juden noch heute den göttlichen Erlöser, den Messias, erwarten, ist er für die Christen bereits gekommen – in Gestalt von Jesus Christus. Dieser sei nach seiner Hinrichtung vom Tod auferstanden und habe so die Menschen vom Tod errettet. Die frühen Christen erwarteten seine baldige Wiederkehr, die das Ende der Welt und das Kommen des Gottesreiches bedeutete.

*Ausschnitt aus einer Seite des Codex Sinaiticus, 4. Jh.*

Ab der Mitte des 1. Jahrhunderts löste sich die junge christliche Gemeinde allmählich vom Judentum. Führende Mitglieder verkündeten die christliche „frohe Botschaft" auf Griechisch, sodass man sie auch außerhalb von Palästina verstehen konnte. Die Autoren der Evangelien und die späteren christlichen Theologen waren allerdings mit dem griechischen Bildungsgut vertraut. Auch in der griechischen Philosophie gab es bereits eine Tendenz zum Monotheismus: Einige Philosophen sprachen vom Göttlichen in monotheistischen Begriffen.

Im Laufe der folgenden Jahrhunderte griffen christliche Theologen viele Denkmodelle der antiken Philosophie auf, um ihre eigene Sicht von Gott, Welt, Mensch und Erlösung verständlich zu machen.

**1** Stellen Sie die im Text genannten Unterschiede zwischen den antik-heidnischen Religionen und dem Christentum zusammen und nennen Sie weitere.

| Archaische Zeit | | Klassik | | Hellenismus | | | Römische Kaiserzeit | | Spätantike | | |
|---|---|---|---|---|---|---|---|---|---|---|---|
| 700 | 600 | 500 | 400 | 300 | 200 | 100 | 100 | 200 | 300 | 400 | 500 |

**Markusevangelium**

## A Das leere Grab — nach dem Markusevangelium

Jesus wurde am Kreuz hingerichtet. Seinen Leib bestattete man in traditioneller Weise in einer Höhle, die mit einem großen Stein verschlossen wurde. Zwei Tage später wollen drei Frauen das Grab besuchen.

**1** Sammeln Sie die Verben, die wiederholt vorkommen, und achten Sie auf die Formunterschiede.

Καὶ Μαρία ἡ Μαγδαληνὴ καὶ Μαρία ἡ Ἰακώβου καὶ Σαλώμη
ἠγόρασαν¹ ἀρώματα², ἵνα ἐλθοῦσαι ἀλείψωσιν³ αὐτόν.
Καὶ πρωΐ⁴ ἔρχονται ἐπὶ τὸ μνημεῖον⁵ καὶ ἔλεγον πρὸς ἑαυτάς·
„Ἔλθωμεν πρὸς τὸ μνημεῖον⁵ καὶ θεωρήσωμεν, ποῦ τὸ σῶμα
5 κεῖται. Ἀλλὰ τίς ἀποκυλίσει⁶ ἡμῖν τὸν λίθον ἐκ τῆς θύρας τοῦ
μνημείου⁵; Ἔστι γὰρ μέγας σφόδρα. Τί ποιήσωμεν;"
Καὶ ἀνα|βλέψασαι θεωροῦσιν, ὅτι ἀποκεκύλισται⁷ ὁ λίθος.
Καὶ εἰσ|ελθοῦσαι εἰς τὸ μνημεῖον⁵ εἶδον νεανίαν καθήμενον ἐν
ἐσθῆτι λευκῇ καὶ ἐφοβήθησαν. Ὁ δὲ λέγει αὐταῖς· „Μὴ φοβηθῆτε.
10 Τί ζητεῖτε τὸν ζῶντα μετὰ νεκρῶν; Οὐκ ἔστιν ὧδε⁸, ἀλλὰ ἠγέρθη
ἀπὸ τῶν νεκρῶν."
Αἱ δὲ γυναῖκες· „Δράμωμεν, σπεύσωμεν, πορευθῶμεν. Εἴπωμεν
τοῖς μαθηταῖς αὐτοῦ καὶ τῷ Πέτρῳ, ὅτι αὐτὸν πάλιν ὀψόμεθα."

¹ ἀγοράζω: kaufen
² τὸ ἄρωμα, τοῦ ἀρώματος: das wohlriechende Öl
³ ἀλείφω: einsalben
⁴ πρωΐ: frühmorgens
⁵ τὸ μνημεῖον: das Grab
⁶ ἀπο|κυλίνδω: wegrollen
⁷ ἀπο|κεκύλισται: er, sie, es ist weggerollt (worden)
⁸ ὧδε: hier

**2** Der Leser soll die Frauen als Gruppe wahrnehmen. Arbeiten Sie heraus, durch welche sprachlichen Mittel dies erreicht wird.

**3** Bestimmen Sie die Elemente aus dem Text, die in der Buchmalerei umgesetzt sind.

*Buchmalerei, um 1260; Besançon, Bibliothèque Municipale*

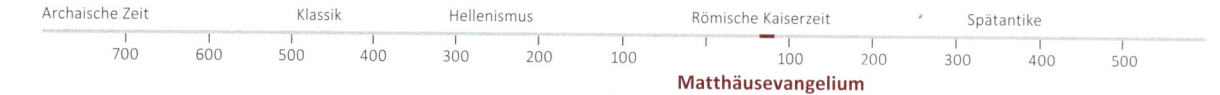

## B Sorge um die Zukunft  nach dem Matthäusevangelium

Als sich viele Menschen versammelt hatten, die Jesus hören wollten, stieg er auf einen Berg und redete zu ihnen. In dieser „Bergpredigt" sprach er viele Dinge an, die die Menschen beschäftigten, und lehrte sie, wie das Leben zu führen sei.

**1** Ermitteln Sie die Worte, mit denen Jesus seine Zuhörer anspricht, und bestimmen Sie die Formen.

> Ἐμ|βλέψατε εἰς τοὺς ὄρνιθας τοῦ οὐρανοῦ, ὅτι οὐ σπείρουσιν[1] οὐδὲ θερίζουσιν[2] οὐδὲ συν|άγουσιν τοὺς καρποὺς[3] εἰς ἀποθήκας[4] – καὶ ὁ πατὴρ ὑμῶν ὁ οὐράνιος τρέφει αὐτούς. Οὐχ ὑμεῖς μᾶλλον διαφέρετε αὐτῶν;
> 
> 5 Μὴ οὖν μεριμνήσητε λέγοντες· „Τί φάγωμεν ἢ τί πίωμεν ἢ τί περιβαλώμεθα[5];" Πάντα γὰρ ταῦτα τὰ ἔθνη ἐπιζητοῦσιν[6]· οἶδεν γὰρ ὁ πατὴρ ὑμῶν ὁ οὐράνιος, ὅτι χρῄζετε τούτων ἁπάντων. Ζητεῖτε δὲ πρῶτον τὴν βασιλείαν καὶ τὴν δικαιοσύνην αὐτοῦ – καὶ ταῦτα πάντα δοθήσεται ὑμῖν.

[1] σπείρω: säen
[2] θερίζω: ernten
[3] οἱ καρποί: die Feldfrüchte, das Getreide
[4] ἡ ἀποθήκη: die Scheune
[5] περι|βάλλομαι: sich etwas anziehen
[6] ἐπι|ζητέω ≈ ζητέω

**2** Erklären Sie, welche Art der Lebensführung Jesus seinen Zuhörern predigt.

**3** Wählen Sie eine der beiden folgenden Aufgaben zur Bearbeitung aus.
  **a** Versetzen Sie sich in die Lage eines Bettlers oder eines reichen Kaufmanns, der diese Predigt hört. Formulieren Sie Gedanken, die diesen Personen durch den Kopf gehen könnten.
  **b** Erörtern Sie Möglichkeiten und Grenzen der von Jesus gepredigten Art der Lebensführung.

*Wladimir Jegorowitsch Makowski: „Die Bergpredigt",* Öl auf Leinwand, 54 × 31 cm, *1892;* St. Petersburg, Staatliches Russisches Museum

# Impulse und Übungen

vor Text A → 1–4
nach Text A → 5
nach Text B → 6–8

**1** Attalos hat keine Lust mehr, im Stadion zu bleiben und einfach nur zuzuschauen. Daher sagt er zu seinen Freunden:

1. „Μὴ μένωμεν ἐν τῷ σταδίῳ.
2. Ἔλθωμεν εἰς τὸ γυμνάσιον¹.
3. Ἐκεῖ γυμνασώμεθά τε καὶ δράμωμεν καὶ ἀγωνισώμεθα."

¹ τὸ γυμνάσιον: der Sportplatz

**a** Bestimmen Sie Modus, Person und Numerus der Verbformen.

**b** Erschließen Sie, in was für einer Art von Sätzen diese Verbformen hier verwendet werden.

**c** Drücken Sie dies im Deutschen auf unterschiedliche Weise aus.

**2** Beschreiben Sie den formalen und inhaltlichen Unterschied der Verbformen.
1. Τί ἐν τῷ βίῳ ποιῶ, ἵνα ἀεὶ σῴζωμαι;
2. Τί ἐν τῷδε τῷ κινδύνῳ ποιήσω, ἵνα σωθῶ;

**3** Ordnen Sie die folgenden Wörter so, dass Paare mit gleicher oder ähnlicher Bedeutung entstehen.

ἐρωτᾶν • ἕπεσθαι • κελεύειν • ἐθέλειν • πυνθάνεσθαι • ἀφ|αιρεῖν • βούλεσθαι • ἀκολουθεῖν • προστάττειν • ἀγανακτεῖν • χαλεπῶς φέρειν • ἀποστερεῖν

**4** Zum Verb ἔχω gibt es viele Komposita und feststehende Wendungen.

**a** Kombinieren Sie zu sinnvollen Sätzen.
1. Παρέχω        a) τοῖς λόγοις σου.
2. Προέχω        b) σοὶ δῶρον.
3. Ἀνέχομαι      c) διὰ ἀδικίαν.
4. Κακῶς ἔχω     d) κάκιστον βίον.
5. Τὸν νοῦν προσέχω  e) σοῦ ἐπιστήμῃ.

**b** Formulieren Sie für die genannten Komposita und Wendungen Wiedergaben im Deutschen mit den zwei Kernbedeutungen von ἔχω: „haben" oder „halten". Beispiel: οὕτως ἔχει – so ver|**hält** es sich

**5** βασιλεύω: König sein – ὁ βασιλεύς: der König – ἡ βασιλεία: die Königsherrschaft

Erschließen Sie entsprechend die Bedeutungen von ὁ δοῦλος – ἡ δουλεία, ὁ θεραπευτής – ἡ θεραπεία.

**6 a** Bilden Sie eine Dreiergruppe und sortieren Sie arbeitsteilig die gegebenen Verbformen nach einem der folgenden Gesichtspunkte.

1. Diathese: Aktiv • Medium • Medium oder Passiv • Passiv
2. Tempus: Präsens • Aorist
3. Modus: Indikativ • Konjunktiv

θεωροῦσιν • ἐφοβήθησαν • θεωρήσωμεν • ἄγητε • ἠμέλησαν • φοβηθῆτε • ἔρχονται • ἀπεκρίναντο • ἐγένετο • ἀπο|λύηται • διαφέρωνται • προσγένησθε • ἀμφισβητεῖς • ἀχθῶ • γυμνάζωσιν • ἁλίσκῃ • αἰσχυνώμεθα • ἠγέρθη • ἐφάγετε • ἔλθωμεν

**b** Bestimmen Sie gemeinsam jede Form.

**c** Übersetzen Sie die Formen (Konjunktive als Aufforderungen an die eigene Gruppe oder mit ἵνα davor).

**7** In christlichen Texten haben einige griechische Wörter eine spezielle Bedeutung. Ordnen Sie zu:

ὁ διάβολος (vgl. διαβάλλω) • ὁ σωτήρ (vgl. σῴζω) • τὸ πνεῦμα (vgl. πνέω) • ἡ παραβολή (vgl. παραβάλλω) • τὰ ἔθνη • ὁ πρεσβύτερος • πιστός • ὁ μαθητής

gläubig • der Gemeindevorsteher, Priester • der Heiland • der Teufel • der Jünger • das Gleichnis • der (heilige) Geist • die Heiden

**8** Unterscheiden Sie ἄρα und ἆρα und übersetzen Sie die folgenden Sätze.
1. Ἆρα φοβεῖσθε;
2. Ἆρ' οὐχ ἡγεῖσθε τὸν ἐν οὐρανῷ πατέρα ὑμᾶς τρέφειν;
3. Ἆρα μὴ οἱ ὄρνιθες ἐργάζονται;
4. Ὁ θεὸς τρέφει αὐτούς, θρέψει καὶ ὑμᾶς. Ὑμεῖς ἄρα σωθήσεσθε.

# Lektion 34

## Paulus, Apostel und Missionar

### Vom Gegner zum Missionar

Wie wird aus einem fanatischen Gegner der Christen ein Missionar, dem bis heute ein wesentlicher Anteil an der Verbreitung des christlichen Glaubens zugeschrieben wird? Paulus war nach eigener Darstellung zunächst ein gläubiger Jude und verfolgte die Christen, die in seinen Augen Abtrünnige waren. Seine Wandlung zum überzeugten Anhänger Jesu beschreibt er selbst als innere Erleuchtung. Die spätere Tradition erzählt die Wandlung als Ereignis, bei dem der auferstandene Christus ihm erscheint und ihn mit seinem hebräischen Namen anspricht: „Saul, Saul! Warum verfolgst du mich?"

### Der Missionar

Paulus wurde wahrscheinlich im ersten Jahrzehnt christlicher Zeitrechnung in Tarsos an der Südküste der heutigen Türkei geboren und besaß von Geburt das römische Bürgerrecht. Er gehörte ursprünglich einer jüdischen Gruppierung an, die eine besonders strenge Befolgung der zahlreichen religiösen Gesetze forderte. Bald nach seiner Bekehrung begann Paulus sein Wirken als Apostel (von ἀπόστολος „Gesandter"). Er besuchte auf mehreren Reisen zahlreiche Orte des östlichen Mittelmeerraums und verbreitete dabei das Christentum. Er richtete sich vor allem auch an die sogenannten Heiden, also Menschen, die außerhalb des Judentums standen, und sorgte dafür, dass diesen die komplizierten Alltagsvorschriften der jüdischen Religion, für deren Einhaltung er einst selbst gekämpft hatte, erlassen blieben.

Ο ΑΓΙΟΣ ΠΑΥΛΟΣ (der heilige Paulus), Mosaik, 12 Jh.; Palermo, S. Maria dell'Ammiraglio

### Die paulinischen Briefe

Auch durch Briefe wirkte Paulus als Verkünder des christlichen Glaubens. Diese richten sich in ihrer Mehrzahl an die christlichen Gemeinden, die er zuvor auf seinen Reisen besucht hatte. Die kirchliche Tradition schreibt Paulus 14 Briefe zu, die moderne Forschung erkennt noch sieben an. Diese eigentlichen paulinischen Briefe gelten als die frühesten Schriften des Neuen Testaments. Sie behandeln im Wesentlichen Glaubensinhalte, aber auch Regeln des Gemeindelebens und der Lebensführung, etwa die Frage, ob man bei einer Einladung das Fleisch von Tieren essen dürfe, die bei heidnischen Opferzeremonien getötet worden waren.

### Die Bedeutung des Paulus

Die Theologie, die Paulus in seinen Briefen entfaltet, stellt Jesus Christus als Erlöser der gesamten Menschheit ins Zentrum. Auch dadurch trug Paulus wesentlich dazu dabei, dass sich das Christentum von einer jüdischen Gruppierung schließlich zu einer eigenständigen Religion entwickelte. Er wird daher in der Forschung häufig als eigentlicher Gründer des Christentums angesehen.

**1** Erklären Sie Herkunft und heutige Verwendung der Redewendung „Vom Saulus zum Paulus".

**2** Nennen Sie mithilfe eines Neuen Testaments die Orte bzw. Provinzen der Gemeinden, an welche Paulus seine Briefe gerichtet hat, und lokalisieren Sie sie auf der Karte.

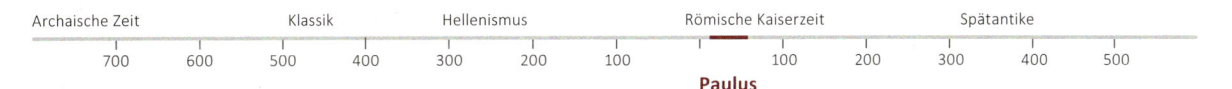

## A Paulus über die Einheit der christlichen Gemeinde     nach Paulus

In einem Brief an die Christen in Korinth zeigt sich Paulus besorgt über die Bildung einzelner Gruppen innerhalb der Gemeinde. Er fordert, die Einheit der Kirche zu bewahren, und verdeutlicht dies mit einem Bild.

**1** Suchen Sie, gegebenenfalls mithilfe des Lernvokabulars, alle Begriffe aus dem Bereich „Körper" heraus und schließen Sie auf die Argumentation des Paulus.

Ὥσπερ μὲν τὸ σῶμα ἕν ἐστιν καὶ μέλη πολλὰ ἔχει, πάντα δὲ τὰ μέλη τοῦ σώματος πολλὰ ὄντα ἕν ἐστι σῶμα, οὕτως καὶ Χριστός· καὶ γὰρ ἐν ἑνὶ πνεύματι[1] ἡμεῖς πάντες εἰς ἓν σῶμα ἐβαπτίσθημεν[2], εἴτε Ἰουδαῖοι εἴτε Ἕλληνες, εἴτε δοῦλοι εἴτε ἐλεύθεροι.
5 Νῦν δὲ πολλὰ μὲν μέλη, ἓν δὲ σῶμα. Οὐ δύναται δὲ ὁ ὀφθαλμὸς εἰπεῖν τῇ χειρί· „Χρείαν σου οὐκ ἔχω", ἢ πάλιν ἡ κεφαλὴ τοῖς ποσίν· „Χρείαν ὑμῶν οὐκ ἔχω." Ἀλλὰ πολλῷ μᾶλλον τὰ τοῦ σώματος μέλη τὰ ἀσθενέστερα ὑπάρχειν[3] δοκοῦντα ἀναγκαῖά ἐστιν. Ὁ θεὸς συν|εκέρασεν τὸ σῶμα, ἵνα μὴ ᾖ σχίσμα ἐν τῷ
10 σώματι, ἀλλὰ [4]τὸ αὐτό[4] ὑπὲρ ἀλλήλων μεριμνῶσιν τὰ μέλη. Καὶ εἴτε πάσχει ἓν μέλος, συμ|πάσχει πάντα τὰ μέλη· εἴτε δοξάζεται ἓν μέλος, συγ|χαίρει πάντα τὰ μέλη.

[1] τὸ πνεῦμα, τοῦ πνεύματος: der Geist
[2] βαπτίζω: taufen

[3] ὑπάρχειν ≈ εἶναι

[4] τὸ αὐτό: in gleicher Weise

**2** Erklären Sie den Vergleich, den Paulus anstellt: Was wird hier mit σῶμα gleichgesetzt, was mit μέλη?

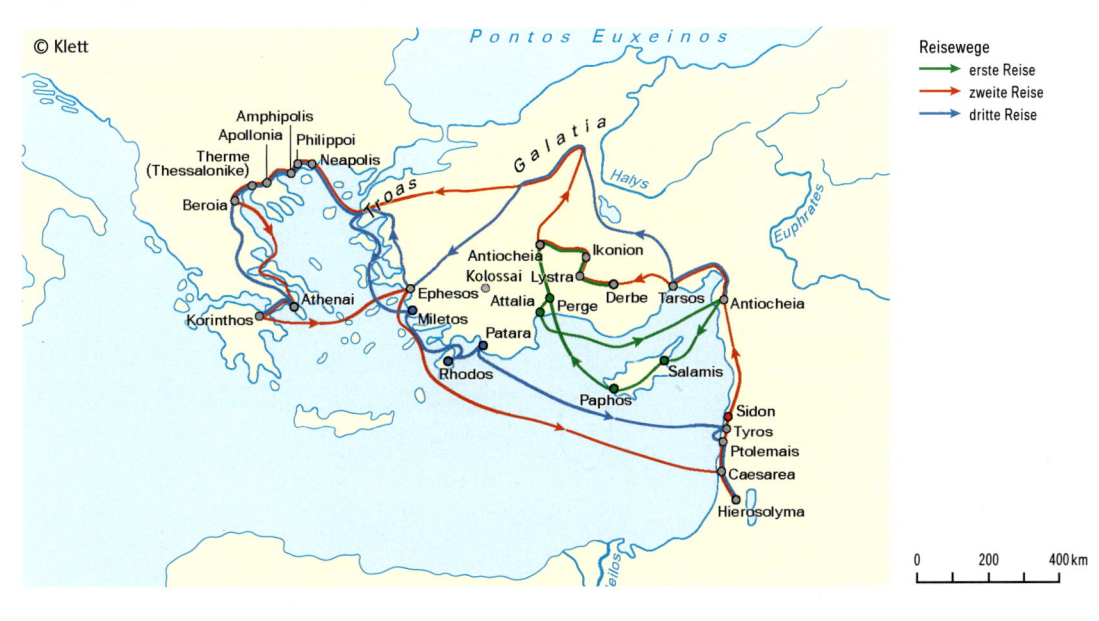

*Die drei Reisen des Apostels Paulus*

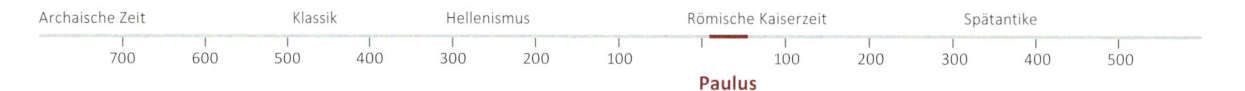

## B Paulus ermahnt die christliche Gemeinde in Korinth  nach Paulus

Paulus beschreibt in einem Brief an die Gemeinde in Korinth, wie er sich an seine Umgebung angepasst hat, um das Evangelium möglichst wirksam verkünden zu können.

**1** Untersuchen Sie, wo Paulus von sich redet und wo er die Gemeindemitglieder anspricht.

Ἐλεύθερος γὰρ ὢν πᾶσιν ἀνθρώποις ἐμαυτὸν ἐδούλωσα, ἵνα τοὺς πλείονας κερδήσω· ἐγενόμην τοῖς ἀσθενέσιν ἀσθενής, ἵνα τοὺς ἀσθενεῖς κερδήσω. Πάντα δὲ ποιῶ διὰ τὸ εὐαγγέλιον, ἵνα ἀληθῶς συγκοινωνὸς[1] αὐτοῦ γένωμαι.

5 Βλέπετε γάρ, ἀδελφοί, ὅτι οὐ πολλοὶ σοφοί, οὐ πολλοὶ δυνατοί, οὐ πολλοὶ εὐγενεῖς κλητοί[2] εἰσιν, ἀλλὰ τὰ μωρὰ τοῦ κόσμου ἐξελέξατο ὁ θεός, ἵνα καταισχύνῃ[3] τοὺς σοφούς, καὶ τὰ ἀσθενῆ τοῦ κόσμου ἐξελέξατο ὁ θεός, ἵνα καταισχύνῃ[3] τὰ ἰσχυρά, καὶ τὰ ἀγενῆ τοῦ κόσμου ἐξελέξατο ὁ θεός, ἵνα τὰ εὐγενῆ κατ-
10 αργήσῃ[4].

Παρακαλῶ οὖν ὑμᾶς, ἀδελφοί, διὰ τοῦ ὀνόματος τοῦ κυρίου ἡμῶν Ἰησοῦ Χριστοῦ, ἵνα σαφέστατα τὸ αὐτὸ λέγητε πάντες καὶ μὴ ᾖ ἐν ὑμῖν σχίσματα, ἦτε δὲ κατηρτισμένοι[5] ἐν τῷ αὐτῷ νοΐ[6] καὶ ἐν τῇ αὐτῇ γνώμῃ.

[1] συγ|κοινωνός, συγ|κοινωνόν *mit Gen.:* beteiligt an etw.
[2] κλητός, κλητή, κλητόν: berufen *(zum Christentum)*
[3] κατ|αισχύνω: jdn. beschämen
[4] κατ|αργέω: bedeutungslos machen
[5] κατηρτισμένος, κατηρτισμένη, κατηρτισμένον: gefestigt
[6] νοΐ = νῷ *(von* ὁ νοῦς*)*

**2** Geben Sie den drei Abschnitten jeweils eine inhaltlich aussagekräftige Überschrift.

**3** Arbeiten Sie stilistische Besonderheiten dieses Textes heraus und stellen Sie eine begründete Vermutung an, was Paulus damit erreichen wollte.

*Rednertribüne auf der Agora von Korinth, von der aus auch Paulus gesprochen hat*

## Impulse und Übungen

vor Text A → 1–5
nach Text A → 6
vor Text B → 7

**34**

**1 a** Schreiben Sie die kontrahierten Verben heraus und bilden Sie die nicht kontrahierte Form:

ἀπαλλάττησθε • ἀπατᾷ • ἀπειλῇς • βλάπτω • ἐβοήθει • ἐλευθεροῖ • ἐπαινεῖτε • ἐτίμων • θαυμάζουσιν • μάχῃ • φονεύωσιν • φρουροῦσιν

**b** Ordnen Sie alle Verben danach, ob sie angenehme oder unangenehme Handlungen bezeichnen.

**2** Der Stamm des Wortes τὸ μέλος ist μελεσ-, ein σ-Stamm der 3. Deklination (Neutrum). Zwischen zwei Vokalen fällt das -σ- aus; aufeinander treffende Vokale kontrahieren.

| τὸ μέλος | τὰ μέλη |
|---|---|
| τοῦ μέλους | τῶν μελῶν |
| τῷ μέλει | τοῖς μέλεσι(ν) |
| τὸ μέλος | τὰ μέλη |

Nennen Sie zu den kontrahierten Formen die Ursprungsform und die zugrunde liegenden Kontraktionsregeln.

**3** Auch die Adjektive der Sigmastämme auf –ης (m.), -ης (f.), -ες (n.) bilden ihre Formen nach den in Aufgabe 2 genannten Regeln (Ausnahme: Der Akk. Pl. m./f. endet auf -εις). Ordnen Sie den Substantiven kongruente Adjektive zu und ergänzen Sie den Artikel.

ἑταίρους • κεφαλήν • νεανίαι • παιδία • κόρη • ποδός • σῶμα

ἀσθενές • ἀσθενοῦς • εὐγενεῖ • εὐγενεῖς • εὐγενῇ

**4 a** Ordnen Sie den Substantiven die passenden Artikel zu (zwei bleiben übrig).

τὰ • τὰς • ἡ • τῆς • τὸ • τοῦ • τοὺς • τῶν

δούλου • ἔθνη • ὁδοῦ • παρθένους • τέλος • υἱούς

**b** Bilden Sie von allen Substantiven den Nominativ Singular mit Artikel.

**5** Viele griechische Eigennamen gehören zu den σ-Stämmen mit den entsprechenden Endungen (im Akk. auch -ην).

**a** Ordnen Sie die Namen grammatisch und inhaltlich richtig in die deutschen Sätze ein.

Ἀριστοφάνους • Διογένη • Ἀριστοτέλης • Ἱπποκράτει • Περικλέους • Σοφοκλῆς • Σωκράτην

Im sogenannten Zeitalter des ? wurde der Grundstein für viele Bereiche europäischer Kultur gelegt: ? kennen wir als wirkmächtigen Philosophen, ? verdanken wir den Eid, dessen Grundsätzen sich viele Ärzte noch heute verpflichtet fühlen. ? hat Tragödien geschrieben, die auf unseren Theaterbühnen oft zu sehen sind, während die Komödien des ? Spott über Politiker enthalten, ähnlich wie heute in Kabarett und Comedy. In der Zeit danach wurde ? als Lehrer Alexanders bekannt, der auch einmal den ? besuchte, ihm aber nur einen Wunsch erfüllen konnte: er möge ihm aus der Sonne gehen.

**b** Namen auf -κλῆς (berühmt für), -γένης (abstammend von) und -κράτης (durch etwas mächtig) waren bei den Griechen beliebt. Erschließen Sie die Bedeutung der damit zusammengesetzten Namen im Text oben.

**6** Nennen Sie die griechischen Wörter, die in den folgenden Vornamen stecken:

Agathe • Andreas • Barbara • Christine • Theodor • Georg • Philipp • Stefan

**7** Erschließen Sie die Bedeutung der Adjektive aus dem bereits bekannten Wortschatz:

εὐφυής • ἀκρατής • ὑγιής • ἀληθής • αὐτάρκης • ἀσεβής • θεοφιλής

# Die Entwicklung zum Neugriechischen

**Bewahrung und Veränderung**

Die Texte aus der griechischen Antike sind uns überwiegend nur deshalb erhalten, weil sie im Byzantinischen Reich als so vorbildlich galten, dass sie immer wieder von Hand abgeschrieben wurden. Dieser mühevollen Aufgabe unterzogen sich Berufsschreiber, Mönche in Klöstern sowie Angehörige der intellektuellen Elite. Die Kopisten stellten die materielle Grundlage dafür her, dass man die antiken Texte studieren konnte, um aus ihnen die erstrebte Hoch- und Literatursprache zu erlernen. Wie bei jedem Vorgang des Abschreibens waren Schreibfehler unvermeidlich. Verwechslungen von beispielsweise ἡμεῖς und ὑμεῖς oder θεραπεύεται und θεραπεύετε beruhen oft darauf, dass sich die Aussprache des Griechischen mit der Zeit stark verändert hatte. Hier ein paar Beispiele:

| η, ι, υ, ει, οι | „i" |
|---|---|
| αι | „e" |
| αυ | „af/av" |
| ευ | „ef/ev" |
| δ | „d$^h$" (wie in in engl. *the*) |
| θ | „t$^h$" (wie in engl. *thing*) |
| ντ | „d/nd" |

**1** Nennen Sie die korrekte Schreibung folgender Wörter:

ἀρετί • χέρω • κύρειος • δῖ • ἐλέφθερος • δίναμαι • αἴχω • λιπός • ὕνα

**Griechisches in anderen Sprachen**

Neben dem gesprochenen Griechisch, das sich ständig weiterentwickelte, machte die griechische Sprache noch eine erstaunliche zweite Karriere. Die Römer, die im 2. Jahrhundert v. Chr. Griechenland eroberten, waren von der Kultur der Griechen und der Weltsprache Griechisch so fasziniert, dass sie griechische Wörter in großer Zahl in die lateinische Sprache übernahmen (z. B. *philosophia*). Diese blieben auch in den Nachfolgesprachen des Lateinischen erhalten. Die romanischen Sprachen, aber auch die englische oder die deutsche enthalten daher noch heute viele Wörter griechischer Herkunft.

**2** Erklären Sie, welche griechischen Wörter sich hinter den folgenden Wörtern verbergen:

englisch: *the topic, polite*
französisch: *l'histoire, la critique*
italienisch: *il poeta, il diavolo*
spanisch: *la tauromaquia, el tesoro*

**Lateinisches und Türkisches im Griechischen**

Das heute sogenannte Byzantinische Reich verstand sich als Fortsetzung des Römischen Reiches. Aus der Amtssprache Latein gelangten Wörter in das byzantinische Griechisch, besonders aus der Verwaltung und dem Rechtswesen (*legatus* „Gesandter" → ὁ λεγᾶτος; *palatium* „Palast" → τὸ παλάτι), aber auch aus dem Alltagsleben (*hospitium* „Gasthaus" → τὸ σπίτι „Haus"; *furnus* „Ofen" → ὁ φοῦρνος „Ofen, Bäckerei").

Das Byzantinische Reich hatte über 1000 Jahre Bestand und ging erst unter, als der türkische Sultan Mehmed II. 1453 Konstantinopel eroberte und zur Hauptstadt des Osmanischen Reiches erklärte. Als Name bürgerte sich schnell Istanbul ein; dieser Name ist nichts anderes als der griechische Ausdruck εἰς τὴν πόλιν („in die Stadt"/„in der Stadt") in veränderter Aussprache.

So waren die meisten Griechen zu Untertanen der osmanischen Herrscher geworden. Immerhin war ihnen während der τουρκο|κρατία die Ausübung ihrer christlichen Religion erlaubt. Aus der türkischen Sprache übernahmen die Griechen viele Wörter, z. B. für Alltägliches wie Lebensmittel oder Läden: Aus dem türkischen *kasap* „Metzger" bildeten sie das Wort für „Metzgerei": τὸ χασάπικο, und der heute nicht nur in Griechenland so beliebte τζατζίκι heißt so nach dem türkischen *cacık*.

**Sprachenfrage im neuen griechischen Staat**

Erst im 19. Jahrhundert konnten sich die Griechen, unterstützt von Philhellenen in Westeuropa, von der türkischen Herrschaft befreien. Die europäischen Großmächte bestimmten 1833 den siebzehnjährigen bayerischen Prinzen Otto zum König des neuen Staates Griechenland.

Welche Sprachform des Griechischen die offizielle Sprache des neuen Griechenland werden sollte, war heftig umstritten: die Sprache des Volkes oder eine überwiegend an antiken Idealen orientierte Hochsprache? Schließlich setzte sich Adamantios Korais (1748–1833) mit seiner Idee durch, die Volkssprache als Basis zu nehmen, sie aber von fremden Elementen zu „reinigen". Diese als καθαρεύουσα bezeichnete Sprachform war bis 1976 offiziell die Sprache der Verwaltung, Politik, Kirche, Schule und der Zeitungen. Ihr gegenüber stand die im privaten Alltag verwendete „Volkssprache", die δημοτική. Damit setzte sich fort, was schon in der Antike begonnen hatte: eine Sprachenspaltung zwischen der Sprache der Oberschicht und der Sprache des Volkes.

## Lehnübersetzungen und Wortschöpfungen

In der καθαρεύουσα wurden nichtgriechische Ausdrücke wie lat. φοῦρνος für „Bäckerei" oder türk. χασάπικο für „Metzgerei" durch Neubildungen aus altgriechischen Wurzeln ersetzt (ἀρτο|ποιεῖο, von ὁ ἄρτος „Brot"; κρεο|πωλεῖο, von τὸ κρέας „Fleisch"). Zahlreiche seit dem 19. Jahrhundert mit altgriechischen Bestandteilen neu gebildete Begriffe sind bis heute im Gebrauch:

Krankenhaus: το νοσοκομείο aus ἡ νόσος (Krankheit) und κομέω (sich kümmern)
Eisenbahn: ο σιδηρόδρομος aus ὁ σίδηρος (Eisen) und ὁ δρόμος (Laufbahn)
Bus: το λεωφορείο aus ὁ λεώς (Volk) und -φόρος (zu φέρω)
Das noch heute im Alltag häufig verwendete όλα εντάξει („alles in Ordnung") ist nach altgriechischem Vorbild gebildet (ὅλα ἐν τάξει), aber in Wirklichkeit eine Lehnübersetzung aus dem Deutschen, enstanden in der Zeit der bayerischen Herrschaft.

**3** Ermitteln Sie die altgriechischen Wortbestandteile und ordnen Sie die Bedeutungen zu:

η αστυνομία[1] • ο δημοσιόγραφος • το πανεπιστήμιο • το ταχυδρομείο

Post • Journalist • Polizei • Universität

[1] τὸ ἄστυ: die Stadt

## Neue Wörter für neue Dinge

Für die technischen Neuerungen des 19. und 20. Jahrhunderts bildeten die europäischen Sprachen Neuschöpfungen, die auf griechische und lateinische Wörter wie τῆλε „fern" und ὁ ἀήρ „Luft" zurückgingen: télévision (frz.), aeroplano (ital.), airport (engl.), Automobil. Auf ihrem Rückweg ins Neugriechische erhielten die Wörter eine antikisierende Rechtschreibung und die lateinischen Bestandteile wurden durch griechische ersetzt.

**4** Ermitteln Sie die altgriechischen Wortbestandteile und ordnen Sie die Bedeutungen zu:

τηλέφωνο • τηλεόραση • τηλεχειριστήριο • αεροπλάνο • αερολιμένας[1] • αυτοκίνητο[2]
Automobil • Fernbedienung • Fernsehen • Flugzeug • Telefon • Flughafen

[1] ὁ λιμήν, τοῦ λιμένος: der Hafen
[2] κινέω: bewegen

## Bedeutungswandel

Die Bedeutung einiger Wörter hat sich gegenüber der Antike geändert. Häufig ist die neue Bedeutung schwächer und allgemeiner oder sie bezeichnet nur einen Teilaspekt der ursprünglichen Bedeutung. Beispiele:

| altgriechisch | neugriechisch |
|---|---|
| κάμνω: sich anstrengen, müde werden | κάνω: tun, machen |
| ὁ καιρός: der günstige Augenblick, die Zeitumstände | ο καιρός: das Wetter |
| ὁμιλέω: mit jdm. zusammen sein | μιλώ: sprechen, reden |

**5** Beschreiben Sie den Bedeutungswandel bei den folgenden neugriechischen Wörtern:
φτάνω (ankommen) • φεύγω (abfahren) • δουλεύω (arbeiten) • φοιτώ (studieren)

# Lektion 35

## Die Griechen und die Fremden

### ξένος und βάρβαρος

Die Griechen hatten zwei Bezeichnungen für einen Fremden: ξένος und βάρβαρος. Als ξένος bezeichneten sie jeden Freigeborenen, egal ob Grieche oder Nicht-Grieche, der sich in einer anderen πόλις als seiner eigenen aufhielt. Βάρβαρος ist ein lautmalerisches Wort und wurde ursprünglich für Menschen verwendet, die eine andere, den Griechen unverständliche Sprache sprachen.

### Privater und staatlicher Umgang mit Fremden

Fremde freundlich aufzunehmen war religiöse Pflicht: Jeder ξένος stand unter dem Schutz des Ζεὺς ξέν|ιος. War der Fremde ein Verfolgter, ja selbst ein Straftäter, so war er, wenn er sich in ein Heiligtum flüchtete, vor Verhaftung und Gewaltanwendung sicher (ἄ|συλος, von συλάω „berauben").

Den ξένος aufzunehmen, ihn zu bewirten, mit Kleidung auszustatten und zu beherbergen war zunächst die private Aufgabe eines jeden Einzelnen. Dieser Akt schuf eine enge soziale Verbindung zwischen dem jeweiligen Gastgeber und seinem Gast – beide hießen ξένοι. Aber auch die πόλις kümmerte sich um die in ihrem Gebiet anwesenden Fremden. Einzelne Bürger waren beauftragt, als πρό|ξενοι die Interessen von Fremden aus einer bestimmten anderen πόλις zu vertreten. Fremde wurden ermutigt, sich als Händler, Handwerker oder Künstler niederzulassen, um so die Wirtschaft ihrer neuen Heimat zu stärken. Jedoch war die Grenze zwischen den Bürgern (πολῖται) und den Fremden klar markiert und undurchlässig: In Athen waren die ξένοι μέτ|οικοι nicht nur von jeder politischen Betätigung ausgeschlossen, sondern mussten eine eigene Steuer zahlen und durften keinen Grundbesitz erwerben.

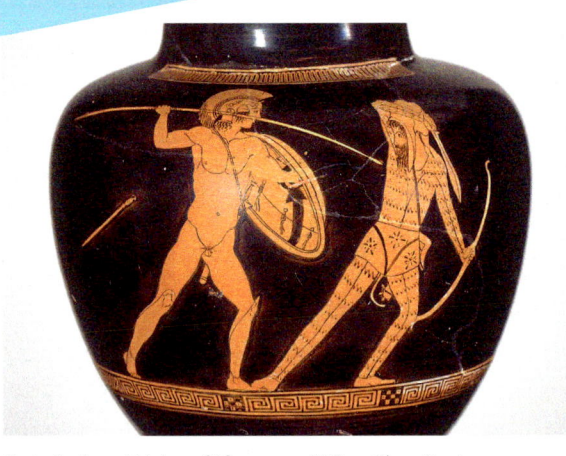

*Detail eines Weingefäßes, um 450 v. Chr.; Boston, Museum of Fine Arts*

### Griechen und Nicht-Griechen

Nicht-griechischen Völkern standen die Griechen aufgeschlossen gegenüber. So bewunderten sie Alter und Errungenschaften der ägyptischen Kultur und waren von dem sagenhaften Reichtum der Perser fasziniert. Auch fremde Gottheiten wie die thrakische Göttin Bendis oder der phrygische Sabazios wurden bei den Griechen kultisch verehrt. Auf der anderen Seite empfand man manche fremden Sitten abstoßend: Poseidonios berichtete nicht nur von den Tischsitten der Kelten (vgl. Lektionstext 14A), sondern auch von ihren Menschenopfern und der Zurschaustellung abgeschlagener Köpfe von Feinden.

### Griechen und Perser

Seit die Perser Griechenland 490 und 480 v. Chr. angegriffen hatten, sahen viele Griechen in ihnen die Verkörperung von Despotismus, Unfreiheit und Maßlosigkeit. Andere wiederum nutzten die Perser als Projektionsfläche eigener Vorstellungen: Der Historiker Herodot lässt die persischen Oberen anlässlich einer Regierungskrise über Demokratie, Oligarchie und Monarchie diskutieren. Und Xenophon verfasste eine zum Teil romanhaft ausgestaltete Biographie von Kyros dem Großen, in der er den Begründer des persischen Weltreiches als idealen Herrscher präsentiert.

**1** Vergleichen Sie den Umgang mit Fremden im antiken Griechenland und in unserer heutigen Gesellschaft.

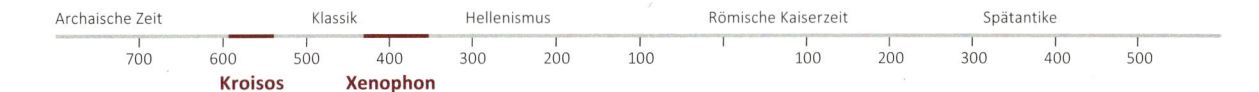

## A  Die Eroberung von Sardeis    nach Xenophon

In der Darstellung Xenophons besiegte Kyros der Große den Lyderkönig Kroisos in offener Feldschlacht. Als die Nacht hereinbrach, floh Kroisos in seine befestigte Hauptstadt Sardeis.

**1** Ermitteln Sie alle Prädikate und deren Bedeutung und ordnen Sie ihnen das jeweilige Subjekt zu. Schließen Sie daraus auf den Ablauf der Geschehnisse.

Ἐπειδὴ δὲ ἡμέρα ἐγένετο, εὐθὺς ἐπὶ Σάρδεις ἦγε Κῦρος. Ὡς δ' ἐγένετο πρὸς τῷ τείχει τῷ ἐν Σάρδεσι, τὰς μηχανάς τε καὶ κλίμακας¹ παρεσκευάζετο ὡς μέλλων προσβάλλειν² πρὸς τὸ τεῖχος.

5 Τῆς δὲ νυκτὸς ὁ Κῦρος ἀναβιβάζει³ Χαλδαίους τε καὶ Πέρσας, οὗ τὰ τείχη τὰ τῶν Σάρδεων ἀποτομώτατα⁴ ἐδόκει εἶναι. Ἡγήσατο δ' αὐτοῖς ἀνὴρ Πέρσης δοῦλος ὢν τῶν ἐν τῇ ἀκροπόλει φρουρῶν καὶ καταμαθὼν ἀνάβασιν.

Ὡς δ' ἐγένετο τοῦτο δῆλον, ὅτι εἴχετο ἡ ἀκρόπολις, πάντες δὴ
10 ἔφευγον οἱ Λυδοὶ ἀπὸ τῶν τειχῶν, ὅποι τῆς πόλεως ἐδύνατο ἕκαστος.

Κῦρος δὲ ἅμα τῇ ἡμέρᾳ εἰσ|ήλαυνεν εἰς τὴν πόλιν καὶ ἐκέλευσεν ἐκ τῆς τάξεως μηδένα κινεῖσθαι.

Ἀλλ' ὡς εἶδε τοὺς Πέρσας φυλάττοντας τὴν ἀκρόπολιν, ὥσπερ
15 ἔδει, τοὺς δὲ Χαλδαίους τὰ ὅπλα καταλιπόντας – κατ|έδραμον γὰρ ὡς ἁρπασόμενοι τὰ ἐκ τῶν οἰκιῶν –, εὐθὺς συν|εκάλεσεν αὐτῶν τοὺς ἄρχοντας καὶ „Οὐκ ἀνέχομαι", ἔφη, „ὁρῶν πλεονεκτοῦντας τούτους, οἳ τὴν τάξιν ἔλιπον."

¹ ἡ κλῖμαξ, τῆς κλίμακος: die Leiter
² προσ|βάλλω: anlegen
³ ἀνα|βιβάζω: hinaufsteigen lassen
⁴ ἀπότομος, ἀπότομον: steil

**2** Auf welche Weise erobert Kyros die Stadt Sardeis? Berücksichtigen Sie insbesondere die Rolle der Akropolis bei der Einnahme der Stadt.

**3** Zeigen Sie, wie Kyros hier durch sein Handeln als idealer Feldherr und Herrscher charakterisiert wird.

*Sardeis im 2. Jh. n. Chr. mit der lydischen Ringmauer und der Akropolis im Hintergrund (Rekonstruktion)*

| Archaische Zeit | | Klassik | | Hellenismus | | | Römische Kaiserzeit | | Spätantike | |
|---|---|---|---|---|---|---|---|---|---|---|
| 700 | 600 | 500 | 400 | 300 | 200 | 100 | 100 | 200 | 300 | 400 | 500 |

**Philostratos**

## B  Eine Bildbeschreibung   nach Philostrat

Flavius Philostratos beschreibt in seinem Werk „Bilder" (Εἰκόνες) in einer fiktiven Anrede an ein Kind (παῖς) Gemälde meist mythischen Inhalts. Ziel einer kunstvollen Bildbeschreibung (ἔκφρασις) war es, dass der Hörer oder Leser gleichsam zum Betrachter des Dargestellten wurde.

**1** Suchen Sie die dargestellten Personen heraus und ordnen Sie ihnen Handlungen zu.

> Βλέπε πρὸς τήνδε τὴν γραφήν, ὦ παῖ· Αἰθίοπες δὲ καὶ Περσεὺς ἐν Αἰθιοπίᾳ. Τὸν δὲ θρασὺν Περσέα τὸν τὸ κῆτος¹ φονεύσαντα εὖ οἶσθα, ὦ παῖ. Καὶ δείκνυται ἐν τῇ εἰκόνι ἡ Ἀνδρομέδα, ἣν ἀπαλλάττει τοῦ βαρέος δεσμοῦ ὁ Ἔρως πτηνὸς² νεανίας φαινόμενος. Οὗτος γὰρ τῷ Περσεῖ εὐξαμένῳ ταχέως ἐβοήθησεν. Ἡ κόρη δὲ ἡδεῖα μέν, ὅτι λευκὴ μετὰ μελάνων Αἰθιόπων, ἡδὺ δὲ αὐτὸ τὸ εἶδος· Περσεὺς δὲ ἐν ἡδείᾳ πόᾳ³ κεῖται τὴν τῆς Γοργοῦς Μεδούσης κεφαλὴν ἔχων ἀπόθετον⁴, ἵνα μὴ ἐντυχόντες αὐτῷ ἄνθρωποι λίθοι γένωνται.

¹ τὸ κῆτος, τοῦ κήτους: das Seeungeheuer
² πτηνός, πτηνή, πτηνόν: geflügelt
³ ἡ πόα: der Rasen
⁴ ἀπό|θετος, ἀπό|θετον: verborgen

**2** Erfüllt die vorliegende Ekphrasis den Anspruch, dass der Leser zum Betrachter wird? Nehmen Sie begründet Stellung.

**3** Wählen Sie eine der beiden folgenden Aufgaben zur Bearbeitung aus.
  a  Erstellen Sie eine möglichst textgetreue Zeichnung.
  b  Vergleichen Sie das Gemälde mit der Ekphrasis des Philostratos.

*Gemälde von Pierre Mignard, Öl auf Leinwand, 1678, 189 × 247 cm; Paris, Louvre*

# Impulse und Übungen

vor Text A → 1–5
nach Text B → 6–8

**35**

**1 a** Ordnen Sie die Formen von ἡ πόλις zu einem Deklinationsschema.

αἱ πόλεις • τῇ πόλει • ταῖς πόλεσιν • τὴν πόλιν • τῶν πόλεων • τὰς πόλεις • ἡ πόλις • τῆς πόλεως

**b** Vergleichen Sie mit der Deklination von ὁ βασιλεύς.

**2** Verteilen Sie die Aufgaben untereinander; tragen Sie dann Ihre Ergebnisse zusammen.

**a** Sortieren Sie nach Aoristen der Verba muta (k-, p- und t-Stämme) und starken Aoristformen.

**b** Nennen Sie jeweils die Grundform (1. Sg. Ind. Präs.) und die Bedeutung.

**c** Bestimmen Sie die Formen genau.

ᾄσωσιν • ἅψηται • βαλών • γένωνται • ἐγένετο • ἔπεισαν • εὐξαμένῳ • ἦλθον • ἴδωσιν • μαθόντα • μετασχεῖν • πεμφθέντες

**3** Teilen Sie die folgenden Ausdrücke nach ihrer Bedeutung in drei Gruppen ein:

ἀνάγκη ἐστίν • βούλομαι • δεῖ • δύναμαι • δυνατός εἰμι • ἐθέλω • ἔξεστιν • ἐπιθυμέω • ἱκανός εἰμι • μέλλω • οἷός τέ εἰμι • πρέπει • χρή

**4** Von der Wurzel βα- (gehen) sind die Verben βαίνω und βαδίζω abgeleitet.

**a** Bilden Sie Komposita zu βαίνω und nennen Sie eine passende deutsche Wiedergabe.

• **b** Erläutern Sie:
τὸ ἄβατον (innerer Bereich eines Tempels) • τὸ πρόβατον • τὸ βῆμα (Rednertribüne)

**5** Mit der Endung -τής wird aus einem Verb ein Substantiv gebildet, das den Handelnden (den „Täter") bezeichnet. Nennen Sie das zugrunde-liegende Verb und die Bedeutung von:

ὁ ποιητής • ὁ μαθητής • ὁ οἰκιστής • ὁ ὀνειδιστής • ὁ εὑρετής • ὁ ἀσκητής

**6 a** Ordnen Sie den Substantiven die kongruenten Adjektive zu.

στρατηγῷ • δεσμούς • ἐλευθερίας • μειρακίου • ὁδόν • βίον

βαρεῖς • εὐθεῖαν • ἡδείας • ἡδέος • ἡδύν • θρασεῖ

**b** Kombinieren Sie die so entstandenen Ausdrücke mit den folgenden Prädikaten zu sinnvollen Sätzen, gegebenenfalls mit Artikel. Übersetzen Sie; Hinweise für die Wiedergabe geben die Satzzeichen.

πορευώμεθα (!) • πειθώμεθα (?) • λύωμεν (!) • διάγωμεν (?) • μιμνῄσκωμαι (?) • ἐπιθυμῶμεν (!)

**7** Setzen Sie die Eigennamen sachlich richtig ein.

ὁ Προμηθεύς • ὁ Διογένης • ὁ Ἀχιλλεύς • ὁ Ἐπίκουρος

1. ❓ τὴν ἡσυχίαν ἡδίονα ἡγήσατο ἢ τὰς σωματικὰς ἡδονάς.
2. ❓ θρασύτερος τῶν ἄλλων φιλοσόφων ἦν.
3. ❓ θάττων τοὺς πόδας πάντων Ἑλλήνων ἦν.
4. Οὐδεὶς ἐν βαρυτέροις δεσμοῖς ἦν ἢ ❓.

**8** Bilden Sie aus den Silben die zu den Beschreibungen passenden Fremdwörter und nennen Sie die zugrunde liegenden griechischen Wörter einschließlich ihrer Bedeutungen.

Geschwindigkeitsmesser • Filmvorführungssaal • Luftdruckmessgerät • Mensch, der nur auf das Angenehme aus ist • schwarzer Hautkrebs

ba • cho • do • he • ki • la • me • me • me • nist • no • nom • ro • ta • ter • ter

# Lektion 36

## Der Streit um die richtige Bildung

### Erziehung durch Dichtung

Xenophon berichtet, dass ein Vater seinen Sohn die rund 26 000 Verse der Ilias und Odyssee auswendig lernen ließ, damit dieser dadurch ein ἀνὴρ ἀγαθός, ein „tüchtiger Mann" werde. An dieser Anekdote wird der Erziehungs- und Bildungswert deutlich, den die Griechen der Dichtung zuschrieben. Die Dichter, allen voran Homer, galten als Erzieher; aus ihren Werken sollte man Wertvorstellungen und angemessenes Verhalten lernen. Poetische Werke zu kennen und sie zitieren und erläutern zu können gehörte zum Selbstverständnis aller, die am gesellschaftlichen Leben teilnehmen wollten.

### Philosophen als Dichter – Philosophie versus Dichtung

Der rhythmisch gebundenen, d. h. metrischen Form der Dichtung bedienten sich sogar einige Philosophen des 5. Jahrhunderts, um ihre Theorien zu verkünden. Allerdings vertraten die Philosophen ein ganz anderes Weltbild als die Dichter. Die Philosophie trat damit in Konkurrenz zum Erziehungs- und Bildungsanspruch der Dichtung. Sie setzte auf die Kraft der Überlegung und das Prinzip der Vernunft, um die Welt zu verstehen und Leitlinien für moralisch richtiges Verhalten aufzustellen. Im 4. Jahrhundert kritisierte der Philosoph Platon die Dichtung dafür, dass sie auf rein emotionale Weise auf die Menschen einwirke und oft ganz unmoralische Handlungen darstelle; in dem Idealstaat, den sich Platon vorstellte, dürfe es daher keine Dichtung geben.

### Rhetorik als Schlüssel zum Erfolg

Die Sophisten sahen in der Rhetorik das wichtigste Element der Bildung. Zu einem erfolgreichen Leben in der Polis führen nach Meinung der Sophisten nicht bloße Sachkenntnis oder die Ausrichtung an geschriebenen und ungeschriebenen Gesetzen, sondern die Fähigkeit, in effektvoll vorgetragener Rede andere von der eigenen Position zu überzeugen.

### Sokrates als Kritiker der Rhetorik

Als entschiedenen Gegner der sophistischen Rhetorik lässt Platon seinen Lehrer Sokrates auftreten: Als Maßgabe für richtige Entscheidungen dürfe man nur die Wahrheit akzeptieren; auch ein Redner brauche daher ein Wissen, das der Vernunft folgt und nicht vom Menschen abhängt. Gegen die nur auf Erfolg ausgerichtete Rhetorik der Sophisten setzte Sokrates das Ideal einer philosophisch fundierten Bildung.

**1** Vergleichen Sie den Stellenwert von Dichtung (Literatur), Philosophie und Rhetorik in der griechischen Antike mit deren Rolle heute.

**2** Nehmen Sie Stellung zu der von Sokrates' Gesprächspartner Phaidros referierten Auffassung:

---

*Sokrates:* „Muss nicht, wenn etwas gut und schön vorgetragen werden soll, der Verstand des Redners die Wahrheit darüber kennen, worüber er reden möchte?"
*Phaidros:* „Darüber, lieber Sokrates, habe ich Folgendes gehört: Es sei für den zukünftigen Redner gar nicht notwendig, das wahrhaft Gerechte zu lernen, sondern nur das, was den Menschen, die Entscheidungen treffen sollen, so erscheint; ebenso nicht das wahrhaft Gute oder Schöne, sondern nur, was so scheinen wird. Denn darin beruhe die Überzeugungskraft, nicht aber in der Wahrheit."

*Platon, Phaidros 259e–260a*

## A  In welchem Alter soll man philosophieren? nach Platon

Im Gespräch mit Sokrates vertritt Kallikles die These, dass man sich nur zeitlich begrenzt mit Philosophie beschäftigen sollte.

**1** Arbeiten Sie heraus, mithilfe welcher Gegensatzpaare Kallikles argumentiert.

„Φιλοσοφία γάρ τοί ἐστιν, ὦ Σώκρατες, χαρίεν, ἐάν τις αὐτοῦ μετρίως ἅψηται ἐν τῇ ἡλικίᾳ· ἐὰν δὲ μᾶλλον τοῦ δέοντος ἐνδιατρίψῃ[1], διαφθορά[2] τῶν ἀνθρώπων. Ἐὰν γὰρ καὶ πάνυ εὐφυὴς ᾖ καὶ πόρρω τῆς ἡλικίας φιλοσοφῇ, ἀνάγκη ἐστὶν πάντων
5 πολιτικῶν ἄπειρον γενέσθαι.
Ἐπειδὰν οὖν ἔλθῃ εἴς τινα ἰδίαν ἢ πολιτικὴν πρᾶξιν, καταγέλαστος γίγνεται, ὥσπερ γε, οἶμαι, οἱ πολιτικοί, ἐπειδὰν αὖ εἰς τὰς ὑμετέρας διατριβὰς[3] ἔλθωσιν, καταγέλαστοί εἰσιν.
Συμβαίνει γὰρ τὸ τοῦ Εὐριπίδου· λαμπρός τέ ἐστιν ἕκαστος ἐν
10 τούτῳ, ἵν᾿ αὐτὸς τυγχάνει βέλτιστος ὤν· ὅπου δ᾿ ἂν φαῦλος ᾖ, ἐντεῦθεν φεύγει καὶ λοιδορεῖ τοῦτο.
Ἀλλά, οἶμαι, τὸ ὀρθότατόν ἐστιν ἀμφοτέρων[4] μετασχεῖν· φιλοσοφίας μὲν μετέχειν, ὅσον παιδείας χάριν καλόν ἐστι, καὶ οὐκ αἰσχρὸν μειρακίῳ ὄντι φιλοσοφεῖν· ἡγοῦμαι μὲν γὰρ
15 ἐλεύθερόν τινα εἶναι τοῦτον τὸν ἄνθρωπον, τὸν δὲ μὴ φιλοσοφοῦντα ἀνελεύθερον. Ὅταν δὲ δὴ πρεσβύτερον ἴδω ἔτι φιλοσοφοῦντα, πληγῶν μοι δοκεῖ ἤδη δεῖσθαι, ὦ Σώκρατες, οὗτος ὁ ἀνήρ· δεῖ γὰρ τοῦτον τὸν ἄνθρωπον, κἂν πάνυ εὐφυὴς ᾖ, ἄνανδρον γενέσθαι φεύγοντα καὶ τὰς ἀγοράς."

[1] ἐν|δια|τρίβω: sich beschäftigen
[2] ἡ διαφθορά: das Verderben

[3] ἡ διατριβή: die Beschäftigung

[4] ἀμφοτέρων: gemeint sind Philosophie und Politik

**2** Wählen Sie eine der Aufgaben zur Bearbeitung aus.
  **a** Begründen Sie, warum man sich nach Meinung des Kallikles nur in einem bestimmten Alter mit der Philosophie beschäftigen sollte.
  **b** Verfassen Sie eine Rede, in der Sie die Philosophie gegen die Argumente des Kallikles verteidigen.

**3** Die Athener bezeichneten einen Mann, der sich nicht am politischen Geschehen beteiligte, als ἰδιώτης, also als jemanden, der sich nur um seine eigenen Dinge (τὰ ἴδια) kümmert. Erklären Sie, wie es zu der heutigen negativen Verwendung des Wortes kam.

## B Grenzstreit  nach Polyainos

Polyainos berichtet in seiner Sammlung von στρατηγήματα über das listige Vorgehen der Einwohner der Stadt Lampsakos in einem Grenzstreit mit den Einwohnern der Nachbarstadt Parion.

**1** Die drei Abschnitte des Textes lassen sich folgendermaßen zusammenfassen:
1. Versuch zur Lösung des Grenzstreits (Z. 1–5)
2. Die List der Lampsakener ( Z. 6–10)
3. Der Ausgang des Grenzstreits (Z. 11–16)

Nennen Sie aus dem Text jeweils passende Begriffe.

Λαμψακηνοὶ καὶ Παριανοὶ πολὺν χρόνον περὶ τῶν γῆς ὅρων ἀμφισβητοῦντες ὡμολόγησαν πέμψειν ἄνδρας ἐξ ἑκατέρας πόλεως πρὸς ἀλλήλους, ὅταν ὄρνιθες ᾄσωσι πρῶτον· ὅπου δ' ἂν οἱ πεμφθέντες ἀπαντήσωσι, τοῦτον ἀμφοτέροις ὅρον τῆς
5 γῆς γενέσθαι.
Ἐπειδὴ ταῦτα ἔδοξεν, οἱ Λαμψακηνοὶ ἄνδρας τινὰς τῶν ἐν τούτοις τοῖς τόποις θαλασσουργῶν[1] ἔπεισαν, ὅταν ἴδωσι τοὺς Παριανοὺς ἥκοντας, ἰχθῦς ἀφθόνως ἐπι|βάλλειν τῷ πυρὶ καὶ οἶνον πολὺν ἐπι|σπένδειν ὡς Ποσειδῶνι θύοντας καὶ παρακαλεῖν
10 αὐτοὺς τιμῆσαι τὸν θεὸν καὶ τῶν σπονδῶν[2] μετασχεῖν.
Οἱ μὲν θαλασσουργοὶ[1] ταῦτα ἐποίησαν, οἱ δὲ Παριανοὶ πεισθέντες συν|ήσθιον καὶ συν|έπινον. Οἱ δὲ Λαμψακηνοὶ σπεύδοντες ἐπὶ ἱερόν τι Ἑρμαῖον[3] φθάσαντες ἦλθον· τοῦτο δὲ Παρίου μὲν ἀπέχει[4] στάδια ἑβδομήκοντα[5], Λαμψάκου δὲ διακόσια[6]. Ταύτῃ
15 τῇ τέχνῃ τοσαύτην γῆν τῇ ἑαυτῶν πόλει προσ|εκτήσαντο.

[1] ὁ θαλασσ|ουργός: der Fischer

[2] αἱ σπονδαί: das Trankopfer

[3] Ἑρμαῖος, Ἑρμαία, Ἑρμαῖον: des Hermes
[4] ἀπ|έχω *mit Gen.*: entfernt sein von etw.
[5] ἑβδομήκοντα: 70
[6] διακόσιοι, διακόσιαι, διακόσια: 200

**2** Erklären Sie die List der Lampsakener.

**3** Allzu offensichtlich? Erklären Sie, warum wohl die Abgesandten von Parion auf die List hereingefallen sind.

*Detail einer attischen Weinkanne, 550–500 v. Chr.; Berlin, Staatliche Museen, Antikensammlung*

## Impulse und Übungen

vor Text A → 1
nach Text A → 2–6
vor Text B → 7
vor Text B → 8

**1 a** Beschreiben Sie, was aus dem Prädikat in der Übersetzung jeweils geworden ist.
1. Ὁ Διογένης διῆγεν ἐν τῇ ἀγορᾷ.
   Diogenes verbrachte seine Zeit auf der Agora.
2. Διῆγεν κείμενος ἐν πίθῳ τινί.
   Er lag immer in einem Fass.

**b** Geben Sie bei der Übersetzung der folgenden Sätze die Prädikate und Partizipien in Analogie zur Übersetzung von Satz 2 wieder.
3. Ἔχαιρεν ἄνευ ἀργυρίου ζῶν.
4. Φανερὸς ἦν ὀλίγων πραγμάτων δεόμενος.
5. Οὔποτε ἐπαύετο κακῶς λέγων τοὺς ἀνθρώπους.

**2** Die folgenden Sätze enthalten Prädikate in Verbindung mit einem Partizip. Wählen Sie bei der Übersetzung für die Wiedergabe der Partizipien passende Adverbien aus.

fortwährend · heimlich · zufällig · offensichtlich · dauernd · anscheinend · unbemerkt · sichtbar

1. Ὁ Σωκράτης ἔτυχε παρών.
2. Ὁ μάρτυς ἔλαθεν ἀπ|ελθών.
3. Σύ γε φαίνῃ μετρίως φιλοφοφῶν.
4. Οἱ παῖδες διῆγον γελῶντες.

**3 a** Übersetzen Sie:
1. Ἐὰν τοὺς φίλους ἀδικήσῃς, καὶ σεαυτὸν βλάπτεις.
2. Ἐὰν ἀδικήσῃς, οἱ θεοί σε τιμωρήσονται.
3. Εἰ σωφροσύνῃ χρῇ, οἱ θεοί σε φιλοῦσι.
4. Εἰ θεὸς ἦσθα, οὔποτε ἂν ἀπέθνῃσκες.

**b** Bestimmen Sie jeweils, welche Erwartung der Sprecher in Bezug auf die Bedingung zum Ausdruck bringen möchte:
– keine besondere Erwartung
– die Bedingung kann unmöglich verwirklicht werden
– die Bedingung wird in der Zukunft eintreten
– die Bedingung kann zu jeder Zeit eintreten

**4** Ein Konjunktiv mit ἄν kann nicht nur in Konditionalsätzen stehen.
**a** In Temporalsätzen verschmilzt das ἄν oft mit der einleitenden Konjunktion. Suchen Sie aus dem Lektionstext A Beispiele dafür heraus und stellen Sie fest, welchen Sinn der Konjunktiv mit ἄν den Temporalsätzen dort verleiht.

**b** Benennen Sie im folgenden Satz die Art des Nebensatzes.
Ἐν πάσῃ πόλει, ὅπου ἂν οἱ φιλόσοφοι ἄρχωσιν, οἱ πολῖται εὐδαίμονές εἰσιν.

**5** Bilden Sie von den Substantiven den Akkusativ (wahlweise Singular oder Plural). Ordnen Sie sie mit Artikel den Verben als Objekt zu, sodass sinnvolle kleine Sätze entstehen.

κόρη · πόλις · πληγή · ὅρκος · οἶκος

ᾤκισε · ἐφοβήθην · ἐποιησάμεθα · ἐφίλει · καίουσιν

**6 a** Nennen Sie Verben gleichen Stammes zu folgenden Wörtern:

ἄπειρος · καταγέλαστος · μάθημα · παιδεία · ἄτιμος · παρασκευή

**b** Erläutern Sie die Fremdwörter Pirat, Timokratie und Logopädie.

**7** Für die Worte Ἰησοῦς Χριστὸς θεοῦ υἱὸς σωτήρ[1] verwendeten die Christen als Erkennungszeichen die Abbildung eines Fisches (griech. ὁ ἰχθύς). Wie kamen sie dazu?

---
[1] ὁ σωτήρ: der Retter, der Heiland

**8** Ordnen Sie die Formen nach Kasus und Numerus. Achten Sie auf mehrdeutige Formen.

ναῦν · βοΐ · ἰχθύων · νηΐ · βουσί · ἰχθύες · ἰχθύσι · νεώς · ναῦς · βοῦν · ἰχθῦς · βοός · νῆες · βοῦς

# Lektion 37

## Helden bei Homer

### Achill, der größte Krieger der Griechen

„Unendliche Leiden schuf er, und viele edle Helden-Seelen sandte er hinab in den Hades." – Achill, ein furchtloser Held, der seine Gegner in Scharen tötet, wird in den ersten Versen von Homers Ilias beschrieben – so könnte ein unaufmerksamer Leser denken. Doch bei genauer Lektüre stellt man verwundert fest: Die Kriegsopfer, von denen hier die Rede ist, sind die Landsleute Achills, und sie kommen deshalb durch die trojanischen Feinde zu Tode, weil ihr kampfstärkster Soldat sich aus gekränkter Ehre dem Krieg verweigert.

### Ideale des Adels

Gemäß dem aristokratischen Ideal der Zeit ist es das Ziel jedes homerischen Helden, „immer der Beste zu sein und überlegen den anderen". Vor allem im Kampf Mann gegen Mann kann er unvergänglichen Ruhm erlangen; den Tod im Krieg zieht er in jedem Fall einem langen ruhmlosen Leben vor. Ruhm definiert sich jedoch dadurch, dass er für alle sichtbar ist – etwa in Form von Beute und gesellschaftlicher Anerkennung.

### Ein fragwürdiger Held

Am Anfang von Homers Ilias wird Achill von Agamemnon gezwungen, ihm eine im Krieg erbeutete Prinzessin zu überlassen. Dies stellt Achills τιμή in Frage. Da er keine Möglichkeit sieht, seine Ehre wiederherzustellen, zieht er sich aus dem Kampf zurück. Obwohl in der Folge das griechische Heer immer mehr in Bedrängnis gerät, scheitern alle Vermittlungsversuche. Erst nachdem Patroklos, Achills engster Freund, im Kampf von Hektor getötet wird, kehrt der Held in den Kampf zurück. Rasend vor Schmerz wütet er unter den Feinden: Schonte er früher Gefangene und ließ manche sogar gegen Lösegeld frei, so metzelt er nun seine Opfer nieder, auch wenn sie um Gnade flehen. Achills Grausamkeit gipfelt darin, dass er mit seinem Streitwagen den Leichnam des von ihm getöteten Hektor um Trojas Mauern schleift.

*Max Slevogt, Grafik aus der Mappe „Achill", 37 × 49,5 cm, 1907*

### Menschliche Werte

So werden in der Ilias die Schattenseiten des Krieges und seiner Helden vor Augen geführt. Auf der anderen Seite macht Homer deutlich, dass sich das heroische Handeln an gemeinsamen Werten orientiert: Am Ende der Ilias fällt der Vater des getöteten Hektor, Priamos, Achill zu Füßen; er fleht ihn an, ihm den Leichnam seines Sohnes zur Bestattung zu überlassen, und mahnt, die Götter zu achten. Als Priamos Achill an dessen eigenen Vater erinnert, der noch auf die Rückkehr Achills hoffen darf, wird der Held von Mitgefühl ergriffen. Gemeinsam beginnen beide zu weinen, und Achill gewährt dem Alten Hektors Bestattung – in der Gewissheit, dass ihm selbst der baldige Tod vorherbestimmt ist.

**1** Benennen Sie Werte, an denen der homerische Held sich im Idealfall orientiert, nach Möglichkeit auf Griechisch.

**2** Erläutern Sie, wie der „Held" in Slevogts Grafik dargestellt ist.

## A  Eine schwere Entscheidung   nach Homer

Die Ilias berichtet, wie Hektor, der Sohn des trojanischen Königs Priamos, die Entscheidungsschlacht sucht. Seine Frau Andromache wird von düsteren Vorahnungen geplagt. Sie versucht, ihren Mann davon abzubringen, indem sie ihn auf seine Verantwortung ihr und dem Sohn gegenüber hinweist. Hektor legt ihr dar, warum er trotzdem in den Kampf ziehen will.

**1 a** Wie würden Sie an Hektors Stelle argumentieren? Entwerfen Sie eine Antwort.
**b** Überprüfen Sie, ob sich im Text Belege auf die von Ihnen formulierte Antwort finden.

„Ἦ καὶ ἐμοὶ τάδε πάντα μέλει, γύναι· ἀλλὰ μάλα δεινῶς αἰδοῦμαι τοὺς Τρῶάς τε καὶ τὰς Τρῳάδας, ἐὰν δειλὸς ὢν ἀπέχωμαι τοῦ πολέμου· ἐπεὶ ἔμαθον εἶναι αἰεί[1] ἀγαθὸς καὶ μετὰ πρώτων Τρώων μάχεσθαι ἀρνύμενος[2] πατρός τε μέγα κλέος καὶ τὸ ἐμαυτοῦ.
5 Εὖ γὰρ ἐγὼ τόδε οἶδα κατὰ φρένα καὶ κατὰ θυμόν· ἔσται ποτὲ ἡμέρα, ᾗ ἂν ἀπόληται ἡ Ἴλιος καὶ ὁ Πρίαμος καὶ ὁ λαὸς Πριάμου. Ἀλλ' οὐ τοσοῦτο μέλει μοι τῶν Τρώων, οἳ ἂν πέσωσιν ὑπὸ ἀνδρῶν δυσμενῶν[3], ὅσον σοῦ, ἥν ἂν δακρύουσάν[4] τις τῶν Ἀχαιῶν οἴκαδε ἀπ|άγηται. Σοὶ γὰρ ἐπι|κείσεται ἀνάγκη βαρεῖα,
10 ὅταν ἐν Ἄργει δούλη οὖσα ὑπὲρ ἄλλης [5]ἱστὸν ὑφαίνῃς[5] καὶ ἄκουσα ὕδωρ ἐκ κρήνης φέρῃς.
Καί ποτε ἀνήρ, ὅστις ἄν σε λυπουμένην ἴδῃ, ἐρεῖ· ‚Ἥδε ἡ τοῦ Ἕκτορος γυνή, ὃς ἄριστος τῶν Τρώων ἐμάχετο, ὅτε οἱ Ἀχαιοὶ πρὸς τὴν Ἴλιον ἐπολέμουν.'"

[1] αἰεί = ἀεί
[2] ἄρνυμαι: bewahren
[3] δυσ|μενής, δυσ|μενές: übelwollend, feindlich
[4] δακρύω: weinen
[5] ἱστὸν ὑφαίνω: am Webstuhl arbeiten

**2** Vergleichen Sie Hektors Argumentation mit Ihrem eigenen Entwurf.

**3** Wählen Sie eine der beiden folgenden Aufgaben zur Bearbeitung aus.
**a** Untersuchen Sie, welche Rolle die eigene Person und andere Personen in Hektors Argumentation spielen.
**b** Wären Sie an Andromaches Stelle nun überzeugt? Formulieren Sie eine Antwort der Andromache.

*Giorgio de Chirico, „Hektor und Andromache", Öl auf Leinwand, 123,5 × 80 cm, 1923*

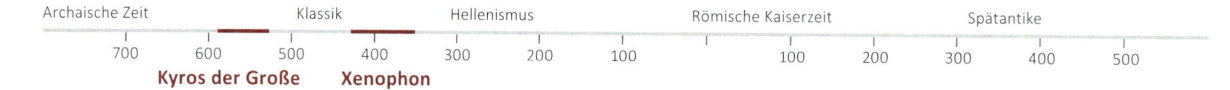

## B Königliche Freigebigkeit  nach Xenophon

In seinem Werk über Kyros den Großen beschreibt Xenophon, wie der König sich gegenüber den Funktionsträgern seines Reiches verhält.

**1** Erschließen Sie mithilfe der Lesevokabeln das jeweilige Thema der beiden Absätze.

Κατῆρξε[1] μὲν οὖν τῆς πολυδωρίας[2] Κῦρος, διαμένει δ' ἔτι καὶ νῦν τοῖς βασιλεῦσιν. Τίνι μὲν γὰρ φίλοι πλουσιώτεροι ὄντες φανεροί εἰσιν ἢ Περσῶν βασιλεῖ; Τίς δὲ κοσμῶν κάλλιον φαίνεται στολαῖς[3] τοὺς περὶ αὑτὸν ἢ βασιλεύς; Τίνος δὲ δῶρα
5 γιγνώσκεται μᾶλλον ἢ τὰ βασιλέως, ψέλια[4] καὶ στρεπτοὶ[5] καὶ ἵπποι χρυσοχάλινοι[6]; Οὐ γὰρ δὴ ἔξεστιν ἐκεῖ ταῦτα ἔχειν, ᾧ ἂν μὴ βασιλεὺς δωρῆται.
Κατεμάθομεν δέ, ὡς καὶ τοὺς βασιλέως καλουμένους ὀφθαλμοὺς καὶ τὰ βασιλέως ὦτα οὐκ ἄλλως ἐκτήσατο ἢ τῷ δωρεῖσθαί τε
10 καὶ τιμᾶν. Οὕτως ἐποίησεν πολλοὺς ἀνθρώπους καὶ ὠτακουστεῖν[7] καὶ διοπτεύειν[8], τί ἀγγέλλοντες ὠφελεῖν βασιλέα ἐνόμιζον. Καὶ φοβοῦνται[9] πανταχοῦ λέγειν τὰ μὴ σύμφορα βασιλεῖ, ὥσπερ αὐτοῦ ἀκούοντος, καὶ ποιεῖν, ἃ μὴ σύμφορα, ὥσπερ αὐτοῦ παρόντος.

[1] κατ|άρχω ≈ ἄρχω
[2] ἡ πολυ|δωρία: die Großzügigkeit
[3] ἡ στολή: das Gewand
[4] τὸ ψέλιον: das Armband
[5] ὁ στρεπτός: die Halskette
[6] χρυσο|χάλινος, χρυσο|χάλινον: mit goldenen Zügeln
[7] ὠτ|ακουστέω: die Ohren offen halten
[8] δι|οπτεύω: genau betrachten, ausspionieren
[9] φοβοῦνται: *Subjekt dazu:* „die Leute"

**2** Untersuchen Sie Wortwiederholungen im Text und schließen Sie auf die stilistische Absicht.

**3** Zu Z. 8–14: Beschreiben Sie vergleichbare staatliche Maßnahmen heute und diskutieren Sie deren Legitimität.

*Relief aus dem Königspalast von Persepolis, 5. Jh. v. Chr.*

# Impulse und Übungen

| vor Text A | → 1–4 |
| nach Text A | → 5 |
| vor Text B | → 6 |
| nach Text B | → 7, 8 |

**1 a** Bestimmen Sie, welche Erwartung in den Konditionalsätzen ausgedrückt wird.
  1. Ἐάν τις νεανίας ὢν φιλοσοφῇ, δῆλόν ἐστιν, ὅτι σοφὸς γενέσθαι βούλεται.
  2. Διὸ τὸν υἱὸν ἐπαινέσομαι, ἐὰν ἄρξηται φιλοσοφεῖν.

**b** Erschließen Sie durch Vergleich mit den Konditionalsätzen in Satz 1 und 2, welchen Sinn ein Konjunktiv mit ἄν in Relativsätzen ausdrückt:
  3. Ἡγοῦμαι γὰρ ἐλεύθερον τοῦτον τὸν ἄνθρωπον, ὅστις ἂν παιδείας χάριν μετέχῃ φιλοσοφίας.
  4. Καὶ πᾶς ἄνθρωπος, ὃς ἂν τὸν υἱόν μου φιλοσοφοῦντα ἴδῃ, θαυμάσεται αὐτὸν ὡς ἄνδρα εὐδαίμονα ὄντα.

**2** Ordnen Sie folgende Wörter nach drei Wortstämmen und erläutern Sie deren Bedeutung mit Bezug auf den jeweiligen Stamm:

ἄ|φρων • ἀ|μελέω • ἐπι|θυμέω • σώ|φρων • ἐπι|μελέομαι • πρό|θυμος • μέλει μοι

**3** Ordnen Sie den Grundwörtern die Formen zu:

ἑκών • ἄκων • ἀκούω • ἥκω • κωλύω

ἄκουσα • ἀκούσας • ἐκώλυσα • ἑκοῦσα • ἤκουον • ἧκον • ἑκόντος • ἄκουσιν • ἀκούουσιν

**4** Nennen Sie stammgleiche Verben zu

φθόνος • πολεμικός • βλαβερός • οἶκος • χῶρος • ὠφέλιμος • μάχη • λύπη.

**5** Bei manchen deutschen Wörtern ist der griechische Ursprung nicht sofort zu erkennen. Ordnen Sie die deutschen Wörter ihren griechischen Ursprüngen zu.

Bibel • Szene • Tresor • Bischof • Strolch • Engel • Laie • Arzt

ὁ λαός • ὁ ἄγγελος (vgl. ἀγγέλλω) • τὸ βιβλίον • ὁ ἐπίσκοπος (vgl. ἐπι|σκοπέω) • ὁ ἀρχ|ιατρός • ὁ θησαυρός • ὁ ἀστρο|λόγος • ἡ σκηνή

**6** In Texten über die Perser bezeichnet das Wort βασιλεύς ohne den Artikel speziell den persischen „Großkönig".

**a** Übersetzen Sie entsprechend die Formen von βασιλεύς in den folgenden Sätzen.
  1. Βασιλεῖ waren viele Völker untertan.
  2. Die Freunde βασιλέως wurden reich beschenkt.
  3. Von manchen Griechen wurde βασιλεύς bewundert.
  4. Aber die meisten fürchteten βασιλέα.

**b** Bringen Sie die Formen von βασιλεύς in die gewohnte Reihenfolge der Kasus, ergänzen Sie die Artikel und vervollständigen Sie das Paradigma.

**7** Wörter auf -εύς bezeichnen meist einen, der etwas tut.

**a** Führen Sie folgende „Berufs"-Bezeichnungen auf ihr Stammwort zurück und erschließen Sie deren Bedeutung.
φονεύς • ἱερεύς • γραμματεύς • ἱππεύς

**b** Auch Herkunftsbezeichnungen enden oft auf -εύς. Finden heraus, woher die folgenden Leute kommen, und bilden Sie den Plural.
Πειραιεύς • Ἀλεξανδρεύς • Μεγαρεύς • Θηβαιεύς

**c** Karl der Große hatte für die Verwaltung des Frankenreiches „Grafen" eingesetzt. Erschließen Sie, welche Funktion ein Träger dieses Adelstitels ursprünglich hatte.

**8 a** Erläutern Sie, welche Aufgabe der Dativ in den folgenden Sätzen erfüllt.
  1. Τίνι φίλοι πλουσιώτεροί εἰσιν ἢ Περσῶν βασιλεῖ;
  2. Τίς κάλλιον κοσμεῖ στολαῖς[1] τοὺς φίλους ἢ βασιλεύς;
  3. Τίνας ἀνθρώπους βασιλεὺς τῷ δωρεῖσθαι κτᾶται;

[1] ἡ στολή: das Gewand

**b** Beantworten Sie die Fragen mithilfe des Lektionstextes B.

# Lektion 38

## Frauen im frühen Christentum

### Eine verhinderte Hochzeit

Thekla war jung, schön und stand kurz vor ihrer Hochzeit mit Thamyris, einem angesehenen jungen Mann ihrer Heimatstadt Ikonion. Eines Tages
5 hörte sie von ihrem Fenster aus die Stimme eines Mannes, dessen Worte sie wie gebannt verfolgte: „Gesegnet sind die im Herzen Reinen, denn sie werden Gott zu sehen bekommen. Gesegnet sind die, die ihr Fleisch keusch bewahrt haben, denn
10 sie werden zu Gottes Tempel werden. Gesegnet sind die Körper der Jungfrauen, denn sie werden Gefallen finden bei Gott und den Lohn für ihre Keuschheit nicht verlieren."
Tag und Nacht hörte Thekla die Predigten des
15 Mannes und vergaß alles um sich herum. Daher beschlossen ihre Mutter und ihr Verlobter, gegen den Prediger vorzugehen – es war der Apostel Paulus. Sie ließen ihn vor den Statthalter führen, der Paulus ins Gefängnis warf. Thekla aber bestach
20 den Gefängniswärter mit ihrem Schmuck und wurde zu Paulus vorgelassen. Von ihm im Glauben an Jesus Christus bestärkt, wollte Thekla in Keuschheit leben und nicht mehr zu ihrem Verlobten zurückkehren. Der Statthalter verurteilte
25 sie daraufhin zum Tode auf dem Scheiterhaufen und ließ Paulus aus der Stadt vertreiben. Das Feuer aber, in dem Thekla sterben sollte, wurde von Gott mit einem Platzregen gelöscht, sodass sie sich zu Paulus flüchten konnte.

### Widerstreitende Frauenbilder
30 So beginnt die Geschichte der heiligen Thekla, die ein unbekannter Geistlicher um 180 n. Chr. verfasst hat. Das romanhafte Geschehen basiert auf der Vorstellung, dass eine Frau ehelos und allein
35 für ihren Glauben leben solle. Dieses Ideal stand aber im Widerspruch zur gesellschaftlichen Wirklichkeit: Die Ehe war die Standardlebensform. In den ersten christlichen Gemeinden waren es oft verheiratete Frauen, die die neue Religion förderten, indem sie z. B. ihre Häuser für Gottesdienste 40 zur Verfügung stellten.
Mit der Zeit scheinen jedoch Enthaltsamkeit und Ehelosigkeit als Voraussetzung dafür gesehen worden zu sein, dass eine Frau ein Leben für Gott und den Dienst in der Gemeinde führen konnte. Ab 45 dem späten 2. Jahrhundert wurden die Entfaltungsmöglichkeiten für Frauen innerhalb der Kirche allerdings immer mehr eingeschränkt. Die offizielle Theologie sah Frauen jetzt als minderwertig an und begründete dies damit, dass die 50 Sünde durch die Schwäche Evas, der ersten Frau, in die Welt gekommen sei.

*Frühchristliches Relief aus Tunesien, 5./6. Jh.; Tunis, Musée national du Bardo*

**1** Θέκλα ist die Kurzform des Namens Θεόκλεια; erklären Sie dessen Bedeutung.

**2** Vergleichen Sie Theklas Geschichte mit typischen Elementen des griechischen Liebesromans (siehe Lektion 19, Informationstext).

| Archaische Zeit | Klassik | Hellenismus | Römische Kaiserzeit | Spätantike |
|---|---|---|---|---|

**Akten des Paulus und der Thekla**

## A „Fass mich nicht an!" nach den Akten des Paulus und der Thekla

Thekla, eine junge Frau aus vornehmem Hause, hört in ihrer Heimatstadt den Apostel Paulus predigen. Sie ist von der christlichen Lehre so begeistert, dass sie sich Paulus anschließt, als dieser in die nächste Stadt weiterzieht. Dort hat sie eine unangenehme Begegnung.

**1** Ermitteln Sie alle handelnden Personen und ordnen Sie ihnen Text-Passagen zu, in denen diese jeweils handeln oder sprechen.

Συριάρχης¹ τις Ἀλέξανδρος ὀνόματι ἰδὼν τὴν Θέκλαν ἠράσθη αὐτῆς. Καὶ ἐπεὶ ἐπύθετο ταύτην οὖσαν οὐδενὶ ἀνδρί, περιεπλάκη² αὐτῇ εἰς τὴν ὁδόν· ἡ δὲ οὐκ ἠνέσχετο καὶ ἀνεβόησε πικρῶς· „Μὴ βιάσῃ τὴν ξένην, μὴ βιάσῃ τὴν ὁσίαν θεοῦ δούλην." Καὶ
5 λαβομένη τοῦ Ἀλεξάνδρου περιέσχισεν αὐτοῦ τὴν χλαμύδα³ καὶ τὸν στέφανον ἀφείλετο ἀπὸ τῆς κεφαλῆς αὐτοῦ καὶ ἔστησεν αὐτὸν θρίαμβον⁴.
Ὁ δὲ ἅμα μὲν φιλῶν αὐτήν, ἅμα δὲ καὶ αἰσχυνόμενος, ἐμάνη καὶ προσήγαγεν αὐτὴν τῷ ἡγεμόνι⁵ ὡς διαφθερῶν. Οὗτος
10 κατέκρινεν αὐτὴν εἰς θηρία. Αἱ δὲ γυναῖκες ἐξεπλάγησαν καὶ ἀνεβόησαν· „Ὦ θεέ, κακὴ κρίσις, ἀνοσία κρίσις." Ἡ δὲ Θέκλα ᾐτήσατο τὸν ἡγεμόνα⁵, ἵνα ἁγνὴ⁶ μείνῃ, μέχρι τοῖς θηρίοις μαχέσηται.

¹ ὁ συριάρχης: der Syriarch (ein Mitglied des Stadtrates)
² περι|πλέκομαι, Aor. περιεπλάκην mit Dat.: jdn. umarmen
³ ἡ χλαμύς, τῆς χλαμύδος: der Mantel
⁴ ὁ θρίαμβος: das Gespött
⁵ ὁ ἡγεμών hier: der Prokonsul, der Statthalter
⁶ ἁγνός, ἁγνή, ἁγνόν: keusch, unangetastet

**2** Geben Sie den Ablauf des Geschehens mit eigenen Worten wieder.

**3** Diskutieren Sie, warum Thekla bestraft wird und nicht Alexander.

**4** Theklas weiteres Schicksal zeigt die Abbildung. Beschreiben Sie das Geschehen.

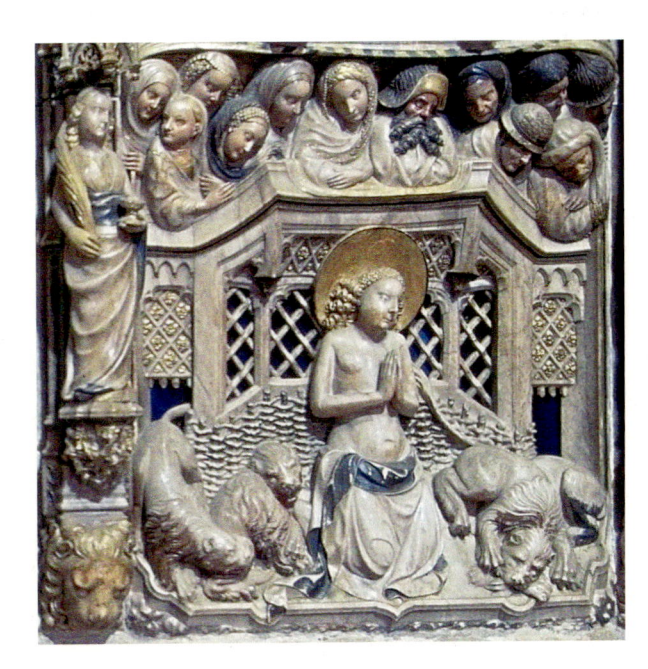

*Szene aus dem Leben der heiligen Thekla; Relief des Thekla-Altars, 1434; Tarragona, Kathedrale Santa Maria*

| Archaische Zeit | Klassik | Hellenismus | Römische Kaiserzeit | Spätantike |

## B  Eine Frau provoziert  nach Sokrates dem Scholasten

Die Stadt Alexandria in Ägypten, eine der bedeutendsten kulturellen Metropolen der antiken Welt, war um das Jahr 400 n. Chr. von politischen und religiösen Auseinandersetzungen erschüttert.

**1** Suchen Sie alle Prädikate heraus und bestimmen Sie deren Tempora. Schließen Sie daraus auf den Aufbau des Textes.

Ἦν τις γυνὴ ἐν τῇ Ἀλεξανδρείᾳ εὐδοκιμοῦσα τοὔνομα Ὑπατία. Αὕτη Θέωνος μὲν φιλοσόφου θυγάτηρ ἦν, ἐπὶ τοσοῦτο παιδείας δὲ προὔβη[1], ὥστε προέχειν τῶν τότε φιλοσόφων. Παιδευθεῖσᾳ ὑπὸ τοῦ πατρὸς αὐτῇ προσ|ῆν σεμνὴ[2] παρρησία[3]·
5 διὸ παρὰ τοὺς ἄρχοντας σωφρόνως ἐφοίτα. Καὶ οὐδὲν ᾐσχύνετο παροῦσα ἐν μέσῳ ἀνδρῶν· πάντες γὰρ τῆς τελείας σωφροσύνης ἕνεκα αὐτὴν ᾐδοῦντο καὶ ἐξεπλήττοντο.
Τότε δ' ἐν τῷ τῆς ἐκκλησίας λαῷ ἄνδρες τινὲς φθόνῳ τε καὶ διαβολῇ ἐμάνησαν, ὥστε ἐθέλειν ταύτην ἀποκτεῖναι. Οὗτοι
10 ἐπι|τηροῦσι τὴν ἄνθρωπον ἐπανερχομένην ἐπὶ οἰκίαν ποθέν· αὐτὴν ἐκ τοῦ δίφρου[4] ἐκ|βαλόντες ἐπὶ ἐκκλησίαν συν|ελαύνουσιν, ἀφ|ελόντες τε τὴν ἐσθῆτα ὀστράκοις[5] ἀνεῖλον.
Ἡ δ' Ὑπατία οὐκ ἐτάφη, τὸ γὰρ σῶμα διεφθάρη [6]κατὰ μέλη[6] δι|αιρεθὲν καὶ πυρὶ καυθέν.

[1] ἐπὶ τοσοῦτο παιδείας προὔβη (= προέβη [Aor.]): „sie hatte einen solchen Grad von Bildung erreicht"
[2] σεμνός, σεμνή, σεμνόν: verehrungswürdig
[3] ἡ παρρησία: die Freimütigkeit, die Direktheit im Reden
[4] ὁ δίφρος: der Wagen, die Sänfte
[5] τὸ ὄστρακον: die Tonscherbe
[6] κατὰ μέλη: „in Stücke"

**2** Erläutern Sie die Reaktionen auf Hypatias Auftreten in der Öffentlichkeit und belegen Sie ihre Beobachtungen am Text.

**3** 2009 setzte der Regisseur Alejandro Amenábar das Schicksal der Hypatia in dem Spielfilm „Agora" um. Begründen Sie, warum das Leben der Hypatia als Kinostoff attraktiv ist.

*Szene aus dem Spielfilm „Agora" von Alejandro Amenábar, 2009*

# Impulse und Übungen

vor Text A → 1–3
nach Text A → 4
vor Text B → 5
nach Text B → 6

**1** Auch im Passiv gibt es einen starken Aorist. Gegenüber dem Präsensstamm kann aber der Stamm des starken Aorists verändert sein, z. B. durch Ablaut.

**a** Beschreiben Sie den Unterschied zwischen ἐλύθην (schwach) und ἐτράπην (stark) und nennen Sie zu beiden Formen das Präsens.

**b** Ordnen Sie den Aorist-Formen die zugehörige Grundform zu und übersetzen Sie sie.

ἐξεπλάγητε • μανέντες • ταφῆναι • διεφθάρην • ἐστράφης • ἀπηλλάγημεν • ἐγράφη • τραπεῖσα • φάνηθι • ἐρρίφησαν

διαφθείρω • ἐκπλήττομαι • φαίνομαι • τρέπω • ἀπαλλάττω • ῥίπτω • μαίνομαι • θάπτω • στρέφω • γράφω

**c** Bestimmen Sie, welche der Formen Präsens und welche Aorist sind.

γράφω • στραφῶμεν • γραφῶ • στρέφομεν • ταφῶσιν • φανῇ • θάπτουσιν • φαίνῃ

**2 a** Stellen Sie von den folgenden Verben, deren Stamm auf λ, μ, ν oder ρ endet, jeweils eine Dreiergruppe Präsens – Futur – Aorist des gleichen Verbs zusammen.

νεμῶ • ἀποκρίνεται • ἔφθειραν • φαίνεις • ἔνειμα • ἀγγέλλετε • φθεροῦσιν • φανεῖς • ἀπεκρίνατο • φθείρουσιν • ἠγγείλατε • ἀποκρινεῖται • νέμω • ἔφηνας • ἀγγελεῖτε

**b** Zeigen Sie für jede Dreiergruppe auf, dass die folgenden Aussagen zutreffen. Verben mit Stamm auf λ, μ, ν oder ρ …

1. zeigen im Futur den reinen Stamm, der im Präsens verändert ist,
2. bilden ein Futur auf -εσω/-εσομαι, bei dem nach Ausfall des σ Kontraktion eintrat,
3. bilden einen Aorist auf -σα, -σας, -σε(ν) usw., bei dem das ausfallende σ eine Ersatzdehnung der vorangehenden Silbe bewirkte (ε → ει, α → η).

**3** Präfixe können die Bedeutung von Verben modifizieren oder bloß verstärken:
ἀν|έρχομαι: 1. hinauf|gehen, 2. zurück|kehren
κατα|μανθάνω: (genau) verstehen

**a** Untersuchen Sie in Lektionstext 35 A die Komposita: Welche Präfixe sind modifizierend, welche verstärkend?

**b** Beachten Sie diese Unterscheidung bei der Übersetzung der folgenden Sätze.
1. Ὁ μὲν Κῦρος κατ|ῆρξε τῆς πολυδωρίας[1], ἡ δὲ δια|μένει ἔτι καὶ νῦν.
2. Ἀπ|έχομαι τοῦ πολέμου.
3. Ὁ Περσεὺς ἀν|έλυσε τοὺς δεσμούς.
4. Ὁ κόσμος περι|έχει τὸν οὐρανόν, τὴν γῆν καὶ τὸν Ἅιδου.

[1] ἡ πολυδωρία: die Freigebigkeit

**4** Von Adjektiven können feminine Substantive mit der Endung -της (Gen.: -τητος) zur Bezeichnung der entsprechenden Eigenschaft gebildet werden:
κακός → ἡ κακότης: die Schlechtigkeit.
Ergänzen Sie bei den folgenden Substantiven den Artikel, bilden Sie den Nom. Sg. und nennen Sie die Bedeutung.

γενναιότητος • κοινοτήτων • ὀρθότητα • πιστότητος • βεβαιότητι • μικρότητας • ὁμοιότησι • νεότητι • βαρύτητες • ὁσιότητα

**5** Bei Verben, die ein Gefühl ausdrücken oder Beginn bzw. Ende einer Handlung bezeichnen, können Partizipien als Ergänzung stehen. Diese lassen sich im Deutschen mit einem Infinitiv wiedergeben. Übersetzen Sie:
1. Ὁ Διογένης ἔχαιρεν ἄνευ ἀργυρίου ζῶν.
2. Οὔποτε ἐπαύετο ὀνειδίζων τοῖς ἀνθρώποις.
3. Οὐκ ᾐσχύνετο τοῦτο δρῶν.
4. Οἱ ἄνθρωποι ἐν ὀλίγῳ χρόνῳ ἤρξαντο αὐτῷ χαλεπῶς φέροντες.

**6** Übersetzen Sie folgende Futurformen:
βαλοῦμεν • ὡς διαφθερῶν • μενεῖν μέλλω • ἀρεῖ • κρινῶ • ἐγεροῦνται • μανεῖσθε • ἀποκτενεῖς

# Einblicke in das Neugriechische I

**Altgriechisch? Neugriechisch? Griechisch!**
Viele neugriechische Wörter haben sich unverändert aus dem Altgriechischen erhalten. Die Akzentuierung hat sich vereinfacht: Auf der betonten Silbe steht der Akut (´), einsilbige Wörter haben in der Regel keinen Akzent.

**1** Lesen Sie die folgenden Wörter in heutiger Aussprache und nennen Sie die Bedeutung.
ο ήλιος • ο κόσμος • ο ουρανός • ο γεωργός • η Ευρώπη • η ειρήνη • ο φίλος • θέλω • έρχομαι • βλέπω • η πηγή • θαυμάσιος • ναι

**Lautveränderungen**
Mitunter ist bei neugriechischen Substantiven die Endung verkürzt; so fällt fast regelmäßig das ν im Auslaut weg: το δέντρο, τη νύμφη. Manche Wörter sind jetzt endbetont: το παιδί, τα παιδιά.

**2** Lesen und übersetzen Sie:
1. Πολλοί άνθρωποι εργάζονται εκεί.
2. Βλέπεις τα άστρα, παιδί μου;

Eine der wichtigsten Lautveränderungen vom Alt- zum Neugriechischen ist die Aphärese (ἡ ἀφ|αίρε|σις, „Wegnahme"): Unbetonte, vokalisch anlautende Anfangssilben sind oft weggefallen.

**3** Nennen Sie zu folgenden Wörtern die altgriechischen Ausgangswörter:
μέρα • ρωτώ • λίγος • δε(ν)

Eine starke Veränderung hat die Präposition εἰς erfahren: In Verbindung mit dem Artikel ist durch Aphärese die Silbe ει- verloren gegangen und das σ mit dem Artikel verschmolzen:
εἰς τὸ στάδιον → στο στάδιο

Die Verbindung σ + Artikel + Substantiv kann die Richtung („wohin?"), den Ort („wo?") oder das indirekte Objekt („wem?") angeben.

**4** Lesen und übersetzen Sie:
1. Έδωσα το δώρο στην κόρη μου.
2. Έρχομαι στο σπίτι.
3. Το παιδί παίζει στην οδό.

**Zur neugriechischen Aussprache**

| Vokale | |
|---|---|
| Alle Vokale sind offen und kurz. Es gibt keinen Hauchlaut. | |
| η, ι, υ | i |

| Diphthonge | |
|---|---|
| αι | e (wie in „echt") |
| αυ, ευ | av/af, ev/ef |
| ει, οι | i |
| ου | u |

| Konsonanten | |
|---|---|
| β | w |
| γ | vor hellen Vokalen j, vor dunklen Vokalen ein ch wie in „ach", aber sehr weich |
| γγ/γκ | ng/nk |
| δ | wie engl. th in „the" |
| θ | wie engl. th in „thing" |
| ζ | stimmhaftes (weiches) s (wie in „Rose") |
| σ | stimmloses (scharfes) s (wie in „Bus") |
| μπ | mb oder b |
| ντ | nd oder d |
| τζ/τσ | ds/ts |

**5** Lesen Sie die folgenden Wörter.
**Lebensmittel**: σαλάτα • τζατζίκι • σνίτσελ • σουβλάκι • λεμονάδα • μπίρα • σοκολάτα • τσάι • καφές • κρουασάν • φρούτα • ντομάτα • μπανάνα • αβοκάντο
**Sportarten**: Μπιτς βόλεϊμπολ • Σόφτμπολ • Τζούντο • Χόκεϊ • Καγιάκ σλάλομ • Ταεκωοντό
**Künstler**: Λεονάρντο ντα Βίντσι • Πάμπλο Πικάσο • Βίνσεντ βαν Γκογκ

**Substantive**
Manche Substantive ähneln den altgriechischen, sind aber nicht identisch: η μητέρα – ο πατέρας. Sie sind vom Akkusativ der altgriechischen Formen abgeleitet.
Altgriechische Substantive auf -ις bilden den Singular oft nach der a-Deklination: ἡ πόλις → η πόλη

**6 a** Erklären Sie die Bedeutung und Bildung von ο άντρας • η γυναίκα

**b** Nennen Sie zu den folgenden neugriechischen Substantiven jeweils die altgriechische Entsprechung und die Bedeutung:
η δύναμη • ο φύλακας • ο αδερφός • το πόδι
η φύση • η γιορτή • η πατρίδα

### Begrüßung

Aus dem Adjektiv καλός, καλή, καλόν und den Substantiven ημέρα, εσπέρα (Abend) und νύξ wird der Gruß zur Tageszeit:
καλημέρα – καλησπέρα – καληνύχτα

Durch Zusatz einer Anrede wird Höflichkeit oder Vertrautheit ausgedrückt:
κύριε – κυρία – παιδί μου – παιδιά

Bei Eigennamen mit -ς fällt bei der Anrede das ς am Wortende weg:
Κώστα – Νίκο – Γιάννη – Αντρέα

**7** Begrüßen Sie sich gegenseitig auf Neugriechisch, möglichst auch mit Anrede.

### Indikativ Präsens Aktiv

| πίνω | κινώ | ακούω |
|---|---|---|
| πίνεις | κινείς | ακούς |
| πίνει | κινεί | ακούει |
| πίνουμε | κινούμε | ακούμε |
| πίνετε | κινείτε | ακούτε |
| πίνουν | κινούν | ακούν |

**8 a** Erklären Sie die Unterschiede zwischen diesen Formenreihen und nennen Sie die Bedeutung der Verben.

**b** Bringen Sie die folgenden Formen in die richtige Reihenfolge: αγαπάτε • αγαπούν • αγαπώ • αγαπάει • αγαπάς • αγαπούμε

Auch das Verb λέγω wird wie ein Verb mit vokalischem Stammauslaut behandelt, da das γ kaum zu hören ist und daher auch nicht geschrieben wird:
λέω – λες – λέει – λέμε – λέτε – λένε

Die Formen des Verbs „sein" sind etwas regelmäßiger gebildet als im Altgriechischen, aber medial geworden:
είμαι – είσαι – είναι – είμαστε – είστε – είναι

**c** Übersetzen Sie den folgenden Text.
Η Υπατία είναι γυναίκα. Η Υπατία είναι και φιλόσοφος. Αλλά πολλοί άνθρωποι λένε· Μόνο άντρες είναι φιλόσοφοι.

### Nützliche Fragen

Die Frage „Wo ist …?" lautet Πού είναι …; Beachten Sie: Eigennamen haben immer den Artikel:
Πού είναι ο Αντρέας; Πού είναι η Μαρία;
Auch die Unterscheidung zwischen εδώ (hier) und εκεί (dort) wird im Griechischen sehr genau beachtet: Ο Αντρέας είναι εδώ. – Η Μαρία είναι εκεί.

**9** Fragen Sie nach Personen, die sich im Raum befinden.

Sehr häufig wird man in Griechenland nach seinem Namen gefragt: Πώς σε λένε;
Bei der Antwort brauchen Sie zum Teil wieder den Artikel: Είμαι ο Ιόνας. – Με λένε Λένα.

**10** Fragen Sie gegenseitig nach Ihren Namen. Auch nach dem Namen unbekannter Personen zu fragen ist einfach. Sie brauchen dazu neben dem Fragepronomen ποιός, ποιά, ποιό das Pronomen αυτός, αυτή, αυτό, das zum Demonstrativpronomen geworden ist: „dieser, diese, dies(es)".
Ποιά είναι αυτή; – Αυτή είναι η Αλεξάνδρα.

Vielleicht sind Sie sich auch nicht sicher, wer wer ist:
1. Είναι εκείνη η Ολίβια; – Όχι, εκείνη δεν είναι η Ολίβια, είναι η Μαρία.
2. Είναι αυτός ο Σίμων; – Ναι, αυτός είναι ο Σίμων.

**11** Erschließen Sie aus dem Zusammenhang die Wörter für „ja", „nein" und „nicht".

Wird man nach der Herkunft (Από πού είσαι;) gefragt, antwortet man mit Είμαι από + Ortsname (Femininum oder Neutrum, immer mit Artikel):
Είμαι από το Αμβούργο • Ζυρίχι • Γκρατς.
Είμαι από τη Βιέννη • Βασιλεία • Κολωνία.

**12** Erweitern Sie die Vorstellungs-Übung, indem Sie einander nach der Herkunft fragen.

# Lektion 39

## Die griechische Medizin

### Die Vier-Säfte-Lehre

Während man in archaischer Zeit Krankheit als Bestrafung durch eine Gottheit ansah, suchte man in klassischer Zeit die Ursachen von Krankheit in den Lebensumständen der Menschen und den Vorgängen in ihrem Körper. Um 400 v. Chr. entwickelte sich die Lehre von den vier Flüssigkeiten: Blut (αἷμα), Schleim (φλέγμα), helle Galle (ξανθὴ χολή) und schwarze Galle (μελαίνη χολή). Krankheiten wurden als Ungleichgewicht dieser Flüssigkeiten angesehen. Eine schwere Erkältung etwa wurde auf zu viel φλέγμα im Körper zurückgeführt.

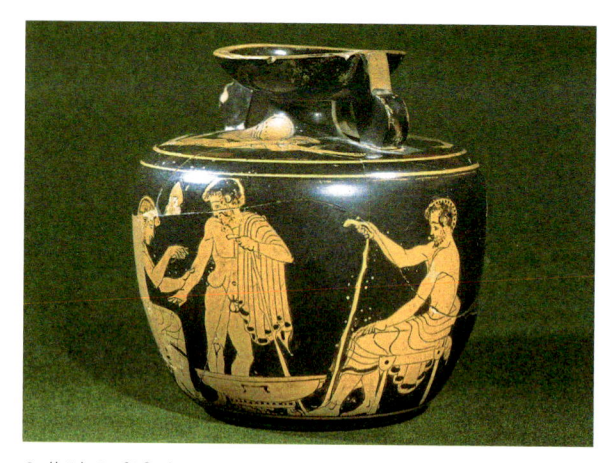

*Salböl-Gefäß des sogenannten Klinik-Malers, Höhe 8,8 cm, um 480 v. Chr.; Paris, Louvre*

### Untersuchung und Diagnose

Der Arzt untersuchte seine Patienten sorgfältig und prüfte insbesondere deren Urin: aus dessen Farbe und Geschmack schloss er auf die Mischung der vier Flüssigkeiten. Auch eine Anamnese, d. h. eine Befragung des Kranken und der Angehörigen, gehörte zur Untersuchung. Außerdem spielten die Jahreszeit und die klimatischen Umstände für die Diagnose eine wichtige Rolle. Für den Arzt kam es darauf an, den Krankheitsverlauf möglichst zutreffend vorhersagen zu können; auf dieser Fähigkeit zur Prognose beruhte sein guter Ruf. War der Tod des Patienten wahrscheinlich, so nahm der Arzt die Behandlung gar nicht erst auf.

### Behandlungsmethoden

Zur Therapie versuchte man vor allem, den für die Erkrankung als ursächlich diagnostizierten Flüssigkeitsüberschuss aus dem Körper zu entfernen. Dies geschah durch das Öffnen von Venen zur Abnahme größerer Blutmengen oder mithilfe von Schröpfköpfen. Andere therapeutische Mittel bestanden in Vorschriften zu einer bestimmen Lebensweise (δίαιτα) oder in der Verabreichung von meist unangenehm schmeckenden Arzneien (φάρμακα). Die Ärzte nahmen auch operative Eingriffe durch „Schneiden" (τέμνειν) mit Skalpellen vor; bei schweren Kopfverletzungen wurde sogar der Schädelknochen geöffnet. Blutende Wunden wurden durch Brennen (καίειν) mit einem Brenneisen geschlossen. Betäubungsmittel gab es dabei keine.

### Medizinische Schriften der Griechen

Unser Wissen über die griechische Medizin verdanken wir einer Vielzahl von Schriften, die unter dem Namen des berühmtesten Arztes Griechenlands, Hippokrates von Kos (um 460–370 v. Chr.), gesammelt wurden. Diese Hippokratische Schriftensammlung (Corpus Hippocraticum) enthält Abhandlungen unter anderem zum Einfluss des Klimas und der Ernährung auf die Gesundheit, zur Physiologie und zu einzelnen Krankheiten. Typisch für den Anspruch der griechischen Medizin ist die Schrift „Über die heilige Krankheit": Darin wird die Epilepsie, die gemeinhin als gottgesandte, also „göttliche" Krankheit galt, durch natürliche Ursachen erklärt.

**1** Erläutern Sie die medizinischen Fachbegriffe Anamnese, Anatomie, Diät, Diagnose, Pharmakologie, Prognose, Therapie.

## Sokrates' Vorahnung   nach Platon

Im Gespräch mit Kallikles betont Sokrates, dass er den Leuten nicht wie die meisten Redner nur Angenehmes sagen könne, sondern dass er sich an der Wahrheit orientiere. Er ahnt sein Schicksal, das ihn auf die Anklagebank führen wird, voraus.

**1** Ermitteln Sie aus dem ersten Satz Personen bzw. Personengruppen und ordnen Sie zweien von ihnen jeweils die wörtlichen Reden in Z. 1–10 zu.

ΣΩΚΡΑΤΗΣ  Κρινοῦμαι[1] γάρ, ὡς ἐν παιδίοις ἰατρὸς ἂν κρίνοιτο κατηγοροῦντος ὀψοποιοῦ[2]. Σκόπει γάρ, τί ἂν ἀπολογοῖτο ὁ τοιοῦτος ἄνθρωπος ἐν τούτοις ληφθείς, εἰ αὐτοῦ κατηγοροῖ τις λέγων, ὅτι „Ὦ παῖδες, πολλὰ ὑμᾶς καὶ κακὰ ὅδε εἴργασται[3] ἀνὴρ καὶ τοὺς νεωτάτους ὑμῶν διαφθείρει τέμνων τε καὶ
5 κάων, πικρότατα πώματα[4] παρέχων, οὐχ ὥσπερ ἐγὼ πολλὰ καὶ ἡδέα καὶ παντοδαπὰ ηὐώχουν[5] ὑμᾶς." – Τί ἂν οἴει ἐν τούτῳ τῷ κακῷ ἰατρὸν ἔχειν εἰπεῖν; Ἢ εἰ εἴποι τὴν ἀλήθειαν, ὅτι „Ταῦτα πάντα ἐγὼ ἐποίουν, ὦ παῖδες, ὑγιεινῶς[6]," πόσον τι οἴει
10 ἂν ἀνα|βοῆσαι τοὺς τοιούτους δικαστάς; Οὐ μέγα;
ΚΑΛΛΙΚΛΗΣ  Ἴσως· οἴεσθαί γε χρή.
ΣΩΚΡΑΤΗΣ  Οὐκοῦν οἴει ἐν πάσῃ ἀπορίᾳ ἂν αὐτὸν ἔχεσθαι, ὅ τι χρὴ εἰπεῖν;
ΚΑΛΛΙΚΛΗΣ  Πάνυ γε.
15 ΣΩΚΡΑΤΗΣ  Τοιοῦτον[7] μέντοι καὶ ἐγὼ οἶδα, ὅτι πάθος πάθοιμι ἂν εἰσ|ελθὼν εἰς δικαστήριον.

[1] κρινοῦμαι: *hier in passiver Bedeutung*
[2] ὁ ὀψοποιός: *der Koch*
[3] εἴργασται: *Perf. von* ἐργάζομαι
[4] τὸ πῶμα, τοῦ πώματος = τὸ ποτόν
[5] εὐ|ωχέω *mit doppeltem Akk.: jdn. mit etw. gut bewirten*
[6] ὑγιεινῶς: *„zur Förderung der Gesundheit"*
[7] τοιοῦτον = τοιοῦτο

**2 a** Erklären Sie, wer an dieser fiktiven Gerichtsverhandlung beteiligt ist (Ankläger, Angeklagter, Richter) und wie die Anklagepunkte lauten.
**b** Setzen Sie dazu Sokrates' Wirken und die Umstände seines eigenen Prozesses in Beziehung.

*Küchenszene; Detail eines korinthischen Kraters, um 600 v. Chr.; Paris, Louvre*

## 39 vor dem Text → 1–6  Impulse und Übungen

**1** Kallikles erklärt Sokrates, wie es ihm bei einer grundlosen Anklage ergehen könnte, wenn er zu seiner Verteidigung keine rhetorischen Fähigkeiten einsetzen kann:

„Εἴ τίς σε μηδὲν ἀδικοῦντα εἰς τὸ δικαστήριον ἀπ|άγοι, οὐδὲν ἂν ἔχοις εἰπεῖν. Καὶ ἀποθάνοις ἄν, εἰ βούλοιτο ὁ κατήγορος θανάτου σοι τιμᾶσθαι."

„Wenn dich einer, obwohl du nichts getan hast, vor Gericht bringen würde, dann wirst du wohl nichts zu sagen haben. Und du würdest sterben, wenn der Ankläger gewillt sein sollte, gegen dich die Todesstrafe zu beantragen."

Untersuchen Sie mithilfe der Übersetzung die Prädikate:

**a** Beschreiben Sie, inwiefern der Modus die Art der Aussage modifiziert.

**b** Nennen Sie das zusätzliche Signal, mit dem dieser Modus hier auftritt.

**c** Stellen Sie die Wiedergabemöglichkeiten für diese Modusfunktion zusammen.

**2** Übersetzen Sie entsprechend 1c die folgenden Sätze, in denen ἄν zu einem Infinitiv in einer abhängigen Aussage gehört.
1. Οἶμαί σε οὐδὲν ἂν ἔχειν εἰπεῖν, εἴ τίς σου κατηγοροίη.
2. Ἡγοῦμαι πολλοὺς τῶν Ἀθηναίων καταγιγνώσκειν[1] ἄν σου.

[1] καταγιγνώσκω *mit Gen.*: jdn. verurteilen

**3 a** Suchen Sie die Wörter heraus, die keine Optativformen sind, und ordnen Sie diese nach Wortarten: Substantiv, Adjektiv, Pronomen, Adverb, Verb.

ὅμοιοι • δουλεύοις • ῥώμην • δούλοις • οἴει • ὅποι • πολλοί • ἐπιθυμοῖ • νομίζοιτο • μέντοι • χωροῖμι • ἀπολογοῖντο • ποῖοι • ὁρμῷεν • λίποι • ποιοῖς • εὐθεῖαι • ἀγωνιζοίμην • ἐμοί

**b** Bestimmen Sie die Optativformen.

**c** Bei den Kontrakta wird der Optativ Präsens Aktiv im Singular meist mit -ιη- gebildet: ποιοίην, δηλοίης, τιμῴη. Formen mit -ι- im Singular sind bei Kontrakta selten. Nennen Sie Beispiele dafür aus den Wörtern von Teilaufgabe a.

**4** Die Griechen liebten es, eine Tatsache mit höflichem oder ironischem Unterton als möglich auszudrücken: οὐδεὶς δ' ἂν εἴποι, ὅτι … – niemand würde sagen, dass … Übersetzen Sie die folgenden Sätze.
1. Πᾶς γὰρ ἂν εἴποι.
2. Οὐδεὶς ἂν φρόνιμος ὢν ἀντιλέγοι.
3. Οὐκ ἂν σύμπαντες ὁμολογοῖεν;
4. Ὑμεῖς γὰρ ἂν ἔποισθε ἡμῖν;

**5 a** Geben Sie für die folgenden Substantive der 3. Deklination jeweils den Genitiv Singular an und teilen Sie sie nach dem Stamm in zwei Untergruppen ein.

πόλις • φύσις • πατρίς • ἔρις • τάξις • πίστις • κρίσις • χάρις • πρᾶξις • δύναμις

**b** Nennen Sie weitere Wörter mit denselben Wortstämmen.

**6 a** Legen Sie folgende Tabelle an und ergänzen Sie die Lücken:

|  | Frage | demonstrativ | relativ |
|---|---|---|---|
| Qualität -ι- | ποῖος; | ? | οἷος |
| Quantität -σ- | ? | τοσοῦτος | ? |

**b** Übersetzen Sie den folgenden Text.

Ποῖος ἀνὴρ ὁ Σωκράτης ἦν; Πόσα περὶ αὐτοῦ ἴσμεν[1]; Τοιούτῳ τρόπῳ ἐφιλοσόφει, ὥστε καὶ ἔνιοι κατηγόρησαν αὐτοῦ. Εἰς τοσοῦτο ἀβουλίας[2] οἱ δικασταὶ εἰσῆλθον, ὥστε οὐκ ἐγίγνωσκον, οἷον ἄνδρα ἐφόνευσαν καὶ ὅσην ἀδικίαν ἠδίκησαν.

[1] ἴσμεν: *1. Pl. von* οἶδα
[2] ἡ ἀ|βουλία: der Irrsinn

# Lektion 40

## Die Zweite Sophistik

### Griechische παιδεία im Römischen Reich

Nach der Etablierung der Herrschaft der Kaiser in Rom und der darauf folgenden Friedenszeit kam es im griechischen Osten des Römischen Reiches zu einem wirtschaftlichen Aufschwung. Wer auf dem Höhepunkt der römischen Kaiserzeit (ab Kaiser Hadrian) gesellschaftlich angesehen sein wollte und eine politische Karriere im komplexen Verwaltungsapparat plante, der musste gut reden und gut formulieren können. Das griechische Bildungswesen mit seiner umfassenden Rhetorikausbildung erlebte daher eine neue Blüte. Die Römer, insbesondere die römischen Kaiser, schätzten die griechische Bildung.

*Das Odeon von Ephesos, 2. Jh. n. Chr.; als ᾠδεῖον wurden kleinere, überdachte Aufführungsstätten für Rezitationen und Musikdarbietungen bezeichnet.*

### „Neue" Sophisten

Die Männer, die diese Bildung vermittelten, besaßen damals ein hohes Ansehen und zogen oft von Stadt zu Stadt, um als Festredner auf dem Marktplatz, im Theater oder in einem Odeum (τὸ ᾠδεῖον von ἡ ᾠδή) aufzutreten und mit geschliffenen Reden das Publikum zu unterhalten, diplomatische Missionen zu übernehmen oder Schüler in der Kunst der Rhetorik zu unterweisen.

Die Rolle dieser Redner erinnert in manchem an diejenige der Sophisten des 5. Jahrhunderts v. Chr. Deshalb bezeichnet man diese Blütezeit der Rhetorik zwischen 50 und 250 n. Chr. oft auch als die „Zweite" Sophistik, wenngleich die Sophisten in der Zeit der attischen Demokratie viel stärker politisch wirken konnten.

Vielfach ist die Sprache dieser Autoren nicht die Umgangssprache der Zeit, die Koine, sondern die Schriftsteller verwendeten den attischen Dialekt des 5. und 4. Jahrhunderts v. Chr., den sie aus den alten Schriften und aus Handbüchern erlernten.

Aus der Epoche der Zweiten Sophistik sind umfangreiche Schriften erhalten. Häufig werden rhetorische oder philosophische Themen behandelt, es gibt aber auch ein starkes Interesse an der älteren Literatur, den nicht-literarischen Künsten sowie religiösen und mythologischen Fragen.

---

**Übersicht über einige wichtige Autoren**

**Dion Chrysostomos** aus Prusa (Kleinasien), 40/50 bis nach 111
**Aelius Aristides** aus Mysien (Kleinasien), 117 bis um 181
**Lukian** von Samosata (Syrien), 115/20 bis nach 180
**Mark Aurel** (römischer Kaiser), 121 bis 180
**Athenaios** von Naukratis (Ägypten), gestorben nach 190
**Flavius Philostratos** aus Lemnos, um 170 bis 250

---

**1** Informieren Sie sich über die Biographie und die Werke der Autoren in der Übersicht (Sie haben alle im Kantharos bereits kennengelernt) und halten Sie die wichtigsten Informationen in einer Übersicht fest.

## 40

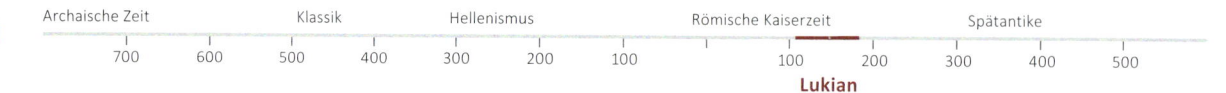

| Archaische Zeit | Klassik | Hellenismus | Römische Kaiserzeit | Spätantike |

700  600  500  400  300  200  100  |  100  200  300  400  500
**Lukian**

### Was sich die Menschen von den Göttern wünschen  nach Lukian

In einer Satire Lukians erzählt ein Philosoph, wie er in den Himmel zu den Göttern geflogen ist. Unter anderem besuchte er den Ort, wo Zeus die Gebete der Menschen anhört.

**1** Nennen Sie Elemente, die typischerweise zu Gebeten gehören, und weisen Sie diese im Text nach.

Ηὔχοντο δὲ οἱ ἄνθρωποι πανταχό|θεν τῆς γῆς διάφορα[1] καὶ ποικίλα. Ἦσαν δὲ αἱ εὐχαὶ τοιαίδε·
„Ὦ Ζεῦ, βασιλεῦσαί μοι γένοιτο." „Ὦ θεοί, ὁ πατήρ μοι ταχέως ἀποθάνοι." „Εἴθε κληρονομήσαιμι[2] τῆς γυναικός." „Εἴθε λάθοιμι
5  ἐπιβουλεύσας τῷ ἀδελφῷ." „Εἴθε νικήσαιμι τὴν δίκην." „Εἴθε ὁ υἱὸς ἐν τοῖς Ὀλυμπίοις εὐτυχήσειε καὶ στεφθείη[3]."
Τῶν πλεόντων δὲ ὁ μὲν βορέαν ηὔχετο ἐπι|πνεῦσαι, ὁ δὲ νότον[4]·
ὁ δὲ γεωργὸς ᾔτει ὑετόν[5], ὁ δὲ γναφεύς[6] ἥλιον.
Ἐπ|ακούων δὲ ὁ Ζεὺς καὶ τὴν εὐχὴν ἑκάστην ἀκριβῶς ἐξετάζων
10  οὐ πάντα ὑπισχνεῖτο, ἀλλ' ἕτερον μὲν ἔδωκε πατήρ, ἕτερον δ' ἀνένευσε[7].

[1] διάφορος, διάφορον: unterschiedlich

[2] κληρονομέω *mit Gen.*: jdn. beerben

[3] στέφω: bekränzen

[4] ὁ νότος: der Südwestwind

[5] ὁ ὑετός: der Regen

[6] ὁ γναφεύς, τοῦ γναφέως: der Tuchmacher

[7] ἀνα|νεύω: zurückweisen

**2** Geben Sie wieder, worum die Menschen bitten.

**3** Stellen Sie Vermutungen an, welche Gebete Zeus wohl erhört und aus welchem Grund. Erklären Sie, warum Lukian dies offenlässt.

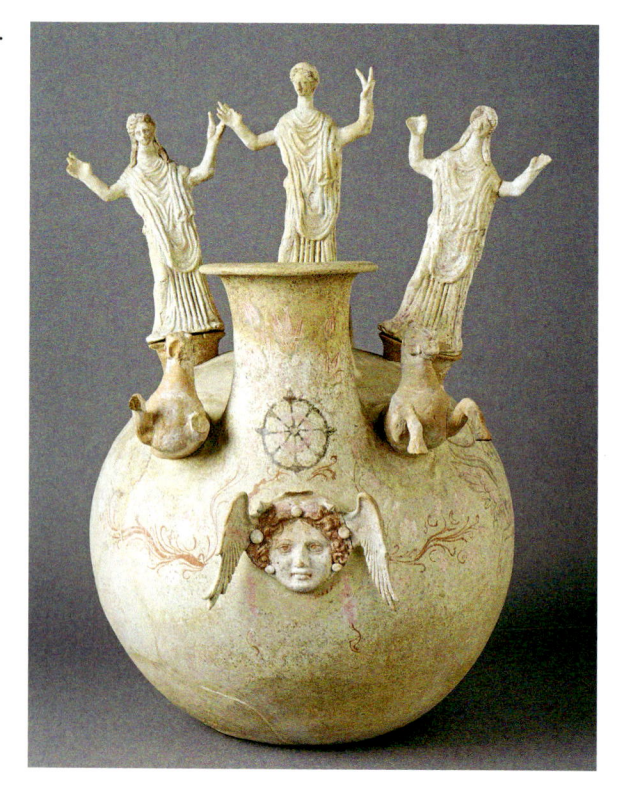

*Griechische Vase (Askos), 4./3. Jh. v. Chr.; Bari, Museo Nazionale*

# Impulse und Übungen

**1 a** Sortieren Sie die Formen nach Präsens und Aorist und erklären Sie, wie der Optativ des schwachen Aorists im Aktiv und Medium gebildet ist.

κατηγορήσαιμι • καλοῖεν • τιμῷτο • σκέψαιο • νομίσαιτε • θύοιμι • μαχέσαιντο • λέγοιτε • δωρήσαιτο • ὑπακούσαιμεν

**b** Ordnen Sie den Formen des Optativs Aorist die in Person und Numerus übereinstimmenden Indikative zu.

ἡγήσασθε • ἐβουλεύσω • ἡγωνίσαντο • προσετάξαμεν • ἀπελογησάμην • ἐστέρησε

**c** Nennen Sie für jedes Paar die Bedeutung der Wörter. Wie verhalten sich jeweils die Bedeutungen zueinander?

**2** Unter den Optativen des schwachen Aorists Aktiv gibt es einige alternative Formen. Ordnen Sie mithilfe des jeweiligen Kontextes die übereinstimmenden Formen einander zu und bestimmen Sie Person und Numerus.

1. Οὕτως οὐκ ἂν πείσαις τοὺς σοὺς δικαστάς.
2. Οἱ πολέμιοι οὐκ ἂν πράξειαν, ἃ ὑπέσχοντο.
3. Μηδείς σου καταγελάσειεν.
4. Οἱ Ἀθηναῖοι τοῦτο δίκαιον οὐκ ἂν νομίσαιεν.
5. Εἴθ' ἀκούσειάς μου, ὦ Χλόη.
6. Οὐδ' ἂν εἷς θεραπεύσαι τοῦτον τὸν ἄνδρα.

**3 a** Bringen Sie die folgenden Optative des schwachen Aorists Passiv in die gewohnte Reihenfolge; im Plural gibt es alternative Formen.

ληφθείημεν • πεισθείητε • ἀδικηθείης • κοσμηθείη • ἀναγκασθεῖμεν • σωθείησαν • ἐρασθεῖεν • πεμφθείην • διακριθεῖτε

**b** Ordnen Sie den Optativen aus Teilaufgabe a die folgenden des starken Aorists Passiv zu.

ταφείησαν • φανείημεν • ἐκπλαγείη • ἀπαλλαγεῖμεν • τραπείης • βλαβείην • στραφεῖτε • διαφθαρεῖεν • μανείητε

**4** Der Optativ kann Wünsche ausdrücken, die als erfüllbar gedacht sind. Diese lassen sich im Deutschen auf verschiedene Weisen wiedergeben:
– „**Möge** das Glück dir hold sein!"
– „Der Nikolaus **soll** mir einen Bagger bringen."
– „**Hoffentlich** gewinnen wir!"
– „**Wenn** es **doch** aufhören würde zu regnen!"
– „**Geh** weg!"

Übersetzen Sie mit möglichst vielen Varianten die Wünsche von Perseus und Andromeda.

ΑΝΔΡΟΜΕΔΑ  Τὸ κῆτος[1] ἀποθάνοι.
Σωθείην ἐκ τοῦ θανάτου. Εἴθε σωτήρ[2] τις ἔλθοι.
ΠΕΡΣΕΥΣ  Τὸ κῆτος[1] λίθος γένοιτο.
5  Ἡ τῆς Μεδούσης κεφαλή με ὠφελήσειεν.
Τὴν κόρην σώσαιμι. Εἴθε ἐρασθείη μου. –
Ἀλλ' ἄγε, ἀπόλοιο, κάκιστον τῶν θηρίων.

[1] τὸ κῆτος: das Seeungeheuer
[2] ὁ σωτήρ: der Retter

**5** Ordnen Sie vor der Übersetzung den Verbformen, deren Endungen elidiert sind, die vollständigen Endungen zu:
-οιο • -ομαι • -οιτο

1. *aus einer Komödie Menanders:*
Μή μοι γένοιθ', ἃ βούλομ', ἀλλ' ἃ συμφέρει.
2. *aus einer Ode Pindars auf einen siegreichen Herrscher:*
Γένοι', οἷος ἐσσί[1], μαθών.
3. *ein Platon zugeschriebenes Epigramm:*
Ἀστέρας[2] εἰσαθρεῖς[3], Ἀστὴρ[2] ἐμός· εἴθε γενοίμην || οὐρανός, ὡς[4] πολλοῖς ὄμμασιν[5] εἰς σὲ βλέπω.

[1] ἐσσί = εἶ
[2] ὁ ἀστήρ = τὸ ἄστρον
[3] εἰσ|αθρέω: anschauen
[4] ὡς = ἵνα
[5] τὸ ὄμμα: das Auge

**6** Suchen Sie passende Übersetzungen für folgende Wendungen:

λανθάνει ἀδικῶν • διάγει αἰτῶν • τυγχάνει πυθόμενος • φθάνει ἐλθών

# Lektion 41

## Asklepios und sein Kult

### Letzte Hilfe

Was tun, wenn die Ärzte keinen Rat mehr wissen oder das Geld nicht für eine medizinische Behandlung reicht? – Nicht jeder Kranke konnte sich in der Antike einen Arzt leisten, nicht jede Therapie führte zum Erfolg. In diesen Fällen suchten viele ein Heiligtum des Gottes Asklepios auf. Nur Gebärende und Sterbende waren vom heiligen Bezirk ausgeschlossen, um die Reinheit des Heiligtums nicht zu gefährden. Asklepios wurde meist zusammen mit seiner Tochter Hygieia oder auch seinem Vater Apollon verehrt, der ebenfalls die Macht besaß, Krankheiten zu heilen.

### Das Zentrum Epidauros

Der Kult für Asklepios verbreitete sich ab dem 5. Jahrhundert v. Chr. in ganz Griechenland und kam später auch nach Rom. Am bedeutendsten war das Heiligtum des Asklepios in Epidauros. Die Heilung suchenden Pilger wurden nach einer rituellen Reinigung und einem Opfer von den Priestern in eine langgestreckte Säulenhalle geführt. Dort legten sich die Kranken zum Schlaf nieder und warteten darauf, dass Asklepios ihnen im Traum erschien und sie heilte. Man kann nur spekulieren, welche Rolle bei möglichen Heilungen die geheimnisvolle Atmosphäre und der Glaube der Pilger spielten. Aber auch die entspannende Ruhe des Ortes sowie kulturelle Angebote wie das berühmte Theater und eine Bibliothek trugen zur Gesundung bei. Manche Besucher hielten sich daher auch längere Zeit in Epidauros zu einer Art Kur auf.

### Wunderheilungen

Nach erfolgreicher Heilung ließen viele Pilger im Heiligtum Votivgaben, also Dankgeschenke, zurück und errichteten Schrifttafeln, auf denen sie vom Verlauf ihrer Heilung berichteten. Die aussagekräftigsten dieser Heilberichte fassten die Priester von Epidauros auf großen Steintafeln zusammen. Dort war zu lesen, wie der Gott die Schlafenden im Traum heilte: entweder unmittelbar, indem er sie durch Handauflegen berührte, schmerzlose Eingriffe vornahm oder Medikamente verabreichte, oder durch Anweisungen, was sie zu ihrer Gesundung tun mussten.

Eine wichtige Rolle spielten auch die Schlangen des Asklepios, die im Heiligtum gehalten wurden und die laut den Berichten durch das Lecken und Berühren erkrankter Körperteile bei der Heilung mitwirkten; an der um einen Stab gewundenen Schlange des Äskulap (römisch für Asklepios) erkennt man noch heute Apotheken.

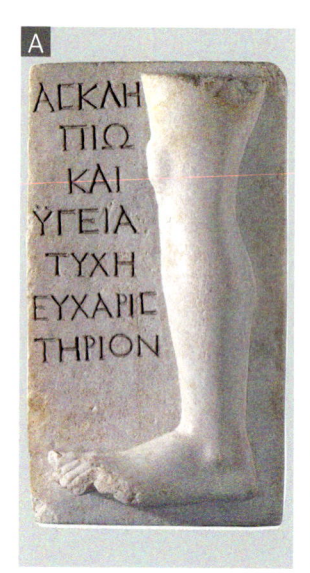

A  Relief; London, British Museum
B  Votivkammer in der Wallfahrtskirche Vierzehnheiligen; Bad Staffelstein (Bayern)

**1** Diskutieren Sie, wie sich die Wunderheilungen erklären lassen.

**2** Erklären Sie mit Bezug auf die Bilder Form und Funktion von Votivgaben.

## Eine ungewöhnliche Schwangerschaft   nach einer Inschrift

Auf einer Steintafel in Epidauros ist der folgende Heilungsbericht zu lesen.

**1** Versetzen Sie sich in die Lage eines Pilgers, der diesen Bericht bei seiner Ankunft überfliegt. Stellen Sie aufgrund von Wörtern, die Sie verstehen, Vermutungen über Anlass und Verlauf der Heilung an.

Ἰθμονίκα Πελλανὶς ἀφίκετο εἰς τὸ ἱερὸν ὑπὲρ τέκνων.
Κοιμηθεῖσα δὲ ὄψιν εἶδε·
 Αὐτὴ ᾐτεῖτο τὸν θεὸν κυῆσαι[1] κόρην. Καὶ ὁ Ἀσκληπιὸς ἔλεγεν,
ὅτι ἔγκυος[2] ἔσοιτο, καὶ ἠρώτα, εἴ τι ἄλλο αἰτοῖτο. Αὐτὴ δὲ
5 ἀπεκρίνατο, ὅτι οὐδενὸς ἔτι προσ|δέοιτο.
Ἔγκυος[2] δὲ οὖν γενομένη τέκνον ἐν γαστρὶ ἔφερε τρία ἔτη.
Τέλος δὲ ἐπανελθοῦσα ἱκέτευσε τὸν θεὸν ὑπὲρ τοῦ τόκου[3].
Κοιμηθεῖσα δὲ ὄψιν εἶδε·
 Ὁ θεὸς ἠρώτα, εἰ οὐ γένοιτο αὐτῇ πάντα, ὅσα αἰτήσαιτο, καὶ
10 εἰ ἔγκυος[2] εἴη. Ἔφη αὐτὴν ὑπὲρ δὲ τόκου[3] οὐδὲν εἰπεῖν καίπερ
ταῦτα πυνθανόμενος, εἴ τινος καὶ ἄλλου δέοιτο. Ἐπεὶ δὲ νῦν
ὑπὲρ τούτου παρείη πρὸς αὐτὸν ἱκέτις[4], καὶ τοῦτο αὐτῇ
δώσειν.
Μετὰ δὲ τοῦτο ταχέως ἐκ τοῦ ἀβάτου[5] ἐξ|ελθοῦσα, ὡς ἔξω τοῦ
15 ἱεροῦ ἦν, αὐτίκα ἔτεκε κόρην.

[1] κυέω mit Akk.: schwanger sein mit jdm.
[2] ἔγκυος, ἔγκυον: schwanger
[3] ὁ τόκος: die Entbindung
[4] ἡ ἱκέτις: die Bittstellerin

[5] τὸ ἄ|βατον: das Tempelinnere (als Ort des Heilschlafes)

*Asklepios, römische Kopie (Höhe 252 cm) nach einem griechischen Original des 4. Jh. v. Chr.; Neapel, Museo Archeologico Nazionale*

**2** Erklären Sie, worin der Fehler liegt, den Ithmonika gemacht hat.

**3** Wählen Sie eine Aufgabe zur Bearbeitung in der Gruppe aus.
  **a** Gibt es eine plausible Erklärung für den geschilderten Vorfall? Diskutieren Sie.
  **b** Dämlich gewünscht oder gemein erfüllt? Diskutieren Sie.

*Weihrelief (Anfang 4. Jh. v. Chr.) aus dem Asklepieion von Piräus; Piräus, Archäologisches Museum*

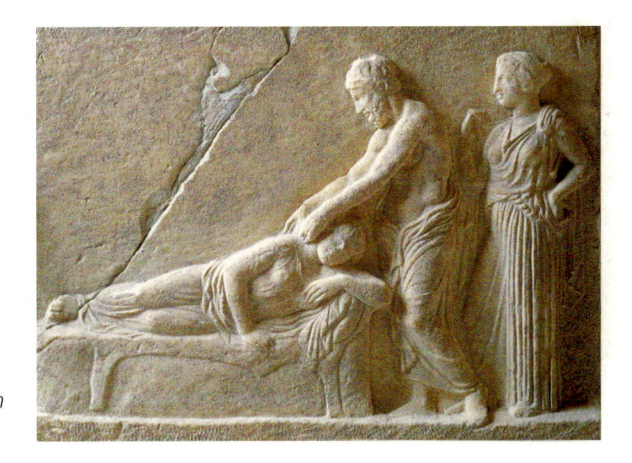

## Impulse und Übungen

vor dem Text → 1–5
nach dem Text → 6, 7

**1** Bringen Sie die Optative von εἶναι in die richtige Reihenfolge. Orientieren Sie sich dabei am Optativ Präsens der e-Kontrakta.

εἶμεν • εἶεν • εἴης • εἶτε • εἴη • εἴην

| ποιοίην | ποιοῖμεν |
|---|---|
| ποιοίης | ποιοῖτε |
| ποιοίη | ποιοῖεν |

**2** Σωκράτης εἶπε περὶ τῶν σοφιστῶν, ὅτι πάντα ἐπαινοῖεν, ἃ πωλοῖεν, ἀγνοοῦντες, τί εἴη χρηστὸν ἢ πονηρὸν πρὸς τὴν ψυχήν.

Sokrates sagte von den Sophisten, dass sie alles anpreisen würden, was sie verkauften, obwohl sie nicht wüssten, was gut oder schlecht für die Seele sei.

**a** Bestimmen Sie den hier vorliegenden Anwendungsbereich des Optativs.

**b** Geben Sie an, welcher Modus im Deutschen für den griechischen Optativ eingetreten ist.

**3** Untersuchen Sie die Optative dahingehend, ob ihr Tempus den Aspekt oder die Zeitstufe angibt:
1. Τί ἂν ἀπολογοῖτο ὁ δίκαιος ἄνθρωπος, εἰ αὐτοῦ κατηγοροῖ τις;
2. Εἴθ' ὁ Σωκράτης νικήσειεν τὴν δίκην.
3. Ὁ Σωκράτης τοῖς δικασταῖς εἶπεν, ὅτι μετὰ τὸν θάνατον ἄνδρας ἀμείνους ἐν Ἅιδου[1] ὄψοιτο.

[1] ἐν <τῷ οἴκῳ τοῦ> Ἅιδου: im Haus des Hades, in der Unterwelt

**4** Zu vielen Adjektiven gehört ein zugehöriges Abstraktum auf -ία. Beispiel:
ἐλεύθερος: frei – ἡ ἐλευθερία: die Freiheit
Bilden Sie zu jedem der folgenden Adjektive das Abstraktum und nennen Sie von beiden die Bedeutungen.

ἥσυχος • δειλός • φίλος • πένης • ἄξιος • πονηρός • ἔρημος • ποικίλος • κακός

**5** Nennen Sie für die im Text markierten Wörter die entsprechenden griechischen.

ἐκεῖ • ἀλλά • ἐπεί • που • αὖθις • τέλος • τι • ἤ • οὐδέν • ὡς • ὅτι • γάρ • εἶτα • οὕτως

**Kallikrateia. Ein Schatzfund. Als** ihr Mann gestorben war, erfuhr sie, **dass** er **irgendwo** Gold versteckt hatte. **Weil** sie es nicht finden konnte, kam sie zum Heiligtum. Sie schlief und
5 hatte einen Traum, **wie** es **dort** üblich war. Der Gott sprach zu ihr: „Im Monat Thargelion, zur Mittagszeit, liegt das Gold im Löwen." Als es Tag wurde, verließ sie das Heiligtum, ging nach Hause und suchte den steinernen Löwen ab;
10 **denn** in der Nähe ihres Hauses gab es **ein** altes Denkmal mit einem steinernen Löwen. Sie fand **aber** das Gold **überhaupt nicht**. **Darauf** erklärte ihr ein Seher, es sei der Schatten gemeint, den der Löwenkopf im Monat Thargelion zur
15 Mittagszeit werfe. **Auf diese Weise** suchte sie **wieder** nach dem Gold und fand **schließlich** den Schatz. Dem Gott opferte sie das Übliche.

**6** Bestimmen Sie die Funktion der Optative und übersetzen Sie.

ΣΩΚΡΑΤΗΣ Μέγιστον τῶν κακῶν τυγχάνει ὂν τὸ ἀδικεῖν.
ΠΩΛΟΣ Σὺ ἄρα βούλοιο ἂν ἀδικεῖσθαι μᾶλλον ἢ ἀδικεῖν;
5 ΣΩΚΡΑΤΗΣ Βουλοίμην μὲν ἂν ἔγωγε οὐδέτερα[1]· εἰ δ' ἀναγκαῖον εἴη ἀδικεῖν ἢ ἀδικεῖσθαι, ἑλοίμην ἂν μᾶλλον ἀδικεῖσθαι ἢ ἀδικεῖν.
ΠΩΛΟΣ Σὺ ἄρα τυραννεῖν[2] οὐκ ἂν δέξαιο;
10 ΣΩΚΡΑΤΗΣ Οὔκ, εἰ τὸ τυραννεῖν[2] γε λέγεις τὸ αὐτὸ ὅπερ ἐγώ.

[1] οὐδέτερα (n. Pl.): keines von beiden
[2] τυραννέω: als Alleinherrscher regieren

**7** Schlagen Sie in einem Wörterbuch den Aorist der folgenden Verben nach.

ἐξετάζω • κοιμάομαι • ἀπολογέομαι • ἀπέχομαι • ἐρωτάω • ἀποκρίνομαι • οἰκέω • σῴζω • ἀπόλλυμαι • ἄγω

# Lektion 42

## Die Entstehung von Zivilisation und Kultur

*Aussendung des Triptolemos, Detail eines Weinmischgefäßes, um 460 v. Chr.; Palermo, Museo Nazionale*

### Fragen nach dem Anfang

Wer kam als Erster auf die Idee, Getreide zu säen und zu ernten? Wer hat die Schrift erfunden? Wie und von wem wurden Regeln für das menschliche Zusammenleben entwickelt? – Nach einem Anfang zu fragen, ist ein charakteristischer Zug des griechischen Denkens. Auch den Ursprung kultureller Entwicklungen suchten die Griechen zu ergründen. Ihre Antworten fielen ganz unterschiedlich aus.

### Göttliche Gaben – menschliche Plagen

Nach mythischer Vorstellung verdanken die Menschen der Göttin Demeter den Getreideanbau. Demeter beauftragte Triptolemos, aus dem Herrschergeschlecht der Stadt Eleusis, diese Gabe unter den Völkern zu verbreiten. Die erste Weinrebe und die Kenntnis der Weinherstellung empfing der Athener Ikarios von Dionysos.

Für den Dichter Hesiod (7. Jahrhundert v. Chr.) ging die Entwicklung des Menschen allerdings mit einem moralischen Verfall einher: Am Anfang, im Goldenen Zeitalter, stellte die Natur dem Menschen noch alles Lebensnotwendige von sich aus bereit. Seit dem Eisernen Zeitalter aber müssen sich die Menschen ihren Lebensunterhalt hart erarbeiten. Besitzstreben und Neid führen zu Zwietracht, Mord und Krieg.

### „Erste Erfinder" und philosophische Gedankenexperimente

Seit dem 6. Jahrhundert v. Chr. wurden nicht mehr Götter, sondern Menschen zu Urhebern bestimmter Erfindungen erhoben. Als Erfinder der Schrift galten zum Beispiel die Phönizier. Später entstanden ganze Kataloge von Personen, Städten und Völkern, die als πρῶτος εὑρ|ετής das Brettspiel, Münzen, die Zahlen usw. eingeführt haben sollen. Philosophen versuchten, die Entwicklung des Menschen dadurch zu erklären, dass sie sich eine kulturelle „Nullstufe" vorstellten, von der aus die Menschen zivilisatorische und kulturelle Techniken erst entwickeln mussten. Protagoras zufolge ist der Mensch ein „Mängelwesen" im Vergleich zu den Tieren, die besser an ihre Umwelt angepasst sind; doch mit technischen Neuerungen wie dem Gebrauch von Feuer und Werkzeug kann er seine anfänglichen Nachteile ausgleichen. Platon stellte in einem Werk mit dem passenden Titel „Gesetze" ein Modell vor, wie Menschen, deren Zivilisation durch eine Naturkatastrophe zerstört wurde, alle Kulturtechniken neu gewinnen und eine politische Ordnung wieder entwickeln müssten.

**1** Nennen Sie Ihnen bekannte griechische Wörter für die im Text genannten zivilisatorischen Errungenschaften.

**2** Xenophanes (um 570 bis etwa 470 v. Chr.) äußert sich zu der kulturellen Entwicklung des Menschen:
Οὔ|τοι ἀπ' ἀρχῆς πάντα θεοὶ θνητοῖσ' ὑπέδειξαν[1],
ἀλλὰ χρόνῳ ζητοῦντες ἐφευρίσκουσιν[2] ἄμεινον.
Übersetzen Sie den Text und erklären Sie, inwiefern der hier formulierte Gedanke einen Umbruch im Denken seiner Zeit dokumentiert.

[1] ὑπ|έδειξαν: „sie haben gezeigt"
[2] ἐφ|ευρίσκω: hinzuerfinden

# Was Menschen zum Zusammenleben brauchen
nach Platon

In einem Dialog Platons stellt Protagoras die Urgeschichte des Menschen in Form eines Mythos dar: Zunächst schufen die Götter die Tiere und gaben ihnen der Reihe nach Fähigkeiten und Körpermerkmale, die sie zum Überleben brauchten. Am Ende war nichts mehr für den Menschen übrig. Erst als Prometheus den Menschen das Feuer und die damit verbundenen Handwerkstechniken verschaffte, konnten sie ihr Leben überhaupt aufrechterhalten. Doch auch damit waren die Menschen noch nicht sicher.

**1** Ermitteln Sie aus dem Text Bedrohungen für das Leben der Menschen.

Κατ' ἀρχὰς ἄνθρωποι ᾤκουν σποράδην¹, πόλεις δὲ οὐκ ἦσαν. Ἀπώλλυντο οὖν ὑπὸ τῶν θηρίων διὰ τὸ πανταχῇ αὐτῶν ἀσθενέστεροι εἶναι, καὶ ἡ δημιουργικὴ τέχνη αὐτοῖς πρὸς μὲν τροφὴν ἱκανὴ βοηθός² ἦν, πρὸς δὲ τὸν τῶν θηρίων πόλεμον
5 ἐνδεής· πολιτικὴν γὰρ τέχνην οὔπω εἶχον, ἧς μέρος πολεμική. Ἐζήτουν δὴ ἀθροίζεσθαι καὶ σῴζεσθαι κτίζοντες πόλεις· ὅτ' οὖν ἀθροισθεῖεν, ἠδίκουν ἀλλήλους ἅτε οὐκ ἔχοντες τὴν πολιτικὴν τέχνην, ὥστε πάλιν σκεδαννύμενοι³ διεφθείροντο. Ζεὺς οὖν δείσας περὶ τῷ γένει ἡμῶν, μὴ ἀπόλοιτο πᾶν, Ἑρμῆν
10 πέμπει ἄγοντα εἰς ἀνθρώπους αἰδῶ τε καὶ δίκην, ἵν' εἶεν πόλεων κόσμοι τε καὶ δεσμοὶ φιλίας. Ἐρωτᾷ οὖν Ἑρμῆς Δία, τίνα οὖν τρόπον δοίη⁴ δίκην καὶ αἰδῶ ἀνθρώποις. – „Ἐπὶ πάντας", ἔφη ὁ Ζεύς, „καὶ πάντες μετεχόντων· οὐ γὰρ ἂν γένοιντο πόλεις, εἰ ὀλίγοι αὐτῶν μετέχοιεν. Καὶ νόμον γε θὲς⁵ παρ' ἐμοῦ τὸν μὴ
15 δυνάμενον αἰδοῦς καὶ δίκης μετέχειν κτείνειν ὡς νόσον πόλεως."

*Jan Cossiers: „Prometheus", Ölgemälde, 182 × 113 cm, 1637; Madrid, Prado*

¹ σποράδην: zerstreut
² ἡ βοηθός: die Helferin, die Hilfe

³ σκεδάννυμι: zerstreuen

⁴ δοίη: 3. Sg. Opt. Aor. Akt. von δίδωμι

⁵ θές: 2. Sg. Imp. Aor. Akt. von τίθημι

**2** Erklären Sie, warum die Menschen zunächst nicht in der Lage sind, zusammen zu leben, und erläutern Sie die Bedeutung des Begriffs πολιτικὴ τέχνη anhand des Textes.

**3** Begründen Sie, warum außer δίκη auch αἰδώς für das Zusammenleben der Menschen notwendig ist.

**4** Nehmen Sie Stellung zu der Anweisung, die Zeus gibt (Z. 14/15).

## Impulse und Übungen

vor dem Text → 1–8

**1** Vergleichen Sie die Tempora in den Hauptsätzen und die Modi in den Nebensätzen.
  1. Οἱ ἄνθρωποι **ἀδικοῦσιν** ἀλλήλους, ὅταν ὁ ἄλλος τοῦ ἄλλου κρείττων **γένηται**. – Die Menschen tun einander immer dann Unrecht, wenn einer stärker als der andere wird.
  2. Οἱ πρόσθεν ἄνθρωποι **ἠδίκουν** ἀλλήλους, ὅτε ὁ ἄλλος τοῦ ἄλλου κρείττων **γένοιτο**. – Die Menschen von früher taten einander immer dann Unrecht, wenn einer stärker als der andere wurde.

**2** 1. „Σωκράτης κρίνεται **ἅτε** διαφθείρων τοὺς νέους." – „Sokrates wird verurteilt, weil er die jungen Leute verdirbt."
  2. „Σωκράτης κρίνεται **ὡς** διαφθείρων τοὺς νέους." – „Man verurteilt Sokrates, weil er angeblich die jungen Leute verdirbt."

  **a** Erschließen Sie, in welcher Weise ἅτε bzw. ὡς die Sinnrichtung kausaler Partizipien bestimmen.

  • **b** Welche Zeitgenossen des Sokrates hätten Satz 1, welche Satz 2 sagen können?

**3** Ζεὺς φοβεῖται, **μὴ** οἱ ἄνθρωποι διαφθείρωνται. Zeus fürchtet, **dass** die Menschen ausgerottet werden.
Erklären Sie die Verwendung von μή nach Verben des Fürchtens, indem Sie den folgenden Wunsch des Zeus vergleichen: „Εἴθε μὴ οἱ ἄνθρωποι διαφθείροιντο."

**4** Untersuchen Sie, welche Arten von Nebensätzen mit Optativus obliquus formuliert werden können.
  1. Ἰθμονίκα παρῆν ἐν τῷ ναῷ, ἵνα ἔγκυος[1] γένοιτο.
  2. Ἐφοβεῖτο γάρ, μὴ ἄ|παις ἔσοιτο.
  3. Ὁ θεὸς ἔλεγεν, ὅτι δυνατὸν εἴη αὐτῇ τεκεῖν.
  4. Μετὰ τρία ἔτη ἐδόκει αὐτῇ ἐρωτᾶν, διὰ τί οὐχ οἵα τε εἴη τὸ παιδίον τίκτειν.

[1] ἔγκυος: schwanger

**5** Erklären Sie, warum οὐ bzw. μή in den folgenden Sätzen verwendet wird.
  1. Ἡ Χλόη τὸν Δόρκωνα **οὐ** φιλοῦσα λέγει·
  2. „**Μὴ** ἅψῃ μου."
  3. Ὁ Δόρκων ἀποκρύπτεται, ἵνα **μὴ** ἴδῃ αὐτὸν ἡ παῖς.
  4. Ἡ Χλόη οὐ φοβεῖται, **μὴ** ὁ Δόρκων κακόν τι ποιήσῃ.
  5. Ὁ Δόρκων φοβεῖται, **μὴ οὐ** ἡ παῖς ἥκῃ.

**6** Arbeiten Sie aus den folgenden Beispielen heraus, unter welchen Bedingungen sich das mit αἰδέομαι/ἡ αἰδώς bzw. αἰσχύνομαι bezeichnete Gefühl jeweils einstellt.
  1. Der gestrandete Odysseus αἰδεῖται, sich vor Nausikaas Gefährtinnen nackt zu zeigen.
  2. Agesilaos hält sich an die Eide, die er geschworen hat, weil er μεγάλην αἰδῶ vor den Göttern empfindet.
  3. Hektor würde vor den Troern αἰδεῖσθαι, wenn er dem Kampf fernbliebe.
  4. Hypatia οὐκ αἰσχύνεται, sich im Kreis von Männern aufzuhalten.

**7** Im Griechischen gibt es auch einen Imperativ der 3. Person. Ordnen Sie den Sätzen die passenden Verbformen zu.

πολιτευ**έσθων** • πορευ**έσθω** • ἀκου**έτω** • ἀρχ**όντων**

  1. Πάντες οἱ ἐν Ἀθήναις πολῖται ❓.
  2. Ὅς ἔχει ὦτα ἀκούειν, ❓.
  3. Οἱ σοφώτατοι ❓.
  4. Ἡ στρατιὰ ❓.

**8** Vergleichen Sie die Formen des Präsens- und Aoriststammes der folgenden Verben auf -μι und formulieren Sie eine Regel für die Bildung des Präsensstammes dieser Verben.

παρα|διδόασιν – παρ|έδοσαν • διδοίη – δοίη • ἀν|ετίθεσαν – ἀν|έθεσαν • τίθει – θές • ἵστησιν – ἔστησεν

# Lektion 43

## Griechische Götterstatuen

A Nachbildung von 1990 der Athena Parthenos im Parthenon-Nachbau in Nashville, Tennessee (USA)
B Marmorkopie des 3. Jh. n. Chr., Maßstab 1 : 12 (Höhe 1,04 m), nach dem Original des Phidias; Athen, Archäologisches Nationalmuseum

### Statuen und ihre Funktion

Im Zentrum der griechischen Bildhauerkunst steht der Mensch. Die Menschendarstellungen besaßen in der antiken Gesellschaft aber konkrete Funktionen: Man errichtete sie etwa als Bildnisse von Verstorbenen auf Gräbern, stellte sie als Weihegaben in Heiligtümer, oder sie dienten in Tempeln als Kultbilder der Gottheiten, die ja in Menschengestalt verehrt wurden.

### Götterbilder

Die frühen Kultbilder waren aus Holz und wurden gewöhnlich auch dann nicht durch neue ersetzt, wenn sich der Geschmack gewandelt hatte und andere Materialien bevorzugt wurden. Der ideelle Wert der Kultbilder verdankte sich ihrem hohen Alter und den oft mythischen Geschichten ihres Ursprungs. So glaubten die Athener, das alte Kultbild der Athene sei vom Himmel gefallen. Griechische Götterstatuen, die heute noch erhalten sind, waren dagegen keine Kultbilder, sondern Weihegaben in Heiligtümern. Mit einer solchen Gabe wollte ein Stifter eine Bitte an die Gottheit unterstützen oder seinen Dank für geleistete Hilfe zum Ausdruck bringen. Material und Gestaltung einer Weihestatue sollten aber auch das soziale Prestige des Stifters verdeutlichen.

### Eine neue Statue für Athena

Neue Kultbilder wurden aber dann angefertigt, wenn ein Tempel neu gebaut wurde. Für den im Jahre 438 v. Chr. geweihten Parthenon auf der Athener Akropolis schuf der Bildhauer Phidias eine neue Art von Götterbild. Seine Statue der Ἀθηνᾶ Παρθένος, die wir nur aus Beschreibungen und verkleinerten Kopien kennen, war 12 m hoch und hatte einen Holzkern. Darauf ließ Phidias Gewandteile aus purem Gold und die Hautpartien aus Elfenbein anbringen. Diese verschwenderische Pracht (es waren mehr als 1000 kg Gold) drückte die Erhabenheit der Göttin aus, die die Betrachter ehrfürchtig erschaudern ließ, unterstrich zugleich aber auch die Macht der Stadt Athen.

**1** Stellen Sie sich vor, Sie betreten den Parthenon-Tempel in Nashville. Beschreiben Sie den Eindruck, den die Athena-Statue auf Sie machen würde.

## Der Zeus des Phidias   nach Pausanias

In seiner Ἑλλάδος Περιήγησις („Reisebeschreibung Griechenlands") beschreibt Pausanias auch die Zeus-Statue des Phidias in Olympia, die zu den sieben Weltwundern zählte.

**1** Wählen Sie eine Aufgabe zur Bearbeitung aus.
   **a** Stellen Sie sich vor, Sie hätten den Auftrag, eine repräsentative Statue des Zeus zu schaffen. Notieren Sie Stichwörter, wie Sie diese gestalten würden, und prüfen Sie, ob sich Ihre Ideen im Text wiederfinden lassen.
   **b** Suchen Sie aus dem Text die Eigennamen heraus. Recherchieren Sie, wenn nötig, die damit bezeichneten Personen und gegebenenfalls die mit diesen verbundenen Mythen.

Καθέζεται μὲν δὴ ὁ θεὸς ἐν θρόνῳ χρυσοῦ πεποιημένος καὶ ἐλέφαντος· στέφανος δὲ ἐπίκειται τῇ κεφαλῇ μεμιμημένος ἐλαίας κλῶνας[1].
Ἐν μὲν δὴ τῇ δεξιᾷ φέρει Νίκην, τῇ δὲ ἀριστερᾷ τοῦ θεοῦ χειρὶ
5 ἔνεστι σκῆπτρον μετάλλοις τοῖς πᾶσιν ἠνθισμένον[2]. Ὁ δὲ ὄρνις ὁ ἐπὶ τῷ σκήπτρῳ καθήμενός ἐστιν ὁ ἀετός. Τῷ δὲ χρυσῷ ἱματίῳ ζῴδιά[3] τε καὶ κρίνα[4] ἐμπεποίηται.
Ὁ δὲ θρόνος ποικίλος μὲν χρυσῷ καὶ λίθοις, ποικίλος δὲ καὶ ἐβένῳ[5] τε καὶ ἐλέφαντί ἐστι· καὶ ἀγάλματα ἐπ' αὐτοῦ εἴργασται.
10 Ἑκατέρῳ τῶν ποδῶν τῶν ἔμπροσθεν παῖδες ἐπίκεινται Θηβαίων ὑπὸ Σφιγγῶν ἡρπασμένοι. Ἐπὶ δὲ τῶν κανόνων[6] τῶν μεταξὺ τῶν ποδῶν ὁ λόχος ἐστὶν ὁ σὺν Ἡρακλεῖ μαχόμενος πρὸς Ἀμαζόνας· τέτακται δὲ καὶ Θησεὺς ἐν τοῖς συμμάχοις.
Τὰ δὲ ἐρύματα[7] παρέχεται Παναίνου γραφάς. Ἐν δὲ αὐταῖς
15 Ἑσπερίδες δύο φέρουσι τὰ μῆλα[8], ὧν ἐπιτετράφθαι λέγονται τὴν φρουράν. Πάναινος μὲν δὴ οὗτος ἀδελφός τε ἦν Φειδίου καὶ ὑπ' αὐτοῦ καὶ Ἀθήνησιν ἐν Ποικίλῃ Στοᾷ τὸ Μαραθῶνι ἔργον ἐστὶ γεγραμμένον.
Ὑπὲρ τὴν κεφαλὴν τοῦ ἀγάλματος πεποίηνται ὑπὸ Φειδίου
20 Χάριτες καὶ Ὧραι· εἶναι γὰρ θυγατέρας Διὸς καὶ ταύτας ἐν ἔπεσίν ἐστιν εἰρημένον.

[1] ἡ κλών, τῆς κλωνός: der Zweig
[2] ἀνθίζω: verzieren
[3] τὸ ζῴδιον: das (kleine) Tier
[4] τὸ κρίνον: die Lilie
[5] ἡ ἔβενος: das Ebenholz
[6] ὁ κανών, τοῦ κανόνος: die Leiste
[7] τὸ ἔρυμα, τοῦ ἐρύματος: das Absperrgitter
[8] τὸ μῆλον: der Apfel

**2** Zeichnen Sie die Zeus-Statue nach den Angaben des Pausanias. Vergleichen Sie Ihre Ergebnisse.

## Impulse und Übungen

**1** Griechische Perfekt-Formen zeigen entweder **Reduplikation**, d. h. eine vorangestellte Silbe mit verdoppeltem Anlaut des Verbstamms, oder ein **Schein-Augment** in Form eines ἐ- oder einer Dehnung.

**a** Ordnen Sie die folgenden Perfekt-Formen entsprechend in drei Gruppen und führen Sie sie auf ihre Grundform zurück.

πεποίηνται • κεκωλύμεθα • ἐκτισμένος • ηὕρησαι • πεφύλακται • ἐψεῦσθαι • τετάραγμαι • ἔρριπται • ἐπήνεσθε • ἐκπεπλήγμεθα • ἤγγελται • τεθέασαι

**b** Stellen Sie fest, welche Abweichungen die Perfekt-Endungen im Vergleich zum Präsens haben.

**2** Die im Perfekt Medio-Passiv unmittelbar an den Stamm angefügten Endungen bewirken bei den k-, p- und t-Stämmen in einigen Fällen, dass sich der Stammauslaut verändert, wenn dies der besseren Sprechbarkeit dient. Beschreiben Sie die Veränderungen des Stammauslauts bei folgenden Perfekt-Formen:

πεφύλαχθε • γέγραπται • ἦχθαι • πέπεμμαι • τετάραξαι • προσ|τεταγμένος • βέβλαψαι • ἔψευσται • κέκλεφθε • πέπρακται • πέπεισμαι

**3** Nennen Sie für die hervorgehobenen Wörter die entsprechenden griechischen.

ἔτι • μέντοι • πῶς • ἀλλά • πότερον – ἤ • δῆτα • ὅμως

König Alexander überlegt:
1. „Ich habe das Perserreich eingenommen, **aber trotzdem** bin ich nicht zufrieden.
2. **Wie** könnte ich mein Reich **noch** vergrößern?
3. **Ob** ich zuerst nach Ägypten **oder** nach Babylonien ziehe, ist **zwar** nicht so wichtig.
4. **Wirklich** wichtig ist es, die Grenzen meines Reiches zu sichern."

**4** Gelegentlich werden Perfekt-Formen durch Umschreibung mit dem Partizip Perfekt Passiv und einer Form von εἶναι gebildet. Häufig ist das in der 3. Person Plural des Indikativs der Fall. Immer umschrieben werden die Konjunktive und Optative des Perfekts.
Bestimmen Sie die folgenden Formen:
τεταγμένοι εἰσίν • πεπαυμένος εἴην • πεφασμένος ᾖ • ἐμ|πεποιημένον ἐστίν • τετραμμένοι εἶμεν • ἡρπασμένοι ἦτε

**5** Bringen Sie den Aspekt des Perfekts bei der Übersetzung der folgenden Sätze deutlich zum Ausdruck.

1. Die Sophisten: „Οὕτω τὸ δίκαιον κέκριται· τοὺς κρείττους τῶν ἡττόνων ἄρχειν."
2. Platon: „Ἡ ἡμετέρα πόλις τοιούτοις φύλαξιν ἄριστα πεφύλακται."
3. Pausanias: „Ἐν τῷ προ|νάῳ τῷ ἐν Δελφοῖς γέγραπται ‚μηδὲν ἄγαν'¹."

¹ ἄγαν (Adv.): zu sehr, im Übermaß

**6** Das Suffix -τερος wird im Griechischen in der Regel für den Komparativ benutzt. Es findet sich aber auch in anderen Wörtern. Erschließen Sie aus den folgenden Beispielen seine allgemeinere Funktion.

ἀριστερός – δεξιτερός (= δεξιός) • ἡμέτερος – ὑμέτερος • ἑκάτερος • ἕτερος • ἀμφότεροι

**7** Nennen Sie jeweils die Form, die nicht zu den anderen in derselben Reihe passt, und begründen Sie Ihre Entscheidung.

1. πάθει • γένει • μαρτύρει • ἔθει
2. γίγνεται • θεᾶται • μιμεῖται • εὐεργέται
3. θηρίοις • θάπτοις • θρόνοις • θησαυροῖς
4. ἀναιρεῖς • ὑμνεῖς • κοσμεῖς • βασιλεῖς
5. οὖς • πούς • νοῦς • ἔπους
6. λαοῦ • κύκλου • παιδεύου • οὐρανοῦ

# Lektion 44

## Die Fabel – eine literarische Gattung mit einer langen Geschichte

*Stich einer englischen Äsop-Ausgabe von 1860*

„Nun will ich eine Geschichte erzählen: Als ein Habicht hoch in den Wolken eine Nachtigall davontrug, jammerte diese erbärmlich, rings durchbohrt von den gekrümmten Krallen. ‚Was schreist du so?', sagte der Habicht, ‚ein viel Stärkerer hält dich gefangen. Dorthin wirst du gehen, wohin ich dich bringe, auch wenn du so schön singst. Fressen werde ich dich, wenn ich Lust habe, oder loslassen. Ein Narr, wer gegen Stärkere kämpfen will.'"

So lautet die älteste griechische Tierfabel, die der Dichter Hesiod (um 700 v. Chr.) in seinem Werk Ἔργα καὶ ἡμέραι erzählt. Die Botschaft ist ernüchternd: In der Realität herrscht der Starke über den Schwachen. Es nützt nichts, sich dagegen aufzulehnen.

### Definition

Erzählungen dieser Art sind schon für das 2. Jahrtausend v. Chr. in Mesopotamien belegt. Eine antike Definition lautet: „Eine Fabel ist eine erfundene Geschichte, die die Realität abbildet." Im Griechischen werden Fabeln deshalb einfach μῦθοι oder λόγοι genannt. Sie sind meist kurz und unterhaltsam und haben eine überraschende Pointe. Oft sind Tiere die Handlungsträger, manchmal kommen auch Menschen, Götter oder Pflanzen darin vor. Es geht dabei immer um den Menschen: Die Fabel legt menschliche Eigenschaften und Schwächen offen und regt zum Nachdenken an. Alle Arten menschlicher Verhaltensmuster spiegeln sich in den Geschichten.

### „Moral"

Manchmal wird die Lehre, die aus der Fabel gezogen werden soll, wie beim Habicht und der Nachtigall als ein sogenanntes ἐπι|μύθιον explizit hinzugefügt: „Ein Narr, wer gegen Stärkere kämpfen will." Die Lehre ist, wie in diesem Beispiel, nicht immer im eigentlichen Sinne moralisch; es wird aber umso deutlicher, dass eigentlich auch das Recht des Schwachen vom Stärkeren anerkannt werden sollte.

### Überlieferung und Weiterleben

Fabeln müssen sehr beliebt gewesen sein, allerdings wurden sie lange Zeit nur mündlich weitergegeben. Für die Griechen stammten alle mit der Zeit entstandenen Fabeln von einem thrakischen Sklaven namens Äsop (Αἴσωπος), der im 6. Jahrhundert v. Chr. gelebt haben soll. Welche Geschichten tatsächlich von ihm sind, lässt sich aber nicht mehr sagen. Erste schriftliche Sammlungen entstanden wohl erst in hellenistischer Zeit. Die meisten griechischen Fabeln sind in einer Zusammenstellung erhalten, die im 2. oder 3. Jahrhundert n. Chr. verfasst wurde und in mehreren Fassungen vorliegt. Die griechische Fabeldichtung begründete eine lange Tradition: Bis in die Gegenwart entstanden in vielen Sprachen immer wieder Fabelsammlungen mit alten und neuen Geschichten.

**1** Informieren Sie sich über weitere Autoren, die Fabeln verfasst haben.

**2** Schreiben Sie eine „moderne" Fabel.

## 44

## Zwei Wanderer   nach Äsop

**1** Weisen Sie am Text nach, dass es sich um eine Fabel handelt.

Δύο ἐν ταὐτῇ τῇ ὁδῷ ὡδοιπόρουν[1]. Τοῦ ἑτέρου δὲ πέλεκυν[2] εὑρόντος ὁ ἕτερος ἔλεγεν· „Ηὑρήκαμεν", ὁ δὲ ἕτερος αὐτῷ παρῄνει μὴ λέγειν· „Ηὑρήκαμεν", ἀλλ' „Ηὕρηκας." Μετὰ δὲ μικρὸν ἐπῆλθον αὐτοῖς οἱ ἀποβεβληκότες τὸν πέλεκυν[2]
5 καὶ ὁ ἔχων αὐτὸν φοβηθεὶς ἔλεγε πρὸς τὸν συνοδοιπόρον[3]· „Ἀπολώλαμεν", ἐκεῖνος δὲ ἔφη· „Ἀλλ' ,Ἀπόλωλα', εἰπέ. Οὐδὲ γὰρ, ὅτε τὸν πέλεκυν[2] ηὗρες, ἐμοὶ αὐτὸν ἀνεκοινώσω[4]."
Ὁ λόγος δηλοῖ, ὅτι ὁ μὴ μετειληφὼς εὐτυχημάτων οὐδὲ ἐν ταῖς συμφοραῖς βέβαιός ἐστι φίλος.

[1] ὁδοιπορέω: unterwegs sein
[2] ὁ πέλεκυς, τοῦ πελέκεως (Akk. τὸν πέλεκυν): das Beil
[3] ὁ συν|οδοι|πόρος: der Weggefährte
[4] ἀνα|κοινόομαι mit Dat.: etw. mit jdm. teilen

**2** Geben Sie den Inhalt des Textes mit eigenen Worten wieder.

**3** zu Z. 5 φοβηθείς: Erklären Sie den Grund für diese Reaktion.

**4** zu Z. 8/9: Nennen Sie – gegebenenfalls aufgrund einer Recherche – Sprichwörter mit ähnlichem Inhalt.

*Paul Klee: „Kameraden wandern", 20,8 × 27,3 cm, 1939; Bern, Kunstmuseum*

# Impulse und Übungen

**1** Vergleichen Sie die Perfektformen des Aktivs und Passivs miteinander und beschreiben Sie die Gemeinsamkeiten in der Bildungsweise:

| | |
|---|---|
| λέλυται | λέλυκε(ν) |
| πεποίηνται | πεποιήκασιν |
| σέσῳσαι | σέσωκας |
| ἡρπάσμεθα | ἡρπάκαμεν |
| διέφθαρθε | διεφθάρκατε |
| τεθαύμασμαι | τεθαύμακα |
| πεπαιδεῦσθαι | πεπαιδευκέναι |

**2** Ordnen Sie die gegebenen Formen nach Perfekt und Aorist und bringen Sie sie dabei in die richtige Reihenfolge.

ἔπαυσα • ἐπαύσαμεν • πέπαυκας • ἐπαύσατε • πεπαύκαμεν • πεπαύκασιν • πεπαύκατε • πέπαυκεν • πέπαυκα • ἔπαυσαν • ἔπαυσεν • ἔπαυσας

**3 a** Führen Sie die Deklination des Partizips Perfekt Aktiv (νενικηκώς: einer, der gesiegt hat und jetzt Sieger ist) zu Ende.

| | | |
|---|---|---|
| νενικηκώς | νενικηκυῖα | νενικηκός |
| νενικηκότος | νενικηκυίας | νενικηκότος |
| νενικηκότι | | |

**b** Vervollständigen Sie die Übersetzung der folgende Sätze:
1. Τοῖς τετελευτηκόσιν soll man nichts Schlechtes nachsagen.
2. Ῥήτορες τὴν δόξαν ἠγαπηκότες interessieren sich wenig für die Folgen ihrer Vorschläge.
3. Γυναιξὶ τοὺς ἄνδρας ἀνῃρηκυίαις kann niemand mehr vertrauen.

**4** Nennen Sie die Bedeutung der angegebenen Wörter und erklären Sie die hier vorliegende Lauterscheinung.

λέγω – λόγος • σπεύδω – σπουδή • λείπω – λοιπός • ᾄδω – ᾠδή • εἶδον – οἶδα

**5** Eine wichtige Rolle bei der Perfektbildung spielen Ablaut (z. B. ἔσταλκα zu στέλλω) und Aspiration (z. B. ἦχα zu ἄγω), besonders bei dem ohne Tempuszeichen gebildeten starken Perfekt. Beispiele:
γέγραφα zu γράφω, πέπομφα zu πέμπω

Führen Sie die folgenden starken Perfektformen auf bekannte Präsensstämme zurück.

τετάχαμεν • κεκήρυχας • τετρόφασιν (2) • ἀπέκτονα • λέλοιπα • ἐρριφέναι • πέπραχας • ἔστροφεν • κεκρύφασιν

**6** Übersetzen Sie und finden Sie heraus, aus welchem Zusammenhang die Aussprüche kommen.
1. „Ὃ γέγραφα, γέγραφα."
2. „Ηὕρηκα."
3. „Νενικήκαμεν."

**7** Isokrates beschreibt die Folgen des Bürgerkriegs von 404/403 v. Chr. in Athen. Übersetzen Sie und erklären Sie die Verwendung des Perfekts.

> Ὁ μὲν τοίνυν πόλεμος ἁπάντων ἡμᾶς ἀπεστέρηκεν· καὶ γὰρ πενεστέρους πεποίηκεν καὶ πολλοὺς κινδύνους ὑπομένειν¹ ἠνάγκασεν καὶ πρὸς τοὺς Ἕλληνας
> 5 διαβέβληκεν καὶ πάντας τρόπους τεταλαιπώρηκεν² ἡμᾶς.

¹ ὑπο|μένω: aushalten
² ταλαιπωρέω: quälen

**8** Viele Verben, die „meinen, glauben" bedeuten, haben auch andere Bedeutungen oder Bedeutungsnuancen. Unterscheiden Sie:
1. Τῶν συνοδοιπόρων¹ ὁ **ἡγούμενος** πέλεκυν² ηὗρεν. Οἱ δὲ ἀποβεβληκότες τὸν πέλεκυν **ἡγοῦντο** αὐτὸν κλέψαι.
2. Οἱ Ἀθηναῖοι τὸν Σωκράτην τοὺς νέους διαφθείρειν **ἐνόμιζον**. Ὤιοντο γὰρ αὐτὸν τοὺς τῆς πόλεως θεοὺς οὐ **νομίζειν**.
3. Ὁ Ἐρεχθεὺς οὐκ **ἔδοξε** τὴν γυναῖκα τῷ χρησμῷ ὑπακούσεσθαι. **Ἔδοξεν** γὰρ αὐτῷ ὁ χρησμὸς φοβερώτατος εἶναι.

¹ ὁ συνοδοιπόρος: der Weggefährte
² ὁ πέλεκυς: das Beil

# Lektion 45

## Sokratische Gesprächsführung

### Sokrates' Überzeugung

„Ach, Sokrates, ich weiß überhaupt nicht, wie ich dir sagen soll, was ich denke; denn irgendwie dreht sich uns immer im Kreis, was wir uns vorgenommen haben."

So verunsichert fühlten sich viele Gesprächspartner von Sokrates, wenn er sich mit ihnen unterhielt. Wie kam es dazu?

Nach der Darstellung Platons war Sokrates überzeugt, dass ein moralisch gelingendes und dadurch glückliches Leben nur möglich ist, wenn die Seele sich in einem guten Zustand befindet: Wenn wir gerecht, fromm, tapfer usw. leben wollen, müssen wir wissen, was die Bestform (ἡ ἀρετή) der Seele ist. Sokrates hatte erkannt, dass er selbst dies nicht wusste, ließ sich aber nicht davon abbringen, durch Suchen (ζητεῖν) die ἀρετή zu bestimmen und sicheres Wissen (ἡ ἐπιστήμη) zu erlangen.

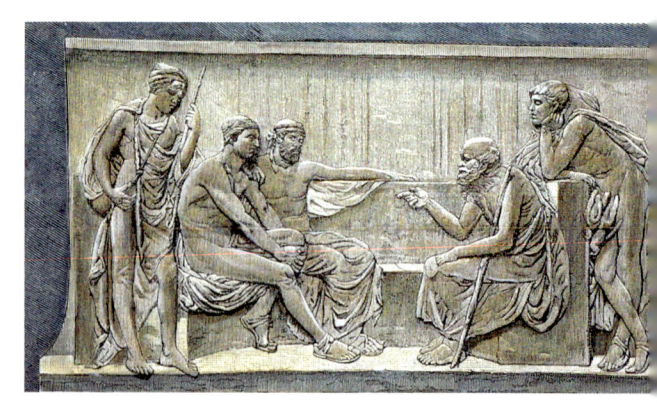

*Sokrates im Lehrgespräch. Stich nach einem verlorenen Relief, 19. Jh.*

### Das Gespräch mit Sokrates

Sokrates nutzte jede Gelegenheit, sich mit Experten verschiedener Gebiete zu unterhalten. Er sprach mit Dichtern, Sophisten, Politikern und anderen Fachleuten. Das Suchen nach der Weisheit, die φιλο|σοφία, war für Sokrates nur im Gespräch, im διαλέγεσθαι möglich (διαλεκτικὴ τέχνη). Durch Fragen prüfte er (ἐξετάζειν) das Wissen seiner Gesprächspartner, das sich jedoch immer wieder als Scheinwissen (ἡ δόξα) herausstellte.

Den meisten gefiel diese sorgfältige Prüfung (ὁ ἔλεγχος, vgl. ἐλέγχειν), die zur Widerlegung ihrer Meinungen führte, nicht: Sie fühlten sich blamiert, und ihre wohlgeordnete Welt drohte auseinanderzubrechen. Sokrates ging es aber nicht in erster Linie darum, seine Gesprächspartner bloßzustellen; er ermunterte sie stets, nicht aufzugeben und, auch wenn es anstrengend sei, weiter zu suchen. Trotzdem verloren sie mit der Zeit die Lust am Gespräch.

In diesem Zustand der Ratlosigkeit (ἡ ἀπορία) sah Sokrates eine wichtige Station im philosophischen Gespräch: Erst wenn das Scheinwissen beseitigt ist, kann in einem zweiten Schritt gemeinsam die Wahrheit (ἡ ἀλήθεια) gefunden werden.

### Sokrates' Hebammenkunst

Zugleich verstand sich Sokrates als Hebamme (ἡ μαῖα), die hilft, „geistige Kinder" auf die Welt zu bringen. Er unterstützte mit konkreten Beispielen und Vergleichen aus dem Alltag die Gesprächspartner dabei, allgemeingültige Definitionen zu finden (sog. induktive Methode). Deshalb wird diese sokratische Technik auch als Maieutik (μαιευτική) bezeichnet.

Die sokratische Methode der διαλεκτική stand im Gegensatz zum Vorgehen der Sophisten: Diese nutzten vorzugsweise den rhetorischen Monolog oder auch den eristischen Dialog (ἡ ἐριστική, vgl. ἡ ἔρις), in dem es darum ging, den Gegner mit bewussten Fangfragen und logischen Fehlschlüssen in die Enge zu treiben.

---

**1** Stellen Sie die sokratische Methode in einer Skizze dar. Verwenden Sie dabei auch die griechischen Begriffe.

**2** Informieren Sie sich über die Anamnesis-Lehre und erläutern Sie, inwiefern diese erklärt, dass wir gesichertes Wissen haben.

## Allzu skeptisch?   nach Platon

Nach einer ergebnislosen Diskussion mit Sokrates (vgl. Lektionstext 15A) fühlt sich Menon wie gelähmt: Obwohl er doch vorher genau gewusst habe, was die ἀρετή sei, wisse er es jetzt nicht mehr. Auch Sokrates bekennt sein Nichtwissen, will aber die Untersuchung weiterführen.

**1** Suchen Sie Wendungen heraus, die ein Wissen oder ein Forschen beinhalten, und stellen Sie Vermutungen über den weiteren Gesprächsverlauf an.

ΣΩΚΡΑΤΗΣ Καὶ νῦν περὶ ἀρετῆς, ὅ ἐστιν, ἐγὼ μὲν οὐκ οἶδα, σὺ μέντοι ἴσως πρότερον μὲν ᾔδησθα, πρὶν ἐμοῦ ἅψασθαι[1], νῦν μέντοι ὅμοιος εἶ οὐκ εἰδότι. Ὅμως δὲ ἐθέλω μετὰ σοῦ σκέψασθαι καὶ συ|ζητῆσαι, ὅ τι ποτέ ἐστιν.

5 ΜΕΝΩΝ Καὶ τίνα τρόπον ζητήσεις, ὦ Σώκρατες, τοῦτο, ὃ μὴ οἶσθα τὸ παράπαν[2], ὅ τί ἐστιν; Ἦ εἰ καὶ ὡς μάλιστα ἐντύχοις αὐτῷ, πῶς εἴσῃ, ὅτι τοῦτό ἐστιν, ὃ σὺ οὐκ ᾔδησθα;

ΣΩΚΡΑΤΗΣ Μανθάνω, οἷον βούλει λέγειν, ὦ Μένων. Ὁρᾶς, ὡς [3]ἐριστικὸν λόγον[3] κατάγεις[4], ὡς οὐκ ἄρα ἔστιν ζητεῖν
10 ἀνθρώπῳ οὔτε ὃ οἶδεν οὔτε ὃ μὴ οἶδεν; Οὔτε γὰρ ἄν, ὅ γε οἶδεν, ζητοῖ – οἶδεν γάρ, καὶ οὐδὲν δεῖ τῷ γε τοιούτῳ ζητήσεως – οὔτε ὃ μὴ οἶδεν – οὐδὲ γὰρ οἶδεν, ὅ τι ζητήσει.

ΜΕΝΩΝ Οὐκοῦν καλῶς σοι δοκεῖ λέγεσθαι ὁ λόγος οὗτος, ὦ Σώκρατες;

15 ΣΩΚΡΑΤΗΣ Οὐκ ἔμοιγε.

[1] ἅπτομαι (*mit Gen.*) *hier*: in Kontakt mit jdm. kommen
[2] τὸ παράπαν: überhaupt
[3] ὁ ἐριστικὸς λόγος: das Paradox
[4] κατ|άγω: einführen

**2** Stellen Sie zusammen, was man alles suchen bzw. untersuchen kann. Worauf trifft Menons Argument zu, worauf nicht?

**3** Diskutieren Sie, wie man vorgehen könnte: Wie kann man die ἀρετή bestimmen, wenn man nicht weiß, was das ist?

*Maurits Cornelis Escher: „Relativity"; Lithographie, 39,3 × 39,5 cm, 1953; New York, Museum of Modern Art*

**1 a** Suchen Sie aus dem Lektionstext sämtliche Formen von οἶδα heraus und bestimmen Sie sie. Berücksichtigen Sie dabei:

Der Stamm ἰδ- (Nullstufe) lautet in der Vollstufe εἰδ-, mit o-Ablaut οἰδ-.
Sie können zur Bestimmung folgende Vergleichsformen hinzuziehen:

οἶδα – πέπαυκα ・ εἰδώς – νενικηκώς ・
ᾔδησθα – ᾖσθα ・ εἰδέναι – πεπαιδευκέναι

• **b** Der Stamm von οἶδα begann ursprünglich mit einem w-Laut (ϝιδ-). Derselbe Stamm ist enthalten in εἶδον und dem lateinischen vidēre „sehen". Erklären Sie daraus die Bedeutung „wissen" für οἶδα und berücksichtigen Sie dabei den Aspekt des griechischen Perfekts.

**2** Ordnen Sie die folgenden Formen von γιγνώσκω den entsprechenden von οἶδα zu.

γιγνώσκεις ・ γιγνώσκομεν ・ γιγνώσκοντες ・ γιγνώσκουσα ・ ἐγίγνωσκον (2) ・ γίγνωσκε ・ γιγνώσκοιμι ・ γιγνώσκῃ ・ γιγνώσκοι ・ ἐγίγνωσκες ・ γιγνώσκουσιν (2)

ἴσασιν ・ εἰδότες ・ οἶσθα ・ εἰδείη ・ ᾔδησθα ・ ἴσθι ・ ἴσμεν ・ ᾔδεσαν ・ εἰδόσι(ν) ・ εἰδῇ ・ εἰδυῖα ・ εἰδείην ・ ᾔδειν

**3** Wiederholen Sie die Besonderheiten von πρίν- und ὥστε-Sätzen (Lektion 20, Übung 5 und 6) und übersetzen Sie.

1. Οἱ στρατιῶται μέγα ἐβόησαν, πρίν τινα ἀκοῦσαι, ὅ τι λέγοι ὁ στρατηγός.
2. Οὐ πρότερον ἐπαύσαντο βοῶντες, πρὶν χρήματα ἔλαβον.
3. Οἱ στρατιῶται οὕτως ἐβόησαν, ὥστε ὁ στρατηγὸς ἐφοβήθη.
4. Ὁ θόρυβος τοσοῦτος ἦν, ὥστε καὶ τοὺς πολεμίους ἀκούειν.

**4 a** Bestimmen Sie die folgenden Verbformen nach Person, Numerus, Modus, Tempus und Diathese:

μετεπέμψατο ・ ᾐτιάθην ・ πορευθείη ・ ἤγγειλαν ・ πεπεισμένοι ὦμεν ・ βεβλήκασιν ・ ἦχα ・ ἀποκεκριμένος εἴη ・ εἶχον ・ νομιεῖς

**b** Vervollständigen Sie die folgenden Sätze mit passenden Formen aus Teilaufgabe a.

1. Sokrates war überzeugt: „Ich ▢ zu Unrecht."
2. Die Soldaten ▢ dem Großkönig Schlimmes.
3. Xenophon wusste nicht, ob er nach Persien ▢.
4. ▢ nichts, was sie darauf noch entgegnen konnten.

**5** Abstrakte Begriffe entstehen oft aus konkreten Bedeutungen. So gehen Verben des Erkennens häufig auf Metaphern aus den Bereichen Raum und Wahrnehmung zurück:
ἐπ|ίσταμαι:
„sich auf etwas ver|stehen" → „wissen"

Nennen Sie die konkrete Ausgangsbedeutung folgender Verben:
σκέπτομαι / σκοπέω ・ οἶδα ・ προσέχω (τὸν νοῦν) ・ καταλαμβάνω

**6 a** Ordnen Sie die Wörterreihen alphabetisch.
1. ἀγαθός ・ ἀγέλη ・ ἀγορά ・ ἀγγέλλω ・ ἀγρός
2. διαφθείρω ・ διαβολή ・ διδάσκω ・ διάγω
3. εἷς ・ εἴθε ・ εἰ ・ εἶτα ・ εἰμί ・ εἴπερ
4. πᾶς ・ πατήρ ・ πάσχω ・ παραβάλλω
5. ὑπισχνέομαι ・ ὑπό ・ ὑπάρχω ・ ὑπακούω
6. ὡς ・ ὥρα ・ ὥστε ・ ὠνέομαι ・ ᾠδή ・ ὥσπερ

**b** Bestimmen Sie für jedes Wort die Wortart.

**7** Teilen Sie die folgenden Wörter nach ihrer Bedeutung in drei Gruppen:
σκέπτομαι ・ ζητέω ・ δοξάζω ・ οἶδα ・ δοκέω ・ νομίζω ・ ἐξετάζω ・ γιγνώσκω ・ ἡγέομαι ・ καταλαμβάνω ・ σκοπέω ・ καταμανθάνω ・ οἴομαι

# Lektion 46

## Herakles

### Ein übermenschlicher Held

Herakles fasziniert die Menschen bis in unsere Zeit. Noch heute bezeichnet man eine Herausforderung (mit seiner lateinischen Namensform) als Herkules-Aufgabe, wenn deren Bewältigung Anforderungen stellt, die das Maß menschlicher Vorstellungskraft übersteigen.

Als Sohn einer Sterblichen und des Gottes Zeus ist Herakles ein Halbgott (ἥρως). Bereits im Alter von wenigen Tagen erwürgt er zwei Schlangen, die Hera schickt, um den Sohn ihres untreuen Gatten zu töten. Später schlägt die Göttin Herakles mit Wahnsinn, sodass er seine erste Ehefrau und die eigenen Kinder tötet. Zur Sühne trägt ihm das Orakel von Delphi auf, zwölf Jahre Eurystheus, dem Herrscher von Mykene, zu dienen. Doch welche schier unlösbaren Aufgaben sich dieser auch ausdenkt, Herakles erfüllt sie alle. Besonders bekommt es Herakles mit Tieren zu tun: Gefährliche Raubtiere bzw. Monster wie den Löwen von Nemea oder die vielköpfige Schlange von Lerna tötet er; Tiere, die zur Nahrung dienen oder in anderer Hinsicht nützlich sind, fängt er und führt sie lebend zu Eurystheus. Damit schützt er die Menschen vor Bedrohungen und hilft ihnen, Nutzen aus den Tieren zu ziehen.

### Herakles überschreitet Grenzen

Herakles zeigt sich aber auch immer wieder von einer anderen Seite. Sein unberechenbarer Zorn kann sich bin zum rasenden Wahnsinn steigern. Schon im Jugendalter erschlägt er seinen Musiklehrer, weil dieser es wagt, den Schüler zu tadeln. Und als das Orakel von Delphi dem erwachsenen Herakles einmal eine Antwort verweigert, möchte dieser den Dreifuß Apollons rauben. Den Streit kann nur Zeus schlichten, indem er bestimmt, dass Herakles als Sklave an die lydische Königin Omphale verkauft wird. Diese erniedrigt den Helden, indem sie ihn in Frauenkleider steckt und sich selbst sein Löwenfell umlegt. Doch nach dem Bestehen weiterer Abenteuer wird Herakles am Ende seines Lebens als Gott in den Olymp erhoben.

*Antonio del Pollaiuolo: „Herkules tötet die Hydra", 17 × 12 cm, 1460; Florenz, Uffizien*

### Herakles als Helfer und Vorbild

Herakles wurde in ganz Griechenland kultisch verehrt und häufig als „Übelabwehrer" um Hilfe angerufen. Junge Männer an der Schwelle zum Erwachsensein sahen in ihm ein Vorbild, wie man durch Stärke und Intelligenz zur ἀρετή gelangen kann. Die stoische Philosophie sah in ihm das Sinnbild für das unerschütterliche Ertragen von Mühsal. Christliche Denker verstanden den Sohn eines Gottes, der nach seinem Tod selber zu einem Gott wurde, als Entsprechung zu Jesus Christus.

**1** Interpretieren Sie den Namen Ἡρα|κλῆς ausgehend von seinen Bestandteilen und vom Mythos.

**2** Stellen Sie die zwölf Heldentaten des Herakles zusammen und bestimmen Sie die Eigenschaften, die der Held in der jeweiligen Tat unter Beweis stellt.

# 46

Archaische Zeit | Klassik | Hellenismus | Römische Kaiserzeit | Spätantike

**Xenophon**

## Eine wichtige Entscheidung   nach Xenophon

Als Herakles in das Alter gekommen war, in dem junge Männer selbstständig werden, dachte er über seinen künftigen Lebensweg nach.
Da treten plötzlich zwei Frauen zu ihm. Die eine ist aufreizend gekleidet und geschminkt; es ist die Κακία. Die andere, die Ἀρετή, ist von natürlicher Schönheit. Die Ἀρετή will Herakles für ein tugendhaftes Leben gewinnen.

**1** Stellen Sie fest, welche Substantive in der Rede doppelt vorkommen, und schließen Sie daraus auf die Lebensbereiche, in denen Herakles sich bewähren soll.

„Οὐκ ἐξαπατήσω δέ σε προοιμίοις¹ ἡδονῆς, ἀλλὰ διηγήσομαι πάντα μετ' ἀληθείας. Τῶν γὰρ ἀγαθῶν καὶ καλῶν οὐδὲν ἄνευ πόνου καὶ ἐπιμελείας θεοὶ διδόασιν² ἀνθρώποις.
Εἰ τοὺς θεοὺς ἵλεως³ εἶναί σοι βούλει, θεραπευτέον σοι τοὺς
5 θεούς· εἰ δὲ ὑπὸ φίλων ἐθέλεις ἀγαπᾶσθαι, τοὺς φίλους εὐεργετητέον⁴· εἰ δὲ ὑπό τινος πόλεως ἐπιθυμεῖς τιμᾶσθαι, τὴν πόλιν ὠφελητέον· εἰ δὲ ὑπὸ τῆς Ἑλλάδος πάσης ἀξιοῖς ἐπ' ἀρετῇ θαυμάζεσθαι, τὴν Ἑλλάδα πειρατέον εὖ ποιεῖν· εἰ δὲ τῷ σώματι βούλει δυνατὸς εἶναι, τῇ γνώμῃ ὑπηρετεῖν⁵ ἐθιστέον τὸ σῶμα
10 καὶ γυμναστέον σὺν πόνοις. Πᾶσιν ἀγαπητὸς καὶ ἀνὰ τὴν γῆν πᾶσαν πάντα ἀνίκητος ἔσῃ."

¹ τὸ προοίμιον: die Vorspiegelung

² διδόασιν: 3. Pl. Präs. Akt. von δίδωμι

³ ἵλεως *(Akk. Pl.):* freundlich gesinnt

⁴ εὐεργετέω *mit Akk.:* jdm. Gutes tun

⁵ ὑπηρετέω: dienen, gehorchen

**2** Was könnte die Κακία zu Herakles gesagt haben? Formulieren sie deren Rede. Berücksichtigen Sie dazu auch das Gemälde.

*Ölgemälde von Annibale Carracci, 165 × 239 cm, 1596; Neapel, Museo di Capodimonte*

# Impulse und Übungen

**1** Von Verben kann ein sogenanntes Verbaladjektiv auf -τέος, -τέα, -τέον gebildet werden.

**a** Erschließen Sie dessen Verwendung aus den folgenden beiden bedeutungsgleichen Sätzen:
1. Δεῖ ἀσκεῖν τὴν ἀρετήν. = Ἀσκητέον ἐστὶν τὴν ἀρετήν.

**b** Übersetzen Sie entsprechend:
2. Διωκτέον ἐστὶν τὴν σωφροσύνην.
3. Φευκτέον τὴν πονηρίαν.
4. Οὐ πειρατέον ἐστὶν τῆς τύχης.

• **c** Erklären Sie an folgendem Satz, was unter „persönlicher Konstruktion" des Verbaladjektivs zu verstehen ist:
5. Οἱ σύμμαχοι εὖ ποιητέοι εἰσίν.

**2** Bei Verbaladjektiven auf -τέος wird die handelnde Person im Dativ angegeben. Übersetzen Sie die folgenden Sätze so, dass Sie die Täterangabe einmal als Antwort auf die Frage „von wem?", ein zweites Mal auf die Frage „wer?" wiedergeben.

1. Ἔστι τοῖς δικασταῖς σκεπτέον τὴν κατηγορίαν.
2. Μιμητέον ἐστὶν ἡμῖν τοὺς ἀγαθούς.
3. Πᾶσιν ἐλευθέροις ἁπτέον τῆς μουσικῆς.
4. Ὠφελητέα σοι ἡ πόλις ἐστίν.

**3** Es gibt auch ein Verbaladjektiv auf -τος, -τη, -τον. Seinen Anwendungsbereich zeigen die folgenden Beispiele.

1. Ἀλέξανδρος ἀνίκητος ἀπέθανεν.
   Alexander starb unbesiegt.
2. Οἱ στρατιῶται ᾤοντο Ἀλέξανδρον ἀνίκητον εἶναι.
   Die Soldaten hielten Alexander für unbesiegbar.

**a** Übersetzen Sie:
ὁραταὶ ἀδικίαι • γραπτοὶ λόγοι • μειράκιον φιλητὸν δοκοῦν • τὰ αἰσθητά • κρυπταὶ γνῶμαι

**b** Nennen Sie zu den folgenden Verbaladjektiven die Verben, die ihnen zugrunde liegen, und deren Bedeutung.
χρηστός • καταγέλαστος • δυνατός / ἀδύνατος

**4** Ordnen Sie nach Wortarten und bestimmen Sie die Verbformen genau.
ἑκατέροις • ἀξιωτέροις • ἑτοίμοις • εἴποις • ἔπεσιν • ἐσμέν • ἴσμεν • εἰδότων • ἰδόντων • ἄγων • ἀγών • γένους • γενοῦ

**5** Untersuchen Sie, für welche der folgenden Wörter Sie erst die Grundform bilden müssen, um sie im Wörterbuch zu finden.
ἤ • ἡμῖν • ἔμοιγε • ὤν • ἑνός • ταύτῃ • ἧς

**6 a** Teilen Sie in Ihrer Lerngruppe die unten folgenden Wortstämme auf und stellen Sie arbeitsteilig Wörter zusammen, die mit diesem Wortstamm gebildet werden. Fragen Sie dann die anderen Gruppenmitglieder nach deren Bedeutung.
πραγ • γιγν/γεν • θνη/θαν • λεγ/λογ • οἰκ • παιδ • πορ • στρατ • φαιν/φαν • τελ

**b** Nennen Sie deutsche Fremdwörter, denen diese Stämme zugrunde liegen, und erläutern Sie deren Bedeutung.

**7** Einige aktive Verben können auch passive Bedeutung haben. Entscheiden Sie beim Übersetzen, ob das jeweilige Verb aktiv oder passiv benutzt wird, und geben Sie an, woran man dies erkennt.
1. Ὁ Σωκράτης ὑπὸ Μελήτου ἀσεβείας[1] ἔφυγεν.
2. Οἱ ἐχθροὶ αὐτοῦ οὐκ ἐβουλήθησαν τὸν Σωκράτην ἀποφεύγειν.
3. Καὶ δὴ καὶ ὁ Σωκράτης πρεσβύτερος ὢν ὑπὸ τῆς πόλεως ἀπέθανεν.

[1] ἀσεβείας (Gen.): wegen Gottlosigkeit

**8** Angabe eines Ortes oder der Zeit? Ordnen Sie die folgenden Wörter.
ἔνθα • ἀεί • ἐκεῖ • τότε • οὔποτε • ἐνταῦθα

# Lektion 47

## Das Symposion

### Die Mischung macht's

Das heutige griechische Wort für „Wein", το κρασί, beruht auf einer Verkleinerungsform von ἡ κρᾶσις „die Mischung" (vgl. κεράννυμι) und verweist auf eine Trinkgewohnheit der alten Griechen: Der mit Harz und Gewürzen versetzte Wein wurde in der Regel mit Wasser vermischt getrunken. Darin sahen die Griechen auch eine kulturelle Differenz zu anderen Völkern: Das Trinken von ungemischtem Wein galt als unzivilisiert.

### Gemeinsam trinken

In griechischen Städten konnte man Wein jederzeit in öffentlichen Schankwirtschaften erhalten. Zum Kennzeichen der griechischen Kultur wurde aber eine stark ritualisierte Form des gemeinsamen Trinkens in privatem Raum, das συμ|πόσιον. Das Symposion war in der archaischen Adelsgesellschaft entstanden und blieb auch im demokratischen Athen eine Einrichtung, bei der die Mitglieder der Oberschicht zusammenkamen und unter sich blieben. Die Männer trafen sich auf Einladung im Privathaus eines Gastgebers, der sie in einem speziellen Raum (ὁ ἀνδρών) bewirten ließ (siehe Lektion 14, Informationstext). Im Anschluss an das Mahl stellten Sklaven luxuriöse Trinkgefäße bereit, entweder aus kostbarem Metall oder aus Ton mit kunstvollen Bemalungen. Eine kleine Menge Wein wurde als Trankspende für den ἀγαθὸς δαίμων ausgegossen; dies markierte den Beginn des Symposions.

*Detail einer Trinkschale, um 500–450 v. Chr.; Cambridge, Fitzwilliam Museum*

### An die Grenzen gehen

Einer der Teilnehmer bestimmte als συμποσί|αρχος das Verhältnis von Wein zu Wasser, die in einem großen κρατήρ gemischt wurden. Daraus wurden mit einer Kanne oder Schöpfkelle die Trinkgefäße befüllt; sie mussten reihum jeweils in einem Zug gelehrt werden. In gegenseitiger Kontrolle von Angesicht zu Angesicht testete man die eigenen Grenzen aus. Erwartet wurde, dass man trotz des hohen Alkoholkonsums an den Gesprächen teilnehmen und nach dem Symposion ohne Hilfe nach Hause gehen konnte.

### Unterhaltungen aller Art

Die Teilnehmer führten geistreiche Gespräche, trugen Lieder vor, zu denen sie sich auf Musikinstrumenten begleiteten, und forderten sich gegenseitig mit Rätseln oder Geschicklichkeitsspielen heraus. Reiche Gastgeber ließen zur Unterhaltung ihrer Gäste eigens Musikantinnen, Gaukler oder auch Prostituierte kommen. Manche Trinkgemeinschaft brach nach dem Symposion noch zu einem wilden Umzug durch die Straßen auf.

**1** Deuten Sie mithilfe der Informationen aus dem Text die auf der Abbildung dargestellten Personen, Objekte und Aktivitäten.

## Ohne Einladung zum Symposion?  nach Platon

Aristodemos, ein begeisterter Anhänger des Sokrates, erzählt von einer Begegnung mit Sokrates, der auf dem Weg zu Agathon war. Dieser, sagt Sokrates, habe ihn zur Feier seines Sieges im Tragödien-Agon eingeladen.

**1** Im Text geht es um zwei zentrale Themen einer jeden Feier: die Einladung und die persönliche Vorbereitung der Gäste. Suchen Sie die jeweiligen Ausdrücke heraus.

Ἔφη γὰρ ὁ Ἀριστόδημός οἱ Σωκράτη ἐντυχεῖν λελουμένον τε καὶ τὰς βλαύτας¹ ὑπο|δεδεμένον, ἃ ἐκεῖνος ὀλιγάκις² ἐποίει· καὶ ἐρέσθαι αὐτόν, ὅποι ἴοι οὕτω καλὸς γεγενημένος. Καὶ τὸν εἰπεῖν ὅτι „Ἐπὶ δεῖπνον εἰς Ἀγάθωνος. Χθὲς γὰρ αὐτὸν ἔφυγον τοῖς
5 ἐπινικίοις³, φοβηθεὶς τὸν ὄχλον· ὡμολόγησα δ' εἰς τήμερον παρέσεσθαι. Ταῦτα δὴ ἐκαλλωπισάμην⁴, ἵνα καλὸς παρὰ καλὸν ἴω. Ἀλλὰ σύ", ἦ δ' ὅς, „πῶς ἔχεις πρὸς τὸ ἐθέλειν ἂν ἰέναι ἄκλητος ἐπὶ δεῖπνον;" „Οὕτως", ἔφη ὁ Ἀριστόδημος, „ὅπως ἂν σὺ κελεύῃς."
10 „Ἕπου τοίνυν", ἔφη ὁ Σωκράτης, „ἵνα καὶ τὴν παροιμίαν δια-φθείρωμεν μεταβαλόντες, ὡς ἄρα καὶ Ἀγάθων⁵ ἐπὶ δαῖτας⁶ ἴασιν αὐτόματοι ἀγαθοί."
„Ὅρα οὖν", ἔφη ὁ Ἀριστόδημος, „ἄγων με τί ἀπολογήσῃ, ὡς ἐγὼ μὲν οὐχ ὁμολογήσω ἄκλητος ἥκειν, ἀλλ' ὑπὸ σοῦ
15 κεκλημένος."
„Συν|ερχομένω⁷", ἔφη ὁ Σωκράτης, „βουλευσόμεθα, ὅ τι ἐροῦμεν. Ἀλλ' ἴωμεν."

¹ ἡ βλαύτη: die Sandale
² ὀλιγάκις (Adv.): selten
³ τὰ ἐπινίκια: die Siegesfeier
⁴ καλλωπίζομαι: sich fein machen
⁵ Ἀγάθων(ι): „bei Agathon"
⁶ ἡ δαίς, τῆς δαιτός: Mahl, Gelage
⁷ -ω: Endung des Nominativs im Dual (Numerus für die Zweizahl)

**2** Nehmen Sie Stellung zu Sokrates' Frage in Z. 7/8: Wie würden Sie darauf reagieren?

**3** Das Sprichwort, auf das Sokrates in Z. 11/12 anspielt, könnte so gelautet haben:
Αὐτόματοι δ' ἀγαθοὶ ἀγαθῶν ἐπὶ δαῖτας⁶ ἴασιν.
Übersetzen und interpretieren Sie das Sprichwort. Erklären Sie, worin die Umdeutung des Sokrates besteht.

**4** Aristodemos verhält sich ähnlich wie ein Menschentyp, den die Griechen παρά|σιτος nannten. Leiten Sie den Begriff sprachlich her und erklären Sie die Verwendung des entsprechenden heutigen Fremdwortes.

## 47 vor dem Text → 1–7  Impulse und Übungen

**1** Der Verbstamm ἰ- hat die Bedeutung „gehen".

**a** Ordnen Sie die folgenden Formen in sinnvoller Weise und bestimmen Sie sie.

ἰέναι • ἰοῦσα • ἴτε • ἴοιμι • ἴω • ἰών • ἴθι • ἴοι • ἴτω • ἴῃς • ἰόν • ἴοιεν • ἴμεν

**b** Der Stamm erscheint auch als εἰ-. Ordnen Sie den folgenden Formen die entsprechenden von φημί (sagen) zu.

εἶμι • ἦμεν • ἤει • εἶσι(ν) • ἦτε • ἦσαν • εἶ • ἔφασαν • φῄς • ἔφατε • φησί(ν) • φημί • ἔφαμεν • ἔφη

**c** Stellen Sie die Formen des Indikativ Präsens zusammen (die 3. Pl. lautet ἴασιν) und übersetzen Sie sie. Beachten Sie, dass ἰέναι im Ind. Präs. futurische Bedeutung hat.

**2** Das Partizip Perfekt Passiv kann häufig mit der deutschen Entsprechung wiedergegeben werden und den Charakter eines Adjektivs annehmen. Beispiel:
λούω: waschen – λελουμένος: gewaschen

Übersetzen Sie entsprechend:
βεβλαμμένος • κεκοσμημένος • τεταραγμένος • κεκριμένος • κεκαυμένος • λελυπημένος

**3** Die verschiedenen Bedeutungen von ὡς lassen sich oft erschließen, indem man ὡς zunächst hilfsweise mit der Grundbedeutung „wie" übersetzt. Übersetzen Sie:
1. Ἀνήρ τις ἐκ τοῦ σταδίου φέρεται, ὡς ὁ Διογένης προσ|έρχεται.
2. Οἱ φίλοι τῷ ἀνδρὶ στεφάνους ἐπι|βάλλουσιν, ὡς ἐνίκησεν τὸ στάδιον.
3. Βοῶσιν, ὡς ἄριστός ἐστιν.
4. Ὁ δὲ Διογένης λέγει· „Διὰ τί ἐπαινεῖτε αὐτὸν ὡς φιλόσοφον ὄντα;
5. Ἀλλ᾽ οὐδὲν ἄλλο ἐποίησεν ἢ τρέχειν, ὡς τάχιστα δύναται."

**4** Nennen Sie für die hervorgehobenen Wörter die entsprechenden griechischen.

εἶτα • ἀεί • ἐκεῖ • ἐπεί • ἅμα • ὅτε

1. Daphnis und Chloë hüteten **immer zusammen** ihre Tiere.
2. **Als** Dorkon das bemerkte, wurde er eifersüchtig.
3. **Als** er einmal Chloë allein an der Quelle sah, dachte er, **dort** habe er eine Chance.
4. **Daraufhin** schmiedete er einen Plan …

**5** Ordnen Sie den Formen von φημί die von εἰμί zu und bestimmen Sie sie.

φαμέν • φῶ • ἔφησθα • ἔφασαν • φάτε • φατέ • φαίην • φημί • ἔφην • ἔφη • φῄς • φησίν • φασίν • ἔφαμεν • φάθι • φάναι

ἔστε • εἰμί • ἦμεν • εἴην • ἦσαν • ἐστίν • ὦ • ἴσθι • εἶ • ἦσθα • ἐσμέν • εἶναι • ἐστέ • ἦν (2) • εἰσίν

**6 a** Bilden Sie zusammengesetzte Verben aus den unten angegebenen Infinitiven und Vorsilben. Achten Sie darauf, ggf. die Form der Vorsilbe anzupassen (vgl. ἀν|έρχεσθαι, ἐξ|έρχεσθαι, συμ|βαίνειν).
**b** Überprüfen Sie in einem Wörterbuch, ob es das gebildete Verb tatsächlich gibt und welche Bedeutungen es neben der räumlichen noch haben kann.

διδόναι • ἰέναι • βαίνειν • ἄγειν • ἔρχεσθαι

ἀπο- • ἀνα- • ἐκ- • εἰσ- • κατα- • ὑπο- • δια- • ἐπι- • παρα- • περι- • προ- • προσ- • συν-

**7 a** Vergleichen Sie: „Εἶμι εἰς Ἀγάθωνος." – „I'm going to the butcher's."
Was ist bei dem Ausdruck jeweils sinngemäß zu ergänzen?
**b** Die gleiche Ausdrucksweise findet sich oft im Zusammenhang mit dem Gott der Unterwelt. Übersetzen Sie:
1. Ὁ Ὀδυσσεὺς εἰς Ἅιδου κατ|έβη[1].
2. Ἐν Ἅιδου τῇ μητρὶ ἐνέτυχεν ἀποθανούσῃ.

[1] ἔβην: Aor. von βαίνω

# Lektion 48

## Tiere in der griechischen Kultur

### Mit Tieren leben
Von den Einstellungen der Griechen zu Tieren geben uns zahlreiche Texte, bildliche Darstellungen sowie archäologische Funde von Tierkörpern ein umfassendes Bild. Im Alltag war die Nutzung tierischer Produkte (z. B. Milch, Honig, Wolle) als Nahrung oder zur Bekleidungsherstellung gang und gäbe. Man setzte Tiere zum Transport, zum Reiten oder zur Bewachung ein. In vielen Haushalten lebten Hunde, Katzen und Vögel als umsorgte Haustiere.

### Götter und Tiere
Domestizierte Tiere zu töten, um sich von ihrem Fleisch zu ernähren, war für die Griechen nicht unproblematisch und deshalb immer mit einem rituellen Akt verbunden: Dadurch dass man Teile des Tieres den Göttern opferte, sollte die Schuld am Tod eines lebendigen Wesens gemindert werden. Auch sonst bestand eine enge Beziehung zwischen Göttern und Tieren: Diese dienten den Göttern als ständige Begleiter, Boten oder Helfer; vereinzelt standen heilige Tiere unter ihrem besonderen Schutz.

### Kampf gegen Tiere
Seit vorgeschichtlicher Zeit war auch bei den Griechen die Jagd nach Wildtieren verbreitet. Später genoss die Jagd besonders in aristokratischen Kreisen hohes Ansehen, da sie Stärke, Schnelligkeit und Ausdauer erforderte und der Jäger so seine ἀρετή unter Beweis stellen konnte. Auch zu Begegnungen mit gefährlichen Tieren konnte es dabei kommen. Oft erzählte man sich μῦθοι von übernatürlich starken Tieren sowie grausamen Mischwesen, die nur von Helden zu besiegen waren. Manchen Mischwesen schrieb man aber auch tiefe Weisheit oder die Gabe der Prophetie zu.

*Grabstele von der Insel Paros, um 450–440 v. Chr.; New York, Metropolitan Museum of Art*

### Tiere in Fabel und Philosophie
Tiere waren für die Griechen aber auch ein Mittel, die spezifischen Eigenschaften des Menschen und seine Stellung im Kosmos zu beschreiben. Fabeldichter zeigten an Tieren allzu menschliche Verhaltensweisen auf. Philosophen wollten das Wesen des Menschen durch Vergleiche mit Tieren bestimmen. Aristoteles ging einen Schritt weiter: Als Erster erforschte er empirisch Tiere und deren Körperbau aus reinem Erkenntnisinteresse. Andere Denker kritisierten die Tötung von Tieren: Plutarch z. B. bezeichnete es als große Ungerechtigkeit, Tiere zu töten, um sie zu essen, solange es alternative Nahrungsmittel gebe; eindringlich warnte er vor der Abstumpfung des Menschen, wenn diesem das Töten von Tieren zur Gewohnheit werde.

**1** Arbeiten Sie aus den Texten und Bildern der genannten Informationsstexte (i) und Lektionstexte jeweils eine gemeinsame Funktion von Tieren heraus:
- **a** 1i, 2i, 7i, 25A, 29A, 43A
- **b** 27i, 27A, 27B, 28i, 35B, 43A, 46i
- **c** 7A, 8B, 12A
- **d** 2i, 23i, 25B, 36B
- **e** 10A, 10B, 17B, 26B, 33B, 42i, 44i

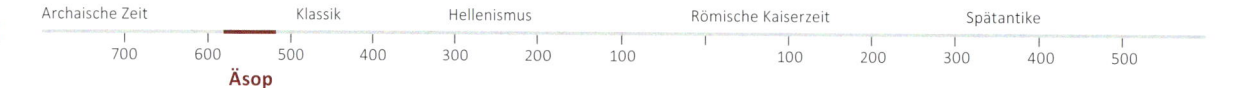

## Μῦθος κατ' Αἴσωπον: Adler und Fuchs   nach Äsop

**1** Lesen Sie den Text aufmerksam durch und erschließen Sie mithilfe der Vokabelangaben auf den Verlauf der Geschichte.

Ἀετὸς καὶ ἀλώπηξ[1] φιλίαν πρὸς ἀλλήλους ποιησάμενοι πλησίον ἑαυτῶν οἰκεῖν διέγνωσαν[2]. Καὶ δὴ ὁ μὲν ἀνα|βὰς ἐπί τι δένδρον ἐνεοττοποιήσατο[3]· ἡ δὲ εἰσ|ελθοῦσα εἰς τὸν ὑπο|κείμενον θάμνον[4] ἔτεκεν.

⁵ Ἐξ|ελθούσης δέ ποτε αὐτῆς ἐπὶ νομήν[5] ὁ ἀετὸς ἀπορῶν τροφῆς τὰ τέκνα ἀναρπάσας μετὰ τῶν αὐτοῦ νεοττῶν[6] κατέφαγεν. Ἡ δὲ ἀλώπηξ[1] ἐπανελθοῦσα ὡς ἔγνω τὸ πραχθέν, οὐ μᾶλλον ἐπὶ τῷ τῶν νεοττῶν[6] θανάτῳ ἐλυπήθη ὅσον ἐπὶ τῷ μὴ δύνασθαι ἀμύνεσθαι. Διὸ πόρρω|θεν στᾶσα, ὃ μόνον τοῖς ἀσθενέσιν καὶ
¹⁰ ἀδυνάτοις ὑπολείπεται, τῷ ἐχθρῷ κατηρᾶτο[7].
Συνέβη δ' αὐτῷ τῆς εἰς τὴν φιλίαν ἀσεβείας οὐκ εἰς μακρὰν[8] δίκην ὑποσχεῖν[9]· θυόντων γάρ τινων αἶγα ἐπ' ἀγροῦ ἀπὸ τοῦ βωμοῦ σπλάγχνον[10] ἔμπυρον[11] ἀν|ήνεγκεν· οὗ κομισθέντος ἐπὶ τὴν καλιὰν[12] σφοδρὸς ἐμ|πεσὼν ἄνεμος ἐκ λεπτοῦ καὶ παλαιοῦ
¹⁵ κάρφους[13] λαμπρὰν φλόγα[14] ἀνῆψε[15]· καὶ διὰ τοῦτο κατα- φλεχθέντες[16] οἱ νεοττοὶ[6] ἐπὶ τὴν γῆν κατ|έπεσον. Καὶ ἡ ἀλώπηξ[1] προσ|δραμοῦσα ἐν ὄψει τοῦ ἀετοῦ πάντας αὐτοὺς κατέφαγεν.

[1] ἡ ἀλώπηξ, τῆς ἀλώπεκος: die Füchsin
[2] δια|γιγνώσκω: beschließen
[3] νεοττοποιέω: ein Nest bauen
[4] ὁ θάμνος: das Gebüsch
[5] ἡ νομή *hier*: die Nahrungssuche
[6] ὁ νεοττός: das Neugeborene, das Junge
[7] κατ|αράομαι *mit Dat.*: jdn. verfluchen
[8] οὐκ εἰς μακράν: bald
[9] δίκην ὑπ|έχω *mit Gen.*: Strafe erleiden für etw.
[10] τὸ σπλάγχνον: ein Stück von den Eingeweiden
[11] ἔμπυρος, ἔμπυρον: brennend
[12] ἡ καλιά: das Nest
[13] τὸ κάρφος, τοῦ κάρφους: das Reisig
[14] ἡ φλόξ, τῆς φλογός: die Flamme
[15] ἀν|άπτω: entfachen
[16] κατα|φλέγω: verbrennen

**2** Erklären Sie, was der Adler getan hat und auf welche Weise ihn die Strafe dafür trifft.

**3** Erschließen Sie, welcher der folgenden Sätze als Moral zu dieser Fabel passt. Begründen Sie Ihre Entscheidung.
  **a** Die Fabel lehrt, niemanden zu verachten, weil man bedenken sollte, dass niemand so schwach ist, dass er, wenn man ihn schlecht behandelt, nicht in der Lage wäre, sich irgendwann einmal zu rächen.
  **b** Die Fabel zeigt, dass diejenigen, die Freundschaft geschlossen haben, auch wenn sie der Bestrafung durch die Geschädigten wegen deren Machtlosigkeit entgehen, der Rache der Götter nicht entkommen können.
  **c** Genauso hüten sich auch manche Menschen vor ihren Feinden und geraten, ohne es zu merken, an Freunde, die noch schlimmer als ihre Feinde sind.

# Impulse und Übungen

vor dem Text → 1–4
nach dem Text → 5, 6

**48**

**1 a** Sortieren Sie arbeitsteilig die Verbformen nach einem der folgenden Gesichtspunkte:
1. Aorist von βαίνω, γιγνώσκω oder ἵσταμαι
2. Infinitiv / Partizip / finite Form

**b** Bestimmen Sie gemeinsam jede Form genau.
γνῶμεν • ἔγνωτε • σταίην • ἔστη • ἔβησαν • γνῷς • γνοῖμεν • σταῖεν • ἔβητε • βῆναι • γνόντες • γνῶτε • βάς • στᾶσα • γνῶναι • ἔστης • στῆθι

**2 a** Ordnen Sie den Verwendungen von ὡς die zugehörigen Bedeutungen zu:
1. mit Superlativ
2. beim Partizip Futur
3. beim nicht-futurischen Partizip
4. als Einleitung einer abhängigen Aussage oder Frage
5. als Einleitung eines adverbialen Nebensatzes

als • als ob/in der Meinung, dass • dass • wie • möglichst • um zu

**b** Identifizieren Sie die Bedeutungsrichtungen im folgenden Text und übersetzen Sie.

*Aristodemos wird von Freunden nach seiner Begegnung mit Sokrates gefragt und antwortet:*
„Ἀγγελῶ, ὡς ταῦτα ἐγένετο. Ὁ Σωκράτης ὡς τάχιστα ἐπορεύθη εἰς Ἀγάθωνος ὡς παρεσόμενος τῷ δείπνῳ. Ὡς ἠρόμην αὐτόν, τίνος ἕνεκα οὕτως καλὸς εἴη, εἶπεν, ὡς καὶ ὁ
5 Ἀγάθων καλὸς εἴη. Τέλος καὶ ἐγὼ ἦλθον εἰς Ἀγάθωνος ὡς κεκλημένος."

**3** Nennen Sie jeweils die Form, die nicht zu den anderen in der Reihe passt.
1. μέντοι • πολῖται • νύκτες • ἄνθρωποι
2. γνώμη • κόρη • παλαιᾷ • ἐπιτρέπῃ
3. νόμος • πλοῦτος • τεῖχος • ὅρκος
4. ἐνδεεῖς • σαφεῖς • χαρίεις • ἀληθεῖς

**4 a** Erschließen Sie durch Vergleich, was durch das Suffix -σις, was durch das Suffix -μα ausgedrückt wird:
ἡ πρᾶξις    τὸ πρᾶγμα
ἡ τάξις    τὸ μάθημα
ἡ ζήτησις    τὸ πάθημα

**b** Erschließen Sie die Bedeutung folgender Substantive und geben Sie den Genitiv an.
ἡ γέννησις • τὸ γέννημα • τὸ δέημα • ἡ δόσις • τὸ εὐτύχημα • τὸ ζήτημα • ἡ κλῆσις • ἡ κρίσις • ἡ κτίσις • ἡ μέθεξις • ἡ μίμησις • ἡ παραίνεσις • τὸ ποίημα • ἡ ποίησις • τὸ σχίσμα

**5** Am Apollontempel in Delphi war folgende Inschrift angebracht: Γνῶθι σαυτόν.

Nicht jeder war mit dieser Forderung vollkommen einverstanden, wie den folgenden Versen aus einer Komödie Menanders zu entnehmen ist:
Κατὰ πόλλ᾽ ἄρ᾽ ἐστὶν οὐ καλῶς εἰρημένον τὸ „Γνῶθι σαυτόν"· χρησιμώτερον γὰρ ἦν τὸ „Γνῶθι τοὺς ἄλλους".

Interpretieren Sie die Inschrift und ihre „Korrektur" bei Menander.

**6 a** Bestimmen Sie die folgenden Partizipien vollständig:
ἀποβᾶσαν • στάς • μανείσης • ἐκπλαγεῖσα • διαφθαρέντα • διαγνόντες[1]

**b** Setzen Sie die Partizipien in folgende Sätze ein:
1. Ἀετὸς καὶ ἀλώπηξ[2] πλησίον ἑαυτῶν οἰκεῖν [?] τὸ αὐτὸ δένδρον οἰκίαν ἐξέλεξαν.
2. Ὁ ἀετὸς ἐν τῇ καλιᾷ[3] [?] ἐθεάσατο τὴν ἀλώπεκα [?].
3. Τὰ τέκνα αὐτῆς [?] τοῖς αὐτοῦ νεοττοῖς[4] ἤνεγκε τροφήν.
4. Τοῦτο εἶδεν ἡ ἀλώπηξ[2] [?].
5. Ὁ δ᾽ ἀετὸς καὶ κατεφρόνησε[5] τῆς ἀλώπεκος[2] τῆς λύπῃ [?].

[1] δια|γιγνώσκω: beschließen
[2] ἡ ἀλώπηξ: die Füchsin
[3] ἡ καλιά: das Nest
[4] ὁ νεοττός: das Junge
[5] κατα|φρονέω mit Gen.: jdn. verachten

# Einblicke in das Neugriechische II

## Die Zahlen

|    | altgriechisch    | neugriechisch  |
|----|------------------|----------------|
| 1  | εἷς, μία, ἕν     | ένας, μία, ένα |
| 2  | δύο              | δύο            |
| 3  | τρεῖς, τρία      | τρεις, τρία    |
| 4  | τέτταρες, τέτταρα | τέσσαρις, -α  |
| 5  | πέντε            | πέντε          |
| 6  | ἕξ               | έξι            |
| 7  | ἑπτά             | εφτά           |
| 8  | ὀκτώ             | οχτώ           |
| 9  | ἐννέα            | εννέα          |
| 10 | δέκα             | δέκα           |

**1 a** Erklären Sie, wofür bei den Zahlen 1, 3 und 4 die verschiedenen Formen verwendet werden.
**b** Erklären Sie, wie es zu der Bildung ένας gekommen ist.

**2 In der Taverne**

**a** Mithilfe der Zahlen können Sie in der Taverne schon allerlei bestellen; setzen Sie die gewünschten Dinge in den Akkusativ und beachten Sie Genus und Numerus.
**Fem.**: κόκα-κόλα • μπίρα • μερίδα *(Portion)* • λεμονάδα (Nom./Akk. Plural: -ες)
**Mask.**: καφές (Akk. καφέ, Pl. καφέδες) • λογαριασμός (Rechnung; Akk. λογαριασμό).
**Neutr.**: νερό (Wasser) • κρασί (Wein). – Wein und Wasser werden im Glas (το ποτήρι), in der Flasche (το μπουκάλι) oder nach Menge bestellt (z. B. ένα κιλό = 1 l, μισό κιλό, = ½ l).

Wörter, deren Endung nicht erlaubt, sie zu deklinieren, bleiben unverändert; sie stehen immer im Neutrum: το σνίτσελ – το τσάι – το κρουασάν.

**b** Formulieren Sie Ihre Bestellungen höflich; dafür nützliche Wörter wie „bitte" und „danke" sind eigentlich Verbformen, wie im Deutschen: παρακαλώ, ευχαριστώ (πολύ – πάρα πολύ). Leiten Sie deren Bedeutungen aus dem Altgriechischen her.

## Die Aspekte

Die Aspekte werden im Neugriechischen strikt beachtet. So werden z. B. Imperative fast immer vom Aoriststamm gebildet, wenn es sich nicht um eine allgemeine Aufforderung handelt.

**3** Führen Sie folgende Imperative auf altgriechische Verbstämme zurück:
λέγε • λέγετε/λέτε • φύγε • φύγετε • χαίρε • χαίρετε • δώσε • δώστε • πες • πέστε/πείτε

## Gute Wünsche

Zur Begrüßung und zum Abschied, beim Niesen und beim Trinken wünschen die Griechen einander Gesundheit: γεια (< ὑγίεια), mit Zusatz des Personalpronomens der 2. Person im Genitiv als Dativ-Ersatz: γεια σου (Singular) – γεια σας (Plural bzw. Höflichkeitsform).

**4** Vergleichen Sie:
1. „Δως (< δώσε) μου το νερό, παρακαλώ!"
2. Ο Κώστας μας έφερε ένα δώρο.

## Konjunktiv und Futur

Der Konjunktiv wird statt des Infinitivs gebraucht und durch να (< ἵνα) gekennzeichnet. Der Satz „Ich will laufen" kann im Neugriechischen auf zwei Weisen ausgedrückt werden: Θέλω να τρέχω. – Θέλω να τρέξω.

**5 a** Beschreiben Sie den Unterschied zwischen den beiden Konjunktiv-Formen.

Militärregime 1967–1974   Griechenland wird Mitglied der EWG 1981
deutsche Besetzung Griechenlands 1941–1944   Dimotiki wird Amtssprache 1976

**b** Weisen Sie nun jedem der beiden Sätze einer bestimmten Situation zu:
1. Jemand will das Laufen zu seiner regelmäßigen Sportart machen.
2. Jemand will für die nächste Besorgung nicht das Fahrrad nehmen.

Auf ähnliche Weise wird das Futur gebildet; es ist gekennzeichnet durch θα (aus θέλω να). Auch dabei werden die Aspekte beachtet.

**c** Vergleichen Sie:
1. Θα σου γράφω κάθε[1] μέρα.
2. Θα σου γράψω αμέσως[2].

[1] **κάθε**: jeder
[2] **αμέσως**: sofort

### Aorist
Der Indikativ des schwachen Aorists Aktiv lautet: γέλασα – γέλασες – γέλασε – γελάσαμε – γελάσατε – γέλασαν

**6 a** Beschreiben Sie die Bildung der Formen.
  **b** Übersetzen Sie:
έκρυψα • έλειψες • έτρεξεν • λύσαμε • βοηθήσατε • έπεισαν
  **c** Formulieren Sie eine Regel, wann das Augment erhalten bleibt und wann es wegfällt.

### Wie geht's?
Das Verb κάνω bedeutet „machen". Es wird aber auch verwendet für die geläufige Frage „Wie geht es dir / euch / Ihnen?": Τι κάνεις; Τι κάνετε;
Denkbare Antworten sind:
☺ Είμαι / είμαστε καλά.
😐 Έτσι[1] και έτσι.
☹ Άσχημα.

[1] **έτσι**: so

### Wo wohnst du?
Häufig hört man auch die Frage: Πού μένεις;
Wo wohnst du? – Πού μένετε; Wo wohnen Sie?
Mögliche Antworten:
Μένω στη Γερμανία / στη Δανία.
Μένω σε μία μικρή πόλη.
Wenn die Ortsangabe mit einem Vokal beginnt, tritt das ausgefallene ν wieder ein:
Μένουμε στην Αυστρία / στην Ελβετία.

**7** Führen Sie zu zweit einen griechischen Dialog, mit dem Sie sich vorstellen; fragen Sie auch nach Befinden und Wohnort.

### Wortbildung
Von Verben abgeleitete Substantive gehen häufig auf den Aoriststamm zurück.

**8** Bilden Sie Reihen aus Präsens – Aorist – neugr. Substantiv – Bedeutung.
ἐσθίω • ἵσταμαι • γίγνομαι • πάσχω • μανθάνω • τυγχάνω • θάπτομαι • φεύγω

ἔτυχον • ἔπαθον • ἔφυγον • ἔμαθον • ἐγενόμην • ἔφαγον • ἔστην • ἐτάφην

το φαγητό • η στάση • η γενεά • το πάθος • το μάθημα • η τύχη • ο τάφος • ο φυγάδας

Essen • Haltestelle • Generation • Krankheit • Lernstoff • Schicksal • Grab • Flüchtling

**9 Η πρόκληση – die Herausforderung**
Hier stehen Äußerungen bzw. Gedanken, die vom Adler oder von der Füchsin aus dem Lektionstext 48 stammen können.
Ordnen Sie diese den Szenen der Fabel zu.
1  A  Εκείνο το δέντρο είναι καλό.
2  F  Εκείνος ο θάμνος[1] είναι καλός.
3  A  Πού βρίσκω φαγητό;
4  F  Εκεί πετάει[2] ο αετός, ο φίλος μου.
5  A  Εκεί βλέπω νεοσσούς[3] της αλεπούδος[4].
6  F  Τι είναι αυτό; τι κάνει ο αετός;
7  A  Αυτά θα φέρνω στα παιδιά.
8  F  Αρπαγή – απάγονται τα παιδιά μου. Δεν μπορώ[5] να βοηθήσω.
9  A  Φέρνω καλό φαγητό, παιδιά.
10 F  Τι να κάνω; – Βλέπω ανθρώπους.
      [6]Άναψαν φωτιά[6].
      Έτσι θα τιμωρήσω τον εχθρόν.
11 A  Τι γίνεται; Από πού η φωτιά;
      Οι μικροί δεν μπορούν να πετάξουν[2].
12 F  Σήμερα θα φάω [7]κρέας ψητό[7].

[1] **ο θάμνος**: der Busch
[2] **πετώ**, *Aor.* **πέταξα**: fliegen
[3] **ο νεοσσός**: das Junge
[4] **η αλεπού, αλεπούδος**: die Füchsin
[5] **μπορώ**: können
[6] **ανάβω φωτιά**: Feuer anzünden
[7] **κρέας ψητό**: gebratenes Fleisch

# Griechische Vasenmalerei

**Vasen aus Athen – Luxus- und Handelsware**

Der antike Exportschlager aus Griechenland waren gebrannte und figürlich bemalte Tongefäße in vielen Stilen und einer Vielzahl von Formen: Bis heute entdecken Archäologen solche Vasen bei Ausgrabungen im Vorderen Orient und über Ägypten, Etrurien und Spanien bis ins nördliche Gallien. Mit der Produktion wertvoller Feinkeramik hatten die Griechen im 9. Jahrhundert v. Chr. begonnen; sie selbst verwendeten sie beim Symposion und bei religiösen Riten (im Alltag dagegen benutzten die Griechen zum Essen, Trinken und Aufbewahren sehr einfache Gefäße).

**Das Geheimnis des schwarzen Glanzes**

Dekoriert war diese luxuriöse Keramik mit metallisch glänzenden schwarzen Flächen und Linien. Erst in den 1960er Jahren gelang es experimentellen Archäologen, das Geheimnis des schwarzen Glanzes zu enthüllen. Die auf einer Töpferscheibe gedrehten Gefäße wurden nach dem Antrocknen mit einer Mischung aus Wasser und feinstkörnigem, eisenhaltigem Tonmineral bemalt. Dieser sogenannte Tonschlicker ist also eigentlich keine Farbe, sondern dasselbe Material wie der Ton, aus dem auch der Gefäßkörper getöpfert wurde. Die Gefäße wurden dann in einem Töpferofen über mehrere Tage in einem dreistufigen Verfahren bei unterschiedlichen Temperaturen und genau regulierter Sauerstoffzufuhr gebrannt. Unter solchen Bedingungen verbacken mit Tonschlicker bemalte Flächen zu einem glänzenden Schwarz, die unbemalten Flächen werden orangerot. Teilweise wurden weitere Erdfarben wie Rot und Weiß verwendet, die nach dem Brand aber matt blieben und oft schlecht hafteten.

**Malstile und Epochen**

In der schwarzfigurigen Vasenmalerei wurden die Figuren aufgemalt; Details wurden in den Tonschlicker eingeritzt. Nach dem Brand erschienen die Figuren schwarz, die Detaillinien rot. Um 530 v. Chr. entwickelten einige Vasenmaler den rotfigurigen Malstil: Der Bildgrund wurde mit Tonschlicker überzogen, nur die Figuren wurden ausgespart und mit Details in feinen Linien versehen.

Von 900 bis 700 v. Chr. (geometrische Epoche) verzierte man die Gefäße vorwiegend mit geometrischen Ornamenten. Auch Menschen und Tiere wurden in stark geometrischer Stilisierung gemalt. In der archaischen Epoche (700–480 v. Chr.) wurden dann – angeregt durch die Kunst orientalischer Hochkulturen – Tiere und Fabelwesen dargestellt, aber auch erste mythologischen Szenen. Die Maler der klassischen Epoche (480–400 v. Chr.) nutzten den rotfigurigen Stil für eine wesentlich differenziertere Darstellung von Menschen, Gewändern und Handlungen. Im 4. Jahrhundert verlagerten sich die Zentren der Vasenproduktion von Korinth und Athen nach Süditalien. Die dort produzierten Gefäße waren oft sehr groß und mit vielen Figuren und in mehreren Farben bemalt.

Gelegentlich signierten die Töpfer und Maler ihre Gefäße mit ihrem Namen. Auch erklärende Beischriften zu den abgebildeten Figuren finden sich. Manche Inschriften bestehen aber auch aus Phantasiebuchstaben oder ergeben keinen Sinn – hier sollte die vorgetäuschte Schrift das Prestige des Gefäßes erhöhen.

**1** Suchen Sie aus den Vasenabbildungen im *Kantharos* Beispiele für den schwarzfigurigen und den rotfigurigen Malstil, Gefäße der archaischen und klassischen Epoche sowie Inschriften heraus.

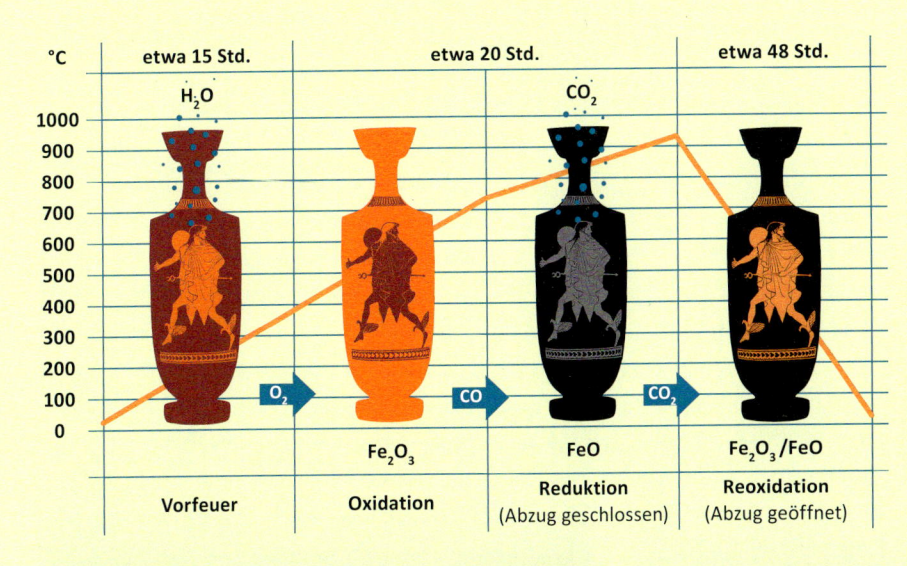

| | archaische Epoche (700–480 v. Chr.) | nachklassische Epoche (400–330 v. Chr.) |
|---|---|---|
| geometrische Epoche (900–700 v. Chr.) | klassische Epoche (480–400 v. Chr.) | |

*Schema der Herstellung von Glanztonkeramik in einem Drei-Phasen-Brand. Nach der Oxidation ist das ganze Gefäß rot, nach der Reduktion vollständig schwarz; bei der Reoxidation bleiben die bemalten Flächen schwarz, nur der ausgesparte Tongrund färbt sich orangerot.*

Phasen: Vorfeuer ($H_2O$) → Oxidation ($O_2$, $Fe_2O_3$) → Reduktion (CO, FeO, Abzug geschlossen) → Reoxidation ($CO_2$, $Fe_2O_3$/FeO, Abzug geöffnet); Dauer etwa 15 Std., etwa 20 Std., etwa 48 Std.

*Herakles kämpft mit dem Riesen Antaios; Außenbild einer Trinkschale mit erkennbarem Fehlbrand, um 490 v. Chr.; Wien, Kunsthistorisches Museum*

*Detail einer Amphora mit der Darstellung einer rituellen Totenklage, um 770 v. Chr.; Athen, Archäologisches Nationalmuseum*

*Detail einer Amphora, 550–540 v. Chr.; Paris, Louvre*

*Vasenmaler bei der Arbeit; Detail eines Weingefäßes, um 460 v. Chr.; Vicenza, Palazzo Leoni Montanari*

# Griechische Statuen

### Das Schicksal der Statuen

Im 7. Jahrhundert v. Chr. begannen die Griechen, lebens- und überlebensgroße Statuen zu schaffen. In Heiligtümern, auf Friedhöfen und auf öffentlichen Plätzen erichtete man Standbilder in so großer Zahl, dass es mancherorts Platzprobleme gab. Von der riesigen Menge an Statuen und anderen plastischen Kunstwerken ist heute nur noch eine geringe Zahl erhalten. Der Grund dafür liegt vor allem darin, dass man in späteren Zeiten den Skulpturen keinen kultischen oder künstlerischen Wert mehr zuerkannte, sondern nur noch einen materiellen: Marmorskulpturen wurden zu Tausenden zerschlagen und zu Kalk gebrannt, den man zum Hausbau benötigte; Bronzefiguren wurden eingeschmolzen, um daraus Gerätschaften oder Waffen zu fertigen. Erhalten blieben im Wesentlichen nur Skulpturen, die bewusst vergraben wurden (z. B. bei der Neugestaltung von Heiligtümern), durch äußere Einwirkungen wie Erdbeben verschüttet wurden oder beim Transport über See aufgrund von Stürmen im Meer versanken. Darüber hinaus lassen sich einige griechische Original-Skulpturen aus Kopien rekonstruieren, die die Römer ab dem 2. Jahrhundert v. Chr. angefertigt hatten, um damit ihre öffentlichen Gebäude und Plätze, aber auch private Anlagen auszustatten. Fast vollständig verloren gegangen ist aber die farbige Bemalung der Marmorstatuen; auch Bronzestatuen hatten durch Lackierung, Politur und Einlegearbeiten aus farbigen Materialien nicht das durch natürliche Alterung und Verwitterung entstandene einheitliche Aussehen ihres heutigen Zustands.

### Im Zentrum: der Mensch

Für die Griechen offenbarte sich das Wesen eines Menschen in seiner körperlichen Erscheinung. Daher wird der männliche Körper auch meist nackt dargestellt, um durch den unverhüllten Körperbau Werte zu veranschaulichen. Innerhalb weniger Jahrhunderte entwickelten die Griechen eine erstaunliche Bandbreite von Darstellungsmöglichkeiten des menschlichen Körpers.

### Die Epochen der Bildhauerkunst

Die Bildhauer der archaischen Epoche, die die ersten großen Marmorstatuen schufen, bildeten (mit Anleihen aus der ägyptischen Monumentalskulptur) einen Typus von Jünglings-Statuen, der durch seine geschlossene Haltung mit vorgesetztem linken Fuß den ganzen Körper unter Spannung setzte. Die wohldefinierten Muskeln des Oberkörpers eines solchen κοῦρος („Jüngling") drücken Schönheit, die gepflegten langen Haare das Standesbewusstsein eines Angehörigen der Oberschicht aus. Die mächtige Muskulatur der Oberschenkel und Waden zeigt Kraft an, die betonten Kniegelenke Beweglichkeit und Dynamik.

In der klassischen Epoche, ab etwa 490 v. Chr., wurde ein neues Standschema erfunden: Das Gewicht lastet auf einem Bein, das andere ist entlastet und leicht nach hinten versetzt. Dadurch ergibt sich ein dynamisches Wechselspiel von Belastung und Entlastung, von Spannung und Gegenspannung, das sich durch den ganzen Körper fortsetzt. Der jetzt bevorzugte Bronzeguss erlaubte anders als der Marmor weit ausgreifende Bewegungen der Arme und damit vielfältige Bildmotive. Die Skulptur des Hellenismus (ab 330 v. Chr.) erweiterte das Darstellungsspektrum beträchtlich: Nicht mehr nur Statuen von Göttern oder Menschen, die durch ihr Wesen oder ihre Taten herausragten, wurden geschaffen, sondern auch Darstellungen von Kindern und Alten sowie von Menschen in leidvollen oder kuriosen Situationen.

**1** Weisen Sie die abgebildeten Statuen ihren Stilepochen zu. Begründen Sie Ihre Entscheidung anhand der entsprechenden Merkmale.

klassische Epoche (480–330 v. Chr.)

800　700　600　500　400　300　200　100

archaische Epoche (700–480 v. Chr.)　　　　　hellenistische Epoche (330–30 v. Chr.)

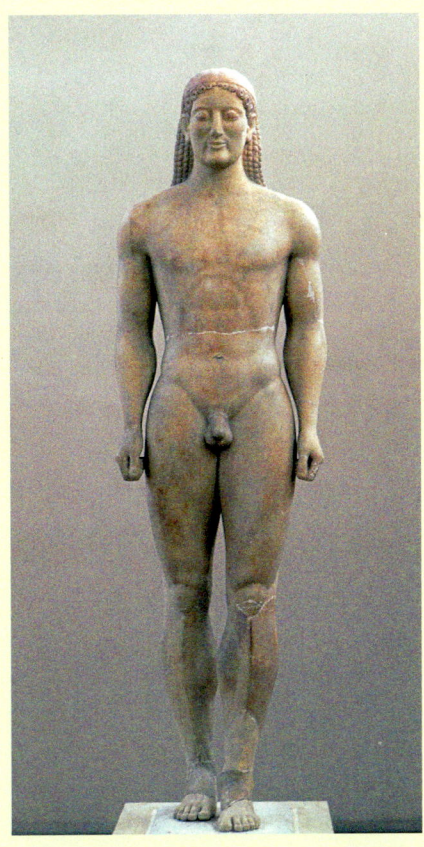

Links: Rekonstruierte Farbbemalung der Grabstele des Aristion, Höhe mit Palmettenaufsatz 2,51 m (vgl. S. 104), 510 v. Chr.; Rekonstruktion des Museums der Universität Tübingen; Mitte: Grabstatue aus Anavyssos in Attika, Marmor, Höhe 1,94 m, um 530/520 v. Chr.; Athen, Archäologisches Nationalmuseum; Rechts: Statue eines Jünglings aus dem Schiffswrack vor Antikythera, Bronze, Höhe 1,94 m, um 340 v. Chr.; Athen, Archäologisches Nationalmuseum

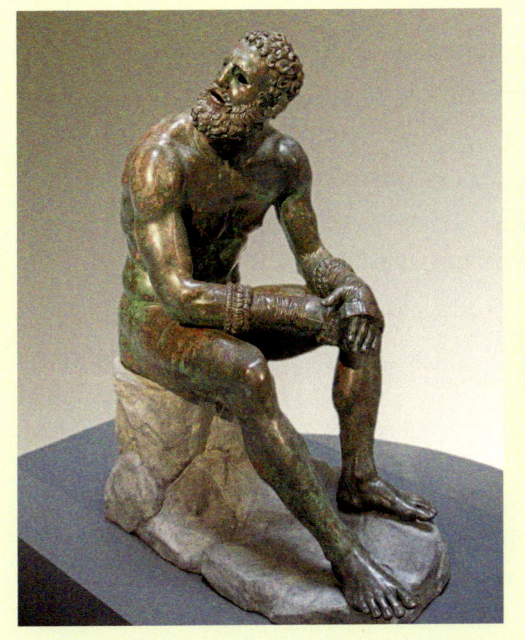

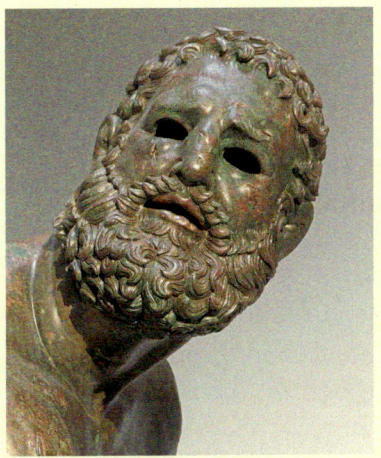

Statue eines Faustkämpfers mit Detail des Gesichts, Bronze, Höhe 1,28 m, Ende 4./Anfang 3. Jh. v. Chr.; Rom, Museo Nazionale Romano

205

# Die Architektur griechischer Tempel

**Tempel aus Holz und Stein**

Ein griechischer Tempel hatte eine klare Zweckbestimmung: dem Kultbild der Gottheit eine schützende Hülle zu geben und den Menschen einen gestalteten Zugang zu der „Wohnung" (ὁ ναός) der Gottheit einzurichten. Aufgrund dieser Funktionsbestimmung sind die frühen Tempel primär auf das Innere bezogen, auf den Wohnraum des Gottes, der durch Holzpfosten, Ziegelmauerwerk und ein Satteldach geschaffen wird. Säulen aus Holz markieren den einzigen Eingang zu diesem Raum.

Im 7. Jahrhundert kam es dann zu einem Wandel in der Auffassung, wie ein Tempel aufgebaut sein sollte. Der Wohnraum des Gottes wurde auf allen vier Seiten durch eine Säulenreihe umrahmt; die Säulen tragen das Dach, das jetzt über den ναός-Raum herausragt. Der ursprüngliche Eingangsbereich wird dadurch zum Vor-Raum (πρό|ναος); auf der Rückseite des ναός wird als Entsprechung ein rückwärtiger Raum (der Opisthodom) mit eigenem Eingang hinzugefügt. Durch den lichten Säulengang öffnete sich das Gebäude und gewann eine klare Außenwirkung. Daher wurde auch auf eine gut sichtbare Lage des Tempels geachtet.

Ab 600 v. Chr. errichtete man Tempel durchweg aus Stein. Die tonnenschweren Steinblöcke herzustellen und aufzurichten war eine technische Meisterleistung. Das neue Material verlieh den Tempeln Monumentalität und Dauerhaftigkeit.

**Mustergültig: der Parthenon**

Zur gleichen Zeit begannen die Architekten, die Anzahl und Größe der einzelnen Bauglieder nach klaren Zahlenverhältnissen zu bemessen. Auf der Athener Akropolis hat dieses Prinzip im Parthenon (entstanden von 447 bis 438 v. Chr.) seinen vollendeten Ausdruck gefunden: Mehrfach ist dort das Verhältnis 4 : 9 zu beobachten, so in der Breite zur Länge des Fundamentes, im Verhältnis von Breite zur Höhe (bis zur Unterkante des Giebeldreiecks) sowie beim unteren Säulendurchmesser zum Säulenabstand; die Anzahl der Frontsäulen (8) verhält sich zu derjenigen der Längsseiten (17) nach einer klassisch gewordenen Formel (n : 2n + 1).

Zugleich zeigt der Parthenon wie eine Reihe anderer Tempel Verfeinerungen, die den Baukörper optisch beleben. Alle Horizontalen wölben sich in einer sogenannten Kurvatur leicht nach oben: die Längsseiten (69,5 m) um 11 cm, die Querseiten (30,88 m) um 6,75 cm. Säulen und Wände sind leicht nach innen geneigt, die 9,5 m hohen Säulen verjüngen sich nicht gleichmäßig nach oben, sondern zeigen in der Mitte eine Schwellung (Entasis) von 1,75 cm. Im Ergebnis gibt es in diesem streng geometrisch erscheinenden Bau keinen einzigen rechten Winkel.

Zugleich dienten Tempel wie der Parthenon auch als Träger für plastische Kunst. In jedem Giebeldreieck (Tympanon) standen bis zu 3,50 m hohe Figuren, auf dem äußeren Tragebalken des Daches über den Säulen befanden sich in den sogenannten Metopen 92 Reliefplatten, und um die Mauern des Innenraumes verlief ein 160 m langer Relief-Fries. Insgesamt war der Parthenon mit etwa 600 plastisch ausgearbeiteten und farbig bemalten Figuren ausgestattet. Wohl nicht zufällig war mit Phidias ein Bildhauer beauftragt worden, den Gesamtplan für die Neugestaltung der Athener Akropolis zu erstellen.

**1** Erläutern Sie das folgende Zitat des Technik-Schriftstellers Heron von Alexandria (1. Jahrhundert n. Chr.) am Beispiel des Parthenon.

---

**Heron von Alexandria über die Vorgehensweise der Architekten**

Das Ziel des Architekten ist es, sein Bauwerk für die Wahrnehmung wohlproportioniert zu gestalten und so weit als möglich Gegenmittel gegen die Täuschungen des Auges zu finden, indem er Gleichheit und Harmonie anstrebt, aber nicht der Wahrheit nach, sondern nach der Wahrnehmung durch das Auge.

*Hero Alexandrinus, Definitiones 135.13*

**Zeustempel in Olympia (480–456 v. Chr.)**

```
1000    900    800    700    600    500    400    300    200    100
                       Erste Tempel mit Säulenhalle    Parthenon auf der Athener Akropolis (447–438 v. Chr.)
```

*Links: Der Parthenon von Nordwesten; Rechts: Rekonstruktion der Farbgestaltung des Parthenon*

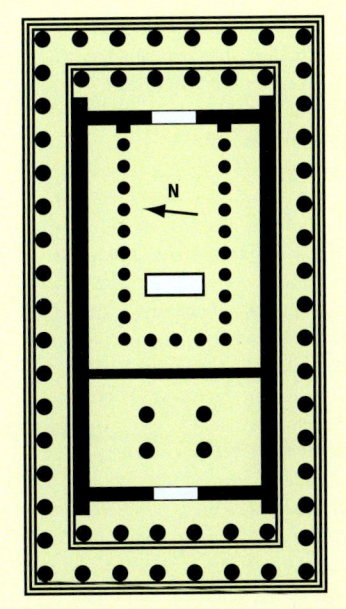

*Grundriss des Parthenon*

*Fundament des Parthenon mit erkennbarer Kurvatur*

*Die drei Formen griechischer Säulen: dorisch, ionisch, korinthisch*

207

# Alphabetisches Vokabular

Im Gesamtvokabular werden zu allen Vokabeln und den später nachgeführten Formen die jeweilige Lektion differenziert nach A und B angegeben. Unregelmäßige Verbformen sind alphabetisch eingeordnet, die Grundform und ihre Bedeutung werden jeweils genannt.

## A

ἀ- **13B** *(nur als Präfix, sog.* alpha privativum, *verneinend)* nicht, un-
ἀγαθός, ἀγαθή, ἀγαθόν **6A** gut, tüchtig
τὸ ἀγαθόν **5A** 1. das Gute, das Erfreuliche, das Richtige; 2. der Wert
τὰ ἀγαθά **5A** 1. die Werte, die Tugenden; 2. die Güter, der Besitz
τὸ ἄγαλμα, τοῦ ἀγάλματος **13A** 1. die Kostbarkeit, das Prachtstück; 2. die Götterstatue
ἀγανακτέω *mit Dat.* **21A** sich ärgern, empört sein *über jdn./etw.*
ἀγαπάω **25A** 1. *jdn.* lieben; 2. *mit etw.* zufrieden sein
ἀγγέλλω **37B** melden
ἀγγελῶ **38** (Formentabelle) *Futur zu* ἀγγέλλω melden
ἡ ἀγέλη **7B** 1. die Herde; 2. die Gruppe
ἀγενής, ἀγενές **34B** 1. nicht vornehm, nicht adlig; 2. nicht edel, gewöhnlich
ἀγνοέω **16A** nicht kennen, nicht wissen
ἡ ἀγορά **36A** 1. die Versammlung; 2. der Versammlungsplatz, der Marktplatz
ὁ ἀγρός **7A** der Acker, das Feld
ἄγω **1A** 1. führen, treiben; 2. ziehen, marschieren
ὁ ἀγών, τοῦ ἀγῶνος **12B** 1. der Wettkampf; 2. der Prozess
ἀγωνίζομαι **8A** 1. kämpfen, wetteifern; 2. prozessieren
ἡ ἀδελφή **26A** die Schwester
ὁ ἀδελφός **1B** der Bruder
ἀδικέω *mit Akk.* **18A** *jdm.* Unrecht tun, *jdn.* kränken
ἡ ἀδικία **9A** das Unrecht
ἄδικος, ἄδικον **22A** ungerecht
ἀδύνατος, ἀδύνατον **28A** 1. *(von Personen)* machtlos, unfähig; 2. *(von Sachen)* unmöglich
ᾄδω **12B** singen, besingen
ἀεί *Adverb* **1A** 1. immer; **16A** 2. jeweils
ὁ ἀετός **43** der Adler
ἀθάνατος, ἀθάνατον **11A** unsterblich
Ἀθηναῖος, Ἀθηναία, Ἀθηναῖον **23A** athenisch, aus Athen
ὁ Ἀθηναῖος **2A** der Athener
ἀθροίζω **42** sammeln, versammeln
αἰδέομαι *mit Akk.* **37A** 1. *vor jdm.* Ehrfurcht empfinden, *jdn.* respektieren; 2. sich *vor jdm.* schämen

ἡ αἰδώς, τῆς αἰδοῦς **42** *(Dat.* τῇ αἰδοῖ, *Akk.* τὴν αἰδώ*)* 1. die Scheu, die Scham; 2. die Ehrfurcht, die Achtung
ἡ αἴξ, τῆς αἰγός **19A** die Ziege
αἱρέω **26A** 1. nehmen; 2. ergreifen, fangen; 3. erobern
αἱρέομαι **26A** sich nehmen, wählen
αἴρω **14A** hochheben
αἰσθάνομαι **25A** wahrnehmen, bemerken
αἰσχρός, αἰσχρά, αἰσχρόν **12B** 1. hässlich; 2. schändlich, niederträchtig, gemein
αἰσχίων, αἴσχιον **30A** *(Gen.* αἰσχίονος*) Komparativ zu* αἰσχρός
αἴσχιστος, αἰσχίστη, αἴσχιστον **30A** *Superlativ zu* αἰσχρός
αἰσχύνομαι *mit Akk.* **31A** sich schämen *vor jdm./etw.*, respektieren
αἰτέω **18A** fordern, bitten
ἡ αἰτία **31B** 1. die Beschuldigung; 2. die Schuld; 3. die Ursache
αἰτιάομαι **18A** beschuldigen
ἄκλητος, ἄκλητον **47** ungerufen, ungeladen
ἀκολουθέω **20A** folgen
ἀκούω **2A** hören
ἀκριβής, ἀκριβές **40** genau, sorgfältig
ἡ ἀκρόπολις, τῆς ἀκροπόλεως **24B** die Oberstadt, die Burg, die Akropolis
ἄκων, ἄκουσα, ἆκον **37A** 1. unfreiwillig, ungern; 2. ohne Absicht
ἡ ἀλήθεια **23B** die Wahrheit
ἀληθής, ἀληθές **34B** 1. wahr, wirklich; 2. ehrlich
ἁλίσκομαι **30B** 1. gefangen werden, erobert werden; 2. *(eines Unrechts)* überführt werden
ἀλλά **2A** aber, sondern
ἀλλήλων **7B** *(Dat.* ἀλλήλοις, ἀλλήλαις, ἀλλήλοις; *Akk.* ἀλλήλους, ἀλλήλας, ἄλληλα*)* einander
ἄλλο **6B** *Nom./Akk. Sg. n. zu* ἄλλος ein anderer
ἄλλος, ἄλλη, ἄλλο **2A/6B** ein anderer
ἄλλος μέν – ἄλλος δέ **15A** einer … ein anderer
ἄλλο τι ἤ; **28A** nicht wahr?
ἄλλοθεν **28A** *(Adverb)* anderswoher
ἄλλως **10A** *(Adverb)* auf andere Weise, sonst
ὁ ἅλς, τοῦ ἁλός **21B** das Salz
ἅμα **7B** *(Adverb)* 1. zugleich; 2. zusammen
ἅμα – ἅμα **38A** teils … teils, nicht nur … sondern auch

ἅμα τῇ ἡμέρᾳ **35A** mit Tagesanbruch
ἀμείνων, ἄμεινον **23A** *(Gen.* ἀμείνονος; *Komparativ zu* ἀγαθός*)* tüchtiger, besser, tapferer
ἀμελέω *mit Gen.* **31A** sich nicht *um jdn./ etw.* kümmern, *jdn./etw.* vernachlässigen
ἀμύνομαι *mit Akk.* **48** sich wehren, sich *gegen jdn.* verteidigen
ἀμφισβητέω **30A** 1. streiten; 2. bestreiten, bezweifeln; 3. behaupten
ἀμφότεροι, ἀμφότεραι, ἀμφότερα **14A** beide
ἄν **29A, 39** *(Modalpartikel)*
ἀν- **13B** *(nur als Präfix, vgl.* ἀ-; *sog.* alpha privativum, *verneinend)* nicht, un-
ἀν- **14A** *(als Präfix)* 1. (hin)auf-; 2. zurück-; 3. wieder-
ἀνά *beim Akk.* **14A** 1. an … hinauf, in … hinauf; 2. über … hin
ἀνα- **14A** *(als Präfix)* 1. (hin)auf-; 2. zurück-; 3. wieder-
ἀναβαίνω **1A** hinaufgehen, hinaufsteigen
ἡ ἀνάβασις, τῆς ἀναβάσεως **35A** der Aufstieg, der Weg hinauf
ἀναγκάζω **5A** zwingen
ἀναγκαῖος, ἀναγκαία, ἀναγκαῖον **16B** zwingend, notwendig
ἡ ἀνάγκη **15A** 1. der Zwang, die Notwendigkeit; 2. die Not
ἀνάγκη *(ergänze* ἐστίν*)* **15A** es ist notwendig, notwendigerweise
τὸ ἀνάθημα, τοῦ ἀναθήματος **29A** das Weihgeschenk
ἀναιρέω **38B** 1. aufnehmen, aufheben; 2. beseitigen, zerstören, töten; 3. weissagen
ἀναμένω **8B** 1. bleiben, warten; 2. erwarten
ἀναρπάζω **35A** 1. an sich reißen; 2. rauben
ἀνατίθημι **29A** 1. aufstellen; 2. *(als Weihgeschenk)* weihen
ἀναφαίνω **8B** sehen lassen, zeigen
τὸ ἀνδράποδον **25A** der Sklave
ἡ ἀνδρεία **4A** die Tapferkeit
ἀνεγείρω **27A** wecken, aufwecken
ἀνεῖλον **38B** *Aorist zu* ἀναιρέω 1. aufnehmen, aufheben; 2. beseitigen, zerstören, töten; 3. weissagen
ὁ ἄνεμος **24A** der Wind
ἄνευ *beim Gen.* **13B** ohne
ἀνέχομαι **12B** aushalten, ertragen
ὁ ἀνήρ, τοῦ ἀνδρός **15A** 1. der Mann; 2. der Mensch

ἀνθ- **24A** *(als Präfix)* gegen-, entgegen-
ἀνθρώπειος, ἀνθρωπεία, ἀνθρώπειον **11A** menschlich
ὁ ἄνθρωπος **1B** der Mensch
ἀντ- **24A** *(als Präfix)* gegen-, entgegen-
ἀντί *beim Gen.* **28B** anstelle von, statt
ἀντι- **24A** *(als Präfix)* gegen-, entgegen-
ἀντιλέγω **4A** widersprechen
ἄξιος, ἀξία, ἄξιον *mit Gen.* **11B** wert, würdig *(einer Person/Sache)*
ἀξιόω **46** 1. jdn. für würdig halten; 2. fordern, bitten
ἀπ- **8A** *(als Präfix)* weg-
ἀπαγγέλλω **37B** melden
ἀπαλλάττω *mit Gen.* **8B** 1. *von etw.* entfernen; 2. *von etw.* befreien
ἀπαντάω **36B** begegnen
ἅπας, ἅπασα, ἅπαν **33B** 1. all, ganz; 2. jeder
ἀπατάω **23B** täuschen, betrügen
ἡ ἀπάτη **6B** die Täuschung, der Betrug
ἀπέθανον **26A** *(Stamm* ἀποθαν-*) Aorist zu* ἀποθνῄσκω sterben
ἀπειλέω **26A** drohen, androhen
ἄπειρος, ἄπειρον *mit Gen.* **16B** unerfahren *in etw.*
ἀπεκρινάμην **30B** *Aorist zu* ἀποκρίνομαι antworten
ἀπέκτεινα **30B** *Aorist zu* ἀποκτείνω töten
ἀπέκτονα **44** *(Formentabelle) Perfekt zu* ἀποκτείνω töten
ἀπέχομαι **37A** sich fernhalten
ἀπηλλάγην **38** *(Formentabelle) Aorist Passiv zu* ἀπαλλάττω *mit Gen.* 1. *von etw.* entfernen; 2. *von etw.* befreien
ἀπό *beim Gen.* **3B** 1. von … her, von … weg, von; 2. seit
ἀπο- **8A** *(als Präfix)* weg-
ἀποβάλλω **44** 1. wegwerfen, abwerfen; 2. verlieren
ἀποθνῄσκω **5B** sterben
ἀποκρίνομαι **6A** antworten
ἀποκρινοῦμαι **38** *(Formentabelle) Futur zu* ἀποκρίνομαι antworten
ἀποκτείνω **12A** töten
ἀποκτενῶ **38** *(Formentabelle) Futur zu* ἀποκτείνω töten
ἀπόλλυμι **37A** 1. vernichten; 2. verlieren
ἀπόλλυμαι **37A** 1. vernichtet werden, zugrunde gehen; 2. verloren gehen
ἀπολογέομαι **39** sich verteidigen
ἀπολούω **7B** abwaschen
ἀπόλωλα **44** *Perfekt zu* ἀπόλλυμι 1. vernichten; 2. verlieren
ἀπορέω **48** 1. ratlos sein, in Not sein; 2. Mangel haben *an etw.*
ἡ ἀπορία **13B** 1. die Ratlosigkeit, die Verlegenheit; 2. der Mangel

ἄπορος, ἄπορον **7A** 1. *(von Sachen)* unwegsam, schwierig; 2. *(von Personen)* ratlos
ἀποστερέω **32A** berauben, rauben
ἀποφαίνω **11A** zeigen, darlegen
ἀποφεύγω *mit Akk.* **15B** 1. jdm. entkommen; 2. freigesprochen werden
ἅπτομαι *mit Gen.* **19B** 1. *jdn./etw.* anfassen, berühren; 2. sich *mit etw.* befassen
ἀπώλεσα **37A** *(Stamm* ὀλ-*) Aorist zu* ἀπόλλυμι 1. vernichten; 2. verlieren
ἀπωλόμην **37A** *(Stamm* ὀλ-*) Aorist zu* ἀπόλλυμαι 1. vernichtet werden, zugrunde gehen; 2. verloren gehen
ἄρα **2A** also, folglich
ἆρα **2A** *(leitet eine Frage ein und wird nicht übersetzt)*
ἆρα μή; **10B** … etwa …?
ἆρ' οὔ; **2A** … nicht …?, … etwa nicht?
τὸ ἀργύριον **17A** 1. das Silber; 2. das Geld
ὁ ἄργυρος **17A** 1. das Silber; 2. das Geld
ἡ ἀρετή **3A** 1. die Tapferkeit; 2. die Leistung, die Qualität; 3. die Tugend
ἡ ἀριθμητική *(ergänze* τέχνη*)* **17A** die Arithmetik, die Zahlenlehre
ὁ ἀριθμός **3A** die Zahl
ἀριστερός, ἀριστερά, ἀριστερόν **43** links
ἡ ἀριστερά **43** die linke Hand
ἄριστος, ἀρίστη, ἄριστον **12A** *(Superlativ zu* ἀγαθός*)* bester, tüchtigster, tapferster
ἀρκέσω **28A** *Futur zu* ἀρκέω genügen, ausreichen
ἀρκέω **28A** genügen, ausreichen
ἁρπάζω **35A** 1. an sich reißen; 2. rauben
ἀρχαῖος, ἀρχαία, ἀρχαῖον **23A** alt, ehemalig
ἡ ἀρχή **4B** 1. der Anfang; 2. die Herrschaft; 3. das Amt
ἄρχω *mit Gen.* **11A** 1. *etw./mit etw.* anfangen; 2. *über jdn.* herrschen
ἄρχομαι *mit Gen.* **11A** *mit etw.* anfangen
ὁ ἄρχων, τοῦ ἄρχοντος **35A** 1. der Herrscher, der Anführer; 2. der Beamte; 3. der Vorgesetzte
ἀρῶ **38** *(Formentabelle) Futur zu* αἴρω hochheben
ἡ ἀσέβεια **48** die Gottlosigkeit, der Frevel
ἀσθενής, ἀσθενές **34A** 1. kraftlos, schwach; 2. krank
ἀσκέω **12B** 1. üben; 2. ausüben
τὸ ἄστρον **3B** der Stern, das Gestirn
ἡ ἀστρονομία **17A** die Astronomie
ἄταφος, ἄταφον **26A** unbestattet
ἅτε *beim Partizip* **42** da, weil
ἀτιμάζω **12A** verachten, verächtlich behandeln
αὖ **7B** 1. wieder, wiederum; 2. andererseits

αὖθις **7B** 1. wieder, wiederum; 2. andererseits
αὐτίκα **41** *(Adverb)* sofort, in demselben Augenblick
αὐτόματος, αὐτόματον **47** aus eigenem Antrieb, von selbst
αὐτός, αὐτή, αὐτό **5A** selbst
αὐτοῦ, αὐτῆς, αὐτῶν **7A** sein, ihr *(die Genitive von* αὐτός *dienen als Possessivpronomen der 3. Person:* dessen, deren*)*
αὐτόν, αὐτήν, αὐτό **8A** ihn, sie, es *(die Formen von* αὐτός *dienen – außer im Nom. – als Personalpronomen der 3. Person)*
ὁ αὐτός, ἡ αὐτή, τὸ αὐτό **11A** derselbe, der gleiche
αὑτοῦ/ῆς **26A** αὑτῷ/ῇ, αὑτόν/ήν, Pl. αὑτῶν, αὑτοῖς/αῖς, αὑτούς/άς *(reflexives Personalpronomen der 3. Person)* seiner, sich, sich
ἀφ- **8A** *(als Präfix)* weg-
ἀφανίζω **24A** 1. unsichtbar machen, verschwinden lassen; 2. vernichten
ἄφθονος, ἄφθονον **27A** 1. neidlos; 2. reichlich
ἀφικνέομαι **17A** kommen, ankommen
ἀφικόμην **41** *(Stamm* ἱκ-*) Aorist zu* ἀφικνέομαι kommen, ankommen
ἄφρων, ἄφρον **10B** *(Gen.* ἄφρονος*)* unbesonnen, unvernünftig

# B

βαδίζω **20A** gehen
βαίνω **1A** gehen
βάλλω **1B** 1. werfen; 2. treffen
βαλῶ **38** *(Formentabelle) Futur zu* βάλλω 1. werfen; 2. treffen
βάρβαρος, βάρβαρον **23B** nichtgriechisch
ὁ βάρβαρος **23B** der Nichtgrieche, der Barbar
βαρύς, βαρεῖα, βαρύ **35B** 1. schwer, gewichtig; 2. beschwerlich; 3. *(von Tönen)* tief
ἡ βασιλεία **33B** das Königreich, die Königsherrschaft
ὁ βασιλεύς, τοῦ βασιλέως **2B** der König, der Herrscher
βασιλεύω *mit Gen.* **15B** König sein, herrschen *über jdn.*
βασιλικός, βασιλική, βασιλικόν **12A** königlich
βέβαιος, (βεβαία,) βέβαιον **9B** feststehend, fest, zuverlässig
βέβηκα **48** *Perfekt zu* βαίνω gehen
βέβληκα **44** *Perfekt zu* βάλλω 1. werfen; 2. treffen
βέλτιστος, βελτίστη, βέλτιστον **30A** *Superlativ zu* ἀγαθός gut

# B

βελτίων, βέλτιον **30A** *(Gen.* βελτίονος*)*
  *Komparativ zu* ἀγαθός gut
βήσομαι **48** *Futur zu* βαίνω gehen
βιάζω **5A** zwingen, Gewalt antun
τὸ βιβλίον **3B** das Buch
ὁ βίος **4B** das Leben
βλάπτω *mit Akk.* **5A** jdn. schädigen, jdm. schaden
βλέπω **7A** 1. sehen; 2. *mit* εἰς *beim Akk.*: jdn. anblicken, ansehen
βοάω **17B** rufen, schreien
ἡ βοήθεια **12A** die Hilfe
βοηθέω **18A** zu Hilfe eilen, helfen
ὁ βοηθός **19B** der Helfer
ὁ βορέας, τοῦ βορέου **24A**
  1. der Nordwind; 2. der Norden
βούλει **22A** *2. Sg. Präsens zu* βούλομαι wollen
βουλεύομαι **6B** 1. sich ausdenken; 2. sich beraten, überlegen; 3. beschließen
βουλεύω **6B** 1. raten, beraten; 2. Mitglied des Rates sein
ἡ βουλή **31A** 1. die Beratung; 2. der Rat, der Plan, die Absicht; 3. der Rat, die Ratsversammlung
βούλομαι **5B** wollen
ὁ/ἡ βοῦς, τοῦ/τῆς βοός **14B** das Rind: der Ochse, die Kuh
ὁ βωμός **25B** der Altar

# Γ

ἡ γαῖα **3B** die Erde, das Land
τὸ γάλα, τοῦ γάλακτος **28B** die Milch
ὁ γάμος **12B** die Hochzeit, die Ehe
γάρ **1A** denn, nämlich
ἡ γαστήρ, τῆς γαστρός **41** der Bauch
γε **6B** *(enklitisch)* 1. *(einschränkend)* wenigstens, jedenfalls; 2. *(betonend)* gewiss, gerade; 3. *oft unübersetzt*
γεγένημαι **47** *Perfekt zu* γίγνομαι
  1. werden, entstehen, geboren werden; 2. geschehen
γέγονα **47** *Perfekt zu* γίγνομαι 1. werden, entstehen, geboren werden; 2. geschehen
γέγραφα **44** *(Formentabelle) Perfekt zu* γράφω 1. schreiben; 2. malen, zeichnen
γελάω **22A** 1. lachen; 2. auslachen
γελοῖος, γελοία, γελοῖον **10A** lächerlich, komisch
γενήσομαι **28B** *Futur zu* γίγνομαι 1. werden, entstehen, geboren werden; 2. geschehen
γενναῖος, γενναία, γενναῖον **6A** *(von guter Herkunft)* 1. adlig, edel; 2. tüchtig; 3. echt, unverfälscht
τὸ γένος, τοῦ γένους **42** 1. das Geschlecht, die Gattung; 2. die Abstammung

ὁ γέρων, τοῦ γέροντος **29A** der alte Mann, der Greis
ἡ γεωμετρία **17A** die Geometrie
ὁ γεωργός **8B** der Bauer
ἡ γῆ, τῆς γῆς **3B** die Erde, das Land
γίγνομαι **5A** 1. werden, entstehen, geboren werden; 2. geschehen
γιγνώσκω **2A** 1. erkennen, kennenlernen, erfahren; 2. kennen, wissen
ἡ γνώμη **11A** 1. der Verstand, die Einsicht; 2. die Gesinnung, die Meinung
γνώσομαι **48** *Futur zu* γιγνώσκω
  1. erkennen, kennenlernen, erfahren; 2. kennen, wissen
τὸ γράμμα, τοῦ γράμματος **11B** der Buchstabe, die Schrift
ἡ γραφή **35B** 1. die Schrift; 2. die Anklageschrift; 3. das Bild
γράφω **2A** 1. schreiben; 2. malen, zeichnen
γυμνάζω **31A** jdn. üben, trainieren
γυμνός, γυμνή, γυμνόν **12B** 1. nackt, leicht bekleidet; 2. unbewaffnet
ἡ γυνή, τῆς γυναικός **15A** die Frau

# Δ

δαιμόνιος, δαιμονία, δαιμόνιον **16B** 1. göttlich, übermenschlich, wunderbar, unbegreiflich; 2. unselig, unglücklich
ὁ δαίμων, τοῦ δαίμονος **6B** 1. das göttliche Wesen, die Gottheit; 2. das Schicksal
δάκνω **14A** beißen
δέ **1B** 1. aber; 2. und; 3. *oft unübersetzt*
δέδεμαι **47** *Perfekt Medio-Passiv zu* δέω binden, fesseln
δεήσει **28A** *Futur zu* δεῖ es ist nötig, man muss
δεήσομαι **28A** *Futur zu* δέομαι *mit Gen.* 1. *etw.* brauchen, nötig haben; 2. *jdn.* bitten
δεῖ **1A** es ist nötig, man muss
δείδω **42** fürchten
δείκνυμι **35B** zeigen
δειλός, δειλή, δειλόν **9B** 1. furchtsam, feige; 2. elend
δεινός, δεινή, δεινόν **2B** 1. furchtbar, gefährlich; 2. gewaltig; 3. fähig
δειπνέω **21B** die Mahlzeit einnehmen *(Hauptmahlzeit am späten Nachmittag)*
τὸ δεῖπνον **47** die Mahlzeit *(Hauptmahlzeit am späten Nachmittag)*
τὸ δένδρον **17B** der Baum
δεξιός, δεξιά, δεξιόν **43** rechts
ἡ δεξιά **43** die rechte Hand
δέομαι *mit Gen.* **10A** 1. *etw.* brauchen, nötig haben; 2. *jdn.* bitten
τὸ δέον **36A** *(meist Plural:* τὰ δέοντα*)* das Nötige

τὸ δέρμα, τοῦ δέρματος **19A** die Haut
ὁ δεσμός **35B** das Band, die Fessel, *im Pl. auch:* das Gefängnis
ὁ δεσπότης, τοῦ δεσπότου **21A** der Herr, der Herrscher, der Despot
δεῦρο **32A** *(Adverb)* hierher
δεύτερος, δευτέρα, δεύτερον **28A** der zweite
δέχομαι **21B** 1. *etw.* annehmen; 2. *jdn. (freundlich)* aufnehmen
δέω **47** binden, fesseln
δή **4B** 1. gerade, sicherlich, wirklich; 2. nun, also, folglich; 3. *oft unübersetzt*
δῆλος, δήλη, δῆλον **35A** offensichtlich, klar
δηλόω **30A** klar machen, zeigen
ὁ δημιουργός **28A** 1. der Handwerker; 2. der Schöpfer
ὁ δῆμος **4A** 1. das Volk *(als politische Einheit)*; 2. die Gemeinde, die Heimatgemeinde
δημόσιος, δημοσία, δημόσιον **7A** öffentlich, staatlich
δημοσίᾳ **31B** *(Adverb)* öffentlich, in der Öffentlichkeit, im Namen des Staates
δήπου **10B** *(Adverb)* doch wohl, sicherlich
δῆτα **15A** wirklich, gewiss
δι- **27B** *(als Präfix)* 1. durch, bis ans Ende; 2. auseinander
διά *beim Akk.* **5B** wegen
διὰ τί; **5B** weshalb?
διὰ τοῦτο **1B** deswegen
διά *beim Gen.* **11B** 1. durch ... hindurch; 2. durch, mittels
δια- **27B** *(als Präfix)* 1. durch, bis ans Ende; 2. auseinander
διαβάλλω **31B** verleumden
ἡ διαβολή **38B** die Verleumdung
διάγω **8B** (Zeit) verbringen
διακρίνω **23A** 1. unterscheiden, aussondern, auswählen; 2. entscheiden, urteilen, richten
διαλαμβάνω **25A** einteilen
διαλέγομαι *mit Dat. oder* πρός *beim Akk.* **11B** mit jdm. reden, sich *mit jdm.* unterhalten
διαμένω **37B** bleiben, ausharren
διασκοπέω **16A** 1. betrachten; 2. prüfen
διαφέρω *mit Gen.* **14A** 1. sich *von jdm.* unterscheiden; 2. sich *vor jdm.* auszeichnen
διαφθείρω **29B** 1. zugrunde richten, vernichten, verderben; 2. bestechen
διαφθερῶ **38A** *Futur zu* διαφθείρω 1. zugrunde richten, vernichten, verderben; 2. bestechen
ὁ διδάσκαλος **16B** der Lehrer
διδάσκω **2A** lehren
δίδωμι **18A** geben

**διεφθάρην** 38A *Aorist Passiv zu* **διαφθείρω** 1. zugrunde richten, vernichten, verderben; 2. bestechen

**διέφθαρκα** 44 *(Formentabelle) Perfekt zu* **διαφθείρω** 1. zugrunde richten, vernichten, verderben; 2. bestechen

**διέφθειρα** 38A *Aorist zu* **διαφθείρω** 1. zugrunde richten, vernichten, verderben; 2. bestechen

**διηγέομαι** 46 *(ein Thema)* ausführen, darstellen, erzählen

**δικάζω** 27B Recht sprechen, entscheiden

**δίκαιος**, δικαία, δίκαιον 3A gerecht, richtig

**ἡ δικαιοσύνη** 3A die Gerechtigkeit

**τὸ δικαστήριον** 39 das Gericht, der Gerichtshof

**ὁ δικαστής**, τοῦ δικαστοῦ 20B der Richter

**ἡ δίκη** 40 1. das Recht; 2. der Rechtsstreit, der Prozess; 3. die Strafe

**διό** 4A 1. weshalb *(relativ)*; 2. deshalb

**διότι** 29A *(Subjunktion)* weil, da

**δίς** 21B *(Adverb)* zweimal

**διώκω** 15B 1. verfolgen; 2. anklagen

**δοκεῖ μοι** 15A 1. es scheint mir; 2. es scheint mir gut, ich beschließe

**δοκέω** 11A 1. meinen, glauben; 2. scheinen

**ἡ δόξα** 4A 1. die Meinung; 2. der Ruf; *spez.* der gute Ruf, der Ruhm

**δοξάζω** 34A 1. meinen; 2. *(im Neuen Testament)* rühmen

**δόξω** 31A *Futur zu* **δοκέω** 1. meinen, glauben; 2. scheinen

**δός** 25B *Imperativ Aorist zu* **δίδωμι** geben

**δουλεύω** 27A Sklave sein, dienen

**ἡ δούλη** 37A die Sklavin, die Dienerin

**ὁ δοῦλος** 25A der Sklave, der Diener

**δουλόω** 34B zum Sklaven machen, unterdrücken

**ὁ δράκων**, τοῦ δράκοντος 27B die große Schlange, der Drache

**δράω** 22B tun, handeln

**δύναμαι** 5B können, imstande sein

**ἡ δύναμις**, τῆς δυνάμεως 24A die Macht, die Kraft, die Fähigkeit

**δυνατός**, δυνατή, δυνατόν 9A 1. *(von Personen)* mächtig, fähig; 2. *(von Sachen)* möglich

**δύο** 7A zwei

**δυσ-** 13B *(nur als Präfix)* schlecht, übel, miss-

**δύσπορος**, δύσπορον 13B schlecht passierbar

**δώδεκα** 27B zwölf

**δωρέομαι** 30A schenken, beschenken

**τὸ δῶρον** 12A das Geschenk, die Gabe

**δώσω** 29B *Futur zu* **δίδωμι** geben

## E

**ἐάν** 36A *(Subjunktion mit Konjunktiv)* 1. wenn, falls; 2. jedes Mal wenn

**ἑαυτοῦ/ῆς** 26A ἑαυτῷ/ῇ, ἑαυτόν/ήν, Pl. ἑαυτῶν, ἑαυτοῖς/αῖς, ἑαυτούς/άς *(reflexives Personalpronomen der 3. Person)* seiner, sich, sich

**ἐάω** 11A lassen: 1. zulassen; 2. in Ruhe lassen

**ἔβαλον** 25A *(Stamm* βαλ-*) Aorist zu* **βάλλω** 1. werfen; 2. treffen

**ἔβην** 48 *Aorist zu* **βαίνω** gehen

**ἐβλάβην** 38 *(Formentabelle) Aorist Passiv zu* **βλάπτω** *mit Akk.* jdn. schädigen, jdm. schaden

**ἐβουλήθην** 27B *Aorist zu* **βούλομαι** wollen

**ἐγ-** 21B *(als Präfix)* 1. darin; 2. hinein-

**ἐγείρω** 27A wecken, aufwecken

**ἐγέλασα** 22A *Aorist zu* **γελάω** 1. lachen; 2. auslachen

**ἐγενόμην** 25B *(Stamm* γεν-*) Aorist zu* **γίγνομαι** 1. werden, entstehen, geboren werden; 2. geschehen

**ἐγερῶ** 38 *(Formentabelle) Futur zu* **ἐγείρω** wecken, aufwecken

**τὸ ἐγκώμιον** 11B die Lobrede, die Verherrlichung

**ἔγνωκα** 48 *Perfekt zu* **γιγνώσκω** 1. erkennen, kennenlernen, erfahren; 2. kennen, wissen

**ἔγνων** 48 *Aorist zu* **γιγνώσκω** 1. erkennen, kennenlernen, erfahren; 2. kennen, wissen

**ἐγνώσθην** 48 *Aorist Passiv zu* **γιγνώσκω** 1. erkennen, kennenlernen, erfahren; 2. kennen, wissen

**ἔγνωσμαι** 48 *Perfekt Medio-Passiv zu* **γιγνώσκω** 1. erkennen, kennenlernen, erfahren; 2. kennen, wissen

**ἐγράφην** 38 *(Formentabelle) Aorist Passiv zu* **γράφω** 1. schreiben; 2. malen, zeichnen

**ἐγώ** 4A (ἐμοῦ, ἐμοί, ἐμέ; *enklitisch* μου, μοι, με) ich

**ἔγωγε** 7B *(betontes* ἐγώ*)* ich jedenfalls, ich wenigstens

**ἐδεήθην** 27A *Aorist zu* **δέομαι** *mit Gen.* 1. etw. brauchen, nötig haben; 2. jdn. bitten

**ἔδει** 12B *Imperfekt zu* **δεῖ** es ist nötig, man muss

**ἔδεισα** 42 *Aorist zu* **δείδω** fürchten

**ἐδίδαξα** 27A *Aorist zu* **διδάσκω** lehren

**ἐδιδάχθην** 27A *Aorist Passiv zu* **διδάσκω** lehren

**ἐδόθην** 33B *Aorist Passiv zu* **δίδωμι** geben

**ἔδομαι** 28B *Futur zu* **ἐσθίω** essen

**ἔδοξα** 27B *Aorist zu* **δοκέω** 1. meinen, glauben; 2. scheinen

**ἔδραμον** 32A *(Stamm* δραμ-*) Aorist zu* **τρέχω** laufen, rennen

**ἔδωκα** 40 *Aorist zu* **δίδωμι** geben

**ἔζων** 18B *Imperfekt zu* **ζήω** leben

**ἔθανον** 26A *(Stamm* ἐθαν-*) Aorist zu* **θνήσκω** sterben

**ἔθαψα** 38B *Aorist zu* **θάπτω** bestatten, begraben

**ἐθέλω** 2B wollen, bereit sein

**ἐθίζω** 12B jdn. gewöhnen

**τὸ ἔθνος**, τοῦ ἔθνους 14B das Volk, der Volksstamm *(als Kulturgemeinschaft)*

**τὰ ἔθνη** 33B 1. die Völker; 2. *(im Neuen Testament)* die Nichtchristen, die Heiden

**τὸ ἔθος**, τοῦ ἔθους 14A die Gewohnheit, die Sitte

**εἰ** 3A *(Subjunktion)* 1. wenn, falls; 2. ob

**εἰ δὲ μή** 21A wenn aber nicht, andernfalls

**εἰ μή** 15A 1. wenn nicht; 2. außer

**εἶδον** 25A *(Stamm* ἰδ-*) Aorist zu* **ὁράω** sehen

**τὸ εἶδος**, τοῦ εἴδους 35B 1. die Gestalt, das Aussehen; 2. die Idee, das Urbild

**εἴθε** 40 *(Wunschpartikel)* 1. *(mit Optativ: erfüllbarer Wunsch)* hoffentlich, wenn doch; 2. *(mit Vergangenheitstempus: unerfüllbarer Wunsch)* wenn doch

**εἴθιζον** 12B *Imperfekt zu* **ἐθίζω** jdn. gewöhnen

**ἡ εἰκών**, τῆς εἰκόνος 24B 1. das Bild; 2. die Statue

**εἴληφα** 44 *Perfekt zu* **λαμβάνω** 1. nehmen, ergreifen; 2. bekommen

**εἱλόμην** 26A *(Stamm* ἑλ-*) Aorist zu* **αἱρέομαι** sich nehmen, wählen

**εἷλον** 26A *(Stamm* ἑλ-*) Aorist zu* **αἱρέω** 1. nehmen; 2. ergreifen, fangen; 3. erobern

**εἰμί** 6A *(enklitisch)* ich bin

**εἶμι** 47 ich werde gehen

**εἶναι** 2B *(Infinitiv zu* εἰμί*)* sein

**εἴπερ** 15A *(Subjunktion)* wenn wirklich

**εἱπόμην** 31A *Imperfekt zu* **ἕπομαι** folgen

**εἶπον** 25A *(Stamm* εἰπ-*) Aorist zu* **λέγω** 1. sagen, behaupten; 2. sprechen; 3. nennen; 4. meinen

**εἴργασμαι** 43 *Perfekt zu* **ἐργάζομαι** 1. arbeiten; 2. *etw.* bearbeiten, verfertigen, schaffen; 3. *(mit doppeltem Akk.)* jdm. etw. antun

**εἴρημαι** 43 *Perfekt Medio-Passiv zu* **λέγω** 1. sagen, behaupten; 2. sprechen; 3. nennen; 4. meinen

**ἡ εἰρήνη** 11B der Friede

# E

εἰς *beim Akk.* **1A** 1. in (... hinein), zu (... hin), nach (... hin); 2. gegen; 3. hinsichtlich

εἰς Ἀγάθωνος *(ergänze* οἶκον*)* **47** zu Agathon

εἰσ- **25A** *(als Präfix)* hinein-

εἷς, μία, ἕν **31A** *(Zahlwort)* einer, eine, ein(e)s

εἰσί(ν) **1A** *(enklitisch; 3. Pl. zu* εἰμί*)* sie sind

εἴσομαι **28B** *Futur zu* οἶδα wissen, kennen

εἶτα **2B** *(Adverb)* dann, darauf, danach

εἴτε – εἴτε **15A** 1. sei es (, dass) ... oder (dass); 2. ob ... oder

εἶχον **7B** *Imperfekt zu* ἔχω haben, halten

ἐκ *beim Gen.* **1A** 1. aus ... (heraus); 2. seit; 3. infolge

ἐκ παίδων **12A** von Kindheit an

ἐκ τούτου **7B** 1. infolgedessen; 2. darauf

ἐκ τούτων **7B** 1. infolgedessen; 2. darauf

ἐκ- **8B** *(als Präfix)* heraus-, hinaus-

ἐκάλεσα **19B** *Aorist zu* καλέω 1. rufen; 2. nennen

ἕκαστος, ἑκάστη, ἕκαστον **1B** jeder (für sich), jeder einzelne

ἑκάτερος, ἑκατέρα, ἑκάτερον **36B** jeder von beiden

ἐκαύθην **38B** *Aorist Passiv zu* καίω anzünden, verbrennen

ἔκαυσα **38B** *Aorist zu* καίω anzünden, verbrennen

ἐκεῖ **1A** *(Adverb)* dort

ἐκεῖνος, ἐκείνη, ἐκεῖνο **5B** der dort, jener

ἐκέρασα **34A** *Aorist zu* κεράννυμι mischen

ἐκέρδησα **34B** *Aorist zu* κερδαίνω 1. Gewinn haben; 2. jdn. gewinnen

ἡ ἐκκλησία **38B** 1. die Volksversammlung; 2. *(in christlichen Texten)* die Kirche *(das Gebäude und die Leute)*

ἐκλέγω **4B** auswählen

ἐκοιμήθην **41** *Aorist zu* κοιμάομαι sich schlafen legen, schlafen

ἐκπλήττω **38A** jdn. erschrecken

ἐκπλήττομαι *(mit Akk.)* **38A** *(vor jdm./ etw.)* erschrecken, einen Schrecken bekommen

ἐκρίθην **27B** *Aorist Passiv zu* κρίνω 1. unterscheiden, aussondern, auswählen; 2. entscheiden, urteilen, richten

ἔκρινα **38A** *Aorist zu* κρίνω 1. unterscheiden, aussondern, auswählen; 2. entscheiden, urteilen, richten

ἑκών, ἑκοῦσα, ἑκόν **27A** *(Gen.* ἑκόντος, ἑκούσης, ἑκόντος*)* 1. freiwillig, willentlich, gern; 2. absichtlich

ἔλαβον **25A** *(Stamm* λαβ-*) Aorist zu* λαμβάνω 1. nehmen, ergreifen; 2. bekommen

ἔλαθον **26A** *(Stamm* λαθ-*) Aorist zu* λανθάνω *mit Akk.* vor jdm. verborgen sein

ἡ ἐλαία **27B** 1. der Ölbaum; 2. die Olive

ἐλάττων, ἔλαττον **30** *(Übung 7) (Gen.* ἐλάττονος*) Komparativ zu* ὀλίγος wenig, gering

ἐλαύνω **1A** 1. treiben, wegtreiben; 2. ziehen, marschieren, reiten

ἐλάχιστος, ἐλαχίστη, ἐλάχιστον **30** *(Übung 8) Superlativ zu* ὀλίγος wenig, gering

ὁ ἔλεγχος **19A** 1. Untersuchung, die Prüfung; 2. die Widerlegung

ἡ ἐλευθερία **30B** die Freiheit

ἐλεύθερος, ἐλευθέρα, ἐλεύθερον **30B** frei

ἐλευθερόω **27A** befreien

ὁ ἐλέφας, τοῦ ἐλέφαντος **43** 1. der Elefant; 2. das Elfenbein

ἐλήφθην **39** *Aorist Passiv zu* λαμβάνω 1. nehmen, ergreifen; 2. bekommen

ἔλιπον **25A** *(Stamm* λιπ-*) Aorist zu* λείπω zurücklassen, verlassen, übrig lassen

ἐλπίζω **4A** 1. hoffen; 2. ahnen

ἐμ- **21B** *(als Präfix)* 1. darin; 2. hinein-

ἔμαθον **35A** *(Stamm* μαθ-*) Aorist zu* μανθάνω 1. lernen; 2. zur Kenntnis nehmen, bemerken, begreifen

ἐμάνην **38A** *Aorist zu* μαίνομαι 1. von Sinnen sein, in Ekstase sein; 2. toben, rasen, wüten

ἐμαυτοῦ/ῆς **31B** *(*ἐμαυτῷ/ῇ, ἐμαυτόν/ήν*); reflexives Personalpronomen der 1. Person Sg.)* mein(er), mir, mich

ἐμαχεσάμην **19A** *Aorist zu* μάχομαι *mit Dat.* mit jdm. / gegen jdn. kämpfen

ἔμεινα **38A** *Aorist zu* μένω 1. bleiben, warten; 2. erwarten

ἐμέλλησα **27A** *Aorist zu* μέλλω *mit Infinitiv* 1. wollen, im Begriff sein; 2. sollen; 3. zögern *(etw. zu tun)*

ἐμός, ἐμή, ἐμόν **18A** mein

ὁ ἔμπορος **16A** der Großkaufmann

ἔμπροσθεν **43** *(Adverb)* 1. *(räumlich)* von vorn, vorn; 2. *(zeitlich)* vorher

ἐν *beim Dat.* **1A** in, bei, an, auf

ἐν- **21B** *(als Präfix)* 1. darin; 2. hinein-

ἐναντίος, ἐναντία, ἐναντίον **10A** entgegen, entgegengesetzt

ὁ ἐναντίος **10A** der Feind

τὸ ἐναντίον **10A** 1. das Gegenteil; 2. *(Adverb)* im Gegenteil

ἐνδεής, ἐνδεές **42** 1. *(von Personen)* bedürftig; 2. *(von Sachen)* dürftig, mangelhaft

ἐνδείκνυμι **30A** zeigen, anzeigen

ἐνδείκνυμαι **30A** zeigen, beweisen

ἔνδον **2B** *(Adverb)* drinnen

ἔνδοξος, ἔνδοξον **13A** berühmt, allgemein anerkannt

ἔνειμα **38** *(Formentabelle) Aorist zu* νέμω 1. zuteilen; 2. *(das Vieh)* weiden lassen

ἔνειμι **3A** darin sein

ἕνεκα *beim Gen.* **6B** *(nachgestellt)* 1. wegen; 2. um ... willen

ἕνεκεν *beim Gen.* **6B** *(nachgestellt)* 1. wegen; 2. um ... willen

ἔνεστι(ν) **3A** er, sie, es ist darin

ἐνέτυχον **35B** *(Stamm* τυχ-*) Aorist zu* ἐντυγχάνω *mit Dat.* auf jdn. treffen, in etw. hineingeraten

ἔνθα **12A** *(Adverb)* hier, da, dort

ὁ ἐνιαυτός **6B** das Jahr

ἔνιοι, ἔνιαι, ἔνια **12A** einige

ἐνταῦθα **28B** *(Adverb)* hier, dort

ἐντεῦθεν **36A** *(Adverb)* 1. *(örtlich)* von hier, von dort; 2. *(zeitlich)* von da an; 3. daher

ἐντυγχάνω *mit Dat.* **35B** auf jdn. treffen, in etw. hineingeraten

ἐξ *beim Gen.* **1A** 1. aus ... (heraus); 2. seit; 3. infolge

ἐξ- **8B** *(als Präfix)* heraus-, hinaus-

ἐξαπατάω **23B** täuschen, betrügen

ἐξεπλάγην **38A** *Aorist zu* ἐκπλήττομαι *(mit Akk.)* *(vor jdm./etw.)* erschrecken, einen Schrecken bekommen

ἐξέπληξα **38A** *Aorist zu* ἐκπλήττω jdn. erschrecken

ἔξεστι(ν) **5A** es ist möglich, es ist erlaubt

ἐξετάζω **40** prüfen

ἐξευρίσκω **26A** ausfindig machen

ἐξηγέομαι **46** *(ein Thema)* ausführen, darstellen, erzählen

ἔξω **41** 1. *Adverb:* draußen, hinaus; 2. *Präposition beim Gen.:* außerhalb

ἕξω **28B** *Futur zu* ἔχω haben, halten

ἡ ἑορτή **24A** das *(religiöse)* Fest

ἐπ- **12A** *(als Präfix)* heran-, auf-

ἔπαθον **34A** *(Stamm* παθ-*) Aorist zu* πάσχω 1. etw. erleben; 2. etw. erleiden, erdulden

ἐπαινέω **16A** loben

ὁ ἔπαινος **31A** das Lob

ὁ ἐπαΐων, τοῦ ἐπαΐοντος **31A** der Fachmann, der Experte

ἐπανέρχομαι **38B** zurückkehren

ἐπανῆλθον **38B** *Aorist zu* ἐπανέρχομαι zurückkehren

ἐπεί **16B** *(als Hauptsatzeinleitung)* denn

ἐπεί **6A** *(Subjunktion mit Indikativ)* 1. *(temporal)* als, nachdem; 2. *(kausal)* weil, da ja

ἐπειδάν **36A** *(Subjunktion mit Konjunktiv)* 1. wenn, sobald; 2. sooft

ἐπειδή **6A** *(Subjunktion mit Indikativ)* 1. *(temporal)* als, nachdem; 2. *(kausal)* weil, da ja

ἔπεισα **32B** *Aorist zu* πείθω 1. überreden; 2. überzeugen

ἐπείσθην **32B** *Aorist zu* πείθομαι jdm. gehorchen, folgen

ἔπειτα **12A** *(Adverb)* dann, darauf, danach

ἐπελαθόμην **28B** *(Stamm* ἐπιλαθ-*) Aorist zu* ἐπιλανθάνομαι *mit Gen.* jdn./etw. vergessen

ἐπερωτάω **17A** fragen

ἔπεσον **29A** *(Stamm* πεσ-*) Aorist zu* πίπτω fallen

ἐπῄνεσα **24B** *Aorist zu* ἐπαινέω loben

ἐπί *beim Akk.* **4A** 1. auf … (hinauf); 2. zu … hin; 3. gegen

ἐπί *beim Dat.* **12A** 1. auf, bei; 2. aufgrund, wegen

ἐπί *beim Gen.* **14A** 1. auf … (darauf), bei; 2. zur Zeit von

ἐπι- **12A** *(als Präfix)* heran-, auf-

ἐπιβουλεύω *mit Dat.* **40** auf jdn. einen Anschlag planen, etwas im Schilde führen *gegen jdn.*, *gegen jdn.* intrigieren

ἐπιθυμέω *mit Gen./Infinitiv* **5B** etw. begehren, verlangen, wollen

ἐπιλανθάνομαι *mit Gen.* **21B** jdn./etw. vergessen

ἡ ἐπιμέλεια **46** die Sorge, die Bemühung

ἐπιμελέομαι *mit Gen.* **28B** für etw. sorgen, sich *um etw.* kümmern

ἔπιον **33B** *(Stamm* πι-*) Aorist zu* πίνω trinken

ἐπίσταμαι **13B** 1. sich *auf etw.* verstehen, *etw.* können; 2. wissen

ἡ ἐπιστήμη **3A** das Wissen, die Wissenschaft, die Erkenntnis

ἐπιστήμων, ἐπιστῆμον **16A** *(Gen.* ἐπιστήμονος*)* kundig, geschickt

ἡ ἐπιστολή **11B** der Brief

ἐπιτέτραμμαι **43** *Perfekt Medio-Passiv zu* ἐπιτρέπω 1. jdm. etw. überlassen; 2. zulassen, gestatten

ἐπιτήδειος, ἐπιτηδεία, ἐπιτήδειον **13B** 1. *(von Sachen oder Personen)* geeignet, passend, erforderlich; 2. *(von Personen)* befreundet

ὁ ἐπιτήδειος **13B** der Freund

τὰ ἐπιτήδεια **13B** die Lebensmittel

ἐπιτρέπω **7A** 1. jdm. etw. überlassen; 2. zulassen, gestatten

ἐπιχειρέω **17A** 1. *(mit Dat.)* a) jdn. angreifen; b) *etw.* in Angriff nehmen, unternehmen; 2. *(mit Infinitiv)* versuchen

ἔπλευσα **24A** *Aorist zu* πλέω *(mit dem Schiff)* fahren, segeln

ἔπληξα **27B** *Aorist zu* πλήττω schlagen

ἔπνευσα **24A** *Aorist zu* πνέω hauchen, wehen, atmen

ἕπομαι **31A** folgen

ἐπορεύθην **33A** *Aorist zu* πορεύομαι marschieren, wandern, reisen

τὸ ἔπος, τοῦ ἔπους **43** 1. das Wort, die Erzählung; 2. *(im Plural auch)* die Heldenlieder, die Epen

ἐπριάμην **30A** *(Aorist)* ich kaufte

ἐπυθόμην **38A** *(Stamm* πυθ-*) Aorist zu* πυνθάνομαι 1. sich *nach etw.* erkundigen, fragen; 2. *etw.* erfahren

ἔραμαι *mit Gen.* **38A** 1. lieben; 2. *nach etw.* verlangen, *etw.* begehren

ἐράω *mit Gen.* **38A** 1. lieben; 2. *nach etw.* verlangen, *etw.* begehren

ἐργάζομαι **7A** 1. arbeiten; 2. *etw.* bearbeiten, verfertigen, schaffen; 3. *(mit doppeltem Akk.)* jdm. etw. antun

τὸ ἔργον **10A** 1. das Werk, die Arbeit; 2. die Tat

ἡ ἐρημία **13B** 1. die Einsamkeit; 2. die Wüste

ἡ ἔρις, τῆς ἔριδος **27B** *(Akk.* τὴν ἔριν*)* der Streit, der Wettstreit

ἔρριφα **44** (Formentabelle) *Perfekt zu* ῥίπτω werfen, schleudern

ἐρρίφην **38** (Formentabelle) *Aorist Passiv zu* ῥίπτω werfen, schleudern

ἔρριψα **26B** *Aorist zu* ῥίπτω werfen, schleudern

ἔρχομαι **12A** kommen, gehen

ἐρῶ **37B** *Futur zu* λέγω 1. sagen, behaupten; 2. sprechen; 3. nennen; 4. meinen

ἐρωτάω **17A** fragen

ἐς *beim Akk.* **1A** 1. in (… hinein), zu (… hin), nach (… hin); 2. gegen; 3. hinsichtlich

ἐσ- **25A** *(als Präfix)* hinein-

ἡ ἐσθής, τῆς ἐσθῆτος **28A** das Kleid

ἐσθίω **8A** essen

ἔσομαι **28B** *Futur zu* εἶναι sein

ἑσπόμην **31A** *(Stamm* σπ-*) Aorist zu* ἕπομαι folgen

ἔστην **48** *Aorist zu* ἵσταμαι 1. sich hinstellen, *(wohin)* treten; 2. stehen bleiben

ἔστησα **24B** *Aorist zu* ἵστημι 1. stellen, hinstellen, aufstellen; 2. anhalten

ἐστί(ν) **1A** *(enklitisch, 3. Sg. zu* εἰμί*)* er, sie, es ist

ἔστι(ν) **7A** *(zu* εἶναι *als Vollverb: Akzent!)* es gibt, es existiert, es ereignet sich

ἐστράφην **38** (Formentabelle) *Aorist Passiv zu* στρέφω 1. drehen, wenden; 2. umkehren

ἔστροφα **44** (Formentabelle) *Perfekt zu* στρέφω 1. drehen, wenden; 2. umkehren

ἔσχον **36A** *(Stamm* σχ-*) Aorist zu* ἔχω haben, halten

ἐσώθην **29A** *Aorist Passiv zu* σῴζω 1. retten; 2. bewahren

ἔσωσα **25A** *Aorist zu* σῴζω 1. retten; 2. bewahren

ὁ ἑταῖρος **20A** der Freund, der Gefährte

ἐτάφην **38B** *Aorist Passiv zu* θάπτω bestatten, begraben

ἔτεινα **19A** *Aorist zu* τείνω 1. dehnen, spannen, ausstrecken; 2. sich erstrecken

ἔτεκον **41** *(Stamm* τεκ-*) Aorist zu* τίκτω 1. zeugen; 2. gebären

ἐτέλεσα **25A** *Aorist zu* τελέω 1. vollenden; 2. bezahlen

ἕτερος, ἑτέρα, ἕτερον **11A** 1. einer *(von zweien)*; 2. der andere *(von zweien)*

ἔτι **6B** noch

ἔτι καὶ νῦν **37B** auch jetzt noch

ἕτοιμος, (ἑτοίμη,) ἕτοιμον *und* ἑτοῖμος, (ἑτοίμη,) ἑτοῖμον **25A** bereit, vorhanden

τὸ ἔτος, τοῦ ἔτους **41** das Jahr

ἐτράπην **38** (Formentabelle) *Aorist Passiv zu* τρέπω 1. *etw.* wenden; 2. jdn. in die Flucht schlagen

ἔτυχον **36A** *(Stamm* τυχ-*) Aorist zu* τυγχάνω 1. *(mit Gen.)* jdn./etw. treffen; 2. *(mit Gen.) etw.* erreichen, bekommen; 3. *(mit Partizip)* zufällig/gerade *etw.* tun

εὖ **13B** *(Adverb)* gut, richtig

εὖ πράττω **23A** es geht mir gut

εὐ- **13B** *(als Präfix)* gut, wohl-

τὸ εὐαγγέλιον **34B** die frohe Botschaft, das Evangelium

εὐγενής, εὐγενές **34B** 1. von edler Herkunft, vornehm; 2. von guter Art, edel

ἡ εὐδαιμονία **4A** 1. das Glück, das Wohlbefinden; 2. der Wohlstand

εὐδαίμων, εὔδαιμον **10B** *(Gen.* εὐδαίμονος*)* 1. glücklich; 2. wohlhabend

εὐδοκιμέω **38B** einen guten Ruf haben, angesehen sein

ὁ εὐεργέτης, τοῦ εὐεργέτου **24A** der Wohltäter

εὐθύς, εὐθεῖα, εὐθύ **26B** *(Adverb* εὐθύ/ς*)* 1. *(örtlich)* gerade, geradewegs; 2. *(zeitlich)* sofort

εὔπορος, εὔπορον **13B** 1. *(von Sachen)* gut gangbar, bequem; 2. *(von Personen)* a) gewandt; b) wohlhabend

εὑρήσω **31A** *Futur zu* εὑρίσκω 1. finden, herausfinden; 2. erfinden

εὑρίσκω **16B** 1. finden, herausfinden; 2. erfinden

# E

εὐτυχέω **11A** Glück haben, glücklich sein
τὸ εὐτύχημα, τοῦ εὐτυχήματος **44** das Glück, der Erfolg
εὐφυής, εὐφυές **36A** begabt
ἡ εὐχή **40** 1. die Bitte; 2. das Gebet
εὔχομαι **5B** 1. beten *(mit Dat.:* beten zu*)*; 2. wünschen
ἐφ- **12A** *(als Präfix)* heran-, auf-
ἔφαγον **33B** *(Stamm* **φαγ**-*)* Aorist zu ἐσθίω essen
ἐφάνην **38** *(Formentabelle)* Aorist zu **φαίνομαι** sich zeigen, erscheinen
ἔφη **13A** er, sie, es sagte, behauptete
ἔφην **13A** ich sagte, behauptete
ἔφηνα **38** *(Formentabelle)* Aorist zu **φαίνω** sehen lassen, zeigen
ἔφησα **47** Aorist zu **φημί** sagen, behaupten
ἔφθασα **20A** Aorist zu **φθάνω** *mit Akk. jdn.* überholen, *jdm.* zuvorkommen
ἐφοβήθην **33A** Aorist zu **φοβέομαι** fürchten, sich fürchten
ἔφυγον **47** *(Stamm* **φυγ**-*)* Aorist zu **φεύγω** *mit Akk.* 1. *vor jdm.* fliehen, *etw.* meiden; 2. angeklagt sein; 3. verbannt werden
ἐχθρός, ἐχθρά, ἐχθρόν **9A** verhasst, feindlich
ἐχθίων, ἔχθιον **30** (Übung 7) *(Gen.* ἐχθίονος*)* Komparativ zu **ἐχθρός**
ἔχθιστος, ἐχθίστη, ἔχθιστον **30** (Übung 8) Superlativ zu **ἐχθρός**
ὁ ἐχθρός **9A** der Feind
ἔχω **1A** haben, halten; **30A** *mit Adverb* sich verhalten; **39** *mit Infinitiv / indirekter Frage* wissen, können
ἐψευσάμην **32A** Aorist zu **ψεύδομαι** belügen, lügen
ἐψεύσθην **32A** Aorist zu **ψεύδομαι** sich täuschen, irren
ἑώρων **17B** Imperfekt zu **ὁράω** sehen

# Z

ζητέω **16B** 1. suchen, aufsuchen; 2. untersuchen, forschen, erforschen
ἡ ζήτησις, τῆς ζητήσεως **45** die Untersuchung
ζῶ **18B** leben
ἡ ζωή **32A** das Leben
ζῶν, ζῶσα, ζῶν **18B** Partizip Präsens Aktiv zu **ζῶ** leben
τὸ ζῷον **10B** 1. das Lebewesen; 2. das Tier

# H

ἡ **3A** *(bestimmter Artikel, feminin)*
ἤ **2A** 1. oder; 2. *(nach Komparativ oder ähnlichen Ausdrücken)* als
ἤ – ἤ **5B** entweder – oder

ἦ **37A** 1. gewiss, wirklich, sicherlich; 2. *(leitet eine Frage ein und wird nicht übersetzt)*
ἦ δ' ὅς **47** sagte der
ἤγαγον **30B** *(Stamm* **ἀγαγ**-*)* Aorist zu **ἄγω** 1. führen, treiben; 2. ziehen, marschieren
ἤγγειλα **38** *(Formentabelle)* Aorist zu **ἀγγέλλω** melden
ἤγειρα **38** *(Formentabelle)* Aorist zu **ἐγείρω** wecken, aufwecken
ὁ ἡγεμών, τοῦ ἡγεμόνος **18A** der Führer, der Feldherr
ἡγέομαι **16A** 1. *(mit Gen./Dat.)* führen; 2. *(mit Infinitiv/AcI)* meinen, glauben; 3. *(mit doppeltem Akk.)* halten für
ἠγέρθην **33A** Aorist Passiv zu **ἐγείρω** wecken, aufwecken
ἤδη **6B** schon, jetzt
ἥδιστος, ἡδίστη, ἥδιστον **35B** Superlativ zu **ἡδύς** angenehm, erfreulich, süß
ἡδίων, ἥδιον **35B** *(Gen.* ἡδίονος*)*; Komparativ zu **ἡδύς** angenehm, erfreulich, süß
ἥδομαι **8B** sich freuen
ἡ ἡδονή **4B** die Freude, die Lust
ἡδύς, ἡδεῖα, ἡδύ **35B** angenehm, erfreulich, süß
ἥκω **4A** 1. kommen; 2. gekommen sein, da sein
ἤλασα **30A** Aorist zu **ἐλαύνω** 1. treiben, vertreiben; 2. ziehen, marschieren, reiten
ἦλθον **25A** *(Stamm* **ἐλθ**-*)* Aorist zu **ἔρχομαι** kommen, gehen
ἡ ἡλικία **12A** 1. das Lebensalter, das Alter; 2. die Jugend
ὁ ἥλιος **2A** die Sonne
ἡμεῖς **4A** *(*ἡμῶν, ἡμῖν, ἡμᾶς*)* wir
ἡ ἡμέρα **9B** der Tag
ἡμέτερος, ἡμετέρα, ἡμέτερον **6A** unser
ἦν **7A** *(Imperfekt zu* **εἰμί***)* 1. ich war; 2. er, sie, es war
ἤνεγκον **48** *(Stamm* **ἐνεγκ**-*)* Aorist zu **φέρω** 1. tragen, bringen; 2. ertragen
ἠνειχόμην **38A** Imperfekt zu **ἀνέχομαι** aushalten, ertragen
ἠνεσχόμην **38A** Aorist zu **ἀνέχομαι** aushalten, ertragen
ἦρα **38** *(Formentabelle)* Aorist zu **αἴρω** hochheben
ἠράσθην **38A** Aorist zu **ἐράω** und **ἔραμαι** *mit Gen.* 1. lieben; 2. nach *etw.* verlangen, *etw.* begehren
ᾑρέθην **29B** Aorist Passiv zu **αἱρέω** 1. nehmen; 2. ergreifen, fangen; 3. erobern
ἠρόμην **25A** *(Stamm* **ἐρ**-*)* Aorist zu **ἐρωτάω** fragen
ᾐσθόμην **25A** Aorist zu **αἰσθάνομαι** wahrnehmen, bemerken

ἡ ἡσυχία **7A** die Ruhe
ἥσυχος, ἥσυχον **22A** ruhig
ἥττων, ἧττον **26A** *(Gen.* ἥττονος; Komparativ zu **κακός***)* schwächer, geringer, weniger, unterlegen
ηὕρηκα **44** Perfekt zu **εὑρίσκω** 1. finden, herausfinden; 2. erfinden
ηὗρον **26A** *(Stamm* **εὑρ**-*)* Aorist zu **εὑρίσκω** 1. finden, herausfinden; 2. erfinden
ἦχα **44** *(Formentabelle)* Perfekt zu **ἄγω** 1. führen, treiben; 2. ziehen, marschieren
ἤχθην **30B** Aorist Passiv zu **ἄγω** 1. führen, treiben; 2. ziehen, marschieren

# Θ

ἡ θάλαττα/θάλασσα **36B** das Meer
ὁ θάνατος **1B** der Tod
θάπτω **26A** bestatten, begraben
θαρρέω **22B** mutig sein, zuversichtlich sein
θάττων, θᾶττον **30A** *(Formentabelle) (Gen.* θάττονος*)*, Komparativ zu **ταχύς** schnell
θαυμάζω **14B** 1. bewundern; 2. sich wundern
θαυμάσιος, θαυμασία, θαυμάσιον **13A** 1. wunderbar; 2. seltsam, erstaunlich
θάψω **38B** Futur zu **θάπτω** bestatten, begraben
θεάομαι **12A** sehen, anschauen, betrachten
τὸ θέατρον **21B** das Theater
θεῖος, θεία, θεῖον **9A** göttlich
τὰ θεῖα **9A** das Göttliche
θέλω **2B** wollen, bereit sein
-θεν **21A** *(Suffix)* von … her
ὁ θεός **1A** 1. der Gott; 2. die Gottheit
ἡ θεός **25B** die Göttin
ἡ θεραπεία **18B** 1. der Dienst; 2. die Verehrung; 3. die Pflege
θεραπεύω **1B** 1. bedienen; 2. verehren; 3. pflegen, heilen
θεωρέω **21B** 1. Zuschauer sein, anschauen; 2. *(geistig anschauen)* erwägen, überlegen
ἡ θήρα **12A** die Jagd
τὸ θηρίον **12A** das Tier
ὁ θησαυρός **32A** 1. die Schatzkammer, das Schatzhaus; 2. der Schatz
θνῄσκω **5B** sterben
θνητός, θνητή, θνητόν **27A** sterblich
ὁ θόρυβος **18B** der Lärm, die Unruhe
θρασύς, θρασεῖα, θρασύ **35B** 1. mutig, kühn; 2. frech, dreist
θρέψω **28A** Futur zu **τρέφω** ernähren, aufziehen
ὁ θρόνος **43** der Sessel

ἡ θυγάτηρ, τῆς θυγατρός **6A** die Tochter
ὁ θυμός **27B** 1. der Mut, der Zorn, die Leidenschaft; 2. die Empfindung, das „Herz"
ἡ θύρα **8B** die Tür, das Tor
θύω **1B** opfern

## Ι

ἡ ἰατρική *(ergänze* τέχνη*)* **3A** die Heilkunst, die Medizin
ὁ ἰατρός **3A** der Arzt
ἡ ἰδέα **35B** 1. die Gestalt, das Aussehen; 2. die Idee, das Urbild
ἰδίᾳ **31B** *(Adverb)* für sich allein, persönlich, privat
ἴδιος, ἰδία, ἴδιον **24B** eigen, privat
ἰέναι **47** *Infinitiv zu* εἶμι ich werde gehen
ἱερός, ἱερά, ἱερόν **9A** heilig, geweiht
τὸ ἱερόν **9A** 1. das Opfer; 2. das Heiligtum; 3. das *(religiöse)* Fest
ἱκανός, ἱκανή, ἱκανόν **10B** 1. ausreichend; 2. geeignet, fähig
ἱκετεύω **19B** jdn. um Schutz flehen, jdn. anflehen
τὸ ἱμάτιον **6B** das Oberkleid, das Gewand
ἵνα **36A** *(Subjunktion mit Indikativ)* wo
ἵνα **32A** *(Subjunktion mit Konjunktiv)* damit, um zu
ὁ ἵππος **1A** das Pferd
ἵστημι **24B** 1. stellen, hinstellen, aufstellen; 2. anhalten
ἵσταμαι **48** 1. sich hinstellen, *(wohin)* treten; 2. stehen bleiben
ἡ ἱστορία **14A** 1. die Forschung, die Erforschung; 2. die Geschichte
ἰσχυρός, ἰσχυρά, ἰσχυρόν **8A** stark
ἴσως **4B** *(Adverb)* vielleicht
ὁ ἰχθύς, τοῦ ἰχθύος **36B** der Fisch
ὁ Καλλικλῆς, τοῦ Καλλικλέους **36** Kallikles *(ein Sophist, Schüler des Gorgias; Ende des 5. Jh. v. Chr.)*

## Κ

καθ- **17B** *(als Präfix)* hinab-, herab-
καθέζομαι **43** sich setzen, sitzen
καθεύδω **9B** schlafen
κάθημαι **14A** sitzen
καί **1A** 1. und; 2. auch; 3. sogar
καί – καί **1B** sowohl – als auch, … und
καὶ δὴ καί **31A** und so denn auch
καίπερ *beim Partizip* **12A** obwohl, wenn auch
καίω **15B** anzünden, verbrennen
κακός, κακή, κακόν **6A** schlecht, schlimm, böse
κακῶς λέγω *mit Akk.* **29A** schlecht *von* jdm. reden
κακῶς ποιέω **18A** schlecht behandeln

κακίων, κάκιον **30** (Übung 8) *(Gen.* κακίονος*) Komparativ zu* **κακός**
κάκιστος, κακίστη, κάκιστον **30** (Übung 8) *Superlativ zu* **κακός**
τὸ κακόν **5A** das Übel, das Unglück, der Schaden
καλέω **7B** 1. rufen; 2. nennen
καλός, καλή, καλόν **6A** 1. schön; 2. gut
καλῶς πράττω **23A** es geht mir gut

καλλίων, κάλλιον **30** (Übung 7) *(Gen.* καλλίονος*) Komparativ zu* **καλός**
κάλλιστος, καλλίστη, κάλλιστον **17B** *Superlativ zu* **καλός**
ὁ καλούμενος **37B** der sogenannte
κἄν **36A** *(Subjunktion mit Konjunktiv)* 1. und wenn; 2. auch wenn, wenn auch, obwohl
κατ- **17B** *(als Präfix)* hinab-, herab-
κατά *beim Akk.* **14A** 1. über … hin, überall in; 2. gemäß, entsprechend
κατ' ἀρχάς **42** anfangs
κατ' ἐνιαυτόν **24A** jährlich
κατά *beim Gen.* **19A** 1. von … herab, auf … herab; 2. gegen
κατα- **17B** *(als Präfix)* hinab-, herab-
καταγέλαστος, καταγέλαστον **36A** lächerlich
καταγελάω *mit Gen.* **36A** *über jdn.* lachen, *jdn.* auslachen
κατακοιμάομαι **41** sich schlafen legen, schlafen
καταλαμβάνω **15B** 1. *etw./jdn.* ergreifen, einnehmen; 2. *jdn.* antreffen, ertappen, überraschen; 3. *etw.* begreifen
καταλείπω **10B** zurücklassen, verlassen, übrig lassen
καταμανθάνω **8A** 1. (genau) begreifen; 2. (sorgfältig) prüfen
κατασκευάζω **4A** bereitmachen, einrichten, arrangieren
κατεσθίω **17B** aufessen, verschlingen
κατηγορέω *mit Gen.* **2A** *jdn.* anklagen
ὁ κατήγορος **31B** der Ankläger
κατοικίζω **28A** *(Menschen)* ansiedeln, *(Land)* besiedeln, *(eine Stadt)* gründen
κεῖμαι **19A** liegen
κείσομαι **37A** *Futur zu* κεῖμαι liegen
κεκήρυχα **44** (Formentabelle) *Perfekt zu* κηρύττω bekannt geben, verkünden
κέκλημαι **47** *Perfekt Medio-Passiv zu* καλέω 1. rufen; 2. nennen
κέκρυφα **44** (Formentabelle) *Perfekt zu* κρύπτω verstecken, verbergen
κελεύω **2B** 1. befehlen; 2. auffordern
κεράννυμι **34A** mischen
κερδαίνω **34B** 1. Gewinn haben; 2. *jdn.* gewinnen
ἡ κεφαλή **22A** der Kopf

κηρύττω **26A** bekannt geben, verkünden
κινδυνεύω **17B** 1. in Gefahr sein; 2. scheinen
ὁ κίνδυνος **6A** die Gefahr
κινέω **35A** bewegen
τὸ κλέος, τοῦ κλέους **37A** der Ruhm
κλέπτω **32A** stehlen
κοιμάομαι **41** sich schlafen legen, schlafen
κοινός, κοινή, κοινόν **5A** 1. gemeinsam *(mit Gen. oder Dat.: jdm.)*; 2. öffentlich
κοινῇ **7B** *(Adverb)* 1. gemeinsam; 2. öffentlich, im Staatsinteresse
κομίζω **27A** 1. *etw.* besorgen; 2. *etw.* herbeibringen, *etw.* wegbringen
κομιῶ **28A** *Futur zu* κομίζω 1. *etw.* besorgen; 2. *etw.* herbeibringen, *etw.* wegbringen
ἡ κόρη **12B** das Mädchen
κοσμέω **37B** ordnen, schmücken
ὁ κόσμος **1B** 1. die Ordnung; 2. der Schmuck; 3. die Weltordnung, die Welt, der Kosmos
κράτιστος, κρατίστη, κράτιστον **12A** *(Superlativ zu* ἀγαθός*)* stärkster, bester
ἡ κραυγή **21B** das Geschrei
κρείττων, κρεῖττον **23A** *(Gen.* κρείττονος; *Komparativ zu* ἀγαθός*)* stärker, überlegener, wichtiger, besser
ἡ κρήνη **10B** der Brunnen, die Quelle
κρίνω **23A** 1. unterscheiden, aussondern, auswählen; 2. entscheiden, urteilen, richten
κρινῶ **38A** *Futur zu* κρίνω 1. unterscheiden, aussondern, auswählen; 2. entscheiden, urteilen, richten
ἡ κρίσις, τῆς κρίσεως **38A** die Entscheidung, das Urteil
κρύπτω **19A** verstecken, verbergen
κτάομαι **17A** (sich) erwerben
κτείνω **12A** töten
τὸ κτῆμα, τοῦ κτήματος **23B** das Erworbene, der Besitz
κτίζω **42** *(Land)* besiedeln, *(eine Stadt)* gründen
ὁ κύκλος **11A** der Kreis, der Ring
ὁ κύριος **8A** der Herr
ὁ κύων, τοῦ κυνός **10A** der Hund
κωλύω **5B** 1. hindern, verhindern; 2. abhalten
ἡ κώμη **7A** das Dorf

## Λ

λαμβάνομαι *mit Gen.* **38A** *jdn.* anfassen, packen
λαμβάνω **9A** 1. nehmen, ergreifen; 2. bekommen
λαμπρός, λαμπρά, λαμπρόν **12A** 1. glänzend, hell; 2. ruhmvoll

## Λ

**λανθάνω** *mit Akk.* **26A** vor jdm. verborgen sein

**ὁ λαός** **37A** das Volk, die Menge

**λέγω** **1A** 1. sagen, behaupten; 2. sprechen; 3. nennen; 4. meinen
  **κακῶς λέγω** *mit Akk.* **29A** schlecht *von jdm.* reden

**λείπω** **1A** zurücklassen, verlassen, übrig lassen

**λέλοιπα** **44** *(Formentabelle)* Perfekt zu **λείπω** zurücklassen, verlassen, übrig lassen

**λεπτός**, λεπτή, λεπτόν **48** dünn, fein, zart

**λευκός**, λευκή, λευκόν **33A** weiß

**ὁ λέων**, τοῦ λέοντος **14A** der Löwe

**ὁ λίθος** **2A** der Stein

**ὁ λόγος** **3A** 1. das Wort, die Rede, die Erzählung; 2. der Gedanke, die Vernunft, der Verstand; 3. die Berechnung, die Abrechnung

**λοιδορέω** **36A** 1. schimpfen; 2. jdn./etw. beschimpfen

**λοιπός**, λοιπή, λοιπόν **18A** übrig

**τοῦ λοιποῦ** *(ergänze χρόνου)* **18A** künftig

**λούω** **7B** waschen

**ὁ λόχος** **43** die Abteilung *(von etwa 100 Mann)*

**ὁ λύκος** **19A** der Wolf

**λυπέω** **32A** betrüben, kränken

**ἡ λύπη** **7B** das Leid, der Kummer

**λυπηρός**, λυπηρά, λυπηρόν **8B** 1. *(von Sachen)* betrüblich; 2. *(von Personen)* betrübt

**λύω** **8B** lösen

## M

**τὸ μάθημα**, τοῦ μαθήματος **11A** 1. der Lerngegenstand; 2. die Kenntnis; 3. die Lehre, die Wissenschaft

**ὁ μαθητής**, τοῦ μαθητοῦ **16B** 1. der Lernende, der Schüler, der Student; 2. *(im Neuen Testament)* der Jünger

**μαίνομαι** **38A** 1. von Sinnen sein, in Ekstase sein; 2. toben, rasen, wüten

**μακρός**, μακρά, μακρόν **6B** lang, groß

**μάλα** **28B** *(Adverb)* sehr
  **μᾶλλον** **7A** *(Adverb)* mehr, eher, lieber
  **μάλιστα** **8A** *(Adverb)* am meisten

**μανθάνω** **5B** 1. lernen; 2. zur Kenntnis nehmen, bemerken, begreifen

**μανοῦμαι** **38A** Futur zu **μαίνομαι** 1. von Sinnen sein, in Ekstase sein; 2. toben, rasen, wüten

**ἡ μαντεία** **23A** die Weissagung, der Orakelspruch

**μαρτυρέω** **27B** bezeugen

**ὁ μάρτυς**, τοῦ μάρτυρος **27B** der Zeuge

**ἡ μάχαιρα** **14A** das Messer, der Dolch

**ἡ μάχη** **15B** der Kampf, die Schlacht

**μάχομαι** *mit Dat.* **19A** mit jdm. / gegen jdn. kämpfen

**μέγας**, μεγάλη, μέγα **13A** groß, bedeutend
  **μείζων**, μεῖζον **30** *(Übung 7)* *(Gen. μείζονος)* Komparativ zu **μέγας**
  **μέγιστος**, μεγίστη, μέγιστον **13B** Superlativ zu **μέγας**
  **μέγα** **19B** *(Adverb)* viel, sehr

**τὸ μειράκιον** **19B** der junge Mann

**μέλας**, μέλαινα, μέλαν **35B** *(Gen. μέλανος, μελαίνης, μέλανος)* schwarz

**μέλει** *mit Dat. und Gen.* **31A** jdm. ist etw. wichtig, jdm. liegt etw. am Herzen

**μέλλω** *mit Infinitiv* **15A** 1. wollen, im Begriff sein; 2. sollen; 3. zögern *(etw. zu tun)*

**τὸ μέλος**, τοῦ μέλους **34A** 1. das Glied *(Körperteil)*; 2. das Lied

**μέμφομαι** **29A** tadeln, kritisieren

**μέν – δέ** **1B** 1. *(zwar)* – aber, einerseits – andererseits; 2. *oft unübersetzt*

**μέντοι** **6B** jedoch, allerdings

**μένω** **1B** 1. bleiben, warten; 2. erwarten

**μενῶ** **38A** Futur zu **μένω** 1. bleiben, warten; 2. erwarten

**μεριμνάω** **33B** 1. besorgt sein, Sorge haben; 2. *etw.* besorgen, für *etw.* sorgen

**τὸ μέρος**, τοῦ μέρους **42** der Teil, der Anteil

**μέσος**, μέση, μέσον **14A** mitten, der mittlere

**μεστός**, μεστή, μεστόν *mit Gen.* **13B** voll *von etw.*

**μετά** *beim Akk.* **1B** nach

**μετά** *beim Gen.* **12B** 1. inmitten, unter; 2. (zusammen) mit

**μεταβάλλω** **47** 1. ändern, verändern; 2. sich ändern

**μεταλαμβάνω** *mit Gen.* **44** an etw. Anteil nehmen, an etw. teilnehmen

**τὸ μέταλλον** **43** 1. das Bergwerk; 2. das Erz, das Metall

**μεταξύ** **43** *(als Adverb)* 1. *(räumlich)* dazwischen; 2. *(zeitlich)* inzwischen; *beim Gen.* zwischen

**μεταπέμπομαι** **23A** jdn. kommen lassen, nach jdm. schicken

**μετέσχον** **36A** Aorist zu **μετέχω** mit Gen. 1. an etw. Anteil haben; 2. an etw. teilnehmen

**μετέχω** *mit Gen.* **36A** 1. an etw. Anteil haben; 2. an etw. teilnehmen

**μέτριος**, μετρία, μέτριον **36A** maßvoll, ausgewogen

**τὸ μέτρον** **36A** 1. das Maß, das rechte Maß; 2. das Versmaß

**μέχρι** **38A** 1. *Präposition beim Gen.:* bis, bis zu; 2. *Subjunktion:* bis

**μή** **4A** nicht

**μή** **42** *(Subjunktion)* 1. damit nicht; 2. dass *(nach Verben des Fürchtens)*

**μηδέ** **20A** und nicht, auch nicht, aber nicht, nicht einmal

**μηδείς**, μηδεμία, μηδέν **31A** keiner, niemand

**μηκέτι / μή … ἔτι** **6B** nicht mehr

**μήν** **28A** gewiss, tatsächlich

**μήτε – μήτε** **27A** weder … noch

**ἡ μήτηρ**, τῆς μητρός **9B** *(Vok. ὦ μῆτερ)* die Mutter

**ἡ μηχανή** **17B** 1. der gute Einfall, die Erfindung, der Trick; 2. das Mittel, das Werkzeug

**μικρός**, μικρά, μικρόν **14A** klein, unbedeutend

**μιμέομαι** **43** nachahmen

**μιμνήσκομαι** *mit Gen.* **7B** sich an etw. erinnern

**μισέω** **20B** hassen

**ἡ μοῖρα** **27A** 1. der Teil, der Anteil; 2. das Los, das Schicksal

**μόνος**, μόνη, μόνον **15B** allein, einzig

**μόνον** **5A** *(Adverb)* nur

**ἡ μουσική** *(ergänze τέχνη)* **17A** die Musik

**ὁ μῦθος** **26B** 1. das Wort, die Rede; 2. die Sage, die Erzählung

**μωρός**, μωρά, μωρόν *und* **μῶρος**, μώρα, μῶρον **34B** töricht, dumm

## N

**ναί** **31A** ja

**ὁ ναός** **13A** der Tempel

**ἡ ναῦς**, τῆς νεώς **24A** das Schiff

**ναυτικός**, ναυτική, ναυτικόν **24A** zum Schiff gehörig, Schiffs-

**ὁ νεανίας**, τοῦ νεανίου **24A** der junge Mann

**ὁ νεκρός** **26A** der Tote, der Leichnam, die Leiche

**νέμομαι** **7A** 1. unter sich etw. aufteilen; 2. weiden

**νέμω** **6A** 1. zuteilen; 2. *(das Vieh)* weiden lassen

**νεμῶ** **28B** Futur zu **νέμω** 1. zuteilen; 2. *(das Vieh)* weiden lassen

**νέος**, νέα, νέον **6B** 1. neu; 2. jung

**οἱ νέοι** **12B** die jungen Leute

**ἡ νεότης**, τῆς νεότητος **32A** die Jugend

**νικάω** **20A** 1. siegen, Sieger sein; 2. besiegen

**ἡ νίκη** **8A** der Sieg

**νομίζω** **2A** 1. glauben, meinen; 2. *(mit doppeltem Akk.)* halten für; 3. etw. *(als verbindlich)* anerkennen

**ὁ νόμος** **11B** 1. der Brauch, die Sitte; 2. das Gesetz

**ἡ νόσος** **42** die Krankheit, die Seuche

ὁ νοῦς, τοῦ νοῦ **31A** *(Dat. τῷ νῷ, Akk. τὸν νοῦν)* der Sinn, der Verstand
τὸν νοῦν προσέχω **31A** *(mit Dat.)* auf etw. achten
ἡ νύμφη **5B** 1. die junge Frau, die Braut; 2. die Nymphe *(weibliche Naturgottheit)*
νῦν **4A** *(Adverb)* nun, jetzt
ἡ νύξ, τῆς νυκτός **21B** die Nacht
νυκτός /τῆς νυκτός **21B** nachts, bei Nacht

## Ξ

ὁ ξένος **6A** 1. der Gast; 2. der Gastgeber; 3. der Söldner
ξύλινος, ξυλίνη, ξύλινον **14A** aus Holz, hölzern
τὸ ξύλον **14A** das Holz
ξύν *beim Dat.* **1A** (zusammen) mit

## Ο

ὁ **1A** *(bestimmter Artikel, maskulin)*
ὁ, ἡ, τό **47** der, dieser
ὁ δέ **20A** der aber
ὁ μέν … ὁ δέ … **7A** der eine … der andere …
ὅδε, ἥδε, τόδε **6A** der hier, dieser; der folgende
ἡ ὁδός **13B** 1. der Weg; 2. der Marsch, die Reise
οἱ *(enklitisch) oder* οἷ **47** 1. sich; 2. ihm / ihr
οἶδα **16B** wissen, kennen
οἶδε(ν) **3A** *3. Sg. zu* οἶδα wissen, kennen
οἴει **17B** *2. Sg. Präsens zu* οἴομαι *und* οἶμαι glauben, meinen
οἴκαδε **37A** *(Adverb)* nach Hause
οἰκεῖος, οἰκεία, οἰκεῖον **10A** 1. verwandt; 2. eigen, eigentümlich; 3. vertraut
ὁ οἰκέτης, τοῦ οἰκέτου **25B** der Sklave, der Diener
οἰκέω **15A** 1. wohnen, bewohnen; 2. verwalten
ἡ οἰκία **6B** das Haus
οἰκίζω **28A** *(Menschen)* ansiedeln, *(Land)* besiedeln, *(eine Stadt)* gründen
οἰκοδομέω **28A** bauen
ὁ οἰκοδόμος **28A** der Baumeister
οἴκοθεν **21A** *(Adverb)* von zu Hause
ὁ οἶκος **6B** das Haus
οἶμαι **6B** glauben, meinen
ὁ οἶνος **4B** der Wein
οἴομαι **6B** glauben, meinen
οἷος, οἵα, οἷον **31A** wie, wie beschaffen, was für ein
οἷός τέ εἰμι **30A** imstande sein, können
οἷον **31A** *(Adverb)* wie, wie zum Beispiel
οἶσθα *2. Sg. zu* οἶδα **16B** wissen, kennen
ὀλίγος, ὀλίγη, ὀλίγον **4A** wenig, gering
ὀλίγοι, ὀλίγαι, ὀλίγα **4A** wenige
ὅλος, ὅλη, ὅλον **7A** ganz

ὄλωλα **44** *Perfekt zu* ἀπόλλυμι 1. vernichten; 2. verlieren
ὁμιλέω *mit Dat.* **16A** mit jdm. zusammen sein
ὅμοιος, ὁμοία, ὅμοιον **15A** 1. gleich; 2. ähnlich
ὁμολογέω **12A** übereinstimmen, zustimmen
ὅμως **1A** dennoch, trotzdem
ὀνειδίζω *mit Dat.* **3A** jdm. Vorwürfe machen, jdn. tadeln
τὸ ὄνομα, τοῦ ὀνόματος **14B** 1. der Name; 2. der Ruf
ὀνομάζω **6A** nennen, benennen
ὁ ὁπλίτης, τοῦ ὁπλίτου **24A** der Schwerbewaffnete, der Hoplit
τὸ ὅπλον **15B** die Waffe
ὅποι **35A** 1. wohin *(einen indirekten Fragesatz einleitend)*; 2. wohin auch immer *(verallgemeinernd relativ)*
ὁπότε **7B** *(Subjunktion)* (immer) wenn, als
ὅπου **36A** 1. wo *(einen indirekten Fragesatz einleitend)*; 2. wo auch immer *(verallgemeinernd relativ)*
ὅπως **47** 1. wie *(einen indirekten Fragesatz einleitend)*; 2. wie auch immer *(verallgemeinernd relativ)*; 3. *(als Subjunktion)* dass; 4. *(als Subjunktion)* damit
ὁράω **17B** sehen
τὸ ὄργανον **22B** das Werkzeug, das Instrument
ὀργίζομαι *mit Dat.* **7A** über jdn./etw. zornig werden, zornig sein
ὀρθός, ὀρθή, ὀρθόν **36A** 1. aufrecht, gerade; 2. richtig
ὀρθῶς **3A** *(Adverb)* richtig, auf rechte Art
ὁ ὅρκος **9A** der Eid, der Schwur
ὁρμάω **19A** 1. antreiben; 2. aufbrechen, losstürmen
ὁ/ἡ ὄρνις, τοῦ/τῆς ὄρνιθος **33B** der Vogel
ὁ ὅρος **36B** die Grenze
ὅς, ἥ, ὅ **8A** *(Relativpronomen)* der, welcher
ὅσιος, ὁσία, ὅσιον **38A** 1. heilig, gottgefällig, richtig; 2. fromm, gottesfürchtig
ὅσος, ὅση, ὅσον **32A** wie groß, wie viel
ὅσπερ, ἥπερ, ὅπερ **30A** eben/gerade der, welcher
ὅστις, ἥτις, ὅ τι **30A** 1. wer, welcher *(einen indirekten Fragesatz einleitend)*; 2. wer auch immer; jeder, der *(verallgemeinernd relativ)*
ὅταν **36A** *(Subjunktion mit Konjunktiv)* 1. wenn; 2. jedes Mal wenn
ὅτε **12A** *(Subjunktion)* (zu der Zeit,) als, wenn
ὅτι **2A** *(Subjunktion)* 1. weil, da; 2. dass

ὅτι **39** *(vor direkter Rede hat* ὅτι *die Funktion eines Doppelpunktes und wird nicht übersetzt)*
οὐ **2A** nicht
οὐ δεῖ **2B** es ist nicht nötig, man darf nicht
οὐ μόνον – ἀλλὰ καί **1A** nicht nur – sondern auch
οὗ **28A** wo *(relativ)*
οὐδαμῶς **2B** *(Adverb)* auf keinen Fall, keineswegs
οὐδέ **2A** und nicht, auch nicht, aber nicht, nicht einmal
οὐδείς, οὐδεμία, οὐδέν **31A** keiner, niemand
οὐδέν **5B** 1. nichts; 2. gar nicht, überhaupt nicht
οὐδὲν ἧττον **26A** trotzdem
οὐκ **2A** nicht
οὐκέτι / οὐ … ἔτι **6B** nicht mehr
οὐκοῦν **15A** 1. also, folglich; 2. *(bei Fragen)* nicht wahr?
οὖν **2B** 1. nun; 2. also, folglich; 3. wirklich
οὔποτε **16B** *(Adverb)* niemals
οὔπω **42** *(Adverb)* noch nicht
οὐράνιος, οὐρανία, οὐράνιον **33B** himmlisch
ὁ οὐρανός **1A** der Himmel
τὸ οὖς, τοῦ ὠτός **37B** das Ohr
οὔτε – οὔτε **5A** weder – noch
οὗτος, αὕτη, τοῦτο **26A** dieser
ἐκ τούτου **7B** 1. infolgedessen; 2. darauf
ἐκ τούτων **7B** 1. infolgedessen; 2. darauf
οὕτω(ς) **1B** *(Adverb)* so, auf diese Weise
οὐχ **2A** nicht
ὁ ὀφθαλμός **34A** das Auge
ὁ ὄχλος **7A** die Menschenmasse, das *(gewöhnliche)* Volk
ἡ ὄψις, τῆς ὄψεως **41** 1. das Sehen; 2. *(was man sieht)* a) der Anblick; b) die Traumerscheinung
ὄψομαι **33A** *Futur zu* ὁράω sehen

## Π

τὸ πάθημα, τοῦ παθήματος **11A** 1. das Erlebnis; 2. das Leiden, das Missgeschick
τὸ πάθος, τοῦ πάθους **39** 1. das Erlebnis; 2. das Leiden, das Missgeschick; 3. die Leidenschaft
ἡ παιδεία **4A** die Erziehung, die Bildung
παιδεύω **4A** erziehen, bilden
ἡ παιδιά **19B** das Spiel, der Spaß
τὸ παιδίον **8A** das kleine Kind
παίζω **8A** spielen, scherzen
παίξομαι **28B** *Futur zu* παίζω spielen, scherzen

# Π

ὁ/ἡ παῖς, τοῦ/τῆς παιδός **12A** 1. das Kind; 2. der Sklave
ἐκ παίδων **12A** von Kindheit an
πάλαι **20B** *(Adverb)* 1. früher, ehemals; 2. schon lange
παλαιός, παλαιά, παλαιόν **15B** alt
πάλιν **20B** *(Adverb)* wieder
παντάπασι(ν) **28A** *(Adverb)* 1. ganz und gar, überhaupt, völlig; 2. *(in Antworten)* ja natürlich
πανταχῇ **42** *(Adverb)* 1. überall; 2. auf jede Art und Weise
πανταχοῦ **37B** *(Adverb)* überall
παντοδαπός, παντοδαπή, παντοδαπόν **39** verschiedenartig, allerlei, aller Art
πάνυ **10A** *(Adverb)* ganz, völlig
   πάνυ γε **28A** ganz recht, allerdings
   πάνυ μὲν οὖν **10A** ganz recht, allerdings
παρά *beim Akk.* **17A** 1. zu (… hin); 2. entlang an; 3. gegen
παρά *beim Dat.* **1A** bei, neben
παρά *beim Gen.* **12A** von … her, von
παραβάλλω **10A** 1. nebeneinanderstellen; 2. vergleichen
παραγίγνομαι **27A** 1. dazukommen; 2. dabeisein
παραδίδωμι **25A** übergeben, überlassen
παραινέω **44** jdm. raten, empfehlen, jdn. ermuntern
παρακαλέω **17B** einladen, auffordern
παρασκευάζω **4A** bereitmachen, einrichten, arrangieren
ἡ παρασκευή **28A** die Bereitstellung, die Einrichtung
πάρειμι **19B** anwesend sein, da sein
παρέχω **1B** 1. anbieten, bieten; 2. geben, überreichen; 3. gewähren
   πράγματα παρέχω **11B** Schwierigkeiten machen
παρῄνεσα **44** Aorist zu παραινέω jdm. raten, empfehlen, jdn. ermuntern
ἡ παρθένος **12B** das Mädchen, die junge Frau, die Jungfrau
ἡ παροιμία **47** das Sprichwort, die Redensart
πᾶς, πᾶσα, πᾶν **12A** *(Gen.* παντός, πάσης, παντός*)* 1. all, ganz; 2. jeder
πάσχω **34A** 1. *etw.* erleben; 2. *etw.* erleiden, erdulden
ὁ πατήρ, τοῦ πατρός **6B** der Vater
ἡ πατρίς, τῆς πατρίδος **23A** das Vaterland, die Vaterstadt
παύω **7B** beenden
   παύομαι *mit Gen.* **7B** *mit etw.* aufhören
πείθω **6B** 1. überreden; 2. überzeugen
   πείθομαι **6B** jdm. gehorchen, folgen

ἡ πεῖρα **29A** 1. der Versuch, die Probe; 2. die Erfahrung
πειράομαι **17A** 1. *(mit Gen.) etw./jdn.* versuchen, erproben; 2. *(mit Infinitiv)* versuchen
ὁ πειρατής, τοῦ πειρατοῦ **24B** der Seeräuber, der Pirat
πέμπω **2B** 1. schicken; 2. begleiten
πένης **31B** *(Gen.* πένητος*)* arm
πέπομφα **44** (Formentabelle) *Perfekt zu* πέμπω 1. schicken; 2. begleiten
πέπραχα **44** (Formentabelle) *Perfekt zu* πράττω 1. tun, handeln; 2. betreiben
-περ **30A** *(Suffix zur Verstärkung des vorangehenden Wortes)*
περί *beim Akk.* **15B** 1. um … herum; 2. hinsichtlich
περί *beim Dat.* **22B** um (… herum)
περί *beim Gen.* **3A** über jdn./etw., von jdm./etw.
περι- **16A** *(als Präfix)* herum-, ringsum
περιβάλλω **8B** 1. *etw.* um *etw.* herumlegen; 2. umarmen
ἡ πηγή **7B** die Quelle
πηδάω **19A** springen
πικρός, πικρά, πικρόν **38A** 1. scharf; 2. herb, bitter; 3. grausam
πίνω **8B** trinken
πίομαι **28B** *Futur zu* πίνω trinken
πίπτω **3B** fallen
ἡ πίστις, τῆς πίστεως **25A** 1. die Treue, das Vertrauen, *(in theologischen Texten)* der Glaube; 2. das feste Versprechen
πιστός, πιστή, πιστόν **9A** vertrauenswürdig, treu, zuverlässig
πλανάομαι **17B** 1. umherirren, sich verirren; 2. sich irren
πλεῖστος, πλείστη, πλεῖστον **30B** *(Superlativ zu* πολύς*)* der, die, das meiste
οἱ πλεῖστοι **30B** die meisten, sehr viele
πλείων, πλεῖον *und* πλέων, πλέον **24B** *(Gen.* πλείονος/πλέονος, Akk. Pl. πλείους *oder* πλείονας; *Komparativ zu* πολύς*)* mehr
πλεονεκτέω *mit Gen.* **30A** 1. mehr *von etw.* haben, im Vorteil sein *vor jdm.*; 2. mehr haben wollen, *jdn.* übervorteilen
πλέω **24A** *(mit dem Schiff)* fahren, segeln
ἡ πληγή **36A** der Schlag
πληρόω *mit Gen.* **24A** *mit etw.* füllen
πλησίον **48** 1. *Adverb:* nahe; 2. *Präposition beim Gen.:* nahe bei, in der Nähe von
πλήττω **27B** schlagen
πλούσιος, πλουσία, πλούσιον **9A** reich
ὁ πλοῦτος **14A** der Reichtum
πνέω **24A** hauchen, wehen, atmen
πόθεν; **7A** woher?
πόθεν **38B** *(enklitisch)* irgendwoher

ποιέω **1B** 1. machen, verfertigen, *spez.* dichten; 2. tun, bewirken
   κακῶς ποιέω **18A** schlecht behandeln
ὁ ποιητής, τοῦ ποιητοῦ **30A** der Dichter
ποικίλος, ποικίλη, ποικίλον **40** 1. bunt; 2. verschiedenartig; 3. listig
ποιμενικός, ποιμενική, ποιμενικόν **19B** zum Hirten gehörig, Hirten-
ὁ ποιμήν, τοῦ ποιμένος **19A** der Hirte
ποῖος, ποία, ποῖον; **10A** wie beschaffen?, was für ein?
πολεμέω **18B** Krieg führen
ἡ πολεμική *(ergänze* τέχνη*)* **42** die Kriegskunst
πολεμικός, πολεμική, πολεμικόν **15B** 1. Kriegs-; 2. kriegerisch, kriegserfahren
πολέμιος, πολεμία, πολέμιον **9A** feindlich
ὁ πολέμιος **9A** der Feind
ὁ πόλεμος **11B** der Krieg
ἡ πόλις, τῆς πόλεως **15A** 1. die Stadt; 2. der Staat
ἡ πολιτεία **29B** 1. der Staat; 2. die Staatverwaltung, die Regierung; 3. die Verfassung
πολιτεύομαι **20B** sich politisch betätigen, Politik betreiben
ὁ πολίτης, τοῦ πολίτου **17A** der Bürger
πολιτικός, πολιτική, πολιτικόν **17A** (staats-)bürgerlich, politisch
ὁ πολιτικός **17A** der Staatsmann, der Politiker
ἡ πολιτική *(ergänze* τέχνη*)* **3A** die Politik
πολλάκις **16B** *(Adverb)* vielfach, oft
πολλαχοῦ **30A** *(Adverb)* an vielen Stellen
πολλοί, πολλαί, πολλά **4A** viele
οἱ πολλοί **30A** die meisten, die Mehrzahl, die Masse
πολύς, πολλή, πολύ **13A** viel
πονηρός, πονηρά, πονηρόν **16A** 1. schlecht, untauglich; 2. niederträchtig, böse
ὁ πόνος **1A** die Arbeit, die Mühe, die Strapaze
ἡ πορεία **23A** die Reise, der Marsch
πορεύομαι **14B** marschieren, wandern, reisen
ὁ πόρος **13B** 1. die Furt; 2. der Weg
πόρρω **36A** 1. *Adverb:* weiter, ferner; 2. *Präposition beim Gen.:* fern von
πόσος, πόση, πόσον; **39** 1. wie groß?; 2. wie viel, wie sehr?
ὁ ποταμός **1B** der Fluss
πότε; **7B** wann?

ποτέ *(enklitisch)* **7B** 1. irgendwann einmal; **21A** 2. *(nach Fragewörtern)* ... denn eigentlich

ποτέ – ποτέ **19A** bald ... bald, manchmal ... manchmal

πότερος, ποτέρα, πότερον; **15A** welcher (von beiden)?

πότερον – ἤ **15A** 1. ... oder; 2. ob ... oder

τὸ ποτόν **19A** der Trank

ποῦ; **2B** wo?

που **6A** *(enklitisch)* 1. irgendwo; 2. wohl, vielleicht

ὁ πούς, τοῦ ποδός **34A** der Fuß

τὸ πρᾶγμα, τοῦ πράγματος **11A** 1. die Tat; 2. die Sache

πράγματα παρέχω **11A** Schwierigkeiten machen

ἡ πρᾶξις, τῆς πράξεως **30B** die Tätigkeit, die Handlung, die Unternehmung

πρᾶος, πρᾶον **9A** freundlich, mild, sanft

πράττω **5A** 1. tun, handeln; 2. betreiben

εὖ / καλῶς πράττω **23A** es geht mir gut

πρέπει **12A** es gehört sich, es ist angemessen

πρεσβύτερος, πρεσβυτέρα, πρεσβύτερον **15A** älter

ὁ πρεσβύτερος **15A** der Ältere

πρίν **19A** *(Subjunktion)* bevor

πρό *beim Gen.* **19A** 1. vor *(räumlich und zeitlich)*; 2. für

προ- **8B** *(als Präfix)* 1. vor-; 2. voran-; 3. vorher-

τὸ πρόβατον **19A** das Kleinvieh *(Schaf, Ziege)*

προέχω *mit Gen.* **4A** *jdm.* überlegen sein

πρόθυμος, πρόθυμον **9A** bereitwillig, eifrig

πρόκειμαι **11A** vorliegen

προκείμενος, προκειμένη, προκείμενον **11A** *(Partizip zu* πρόκειμαι*)* vorliegend

πρός *beim Akk.* **4A** 1. zu ... hin; 2. gegen

πρός *beim Dat.* **12B** 1. bei, an; 2. zusätzlich zu

πρὸς τούτοις **18B** außerdem

προσ- **8B** *(als Präfix)* hinzu-, heran-

προσγίγνομαι **27A** 1. dazukommen; 2. dabeisein

προσέχω **31A** hinlenken

(τὸν νοῦν) προσέχω **31A** *mit Dat.* auf *etw.* achten

πρόσθεν **3A** *(Adverb)* vorher, früher

προστάττω **32B** anordnen, befehlen

πρότερον **20A** *(Adverb)* früher

προτρέπω **12B** *zu etw.* antreiben, anregen

πρῶτον **7A** *(Adverb)* 1. zuerst; 2. zum ersten Mal

πρῶτος, πρώτη, πρῶτον **11A** (der) erste

τὸ πτερόν **17B** der Flügel

ὁ πτωχός **32A** der Bettler, der Arme

πυνθάνομαι **7A** 1. sich *nach etw.* erkundigen, fragen; 2. *etw.* erfahren

τὸ πῦρ, τοῦ πυρός **15B** das Feuer

πωλέω **16A** verkaufen

πώποτε **31B** *(Adverb)* jemals

πῶς; **16B** wie?

πως **15A** *(enklitisch)* irgendwie

## Ρ

ῥᾴδιος, ῥᾳδία, ῥᾴδιον **11B** leicht

ἡ ῥητορική *(ergänze* τέχνη*)* **17A** die Redekunst, die Rhetorik

ὁ ῥήτωρ, τοῦ ῥήτορος **17A** der Redner

ῥίπτω **26B** werfen, schleudern

ἡ ῥώμη **8A** die Kraft, die Stärke

## Σ

σαφής, σαφές **34B** deutlich, klar, gewiss

σεαυτοῦ/ῆς, *und* σαυτοῦ/ῆς **31B** (σεαυτῷ/ῇ, σεαυτόν/ήν und σαυτῷ/ῇ, σαυτόν/ήν; *reflexives Personalpronomen der 2. Person Sg.)* dein(er), dir, dich

σέβομαι **9A** verehren

ὁ σεισμός **1B** das Erdbeben

ἡ σελήνη **3A** der Mond

σήμερον **47** *(Adverb)* heute

τὸ σιτίον **10B** 1. das Getreide, das Brot; 2. die Nahrung

ὁ σῖτος **10B** 1. das Getreide, das Brot; 2. die Nahrung

σιωπάω **19A** schweigen

σκέπτομαι **10A** 1. betrachten; 2. überlegen, prüfen

σκευάζω **28A** bereitmachen, einrichten, arrangieren

ἡ σκηνή **21B** 1. das Zelt, die Hütte; 2. die Bühne

τὸ σκῆπτρον **43** 1. der Stab; 2. *(als Zeichen der Würde)* das Szepter

σκοπέω **16A** 1. betrachten; 2. prüfen

σμικρός, σμικρά, σμικρόν **14A** klein, unbedeutend

σός, σή, σόν **18A** dein

ἡ σοφία **3A** 1. die Geschicklichkeit, die Klugheit; 2. die Fachkenntnis, das Wissen; 3. die Weisheit

ὁ σοφιστής, τοῦ σοφιστοῦ **16B** der Sophist

σοφός, σοφή, σοφόν **4B** 1. klug, intelligent; 2. „weise", kundig

ὁ σοφός **4B** der Weise, der Sachverständige

σπένδω **36B** ausgießen, *spez.* ein Trankopfer darbringen

σπεύδω **33A** 1. sich beeilen; 2. *etw.* eifrig betreiben, sich *um etw.* bemühen

ἡ σπουδή **21B** 1. die Eile, der Eifer; 2. der Ernst

τὸ στάδιον **20A** 1. die Rennbahn, das Stadion; 2. „Stadion" *als Längenmaß (etwa 180 m)*

στερέω **32A** berauben, rauben

ὁ στέφανος **20A** der Kranz

ἡ στοά **14A** die Säulenhalle

στρατεύω **18A** einen Feldzug unternehmen

στρατεύομαι **18A** einen Feldzug unternehmen

στρατηγέω *mit Gen.* **23B** 1. Heerführer sein; 2. *(in Athen)* Stratege sein

ὁ στρατηγός **23A** 1. der Heerführer; 2. *(in Athen)* der Stratege *(politisches Amt)*

ἡ στρατιά **23A** das Heer

ὁ στρατιώτης, τοῦ στρατιώτου **23A** der Soldat

ὁ στρατός **11A** das Heer

στρέφω **8B** 1. drehen, wenden; 2. umkehren

σύ **4A** (σοῦ, σοί, σέ; *enklitisch* σου, σοι, σε) du

συ- **8A** *(als Präfix)* zusammen-, mit-

συγ- **8A** *(als Präfix)* zusammen-, mit-

συγγίγνομαι **16B** 1. zusammenkommen; 2. zusammensein

συγχωρέω **18B** 1. *jdm. etw.* zugestehen, erlauben; 2. zustimmen

συλ- **8A** *(als Präfix)* zusammen-, mit-

συλλέγω **7B** sammeln, versammeln

συμ- **8A** *(als Präfix)* zusammen-, mit-

συμβαίνει **36A** es ereignet sich, es passiert

συμβουλεύω **23A** raten, einen Rat geben

ὁ σύμμαχος **9A** der Verbündete, der Bundesgenosse

σύμπαντες, σύμπασαι, σύμπαντα **31A** alle zusammen

τὸ συμπόσιον **28B** das Gastmahl, die *(private)* Feier

συμφέρει **32B** 1. es trägt sich zu, es geschieht; 2. es nützt

ἡ συμφορά **44** 1. das Schicksal, der Zufall; 2. das Glück; 3. das Unglück

σύμφορος, σύμφορον **37B** nützlich, günstig

σύν *beim Dat.* **1A** (zusammen) mit

συν- **8A** *(als Präfix)* zusammen-, mit-

σύνειμι *mit Dat.* **2B** zusammensein mit *jdm.*

συχνός, συχνή, συχνόν **28A** 1. dicht gedrängt, zahlreich; 2. lang

σφόδρα **33A** *(Adverb)* sehr, heftig

σφοδρός, σφοδρά, σφοδρόν **48** heftig

σχεδόν **7A** *(Adverb)* beinahe, fast

σχεδόν τι **28A** so ziemlich

σχίζω **22B** spalten, zerteilen

τὸ σχίσμα, τοῦ σχίσματος **34A** die Spaltung

σῴζω **6A** 1. retten; 2. bewahren

τὸ σῶμα, τοῦ σώματος **7B** der Körper

ἡ σωφροσύνη **10B** die Besonnenheit, die Selbstbeherrschung

σώφρων, σῶφρον **10B** (Gen. σώφρονος) besonnen, maßvoll, vernünftig

## T

τὸ τάλαντον **25A** das Talent (hohe Geldsumme; 6000 Drachmen = 60 Minen = 1 Talent; als Gewicht etwa 26 kg)

ἡ τάξις, τοῦ τάξεως **35A** die Aufstellung, die Ordnung

ταράττω **3B** erschüttern, durcheinanderbringen, verwirren

τάττω **43** 1. aufstellen, anordnen; 2. befehlen

ὁ ταῦρος **19A** der Stier

ταῦτα **2B** (Nom./Akk. Pl. n. zu οὗτος) dies(es)

ταύτῃ, ᾗ **31A** 1. dort, wo; 2. so, wie

ταχέως **19B** (Adverb) schnell

ταχύς, ταχεῖα, ταχύ **22B** schnell

τάχιστος, ταχίστη, τάχιστον **22B** Superlativ zu ταχύς schnell

τε **3B** (enklitisch) und

τε – καί **3B** sowohl – als auch, … und …

τε – τε **12B** sowohl – als auch, … und …

τείνω **19A** 1. dehnen, spannen, ausstrecken; 2. sich erstrecken

τὸ τεῖχος, τοῦ τείχους **35A** die Mauer

τὸ τέκνον **9B** das Kind

ὁ τέκτων, τοῦ τέκτονος **28A** der Architekt, der Baumeister

τέλειος, τελεία, τέλειον **4A** vollendet, vollkommen

τελευτάω **23B** 1. vollenden, beenden; 2. sterben

τελέω **17A** 1. vollenden; 2. bezahlen

τὸ τέλος und τέλος **13A** (Adverb) endlich, schließlich

τέμνω **14A** schneiden

τέταγμαι **43** Perfekt Medio-Passiv zu τάττω 1. aufstellen, anordnen; 2. befehlen

τέταχα **44** (Formentabelle) Perfekt zu τάττω 1. aufstellen, anordnen; 2. befehlen

τέτροφα **44** (Formentabelle) Perfekt zu τρέπω 1. etw. wenden; 2. jdn. in die Flucht schlagen

τέτροφα **44** (Formentabelle) Perfekt zu τρέφω ernähren, aufziehen

ἡ τέχνη **17A** das fachliche Können: 1. das Handwerk, das handwerkliche Können; 2. a) das Können, die „Kunst"; b) die List

τήμερον **47** (Adverb) heute

τηρέω **11B** 1. beobachten; 2. behüten, bewahren

τί; **2A** (Akzent: immer Akut!) 1. was?; 2. welches?; 3. warum?

τι, τινός **5A** (enklitisch) irgendetwas

τίθημι **14A** 1. setzen, stellen, legen; 2. (mit doppeltem Akk.) machen zu

τίκτω **2B** 1. zeugen; 2. gebären

τιμάω **12A** 1. ehren, respektieren; 2. (den Wert) einschätzen, taxieren

ἡ τιμή **27B** 1. a) die Ehre; b) das Amt; 2. a) der Preis, der Wert; b) der Schadenersatz, die Strafe

τιμωρέομαι mit Akk. **18A** sich an jdm. rächen, jdn. bestrafen

τίνα τρόπον; **28A** auf welche Weise?

τίς; **9B** (m und f, Akzent: immer Akut!) 1. wer?; 2. welcher? welche?

τις, τινός **5A** (enklitisch) irgendwer, jemand (m und f)

τό **3B** (bestimmter Artikel, neutrum)

τοι **36A** (enklitisch) 1. also, folglich; 2. sicher, gewiss; 3. oft unübersetzt

τοίνυν **36A** 1. also, folglich; 2. sicher, gewiss; 3. oft unübersetzt

τοιόσδε, τοιάδε, τοιόνδε **11A** so beschaffen, ein solcher

τοιοῦτος, τοιαύτη, τοιοῦτο **28A** so beschaffen, ein solcher, derartig

ὁ τόπος **28A** der Ort, der Platz, die Gegend

τοσοῦτος, τοσαύτη, τοσοῦτο **28A** 1. so groß; 2. so viel

τοσοῦτο – ὅσον **37A** so sehr – wie

τότε **7B** (Adverb) dann, damals

τοὐναντίον **10A** 1. das Gegenteil; 2. (Adverb) im Gegenteil

τοῦτο **2B** (Nom./Akk. Sg. n. zu οὗτος) dies(es)

ἡ τράπεζα **4B** der Tisch

τρεῖς, τρεῖς, τρία **25A** drei

τρέπω **7A** 1. etw. wenden; 2. jdn. in die Flucht schlagen

τρέφω **8A** ernähren, aufziehen

τρέχω **20A** laufen, rennen

τριάκοντα **25A** dreißig

τρίτος, τρίτη, τρίτον **28A** der dritte

ὁ τρόπος **15A** 1. die Art und Weise; 2. der Charakter

ἡ τροφή **8B** die Nahrung, die Ernährung

τυγχάνω **36A** 1. (mit Gen.) jdn./etw. treffen; 2. (mit Gen.) etw. erreichen, bekommen; 3. (mit Partizip) zufällig/gerade etw. tun

ἡ τύχη **4A** 1. das Schicksal, der Zufall; 2. das Glück; 3. das Unglück

## Y

ἡ ὑγίεια **15A** die Gesundheit

ὑγιεινός, ὑγιεινή, ὑγιεινόν **39** gesund

τὸ ὕδωρ, τοῦ ὕδατος **37A** das Wasser

ὁ υἱός **1B** der Sohn

ὑμεῖς **4B** (ὑμῶν, ὑμῖν, ὑμᾶς) ihr

ὑμέτερος, ὑμετέρα, ὑμέτερον **18A** euer

ὑμνέω **28A** besingen, preisen

ὑπ- **14A** (als Präfix) darunter-

ὑπακούω **32B** gehorchen

ὑπάρχω **13A** 1. anfangen; 2. vorhanden sein, zur Verfügung stehen

ὑπέρ beim Akk. **43** über … hinaus, über

ὑπέρ beim Gen. **18B** 1. oberhalb, über; 2. im Interesse von, für

ὑπεσχόμην **25A** (Stamm ὑποσχ-) Aorist zu ὑπισχνέομαι versprechen

ὑπισχνέομαι **17A** versprechen

ὑπό beim Akk. **3B** unter (hinunter) (Frage: wohin?)

ὑπό beim Gen. **5A** 1. unter (Frage: wo?); 2. von (Urheber beim Passiv)

ὑπο- **14A** (als Präfix) darunter-

ὑπολείπω **48** zurücklassen, verlassen, übrig lassen

ὑφ- **14A** (als Präfix) darunter-

## Φ

φαίνω **6B** sehen lassen, zeigen

φαίνομαι **6B** sich zeigen, erscheinen

φανερός, φανερά, φανερόν **16B** sichtbar, deutlich

φανῶ **38** (Formentabelle) Futur zu φαίνω sehen lassen, zeigen

φασί(ν) **31B** (enklitisch) sie sagen, behaupten

φαῦλος, φαύλη, φαῦλον **5A** minderwertig, schlecht

φέρε **28A** (beim Imperativ) auf!, los!

φέρω **4B** 1. tragen, bringen; 2. ertragen

χαλεπῶς φέρω **22A** sich ärgern

φέρομαι **12A** eilen

φεύγω mit Akk. **15B** 1. vor jdm. fliehen, etw. meiden; 2. angeklagt sein; 3. verbannt werden

φημί **47** sagen, behaupten

φησί **14A** (enklitisch) er, sie, es sagt, behauptet

φήσω **47** Futur zu φημί sagen, behaupten

φθάνω mit Akk. **20A** jdn. überholen, jdm. zuvorkommen

φθείρω **29B** 1. zugrunde richten, vernichten, verderben; 2. bestechen
φθονέω *mit Dat. und Gen.* **31B** 1. *jdn. um etw.* beneiden; 2. *jdm. etw.* vorenthalten, missgönnen
ὁ φθόνος **27A** der Neid, die Missgunst
φιλέω **8B** 1. lieben; 2. küssen
ἡ φιλία **5A** die Freundschaft
φίλος, φίλη, φίλον **6A** lieb, befreundet
ὁ φίλος **6A** der Freund
φιλοσοφέω **36A** philosophieren, sich mit philosophischen Fragen beschäftigen
ἡ φιλοσοφία **3A** die Philosophie, die Liebe zur Weisheit
ὁ φιλόσοφος **3A** der Philosoph
φίλτατος, φιλτάτη, φίλτατον **22A** *(Superlativ zu* φίλος*)* liebster
φοβέομαι **5B** fürchten, sich fürchten
φοβερός, φοβερά, φοβερόν **9A** 1. furchtbar; 2. ängstlich
ὁ φόβος **1B** die Furcht
φοιτάω **17A** häufig *an einen Ort* gehen, *jdn.* regelmäßig besuchen
φονεύω **19A** 1. Mörder sein; 2. töten, ermorden
ἡ φρήν, τῆς φρενός **37A** 1. das Zwerchfell; 2. das Denken, der Verstand
φρόνιμος, φρόνιμον **20A** klug, vernünftig
ἡ φρουρά **43** die Wache, die Besatzung
φρουρέω **19A** 1. Wache halten; 2. bewachen, schützen
ὁ φρουρός **35A** der Wächter
ὁ φύλαξ, τοῦ φύλακος **10A** der Wächter
φυλάττω **17B** bewachen
  φυλάττομαι *mit Akk.* **17B** sich *vor jdm./etw.* hüten
ἡ φύσις, τῆς φύσεως **30A** die Natur
  φύσει – νόμῳ **30A** von Natur – aufgrund bloßer Übereinkunft (Konvention)
τὸ φυτόν **7B** die Pflanze
ἡ φωνή **17B** der Ton, die Stimme

# Χ

χαῖρε **2B** *(Grußformel)* Sei gegrüßt!; Guten Tag!
χαίρω *mit Dat.* **2B** sich freuen *über etw.*
χαλεπαίνω *mit Dat.* **7A** *über etw.* entrüstet sein, verärgert sein
χαλεπός, χαλεπή, χαλεπόν **10A** 1. schwierig; 2. unangenehm, lästig
  χαλεπῶς φέρω **22A** sich ärgern
ἡ χαρά **7B** die Freude
χαρίεις, χαρίεσσα, χαρίεν **36A** *(Gen.* χαρίεντος, χαριέσσης, χαρίεντος*)* reizend, hübsch, nett
χάριν *beim Gen.* **36A** *(nachgestellt)* 1. wegen; 2. um … willen

ἡ χάρις, τῆς χάριτος **14B** *(Akk.* τὴν χάριν*)* 1. *(woran man sich freut)* a) die Schönheit, der Charme, der Reiz; b) die Gefälligkeit; 2. *(die Äußerung der Freude)* der Dank
ἡ χείρ, τῆς χειρός **10B** *(Dat. Pl.* ταῖς χερσίν*)* die Hand
χείρων, χεῖρον **30A** *(Gen.* χείρονος; *Komparativ zu* κακός*)* geringer, schlechter
χθές **47** *(Adverb)* gestern
ἡ χθών, τῆς χθονός **27B** die Erde, das Land
ἡ χρεία **8A** 1. das Bedürfnis; 2. der Gebrauch, der Nutzen
χρή **6A** es ist nötig, man muss
χρῄζω *mit Gen.* **33B** 1. brauchen, nötig haben; 2. wünschen, fordern
τὸ χρῆμα, τοῦ χρήματος **18A** die Sache, das Ding
τὰ χρήματα, τῶν χρημάτων **18A** das Geld, der Besitz, das Vermögen
χρῆναι **9A** *Infinitiv zu* χρή es ist nötig, man muss
χρήομαι *mit Dat.* **17A** 1. *etw.* gebrauchen; 2. *mit jmd.* verkehren, zusammen sein
χρήσιμος, χρήσιμον **11B** 1. *(von Sachen)* brauchbar, nützlich; 2. *(von Menschen)* tüchtig, anständig
ὁ χρησμός **11B** der Orakelspruch
χρηστός, χρηστή, χρηστόν **11B** 1. *(von Sachen)* brauchbar, nützlich; 2. *(von Menschen)* tüchtig, anständig
ὁ χρόνος **3A** die Zeit
τὸ χρυσίον **30B** 1. das Gold; 2. das Geld
ὁ χρυσός **1A** 1. das Gold; 2. das Geld
χρυσοῦς, χρυσῆ, χρυσοῦν **24B** golden, aus Gold
ἡ χώρα **6B** 1. der Ort, der Platz; 2. das Land
χωρέω **21A** gehen *(vorwärts oder rückwärts)*, weichen
χωρίς *beim Gen.* **9B** getrennt von, ohne

# Ψ

ψεύδομαι **32A** 1. belügen, lügen *(Aorist* ἐψευσάμην*)*; 2. sich täuschen, irren *(Aorist* ἐψεύσθην*)*
ψηφίζω **24A** 1. abstimmen; 2. beschließen
  ψηφίζομαι **24A** 1. abstimmen; 2. beschließen
ὁ ψόγος **31A** der Tadel
ἡ ψυχή **3A** 1. die Seele; 2. das Leben

# Ω

ὦ **2A** *(Anredepartikel beim Vokativ)*
ἡ ᾠδή **30A** der Gesang, das Lied
ὁ ὠκεανός **1A** der Ozean, das Meer
ὠνέομαι **16A** kaufen

ἡ ὥρα **7B** 1. die Jahreszeit; 2. die Stunde
ὠργίσθην **27A** Aorist zu ὀργίζομαι *mit Dat. über jdn./etw.* zornig werden, zornig sein
ὡς **2A** *als Subjunktion mit Indikativ* 1. wie; 2. weil, da; 3. dass; 4. als
ὡς **32B** *als Subjunktion mit Konjunktiv* damit, um zu
ὡς **31A** *als Hauptsatzeinleitung* denn
ὡς **30A** *beim Partizip (subjektiv-begründend)* weil, da
ὡς **21B** *beim Partizip (subjektiv-vergleichend)* wie wenn, als ob
ὡς **29B** *beim Partizip Futur* damit, um zu
ὡς **22B** *beim Superlativ* möglichst
ὥσπερ **12B** *(Adverb)* wie
ὥστε **9A** *(Subjunktion)* (so) dass
ὠφελέω *mit Akk.* **37B** *jdm.* nützen, helfen
ὠφέλιμος, ὠφέλιμον **9A** nützlich

# Eigennamen

## A

ὁ Ἀγάθων, τοῦ Ἀγάθωνος **47** Agathon *(attischer Tragödiendichter; um 450–400 v. Chr.)*
ὁ Ἀγησίλαος **9A** Agesilaos *(König von Sparta; um 443–359/58 v. Chr.)*
ὁ Ἀδείμαντος **28A** Adeimantos *(ein Bruder des Philosophen Platon)*
ὁ Ἄδμητος **27A** Admetos *(König von Pherai)*
ἡ Ἀθηνᾶ **22B** Athene *(Göttin der Weisheit, der Handwerks- und der Kriegskunst)*
αἱ Ἀθῆναι **27B** Athen
Ἀθήνησι(ν) **43** in Athen
ὁ Ἀθηναῖος **2A** der Athener
ὁ Ἅιδης, τοῦ Ἅιδου **1B** Hades *(Gott der Unterwelt)*
οἱ Αἰθίοπες, τῶν Αἰθιόπων **35B** die Äthiopier *(mythisches Volk am Rand der Welt)*
ἡ Αἰθιοπία **35B** Äthiopien *(Land der Äthioper am Rande der Welt)*
οἱ Αἰθιοπικοί **1A** die Äthioper *(mythisches Volk am Rand der Welt)*
ὁ Αἵμων, τοῦ Αἵμονος **26A** Haimon *(Sohn des Kreon und der Eurydike)*
ὁ Αἴσωπος **26B** Äsop *(griechischer Fabeldichter; lebte wohl im 6. Jh. v. Chr.)*
ἡ Ἀλεξάνδρεια **38B** Alexandria *(von Alexander dem Großen gegründete Stadt im westlichen Nildelta)*
ὁ Ἀλέξανδρος **18B** 1. Alexander der Große *(König von Makedonien; 356–323 v. Chr.)*; **38B** 2. Alexander *(ein Stadtrat aus Antiochia im kleinasiatischen Pisidien)*
ἡ Ἄλκηστις, τῆς Ἀλκήστιδος **27A** Alkestis *(Frau von Admetos)*
ὁ Ἀλκίνοος **6A** Alkinoos *(König der Phaiaken)*
ἡ Ἀλκμήνη **2B** Alkmene *(Gattin des Amphitryon, des Königs von Theben in Böotien)*
αἱ Ἀμαζόνες, τῶν Ἀμαζόνων **15B** Amazonen *(mythisches Volk kriegerischer Frauen in der Gegend des Schwarzen Meeres)*
ὁ Ἀναξαγόρας, τοῦ Ἀναξαγόρου **2A** Anaxagoras *(griechischer Denker; um 500–428 v. Chr.)*
ἡ Ἀνδρομέδα **35B** Andromeda *(äthiopische Königstochter)*
ἡ Ἀντιγόνη **26A** Antigone *(Tochter von Oidipus)*
ὁ Ἀντίγονος **4A** Antigonos *(makedonischer König; um 319–239 v. Chr.)*
ὁ Ἄνυτος **16B** Anytos *(Politiker; späterer Ankläger von Sokrates)*
ὁ Ἀπολλόδωρος **22A** Apollodoros *(ein Anhänger von Sokrates)*
ὁ Ἀπόλλων, τοῦ Ἀπόλλωνος **23A** Apollon *(Sohn des Zeus und der Leto; Gott der Heilkunst, der Musik und der Weissagung)*
τὸ Ἄργος, τοῦ Ἄργους **37A** Argos *(Herrschaftsgebiet Agamemnons mit der Hauptstadt Mykene)*
ὁ Ἄρης, τοῦ Ἄρεως **15B** Ares *(Gott des Krieges)*
ὁ Ἀριαῖος **23B** Ariaios *(persischer Feldherr; Freund des Kyros, lief später zu Tissaphernes über)*
ὁ Ἀρίστιππος **23B** Aristippos *(aus Thessalien; Verbündeter des Kyros, wirbt für diesen Truppen an)*
ὁ Ἀριστόδημος **47** Aristodemos *(ein Anhänger von Sokrates)*
ὁ Ἀριστοτέλης **3A** Aristoteles *(griechischer Philosoph; 384–322 v. Chr.)*
ὁ Ἄρσης, τοῦ Ἀρσοῦ **18A** Arses *(Großkönig der Perser; Sohn von Artaxerxes III.; gestorben 336 v. Chr.)*
ὁ Ἀρταξέρξης, τοῦ Ἀρταξέρξου **18A** Artaxerxes III. *(Großkönig der Perser; um 390–338 v. Chr.)*
ἡ Ἀσία **18A** 1. Asien; 2. Kleinasien
ὁ Ἀσκληπιός **27A** Asklepios *(Gott der Heilkunde; ein Sohn Apollons)*
ἡ Ἀττική **27B** Attika *(Halbinsel bei Athen)*
οἱ Ἀχαιοί **37A** die Achäer *(Bezeichnung für die Griechen bei Homer)*

## B

ἡ Βοιωτία **2B** Böotien *(Gegend in Mittelgriechenland)*
ὁ Βοῦκρις **24B** Bukris *(ein Pirat)*
ὁ Βρεταννός **14B** Bretannos

## Γ

ὁ Γανυμήδης, τοῦ Γανυμήδους **28B** *(Vok. ὦ Γανύμηδες)* Ganymed *(ein schöner trojanischer Prinz)*
ὁ Γηρυόνης, τοῦ Γηρυόνου **14B** Geryones *(Monster mit drei Oberkörpern; lebte auf der Insel Erytheia und besaß schöne Rinder)*
ὁ Γλαύκων, τοῦ Γλαύκωνος **10A** Glaukon *(ein Bruder des Philosophen Platon)*
ἡ Γοργώ, τῆς Γοργοῦς **35B** Gorgo *(die drei Gorgonen waren Schwestern und hatten Schlangenhaar)*

## Δ

ὁ Δαρεῖος **18B** Dareios III. *(Großkönig der Perser; um 380–330 v. Chr.)*
ὁ Δάφνις, τοῦ Δάφνιδος **7B** *(Akk. τὸν Δάφνιν, Vok. ὦ Δάφνι)* Daphnis
οἱ Δελφοί **23A** Delphi *(Stadt in Phokis, Apollon-Heiligtum und Orakelstätte)*
ὁ Διογένης, τοῦ Διογένους **20A** *(Vok. ὦ Διόγενες)* Diogenes *(Philosoph aus Sinope am Schwarzen Meer; um 400–325 v. Chr.)*
ὁ Διονύσιος **24A** Dionysios I. *(Tyrann von Syrakus; um 430–367 v. Chr.)*
ὁ Δόρκων, τοῦ Δόρκωνος **19A** Dorkon *(ein Rinderhirte auf der Insel Lesbos)*

## E

ἡ Εἰρήνη **25B** Eirene *(Göttin des Friedens)*
ὁ Ἕκτωρ, τοῦ Ἕκτορος **37A** Hektor *(trojanischer Prinz; Sohn von Priamos und Hekabe)*
ἡ Ἑλλάς, τῆς Ἑλλάδος **46** Hellas *(Name für Gesamtgriechenland)*
ὁ Ἕλλην, τοῦ Ἕλληνος **18A** der Grieche, der Hellene
ὁ Ἑρμῆς, τοῦ Ἑρμοῦ **2B** *(**42** Dat. τῷ Ἑρμῇ, Akk. τὸν Ἑρμῆν, Vok. ὦ Ἑρμῆ)* Hermes *(Götterbote)*
ἡ Ἐρύθεια **14B** Erytheia *(Insel im Atlantik, jenseits der Straße von Gibraltar bei Gadeira [heute: Cádiz])*
ὁ Ἔρως, τοῦ Ἔρωτος **28B** Eros *(Gott der Liebe)*
αἱ Ἑσπερίδες, τῶν Ἑσπερίδων **43** die Hesperiden *(Nymphen, die im fernen Westen in einem Garten einen Baum bewachen, der goldene Äpfel trägt, das Hochzeitsgeschenk der Gaia an Hera)*
ὁ Εὐμαρίδας, τοῦ Εὐμαρίδου **24B** Eumaridas
ὁ Εὐριπίδης, τοῦ Εὐριπίδου **36A** Euripides *(Tragödiendichter aus Athen; 484–406 v. Chr.)*
ἡ Εὐρυδίκη **26A** Eurydike *(Frau von Kreon)*

## Z

ὁ Ζεύς **1B** *(**22B** Gen. τοῦ Διός, Dat. τῷ Διί, Akk. τὸν Δία, Vok. ὦ Ζεῦ)* Zeus *(Wettergott und König der Götter)*
ὁ Ζήνων, τοῦ Ζήνωνος **4A** Zenon *(stoischer Philosoph; um 334–262 v. Chr.)*

## H

ὁ Ἥλιος **1A** Helios *(Sonnengott)*
ὁ Ἡρακλῆς, τοῦ Ἡρακλέους **14B** *(Dat. τῷ Ἡρακλεῖ, Akk. τὸν Ἡρακλέα, Vok. ὦ Ἡράκλεις)* Herakles *(griechischer Held; Sohn des Zeus und der Alkmene)*
ὁ Ἥφαιστος **22B** Hephaistos *(Gott der Schmiedekunst und des Handwerks)*

## Θ

ὁ Θεαγένης, τοῦ Θεαγένους **30B** Theagenes *(ein Grieche aus Theben)*

ἡ Θέκλα **38A** Thekla *(eine vornehme Frau aus Ikonion in Kleinasien)*

ὁ Θερμώδων, τοῦ Θερμώδοντος **15B** Thermodon *(Fluss im nördlichen Kleinasien, der ins Schwarze Meer mündet)*

ὁ Θέων, τοῦ Θέωνος **38B** Theon *(Astronom und Mathematiker aus Alexandria; Vater der Hypatia)*

οἱ Θηβαῖοι **43** die Thebaner *(Einwohner der Stadt Theben in Böotien)*

ὁ Θησεύς, τοῦ Θησέως **43** Theseus *(Nationalheld Athens)*

οἱ Θούριοι **24B** 1. die Stadt Thurioi *(in Unteritalien)*; 2. die Einwohner von Thurioi

ὁ Θρᾷξ, τοῦ Θρᾳκός **30B** der Thraker

## Ι

ὁ Ἰησοῦς, τοῦ Ἰησοῦ **32A** Jesus

ἡ Ἰθάκη **6B** Ithaka *(Insel im Ionischen Meer; Heimat des Odysseus)*

ἡ Ἰθμονίκα **41** Ithmonika *(eine Frau)*

ἡ Ἴλιος **37A** Ilios (Troja)

οἱ Ἰουδαῖοι **34A** die Juden

ὁ Ἱπποκράτης, τοῦ Ἱπποκράτους **17A** Hippokrates *(ein Bekannter von Sokrates)*

## Κ

ὁ Καλλικλῆς, τοῦ Καλλικλέους **39** Kallikles *(ein Sophist, Schüler des Gorgias; Ende des 5. Jh. v. Chr.)*

ὁ Κέκροψ, τοῦ Κέκροπος **27B** Kekrops *(mythischer erster König von Attika, halb Mensch, halb Schlange)*

ἡ Κελτίνη **14B** Keltine

οἱ Κελτοί **14A** die Kelten

ὁ Κελτός **14B** Keltos

ὁ Κένταυρος **27A** Kentaur *(pferdegestaltiges Wesen mit menschlichem Oberkörper)*

ὁ Κλαζομένιος **3B** der Klazomenier *(Einwohner von Klazomenai in Kleinasien)*

ὁ Κρέων, τοῦ Κρέοντος **26A** Kreon *(Bruder der Iokaste, der Mutter von Oidipus)*

ἡ Κρήτη **24B** Kreta

ὁ Κρίτων, τοῦ Κρίτωνος **31A** Kriton *(ein Freund von Sokrates)*

ὁ Κρόνος **1B** Kronos *(Vater des Zeus)*

ὁ Κυδωνιάτης, τοῦ Κυδωνιάτου **24B** aus Kydonia *(Stadt auf Kreta, heute Chania)*

οἱ Κύκλωπες, τῶν Κυκλώπων **27A** die Zyklopen *(einäugige Riesen)*

ὁ Κυμαῖος **29A** der Einwohner von Kyme *(Stadt in Äolien, an der Westküste der heutigen Türkei; die Einwohner wurden als einfältig verspottet)*

ὁ Κῦρος **12A** Kyros *(der Jüngere; persischer Prinz; versuchte seinen Bruder, den Großkönig Artaxerxes, zu stürzen; fiel 401 v. Chr.)*

## Λ

οἱ Λακεδαιμόνιοι **12B** die Lakedaimonier (Spartaner)

ἡ Λακεδαίμων, τῆς Λακεδαίμονος **12B** 1. die Stadt Lakedaimon (Sparta); 2. die Gegend Lakedaimon (Lakonien)

οἱ Λαμψακηνοί **36B** die Lampsakener *(Einwohner der Stadt Lampsakos)*

ἡ Λάμψακος **36B** Lampsakos *(Stadt am Hellespont)*

ἡ Λητώ, τῆς Λητοῦς **27A** Leto *(die Mutter Apollons)*

οἱ Λυδοί **35A** die Lyder *(Volk im Westen Kleinasiens)*

ὁ Λυκοῦργος **32B** Lykurg *(sagenhafter Politiker; Begründer der staatlichen Ordnung in Sparta)*

## Μ

ἡ Μαῖα **9B** Maia *(Nymphe; Mutter des Hermes)*

ἡ Μακεδονία **4A** Makedonien *(Gegend im Norden Griechenlands)*

ὁ Μαραθών, τοῦ Μαραθῶνος **43** Marathon *(Ort an der Ostküste Attikas, wo die Athener 490 v. Chr. die Perser besiegten)*

Μαραθῶνι **43** in Marathon

Μαρία ἡ Ἰακώβου **33A** Maria, die Mutter des Jakobus

Μαρία ἡ Μαγδαληνή **33A** Maria Magdalena *(eine Anhängerin von Jesus aus der Stadt Magdala in Galiläa)*

οἱ Μεγαλοπολῖται **24A** die Einwohner von Megalopolis *(Stadt im Zentrum der Peloponnes)*

ἡ Μέδουσα **35B** Medusa *(die jüngste Gorgone)*

ὁ Μέλητος **2A** Meletos *(Ankläger von Sokrates)*

ὁ Μένων, τοῦ Μένωνος **15A** Menon *(um 423–400 v. Chr.; thessalischer Truppenkommandeur; lebte zeitweilig in Athen)*

ὁ Μίμνερμος **1A** Mimnermos *(griech. Dichter; um 600 v. Chr.)*

αἱ Μοῖραι **27A** die Moiren *(die Schicksalsgöttinnen)*

## Ν

ἡ Νίκη **43** Nike *(Göttin des Sieges)*

## Ξ

ὁ Ξενοφῶν, τοῦ Ξενοφῶντος **23A** Xenophon *(aus Athen; Schüler des Sokrates, Schriftsteller; um 430–355 v. Chr.)*

## Ο

ὁ Ὀδυσσεύς, τοῦ Ὀδυσσέως **6B** Odysseus

τὰ Ὀλύμπια **40** die olympischen Spiele

ὁ Ὀλύμπιος **6A** der Olympier *(Beiname des Zeus)*

ὁ Ὄλυμπος **1B** der Olymp *(Gebirge zwischen Thessalien und Makedonien)*

## Π

ὁ Παγκλῆς, τοῦ Παγκλέους **24B** Pankles

ὁ Πάν, τοῦ Πανός **8B** *(Dat. τῷ Πανί)* Pan *(Gott des Feldes, des Waldes und der Hirten)*

ὁ Πάναινος **43** Panainos *(Maler aus Athen; Bruder des Phidias)*

οἱ Παριανοί **36B** die Parianer *(Einwohner von Parion)*

τὸ Πάριον **36B** Parion *(Stadt am Hellespont)*

ὁ Παυσανίας, τοῦ Παυσανίου **29A** Pausanias *(König von Sparta während des Peloponnesischen Krieges)*

ὁ Πειραιεύς, τοῦ Πειραιῶς **20B** *(Akk. τὸν Πειραιᾶ)* Piräus *(der Hafen Athens)*

ὁ Πείσων, τοῦ Πείσωνος **25A** Peison *(aus Athen; einer der Dreißig)*

ἡ Πελλανίς, τῆς Πελλανίδος **41** aus Pellene *(vermutlich eine Stadt in der Region Achaia auf der Peloponnes)*

ἡ Πελοπόννησος **3B** die Peloponnes

οἱ Πέρσαι **11A** die Perser

ὁ Περσεύς, τοῦ Περσέως **35B** Perseus *(Sohn des Zeus und der Danaë)*

ἡ Περσεφόνεια **27A** Persephone *(Göttin der Unterwelt)*

ὁ Πέρσης, τοῦ Πέρσου **35A** der Perser / persisch

ὁ Πέτρος **33A** Petrus *(einer der ersten Anhänger von Jesus)*

ὁ Πίνδαρος **30A** Pindar *(Dichter aus Theben; um 520–446 v. Chr.)*

ὁ Πλάτων, τοῦ Πλάτωνος **13A** Platon *(athenischer Philosoph; 428/7–348/7 v. Chr.)*

ἡ Ποικίλη Στοά **43** die Stoa Poikile *(die „bunte" Säulenhalle auf der Agora Athens)*

ὁ Πολυνείκης, τοῦ Πολυνείκους **26A** *(Akk. τὸν Πολυνείκη)* Polyneikes *(Sohn von Oidipus)* ὁ Ποσειδῶν, τοῦ Ποσειδῶνος **1B** Poseidon *(Gott des Meeres)*

ὁ Ποσειδώνιος **14A** Poseidonios *(135–51 v. Chr.; stoischer Philosoph, Historiker und Geograph)*

ὁ Πρίαμος **37A** Priamos *(letzter trojanischer König; Vater von Hektor)*

ὁ Πρόξενος **23A** Proxenos *(aus Theben; Heerführer im Dienste des Kyros, Freund von Xenophon; um 431–401 v. Chr.)*

ὁ Πρωταγόρας, τοῦ Πρωταγόρου **16A** Protagoras *(Sophist; um 490–421 v. Chr.)*

ὁ Πυθαγόρας, τοῦ Πυθαγόρου **3A** Pythagoras *(griechischer Philosoph; um 570 bis nach 510 v. Chr.)*

## Σ

ἡ Σαλώμη **33A** Salome *(eine Anhängerin von Jesus)*

ἡ Σαμοθράκη **29A** Samothrake *(Insel in der nördlichen Agäis mit einem bedeutenden Heiligtum der Großen Götter)*

αἱ Σάρδεις, τῶν Σάρδεων **35A** Sardes *(Hauptstadt Lydiens)*

ἡ Σπάρτη **8A** Sparta *(Stadt im Südosten der Peloponnes)*

ὁ Σπαρτιάτης, τοῦ Σπαρτιάτου **8A** der Spartiat *(Vollbürger Spartas)*

ἡ Στοά **14A** die Stoa *(hellenistische Philosophenschule)*

ἡ Σφίγξ, τῆς Σφιγγός **43** die Sphinx *(mythisches Mischwesen: geflügelter Löwe mit dem Kopf einer Frau)*

ὁ Σωκράτης, τοῦ Σωκράτους **2A** *(Akk.* τὸν Σωκράτη*)* Sokrates *(griechischer Philosoph; 469–399 v. Chr.)*

## Τ

ὁ Τάρταρος **27A** der Tartaros *(die Unterwelt)*

ὁ Ταΰγετος **8A** Taygetos *(Gebirge auf der Peloponnes zwischen Lakonien und Messenien)*

ὁ Τηλέμαχος **6B** Telemachos *(Sohn des Odysseus)*

ὁ Τισσαφέρνης, τοῦ Τισσαφέρνους **13B** Tissaphernes *(persischer Satrap in Kleinasien; nach der Schlacht von Kunaxa 401 v. Chr. Bevollmächtigter des Großkönigs)*

ὁ Τρυγαῖος **25B** Trygaios *(ein Bauer)*

ἡ Τρῳάς, τῆς Τρῳάδος **37A** die Troerin

ὁ Τρώς, τοῦ Τρωός **37A** der Troer

## Υ

ἡ Ὑπατία **38B** Hypatia *(Mathematikerin und Philosophin aus Alexandria; um 355–415 n. Chr.)*

## Φ

οἱ Φαίακες, τῶν Φαιάκων **6A** die Phaiaken *(Bewohner der Insel Scheria)*

ὁ Φειδίας, τοῦ Φειδίου **43** Phidias *(Bildhauer aus Athen; um 500/490–430/20 v. Chr.)*

αἱ Φέραι **27A** Pherai *(Stadt in Thessalien)*

ὁ Φίλιππος **18A** Philipp II. *(König von Makedonien, Vater Alexanders; um 382–336 v. Chr.)*

## Χ

ἡ Χαιρώνεια **30B** Chaironeia *(Stadt in Böotien; 338 v. Chr. besiegte hier Philipp II. von Makedonien die Thebaner und Athener)*

οἱ Χαλδαῖοι **35A** die Chaldäer *(Volk in Ostanatolien)*

αἱ Χάριτες, τῶν Χαρίτων **43** die Chariten *(die Göttinnen der Anmut, Schönheit und Festfreude)*

ὁ Χείρων, τοῦ Χείρωνος **27A** Cheiron *(Arzt und Seher)*

ἡ Χλόη **8B** Chloë

ὁ Χριστός **34A** Christus *(„der Gesalbte")*

## Ω

αἱ Ὧραι **43** die Horen *(die Göttinnen der Jahreszeiten)*

## Quellennachweis

**Cover** BPK (Hermann Buresch), Berlin; **010** Bridgemanimages.com (Minoan / Ashmolean Museum, University of Oxford, UK), Berlin; **011.1** Alamy stock photo (GL Archive), Abingdon, Oxon; **011.2** akg-images (De Agostini Picture Lib. / G. Nimatallah), Berlin; **012** Bridgemanimages.com (British Library, London, UK / © British Library Board. All Rights Reserved /), Berlin; **013** akg-images (Werner Forman), Berlin; **014** BPK (RMN - Grand Palais | Hervé Lewandowski), Berlin; **015** akg-images (Rabatti & Domingie), Berlin; **016.1** BPK (Antikensammlung, SMB / Christa Begall), Berlin; **016.2** BPK (Münzkabinett, SMB), Berlin; **016.3** akg-images (De Agostini Picture Lib. / G. Dagli Orti), Berlin; **018** BPK (Scala), Berlin; **019** BPK (Alinari Archives / Bencini, Raffaello), Berlin; **020** BPK (Scala), Berlin; **022** BPK (Scala), Berlin; **024** akg-images (Stocktrek Images), Berlin; **026** Picture-Alliance (Anka Agency International), Frankfurt; **027** BPK (Alfredo Dagli Orti), Berlin; **028** akg-images (De Agostini Picture Lib. / v. Pirozzi), Berlin; **030** akg-images (Peter Connolly), Berlin; **031** akg-images, Berlin; **032** BPK (Scala), Berlin; **035.1** Staatliche Antikensammlungen und Glyptothek München, Fotografiert von: Renate Kühling; **035.2** Staatliche Antikensammlungen und Glyptothek München, Fotografiert von: Renate Kühling; **036** Interfoto (Granger, NYC), München; **038** akg-images (Michael Schmeling), Berlin; **039** akg-images (De Agostini / Archivio J. Lange), Berlin; **040** akg-images, Berlin; **042** akg-images (De Agostini Picture Lib. / G. Nimatallah), Berlin; **043.1** akg-images, Berlin; **043.2** akg-images, Berlin; **048** gemeinfrei (The Metropolitan Museum of Art); **050** Alamy stock photo (Dimitris K.), Abingdon, Oxon; **051** akg-images (Album / Prisma), Berlin; **052** akg-images, Berlin; **055** BPK (British Library Board), Berlin; **060** akg-images (The National Gallery, London), Berlin; **062.1** Ullstein Bild GmbH (Prisma / Fiedler Bernd J.), Berlin; **062.2** akg-images (De Agostini Picture Lib. / G. Nimatallah), Berlin; **063** BPK (Alfredo Dagli Orti), Berlin; **066** BPK (RMN - Grand Palais | Hervé Lewandowski), Berlin; **067** Interfoto (Felix), München; **068** Picture-Alliance (Archiv Gerstenberg), Frankfurt; **072** akg-images (André Held), Berlin; **074** Bechthold-Hengelhaupt, Dr. Tilman, Friedrichshafen; **075** akg-images (André Held), Berlin; **076** akg-images, Berlin; **078** BPK (Antikensammlung, SMB / Johannes Laurentius), Berlin; **080** BPK, Berlin; **082** akg-images (De Agostini Picture Lib. / G. Dagli Orti), Berlin; **084.1** akg-images (Nimatallah), Berlin; **084.2** akg-images (Nimatallah), Berlin; **086** akg-images (Erich Lessing), Berlin; **087** akg-images (Album / Prisma), Berlin; **088** akg-images (François Guénet), Berlin. (c) VG Bild-Kunst, Bonn 2018 [Marc Chagall: Dorkons List]; **090** shutterstock (villorejo), New York, NY; **091.1** Ullstein Bild GmbH (Granger, NYC), Berlin; **091.2** akg-images (Nimatallah), Berlin; **092** akg-images (Peter Connolly), Berlin; **095** Hupfeld, Birgit, Bochum; **098** akg-images (De Agostini Picture Lib. / G. Dagli Orti), Berlin; **099** akg-images (Heritage-Images / Art Media), Berlin; **100** BPK (The Trustees of the British Museum), Berlin; **102** BPK (Antikensammlung, SMB / Johannes Laurentius), Berlin; **103** akg-images (Balage Balogh / archaeologyillustrated.com), Berlin; **104** akg-images (Nimatallah), Berlin; **106** Picture-Alliance (WaterFrame), Frankfurt; **107** Matthias Peppel, Tübingen; **108** Picture-Alliance (Artcolor), Frankfurt; **111.1** BPK (Münzkabinett, SMB / Lutz-Jürgen Lübke), Berlin; **111.2** BPK (Münzkabinett, SMB / Lutz-Jürgen Lübke), Berlin; **112** Getty Images (DeAgostini), München; **114** akg-images (Bildarchiv Monheim / Achim Bednorz), Berlin; **115** akg-images (picture-alliance / dpa), Berlin; **116** akg-images, Berlin; **120.1** akg-images (Paul M.R. Maeyaert), Berlin; **120.2** Ullstein Bild GmbH (Pictures from Hi), Berlin; **122** akg-images (Erich Lessing), Berlin; **124** Picture-Alliance (Artcolor), Frankfurt; **126** Interfoto (Mary Evans / EDWIN WALLACE), München; **127.1** akg-images (Erich Lessing), Berlin; **127.2** BPK (RMN - Grand Palais / Hervé Lewandowski), Berlin; **128** akg-images (Hervé Champollion), Berlin; **130** akg-images (Erich Lessing), Berlin; **132** akg-images (De Agostini Picture Lib.), Berlin; **134** American School of Classical Studies: Agora Exc., Athen; **135** BPK (Antikensammlung, SMB / Johannes Laurentius), Berlin; **136** akg-images (Sputnik), Berlin; **138** akg-images (Hervé Champollion), Berlin; **142** akg-images (British Library), Berlin; **143** akg-images (André Held), Berlin; **144** akg-images, Berlin; **146** akg-images (Gerard Degeorge), Berlin; **148** akg-images (Erich Lessing), Berlin; **151** akg-images (Balage Balogh / archaeologyillustrated.com), Berlin; **152** Bridgemanimages.com (Francis Bartlett Donation), Berlin; **154** akg-images (Erich Lessing), Berlin; **158** BPK (Antikensammlung, SMB / Johannes Laurentius), Berlin; **159** Picture-Alliance (Heritage Images), Frankfurt. (c) VG Bild-Kunst, Bonn 2018 [Giorgio De Chirico: Hector und Andromache]; **160** akg-images, Berlin; **162** akg-images (Gerard Degeorge), Berlin; **164** akg-images (Jean-Louis Nou), Berlin; **165** akg-images (De Agostini / C. Sappa), Berlin; **166** akg-images (Album / Canal+ España / Mod Producciones), Berlin; **170** akg-images (André Held), Berlin; **171** akg-images (André Held), Berlin; **173** iStockphoto (tegmen), Calgary, Alberta; **174** akg-images (Andrea Baguzzi), Berlin; **176.1** BPK (The Trustees of the British Museum), Berlin; **176.2** BPK, Berlin; **177.1** BPK, Berlin; **177.2** akg-images (Nimatallah), Berlin; **179** akg-images (Nimatallah), Berlin; **180** akg-images, Berlin; **182.1** akg-images (Nimatallah), Berlin; **182.2** 123rf (legacy1995), Nidderau; **185** Bridgemanimages.com (Look and Learn), Berlin; **186** akg-images (Hermann und Margit Rupf-Stiftung, Bern, Kunstmuseum), Berlin [Paul Klee: Kameraden wandern]; **188** Alamy stock photo (Granger Historical Picture Archive), Abingdon, Oxon; **189** Picture-Alliance (United Archiv), Frankfurt; **191** akg-images (Erich Lessing), Berlin; **192** BPK (Alinari Archives / Pedicini, Luciano for Alinari), Berlin; **197** BPK (The Metropolitan Museum of Art), Berlin; **200** shutterstock (Caron Badkin), New York, NY; **203.2** akg-images (Erich Lessing), Berlin; **203.3** akg-images (André Held), Berlin; **203.4** BPK (RMN - Grand Palais / Stéphane Maréchalle), Berlin; **203.5** akg-images (MPortfolio / Electa), Berlin; **205.2** akg-images (Heritage-Images / CM Dixon), Berlin; **205.3** akg-images (Nimatallah), Berlin; **205.4** akg-images (Jürgen Raible), Berlin; **205.5** akg-images (Jürgen Raible), Berlin; **207.1** akg-images (Nimatallah), Berlin; **207.2** BPK (Balage Balogh / Art Resource, NY), Berlin; **207.4** Getty Images (Werner Forman/Universal Images Group), München; **207.5** Alamy stock photo (kornilov), Abingdon, Oxon

Sollte es in einem Einzelfall nicht gelungen sein, den korrekten Rechteinhaber ausfindig zu machen, so werden berechtigte Ansprüche selbstverständlich im Rahmen der üblichen Regelungen abgegolten.

# Die griechische Welt in der Antike

0 200 400 600 800 km